# GOETHES WERKE

*Hamburger Ausgabe in 14 Bänden*
*Herausgegeben von Erich Trunz*

Goethes Werke · Hamburger Ausgabe

*Band 1*
Gedichte und Epen I

*Band 2*
Gedichte und Epen II

*Band 3*
Dramatische Dichtungen I

*Band 4*
Dramatische Dichtungen II

*Band 5*
Dramatische Dichtungen III

*Band 6*
Romane und Novellen I

*Band 7*
Romane und Novellen II

*Band 8*
Romane und Novellen III

*Band 9*
Autobiographische Schriften I

*Band 10*
Autobiographische Schriften II

*Band 11*
Autobiographische Schriften III

*Band 12*
Kunst und Literatur

*Band 13*
Naturwissenschaftliche Schriften I

*Band 14*
Naturwissenschaftliche Schriften II
Materialien · Register

# GOETHES WERKE
# BAND IV
## DRAMATISCHE DICHTUNGEN II

*Textkritisch durchgesehen*
*und kommentiert von Wolfgang Kayser*

VERLAG C. H. BECK MÜNCHEN

Sonderausgabe
zum 250. Geburtstag Goethes
am 28. 8. 1999

*Die ‚Hamburger Ausgabe' wurde begründet
im Christian Wegner Verlag, Hamburg
Die erste bis siebente Auflage des vierten Bandes
erschien dort in den Jahren 1953 bis 1968*

*Dieser Band ist identisch mit der
13., durchgesehenen Auflage. 1994*

*Die Betreuung von der zehnten Auflage an
übernahm Erich Trunz*

ISBN für die 14bändige Sonderausgabe: 3 406 44186 6

Sonderausgabe. 1998

Druck: C.H.Beck'sche Buchdruckerei, Nördlingen
Gedruckt auf säurefreiem, alterungsbeständigem Papier
(hergestellt aus chlorfrei gebleichtem Zellstoff)
Rikaprint Permanence
von Schoeller & Hoesch, Gernsbach
Printed in Germany

# DRAMATISCHE DICHTUNGEN

ZWEITER BAND

# DIE LAUNE DES VERLIEBTEN

## EIN SCHÄFERSPIEL IN VERSEN UND EINEM AKTE

PERSONEN

Egle
Amine
Eridon
Lamon

### ERSTER AUFTRITT

Amine und Egle sitzen an der einen Seite des Theaters und winden Kränze. Lamon kommt dazu und bringt ein Körbchen mit Blumen.

LAMON *indem er das Körbchen niedersetzt.*
Hier sind noch Blumen.
EGLE. Gut!
LAMON. Seht doch, wie schön sie sind!
Die Nelke brach ich dir.
EGLE. Die Rose! –
LAMON. Nein, mein Kind!
Aminen reich ich heut das Seltene vom Jahr;
Die Rose seh ich gern in einem schwarzen Haar.
EGLE. Und das soll ich wohl gar verbindlich, artig nennen?
LAMON.
Wie lange liebst du mich schon, ohne mich zu kennen?
Ich weiß es ganz gewiß, du liebst nur mich allein,
Und dieses muntre Herz ist auch auf ewig dein,
Du weißt es. Doch verlangst du mich noch mehr zu binden?
Ist es wohl scheltenswert, auch andre schön zu finden?
Ich wehre dir ja nicht, zu sagen: der ist schön,
Der artig, scherzhaft der; ich will es eingestehn,
Nicht böse sein.
EGLE. Sei's nicht, ich will es auch nicht werden.
Wir fehlen beide gleich. Mit freundlichen Gebärden
Hör ich gar manchen an, und mancher Schäferin

Sagst du was Süßes vor, wenn ich nicht bei dir bin.
Dem Herzen läßt sich wohl, dem Scherze nichts gebieten;
Vor Unbeständigkeit muß uns der Leichtsinn hüten.
Mich kleidet Eifersucht noch weniger als dich.

Zu Aminen.

Du lächelst über uns! Was denkst du, Liebe? sprich!
AMINE. Nicht viel.
EGLE. Genug, mein Glück und deine Qual zu fühlen.
AMINE. Wieso?
EGLE. Wieso! Anstatt, daß wir zusammen spielen,
Daß Amors Schläfrigkeit bei unserm Lachen flieht,
Beginnet deine Qual, wenn dich dein Liebster sieht.
Nie war der Eigensinn bei einem Menschen größer.
Du denkst, er liebe dich. O nein, ich kenn ihn besser:
Er sieht, daß du gehorchst, drum liebt dich der Tyrann,
Damit er jemand hat, dem er befehlen kann.
AMINE. Ach, er gehorcht mir oft.
EGLE. Um wieder zu befehlen.
Mußt du nicht jeden Blick von seinen Augen stehlen?
Die Macht, von der Natur in unsern Blick gelegt,
Daß er den Mann entzückt, daß er ihn niederschlägt,
Hast du an ihn geschenkt, und mußt dich glücklich halten,
Wenn er nur freundlich sieht. Die Stirne voller Falten,
Die Augenbraunen tief, die Augen düster, wild,
Die Lippen aufgedrückt, ein liebenswürdig Bild,
Wie er sich täglich zeigt, bis Bitten, Küsse, Klagen
Den rauhen Winterzug von seiner Stirne jagen.
AMINE. Du kennst ihn nicht genug, du hast ihn nicht geliebt.
Es ist nicht Eigensinn, der seine Stirne trübt;
Ein launischer Verdruß ist seines Herzens Plage
Und trübet mir und ihm die besten Sommertage;
Und doch vergnüg ich mich, da, wenn er mich nur sieht,
Wenn er mein Schmeicheln hört, bald seine Laune flieht.
EGLE. Fürwahr ein großes Glück, das man entbehren könnte.
Doch nenne mir die Lust, die er dir je vergönnte?
Wie pochte deine Brust, wenn man vom Tanze sprach;
Dein Liebster flieht den Tanz und zieht dich Arme nach.
Kein Wunder, daß er dich bei keinem Feste leidet,
Da er der Wiese Gras um deine Tritte neidet,

Den Vogel, den du liebst, als Nebenbuhler haßt;
Wie könnt er ruhig sein, wenn dich ein andrer faßt
Und gar, indem er sich mit dir im Reihen kräuselt,
Dich zärtlich an sich drückt und Liebesworte säuselt.
AMINE. Sei auch nicht ungerecht, da er mich dieses Fest,
Weil ich ihn darum bat, mit euch begehen läßt.
EGLE. Das wirst du fühlen.
AMINE. Wie?
EGLE. Warum bleibt er zurücke?
AMINE. Er liebt den Tanz nicht sehr.
EGLE. Nein, es ist eine Tücke.
Kommst du vergnügt zurück, fängt er halb spöttisch an:
Ihr wart wohl sehr vergnügt? – Sehr – Das war wohlgetan.
Ihr spieltet? – Pfänder – So! Damöt war auch zugegen?
Und tanztet? – Um den Baum – Ich hätt euch sehen mögen.
Er tanzte wohl recht schön? Was gabst du ihm zum Lohn?
AMINE lächelnd.
Ja.
EGLE. Lachst du?
AMINE. Freundin, ja, das ist sein ganzer Ton. –
Noch Blumen!
LAMON. Hier! das sind die besten.
AMINE. Doch mit Freuden
Seh ich ihn meinen Blick der ganzen Welt beneiden;
Ich seh an diesem Neid, wie mich mein Liebster schätzt,
Und meinem kleinen Stolz wird alle Qual ersetzt.
EGLE. Kind, ich bedaure dich, du bist nicht mehr zu retten,
Da du dein Elend liebst; du klirrst mit deinen Ketten
Und überredest dich, es sei Musik.
AMINE. Ein Band
Zur Schleife fehlt mir noch.
EGLE zu Lamon. Du hast mir eins entwandt,
Das ich vom Maienkranz beim Frühlingsfest bekommen.
LAMON. Ich will es holen.
EGLE. Doch du mußt bald wiederkommen.

## ZWEITER AUFTRITT

Egle. Amine.

AMINE.
Er achtet das nicht viel, was ihm sein Mädchen schenkt.
EGLE. Mir selbst gefällt es nicht, wie mein Geliebter denkt;
Zu wenig rühren ihn der Liebe Tändeleien,
Die ein empfindlich Herz, so klein sie sind, erfreuen.
Doch, Freundin, glaube mir, es ist geringre Pein,
Nicht gar so sehr geliebt, als es zu sehr zu sein.
Die Treue lob ich gern; doch muß sie unserm Leben,
Bei voller Sicherheit, die volle Ruhe geben.
AMINE.
Ach, Freundin! schätzenswert ist solch ein zärtlich Herz.
Zwar oft betrübt er mich, doch rührt ihn auch mein Schmerz.
Wirft er mir etwas vor, fängt er an, mich zu plagen,
So darf ich nur ein Wort, ein gutes Wort nur sagen,
Gleich ist er umgekehrt, die wilde Zanksucht flieht,
Er weint sogar mit mir, wenn er mich weinen sieht,
Fällt zärtlich vor mir hin und fleht, ihm zu vergeben.
EGLE. Und du vergibst ihm?
AMINE. Stets.
EGLE. Heißt das nicht elend leben?
Dem Liebsten, der uns stets beleidigt, stets verzeihn,
Um Liebe sich bemühn und nie belohnt zu sein!
AMINE. Was man nicht ändern kann –
EGLE. Nicht ändern? Ihn bekehren
Ist keine Schwierigkeit.
AMINE. Wie das?
EGLE. Ich will dich's lehren.
Es stammet deine Not, die Unzufriedenheit
Des Eridons –
AMINE. Von was?
EGLE. Von deiner Zärtlichkeit.
AMINE. Die, dächt ich, sollte nichts als Gegenlieb entzünden.
EGLE.
Du irrst; sei hart und streng, du wirst ihn zärtlich finden.
Versuch es nur einmal, bereit ihm kleine Pein:

Erringen will der Mensch, er will nicht sicher sein.
Kommt Eridon, mit dir ein Stündchen zu verbringen,
So weiß er nur zu gut, es muß ihm stets gelingen.
Der Nebenbuhler Zahl ist ihm nicht fürchterlich.
Er weiß, du liebest ihn weit stärker als er dich.
Sein Glück ist ihm zu groß, und, er ist zu belachen,
Da er kein Elend hat, will er sich Elend machen.
Er sieht, daß du nichts mehr als ihn auf Erden liebst,
Und zweifelt nur, weil du ihm nichts zu zweifeln gibst.
Begegn ihm, daß er glaubt, du könntest ihn entbehren;
Zwar er wird rasen, doch das wird nicht lange währen,
Dann wird ein Blick ihn mehr als jetzt ein Kuß erfreun;
Mach, daß er fürchten muß, und er wird glücklich sein.

AMINE. Ja, das ist alles gut; allein es auszuführen
Vermag ich nicht.

EGLE. Wer wird auch gleich den Mut verlieren.
Geh, du bist allzu schwach. Sieh dort!

AMINE. Mein Eridon!

EGLE.
Das dacht ich. Armes Kind! er kommt, du zitterst schon
Vor Freude, das ist nichts; willst du ihn je bekehren,
Mußt du ihn ruhig sehn sich nahn, ihn ruhig hören.
Das Wallen aus der Brust! Die Röte vom Gesicht!
Und dann –

AMINE. O laß mich los! So liebt Amine nicht.

## DRITTER AUFTRITT

Eridon kommt langsam mit übereinandergelegten Armen, Amine steht auf und läuft ihm entgegen. Egle bleibt in ihrer Beschäftigung sitzen.

AMINE ihn bei der Hand fassend.
Geliebter Eridon!

ERIDON küßt ihr die Hand.
Mein Mädchen!

EGLE für sich. Ach wie süße!

AMINE. Die schönen Blumen! Sprich, mein Freund, wer gab [dir diese?

ERIDON. Wer? meine Liebste.

AMINE. Wie? – Ah, sind das die von mir?
So frisch von gestern noch?
ERIDON. Erhalt ich was von dir,
So ist mir's wert. Doch die von mir?
AMINE. Zu jenen Kränzen
Fürs Fest gebraucht ich sie.
ERIDON. Dazu! Wie wirst du glänzen!
Lieb in des Jünglings Herz und bei den Mädchen Neid
Erregen!
EGLE. Freue dich, daß du die Zärtlichkeit
So eines Mädchens hast, um die so viele streiten.
ERIDON.
Ich kann nicht glücklich sein, wenn viele mich beneiden.
EGLE. Und könntest doch; denn wer ist sicherer als du?
ERIDON *zu Aminen.*
Erzähl mir doch vom Fest; kommt wohl Damöt dazu?
EGLE *einfallend.*
Er sagte mir es schon, er werde heut nicht fehlen.
ERIDON *zu Aminen.*
Mein Kind, wen wirst du dir zu deinem Tänzer wählen?
*Amine schweigt, er wendet sich zu Eglen.*
O sorge, gib ihr den, der ihr am liebsten sei!
AMINE.
Das ist unmöglich, Freund, denn du bist nicht dabei!
EGLE. Nein, hör nur, Eridon, ich kann's nicht mehr ertragen,
Welch eine Lust ist das, Aminen so zu plagen?
Verlaß sie, wenn du glaubst, daß sie die Treue bricht;
Glaubst du, daß sie dich liebt, nun gut, so plag sie nicht.
ERIDON. Ich plage sie ja nicht.
EGLE. Wie? Heißt das sie erfreuen?
Aus Eifersucht Verdruß auf ihr Vergnügen streuen,
Stets zweifeln, da sie dir doch niemals Ursach gibt,
Daß sie –
ERIDON. Bürgst du mir denn, daß sie mich wirklich liebt?
AMINE. Ich dich nicht lieben! Ich!
ERIDON. Wenn lehrst du mich es glauben?
Wer ließ sich einen Strauß vom kecken Damon rauben?
Wer nahm das schöne Band vom jungen Thyrsis an?
AMINE. Mein Eridon! –

ERIDON. Nicht wahr, das hast du nicht getan?
Belohntest du sie denn? O ja, du weißt zu küssen.
AMINE. Mein Bester, weißt du nicht? –
EGLE. O schweig, er will nichts wissen!
Was du ihm sagen kannst, hast du ihm längst gesagt,
Er hat es angehört, und doch aufs neu geklagt.
Was hilft's dich? Magst du's ihm auch heut noch einmal sagen –
Er wird beruhigt gehn, und morgen wieder klagen.
ERIDON. Und das vielleicht mit Recht.
AMINE. Mit Recht? Ich! Untreu sein?
Amine, dir? Mein Freund, kannst du es glauben?
ERIDON. Nein!
Ich kann, ich will es nicht.
AMINE. Gab ich in meinem Leben
Dir je Gelegenheit?
ERIDON. Die hast du oft gegeben.
AMINE. Wenn war ich untreu?
ERIDON. Nie! Das ist es, was mich quält:
Aus Vorsatz hast du nie, aus Leichtsinn stets gefehlt.
Das, was mir wichtig scheint, hältst du für Kleinigkeiten;
Das, was mich ärgert, hat bei dir nichts zu bedeuten.
EGLE. Gut! nimmt's Amine leicht, so sag, was schadet's dir?
ERIDON. Das hat sie oft gefragt; ja freilich schadet's mir!
EGLE. Was denn? Amine wird nie andern viel erlauben.
ERIDON. Zu wenig zum Verdacht, zu viel, sie treu zu glauben.
EGLE. Mehr, als ein weiblich Herz je liebte, liebt sie dich.
ERIDON.
Und liebt den Tanz, die Lust, den Scherz so sehr als mich.
EGLE. Wer das nicht leiden kann, mag unsre Mütter lieben!
AMINE. Schweig, Egle! Eridon, hör auf, mich zu betrüben!
Frag unsre Freunde nur, wie ich an dich gedacht,
Selbst wenn wir fern von dir getändelt und gelacht;
Wie oft ich mit Verdruß, der mein Vergnügen nagte,
Weil du nicht bei mir warst, was mag er machen? fragte.
O wenn du es nicht glaubst, komm heute mit mir hin,
Und dann sag' noch einmal, daß ich dir untreu bin.
Ich tanze nur mit dir, ich will dich nie verlassen,
Dich nur soll dieser Arm, dich diese Hand nur fassen.

Wenn mein Betragen dir den kleinsten Argwohn gibt –
ERIDON.
Daß man sich zwingen kann, beweist nicht, daß man liebt.
EGLE. Sieh ihre Tränen an, sie fließen dir zur Ehre!
Nie dacht ich, daß dein Herz im Grund so böse wäre.
Die Unzufriedenheit, die keine Grenzen kennt
Und immer mehr verlangt, je mehr man ihr vergönnt,
Der Stolz, in ihrer Brust der Jugend kleine Freuden,
Die ganz unschuldig sind, nicht neben dir zu leiden,
Beherrschen wechselsweis dein hassenswürdig Herz;
Nicht ihre Liebe rührt, dich rühret nicht ihr Schmerz.
Sie ist mir wert, du sollst hinfort sie nicht betrüben:
Schwer wird es sein, dich fliehn, doch schwerer ist's, dich [lieben.
AMINE für sich.
Ach! warum muß mein Herz so voll von Liebe sein!
ERIDON steht einen Augenblick still, dann naht er sich furchtsam Aminen und faßt sie bei der Hand.
Amine! liebstes Kind, kannst du mir noch verzeihn?
AMINE. Ach, hab ich dir es nicht schon allzu oft bewiesen?
ERIDON.
Großmütges, bestes Herz, laß mich zu deinen Füßen!
AMINE. Steh auf, mein Eridon!
EGLE. Jetzt nicht so vielen Dank!
Was man so heftig fühlt, fühlt man nicht allzulang.
ERIDON. Und diese Heftigkeit, mit der ich sie verehre –
EGLE.
Wär weit ein größer Glück, wenn sie so groß nicht wäre.
Ihr lebtet ruhiger, und dein und ihre Pein –
ERIDON. Vergib mir diesmal noch, ich werde klüger sein.
AMINE. Geh, lieber Eridon, mir einen Strauß zu pflücken!
Ist er von deiner Hand, wie schön wird er mich schmücken!
ERIDON. Du hast die Rose ja!
AMINE. Ihr Lamon gab sie mir.
Sie steht mir schön.
ERIDON empfindlich. Ja wohl –
AMINE. Doch, Freund, ich geb sie dir,
Daß du nicht böse wirst.
ERIDON nimmt sie an und küßt ihr die Hand.
Gleich will ich Blumen bringen. Ab.

## VIERTER AUFTRITT

Amine. Egle. Hernach Lamon.

EGLE. Gutherzig armes Kind, so wird dir's nicht gelingen!
Sein stolzer Hunger wächst, je mehr daß du ihm gibst.
Gib acht, er raubt zuletzt dir alles, was du liebst.
AMINE. Verlier ich ihn nur nicht, das Eine macht mir bange.
EGLE.
Wie schön! man sieht es wohl, du liebst noch nicht gar lange.
Im Anfang geht es so: hat man sein Herz verschenkt,
So denkt man nichts, wenn man nicht an den Liebsten denkt.
Ein seufzender Roman, zu dieser Zeit gelesen,
Wie zärtlich der geliebt, wie jener treu gewesen,
Wie fühlbar jener Held, wie groß in der Gefahr,
Wie mächtig zu dem Streit er durch die Liebe war,
Verdreht uns gar den Kopf, wir glauben uns zu finden,
Wir wollen elend sein, wir wollen überwinden.
Ein junges Herz nimmt leicht den Eindruck vom Roman;
Allein ein Herz, das liebt, nimmt ihn noch leichter an.
Wir lieben lange so, bis wir zuletzt erfahren,
Daß wir, statt treu zu sein, von Herzen närrisch waren.
AMINE. Doch das ist nicht mein Fall.
EGLE. Ja, in der Hitze spricht
Ein Kranker oft zum Arzt: ich hab das Fieber nicht.
Glaubt man ihm das? Niemals. Trotz allem Widerstreben
Gibt man ihm Arzenei. So muß man dir sie geben.
AMINE.
Von Kindern spricht man so, von mir klingt's lächerlich;
Bin ich ein Kind?
EGLE. Du liebst!
AMINE. Du auch!
EGLE. Ja, lieb wie ich!
Besänftige den Sturm, der dich bisher getrieben!
Man kann sehr ruhig sein, und doch sehr zärtlich lieben.
LAMON. Da ist das Band!
AMINE. Sehr schön!
EGLE. Wie lange zauderst du!
LAMON. Ich ging am Hügel hin, da rief mir Chloris zu.
Da hab ich ihr den Hut mit Blumen schmücken müssen.

EGLE. Was gab sie dir dafür?
LAMON. Was? Nichts! Sie ließ sich küssen.
Man tu auch, was man will, man trägt doch nie zum Lohn
Von einem Mädchen mehr als einen Kuß davon.

AMINE *zeigt Eglen den Kranz mit der Schleife.*
Ist es so recht?
EGLE. Ja, gib!

*Sie hängt Aminen den Kranz um, so daß die Schleife auf die rechte Schulter kommt. Mittlerweile redet sie mit Lamon.*

Hör! nur recht lustig heute!

LAMON.
Nur heute recht gelärmt! Man fühlt nur halbe Freude,
Wenn man sie sittsam fühlt und lang sich's überlegt,
Ob unser Liebster das, der Wohlstand jens erträgt.

EGLE. Du hast wohl recht.
LAMON. Ja wohl!
EGLE. Amine! setz dich nieder!

*Amine setzt sich, Egle steckt ihr Blumen in die Haare, indem sie fortredet.*

Komm, gib mir doch den Kuß von deiner Chloris wieder.

LAMON *küßt sie.*
Von Herzen gerne. Hier!
AMINE. Seid ihr nicht wunderlich!
EGLE. Wär Eridon es so, es wär ein Glück für dich.
AMINE. Gewiß, er dürfte mir kein fremdes Mädchen küssen.
LAMON. Wo ist die Rose?
EGLE. Sie hat sie ihm geben müssen,
Ihn zu besänftigen.
AMINE. Ich muß gefällig sein.
LAMON. Gar recht! Verzeih du ihm, so wird er dir verzeihn.
Ja, ja! Ich merk es wohl, ihr plagt euch um die Wette.

EGLE *als ein Zeichen, daß sie mit dem Kopfputze fertig ist.*
So!
LAMON.
Schön!
AMINE. Ach daß ich doch jetzt schon die Blumen hätte,
Die Eridon mir bringt.
EGLE. Erwart ihn immer hier.
Ich geh und putze mich. Komm, Lamon, geh mit mir!
Wir lassen dich allein und kommen bald zurücke.

## FÜNFTER AUFTRITT

Amine. Hernach Eridon.

AMINE. O welche Zärtlichkeit, beneidenswürdges Glücke!
Wie wünscht ich – sollt es wohl in meinen Kräften stehn –
Den Eridon vergnügt, und mich beglückt zu sehn!
Hätt ich nicht so viel Macht ihm über mich gegeben,
Er würde glücklicher und ich zufriedner leben.
Versuch, ihm diese Macht durch Kaltsinn zu entziehn!
Doch, wie wird seine Wut bei meiner Kälte glühn!
Ich kenne seinen Zorn, wie zittr ich, ihn zu fühlen!
Wie schlecht wirst du, mein Herz, die schwere Rolle spielen!
Doch wenn du es so weit wie deine Freundin bringst,
Da er dich sonst bezwang, du künftig ihn bezwingst –
Heut ist Gelegenheit; sie nicht vorbei zu lassen,
Will ich gleich jetzt – Er kommt! Mein Herz, du mußt dich fassen.

ERIDON gibt ihr Blumen.
Sie sind nicht gar zu schön, mein Kind! verzeih es mir,
Aus Eile nahm ich sie.
AMINE. Genug, sie sind von dir.
ERIDON. So blühend sind sie nicht, wie jene Rosen waren,
Die Damon dir geraubt.
AMINE steckt sie an den Busen.
Ich will sie schon bewahren;
Hier, wo du wohnst, soll auch der Blumen Wohnplatz sein.
ERIDON. Ist ihre Sicherheit da –
AMINE. Glaubst du etwa? –
ERIDON. Nein!
Ich glaube nichts, mein Kind; nur Furcht ist's, was ich fühle.
Das allerbeste Herz vergißt bei munterm Spiele,
Wenn es des Tanzes Lust, des Festes Lärm zerstreut,
Was ihm die Klugheit rät und ihm die Pflicht gebeut.
Du magst wohl oft an mich auch beim Vergnügen denken;
Doch fehlt es dir an Ernst, die Freiheit einzuschränken,
Zu der das junge Volk sich bald berechtigt glaubt,
Wenn ihm ein Mädchen nur im Scherze was erlaubt.

Es hält ihr eitler Stolz ein tändelndes Vergnügen
Sehr leicht für Zärtlichkeit.

AMINE. Gnug, daß sie sich betrügen!
Wohl schleicht ein seufzend Volk Liebhaber um mich her;
Doch du nur hast mein Herz, und sag, was willst du mehr?
Du kannst den Armen wohl mich anzusehn erlauben,
Sie glauben wunder –

ERIDON. Nein, sie sollen gar nichts glauben!
Das ist's, was mich verdrießt. Zwar weiß ich, du bist mein;
Doch einer denkt vielleicht, beglückt wie ich zu sein,
Schaut in das Auge dir und glaubt dich schon zu küssen
Und triumphiert wohl gar, daß er dich mir entrissen.

AMINE. So störe den Triumph! Geliebter, geh mit mir,
Laß sie den Vorzug sehn, den du –

ERIDON. Ich danke dir.
Es würde grausam sein, das Opfer anzunehmen;
Mein Kind, du würdest dich des schlechten Tänzers schämen;
Ich weiß, wem euer Stolz beim Tanz den Vorzug gibt:
Dem, der mit Anmut tanzt, und nicht dem, den ihr liebt.

AMINE. Das ist die Wahrheit.

ERIDON mit zurückgehaltenem Spott.
Ja! Ach, daß ich nicht die Gabe
Des leichten Damarens, des Vielgepriesnen, habe!
Wie reizend tanzt er nicht!

AMINE. Schön! daß ihm niemand gleicht.

ERIDON. Und jedes Mädchen –

AMINE. Schätzt –

ERIDON. Liebt ihn darum!

AMINE. Vielleicht.

ERIDON. Vielleicht? Verflucht! Gewiß!

AMINE. Was machst du für Gebärden?

ERIDON.
Du fragst? Plagst du mich nicht, ich möchte rasend werden!

AMINE.
Ich? Sag, bist du nicht schuld an mein und deiner Pein?
Grausamer Eridon! wie kannst du nur so sein?

ERIDON.
Ich muß; ich liebe dich. Die Liebe lehrt mich klagen;

Liebt ich dich nicht so sehr, ich würde dich nicht plagen!
Ich fühl mein zärtlich Herz von Wonne hoch entzückt,
Wenn mir dein Auge lacht, wenn deine Hand mich drückt.
Ich dank den Göttern, die mir dieses Glücke gaben;
Doch ich verlang's allein, kein andrer soll es haben.

AMINE.
Nun gut, was klagst du denn? Kein andrer hat es nie.

ERIDON. Und du erträgst sie doch; nein, hassen sollst du sie.

AMINE. Sie hassen? und warum?

ERIDON. Darum! weil sie dich lieben.

AMINE. Der schöne Grund!

ERIDON. Ich seh's, du willst sie nicht betrüben.
Du mußt sie schonen; sonst wird deine Lust geschwächt,
Wenn du nicht –

AMINE. Eridon, du bist sehr ungerecht.
Heißt uns die Liebe denn die Menschlichkeit verlassen?
Ein Herz, das Einen liebt, kann keinen Menschen hassen.
Dies zärtliche Gefühl läßt kein so schrecklichs zu,
Zum wenigsten bei mir.

ERIDON. Wie schön verteidigst du
Des zärtlichen Geschlechts hochmütiges Vergnügen,
Wenn zwanzig Toren knien, die zwanzig zu betrügen!
Heut ist ein großer Tag, der deinen Hochmut nährt,
Heut wirst du manchen sehn, der dich als Göttin ehrt;
Noch manches junge Herz wird sich für dich entzünden,
Kaum wirst du Blicke gnug für alle Diener finden.
Gedenk an mich, wenn dich der Toren Schwarm vergnügt,
Ich bin der größte! Geh!

AMINE *für sich.* Flieh, schwaches Herz! Er siegt.
Ihr Götter! Lebt er denn, mir jede Lust zu stören?
Währt denn mein Elend fort, um niemals aufzuhören?

*Zu Eridon.*

Der Liebe leichtes Band machst du zum schweren Joch,
Du quälst mich als Tyrann, und ich? ich lieb dich noch!
Mit aller Zärtlichkeit antwort ich auf dein Wüten,
In allem geb ich nach; doch bist du nicht zufrieden.
Was opfert ich nicht auf! Ach! dir genügt es nie.
Du willst die heutge Lust! Nun gut, hier hast du sie!

Sie nimmt die Kränze aus den Haaren und von der Schulter, wirft sie weg und fährt in einem gezwungenen ruhigen Tone fort.

Nicht wahr, mein Eridon? So siehst du mich viel lieber,
Als zu dem Fest geputzt. Ist nicht dein Zorn vorüber?
Du stehst! siehst mich nicht an! Bist du erzürnt auf mich?

ERIDON fällt vor ihr nieder.

Amine! Scham und Reu! Verzeih, ich liebe dich!
Geh zu dem Fest!

AMINE. Mein Freund, ich werde bei dir bleiben;
Ein zärtlicher Gesang soll uns die Zeit vertreiben.

ERIDON. Geliebtes Kind, geh!

AMINE. Geh! hol deine Flöte her.

ERIDON. Du willst's!

## SECHSTER AUFTRITT

Amine.

Er scheint betrübt, und heimlich jauchzet er.
An ihm wirst du umsonst die Zärtlichkeit verlieren.
Dies Opfer, rührt es ihn? Es schien ihn kaum zu rühren;
Er hielt's für Schuldigkeit. Was willst du, armes Herz?
Du murrst, drückst diese Brust. Verdient ich diesen Schmerz?
Ja, wohl verdienst du ihn! Du siehst, dich zu betrüben
Hört er nicht auf, und doch hörst du nicht auf zu lieben.
Ich trag's nicht lange mehr. Still! Ha! ich höre dort
Schon die Musik. Es hüpft mein Herz, mein Fuß will fort.
Ich will! Was drückt mir so die bange Brust zusammen!
Wie ängstlich wird es mir! Es zehren heftge Flammen
Am Herzen. Fort, zum Fest! Ach, er hält mich zurück!
Armselges Mädchen! Sieh, das ist der Liebe Glück!

Sie wirft sich auf einen Rasen und weint; da die andern auftreten, wischt sie sich die Augen und steht auf.

Weh mir, da kommen sie, wie werden sie mich höhnen!

## SIEBENTER AUFTRITT

Amine. Egle. Lamon.

EGLE.

Geschwind! Der Zug geht fort! Amine! Wie? in Tränen?

LAMON hebt die Kränze auf.

Die Kränze?

EGLE. Was ist das? wer riß sie dir vom Haupt?

AMINE. Ich!

EGLE. Willst du denn nicht mit?

AMINE. Gern, wär es mir erlaubt.

EGLE. Wer hat dir denn was zu erlauben? Geh, und rede
Nicht so geheimnisvoll! Sei gegen uns nicht blöde!
Hat Eridon –?

AMINE. Ja! Er!

EGLE. Das hatt ich wohl gedacht.
Du Närrin, daß dich nicht der Schaden klüger macht!
Versprachst du ihm vielleicht, du wolltest bei ihm bleiben,
Um diesen schönen Tag mit Seufzern zu vertreiben?
Ich zweifle nicht, mein Kind, daß du ihm so gefällst.

Nach einigem Stillschweigen, indem sie Lamon einen Wink gibt.

Doch du siehst besser aus, wenn du den Kranz behältst.
Komm, setz ihn auf! und den, sieh! den häng hier herüber!
Nun bist du schön.

Amine steht mit niedergeschlagenen Augen und läßt Egle machen.
Egle gibt Lamon ein Zeichen.

Doch ach, es läuft die Zeit vorüber,
Ich muß zum Zug!

LAMON. Ja wohl! Dein Diener, gutes Kind.

AMINE beklemmt.

Lebt wohl!

EGLE im Weggehen.

Amine! nun, gehst du nicht mit? Geschwind!

AMINE sieht sie traurig an und schweigt.

LAMON faßt Egle bei der Hand, sie fortzuführen.

Ach, laß sie doch nur gehn! Vor Bosheit möcht' ich sterben;
Da muß sie einem nun den schönen Tanz verderben!
Den Tanz mit Rechts und Links, sie kann ihn ganz allein,
Wie sich's gehört; ich hofft auf sie, nun fällt's ihr ein,

Zu Haus zu bleiben! Komm, ich mag ihr nichts mehr sagen.
EGLE. Den Tanz versäumst du! Ja, du bist wohl zu beklagen.
Er tanzt sich schön. Leb wohl!

Egle will Aminen küssen. Amine fällt ihr um den Hals und weint.

AMINE. Ich kann's nicht mehr ertragen.
EGLE. Du weinst?
AMINE. So weint mein Herz, und ängstlich drückt es mich.
Ich möchte! – Eridon, ich glaub, ich hasse dich.
EGLE. Er hätt's verdient. Doch nein! Wer wird den Liebsten hassen?
Du mußt ihn lieben, doch dich nicht beherrschen lassen,
Das sagt ich lange schon! Komm mit!
LAMON. Zum Tanz, zum Fest!
AMINE. Und Eridon?
EGLE. Geh nur! ich bleib. Gib acht, er läßt
Sich fangen und geht mit. Sag, würde dich's nicht freuen?
AMINE. Unendlich!
LAMON. Nun so komm! Hörst du dort die Schalmeien?
Die schöne Melodie?

Er faßt Aminen bei der Hand, singt und tanzt.

EGLE singt. Und wenn euch der Liebste mit Eifersucht plagt,
Sich über ein Nicken, ein Lächeln beklagt,
Mit Falschheit euch necket, von Wankelmut spricht,
Dann singet und tanzet, da hört ihr ihn nicht.

Lamon zieht im Tanz Aminen mit sich fort.

AMINE im Abgehen. O bring ihn ja mit dir!

## ACHTER AUFTRITT

Egle. Hernach Eridon mit einer Flöte und Liedern.

EGLE.
Schon gut! Wir wollen sehn! Schon lange wünscht ich mir
Gelegenheit und Glück, den Schäfer zu bekehren.
Heut wird mein Wunsch erfüllt; wart nur, ich will dich lehren!
Dir zeigen, wer du bist; und wenn du dann sie plagst! –
Er kommt! Hör, Eridon!

ERIDON. Wo ist sie?
EGLE. Wie! du fragst?
Mit meinem Lamon dort, wo die Schalmeien blasen.

ERIDON *wirft die Flöte auf die Erde und zerreißt die Lieder.*
Verfluchte Untreu!
EGLE. Rasest du?
ERIDON. Sollt ich nicht rasen!
Da reißt die Heuchlerin mit lächelndem Gesicht
Die Kränze von dem Haupt und sagt: Ich tanze nicht!
Verlangt ich das? und – O!

*Er stampft mit dem Fuße und wirft die zerrissenen Lieder weg.*

EGLE *in einem gesetzten Tone.* Erlaub mir doch zu fragen:
Was hast du für ein Recht, den Tanz ihr zu versagen?
Willst du denn, daß ein Herz, von deiner Liebe voll,
Kein Glück als nur das Glück um dich empfinden soll?
Meinst du, es sei der Trieb nach jeder Lust gestillet,
Sobald die Zärtlichkeit das Herz des Mädchens füllet?
Genug ist's, daß sie dir die besten Stunden schenkt,
Mit dir am liebsten weilt, abwesend an dich denkt.
Drum ist es Torheit, Freund, sie ewig zu betrüben;
Sie kann den Tanz, das Spiel und doch dich immer lieben.

ERIDON *schlägt die Arme unter und sieht in die Höhe.*
Ah!
EGLE. Sag mir, glaubst du denn, daß dieses Liebe sei,
Wenn du sie bei dir hältst? Nein, das ist Sklaverei.
Du kommst: nun soll sie dich, nur dich beim Feste sehen;
Du gehst: nun soll sie gleich mit dir von dannen gehen;
Sie zaudert: alsobald verdüstert sich dein Blick;
Nun folgt sie dir, doch bleibt ihr Herz gar oft zurück.
ERIDON. Wohl immer!
EGLE. Hört man doch, wenn die Verbittrung redet.
Wo keine Freiheit ist, wird jede Lust getötet.
Wir sind nun so. Ein Kind ist zum Gesang geneigt;
Man sagt ihm: sing mir doch! Es wird bestürzt und schweigt.
Wenn du ihr Freiheit läßt, so wird sie dich nicht lassen;
Doch, machst du's ihr zu arg, gib acht, sie wird dich hassen.
ERIDON. Mich hassen!
EGLE. Nach Verdienst. Ergreife diese Zeit,

Und schaffe dir das Glück der echten Zärtlichkeit!
Denn nur ein zärtlich Herz, von eigner Glut getrieben,
Das kann beständig sein, das nur kann wirklich lieben.
Bekenne, weißt du denn, ob dir der Vogel treu,
Den du im Käfig hältst?

ERIDON. Nein!

EGLE. Aber wenn er frei
Durch Feld und Garten fliegt, und doch zurücke kehret?

ERIDON. Ja! Gut! Da weiß ich's.

EGLE. Wird nicht deine Lust vermehret,
Wenn du das Tierchen siehst, das dich so zärtlich liebt,
Die Freiheit kennt, und dir dennoch den Vorzug gibt?
Und kommt dein Mädchen einst von einem Fest zurücke,
Noch von dem Tanz bewegt, und sucht dich; ihre Blicke
Verraten, daß die Lust nie ganz vollkommen sei,
Wenn du, ihr Liebling, du, ihr Einzger, nicht dabei –
Wenn sie dir schwört, ein Kuß von dir sei mehr als Freuden
Von tausend Festen – bist du da nicht zu beneiden?

ERIDON gerührt.
O Egle!

EGLE. Fürchte, daß der Götter Zorn entbrennt,
Da der Beglückteste sein Glück so wenig kennt.
Auf! Sei zufrieden, Freund! Sie rächen sonst die Tränen
Des Mädchens, das dich liebt.

ERIDON. Könnt ich mich nur gewöhnen,
Zu sehn, daß mancher ihr beim Tanz die Hände drückt,
Der eine nach ihr sieht, sie nach dem andern blickt.
Denk ich nur dran, mein Herz möcht da vor Bosheit reißen!

EGLE.
Eh! laß das immer sein! das will noch gar nichts heißen.
Sogar ein Kuß ist nichts!

ERIDON. Was sagst du? Nichts – ein Kuß?

EGLE. Ich glaube, daß man viel im Herzen fühlen muß,
Wenn er was sagen soll – Doch! willst du ihr verzeihen?
Denn wenn du böse tust, so kann sie nichts erfreuen.

ERIDON.
Ach, Freundin!

EGLE schmeichelnd.
Tu es nicht, mein Freund; du bist auch gut.

Leb wohl! Sie faßt ihn bei der Hand.
Du bist erhitzt!
ERIDON. Es schlägt mein wallend Blut –
EGLE. Noch von dem Zorn? Genug! Du hast es ihr vergeben.
Ich eile jetzt zu ihr. Sie fragt nach dir mit Beben;
Ich sag ihr: er ist gut, und sie beruhigt sich,
Ihr Herz wallt zärtlicher, und heißer liebt sie dich.

Sie sieht ihn mit Empfindung an.

Gib acht, sie sucht dich auf, sobald das Fest vorüber,
Und durch das Suchen selbst wirst du ihr immer lieber.

Egle stellt sich immer zärtlicher, lehnt sich auf seine Schulter. Er nimmt ihre Hand und küßt sie.

Und endlich sieht sie dich! O welcher Augenblick!
Drück sie an deine Brust, und fühl dein ganzes Glück!
Ein Mädchen wird beim Tanz verschönert, rote Wangen,
Ein Mund, der lächelnd haucht, gesunkne Locken hangen
Um die bewegte Brust, ein sanfter Reiz umzieht
Den Körper tausendfach, wie er im Tanze flieht,
Die vollen Adern glühn, und bei des Körpers Schweben
Scheint jede Nerve sich lebendiger zu heben.

Sie affektiert eine zärtliche Entzückung und sinkt an seine Brust; er schlingt seinen Arm um sie.

Die Wollust, dies zu sehn, was überwiegt wohl die?
Du gehst nicht mit zum Fest, und fühlst die Rührung nie.
ERIDON. Zu sehr, an deiner Brust, o Freundin, fühl ich sie!

Er fällt Eglen um den Hals und küßt sie, sie läßt es geschehen. Dann tritt sie einige Schritte zurück und fragt mit einem leichtfertigen Tone.

EGLE. Liebst du Aminen?
ERIDON. Sie, wie mich!
EGLE. Und kannst mich küssen?
O warte nur, du sollst mir diese Falschheit büßen!
Du ungetreuer Mensch!
ERIDON. Wie? glaubst du denn, daß ich –
EGLE.
Ich glaube, was ich kann. Mein Freund, du küßtest mich
Recht zärtlich, das ist wahr. Ich bin damit zufrieden.
Schmeckt dir mein Kuß? Ich denk's: die heißen Lippen glühten
Nach mehr. Du armes Kind! Amine, wärst du hier!

ERIDON. Wär sie's!
EGLE. Nur noch getrutzt! Wie schlimm erging es dir!
ERIDON. Ja, keifen würde sie. Du mußt mich nicht verraten.
Ich habe dich geküßt, jedoch was kann's ihr schaden,
Und wenn Amine mich auch noch so reizend küßt,
Darf ich nicht fühlen, daß dein Kuß auch reizend ist?
EGLE. Da frag sie selbst.

## LETZTER AUFTRITT

Amine. Egle. Eridon.

ERIDON. Weh mir!
AMINE. Ich muß, ich muß ihn sehen!
Geliebter Eridon! es hieß mich Egle gehen,
Ich brach mein Wort, mich reut's; mein Freund, ich gehe nicht!
ERIDON für sich.
Ich Falscher!
AMINE. Zürnst du noch? du wendest dein Gesicht?
ERIDON für sich.
Was werd ich sagen!
AMINE. Ach! verdient sie diese Rache,
So eine kleine Schuld? Du hast gerechte Sache,
Doch laß –
EGLE. O laß ihn gehn! Er hat mich erst geküßt;
Das schmeckt ihm noch.
AMINE. Geküßt!
EGLE. Recht zärtlich!
AMINE. Ah! das ist
Zu viel für dieses Herz! So schnell kannst du mich hassen?
Ich Unglückselige! Mein Freund hat mich verlassen!
Wer andre Mädchen küßt, fängt seins zu fliehen an.
Ach! seit ich dich geliebt, hab ich so was getan?
Kein Jüngling durfte mehr nach meinen Lippen streben;
Kaum hab ich einen Kuß beim Pfänderspiel gegeben.
Mir nagt die Eifersucht so gut das Herz wie dir;
Und doch verzeih ich dir's, nur wende dich zu mir!
Doch, armes Herz, umsonst bist du so sehr verteidigt!

Er fühlt nicht Liebe mehr, seitdem du ihn beleidigt.
Die mächtge Rednerin spricht nun umsonst für dich.
ERIDON. O welche Zärtlichkeit! wie sehr beschämt sie mich!
AMINE.
O Freundin, konntest du mir meinen Freund verführen!
EGLE. Getrost, mein gutes Kind! du sollst ihn nicht verlieren.
Ich kenn den Eridon und weiß, wie treu er ist.
AMINE. Und hat –
EGLE. Ja, das ist wahr, und hat mich doch geküßt.
Ich weiß, wie es geschah, du kannst ihm wohl vergeben.
Sieh! wie er es bereut!
ERIDON fällt vor Aminen nieder.
Amine! Liebstes Leben!
O zürne du mit ihr! sie machte sich so schön;
Ich war dem Mund so nah und konnt nicht widerstehn.
Doch kennest du mein Herz, mir kannst du das erlauben,
So eine kleine Lust wird dir mein Herz nicht rauben.
EGLE. Amine, küß ihn! weil er so vernünftig spricht.
Zu Eridon.
Lust raubt ihr nicht dein Herz, dir raubt sie ihres nicht.
So, Freund! du mußtest dir dein eigen Urteil sprechen;
Du siehst, liebt sie den Tanz, so ist es kein Verbrechen.
Ihn nachahmend.
Und wenn ein Jüngling ihr beim Tanz die Hände drückt,
Der eine nach ihr sieht, sie nach dem andern blickt,
Auch das hat, wie du weißt, nicht gar so viel zu sagen.
Ich hoffe, du wirst nie Aminen wieder plagen,
Und denke, du gehst mit.
AMINE. Komm mit zum Fest!
ERIDON. Ich muß;
Ein Kuß belehrte mich.
EGLE zu Aminen. Verzeih uns diesen Kuß.
Und kehrt die Eifersucht in seinen Busen wieder,
So sprich von diesem Kuß, dies Mittel schlag ihn nieder. –
Ihr Eifersüchtigen, die ihr ein Mädchen plagt,
Denkt euren Streichen nach, dann habt das Herz und klagt.

# DIE MITSCHULDIGEN

## EIN LUSTSPIEL IN DREI AUFZÜGEN

### PERSONEN

Der Wirt
Sophie, seine Tochter
Söller, ihr Mann
Alcest
Ein Kellner

Der Schauplatz ist im Wirtshause.

## ERSTER AUFZUG

### ERSTER AUFTRITT

Die Wirtsstube.

Söller sitzt im Domino an einem Tischchen, worauf ein Licht, eine Bouteille Wein und ein Glas steht. Sophie gegenüber sitzt und näht eine Feder und eine Schleife auf einen Hut. Der Wirt kommt herein. In der Tiefe des Theaters steht ein Tisch, darauf ein Licht, Bücher und Tintenfaß, dabei ein Lehnsessel.

WIRT zu Söllern.
Schon wieder auf den Ball! Im Ernst, Herr Schwiegersohn,
Ich bin Sein Rasen satt und dächt, Er blieb davon.
Mein Mädchen hab ich Ihm wahrhaftig nicht gegeben,
Um so in' Tag hinein von meinem Geld zu leben.
Ich bin ein alter Mann, ich sehnte mich nach Ruh,
Ein Helfer fehlte mir, nahm ich Ihn nicht dazu?
Ein schöner Helfer! Ja, mein bißchen durchzubringen!
SÖLLER summt ein Liedchen vor sich.
WIRT. O sing Er, sing Er nur, ich will ihm auch eins singen!
Er ist ein dummer Kerl, der doch zu gar nichts taugt,
Als daß er sich besäuft und etwas Tabak raucht.
Die ganze Nacht geschwärmt, den halben Tag im Bette!
Kein Herzog ist im Reich, der besser leben hätte.
Da sitzt das Ebenteur mit weiten Ärmeln da,
Der König Hasenfuß!

SÖLLER trinkt. Ihr Wohlergehn, Papa!
WIRT.
Ein saubres Wohlergehn! Das Fieber möcht ich kriegen.
SOPHIE.
Mein Vater, sein Sie gut.
SÖLLER trinkt. Mein Fiekchen, dein Vergnügen!
SOPHIE. Das Größte wäre mir, euch nicht entzweit zu sehn.
WIRT. Wenn er nicht anders wird, so kann das nie geschehn.
Ich bin wahrhaftig lang des ewgen Zankens müde,
Doch wie er's täglich treibt, da halt der Henker Friede!
Er ist ein schlechter Mensch, so kalt, so undankbar!
Er sieht nicht, was er ist, er denkt nicht, was er war,
Nicht an den povern Stand, aus dem ich ihn gerissen,
An seine Schulden nicht; davon will er nichts wissen.
Man sieht, es bessert doch nicht Elend, Reu noch Zeit; –
Einmal ein Lumpenhund, der bleibt's in Ewigkeit.
SOPHIE. Er ändert sich gewiß.
WIRT. Muß er's so lang verschieben?
SOPHIE. Das tut die Jugend meist.
SÖLLER. Ja, Fiekchen, was wir lieben!
Er trinkt.

WIRT aufgebracht.
Dem einen Ohr hinein, dem andern grad heraus!
Er hört mich nicht einmal. Was bin ich denn im Haus?
Ich hab schon zwanzig Jahr mit Ehren mich gehalten.
Meint Er, was ich erwarb, das wollt Er nun verwalten,
Und wollt's so nach und nach verteilen? Nein, mein Freund,
Das laß Er sich vergehn! So bös ist's nicht gemeint!
Mein Ruf hat lang gewährt, und soll noch länger währen;
Es kennt die ganze Welt den Wirt zum schwarzen Bären.
Es ist kein dummer Bär, und konserviert sein Fell;
Jetzt wird mein Haus gemalt, und dann heiß ich's Hotel.
Da regnet's Kavaliers, da kommt das Geld mit Haufen.
Doch da gilt's fleißig sein, und nicht sich dumm zu saufen!
Des Abends spät zu Bett, und morgens auf bei Zeit,
So heißt es!
SÖLLER. Bis dahin ist es noch ziemlich weit.
Bleibt es nur, wie es ist, und wird nicht etwa schlimmer.
Wer wohnt denn viel bei uns? Da droben stehn die Zimmer.

WIRT. Ach wer verreist auch jetzt? Das ist nun so einmal,
Und hat nicht Herr Alcest die Zimmer an dem Saal?
SÖLLER. Nun ja, das ist wohl was, der ist ein guter Kunde;
Allein, Minuten sind erst sechzig eine Stunde.
Und dann weiß Herr Alcest, warum er hier ist.
WIRT pikiert. Wie?
SÖLLER greift nach dem Glas.
Ach, apropos, Papa. Es lebe Paoli.
WIRT freundlich.
Proficiat, Herr Sohn! Der brave Mann soll leben.
Solch eine Tapferkeit hat es nicht leicht gegeben;
Auch in dem Unglück selbst verläßt der Mut ihn nie.
Gewiß, ich nenn mein Haus Hotel de Paoli.
SÖLLER.
O ja, das gibt ein Schild recht nach der Zeitungsmode.
Wenn's nicht zustande kommt, ich gräme mich zu Tode. –
Wie kommt es, haben Sie die Zeitung nicht gesehn
Von heut?
WIRT. Sie ist nicht da. Der Jung muß nach ihr gehn.
Wenn er noch König wird, so sollt ihrs all genießen.
Das Herz hüpft mir im Leib, als hört ich wirklich schießen.
Ab.

## ZWEITER AUFTRITT

Söller. Sophie.

SÖLLER.
Ha, es ist nichts so schlimm, die Zeitung macht es gut.
SOPHIE. Ja, gib ihm immer nach!
SÖLLER. Ich hab kein schnelles Blut,
Das ist sein Glück; denn sonst mich immer so zu schelten,
Als wär ich –
SOPHIE. Lieber Mann!
SÖLLER. Beim Kuckuck! Beim St. Velten!
Ich weiß das alles wohl, daß ich vor einem Jahr
Ein lockrer Passagier und voller Schulden war.
SOPHIE. Mein Guter, sei nicht bös!
SÖLLER. Und wenn ich sonst nichts taugte,
So war ich doch ein Mann wie ihn mein Fiekchen brauchte.

SOPHIE. Dein ewger Vorwurf läßt mir keine Stunde froh.
SÖLLER. Ich werfe dir nichts vor, ich meine ja nur so.
Denn eine schöne Frau ergötzet uns unendlich,
Wenn man sie auch nicht liebt, so ist man doch erkenntlich.
Sophie wie schön bist du, und ich bin nicht von Stein,

Er küßt sie.

Ich kenne nur zu wohl das Glück, dein Mann zu sein;
Ich liebe dich –
SOPHIE. Und doch kannst du mich immer plagen?
SÖLLER.
Eh geh, was liegt denn dran? Das darf ich ja wohl sagen;
Daß dich Alcest geliebt, daß du für ihn gebrannt,
Und ihn auch wohl vielleicht – daß du ihn lang gekannt.
SOPHIE. Oh!
SÖLLER. Nein, ich wüßte nicht, was ich da Böses sähe!
Ein Bäumchen, das man pflanzt, das schießt zu seiner Höhe;
Und wenn es Früchte bringt, eh! da genießet sie,
Wer da ist; übers Jahr gibt's wieder. Ja, Sophie,
Ich weiß das gar zu wohl, um etwas draus zu machen.
Mir ist's nur lächerlich.
SOPHIE. Ich finde nichts zu lachen.
Daß mich Alcest geliebt, daß er für mich gebrannt,
Und ich ihn auch geliebt, und ich ihn lang gekannt,
Was ist's denn weiter?
SÖLLER. Nichts! das will ich auch nicht sagen,
Daß es was weiter ist. Denn in den ersten Tagen,
Wenn so das Mädchen keimt, da liebt sie eins zum Spaß,
Es krabbelt ihr ums Herz, doch sie versteht nicht, was.
Mit sanfter Freundlichkeit schleicht Amor, der Betrüger;
Wer keinen Tiger kennt, der läuft vor keinem Tiger.
Und sie versteht es nicht, warum die Mutter schmält.
Voll Tugend, wenn sie liebt, ist's Unschuld, wenn sie fehlt.
Und kommt Erfahrenheit zu ihren andern Gaben,
So sei ihr Mann vergnügt, ein kluges Weib zu haben!
SOPHIE. Du kennst mich nicht genug.
SÖLLER. O laß das immer sein!
Den Mädchen ist ein Kuß, was uns ein Glas voll Wein,
Eins, und dann wieder eins, und noch eins, bis wir sinken.
Wenn man nicht taumeln will, so muß man gar nicht trinken!

Genug, du bist nun mein! – Ist es nicht vierthalb Jahr,
Daß Herr Alcest dein Freund und hier im Hause war?
Wie lange war er weg? Zwei Jahre, denk ich.
SOPHIE. Drüber.
SÖLLER. Nun ist er wieder da, schon vierzehn Tage –
SOPHIE. Lieber,
Zu was dient der Diskurs?
SÖLLER. Eh nun, daß man was spricht.
Denn zwischen Mann und Frau red't sich so gar viel nicht.
Warum ist er wohl hier?
SOPHIE. Ei, um sich zu vergnügen.
SÖLLER.
Ich glaube wohl, du magst ihm sehr am Herzen liegen.
Wenn er dich liebte, he! gäbst du ihm wohl Gehör?
SOPHIE. Die Liebe kann wohl viel, allein die Pflicht noch mehr.
Du glaubst!
SÖLLER. Ich glaube nichts, und kann das wohl begreifen;
Ein Mann ist immer mehr als Herrchen, die nur pfeifen.
Der allersüßte Ton, den auch der Schäfer hat,
Es ist doch nur ein Ton, und der wird endlich matt.
SOPHIE *ungeduldig.*
Ja, ja, das weiß ich wohl; doch ist der deine besser?
Die Unzufriedenheit in dir wird täglich größer.
Nicht einen Augenblick bist du mit Necken still.
Man sei erst liebenswert, wenn man geliebt sein will.
Warst du denn wohl der Mann, ein Mädchen zu beglücken?
Erwarbst du dir ein Recht, mir ewig vorzurücken,
Was doch im Grund nichts ist? Es wankt das ganze Haus;
Du nimmst allein nichts ein, und gibst allein fast aus.
Du lebst in Tag hinein; fehlt dir's, so machst du Schulden,
Und wenn die Frau was braucht, so hat sie keinen Gulden,
Und du fragst nicht darnach, wie sie ihn kriegen kann.
Willst du ein braves Weib, so sei ein rechter Mann.
Ach, es versucht uns nichts so mächtig als der Mangel;
Die klügsten Fische treibt der Hunger an die Angel.
Mein Vater gibt mir nichts, und hat der Mann nicht recht?
Wir brauchen so genug, und alles geht so schlecht.
Doch heute mußt ich ihn notwendig etwas bitten.
Ha, sagt er, du kein Geld, und Söller fährt im Schlitten?

Er gab mir nichts und lärmt mir noch die Ohren voll.
Nun sag mir denn einmal, woher ich's nehmen soll?
Denn du bist nicht der Mann, für eine Frau zu sorgen.
SÖLLER. O warte, liebes Kind, vielleicht empfang ich morgen
Von einem guten Freund –
SOPHIE. Wenn er ein Narr ist, ja!
Zu holen sind gar oft die guten Freunde da;
Doch einen, der was bringt, den hab ich noch zu sehen!
Nein, Söller, künftighin kann es nicht mehr so gehen.
SÖLLER. Du hast ja, was man braucht.
SOPHIE. Schon gut, das ist wohl was.
Doch wer nie dürftig war, der will noch mehr als das.
Von Jugend auf verwöhnt durch 's Glück und seine Gaben,
Hat man, soviel man braucht, und glaubt noch nichts zu haben.
Die Lust, die jede Frau, die jedes Mädchen hat,
Ich bin nicht hungrig drauf, doch bin ich auch nicht satt.
Der Putz, der Ball – Genug, ich bin ein Frauenzimmer.
SÖLLER. Eh nun, so geh dann mit: ich sage dir's ja immer.
SOPHIE. Daß wie das Karneval auch unsre Wirtschaft sei,
Die kurze Zeit geschwärmt, dann auf einmal vorbei!
Viel lieber sitz ich hier allein zu ganzen Jahren!
Wenn Er nicht sparen will, so muß die Frau wohl sparen.
Mein Vater ist genug schon über mir erbost:
Ich stille seinen Zorn und bin sein ganzer Trost.
Nein, Herr! Ich helf Ihm nie mein eigen Geld verschwenden:
Spar Er es erst an sich, um es an mich zu wenden!
SÖLLER.
Mein Kind, für diesmal nur laß mich noch lustig sein,
Und wenn die Messe kommt, so richten wir uns ein.

## DRITTER AUFTRITT

Die Vorigen, ein Kellner.

KELLNER. Herr Söller!
SÖLLER. Nun, was soll's?
KELLNER. Der Herr von Tirinette!
SOPHIE. Der Spieler!
SÖLLER. Schick ihn fort! Daß ihn der Teufel hätte!
KELLNER. Er sagt, er muß Sie sehn.
SOPHIE. Was will er dann bei dir?
SÖLLER verwirrt zu Sophie.
Ach, er verreist –
Zum Kellner. Ich komm!
Zu Sophie. und er empfiehlt sich mir. Ab.

## VIERTER AUFTRITT

SOPHIE.
Der mahnt ihn ganz gewiß! Er macht beim Spiele Schulden.
Er bringt noch alles durch, und ich, ich muß es dulden.
Dies ist nun alle Lust und mein geträumtes Glück!
So eines Menschen Frau! Wie weit kamst du zurück!
Wo ist sie hin, die Zeit, da sie zu ganzen Scharen,
Die süßten jungen Herrn, zu deinen Füßen waren?
Da jeder sein Geschick in deinen Blicken sah?
Ich stand im Überfluß wie eine Göttin da,
Aufmerksam um mich her die Diener meiner Grillen!
Es war nur allzuviel, dies Herz mit Stolz zu füllen.
Und ach! ein Mädchen ist wahrhaftig übel dran!
Ist man ein bißchen hübsch, so steht man jedem an;
Da summt uns unser Kopf den ganzen Tag von Lobe!
Und welches Mädchen hält wohl diese Feuerprobe?
Ihr könnt so ehrlich tun, man glaubt euch wohl aufs Wort,
Ihr Männer! Auf einmal führt euch der Henker fort.
Wenn's was zu naschen gibt, so sind wir all beim Schmause,
Doch macht ein Mädchen Ernst, da ist kein Mensch zu Hause.
So ist's mit unsern Herrn in dieser schlimmen Zeit;

Es gehen zwanzig drauf, bis daß ein halber freit.
Ich sah mich manchesmal betrogen und verlassen:
Wer vierundzwanzig zählt, hat nichts mehr zu verpassen.
Der Söller kam mir vor, und ich, ich nahm ihn an;
Es ist ein schlechter Mensch, allein er ist ein Mann.
Da sitz ich nun und bin nicht besser als begraben.
Anbeter könnt' ich zwar noch in der Menge haben;
Allein wenn eine Frau ein bißchen Tugend hat,
So ist's der junge Herr in wenig Stunden satt.
Bei Mädchen ist er gern mit Tändelei zufrieden,
Er redet Sentiments, und ist nicht zu ermüden;
Doch wenn nur eine Frau ein wenig spröde tut,
So wundert er sich sehr und greift nach seinem Hut.
Alcest ist wieder hier. Er ist's zu meiner Plage.
Ach ehmals war er da, da waren's andre Tage.
Wie liebt ich ihn! – Und noch! – Ich weiß nicht, was ich will!
Ich flieh ihn, wo ich kann. Er ist nachdenkend, still,
Ich fürchte mich vor ihm; die Furcht ist wohl gegründet.
Ach wüßt er, was mein Herz noch jetzt für ihn empfindet!
Er kommt! Ich zittre schon, mein Herz ist gar zu voll,
Ich weiß nicht, was ich will, noch wen'ger, was ich soll.

## FÜNFTER AUFTRITT

Sophie. Alcest.

ALCEST.
Sind Sie einmal allein, und darf ein Freund es wagen?
SOPHIE.
Mein Herr.
ALCEST.
Mein Herr! So klang's nicht in vergangnen Tagen.
SOPHIE. Ja wohl, die Zeit verfliegt, und alles ändert sich.
ALCEST.
Erstreckt sich denn die Macht der Zeit auch über dich,
O Liebe! Bin ich's selbst, der mit Sophien redet?
Bist du Sophie?

SOPHIE *bittend.* Alcest!
ALCEST. Bist du's?
SOPHIE. Ihr Vorwurf tötet
Mein armes Herz. Alcest! Mein Freund, ich bitte Sie!
Ich muß, ich muß hinweg!
ALCEST. Unzärtliche Sophie!
Verlassen Sie mich nur! – In diesem Augenblicke,
Dacht ich, ist sie allein. Ich segnete mein Glücke.
Nun, hofft ich, redet sie ein zärtlich Wort mit dir.
O gehn Sie! Gehn Sie nur! – In diesem Zimmer hier
Entdeckte mir Sophie zuerst die schönsten Flammen,
Hier schloß sich unsre Brust zum erstenmal zusammen;
An eben diesem Platz – erinnerst du dich noch? –
Schwurst du mir ewge Treu!
SOPHIE. O schonen Sie mich doch!
ALCEST.
Ein schöner Abend war's – ich werd ihn nie vergessen!
Dein Auge redete, und ich, ich ward vermessen.
Mit Zittern botst du mir die heißen Lippen dar.
Mein Herze fühlt es noch, wie sehr ich glücklich war.
Da hattest du nicht Zeit, was sonst als mich zu denken,
Und jetzo willst du mir nicht eine Stunde schenken?
Du siehst, ich suche dich, du siehst, ich bin betrübt –
Geh nur, du falsches Herz, du hast mich nie geliebt!
SOPHIE.
Ich bin geplagt genug, willst du mich auch noch plagen?
Sophie dich nicht geliebt! Alcest, das darfst du sagen?
Du warst mein ganzer Wunsch, du warst mein höchstes Gut;
Für dich schlug dieses Herz, dir wallte dieses Blut.
Und dieses Herz, mein Freund, das du einst ganz besessen,
Kann nicht unzärtlich sein, es kann dich nicht vergessen.
Die Liebe widersteht der Zeit, die alles raubt,
Man hat nie recht geliebt, wenn man sie endlich glaubt.
Allein – Es kommt jemand.
ALCEST. Nein!
SOPHIE. Es ist hier gefährlich.
ALCEST. Auch nicht ein einzig Wort. O es ist zu beschwerlich.
So geht's den ganzen Tag! Wie ist man nicht geplagt!

Schon vierzehn Tage hier, und dir kein Wort gesagt!
Ich weiß, du liebst mich noch, allein das wird mich töten.
Niemals sind wir allein, was unter uns zu reden;
Nicht einen Augenblick ist hier im Zimmer Ruh,
Bald ist der Vater da, dann kommt der Mann dazu.
Lang bleib ich dir nicht hier, das ist mir unerträglich.
Allein, Sophie, wer will, ist dem nicht alles möglich?
Sonst war dir nichts zu schwer, du halfest dir geschwind;
Ein Drach war eingewiegt, und hundert Augen blind.
O, wenn du wolltest –

SOPHIE. Was?

ALCEST. Wenn du nur denken wolltest,
Daß du Alcesten nicht verzweifeln machen solltest!
Geliebte, suche dir doch nur Gelegenheit
Zur Unterredung auf, die dieser Ort verbeut.
O höre, heute nacht! dein Mann geht aus dem Hause,
Man glaubt, ich gehe selbst zu einem Fastnachtsschmause;
Allein, das Hintertor ist meiner Treppe nah –
Es merkt's kein Mensch im Haus und ich bin wieder da.
Den Schlüssel hab ich hier, und willst du mir erlauben –

SOPHIE. Alcest, ich wundre mich –

ALCEST. Und ich, ich soll es glauben,
Daß du kein hartes Herz, kein falsches Mädchen bist?
Du schlägst das Mittel aus, das uns noch übrig ist.
Wir kennen uns ja schon; was brauchst du dich zu schämen?
Wär etwas anders da, ich wollte das nicht nehmen.
Allein genug: heut nacht, Sophie, besuch ich dich.
Doch kommt dir's sichrer vor, so komm, besuche mich!

SOPHIE. Alcest, das ist zu viel!

ALCEST. Zu viel! O, schön gesprochen!
Verflucht! zu viel! zu viel! Verderb ich meine Wochen
Hier so umsonst? – Verdammt! was hält mich dieser Ort,
Wenn mich Sophie nicht hält? Ich gehe morgen fort.

SOPHIE. Geliebter! Bester!

ALCEST. Nein, du siehst, du kennst mein Leiden,
Und du erbarmst dich nicht. Ich will dich ewig meiden!

## SECHSTER AUFTRITT

Vorige. Der Wirt.

Alcest geht in der Stube auf und nieder. Sophie steht unentschlossen da. Der Wirt kommt mit einem Briefe.

WIRT. Da ist ein Brief; er muß von jemand Hohes sein;
Das Siegel ist sehr groß, und das Papier ist fein.

ALCEST nimmt den Brief und reißt ihn auf.

WIRT.
In Stücken das Couvert, nur um geschwind zu wissen.

ALCEST der den Brief kaum angesehen hat.
Ich werde morgen früh von hier verreisen müssen.
Die Rechnung!

WIRT. So geschwind! In dieser schlimmen Zeit
Verreisen? Dieser Brief ist wohl von Wichtigkeit?
Dürft ich mich unterstehn und Ihro Gnaden fragen?

ALCEST. Nein!

WIRT heimlich zu Sophien.
Frag ihn doch einmal, gewiß, dir wird er's sagen.

Er geht an den Tisch im Fond, schlägt in seinen Büchern nach, und schreibt die Rechnung.

SOPHIE zärtlich. Alcest, ist es gewiß?

ALCEST weggewendet. Das schmeichelnde Gesicht!

SOPHIE. Alcest, ich bitte dich, verlaß Sophien nicht!

ALCEST.
Nun gut, entschließe dich, mich heute nacht zu sehen.

SOPHIE vor sich.
Was soll, was kann ich tun? Er darf, er darf nicht gehen;
Er ist mein einzger Trost, ich tue, was ich kann.

ALCEST. Nun, Liebste?

SOPHIE. Doch mein Mann –

ALCEST. Der Henker hol den Mann!
Nun, willst du?

SOPHIE. Ob ich will?

ALCEST. Nun?

SOPHIE. Ich will zu dir kommen.

ALCEST. Herr Wirt, ich reise nicht!

WIRT hervortretend.

So! Zu Sophien. Hast du was vernommen?

SOPHIE. Er will nichts sagen.

WIRT. Nichts?

## SIEBENTER AUFTRITT

Die Vorigen. Söller.

SÖLLER. Mein Hut!

SOPHIE. Da ist er. Hier!

ALCEST. Adieu, ich muß zum Schmaus.

SÖLLER. Ich wünsche viel Plaisir.

ALCEST faßt Sophien bei der Hand.

Adieu, scharmante Frau!

SÖLLER vor sich. Der Kerl wird täglich kühner.

ALCEST zum Wirt.

Ein Licht! Ich muß hinauf.

SOPHIE. Adieu, Alcest!

WIRT begleitet ihn. Ihr Diener.

ALCEST. Sie bleiben!

WIRT. Gnädger Herr –

ALCEST. Herr Wirt, nicht einen Schritt!

Er geht ab.

SOPHIE.

Nun, Söller, gehst du denn! Wie wär's, du nähmst mich mit?

SÖLLER. Warum sagst du's nicht eh.

SOPHIE. O geh! es war im Scherze.

SÖLLER.

Nein, nein, ich weiß es schon, es wird dir warm ums Herze.
Wenn man so jemand sieht, der sich zum Balle schickt,
Und man soll schlafen gehn, da ist hier was, das drückt.
Es ist ein andermal.

SOPHIE. O ja, ich kann wohl warten.

Noch etwas: sei gescheit und hüt dich vor den Karten.
Geruhge Nacht, Papa, ich will zu Bette gehn.
Es ist schon spät.

WIRT. Schlaf wohl!

SÖLLER sieht ihr nach. Nein, sie ist wahrlich schön!

Er läuft ihr nach und küßt sie.

Schlaf wohl, mein Schäfchen!

Sophie geht ab.

Zum Wirt. Nun, geht Er nicht auch zu Bette?

WIRT. Das ist ein Teufelsbrief; wenn ich den Brief nur hätte!

Zu Söller. Nun, Fastnacht! gute Nacht!

SÖLLER. Dank's! angenehme Ruh!

WIRT. Herr Söller, wenn Er geht, mach Er das Tor recht zu!

SÖLLER. Ja, sorgen Sie für nichts!

## ACHTER AUFTRITT

SÖLLER allein. Was ist nun anzufangen?

O, das verfluchte Spiel! Ich wollt, er wär gehangen,
Der Karo-König – Ja – Nun gilt es witzig sein.
Der Spieler borgt nicht mehr. Ich weiß nicht aus noch ein.
Wie wär's? Alcest hat Geld, und hier: da hab ich Schlüssel
Zu mehr als einem Schloß. Er greift nach meiner Schüssel
Ja auch; und meine Frau ist ihm nicht sehr verhaßt –
Eh nun! da lad ich mich einmal bei ihm zu Gast.
Allein, kommt es heraus, so geben's schlimme Sachen.
Ja, ich bin in der Not, was kann ich anders machen?
Der Spieler will sein Geld, sonst prügelt er mich aus.
Courage, Söller! Fort! Es schläft das ganze Haus.
Und wird es auch entdeckt, so bist du wohl gebettet,
Denn eine schöne Frau hat manchen Dieb gerettet.

# ZWEITER AUFZUG

## ERSTER AUFTRITT

Das Theater ist geteilt, der Hauptteil stellt das Zimmer Alcests, der kleinere einen Alkoven vor.

Söller, im Domino, den Hut auf, die Maske vorm Gesicht, ohne Schuhe, kommt ganz leise zur Nebentüre herein, leuchtet vorsichtig mit einer Blendlaterne umher; da er alles still findet, kommt er mit leisen Schritten hervor an den Rand des Theaters, nimmt die Maske und den Hut ab und wischt sich das Gesicht.

Zum Leben braucht's nicht just, daß man so tapfer ist.
Man kommt auch durch die Welt mit Schleichen und mit List.
Der eine geht euch hin, bewaffnet mit Pistolen,
Sich einen Sack mit Geld, vielleicht den Tod zu holen,
Und ruft: Den Beutel her! Her! Ohn euch viel zu sperrn!
Mit so gelaßnem Blut, als spräch er: Prost, ihr Herrn!
Ein andrer zieht herum, mit zauberischen Händen
Und Volten wie der Blitz die Uhren zu entwenden.
Und wenn ihr's haben wollt, er sagt euch ins Gesicht:
Ich stehle, gebt wohl acht! Er stiehlt, ihr seht es nicht.
Mich machte die Natur nun freilich viel geringer;
Mein Herz ist allzuleicht, zu plump sind meine Finger;
Und doch kein Schelm zu sein, wird heutzutage schwer,
Das Geld nimmt täglich ab, und täglich braucht man mehr.
Doch ist's ein schlechtes Ding um halbe Bösewichter.
Ich seh's, man wird zum Dieb geboren wie zum Dichter;
Und pfuscht nur einer drein, so fühlt er wie der Blitz
Die Peitsche der Kritik, die Rute der Justiz.

Du bist nun einmal drin; nun hilf dich aus der Falle!
Ach! alles meint zu Haus, ich sei schon lang beim Balle.
Mein Herr Alcest, der schwärmt, mein Weibchen schläft allein;
Die Konstellation wie kann sie schöner sein?

Er nimmt die Schatulle vom Tisch.

O komm, du Heiligtum! Du Gott in der Schatulle!

Ein König ohne dich wär eine große Nulle.

Er zieht die Diebesschlüssel aus der Tasche und sagt unter dem Aufbrechen.

Habt Dank, ihr Dietriche! ihr seid der Trost der Welt!
Durch euch erlang ich ihn, den großen Dietrich, Geld!
Ich war einst Sekretär bei einem Bürgermeister.
Ein Sekretär! Das ist kein Werk für kleine Geister,
Es ist ein künstlich Amt und will getrieben sein.
Ja, wie ich das noch war, da bild't ich mir was ein,
Da ging ich wie ein Prinz. Ein Dieb wurd eingefangen,
Die Schlüssel fanden sich, und er, er ward gehangen.
Nun weiß man, die Justiz behält stets was für sich;
Ich war nur Subaltern, das Eisen kam an mich;
Ich hob es auf. Ein Ding mag noch so wenig taugen,
Es kommt ein Augenblick, und man kann alles brauchen.
Und jetzt – Das Schloß geht auf.
O schön gemünzt! Ja, das ist wahre Lust!
Die Tasche schwillt von Geld, von Freuden meine Brust –
Wenn es nicht Angst ist.

Er horcht.

Horch! Verflucht! ihr feigen Glieder!
Was zittert ihr?

Er fährt zusammen.

Horch! – Nichts!

Er macht die Schatulle zu.

Genug! Nun gut!

Er will gehen, erschrickt, und steht still.

Schon wieder!
Es geht was auf dem Gang! Es geht doch sonst nicht um.
Der Teufel hat vielleicht sein Spiel. Das Spiel wär dumm!
Ist's eine Katze? Nein! Das geht nicht wie ein Kater.
Geschwind! Es dreht am Schloß.

Er springt in den Alkoven und sieht durch die Vorhänge.

Behüt! mein Schwiegervater.

## ZWEITER AUFTRITT

Der Wirt kommt im Schlafrocke, der Nachtmütze und Pantoffeln mit einem Wachsstock furchtsam zur Nebentüre herein. Söller im Alkoven horchend.

WIRT. Es ist ein närrisch Ding um ein empfindlich Blut,
Es pocht, wenn man auch nur halbweg was Böses tut.
Dächt ich nicht aus dem Brief was Wichtiges zu holen,
Ich wär gewiß nicht da! Ich glaub, er kam aus Polen.
Die Zeitung heutzutag ist unerträglich kalt,
Das Neuste, was man hört, ist immer monatsalt.
Der Zeitungsschreiber selbst ist wirklich zu beklagen,
Gar öfter weiß er nichts, und oft darf er nichts sagen.
Wär ich nur gnädger Herr, ich müßt Minister sein,
Und jeglicher Kurier ging bei mir aus und ein.

Er sucht überall.

Er ging noch erst herauf, und holte Hut und Degen;
Ich hoff doch auch, es war, den Brief bei Seit zu legen.

Er sucht.

SÖLLER im Alkoven.
Du guter alter Narr! ich seh wohl, es hat dich
Der Diebs- und Zeitungsgott nicht halb so lieb als mich.
WIRT. Ich find ihn nicht! Er erschrickt. O weh! Hör ich auch recht? Daneben
Im Zimmer? Er horcht.
SÖLLER erschrocken.
Riecht er mich vielleicht?
WIRT. Es knistert eben,
Als wär's ein Weiberschuh.
SÖLLER getrost. Schuh! Nein! das bin ich nicht.
WIRT bläst den Wachsstock aus.
Ft! Bleibe, wer da will! Geh auf!

Er kann das Schloß in der Eile nicht aufmachen, und läßt darüber den Wachsstock fallen; endlich stößt er die Tür auf und läuft davon.

## DRITTER AUFTRITT

Sophie mit einem Licht kommt zur Haupttüre herein; Söller im Alkoven.

SÖLLER erstaunt. Ein Weibsgesicht!
Fast so wie meine Frau! Ich hoffe nicht!
SOPHIE setzt das Licht auf den Tisch und kommt hervor. Ich bebe
Bei dem verwegnen Schritt.
SÖLLER mit Karikatur. Sie ist's! So wahr ich lebe!
Adieu du armer Kopf! – Allein, gesetzten Falls,
Ich zeigte mich! – Und dann – Ja, dann adieu mein Hals!
SOPHIE.
Sophie, du kommst zu ihm, was hast du unternommen?
Doch kann es anders sein? Er darf zu dir nicht kommen,
An meinem Zimmer ist mein Vater allzunah,
Und hier ist alles leer.
SÖLLER. Leer, und der Mann ist da!
SOPHIE. Ja, folgt der Liebe nur! Mit freundlichen Gebärden
Lockt sie euch anfangs nach –
SÖLLER. Ich möchte rasend werden!
Und darf nicht –
SOPHIE. – Doch wenn ihr einmal den Weg verliert,
Dann führt kein Irrlicht euch so schlimm, als sie euch führt.
SÖLLER. Jawohl, dir wär ein Sumpf gesünder als das Zimmer.
SOPHIE. Bisher ging's ziemlich schlimm, doch es wird täglich schlimmer.
Mein Mann macht's bald zu toll. Bisher gab's wohl Verdruß;
Doch jetzt treibt er's, daß ich ihn gar verachten muß.
SÖLLER. O Hexe!
SOPHIE. Meine Hand hat er, Alcest inzwischen
Besitzt, wie sonst, mein Herz.
SÖLLER. Zu zaubern, Gift zu mischen,
Ist nicht so schlimm!
SOPHIE. Dies Herz, das er zuerst entflammt,
Das erst durch ihn gefühlt, was Liebe sei –
SÖLLER. Verdammt –
SOPHIE. Kalt, spröde war dies Herz, eh es Alcest erweichte.

SÖLLER. Ihr Männer! stündet ihr all nur einmal so Beichte!
SOPHIE. Wie glücklich war ich sonst!
SÖLLER. Sonst! Nun, das ist vorbei!
SOPHIE. Wie liebte mich Alcest!
SÖLLER. Pah! das war Kinderei!
SOPHIE.
Das Schicksal trennt' uns bald, und ach! für meine Sünden
Mußt ich mich – welch ein Muß – mit einem Vieh verbinden.
SÖLLER. Ich, Vieh? – Jawohl ein Vieh, von dem gehörnten Vieh!
SOPHIE. Was seh ich?
SÖLLER. Was, Madam?
SOPHIE. Des Vaters Wachsstock! Wie
Kam er hieher? Vielleicht – Da werd ich fliehen müssen;
Vielleicht belauscht er uns! –
SÖLLER. O setz ihr zu, Gewissen!
SOPHIE. Nur das begreif ich nicht, wie er ihn hier verlor.
SÖLLER. Sie scheut den Vater nicht, mal ihr den Teufel vor!
SOPHIE.
Ach nein, das ganze Haus liegt schon in tiefem Schlafe.
SÖLLER. Die Lust ist mächtiger als alle Furcht der Strafe.
SOPHIE.
Mein Vater kann nicht wohl – Wer weiß, wie es geschah?
Es mag drum sein!
SÖLLER. O weh!
SOPHIE. Alcest ist noch nicht da!
SÖLLER. O dürft ich sie –!
SOPHIE. Mein Herz schwimmt noch in seltnem Zweifel:
Ich hoff und fürcht ihn doch.
SÖLLER. Ich fürcht ihn wie den Teufel!
Und mehr noch. Käm er nur, der Prinz der Unterwelt,
Ich bät ihn: hol mir sie! da hast du all das Geld!
SOPHIE.
Du bist zu zärtlich, Herz! Was ist denn dein Verbrechen?
Versprachst du, treu zu sein? und konntest du versprechen,
Dem Menschen treu zu sein, an dem kein gutes Haar,
Der unverständig, grob, falsch? –
SÖLLER. Das bin ich!

SOPHIE. Fürwahr,
Wenn so ein Scheusal nicht den Abscheu gnug entschuldigt,
So lob ich mir das Land, wo man dem Teufel huldigt.
Er ist ein Teufel!
SÖLLER *ergrimmt.* Was! ein Teufel? Scheusal? Ich?
Ich halt's nicht länger aus!

*Er will herausbrechen. Doch da er Alcest erblickt, fährt er zurück.*

## VIERTER AUFTRITT

*Sophie, Söller im Alkoven, Alcest.*

ALCEST. Du wartest schon auf mich?
SOPHIE *lächelnd.* Sophie kam dir zuvor.
ALCEST. Du zitterst?
SOPHIE. Die Gefahren
Von hier und dort –

*Sie deutet auf Alcesten und auf die Türe.*

SÖLLER. Du! dir! das sind Präliminaren.
SOPHIE. Du weißt es, was mein Herz um deinetwillen litt,
Du kennst dies ganze Herz, verzeih ihm diesen Schritt.
ALCEST *mit Nachdruck.*
Sophie!
SOPHIE. Verzeihst du ihn, so fühl ich keine Reue.
SÖLLER. Ja, frage mich einmal, ob ich dir ihn verzeihe!
SOPHIE. Warum kam ich hierher? Gewiß, ich weiß es kaum.
SÖLLER. Ich weiß es nur zu wohl!
SOPHIE. Es ist mir wie ein Traum.
SÖLLER. Ich wollt, ich träumte!
SOPHIE. Sieh, ein ganzes Herz voll Plagen
Bring ich zu dir.
ALCEST. Der Schmerz vermindert sich im Klagen.
SOPHIE. Ein sympathetisch Herz wie deines fand ich nie.
SÖLLER. Wenn ihr zusammen gähnt, das nennt ihr Sympathie!
Vortrefflich!
SOPHIE. Mußt ich nur dich so vollkommen finden,
Um mit dem Gegensatz von dir mich zu verbinden?
Ich hab ein Herz, das nicht tot für die Tugend ist.
ALCEST. Ich kenn's!

SÖLLER. Ja, ja, ich auch!
SOPHIE. So liebenswert du bist,
Alcest, ich würde nie aus meinen Schranken weichen,
Wär Söller nicht ein Mann, um mich herauszuscheuchen.
SÖLLER.
Sie lügt! Ein Mann von Stroh wär ich! Da seht ihr mich,
Ihr Herren! Hat er denn so Waden stehn wie ich?
SOPHIE.
Ich dachte, da die Not mich zwang, dich zu verlassen,
Ihn zu ertragen –
SÖLLER. Schön!
SOPHIE. Allein ich muß ihn hassen.
SÖLLER. Noch schöner!
ALCEST. Du verdienst kein so unglücklich Band.
SOPHIE.
Dumm ohn ein gutes Herz, und boshaft ohn Verstand.
Zum Schelmen viel zu feig, zu schlimm, um gut zu denken,
Beschäftigt sich sein Kopf mit ungeschliffnen Ränken,
Verleumdet, lügt, betrügt.
SÖLLER. Ich seh, sie sammelt schon
Die Personalien zu meinem Leichsermon.
SOPHIE. Mit ihm zu leben! denk, wie sehr mich das betrübte,
Hofft ich nicht –
SÖLLER. Nur heraus!
SOPHIE. Daß mich Alcest noch liebte.
ALCEST. Er liebt, er klagt wie du.
SOPHIE. Das lindert meine Pein,
Von Einem wenigstens, von dir beklagt zu sein.
Sie faßt ihn bei der Hand.
Alcest, bei dieser Hand, der teuern Hand, beschwöre
Ich dich, behalte mir dein Herz gewogen!
SÖLLER. Höre,
Wie schön sie tut!
SOPHIE. Dies Herz, das nur für dich gebrannt,
Weiß keinen andern Trost, als den von deiner Hand.
ALCEST. Ich kenne für dein Herz kein Mittel.
SÖLLER. Desto schlimmer!
Schlägt's nicht am Herzen an, so sieht das Frauenzimmer
Gern, daß man sonst kuriert.

SOPHIE, die sich auf Alcestens Arm lehnt.
Mein Freund!
SÖLLER beängstigt. Bald geht's zu weit!
Zum Parterre.
Es ist mein großes Glück, daß ihr da unten seid;
Da schämen sie sich noch.
Alcest umarmt Sophien.
Nein! Er wird zu verwegen!
Ich führ ihm gern an Kopf, hätt er nur keinen Degen.
SOPHIE ängstlich.
Grausamer, laß mich gehn!
SÖLLER außer sich. Verflucht! Wie sie sich ziert!
Grausamer! Laß mich gehn! Das ist kapituliert.
Pfui, schämen Sie sich doch! Die abgedroschne Leier,
Wenn's schon bergunter geht! Wer gibt mir einen Dreier
Für ihre Tugend?
SOPHIE. Freund, noch diesen letzten Kuß,
Und dann leb wohl!
ALCEST. Du gehst?
SOPHIE. Ich gehe, denn ich muß.
ALCEST. Du liebst mich, und du gehst?
SOPHIE. Ich geh, weil ich dich liebe.
Ich würde einen Freund verlieren, wenn ich bliebe.
Es strömt der Klagen Lauf am liebsten in der Nacht,
An einem sichern Ort, wo nichts uns zittern macht.
Man wird vertraulicher, je ruhiger man klaget;
Allein für mein Geschlecht ist's stets zu viel gewaget.
Die Liebe nennet sich zuerst Vertraulichkeit.
Ein schmerzerweichtes Herz in dieser sichern Zeit
Versagt dem Freunde nicht den Mund zu Freundschafts-küssen.
Ein Freund ist auch ein Mensch.
SÖLLER. Sie scheint es gut zu wissen.
SOPHIE. Leb wohl!
ALCEST. Vergiß es nie, daß ich der Deine sei.
SÖLLER erholt.
Das Ungewitter zieht mir nah am Kopf vorbei.
Sophie geht ab. Alcest begleitet sie zur Haupttüre hinaus.

## FÜNFTER AUFTRITT

Söller im Alkoven.

O Tod! Er geht mit ihr! Weh mir, ich bin verloren!
Heraus aus deinem Nest!

Er wagt sich halb aus dem Alkoven und horcht.

Ich bin auf beiden Ohren
Entweder wirklich taub – Sie ist doch noch nicht fort!
Und dennoch rührt sich nichts, ich höre nicht ein Wort.
Wie wär es, wenn ich mich ein bißchen näher machte?

Er wagt sich langsam an die große Türe.

Sie reden noch! Ganz leis! – Zum Henker!

Er meint, es käme jemand, und fährt wie ein Blitz in den Alkoven.

Sachte! Sachte!
Es kömmt kein Mensch.

Er will wieder heraus.

Versuch's!

Er traut nicht.

Das ist zu viel gewagt.

In der äußersten Karikatur von Verlegenheit.

Was fang ich an! Ich bin ein Hahnrei!

Er rennt mit dem Kopf wider die Wand.

Ah! es ragt
An meiner Stirne schon das Zeichen meiner Würde
Hervor. Was ist zu tun?

Er schlägt auf die Tasche.

Komm, meine teure Bürde!
Komm, rette dich mit mir, und leite mich zum Wein,
Solang man trinken kann, läßt sich's noch glücklich sein.
Der wohlgekrönte Stand ist keiner von den bösten;
Als Hahnrei kann man sich eh als am Galgen trösten.

Eilig durch die Nebentüre fort.

## SECHSTER AUFTRITT

ALCEST. Ihr großen Geister sagt, daß keine Tugend sei
Und Liebe Sinnlichkeit und Freundschaft Heuchelei,
Daß man kein einzig Herz mit festen Mauern finde,
Daß nur Gelegenheit die Stärksten überwinde,

Daß es, wenn man in uns das Laster je vermißt,
Beim Jüngling Blödigkeit und Furcht beim Mädchen ist.
Es zittert, spottet ihr, die unerfahrne Jugend.
Doch ist dies Zittern nicht selbst ein Gefühl von Tugend?
Ist diese Sympathie, dies schwimmende Gefühl,
Dem man sich schwer entreißt, nichts als ein Fibernspiel?
Wie süß verträumt ich nicht die jugendlichen Stunden
Einst in Sophiens Arm. Ich hatte nichts empfunden,
Bis mir der Druck der Hand, ihr Blick, ihr Kuß entdeckt,
Wie's einem Neuling ist, wenn er die Wollust schmeckt.
Uns führte keine Wahl mit klugem Rat zusammen,
Wir sahn einander an, und standen schon in Flammen.
Bist du der Liebe wert, ward da nicht lang gefragt;
Es war erst halb gefühlt, und war schon ganz gesagt.
Wir lebten lange so die süßen Augenblicke;
Zuletzt verschlug es sich. Ich fluchte dem Geschicke,
Und schwur, daß Freundschaft, Lieb und Zärtlichkeit und Treu
Der Maskeradenputz verkappter Laster sei.
Und sucht in dem Gewühl der körperlichen Triebe
Den Tod des Vorurteils, von Tugend und von Liebe.
Zuletzt verhärteten mich Wollust, Stolz und Zeit;
Ich glaubte mich geschützt vor aller Zärtlichkeit.
Stolz kehrt ich zu Sophien. Wie schön war sie geworden!
Ich stutzte. „Ha, ihr Mann ist doch vom großen Orden
Schon lange Ritter! Doch sie hat der Freunde mehr.
Es sei drum! Wenn du kommst, so macht sie dir's nicht schwer.
Ihr Sperren rührt mich nur, daß ich die Nase rümpfe:
Gnung! Das gewohnte Spiel vom Faun und von der Nymphe."
So dacht ich, sah sie oft, allein da fühlt ich was,
Ihr liederlichen Herrn, erklärt mir, was ist das?
Das hier mich immer schilt, hier immer für sie redet,
Mir alle Kühnheit raubt, und jeden Anschlag tötet.
Sie nennt mich ihren Freund, eröffnet mir ihr Herz;
Ich schwur die Freundschaft ab, doch teil ich ihren Schmerz.
Sie sagt, sie habe mich als alle Menschen lieber;
Ha! denk ich, Lieb ist Tand, und freu mich doch darüber.

Sie liebt mich und verläßt doch ihre Tugend nie;
Die Tugend glaub ich nicht, und doch verehr ich sie.
Heut hofft ich ziemlich viel und wagte nichts zu nehmen.
So bös und doch so feig! Ich muß mich wahrlich schämen.
Entweder nennet mich Weib! Tückisch ohne Kraft!
Wo nicht, so bin ich noch nicht völlig lasterhaft.
Was ist's? was treibt dich an, ihr Leben zu versüßen?
Ist's Lieb? Ist's Eigennutz? Gedenkst du zu genießen,
Und willst es kaufen? Nein! Ich weiß, es fehlt ihr Geld,
Und sie vertraut mir's nicht, das ist's, was mir gefällt.
Ich sinne jetzo nur auf ein versteckt Geschenke;
Ich habe just noch Geld. Gut, daß ich gleich dran denke.
Ich muß es zählen.

Er öffnet die Schatulle.

Was! Was seh ich! Teufel! Leer!
Von hundert Spezies kaum fünfundzwanzig mehr!
Seit heute nachmittag! Wer konnte sie entwenden?
Die Schlüssel kamen nicht die Zeit aus meinen Händen.
Wer war im Zimmer? Ha! Sophie! Gedanke fort!
Mein Diener? O, der liegt an einem sichern Ort.
Er schläft, gleich will ich hin, mit Lärm ihn aufzuwecken;
Wenn er der Täter ist, verrät er sich im Schrecken.

# DRITTER AUFZUG

## ERSTER AUFTRITT

Die Wirtsstube.

Der Wirt im Schlafrocke, in dem Sessel hinter dem Tisch, worauf ein bald abgebrannt Licht, Kaffeezeug, Pfeifen und die Zeitungen. Nach den ersten Versen steht er auf und zieht sich in diesem Auftritt und dem Anfang des folgenden an.

Es steht mit Polen jetzt nicht eben allzugut!
Allein ich passe drauf, was noch der Russe tut.
Greift er's nur weislich an, so kann er nicht verlieren,
Und er ist Kerls genug, den Türken abzuführen,
Kommt er nur recht in Schuß, da tobt er wie ein Bär.
Ich wüßte, was ich tät, wenn ich der Russe wär;

Ich zög vor das Serail, und ohne viel zu fragen,
Schickt ich den Großsultan ein wenig Zobeljagen.
Krieg ich ihn nicht, den Brief, so komm ich nicht zur Ruh.
Es ging wahrhaftig nicht mit rechten Dingen zu!
Unmöglich scheint es mir, das Rätsel aufzulösen:
Wenn man was Böses tut, fürcht man sich vor dem Bösen.
Es war nicht mein Beruf, drum kam die Furcht mich an;
Und doch für einen Wirt ist es nicht wohlgetan,
Zu zittern, wenn's im Haus rumort und geht und knistert;
Denn mit Gespenstern sind die Diebe nah verschwistert.
Es war kein Mensch zu Haus, nicht Söller, nicht Alcest;
Der Kellner konnt's nicht sein, die Mägde schliefen fest.
Doch halt! – In aller Früh, so zwischen drei und viere,
Hört ich ein leis Geräusch, es ging Sophiens Türe.
Sie war vielleicht wohl selbst der Geist, vor dem ich floh.
Es war ein Weibertritt, Sophie geht eben so.
Was tat sie denn wohl da? – Man weiß, wie's Weiber machen;
Sie visitieren gern und sehn der Fremden Sachen
Und ihre Wäsche gern. Hätt ich nur dran gedacht,
Ich hätte sie erschreckt und dann sie ausgelacht.
Sie hätte mit gesucht, der Brief wär nun gefunden;
Jetzt ist die schöne Zeit so ungebraucht verschwunden.
Verflucht! Zur rechten Zeit fällt einem nie was ein,
Und was man Gutes denkt, kommt meist erst hinterdrein.

## ZWEITER AUFTRITT

Der Wirt. Sophie.

SOPHIE. Mein Vater, denken Sie! –
WIRT. Nicht einmal guten Morgen?
SOPHIE.
Verzeihen Sie; mein Kopf schwillt von ganz andern Sorgen.
WIRT. Warum?
SOPHIE. Alcestens Geld, das er erst kurz empfing,
Ist miteinander fort.
WIRT. Fort! das verfluchte Ding
Um 's Königs Pharao!

SOPHIE. Nicht doch, es ist gestohlen!
WIRT. Wie?
SOPHIE. Ei, vom Zimmer weg!
WIRT. Den soll der Henker holen,
Den Dieb! Wer ist's? Geschwind!
SOPHIE. Wer's wüßte!
WIRT. Hier im Haus?
SOPHIE. Ja, von Alcestens Tisch, aus der Schatull heraus.
WIRT. Und wann?
SOPHIE. Heut nacht!
WIRT vor sich. Das ist für meiner Neugier Sünden!
Die Schuld kommt noch auf mich, man wird den Wachsstock finden.
SOPHIE vor sich.
Er ist bestürzt und murrt, hat er's wohl selbst getan?
Im Zimmer war er nun, der Wachsstock klagt ihn an.
WIRT vor sich. Hat es Sophie wohl selbst? Verflucht! das wär noch schlimmer!
Sie wollte gestern Geld, und war heut nacht im Zimmer.
Laut.
Das ist ein dummer Streich! Gib acht! der tut uns weh;
Wohlfeil und sicher sein ist unsre Renommee.
SOPHIE.
Wie's ihm ein Schaden ist, so ist's auch uns ein Schaden;
Es wird am Ende doch dem Gastwirt aufgeladen.
WIRT. Ja, und es ist ein Ding, für das er gar nichts kann;
Ist Diebsgesind im Haus, wer ist's? Weiß er es dann?
Es ist ein arger Streich!
SOPHIE. Es schlägt mich gänzlich nieder.
WIRT vor sich. Aha, es wird ihr bang.
Laut, etwas verdrießlich. Ich wollt', er hätt es wieder!
Ich wär recht froh.
SOPHIE vor sich. Schon gut, die Reue kommt ihm ein.
Laut. Und wenn er's wieder hat, so mag der Täter sein,
Wer will; man sagt's ihm nicht, und ihn bekümmert's weiter
Auch nicht.
WIRT vor sich.
Wenn sie's nicht hat, bin ich ein Bärenhäuter!
Laut. Du bist ein gutes Kind, und mein Vertraun zu dir –

Wart nur!

Er geht, nach der Türe zu sehen.

SOPHIE vor sich.

Gebt acht, er kommt und offenbart sich mir!

WIRT. Ich kenne dich, Sophie; du pflegtest nie zu lügen.

SOPHIE. Eh hab ich aller Welt als Ihnen was verschwiegen.
Drum hoff' ich diesesmal auch zu verdienen –

WIRT. Schön!
Du bist mein Kind; und was geschehn ist, ist geschehn.

SOPHIE.
Papa, ich nehm's gewiß nicht strenger, als Sie's nehmen.

WIRT.
Es ist was Menschliches; nichts um sich viel zu schämen.
Daß du im Zimmer warst, das weiß kein Mensch als ich.

SOPHIE erschrocken. Sie wissen?

WIRT lächelnd. Ich war drin, du kamst, ich hörte dich;
Ich wußt nicht, wer es war, und lief, als käm der Teufel.

SOPHIE vor sich.
Ja, ja, er hat das Geld! Nun ist es außer Zweifel.

WIRT. Erst jetzo fiel mir ein, ich hört dich heute früh.

SOPHIE.
Und was vortrefflich ist, es denkt kein Mensch an Sie.
Ich fand den Wachsstock –

WIRT. Du?

SOPHIE. Ich!

WIRT. Schön, bei meinem Leben!
Nun sag, wie machen wir's, daß wir's ihm wiedergeben?

SOPHIE. Sie sagen: „Herr Alcest! verschonen Sie mein Haus;
Das Geld ist wieder da, ich hab den Dieb heraus.
Sie wissen selbst, wie leicht Gelegenheit verführet;
Doch kaum war es entwandt, so war er schon gerühret,
Bekannt und gab es mir. Da haben Sie's! Verzeihn
Sie ihm!" – Gewiß, Alcest wird gern zufrieden sein.

WIRT. So was zu fädeln, hast du eine seltne Gabe.

SOPHIE. Ja, bringen Sie's ihm so!

WIRT. Gleich! wenn ich's nur erst habe.

SOPHIE. Sie haben's nicht?

WIRT. Eh nein! Wo hätt' ich es denn her?

SOPHIE. Woher?

WIRT. Nun ja! Woher? Gabst du mir's denn?
SOPHIE. Und wer
Hat's denn?
WIRT. Wer's hat!
SOPHIE. Jawohl! wenn Sie's nicht haben?
WIRT. Possen!
SOPHIE. Wo taten Sie's denn hin?
WIRT. Ich glaub, du bist geschossen!
Hast du's denn nicht?
SOPHIE. Ich!
WIRT. Ja!
SOPHIE. Wie käm ich denn dazu?
WIRT macht ihr pantomimisch das Stehlen vor.
Eh!
SOPHIE.
Ich versteh Sie nicht!
WIRT. Wie unverschämt bist du!
Jetzt, da du's geben sollst, gedenkst du auszuweichen.
Du hast's ja erst bekannt.
Zum Parterre.
Ihr Herrn seid meine Zeugen.
SOPHIE. Nein, das ist mir zu hoch! Jetzt klagen Sie mich an;
Und sagten nur erst jetzt, Sie hätten's selbst getan!
WIRT. Du Kröte! Ich's getan! Ist das die schuld'ge Liebe,
Die Ehrfurcht gegen mich? Du machst mich gar zum Diebe,
Da du die Diebin bist!
SOPHIE. Mein Vater!
WIRT. Warst du nicht
Heut früh im Zimmer?
SOPHIE. Ja!
WIRT. Und sagst mir ins Gesicht,
Du hättest nicht das Geld?
SOPHIE. Beweist das gleich?
WIRT. Ja!
SOPHIE. Waren
Sie denn nicht auch heut früh –

WIRT. Ich faß dich bei den Haaren,
Wenn du nicht schweigst und gehst!

Sie geht weinend ab.

Du treibst den Spaß zu weit,
Nichtswürdge! – Sie ist fort! Es war ihr hohe Zeit!
Vielleicht bild't sie sich ein, mit Leugnen durchzukommen!
Das Geld ist einmal fort, und gnug, sie hat's genommen!

## DRITTER AUFTRITT

Alcest in Gedanken. Der Wirt.

WIRT verlegen und bittend.
Ich bin recht sehr bestürzt, daß ich erfahren muß –!
Ich sehe, gnädger Herr, Sie sind noch voll Verdruß.
Doch bitt ich, vorderhand es gütigst zu verschweigen;
Es wird sich wohl ein Weg zum Wiederkommen zeigen.
Erfährt man's in der Stadt, so freun die Neider sich,
Und ihre Bosheit schiebt wohl alle Schuld auf mich.
Es kann kein Fremder sein, ein Hausdieb hat's genommen.
Sein Sie nur nicht erzürnt, es wird schon wiederkommen.
Wie hoch beläuft sich's denn?

ALCEST. Auf achtzig Taler.

WIRT. Ei!

ALCEST. Doch achtzig Taler –

WIRT. Pest! sind keine Kinderei!

ALCEST. Und dennoch wollt ich sie vergessen und entbehren,
Wüßt ich, durch wen und wie sie weggekommen wären.

WIRT.
Wenn man das Geld nur hat, so fragt man nicht einmal,
Ob's Michel oder Hans, und wann und wie er's stahl.

ALCEST vor sich.
Mein Diener hat es nicht, er ist kein Mensch zum Rauben.
Und in dem Zimmer war – Nein, nein, ich mag's nicht glauben!

WIRT. Sie brechen sich den Kopf? Es ist vergebne Müh,
Genug, ich schaff das Geld.

ALCEST. Mein Geld?

WIRT. Ja, wetten Sie!
Genung, schaff ich sie nicht, die achtzig bare Taler,
So nennet mich Pique As, Mann von Papier, Hans Prahler!
ALCEST. Sie wissen also? –
WIRT. Hm! Ich bring's heraus, das Geld.
ALCEST. Ei, sagen Sie mir's doch –
WIRT. Nicht um die ganze Welt!
ALCEST. Wer nahm's, ich bitte Sie!
WIRT. Ich sag, ich darf's nicht sagen.
ALCEST. Doch jemand aus dem Haus?
WIRT. Sie werden's nicht erfragen.
ALCEST. Vielleicht die junge Magd?
WIRT. Die gute Hanne! Nein!
ALCEST. Der Kellner hat's doch nicht?
WIRT. Der Kellner! das kann sein!
ALCEST. Die Köchin ist zu dumm –
WIRT. Ich wollte nicht drauf schwören.
ALCEST. Der Küchenjunge Hans?
WIRT. Ja, ja, das läßt sich hören.
ALCEST. Der Gärtner könnte wohl –
WIRT. Bald, balde sind Sie da.
ALCEST. Der Sohn des Gärtners?
WIRT. Nein!
ALCEST. Vielleicht –
WIRT *halblaut*. Der Haushund? – Ja.
ALCEST *vor sich*.
Wart nur, du dummer Kerl; ich weiß dich schon zu kriegen!
*Laut*. So hab's denn, wer es will! Daran kann wenig liegen,
Wenn's wiederkommt! *Er tut, als ging er weg.*
WIRT. Jawohl!
ALCEST *als wenn ihm etwas einfiele*.
Herr Wirt! Mein Tintenfaß
Ist leer, und dieser Brief verlangt expreß –
*Er zieht den Brief aus der Tasche.*
WIRT. Ei was!
Erst gestern kam er an, und heute schon zu schreiben,
Es muß was Wichtigs sein.
ALCEST. Er darf nicht liegenbleiben.
WIRT. Es ist ein großes Glück, wenn man korrespondiert.

ALCEST. Nicht eben allemal! Die Zeit, die man verliert,
Wird nicht sogleich ersetzt.
WIRT. O das geht wie im Spiele:
Da kommt ein einzger Brief, und tröstet uns für viele.
Verzeihn Sie, gnädger Herr! Der gestrige enthält
Viel Wichtigs? Dürft ich wohl –?
ALCEST. Nicht um die ganze Welt!
WIRT. Vielleicht vom Norden her?
ALCEST. Ich sag, ich darf's nicht sagen.
WIRT. Aus Polen denk ich wohl?
ALCEST. Sie werden's nicht erfragen.
WIRT. Vielleicht vom Könige?
ALCEST. Vom armen König? Nein!
WIRT. Gewiß vom Türkenmarsch?
ALCEST. Vom Türken? Das kann sein!
WIRT. Doch nicht vom Paoli?
ALCEST. Ich wollte nicht drauf schwören.
WIRT. Vom Fünfundvierziger?
ALCEST. Nun ja, das läßt sich hören.
WIRT. Doch vom Kometen nichts?
ALCEST. Bald, balde sind Sie da.
WIRT. Vom sächsischen Gespenst?
ALCEST. Dem Jesuiten? Ja!
WIRT. Sie scheinen gar nicht viel auf Ihren Knecht zu bauen.
ALCEST.
Wer selbst mißtrauisch ist, verdient der viel Vertrauen?
WIRT. Und was verlangen Sie für ein Vertraun von mir?
ALCEST. Wer ist der Dieb? Mein Brief steht gleich zu
Diensten. Hier:
Sehr billig ist der Tausch, wozu ich mich erbiete.
Nun, wollen Sie den Brief?
WIRT *konfundiert und begierig.* Ach, allzuviele Güte!
*Vor sich.* Wär's nur nicht eben das, was er von mir begehrt.
ALCEST. Sie sehen doch, ein Dienst ist wohl des andern wert.
Und ich verrate nichts, ich schwör bei meiner Ehre.
WIRT. Wenn nur der Brief nicht gar zu appetitlich wäre!
Allein wie? wenn Sophie – Eh nun! das mag sie sehn!
Die Reizung ist zu groß, kein Mensch kann widerstehn!
Er wässert mir das Maul, wie ein gebeizter Hase.

ALCEST vor sich.
So stach kein Schinken je dem Windhund in die Nase.
WIRT beschämt, nachgebend und noch zaudernd.
Sie wollen's, gnädger Herr, und Ihre Gütigkeit –
ALCEST vor sich. Jetzt beißt er an.
WIRT. Zwingt mich auch zur Vertraulichkeit.
Zweifelnd und halb bittend.
Versprechen Sie, soll ich auch gleich den Brief bekommen?
ALCEST reicht den Brief hin.
Den Augenblick.
WIRT, der sich langsam dem Alcest, mit unverwandten Augen auf den Brief, nähert.
Der Dieb –
ALCEST. Der Dieb!
WIRT. Der's weggenommen,
Ist –
ALCEST.
Nur heraus!
WIRT. Ist mei-
ALCEST. Nun?
WIRT mit einem herzhaften Tone, und fährt zugleich zu und reißt Alcesten den Brief aus der Hand. Meine Tochter!
ALCEST erstaunt. Wie?
WIRT läuft hervor an die Lichter, reißt vor geschwindem Aufmachen das Kuvert in Stücken und fängt an zu lesen.
„Hochwohlgeborner Herr!"
ALCEST kriegt ihn bei der Schulter.
Sie wär's? Nein, sagen Sie
Die Wahrheit!
WIRT ungeduldig.
Ja, sie ist's! O, er ist unerträglich!
Er liest. „Insonders" –
ALCEST wie oben.
Nein, Herr Wirt! Sophie! das ist unmöglich!
WIRT reißt sich los und fährt, ohne ihm zu antworten, fort.
„Hochzuverehrender" –
ALCEST wie oben. Ich bin ganz stumm davon.
WIRT wie oben. Ich wollt, er wär es. „Herr" –

ALCEST wie oben. So hören Sie!
WIRT wie oben. „Patron“ –
ALCEST. Sie sind ein dummer Kerl.
WIRT. Von Herzen gern.
ALCEST. Sie taugen
Zu nichts!
WIRT. Ja, gnädger Herr.
ALCEST im Abgehen für sich.
Das will ich nun schon brauchen.

## VIERTER AUFTRITT

DER WIRT liest und spricht dazwischen.
„Und Gönner“ – Ist er fort? – „Die viele Gütigkeit,
Die mir so manchen Fehl verziehen hat, verzeiht
Mir, hoff ich, diesmal auch.“ – Was gibt's denn zu verzeihen?
„Ich weiß es, gnädger Herr, daß Sie sich mit mir freuen.“
Schon gut! – „Der Himmel hat mir heut ein Glück geschenkt,
Das jeden Bauern freut, und manchen Reichen kränkt,
Er hat vom sechsten Sohn mein liebes Weib entbunden.“
Ich bin des Tods! „Ganz früh hat er sich eingefunden,
Der Knab“ – Der Balg! Der –! O ersäuft! erdrosselt ihn!
„Nun macht Ihr gütig Herz mich armen Mann so kühn“ –
Ach ich ersticke fast! „Und bitte Ihro Gnaden –!“
An Galgen mit dem Hund, den Schindersknecht zum Paten!
Wie heißt er denn, der Kerl mit seiner Hecke da?
Franz. Ah, nun kommt Latein! Can – Candidatus? Ja.
Ein Kandidat, o ja, die sind sonst wohl bei Blute.
Theologiae; und – wie? Pachter auf dem Gute.
Wart nur, das geht dir nicht so ungenossen aus!
Alcest! Ich will dich schon! Du sollst mir aus dem Haus!
Mich, einen alten Mann, so schändlich anzuführen!
Wie möcht ich ihm an Hals! Ich ließ ihn gern zitieren.
Doch meine Tochter! O! das Henkersding geht schief!
Und ich verrate sie um den Gevatternbrief!
Er faßt sich in die Perücke.
Schweinsaug'ger Ochsenkopf mit wahren Eselsohren!

Der Brief! Das Geld! Der Streich! Ich bin als wie verloren,
So dumm! So voll Begier nach Rach und Prügeln. Ha!
Er erwischt einen Stock und läuft auf dem Theater herum.
Ist denn kein Buckel nicht für meinen Hunger da?
O wär ich doch ein Wind mit ein paar hundert Flügeln,
Ich möcht die ganze Welt, Sonn, Mond und Sterne prügeln.
Ich sterbe, wenn ich nicht – Zerbräch nur eins ein Glas,
So hätt ich doch Raison; beging der Jung nur was!
Er stößt auf seinen Sessel und prügelt ihn aus.
Weh, bist du staubig! Nun komm her, du sollst mich laben.
Alcest! o könnt ich doch so deinen Buckel haben!

## FÜNFTER AUFTRITT

Der Wirt schlägt immer fort. Söller kommt ganz in der ersten Kulisse heraus und erschrickt; er ist im Domino, die Maske auf den Arm gebunden, und hat ein halbes Räuschchen.

SÖLLER.
Was gibt's? Was? Ist er toll? Nun sei auf deiner Hut,
Das wär ein schön Emploi, des Sessels Substitut!
Was für ein böser Geist mag doch den Alten plagen?
Zum Parterre.
Wer Herz von Ihnen hat, der komm herauf und frag 'en!
WIRT ohne Söllern zu sehn. Ich kann nicht mehr! o weh! es schmerzt mich Rück' und Arm!
Er wirft sich in den geprügelten Sessel.
Ich schwitz am ganzen Leib.
SÖLLER vor sich. Ja, ja, Motion macht warm.
Er zeigt sich dem Wirt.
Herr Vater!
WIRT. Ah, Mosje! Er lebt die Nacht beim Sause,
Ich quäle mich zu Tod, und Er läuft aus dem Hause?
Da trägt der Fastnachtsnarr zum Tanz und Spiel sein Geld,
Und lacht, wenn hier im Haus der Teufel Fastnacht hält!
SÖLLER. So aufgebracht?
WIRT. O wart, ich will mich nicht mehr quälen.
SÖLLER. Was gab's?
WIRT zornig. Alcest, Sophie! Soll ich's Ihm noch erzählen?

SÖLLER. Nein, nein.
WIRT. Wärt Ihr geholt, so hätt ich endlich Ruh,
Und der verdammte Kerl, der Kandidat, dazu! Ab.

## SECHSTER AUFTRITT

SÖLLER mit Karikatur von Angst.
Was gab's? Weh dir! vielleicht in wenig Augenblicken! –
Gib deine Stirne preis! Parier nur deinen Rücken!
Vielleicht ist's 'raus! O weh! O wüßt ihr, wie mir's graust!
Es wird mir siedend heiß. So war's dem Doktor Faust
Nicht halb zumut! Nicht halb war's so Richard dem Dritten!
Höll da! der Galgen da! der Hahnrei in der Mitten!
Er läuft wie unsinnig herum, endlich besinnt er sich.
Ach, des gestohlnen Guts wird keiner jemals froh!
Geh, Memme, Bösewicht! Warum erschrickst du so?
Vielleicht ist's nicht so schlimm. Ich will es schon erfahren.
Er erblickt Alcesten und läuft fort.
O weh! er ist's! er ist's! Er faßt mich bei den Haaren.

## SIEBENTER AUFTRITT

ALCEST.
Solch einen schweren Streit empfand dies Herz noch nie.
Das seltene Geschöpf, in dem die Phantasie
Des zärtlichen Alcests das Bild der Tugend ehrte,
Die ihn den höchsten Grad der süßten Liebe lehrte,
Ihm Gottheit, Mädchen, Freund, in allem alles war –
Jetzt so herabgesetzt! Es überläuft mich! Zwar
Ist sie so ziemlich weg, die Hoheit der Ideen;
Ich laß sie als ein Weib bei andern Weibern stehen;
Allein so tief! so tief! Das treibt zur Raserei.
Mein widerspenstig Herz steht ihr noch immer bei.
Wie klein! Kannst du denn das nicht über dich vermögen?
Ergreif das schöne Glück, es kommt dir ja entgegen.
Ein unvergleichlich Weib, das du begierig liebst,
Braucht Geld. Geschwind, Alcest, der Pfennig, den du gibst,

Trägt seinen Taler. Nun hat sie sich's selbst genommen;
Schon gut, da mag sie noch einmal mit Tugend kommen!
Geh wie ein Débauché, und sag mit kaltem Blut:
Madam, Sie haben doch das Geld genommen; gut,
Es ist mir herzlich lieb, nur ohne Furcht bedienen
Sie sich der wenigen. Was mein ist, ist auch Ihnen.
Dann den vertrauten Ton von halbem Mann und Frau –
Und selbst die Tugend nimmt nicht alles so genau,
Wenn man hübsch sachte geht. Weit eher wird sie weichen.
Sie kommt, du bist bestürzt. Das ist ein schlimmes Zeichen.
Alcest, du schickst dich nicht zur Bosheit, zum Betrug;
Dein Herz ist übrig bös, allein nicht stark genug.

## ACHTER AUFTRITT

Alcest. Sophie.

SOPHIE.
Was machen Sie, Alcest! Sie scheinen mich zu fliehen.
Hat denn die Einsamkeit so viel, Sie anzuziehen?
ALCEST munter.
Für diesmal weiß ich nichts, was mich besonders zog,
Und ohne viel Raison gibt's manchen Monolog.
SOPHIE.
Zwar der Verlust ist groß und kann Sie billig schmerzen.
ALCEST.
Ei wohl, was will das sein. Es liegt mir nicht am Herzen!
Wir haben's ja; was ist's denn um das bißchen Geld,
Laßt's fallen, wenn es nur in gute Hände fällt.
SOPHIE. Die große Gütigkeit wird gerne zum Verschwenden.
ALCEST.
Oh, ein Verschwender weiß sein Geld oft anzuwenden.
SOPHIE. Wie soll ich das verstehn?
ALCEST lächelnd. Das?
SOPHIE. Ja, wie paßt das hier?
ALCEST. Sie kennen mich, Sophie, sein Sie vertraut mit mir!
Das Geld ist einmal fort! Wo's liegt, da mag es liegen!
Hätt ich es eh gewußt, ich hätte stillgeschwiegen;
Da sich die Sache so verhält –

SOPHIE erstaunt. So wissen Sie?
ALCEST mit Zärtlichkeit, er ergreift ihre Hand und küßt sie.
Ihr Vater! – Ja, ich weiß's, geliebteste Sophie!
SOPHIE verwundert und beschämt.
Und Sie verzeihn?
ALCEST. Verzeihn? Ist hier denn ein Verbrechen?
SOPHIE. Mich dünkt –
ALCEST. Erlaube mir, daß wir von Herzen sprechen.
Du weißt es, daß Alcest noch immer für dich brennt.
Das Glück entriß dich mir, und hat uns nicht getrennt:
Dein Herz ist immer mein, meins immer dein geblieben.
Mein Geld ist alles dein, so gut, als wär's verschrieben;
Du hast ein gleiches Recht an all mein Gut, wie ich.
Nimm, was du gerne hast, Sophie, nur liebe mich!
Er umarmt sie; sie schweigt.
Befiehl! Du findest mich zu allem gleich erbötig.
SOPHIE stolz, indem sie sich von ihm losreißt.
Respekt vor Ihrem Geld! allein ich hab's nicht nötig.
Was ist das für ein Ton? Ich weiß nicht, faß ich's recht?
Ha! Sie verkennen mich.
ALCEST pikiert. O, Ihr ergebner Knecht
Kennt Sie nur gar zu wohl, und weiß auch, was er fodert,
Und sieht nicht ein, warum Ihr Zorn so heftig lodert.
Wer sich so weit vergeht –
SOPHIE erstaunt. Vergeht? wie das?
ALCEST. Madam!
SOPHIE aufgebracht.
Was soll das heißen, Herr?
ALCEST. Verzeihn Sie meiner Scham:
Ich liebe Sie zu sehr, um so was laut zu sagen.
SOPHIE mit Zorn. Alcest!
ALCEST. Belieben Sie nur den Papa zu fragen.
Der sagte mir es.
SOPHIE mit einem Ausbruch von Heftigkeit.
Was? Ich will es wissen! Was?
Der Teufel! Wollen Sie!
ALCEST. Er sagte, daß Sie das –
SOPHIE wie oben. Nun! das!
ALCEST. Eh nun! daß Sie – daß Sie das Geld genommen.

SOPHIE mit Wut und Tränen, indem sie sich wegwendet.
Er darf! Ist es so weit mit seiner Bosheit kommen?
ALCEST bittend.
Sophie!
SOPHIE weggewendet.
Sie sind nicht wert –
ALCEST wie oben. Sophie!
SOPHIE. Mir vom Gesicht!
ALCEST. Verzeihn Sie!
SOPHIE. Weg von mir! Nein, ich verzeih es nicht!
Mein Vater scheut sich nicht, mir meinen Ruf zu rauben.
Und von Sophien? Wie? Alcest, Sie konnten's glauben?
Ich hätt es nicht gesagt, um alles Gut der Welt;
Allein es muß heraus! Mein Vater hat das Geld. Eilig ab.

## NEUNTER AUFTRITT

Alcest, hernach Söller.

ALCEST wirft sich in den Sessel. Nun, Herr Alcest, wie steht's!
Nun wärst du ziemlich klüger.
Der Vater und Sophie, und eins wär der Betrüger.
Sie sind doch beide sonst von allem Vorwurf rein.
Ha, Söller! Still einmal! Doch nein, es kann nicht sein;
Er war die ganze Nacht nicht hier im Haus; vor allen
Wär sicher mein Verdacht auf diesen Kerl gefallen.
Er ist am fähigsten zu Bosheit, Trug und List.
Allein wie kann es sein, daß er der Täter ist?
SÖLLER in gewöhnlicher Kleidung, mit einer Weinlaune.
Da sitzt er. Uh! mir ist kein Mensch verhaßt wie dieser.
Es steht ihm an der Stirn: Hirschapotheksproviser.
ALCEST vor sich.
Da kommt er, wie bestellt! Laut. Wie steht's, Herr Söller?
SÖLLER. Dumm!
Es geht mir die Musik noch so im Kopf herum.
Er reibt die Stirn.
Er tut mir greulich weh.
ALCEST. Sie waren auf dem Balle;
Viel Damen da?

SÖLLER. Wie sonst! Die Maus läuft zu der Falle,
Weil Speck dran ist.
ALCEST. Ging's brav?
SÖLLER. Gar sehr!
ALCEST. Was tanzten Sie?
SÖLLER. Ich hab nur zugesehn.
Zum Parterre. Dem Tanz von heute früh.
ALCEST. Herr Söller nicht getanzt? ei, das ist zu verwundern;
Da blieb ich lieber weg.
SÖLLER. Ich wollte mich ermuntern.
ALCEST. Und ging es nicht?
SÖLLER. Eh, nein! im Kopfe drückt es mich
Gewaltig, und da war mir's gar nicht tanzerlich.
ALCEST. Ei!
SÖLLER.
Und das Schlimmste war, ich konnte gar nicht wehren:
Je mehr ich hört und sah, verging mir Sehn und Hören.
ALCEST.
So arg? Das ist mir leid! Das Übel kommt geschwind.
SÖLLER. O nein, ich spür es schon–seitdem Sie bei uns sind,
Und länger.
ALCEST. Sonderbar!
SÖLLER. Und ist nicht zu vertreiben.
ALCEST.
Eh, laß Er sich den Kopf mit warmen Tüchern reiben!
Vielleicht verzieht es sich.
SÖLLER vor sich. Ich glaub, er spottet noch!
Laut. Ja, das geht nicht so leicht.
ALCEST. Am Ende gibt sich's doch.
Und es geschieht Ihm recht. Es wird noch besser kommen!
Er hat die arme Frau nicht einmal mitgenommen,
Wenn Er zum Balle ging; und es ist gar nicht fein,
Er läßt der jungen Frau das kalte Bett allein.
SÖLLER. Ah! Sie bleibt gern zu Haus und läßt mich immer
schwärmen;
Denn sie versteht die Kunst, sich ohne mich zu wärmen.
ALCEST. Das wäre doch kurios!
SÖLLER. O ja, wer 's Naschen liebt,
Der merkt sich ohne Wink, wo's was zum besten gibt.

ALCEST pikiert.
Wieso verblümt?
SÖLLER. Es ist ganz deutlich, was ich meine.
Exempli gratia: des alten Vaters Weine
Trink ich recht gern; allein er rückt nicht gern heraus,
Er schont das Seinige; da trink ich außerm Haus!
ALCEST mit Ahndung.
Mein Herr, bedenken Sie! –
SÖLLER mit Hohn. Herr! Freund von Frauenzimmern!
Sie ist nun meine Frau, und Sie kann's nichts bekümmern,
Und wenn sie noch ihr Mann für sonst was anders hält.
ALCEST mit zurückgehaltenem Zorne.
Was Mann! Mann oder nicht! Ich trotz der ganzen Welt;
Und unterstehn Sie sich, noch einmal was zu sagen –
SÖLLER geschreckt, vor sich.
O schön! Ich soll ihn noch wohl gar am Ende fragen,
Wie tugendhaft sie ist?
Laut. Mein Herd ist doch mein Herd!
Trotz jedem fremden Koch!
ALCEST. Er ist die Frau nicht wert!
So schön, so tugendhaft! so vielen Reiz der Seele!
So viel ihm zugebracht! es ist nichts, was ihr fehle.
SÖLLER. Sie hat, ich hab's gemerkt, besondern Reiz im Blut,
Und auch der Kopfschmuck war ein zugebrachtes Gut.
Ich war prädestiniert zu einem solchen Weibe,
Und zwar zum Hahnrei schon gekrönt in Mutterleibe.
ALCEST herausbrechend.
Herr Söller!
SÖLLER keck.
Soll er was?
ALCEST zurückhaltend. Ich sag Ihm, sei Er still!
SÖLLER. Ich will doch sehn, wer mir das Maul verbieten will.
ALCEST. Hätt ich Ihn anderswo, ich wies Ihm, wer es wäre!
SÖLLER trocken.
Der beste Champion für meines Weibes Ehre.
ALCEST. Gewiß!
SÖLLER. Es weiß kein Mensch so gut, wie weit sie geht.
ALCEST. Verflucht!
SÖLLER. O Herr Alcest! wir wissen ja, wie's steht.

Nur still! ein bißchen still! Wir wollen uns vergleichen,
Und da versteht sich's schon, die Herren Ihresgleichen,
Die schneiden meist für sich das ganze Kornfeld um,
Und lassen dann dem Mann das Spicilegium.

ALCEST.
Mein Herr, ich wundre mich, daß Sie sich unterfangen.

SÖLLER. O, mir sind auch gar oft die Augen übergangen,
Und täglich ist mir's noch, als röch ich Zwiebeln.

ALCEST zornig und entschlossen. Wie?
Mein Herr, nun geht's zu weit! Heraus! Was wollen Sie?
Was, glauben Sie, vermag Sophiens Ehr zu rauben?

SÖLLER herzhaft.
Eh, Herre, was man sieht, das geht noch übers Glauben.

ALCEST. Wie! sieht? Wie nehmen Sie das Sehen?

SÖLLER. Wie man's nimmt.
Vom Hören und vom Sehn.

ALCEST. Ha!

SÖLLER. Nur nicht so ergrimmt!

ALCEST mit dem entschlossensten Zorne.
Was haben Sie gehört? Was haben Sie gesehen?

SÖLLER erschrocken, will sich wegbegeben.
Erlauben Sie, mein Herr!

ALCEST ihn zurückhaltend. Wohin?

SÖLLER. Beiseit zu gehen.

ALCEST. Sie kommen hier nicht los!

SÖLLER vor sich. Ob ihn ein Teufel plagt!

ALCEST. Was hörten Sie?

SÖLLER. Ich? Nichts! Man hat mir's nur gesagt!

ALCEST dringend zornig.
Wer war der Mann?

SÖLLER. Der Mann! das war ein Mann.

ALCEST heftiger und auf ihn losgehend. Geschwinde!

SÖLLER in Angst. Der's selbst mit Augen sah. Herzhafter. Ich
rufe dem Gesinde!

ALCEST kriegt ihn beim Kragen.
Wer war's?

SÖLLER will sich losreißen.
Was Hölle!

ALCEST *hält ihn feste.* Wer? Sie übertreiben mich!

*Er zieht den Degen.*

Wer ist der Bösewicht? der Schelm? der Lügner?

SÖLLER *fällt vor Angst auf die Kniee.* Ich!

ALCEST *drohend.* Was haben Sie gesehn?

SÖLLER *furchtsam.* Ei nun, das sieht man immer,
Der Herr, das ist ein Herr, Sophie ein Frauenzimmer.

ALCEST *wie oben.*
Und weiter?

SÖLLER. Nun, da geht's denn so den Lauf der Welt,
Wie's geht, wenn sie dem Herrn und ihr der Herr gefällt.

ALCEST. Das heißt?

SÖLLER. Ich dächte doch, Sie wüßten's ohne Fragen.

ALCEST. Nun?

SÖLLER. Man hat nicht das Herz, so etwas zu versagen.

ALCEST. Wie, Herre, so etwas?

SÖLLER. O lassen Sie mir Ruh!

ALCEST *immer wie oben.*
Beim Teufel!

SÖLLER. O verflucht, es heißt ein Rendezvous.

ALCEST *erschrocken.* Er lügt!

SÖLLER *vor sich.* Nun bricht es los.

ALCEST *vor sich.* O weh, wir sind verraten.

*Er steckt den Degen ein.*

SÖLLER *vor sich.*
Er ist erschreckt. Nun Herz! Er kann dir doch nicht schaden.

ALCEST *erholt.*
Was meinen Sie damit?

SÖLLER *trotzig.* O wir verstehn uns schon.
Das Lustspiel heute nacht! Ich stand nicht weit davon.

ALCEST *erstaunt.* Und wo?

SÖLLER. Im Kabinett!

ALCEST. So war Er auf dem Balle.

SÖLLER.
Wer war denn auf dem Schmaus? Nur still und ohne Galle
Zwei Wörtchen: Was man noch so heimlich treiben mag,
Ihr Herren, merkt's euch wohl, es kommt zuletzt an Tag.

ALCEST.
Es kommt wohl noch heraus, daß Er der Dieb ist. Raben
Und Dohlen wollt ich eh in meinem Hause haben
Als Ihn. Pfui! schlechter Mensch!
SÖLLER. Ja, ja, ich bin wohl schlecht;
Allein, ihr großen Herrn, ihr habt wohl immer recht?
Ihr wollt mit unserm Gut nur nach Belieben schalten;
Ihr haltet kein Gesetz, und andre sollen's halten?
Das ist sehr einerlei, Gelüst nach Fleisch, nach Gold!
Seid erst nicht hängenswert, wenn ihr uns hängen wollt.
ALCEST. Er untersteht sich noch –
SÖLLER. Ich darf mich unterstehen.
Gewiß, es ist kein Spaß, gehörnt herumzugehen.
In summa, nehmen Sie's nur nicht so gar genau:
Ich stahl dem Herrn sein Geld, und er mir meine Frau.
ALCEST drohend.
Was stahl ich?
SÖLLER.
Nichts, mein Herr! Es war schon längst Ihr eigen,
Noch eh es meine war.
ALCEST. Soll –
SÖLLER. Da muß ich wohl schweigen.
ALCEST. An Galgen mit dem Dieb!
SÖLLER. Erinnern Sie sich nicht,
Daß ein gewiß Gesetz von andern Leuten spricht?
ALCEST. Herr Söller!
SÖLLER macht das Zeichen des Köpfens.
Ja, man hilft euch Näschern auch vom Brode.
ALCEST. Ist Er ein Praktikus, und hält das Zeug für Mode:
Gehangen wird Er noch, zum wenigsten gestäupt.
SÖLLER zeigt auf die Stirne. Gebrandmarkt bin ich schon.

## LETZTER AUFTRITT

Vorige. Der Wirt. Sophie.

SOPHIE im Fond. Mein harter Vater bleibt
Auf dem verhaßten Ton.
WIRT im Fond. Das Mädchen will nicht weichen.
SOPHIE. Da ist Alcest.

WIRT erblickt Alcesten.
Aha!
SOPHIE. Es muß, es muß sich zeigen!
WIRT zu Alcesten.
Mein Herr, sie ist der Dieb!
SOPHIE auf der andern Seite. Er ist der Dieb, mein Herr!
ALCEST sieht sie beide lachend an, dann sagt er in einem Tone wie sie, auf Söllern deutend.
Er ist der Dieb!
SÖLLER vor sich. Nun, Haut, nun halt dich fest!
SOPHIE. Er!
WIRT. Er?
ALCEST. Sie haben's beide nicht; er hat's!
WIRT. Schlagt einen Nagel
Ihm durch den Kopf, aufs Rad!
SOPHIE. Du?
SÖLLER vor sich. Wolkenbruch und Hagel!
WIRT. Ich möchte dich –
ALCEST. Mein Herr! ich bitte nur Geduld!
Sophie war im Verdacht, doch nicht mit ihrer Schuld.
Sie kam, besuchte mich. Der Schritt war wohl verwegen;
Doch ihre Tugend darf's –
Zu Söller.
Sie waren ja zugegen!
Sophie erstaunt.
Wir wußten nichts davon, vertraulich schwieg die Nacht,
Die Tugend –!
SÖLLER. Ja, sie hat mir ziemlich warm gemacht.
ALCEST zum Wirt.
Doch Sie?
WIRT. Aus Neugier war ich auch hinaufgekommen.
Von dem verwünschten Brief war ich so eingenommen,
Ich dacht, es schrieb ein Prinz, ein polnischer Magnat,
Und aus dem Prinzen ward ein Pachter Kandidat.
ALCEST.
Verzeihn Sie diesen Scherz! Und Sie, Sophie, vergeben
Mir auch gewiß?

SOPHIE. Alcest!

ALCEST. Ich zweifl' in meinem Leben
An Ihrer Tugend nie. Verzeihn Sie jenen Schritt!
So groß wie tugendhaft –

SÖLLER. Fast glaub ich's selbsten mit.

ALCEST.
Und Sie verzeihen doch auch unserm Söller?

SOPHIE. Gerne!

Sie gibt ihm die Hand.

Da!

ALCEST zum Wirt.
Allons!

WIRT gibt Söllern die Hand.
Stiehl nicht mehr!

SÖLLER. Die Länge bringt die Ferne!

ALCEST. Allein was macht mein Geld?

SÖLLER. O Herr, es war aus Not.
Der Spieler peinigte mich Armen fast zu Tod.
Ich wußte keinen Rat, ich stahl und zahlte Schulden.
Da ist das übrige, ich weiß nicht wieviel Gulden.

ALCEST. Was fort ist, schenk ich Ihm.

SÖLLER zum Parterre. Für diesmal wär's vorbei!

ALCEST. Allein ich hoff, Er wird fein höflich, still und treu!
Und untersteht Er sich, noch einmal anzufangen –
Dann –

Er macht ihm das Zeichen des Hängens.

SÖLLER.
Nein, das wär zu viel – ein Hahnrei und gehangen!

# GÖTZ VON BERLICHINGEN

## MIT DER EISERNEN HAND

## EIN SCHAUSPIEL

### PERSONEN

Kaiser Maximilian
Götz von Berlichingen
Elisabeth, seine Frau
Maria, seine Schwester
Karl, sein Söhnchen
Georg, sein Bube
Bischof von Bamberg
Weislingen, Adelheid von Walldorf, Liebetraut – an des Bischofs Hofe
Abt von Fulda
Olearius, beider Rechte Doktor
Bruder Martin
Hanns von Selbitz
Franz von Sickingen
Lerse
Franz, Weislingens Bube
Kammerfräulein der Adelheid
Metzler, Sievers, Link, Kohl, Wild, Anführer der rebellischen Bauern
Hoffrauen, Hofleute, am Bambergischen Hofe
Kaiserliche Räte
Ratsherrn von Heilbronn
Richter des heimlichen Gerichts
Zwei Nürnberger Kaufleute
Max Stumpf, Pfalzgräfischer Diener
Ein Unbekannter
Brautvater, Bräutigam – Bauern
Berlichingsche, Weislingsche, Bambergsche Reiter
Hauptleute, Offiziere, Knechte von der Reichsarmee
Schenkwirt

Gerichtsdiener
Heilbronner Bürger
Stadtwache
Gefängniswärter
Bauern
Zigeunerhauptmann
Zigeuner, Zigeunerinnen

## ERSTER AKT

### SCHWARZENBERG IN FRANKEN. HERBERGE

Metzler, Sievers am Tische. Zwei Reitersknechte beim Feuer. Wirt.

SIEVERS. Hänsel, noch ein Glas Branntwein, und meß christlich.

WIRT. Du bist der Nimmersatt.

METZLER leise zu Sievers. Erzähl das noch einmal vom Berlichingen! Die Bamberger dort ärgern sich, sie möchten schwarz werden.

SIEVERS. Bamberger? Was tun die hier?

METZLER. Der Weislingen ist oben auf'm Schloß beim Herrn Grafen schon zwei Tage; dem haben sie das Gleit geben. Ich weiß nicht, wo er herkommt; sie warten auf ihn; er geht zurück nach Bamberg.

SIEVERS. Wer ist der Weislingen?

METZLER. Des Bischofs rechte Hand, ein gewaltiger Herr, der dem Götz auf'n Dienst lauert.

SIEVERS. Er mag sich in acht nehmen.

METZLER leise. Nur immer zu! Laut. Seit wann hat denn der Götz wieder Händel mit dem Bischof von Bamberg? Es hieß ja, alles wäre vertragen und geschlichtet.

SIEVERS. Ja, vertrag du mit den Pfaffen! Wie der Bischof sah, er richt nichts aus und zieht immer den kürzern, kroch er zum Kreuz und war geschäftig, daß der Vergleich zustand käm. Und der getreuherzige Berlichingen gab unerhört nach, wie er immer tut, wenn er im Vorteil ist.

METZLER. Gott erhalt ihn! Ein rechtschaffner Herr!

SIEVERS. Nun denk, ist das nicht schändlich? Da werfen sie ihm einen Buben nieder, da er sich nichts weniger versieht. Wird sie aber schon wieder dafür lausen!

METZLER. Es ist doch dumm, daß ihm der letzte Streich mißglückt ist! Er wird sich garstig erbost haben.

SIEVERS. Ich glaub nicht, daß ihn lang was so verdrossen hat. Denk auch, alles war aufs genauste verkundschaft, wann der Bischof aus dem Bad käm, mit wieviel Reitern, welchen Weg; und wenn's nicht wär durch falsche Leut verraten worden, wollt er ihm das Bad gesegnet und ihn ausgerieben haben.

ERSTER REITER. Was räsoniert ihr von unserm Bischof? Ich glaub, ihr sucht Händel.

SIEVERS. Kümmert euch um eure Sachen! Ihr habt an unserm Tisch nichts zu suchen.

ZWEITER REITER. Wer heißt euch von unserm Bischof despektierlich reden?

SIEVERS. Hab ich euch Red und Antwort zu geben? Seht doch den Fratzen!

Erster Reiter schlägt ihm hinter die Ohren.

METZLER. Schlag den Hund tot!

Sie fallen übereinander her.

ZWEITER REITER. Komm her, wenn du 's Herz hast.

WIRT reißt sie voneinander. Wollt ihr Ruh haben! Tausend Schwerenot! Schert euch naus, wenn ihr was auszumachen habt. In meiner Stub soll's ehrlich und ordentlich zugehen. Schiebt die Reiter zur Tür hinaus. Und ihr Esel, was fanget ihr an?

METZLER. Nur nit viel geschimpft, Hänsel, sonst kommen wir dir über die Glatze. Komm, Kamerad, wollen die draußen bleuen.

Zwei Berlichingische Reiter kommen.

ERSTER REITER. Was gibt's da?

SIEVERS. Ei guten Tag, Peter! Veit, guten Tag! Woher?

ZWEITER REITER. Daß du dich nit unterstehst zu verraten, wem wir dienen.

SIEVERS leise. Da ist euer Herr Götz wohl auch nit weit?

ERSTER REITER. Halt dein Maul! Habt ihr Händel?

SIEVERS. Ihr seid den Kerls begegnet draußen, sind Bamberger.

ERSTER REITER. Was tun die hier?

METZLER. Der Weislingen ist droben auf'm Schloß, beim gnädigen Herrn, den haben sie geleit't.

ERSTER REITER. Der Weislingen?

ZWEITER REITER *leise*. Peter! das ist ein gefunden Fressen! *Laut*. Wie lang ist er da?

METZLER. Schon zwei Tage. Aber er will heut noch fort, hört ich einen von den Kerls sagen.

ERSTER REITER *leise*. Sagt ich dir nicht, er wär daher! Hätten wir dort drüben eine Weile passen können. Komm, Veit.

SIEVERS. Helft uns doch erst die Bamberger ausprügeln.

ZWEITER REITER. Ihr seid ja auch zu zwei. Wir müssen fort. Adies! *Ab*.

SIEVERS. Lumpenhunde die Reiter! wann man sie nit bezahlt, tun sie dir keinen Streich.

METZLER. Ich wollt schwören, sie haben einen Anschlag. Wem dienen sie?

SIEVERS. Ich soll's nit sagen! Sie dienen dem Götz.

METZLER. So! nun wollen wir über die draußen. Komm, solang ich einen Bengel hab, fürcht ich ihre Bratspieße nicht.

SIEVERS. Dürften wir nur so einmal an die Fürsten, die uns die Haut über die Ohren ziehen.

## HERBERGE IM WALD

GÖTZ *vor der Tür unter der Linde*. Wo meine Knechte bleiben! Auf und ab muß ich gehen, sonst übermannt mich der Schlaf. Fünf Tag und Nächte schon auf der Lauer. Es wird einem sauer gemacht, das bißchen Leben und Freiheit. Dafür, wenn ich dich habe, Weislingen, will ich mir's wohl sein lassen. *Schenkt ein*. Wieder leer! Georg! Solang's daran nicht mangelt und an frischem Mut, lach ich der Fürsten Herrschsucht und Ränke. – Georg! – Schickt ihr nur euren gefälligen Weislingen herum zu Vettern und Gevattern, laßt mich anschwärzen. Nur immer zu. Ich bin wach. Du warst mir entwischt, Bischof! So mag denn dein lieber

Weislingen die Zeche bezahlen. – Georg! Hört der Junge nicht! Georg! Georg!

DER BUBE *im Panzer eines Erwachsenen.* Gestrenger Herr!

GÖTZ. Wo stickst du! Hast du geschlafen? Was zum Henker treibst du für Mummerei? Komm her, du siehst gut aus. Schäm dich nicht, Junge. Du bist brav! Ja, wenn du ihn ausfülltest! Es ist Hannsens Küraß?

GEORG. Er wollt ein wenig schlafen und schnallt ihn aus.

GÖTZ. Er ist bequemer als sein Herr.

GEORG. Zürnt nicht! Ich nahm ihn leise weg und legt ihn an, und holte meines Vaters altes Schwert von der Wand, lief auf die Wiese und zog's aus.

GÖTZ. Und hiebst um dich herum? Da wird's den Hecken und Dornen gut gegangen sein. Schläft Hanns?

GEORG. Auf Euer Rufen sprang er auf und schrie mir, daß Ihr rieft. Ich wollt den Harnisch ausschnallen, da hört ich Euch zwei-, dreimal.

GÖTZ. Geh! bring ihm seinen Panzer wieder und sag ihm, er soll bereit sein, soll nach den Pferden sehen.

GEORG. Die hab ich recht ausgefüttert und wieder aufgezäumt. Ihr könnt aufsitzen wann Ihr wollt.

GÖTZ. Bring mir einen Krug Wein, gib Hannsen auch ein Glas, sag ihm, er soll munter sein, es gilt. Ich hoffe jeden Augenblick, meine Kundschafter sollen zurückkommen.

GEORG. Ach gestrenger Herr!

GÖTZ. Was hast du?

GEORG. Darf ich nicht mit?

GÖTZ. Ein andermal, Georg, wann wir Kaufleute fangen und Fuhren wegnehmen.

GEORG. Ein andermal, das habt Ihr schon oft gesagt. O diesmal! diesmal! Ich will nur hintendrein laufen, nur auf der Seite lauern. Ich will Euch die verschossenen Bolzen wieder holen.

GÖTZ. Das nächste Mal, Georg. Du sollst erst ein Wams haben, eine Blechhaube und einen Spieß.

GEORG. Nehmet mich mit. Wär ich letzt dabei gewesen, Ihr hättet die Armbrust nicht verloren.

GÖTZ. Weißt du das?

GEORG. Ihr warft sie dem Feind an Kopf, und einer von den Fußknechten hob sie auf; weg war sie! Gelt, ich weiß?

GÖTZ. Erzählen dir das meine Knechte?

GEORG. Wohl. Dafür pfeif' ich ihnen auch, wann wir die Pferde striegeln, allerlei Weisen, und lerne sie allerlei lustige Lieder.

GÖTZ. Du bist ein braver Junge.

GEORG. Nehmt mich mit, daß ich's zeigen kann.

GÖTZ. Das nächste Mal, auf mein Wort. Unbewaffnet, wie du bist, sollst du nicht in Streit. Die künftigen Zeiten brauchen auch Männer. Ich sage dir, Knabe, es wird eine teure Zeit werden: Fürsten werden ihre Schätze bieten um einen Mann, den sie jetzt hassen. Geh, Georg, gib Hannsen seinen Küraß wieder, und bring mir Wein. Georg ab. Wo meine Knechte bleiben! Es ist unbegreiflich. Ein Mönch! Wo kommt der noch her?

Bruder Martin kommt.

GÖTZ. Ehrwürdiger Vater, guten Abend! woher so spät? Mann der heiligen Ruhe, Ihr beschämt viel Ritter.

MARTIN. Dank Euch, edler Herr! Und bin vor der Hand nur demütiger Bruder, wenn's ja Titel sein soll. Augustin mit meinem Klosternamen, doch hör ich am liebsten Martin, meinen Taufnamen.

GÖTZ. Ihr seid müde, Bruder Martin, und ohne Zweifel durstig! Der Bub kommt. Da kommt der Wein eben recht.

MARTIN. Für mich einen Trunk Wasser. Ich darf keinen Wein trinken.

GÖTZ. Ist das Euer Gelübde?

MARTIN. Nein, gnädiger Herr, es ist nicht wider mein Gelübde, Wein zu trinken; weil aber der Wein wider mein Gelübde ist, so trinke ich keinen Wein.

GÖTZ. Wie versteht Ihr das?

MARTIN. Wohl Euch, daß Ihr's nicht versteht. Essen und trinken, mein ich, ist des Menschen Leben.

GÖTZ. Wohl!

MARTIN. Wenn Ihr gegessen und getrunken habt, seid Ihr wie neugeboren; seid stärker, mutiger, geschickter zu Eurem Geschäft. Der Wein erfreut des Menschen Herz, und die Freudigkeit ist die Mutter aller Tugenden. Wenn Ihr

Wein getrunken habt, seid Ihr alles doppelt, was Ihr sein sollt, noch einmal so leicht denkend, noch einmal so unternehmend, noch einmal so schnell ausführend.

GÖTZ. Wie ich ihn trinke, ist es wahr.

MARTIN. Davon red ich auch. Aber wir –

Georg mit Wasser.

GÖTZ zu Georg heimlich. Geh auf den Weg nach Dachsbach, und leg dich mit dem Ohr auf die Erde, ob du nicht Pferde kommen hörst, und sei gleich wieder hier.

MARTIN. Aber wir, wenn wir gegessen und getrunken haben, sind wir grad das Gegenteil von dem, was wir sein sollen. Unsere schläfrige Verdauung stimmt den Kopf nach dem Magen, und in der Schwäche einer überfüllten Ruhe erzeugen sich Begierden, die ihrer Mutter leicht über den Kopf wachsen.

GÖTZ. Ein Glas, Bruder Martin, wird Euch nicht im Schlaf stören. Ihr seid heute viel gegangen. Bringt's ihm. Alle Streiter!

MARTIN. In Gottes Namen! Sie stoßen an. Ich kann die müßigen Leute nicht ausstehen; und doch kann ich nicht sagen, daß alle Mönche müßig sind; sie tun, was sie können. Da komm ich von St. Veit, wo ich die letzte Nacht schlief. Der Prior führte mich in Garten; das ist nun ihr Bienenkorb. Vortrefflicher Salat! Kohl nach Herzenslust! und besonders Blumenkohl und Artischocken, wie keine in Europa!

GÖTZ. Das ist also Eure Sache nicht. Er steht auf, sieht nach dem Jungen und kommt wieder.

MARTIN. Wollte, Gott hätte mich zum Gärtner oder Laboranten gemacht! ich könnte glücklich sein. Mein Abt liebt mich, mein Kloster ist Erfurt in Sachsen; er weiß, ich kann nicht ruhn, da schickt er mich herum, wo was zu betreiben ist. Ich geh zum Bischof von Konstanz.

GÖTZ. Noch eins! Gute Verrichtung!

MARTIN. Gleichfalls.

GÖTZ. Was seht Ihr mich so an, Bruder?

MARTIN. Daß ich in Euren Harnisch verliebt bin.

GÖTZ. Hättet Ihr Lust zu einem? Es ist schwer und beschwerlich, ihn zu tragen.

MARTIN. Was ist nicht beschwerlich auf dieser Welt! und

mir kommt nichts beschwerlicher vor als nicht Mensch sein dürfen. Armut, Keuschheit und Gehorsam – drei Gelübde, deren jedes, einzeln betrachtet, der Natur das unausstehlichste scheint, so unerträglich sind sie alle. Und sein ganzes Leben unter dieser Last oder der weit drückendern Bürde des Gewissens mutlos zu keichen! O Herr! was sind die Mühseligkeiten Eures Lebens gegen die Jämmerlichkeiten eines Standes, der die besten Triebe, durch die wir werden, wachsen und gedeihen, aus mißverstandner Begierde, Gott näher zu rücken, verdammt?

GÖTZ. Wär Euer Gelübde nicht so heilig, ich wollte Euch bereden, einen Harnisch anzulegen, wollt Euch ein Pferd geben, und wir zögen miteinander.

MARTIN. Wollte Gott, meine Schultern fühlten Kraft, den Harnisch zu ertragen, und mein Arm Stärke, einen Feind vom Pferd zu stechen! – Arme schwache Hand, von jeher gewöhnt, Kreuze und Friedensfahnen zu führen und Rauchfässer zu schwingen, wie wolltest du Lanze und Schwert regieren! Meine Stimme, nur zu Ave und Halleluja gestimmt, würde dem Feind ein Herold meiner Schwäche sein, wenn ihn die Eurige überwältigte. Kein Gelübde sollte mich abhalten, wieder in den Orden zu treten, den mein Schöpfer selbst gestiftet hat!

GÖTZ. Glückliche Wiederkehr!

MARTIN. Das trinke ich nur für Euch. Wiederkehr in meinen Käfig ist allemal unglücklich. Wenn Ihr wiederkehrt, Herr, in Eure Mauern, mit dem Bewußtsein Eurer Tapferkeit und Stärke, der keine Müdigkeit etwas anhaben kann, Euch zum ersten Mal nach langer Zeit, sicher vor feindlichem Überfall, entwaffnet auf Euer Bette streckt und Euch nach dem Schlaf dehnt, der Euch besser schmeckt, als mir der Trunk nach langem Durst: da könnt Ihr von Glück sagen!

GÖTZ. Dafür kommt's auch selten.

MARTIN *feuriger.* Und ist, wenn's kommt, ein Vorschmack des Himmels. – Wenn Ihr zurückkehrt, mit der Beute Eurer Feinde beladen, und Euch erinnert: den stach ich vom Pferd, eh er schießen konnte, und den rannt ich samt dem Pferd nieder, und dann reitet Ihr zu Eurem Schloß hinauf, und –

GÖTZ. Was meint Ihr?

MARTIN. Und Eure Weiber! Er schenkt ein. Auf Gesundheit Eurer Frau! Er wischt sich die Augen. Ihr habt doch eine?

GÖTZ. Ein edles vortreffliches Weib!

MARTIN. Wohl dem, der ein tugendsam Weib hat! des lebt er noch eins so lange. Ich kenne keine Weiber, und doch war die Frau die Krone der Schöpfung!

GÖTZ vor sich. Er dauert mich! Das Gefühl seines Standes frißt ihm das Herz.

GEORG gesprungen. Herr! ich höre Pferde im Galopp! Zwei! Es sind sie gewiß.

GÖTZ. Führ mein Pferd heraus! Hanns soll aufsitzen. Lebt wohl, teurer Bruder, Gott geleit Euch! Seid mutig und geduldig. Gott wird Euch Raum geben.

MARTIN. Ich bitt um Euren Namen.

GÖTZ. Verzeiht mir. Lebt wohl! Er reicht ihm die linke Hand.

MARTIN. Warum reicht ihr mir die Linke? Bin ich die ritterliche Rechte nicht wert?

GÖTZ. Und wenn Ihr der Kaiser wärt, Ihr müßtet mit dieser vorlieb nehmen. Meine Rechte, obgleich im Kriege nicht unbrauchbar, ist gegen den Druck der Liebe unempfindlich: sie ist eins mit ihrem Handschuh; Ihr seht, er ist Eisen.

MARTIN. So seid Ihr Götz von Berlichingen! Ich danke dir, Gott, daß du mich ihn hast sehen lassen, diesen Mann, den die Fürsten hassen und zu dem die Bedrängten sich wenden! Er nimmt ihm die rechte Hand. Laßt mir diese Hand, laßt mich sie küssen!

GÖTZ. Ihr sollt nicht.

MARTIN. Laßt mich! Du, mehr wert als Reliquienhand, durch die das heiligste Blut geflossen ist, totes Werkzeug, belebt durch des edelsten Geistes Vertrauen auf Gott!

Götz setzt den Helm auf und nimmt die Lanze.

Es war ein Mönch bei uns vor Jahr und Tag, der Euch besuchte, wie sie Euch abgeschossen ward vor Landshut. Wie er uns erzählte, was Ihr littet und wie sehr es Euch schmerzte, zu Eurem Beruf verstümmelt zu sein, und wie

Euch einfiel, von einem gehört zu haben, der auch nur eine Hand hatte und als tapferer Reitersmann doch noch lange diente – ich werde das nie vergessen.

Die zwei Knechte kommen.

Götz zu ihnen. Sie reden heimlich.

MARTIN fährt inzwischen fort. Ich werde das nie vergessen, wie er im edelsten einfältigsten Vertrauen auf Gott sprach: Und wenn ich zwölf Händ hätte und deine Gnad wollt mir nicht, was würden sie mir fruchten. So kann ich mit Einer –

GÖTZ. In den Haslacher Wald also. Kehrt sich zu Martin. Lebt wohl, werter Bruder Martin. Er küßt ihn.

MARTIN. Vergeßt mein nicht, wie ich Euer nicht vergesse.

Götz ab.

MARTIN. Wie mir's so eng ums Herz ward, da ich ihn sah. Er redete nichts, und mein Geist konnte doch den seinigen unterscheiden. Es ist eine Wollust, einen großen Mann zu sehn.

GEORG. Ehrwürdiger Herr, Ihr schlaft doch bei uns?

MARTIN. Kann ich ein Bett haben?

GEORG. Nein, Herr! ich kenne Betten nur vom Hörensagen, in unsrer Herberg ist nichts als Stroh.

MARTIN. Auch gut. Wie heißt du?

GEORG. Georg, ehrwürdiger Herr!

MARTIN. Georg! da hast du einen tapfern Patron.

GEORG. Sie sagen, er sei ein Reiter gewesen; das will ich auch sein.

MARTIN. Warte! Er zieht ein Gebetbuch hervor und gibt dem Buben einen Heiligen. Da hast du ihn. Folge seinem Beispiel, sei brav und fürchte Gott! Martin geht.

GEORG. Ach ein schöner Schimmel! wenn ich einmal so einen hätte! – und die goldene Rüstung! – Das ist ein garstiger Drach – Jetzt schieß ich nach Sperlingen – Heiliger Georg! mach mich groß und stark, gib mir so eine Lanze, Rüstung und Pferd, dann laß mir die Drachen kommen!

## JAXTHAUSEN. GÖTZENS BURG

**Elisabeth. Maria. Karl, sein Söhnchen.**

KARL. Ich bitte dich, liebe Tante, erzähl mir das noch einmal vom frommen Kind, 's is gar zu schön.

MARIA. Erzähl du mir's, kleiner Schelm, da will ich hören, ob du achtgibst.

KARL. Wart e bis, ich will mich bedenken. – Es war einmal – ja – es war einmal ein Kind, und seine Mutter war krank, da ging das Kind hin –

MARIA. Nicht doch. Da sagte die Mutter: Liebes Kind –

KARL. Ich bin krank –

MARIA. Und kann nicht ausgehn –

KARL. Und gab ihm Geld und sagte: Geh hin, und hole dir ein Frühstück. Da kam ein armer Mann –

MARIA. Das Kind ging, da begegnet ihm ein alter Mann, der war – nun, Karl!

KARL. Der war – alt –

MARIA. Freilich! der kaum mehr gehen konnte, und sagte: Liebes Kind –

KARL. Schenk mir was, ich hab kein Brot gessen gestern und heut. Da gab ihm 's Kind das Geld –

MARIA. Das für sein Frühstück sein sollte.

KARL. Da sagte der alte Mann –

MARIA. Da nahm der alte Mann das Kind –

KARL. Bei der Hand, und sagte – und ward ein schöner glänziger Heiliger, und sagte: – Liebes Kind –

MARIA. Für deine Wohltätigkeit belohnt dich die Mutter Gottes durch mich: welchen Kranken du anrührst –

KARL. Mit der Hand – es war die rechte, glaub ich.

MARIA. Ja.

KARL. Der wird gleich gesund.

MARIA. Da lief das Kind nach Haus und konnt für Freuden nichts reden.

KARL. Und fiel seiner Mutter um den Hals und weinte für Freuden –

MARIA. Da rief die Mutter: Wie ist mir! und war – nun Karl!

KARL. Und war – und war –

MARIA. Du gibst schon nicht acht! – und war gesund. Und das Kind kurierte König und Kaiser, und wurde so reich, daß es ein großes Kloster bauete.

ELISABETH. Ich kann nicht begreifen, wo mein Herr bleibt. Schon fünf Tag und Nächte, daß er weg ist, und er hoffte so bald seinen Streich auszuführen.

MARIA. Mich ängstigt's lang. Wenn ich so einen Mann haben sollte, der sich immer Gefahren aussetzte, ich stürbe im ersten Jahr.

ELISABETH. Dafür dank ich Gott, daß er mich härter zusammengesetzt hat.

KARL. Aber muß dann der Vater ausreiten, wenn's so gefährlich ist?

MARIA. Es ist sein guter Wille so.

ELISABETH. Wohl muß er, lieber Karl.

KARL. Warum?

ELISABETH. Weißt du noch, wie er das letzte Mal ausritt, da er dir Weck mitbrachte?

KARL. Bringt er mir wieder mit?

ELISABETH. Ich glaub wohl. Siehst du, da war ein Schneider von Stuttgart, der war ein trefflicher Bogenschütz und hatte zu Köln auf'm Schießen das Beste gewonnen.

KARL. War's viel?

ELISABETH. Hundert Taler. Und darnach wollten sie's ihm nicht geben.

MARIA. Gelt, das ist garstig, Karl?

KARL. Garstige Leut!

ELISABETH. Da kam der Schneider zu deinem Vater und bat ihn, er möchte ihm zu seinem Geld verhelfen. Und da ritt er aus und nahm den Kölnern ein paar Kaufleute weg, und plagte sie so lang, bis sie das Geld herausgaben. Wärst du nicht auch ausgeritten?

KARL. Nein! da muß man durch einen dicken dicken Wald, sind Zigeuner und Hexen drin.

ELISABETH. Ist ein rechter Bursch, fürcht sich vor Hexen.

MARIA. Du tust besser, Karl, leb du einmal auf deinem Schloß, als ein frommer christlicher Ritter. Auf seinen eigenen Gütern findet man zum Wohltun Gelegenheit genug. Die rechtschaffensten Ritter begehen mehr Ungerechtigkeit als Gerechtigkeit auf ihren Zügen.

ELISABETH. Schwester, du weißt nicht, was du redst. Gebe nur Gott, daß unser Junge mit der Zeit braver wird, und dem Weislingen nicht nachschlägt, der so treulos an meinem Mann handelt.

MARIA. Wir wollen nicht richten, Elisabeth. Mein Bruder ist sehr erbittert, du auch. Ich bin bei der ganzen Sache mehr Zuschauer, und kann billiger sein.

ELISABETH. Er ist nicht zu entschuldigen.

MARIA. Was ich von ihm gehört, hat mich eingenommen. Erzählte nicht selbst dein Mann so viel Liebes und Gutes von ihm! Wie glücklich war ihre Jugend, als sie zusammen Edelknaben des Markgrafen waren!

ELISABETH. Das mag sein. Nur sag, was kann der Mensch je Gutes gehabt haben, der seinem besten treusten Freunde nachstellt, seine Dienste den Feinden meines Mannes verkauft und unsern trefflichen Kaiser, der uns so gnädig ist, mit falschen widrigen Vorstellungen einzunehmen sucht.

KARL. Der Vater! der Vater! Der Türner bläst's Liedel: Heisa, mach's Tor auf.

ELISABETH. Da kommt er mit Beute.

Ein Reiter kommt.

REITER. Wir haben gejagt! wir haben gefangen! Gott grüß Euch, edle Frauen.

ELISABETH. Habt ihr den Weislingen?

REITER. Ihn und drei Reiter.

ELISABETH. Wie ging's zu, daß ihr so lang ausbleibt?

REITER. Wir lauerten auf ihn zwischen Nürnberg und Bamberg, er wollte nicht kommen, und wir wußten doch, er war auf dem Wege. Endlich kundschaften wir ihn aus, er war seitwärts gezogen und saß geruhig beim Grafen auf Schwarzenberg.

ELISABETH. Den möchten sie auch gern meinem Mann feind haben.

REITER. Ich sagt's gleich dem Herrn. Auf! und wir ritten in Haslacher Wald. Und da war's kurios: wie wir so in die Nacht reiten, hüt't just ein Schäfer da, und fallen fünf Wölf in die Herd und packten weidlich an. Da lachte unser

Herr, und sagte: Glück zu, liebe Gesellen! Glück überall und uns auch! Und es freuet uns all das gute Zeichen. Indem so kommt der Weislingen hergeritten mit vier Knechten.

MARIA. Das Herz zittert mir im Leibe.

REITER. Ich und mein Kamerad, wie's der Herr befohlen hatte, nistelten uns an ihn, als wären wir zusammengewachsen, daß er sich nicht regen noch rühren konnte, und der Herr und der Hanns fielen über die Knechte her und nahmen sie in Pflicht. Einer ist entwischt.

ELISABETH. Ich bin neugierig, ihn zu sehn. Kommen sie bald?

REITER. Sie reiten das Tal herauf, in einer Viertelstund sind sie hier.

MARIA. Er wird niedergeschlagen sein.

REITER. Finster genug sieht er aus.

MARIA. Sein Anblick wird mir im Herzen weh tun.

ELISABETH. Ah! – Ich will gleich das Essen zurechtmachen. Hungrig werdet ihr doch alle sein.

REITER. Rechtschaffen.

ELISABETH. Nimm den Kellerschlüssel und hol vom besten Wein! Sie haben ihn verdient. Ab.

KARL. Ich will mit, Tante.

MARIA. Komm, Bursch! Ab.

REITER. Der wird nicht sein Vater, sonst ging er mit in Stall!

Götz. Weislingen. Reitersknechte.

GÖTZ, Helm und Schwert auf den Tisch legend. Schnallt mir den Harnisch auf, und gebt mir mein Wams. Die Bequemlichkeit wird mir wohltun. Bruder Martin, du sagtest recht. – Ihr habt uns in Atem erhalten, Weislingen.

Weislingen antwortet nichts, auf und ab gehend.

Seid gutes Muts! Kommt, entwaffnet Euch. Wo sind Eure Kleider? ich hoffe, es soll nichts verlorengegangen sein. Zum Knecht: Frag seine Knechte, und öffnet das Gepäcke, und seht zu, daß nichts abhanden komme. Ich könnt Euch auch von den meinigen borgen.

WEISLINGEN. Laßt mich so, es ist all eins.

GÖTZ. Könnt Euch ein hübsches saubres Kleid geben, ist zwar nur leinen. Mir ist's zu eng geworden. Ich hatt's auf der Hochzeit meines gnädigen Herrn, des Pfalzgrafen, an, eben damals, als Euer Bischof so giftig über mich wurde. Ich hatt ihm, vierzehn Tag vorher, zwei Schiff auf dem Main niedergeworfen. Und ich geh mit Franzen von Sickingen im Wirtshaus zum Hirsch in Heidelberg die Trepp hinauf. Eh man noch ganz droben ist, ist ein Absatz und ein eisern Geländerlein, da stund der Bischof und gab Franzen die Hand, wie er vorbeiging, und gab sie mir auch, wie ich hintendrein kam. Ich lacht in meinem Herzen und ging zum Landgrafen von Hanau, der mir ein gar lieber Herr war, und sagte: Der Bischof hat mir die Hand geben, ich wett, er hat mich nicht gekannt. Das hört der Bischof, denn ich redt laut mit Fleiß, und kam zu uns trotzig – und sagte: Wohl, weil ich Euch nicht gekannt hab, gab ich Euch die Hand. Da sagt ich: Herre, ich merkt's wohl, daß Ihr mich nicht kanntet, und hiermit habt Ihr Eure Hand wieder. Da ward das Männlein so rot am Hals wie ein Krebs vor Zorn und lief in die Stube zu Pfalzgraf Ludwig und dem Fürsten von Nassau und klagt's ihnen. Wir haben nachher uns oft was drüber zugute getan.

**Weislingen.** Ich wollt, Ihr ließt mich allein.

**Götz.** Warum das? Ich bitt Euch, seid aufgeräumt! Ihr seid in meiner Gewalt, und ich werd sie nicht mißbrauchen.

**Weislingen.** Dafür war mir's noch nicht bange. Das ist Eure Ritterpflicht.

**Götz.** Und Ihr wißt, daß die mir heilig ist.

**Weislingen.** Ich bin gefangen; das übrige ist eins.

**Götz.** Ihr solltet nicht so reden. Wenn Ihr's mit Fürsten zu tun hättet, und sie Euch in tiefen Turn an Ketten aufhingen, und der Wächter Euch den Schlaf wegpfeifen müßte.

Die Knechte mit den Kleidern.

Weislingen zieht sich aus und an.

Karl kommt.

**Karl.** Guten Morgen, Vater.

**Götz** küßt ihn. Guten Morgen, Junge. Wie habt ihr die Zeit gelebt?

**Karl.** Recht geschickt, Vater! Die Tante sagt: ich sei recht geschickt.

**Götz.** So.

KARL. Hast du mir was mitgebracht?

GÖTZ. Diesmal nicht.

KARL. Ich hab viel gelernt.

GÖTZ. Ei!

KARL. Soll ich dir vom frommen Kind erzählen?

GÖTZ. Nach Tische.

KARL. Ich weiß noch was.

GÖTZ. Was wird das sein?

KARL. Jaxthausen ist ein Dorf und Schloß an der Jaxt, gehört seit zweihundert Jahren den Herrn von Berlichingen erb- und eigentümlich zu.

GÖTZ. Kennst du den Herrn von Berlichingen?

KARL *sieht ihn starr an.*

GÖTZ *vor sich.* Er kennt wohl vor lauter Gelehrsamkeit seinen Vater nicht. – Wem gehört Jaxthausen?

KARL. Jaxthausen ist ein Dorf und Schloß an der Jaxt.

GÖTZ. Das frag ich nicht. – Ich kannte alle Pfade, Weg und Furten, eh ich wußte, wie Fluß, Dorf und Burg hieß. – Die Mutter ist in der Küche?

KARL. Ja, Vater! Sie kocht weiße Rüben und ein Lammsbraten.

GÖTZ. Weißt du's auch, Hanns Küchenmeister?

KARL. Und für mich zum Nachtisch hat die Tante einen Apfel gebraten.

GÖTZ. Kannst du sie nicht roh essen?

KARL. Schmeckt so besser.

GÖTZ. Du mußt immer was Apartes haben. – Weislingen! ich bin gleich wieder bei Euch. Ich muß meine Frau doch sehn. Komm mit, Karl.

KARL. Wer ist der Mann?

GÖTZ. Grüß ihn. Bitt ihn, er soll lustig sein.

KARL. Da, Mann! hast du eine Hand, sei lustig, das Essen ist bald fertig.

WEISLINGEN *hebt ihn in die Höh und küßt ihn.* Glückliches Kind! das kein Übel kennt, als wenn die Suppe lang ausbleibt. Gott laß Euch viel Freud am Knaben erleben, Berlichingen!

GÖTZ. Wo viel Licht ist, ist starker Schatten – doch wär mir's willkommen. Wollen sehen, was es gibt. *Sie gehn.*

WEISLINGEN. O daß ich aufwachte! und das alles wäre ein

Traum! In Berlichingens Gewalt! von dem ich mich kaum losgearbeitet hatte, dessen Andenken ich mied wie Feuer, den ich hoffte zu überwältigen! Und er – der alte treuherzige Götz! Heiliger Gott, was will, will aus dem allen werden? Rückgeführt, Adelbert, in den Saal! wo wir als Buben unsere Jagd trieben – da du ihn liebtest, an ihm hingst wie an deiner Seele. Wer kann ihm nahen und ihn hassen? Ach! ich bin so ganz nichts hier! Glückselige Zeiten, ihr seid vorbei, da noch der alte Berlichingen hier am Kamin saß, da wir um ihn durcheinander spielten, und uns liebten wie die Engel. Wie wird sich der Bischof ängstigen, und meine Freunde. Ich weiß, das ganze Land nimmt teil an meinem Unfall. Was ist's! Können sie mir geben, wornach ich strebe?

GÖTZ mit einer Flasche Wein und Becher. Bis das Essen fertig wird, wollen wir eins trinken. Kommt, setzt Euch, tut, als wenn Ihr zu Hause wärt! Denkt, Ihr seid einmal wieder beim Götz. Haben doch lange nicht beisammen gesessen, lang keine Flasche miteinander angestochen. Bringt's ihm. Ein fröhlich Herz!

WEISLINGEN. Die Zeiten sind vorbei.

GÖTZ. Behüte Gott! Zwar vergnügtere Tage werden wir wohl nicht wieder finden, als an des Markgrafen Hof, da wir noch beisammen schliefen und miteinander herumzogen. Ich erinnere mich mit Freuden meiner Jugend. Wißt Ihr noch, wie ich mit dem Polacken Händel kriegte, dem ich sein gepicht und gekräuselt Haar von ungefähr mit dem Ärmel verwischte?

WEISLINGEN. Es war bei Tische, und er stach nach Euch mit dem Messer.

GÖTZ. Den schlug ich wacker aus dazumal, und darüber wurdet Ihr mit seinem Kameraden zu Unfried. Wir hielten immer redlich zusammen als gute brave Jungen, dafür erkennte uns auch jedermann. Schenkt ein und bringt's. Kastor und Pollux! Mir tat's immer im Herzen wohl, wenn uns der Markgraf so nannte.

WEISLINGEN. Der Bischof von Würzburg hatte es aufgebracht.

GÖTZ. Das war ein gelehrter Herr, und dabei so leutselig. Ich erinnere mich seiner, solange ich lebe, wie er uns liebkoste, unsere Eintracht lobte und den Menschen glücklich pries, der ein Zwillingsbruder seines Freundes wäre.

WEISLINGEN. Nichts mehr davon!

GÖTZ. Warum nicht? Nach der Arbeit wüßt ich nichts Angenehmers, als mich des Vergangenen zu erinnern. Freilich, wenn ich wieder so bedenke, wie wir Liebs und Leids zusammen trugen, einander alles waren, und wie ich damals wähnte, so sollt's unser ganzes Leben sein! War das nicht all mein Trost, wie mir diese Hand weggeschossen ward vor Landshut, und du mein pflegtest, und mehr als Bruder für mich sorgtest? Ich hoffte, Adelbert wird künftig meine rechte Hand sein. Und nun –

WEISLINGEN. Oh!

GÖTZ. Wenn du mir damals gefolgt hättest, da ich dir anlag, mit nach Brabant zu ziehen, es wäre alles gut geblieben. Da hielt dich das unglückliche Hofleben, und das Schlenzen und Scherwenzen mit den Weibern. Ich sagt es dir immer, wenn du dich mit den eiteln garstigen Vetteln abgabst, und ihnen erzähltest von mißvergnügten Ehen, verführten Mädchen, der rauhen Haut einer Dritten, oder was sie sonst gerne hören, du wirst ein Spitzbub, sagt ich, Adelbert.

WEISLINGEN. Wozu soll das alles?

GÖTZ. Wollte Gott, ich könnt's vergessen, oder es wär anders! Bist du nicht ebenso frei, so edel geboren als einer in Deutschland, unabhängig, nur dem Kaiser untertan, und du schmiegst dich unter Vasallen? Was hast du von dem Bischof? Weil er dein Nachbar ist? dich necken könnte? Hast du nicht Arme und Freunde, ihn wieder zu necken? Verkennst den Wert eines freien Rittersmanns, der nur abhängt von Gott, seinem Kaiser und sich selbst! Verkriechst dich zum ersten Hofschranzen eines eigensinnigen neidischen Pfaffen.

WEISLINGEN. Laßt mich reden.

GÖTZ. Was hast du zu sagen?

WEISLINGEN. Du siehst die Fürsten an, wie der Wolf den Hirten. Und doch, darfst du sie schelten, daß sie ihrer Leut und Länder Bestes wahren? Sind sie denn einen

Augenblick vor den ungerechten Rittern sicher, die ihre Untertanen auf allen Straßen anfallen, ihre Dörfer und Schlösser verheeren? Wenn nun auf der andern Seite unsers teuren Kaisers Länder der Gewalt des Erbfeindes ausgesetzt sind, er von den Ständen Hülfe begehrt, und sie sich kaum ihres Lebens erwehren: ist's nicht ein guter Geist, der ihnen einrät, auf Mittel zu denken, Deutschland zu beruhigen, Recht und Gerechtigkeit zu handhaben, um einen jeden, Großen und Kleinen, die Vorteile des Friedens genießen zu machen? Und uns verdenkst du's, Berlichingen, daß wir uns in ihren Schutz begeben, deren Hülfe uns nah ist, statt daß die entfernte Majestät sich selbst nicht beschützen kann.

GÖTZ. Ja! Ja! Ich versteh! Weislingen, wären die Fürsten, wie Ihr sie schildert, wir hätten alles, was wir begehren. Ruh und Frieden! Ich glaub's wohl! Den wünscht jeder Raubvogel, die Beute nach Bequemlichkeit zu verzehren. Wohlsein eines jeden! Daß sie sich nur darum graue Haare wachsen ließen! Und mit unserm Kaiser spielen sie auf eine unanständige Art. Er meint's gut und möcht gern bessern. Da kommt denn alle Tage ein neuer Pfannenflicker und meint so und so. Und weil der Herr geschwind etwas begreift, und nur reden darf, um tausend Hände in Bewegung zu setzen, so denkt er, es wär auch alles so geschwind und leicht ausgeführt. Nun ergehn Verordnungen über Verordnungen, und wird eine über die andere vergessen; und was den Fürsten in ihren Kram dient, da sind sie hinterher und gloriieren von Ruh und Sicherheit des Reichs, bis sie die Kleinen unterm Fuß haben. Ich will darauf schwören, es dankt mancher in seinem Herzen Gott, daß der Türk dem Kaiser die Waage hält.

WEISLINGEN. Ihr seht's von Eurer Seite.

GÖTZ. Das tut jeder. Es ist die Frage, auf welcher Licht und Recht ist, und Eure Gänge scheuen wenigstens den Tag.

WEISLINGEN. Ihr dürft reden, ich bin der Gefangne.

GÖTZ. Wenn Euer Gewissen rein ist, so seid Ihr frei. Aber wie war's mit dem Landfrieden? Ich weiß noch, als ein Bub von sechzehn Jahren war ich mit dem Markgrafen auf dem Reichstag. Was die Fürsten da für weite Mäuler machten, und die Geistlichen am ärgsten. Euer Bischof lärmte dem Kaiser die Ohren voll, als wenn ihm wunder wie! die Gerechtigkeit ans Herz gewachsen wäre; und jetzt wirft er mir selbst einen Buben nieder, zur Zeit, da unsere Händel vertragen sind, ich an nichts Böses denke. Ist nicht alles zwischen uns geschlichtet? Was hat er mit dem Buben?

WEISLINGEN. Es geschah ohne sein Wissen.

GÖTZ. Warum gibt er ihn nicht wieder los?

WEISLINGEN. Er hat sich nicht aufgeführt wie er sollte.

GÖTZ. Nicht wie er sollte? Bei meinem Eid, er hat getan wie er sollte, so gewiß er mit Eurer und des Bischofs Kundschaft gefangen ist. Meint Ihr, ich komm erst heut auf die Welt, daß ich nicht sehen soll, wo alles hinaus will?

WEISLINGEN. Ihr seid argwöhnisch und tut uns unrecht.

GÖTZ. Weislingen, soll ich von der Leber weg reden? Ich bin euch ein Dorn in den Augen, so klein ich bin, und der Sickingen und Selbitz nicht weniger, weil wir fest entschlossen sind, zu sterben eh, als jemanden die Luft zu verdanken, außer Gott, und unsere Treu und Dienst zu leisten, als dem Kaiser. Da ziehen sie nun um mich herum, verschwärzen mich bei Ihro Majestät und ihren Freunden und meinen Nachbarn, und spionieren nach Vorteil über mich. Aus dem Weg wollen sie mich haben, wie's wäre. Darum nahmt ihr meinen Buben gefangen, weil ihr wußtet, ich hatt ihn auf Kundschaft ausgeschickt; und darum tat er nicht was er sollte, weil er mich nicht an euch verriet. Und du, Weislingen, bist ihr Werkzeug!

WEISLINGEN. Berlichingen!

GÖTZ. Kein Wort mehr davon! Ich bin ein Feind von Explikationen; man betrügt sich oder den andern, und meist beide.

KARL. Zu Tisch, Vater.

GÖTZ. Fröhliche Botschaft! – Kommt, ich hoffe, meine Weibsleute sollen Euch munter machen. Ihr wart sonst ein Liebhaber, die Fräulein wußten von Euch zu erzählen. Kommt! *Ab.*

## IM BISCHÖFLICHEN PALASTE ZU BAMBERG. DER SPEISESAAL

Bischof von Bamberg. Abt von Fulda. Olearius. Liebetraut. Hofleute.

An Tafel. Der Nachtisch und die großen Pokale werden aufgetragen.

Bischof. Studieren jetzt viele Deutsche von Adel zu Bologna?

Olearius. Vom Adel- und Bürgerstande. Und ohne Ruhm zu melden, tragen sie das größte Lob davon. Man pflegt im Sprichwort auf der Akademie zu sagen: So fleißig wie ein Deutscher von Adel. Denn indem die Bürgerlichen einen rühmlichen Fleiß anwenden, durch Talente den Mangel der Geburt zu ersetzen, so bestreben sich jene, mit rühmlicher Wetteiferung, ihre angeborne Würde durch die glänzendsten Verdienste zu erhöhen.

Abt. Ei!

Liebetraut. Sag einer, was man nicht erlebet! So fleißig wie ein Deutscher von Adel! Das hab ich mein Tage nicht gehört.

Olearius. Ja, sie sind die Bewunderung der ganzen Akademie. Es werden ehestens einige von den ältesten und geschicktesten als Doctores zurückkommen. Der Kaiser wird glücklich sein, die ersten Stellen damit besetzen zu können.

Bischof. Das kann nicht fehlen.

Abt. Kennen Sie nicht zum Exempel einen Junker? – er ist aus Hessen –

Olearius. Es sind viele Hessen da.

Abt. Er heißt – er ist – Weiß es keiner von euch? – Seine Mutter war eine von – Oh! Sein Vater hatte nur ein Aug – und war Marschall.

Liebetraut. Von Wildenholz?

Abt. Recht – von Wildenholz.

Olearius. Den kenn ich wohl, ein junger Herr von vielen Fähigkeiten. Besonders rühmt man ihn wegen seiner Stärke im Disputieren.

Abt. Das hat er von seiner Mutter.

Liebetraut. Nur wollte sie ihr Mann niemals drum rühmen.

Bischof. Wie sagtet Ihr, daß der Kaiser hieß, der Euer Corpus Juris geschrieben hat?

Olearius. Justinianus.

Bischof. Ein trefflicher Herr! er soll leben!

Olearius. Sein Andenken! Sie trinken.

Abt. Es mag ein schön Buch sein.

Olearius. Man möcht's wohl ein Buch aller Bücher nennen; eine Sammlung aller Gesetze; bei jedem Fall der Urteilsspruch bereit; und was ja noch abgängig oder dunkel wäre, ersetzen die Glossen, womit die gelehrtesten Männer das vortrefflichste Werk geschmückt haben.

Abt. Eine Sammlung aller Gesetze! Potz! Da müssen auch wohl die zehn Gebote drin sein.

Olearius. Implicite wohl, nicht explicite.

Abt. Das mein ich auch, an und vor sich, ohne weitere Explikation.

Bischof. Und was das Schönste ist, so könnte, wie Ihr sagt, ein Reich in sicherster Ruhe und Frieden leben, wo es völlig eingeführt und recht gehandhabt würde.

Olearius. Ohne Frage.

Bischof. Alle Doctores Juris!

Olearius. Ich werd's zu rühmen wissen. Sie trinken. Wollte Gott, man spräche so in meinem Vaterlande!

Abt. Wo seid Ihr her, hochgelahrter Herr?

Olearius. Von Frankfurt am Main, Ihro Eminenz zu dienen.

Bischof. Steht ihr Herrn da nicht wohl angeschrieben? Wie kommt das?

Olearius. Sonderbar genug. Ich war da, meines Vaters Erbschaft abzuholen; der Pöbel hätte mich fast gesteinigt, wie er hörte, ich sei ein Jurist.

Abt. Behüte Gott!

Olearius. Aber das kommt daher: der Schöppenstuhl, der in großem Ansehen weit umher steht, ist mit lauter Leuten besetzt, die der Römischen Rechte unkundig sind. Man glaubt, es sei genug, durch Alter und Erfahrung sich eine genaue Kenntnis des innern und äußern Zustandes der Stadt zu erwerben. So werden, nach altem Herkommen und wenig Statuten, die Bürger und die Nachbarschaft gerichtet.

Abt. Das ist wohl gut.

Olearius. Aber lange nicht genug. Der Menschen Leben ist kurz, und in einer Generation kommen nicht alle Casus vor. Eine Sammlung solcher Fälle von vielen Jahrhunderten ist unser Gesetzbuch. Und dann ist der Wille und die Meinung der Menschen schwankend; dem deucht heute das recht, was der andere morgen mißbilliget; und so ist Verwirrung und Ungerechtigkeit unvermeidlich. Das alles bestimmen die Gesetze; und die Gesetze sind unveränderlich.

Abt. Das ist freilich besser.

Olearius. Das erkennt der Pöbel nicht, der, so gierig er auf Neuigkeiten ist, das Neue höchst verabscheuet, das ihn aus seinem Gleise leiten will, und wenn er sich noch so sehr dadurch verbessert. Sie halten den Juristen so arg, als einen Verwirrer des Staats, einen Beutelschneider, und sind wie rasend, wenn einer dort sich niederzulassen gedenkt.

Liebetraut. Ihr seid von Frankfurt! Ich bin wohl da bekannt. Bei Kaiser Maximilians Krönung haben wir euren Bräutigams was vorgeschmaust. Euer Name ist Olearius? Ich kenne so niemanden.

Olearius. Mein Vater hieß Öhlmann. Nur, den Mißstand auf dem Titel meiner lateinischen Schriften zu vermeiden, nennt ich mich, nach dem Beispiel und auf Anraten würdiger Rechtslehrer, Olearius.

Liebetraut. Ihr tatet wohl, daß Ihr Euch übersetztet. Ein Prophet gilt nichts in seinem Vaterlande, es hätt Euch in Eurer Muttersprache auch so gehen können.

Olearius. Es war nicht darum.

Liebetraut. Alle Dinge haben ein paar Ursachen.

Abt. Ein Prophet gilt nichts in seinem Vaterlande!

Liebetraut. Wißt Ihr auch warum, hochwürdiger Herr?

Abt. Weil er da geboren und erzogen ist.

Liebetraut. Wohl! Das mag die eine Ursache sein. Die andere ist: weil, bei einer näheren Bekanntschaft mit den Herrn, der Nimbus von Ehrwürdigkeit und Heiligkeit wegschwindet, den uns eine neblichte Ferne um sie herumlügt; und dann sind sie ganz kleine Stümpfchen Unschlitt.

OLEARIUS. Es scheint, Ihr seid dazu bestellt, Wahrheiten zu sagen.

LIEBETRAUT. Weil ich 's Herz dazu hab, so fehlt mir's nicht am Maul.

OLEARIUS. Aber doch an Geschicklichkeit, sie wohl anzubringen.

LIEBETRAUT. Schröpfköpfe sind wohl angebracht, wo sie ziehen.

OLEARIUS. Bader erkennt man an der Schürze und nimmt in ihrem Amt ihnen nichts übel. Zur Vorsorge tätet Ihr wohl, wenn Ihr eine Schellenkappe trügt.

LIEBETRAUT. Wo habt Ihr promoviert? Es ist nur zur Nachfrage, wenn mir einmal der Einfall käme, daß ich gleich vor die rechte Schmiede ginge.

OLEARIUS. Ihr seid verwegen.

LIEBETRAUT. Und Ihr sehr breit.

Bischof und Abt lachen.

BISCHOF. Von was anders! – Nicht so hitzig, ihr Herrn! Bei Tisch geht alles drein. – Einen andern Diskurs, Liebetraut!

LIEBETRAUT. Gegen Frankfurt liegt ein Ding über, heißt Sachsenhausen –

OLEARIUS zum Bischof. Was spricht man vom Türkenzug, Ihro Fürstliche Gnaden?

BISCHOF. Der Kaiser hat nichts Angelegners, als vorerst das Reich zu beruhigen, die Fehden abzuschaffen, und das Ansehn der Gerichte zu befestigen. Dann, sagt man, wird er persönlich gegen die Feinde des Reichs und der Christenheit ziehen. Jetzt machen ihm seine Privathändel noch zu tun, und das Reich ist, trotz ein vierzig Landfrieden, noch immer eine Mördergrube. Franken, Schwaben, der Oberrhein und die angrenzenden Länder werden von übermütigen und kühnen Rittern verheeret. Sickingen, Selbitz mit Einem Fuß, Berlichingen mit der eisernen Hand spotten in diesen Gegenden des kaiserlichen Ansehens –

ABT. Ja, wenn Ihro Majestät nicht bald dazu tun, so stecken einen die Kerl am End in Sack.

LIEBETRAUT. Das müßt ein Kerl sein, der das Weinfaß von Fuld in den Sack schieben wollte.

BISCHOF. Besonders ist der letzte seit vielen Jahren mein

unversöhnlicher Feind, und molestiert mich unsäglich; aber es soll nicht lang mehr währen, hoff ich. Der Kaiser hält jetzt seinen Hof zu Augsburg. Wir haben unsere Maßregeln genommen, es kann uns nicht fehlen. – Herr Doktor, kennt Ihr Adelberten von Weislingen?

OLEARIUS. Nein, Ihro Eminenz.

BISCHOF. Wenn Ihr die Ankunft dieses Manns erwartet, werdet Ihr Euch freuen, den edelsten, verständigsten und angenehmsten Ritter in Einer Person zu sehen.

OLEARIUS. Es muß ein vortrefflicher Mann sein, der solche Lobeserhebungen aus solch einem Munde verdient.

LIEBETRAUT. Er ist auf keiner Akademie gewesen.

BISCHOF. Das wissen wir. Die Bedienten laufen ans Fenster. Was gibt's?

EIN BEDIENTER. Eben reit Färber, Weislingens Knecht, zum Schloßtor herein.

BISCHOF. Seht, was er bringt, er wird ihn melden. Liebetraut geht. Sie stehn auf und trinken noch eins.

Liebetraut kommt zurück.

BISCHOF. Was für Nachrichten?

LIEBETRAUT. Ich wollt, es müßt sie Euch ein andrer sagen. Weislingen ist gefangen.

BISCHOF. O!

LIEBETRAUT. Berlichingen hat ihn und drei Knechte bei Haslach weggenommen. Einer ist entronnen, Euch's anzusagen.

ABT. Eine Hiobspost.

OLEARIUS. Es tut mir von Herzen leid.

BISCHOF. Ich will den Knecht sehn, bringt ihn herauf – Ich will ihn selbst sprechen. Bringt ihn in mein Kabinett! Ab.

ABT setzt sich. Noch einen Schluck.

Die Knechte schenken ein.

OLEARIUS. Belieben Ihro Hochwürden nicht eine kleine Promenade in den Garten zu machen? Post coenam stabis seu passus mille meabis.

LIEBETRAUT. Wahrhaftig, das Sitzen ist Ihnen nicht gesund. Sie kriegen noch einen Schlagfluß.

Abt hebt sich auf.

LIEBETRAUT vor sich. Wann ich ihn nur draußen hab, will ich ihm fürs Exerzitium sorgen. Gehn ab.

## JAXTHAUSEN

Maria. Weislingen.

MARIA. Ihr liebt mich, sagt Ihr. Ich glaub es gerne und hoffe, mit Euch glücklich zu sein, und Euch glücklich zu machen.

WEISLINGEN. Ich fühle nichts, als nur daß ich ganz dein bin.

Er umarmt sie.

MARIA. Ich bitte Euch, laßt mich! Einen Kuß hab ich Euch zum Gottspfennig erlaubt; Ihr scheinet aber schon von dem Besitz nehmen zu wollen, was nur unter Bedingungen Euer ist.

WEISLINGEN. Ihr seid zu streng, Maria! Unschuldige Liebe erfreut die Gottheit, statt sie zu beleidigen.

MARIA. Es sei! Aber ich bin nicht dadurch erbaut. Man lehrte mich: Liebkosungen sei'n wie Ketten, stark durch ihre Verwandtschaft, und Mädchen, wenn sie liebten, sei'n schwächer als Simson nach dem Verlust seiner Locken.

WEISLINGEN. Wer lehrte Euch das?

MARIA. Die Äbtissin meines Klosters. Bis in mein sechzehntes Jahr war ich bei ihr, und nur mit Euch empfind ich das Glück, das ich in ihrem Umgang genoß. Sie hatte geliebt, und durfte reden. Sie hatte ein Herz voll Empfindung! Sie war eine vortreffliche Frau.

WEISLINGEN. Da glich sie dir! Er nimmt ihre Hand. Wie wird mir's werden, wenn ich euch verlassen soll!

MARIA zieht ihre Hand zurück. Ein bißchen eng, hoff ich, denn ich weiß, wie's mir sein wird. Aber Ihr sollt fort.

WEISLINGEN. Ja, meine Teuerste, und ich will. Denn ich fühle, welche Seligkeiten ich mir durch dies Opfer erwerbe. Gesegnet sei dein Bruder, und der Tag, an dem er auszog, mich zu fangen!

MARIA. Sein Herz war voll Hoffnung für ihn und dich. Lebt wohl! sagt er beim Abschied, ich will sehen, daß ich ihn wieder finde.

WEISLINGEN. Er hat's. Wie wünscht ich, die Verwaltung meiner Güter und ihre Sicherheit nicht durch das leidige Hofleben so versäumt zu haben! Du könntest gleich die Meinige sein.

MARIA. Auch der Aufschub hat seine Freuden.

WEISLINGEN. Sage das nicht, Maria, ich muß sonst fürchten, du empfindest weniger stark als ich. Doch ich büße verdient, und welche Hoffnungen werden mich auf jedem Schritt begleiten! Ganz der Deine zu sein, nur in dir und dem Kreise von Guten zu leben, von der Welt entfernt, getrennt, alle Wonne zu genießen, die so zwei Herzen einander gewähren! Was ist die Gnade des Fürsten, was der Beifall der Welt gegen diese einfache einzige Glückseligkeit? Ich habe viel gehofft und gewünscht, das widerfährt mir über alles Hoffen und Wünschen.

Götz kommt.

GÖTZ. Euer Knab ist wieder da. Er konnte vor Müdigkeit und Hunger kaum etwas vorbringen. Meine Frau gibt ihm zu essen. So viel hab ich verstanden: der Bischof will den Knaben nicht herausgeben, es sollen Kaiserliche Kommissarien ernannt und ein Tag ausgesetzt werden, wo die Sache dann verglichen werden mag. Dem sei wie ihm wolle, Adelbert, Ihr seid frei; ich verlange weiter nichts als Eure Hand, daß Ihr inskünftige meinen Feinden weder öffentlich noch heimlich Vorschub tun wollt.

WEISLINGEN. Hier faß ich Eure Hand. Laßt, von diesem Augenblick an, Freundschaft und Vertrauen, gleich einem ewigen Gesetz der Natur, unveränderlich unter uns sein! Erlaubt mir zugleich diese Hand zu fassen, er nimmt Mariens Hand, und den Besitz des edelsten Fräuleins.

GÖTZ. Darf ich Ja für Euch sagen?

MARIA. Wenn Ihr es mit mir sagt.

GÖTZ. Es ist ein Glück, daß unsere Vorteile diesmal miteinander gehn. Du brauchst nicht rot zu werden. Deine Blicke sind Beweis genug. Ja denn, Weislingen! Gebt euch die Hände, und so sprech ich Amen! – Mein Freund und Bruder! – Ich danke dir, Schwester! Du kannst mehr als Hanf spinnen. Du hast einen Faden gedreht, diesen Paradiesvogel zu fesseln. Du siehst nicht ganz frei, Adelbert! Was fehlt dir? Ich – bin ganz glücklich; was ich nur träumend hoffte, seh ich, und bin wie träumend. Ach! nun ist mein Traum aus. Mir war's heute nacht, ich gäb dir meine rechte eiserne Hand, und du hieltest mich so fest, daß sie aus den Armschienen ging wie abgebrochen. Ich erschrak und wachte drüber auf. Ich hätte nur fortträumen sollen, da würd ich gesehen haben, wie du mir eine neue lebendige Hand ansetztest. – Du sollst mir jetzo fort, dein Schloß und deine Güter in vollkommenen Stand zu setzen. Der verdammte Hof hat dich beides versäumen machen. Ich muß meiner Frau rufen. Elisabeth!

MARIA. Mein Bruder ist in voller Freude.

WEISLINGEN. Und doch darf ich ihm den Rang streitig machen.

GÖTZ. Du wirst anmutig wohnen.

MARIA. Franken ist ein gesegnetes Land.

WEISLINGEN. Und ich darf wohl sagen, mein Schloß liegt in der gesegnetsten und anmutigsten Gegend.

GÖTZ. Das dürft Ihr, und ich will's behaupten. Hier fließt der Main, und allmählich hebt der Berg an, der, mit Äckern und Weinbergen bekleidet, von Eurem Schloß gekrönt wird, dann biegt sich der Fluß schnell um die Ecke hinter dem Felsen Eures Schlosses hin. Die Fenster des großen Saals gehen steil herab aufs Wasser, eine Aussicht viel Stunden weit.

Elisabeth kommt.

ELISABETH. Was schafft ihr?

GÖTZ. Du sollst deine Hand auch dazu geben und sagen: Gott segne euch! Sie sind ein Paar.

ELISABETH. So geschwind!

GÖTZ. Aber nicht unvermutet.

ELISABETH. Möget Ihr Euch immer so nach ihr sehnen als bisher, da Ihr um sie warbt! Und dann! Möchtet Ihr so glücklich sein, als Ihr sie lieb behaltet!

WEISLINGEN. Amen! Ich begehre kein Glück als unter diesem Titel.

GÖTZ. Der Bräutigam, meine liebe Frau, tut eine kleine Reise; denn die große Veränderung zieht viel geringe nach sich. Er entfernt sich zuerst vom Bischöflichen Hof, um diese Freundschaft nach und nach erkalten zu lassen. Dann reißt er seine Güter eigennützigen Pachtern aus den Händen. Und – kommt, Schwester, komm, Elisabeth! Wir wollen ihn allein lassen. Sein Knab hat ohne Zweifel geheime Aufträge an ihn.

WEISLINGEN. Nichts als was Ihr wissen dürft.

GÖTZ. Braucht's nicht. – Franken und Schwaben! Ihr seid nun verschwisterter als jemals. Wie wollen wir den Fürsten den Daumen auf dem Aug halten! Die drei gehn.

WEISLINGEN. Gott im Himmel! Konntest du mir Unwürdigen solch eine Seligkeit bereiten? Es ist zu viel für mein Herz. Wie ich von den elenden Menschen abhing, die ich zu beherrschen glaubte, von den Blicken des Fürsten, von dem ehrerbietigen Beifall umher! Götz, teurer Götz, du hast mich mir selbst wiedergegeben, und, Maria, du vollendest meine Sinnesänderung. Ich fühle mich so frei wie in heiterer Luft. Bamberg will ich nicht mehr sehen, will alle die schändlichen Verbindungen durchschneiden, die mich unter mir selbst hielten. Mein Herz erweitert sich, hier ist kein beschwerliches Streben nach versagter Größe. So gewiß ist der allein glücklich und groß, der weder zu herrschen noch zu gehorchen braucht, um etwas zu sein!

Franz tritt auf.

FRANZ. Gott grüß Euch, gestrenger Herr! Ich bring Euch so viel Grüße, daß ich nicht weiß, wo anzufangen. Bamberg, und zehn Meilen in die Runde, entbieten Euch ein tausendfaches: Gott grüß Euch!

WEISLINGEN. Willkommen, Franz! Was bringst du mehr?

FRANZ. Ihr steht in einem Andenken bei Hof und überall, daß es nicht zu sagen ist.

WEISLINGEN. Das wird nicht lange dauern.

FRANZ. Solang ihr lebt! und nach Eurem Tod wird's heller blinken, als sie messingenen Buchstaben auf einem Grabstein. Wie man sich Euren Unfall zu Herzen nahm!

WEISLINGEN. Was sagte der Bischof?

FRANZ. Er war so begierig zu wissen, daß er mit geschäftiger Geschwindigkeit der Fragen meine Antwort verhinderte. Er wußt es zwar schon; denn Färber, der von Haslach entrann, brachte ihm die Botschaft. Aber er wollte alles wissen. Er fragte so ängstlich, ob Ihr nicht versehrt wäret. Ich sagte: Er ist ganz, von der äußersten Haarspitze bis zum Nagel des kleinen Zehs.

WEISLINGEN. Was sagte er zu den Vorschlägen?

FRANZ. Er wollte gleich alles herausgeben, den Knaben und noch Geld darauf, nur Euch zu befreien. Da er aber hörte, Ihr solltet ohne das loskommen und nur Euer Wort das Äquivalent gegen den Buben sein, da wollte er absolut den Berlichingen vertagt haben. Er sagte mir hundert Sachen an Euch – ich hab sie wieder vergessen. Es war eine lange Predigt über die Worte: Ich kann Weislingen nicht entbehren.

WEISLINGEN. Er wird's lernen müssen!

FRANZ. Wie meint Ihr? Er sagte: Mach ihn eilen, es wartet alles auf ihn.

WEISLINGEN. Es kann warten. Ich gehe nicht nach Hof.

FRANZ. Nicht nach Hof? Herr! Wie kommt Euch das? Wenn Ihr wüßtet, was ich weiß. Wenn Ihr nur träumen könntet, was ich gesehen habe.

WEISLINGEN. Wie wird dir's?

FRANZ. Nur von der bloßen Erinnerung komm ich außer mir. Bamberg ist nicht mehr Bamberg, ein Engel in Weibesgestalt macht es zum Vorhofe des Himmels.

WEISLINGEN. Nichts weiter?

FRANZ. Ich will ein Pfaff werden, wenn Ihr sie sehet und nicht außer Euch kommt.

WEISLINGEN. Wer ist's denn?

FRANZ. Adelheid von Walldorf.

WEISLINGEN. Die! Ich habe viel von ihrer Schönheit gehört.

FRANZ. Gehört? Das ist eben, als wenn Ihr sagtet: Ich hab die Musik gesehen. Es ist der Zunge so wenig möglich, eine Linie ihrer Vollkommenheiten auszudrücken, da das Aug sogar in ihrer Gegenwart sich nicht selbst genug ist.

WEISLINGEN. Du bist nicht gescheit.

FRANZ. Das kann wohl sein. Das letzte Mal, da ich sie sahe, hatte ich nicht mehr Sinne als ein Trunkener. Oder vielmehr, kann ich sagen, ich fühlte in dem Augenblick, wie's den Heiligen bei himmlischen Erscheinungen sein mag. Alle Sinne stärker, höher, vollkommener, und doch den Gebrauch von keinem.

WEISLINGEN. Das ist seltsam.

FRANZ. Wie ich von dem Bischof Abschied nahm, saß sie bei

ihm. Sie spielten Schach. Er war sehr gnädig, reichte mir seine Hand zu küssen und sagte mir vieles, davon ich nichts vernahm. Denn ich sah seine Nachbarin, sie hatte ihr Auge aufs Brett geheftet, als wenn sie einem großen Streich nachsänne. Ein feiner lauernder Zug um Mund und Wange! Ich hätte der elfenbeinerne König sein mögen. Adel und Freundlichkeit herrschten auf ihrer Stirne. Und das blendende Licht des Angesichts und des Busens, wie es von den finstern Haaren erhoben ward!

WEISLINGEN. Du bist drüber gar zum Dichter geworden.

FRANZ. So fühl ich denn in dem Augenblick, was den Dichter macht, ein volles, ganz von einer Empfindung volles Herz! Wie der Bischof endigte und ich mich neigte, sah sie mich an und sagte: Auch von mir einen Gruß unbekannter Weise! Sag ihm, er mag ja bald kommen. Es warten neue Freunde auf ihn; er soll sie nicht verachten, wenn er schon an alten so reich ist. – Ich wollte was antworten, aber der Paß vom Herzen nach der Zunge war versperrt, ich neigte mich. Ich hätte mein Vermögen gegeben, die Spitze ihres kleinen Fingers küssen zu dürfen! Wie ich so stund, warf der Bischof einen Bauern herunter, ich fuhr darnach und berührte im Aufheben den Saum ihres Kleides, das fuhr mir durch alle Glieder, und ich weiß nicht, wie ich zur Tür hinausgekommen bin.

WEISLINGEN. Ist ihr Mann bei Hofe?

FRANZ. Sie ist schon vier Monat Witwe. Um sich zu zerstreuen, hält sie sich in Bamberg auf. Ihr werdet sie sehen. Wenn sie einen ansieht, ist's, als wenn man in der Frühlingssonne stünde.

WEISLINGEN. Es würde eine schwächere Wirkung auf mich machen.

FRANZ. Ich höre, Ihr seid so gut als verheiratet.

WEISLINGEN. Wollte, ich wär's. Meine sanfte Marie wird das Glück meines Lebens machen. Ihre süße Seele bildet sich in ihren blauen Augen. Und weiß wie ein Engel des Himmels, gebildet aus Unschuld und Liebe, leitet sie mein Herz zur Ruhe und Glückseligkeit. Pack zusammen! und dann auf mein Schloß! Ich will Bamberg nicht sehen, und wenn Sankt Veit in Person meiner begehrte. Geht ab.

FRANZ. Da sei Gott vor! Wollen das Beste hoffen! Maria ist liebreich und schön, und einem Gefangenen und Kranken kann ich's nicht übelnehmen, der sich in sie verliebt. In ihren Augen ist Trost, gesellschaftliche Melancholie. – Aber um dich, Adelheid, ist Leben, Feuer, Mut – Ich würde! – Ich bin ein Narr – dazu machte mich ein Blick von ihr. Mein Herr muß hin! Ich muß hin! Und da will ich mich wieder gescheit oder völlig rasend gaffen.

## ZWEITER AKT

### BAMBERG. EIN SAAL

Bischof, Adelheid spielen Schach. Liebetraut mit einer Zither. Frauen, Hofleute um ihn herum am Kamin.

LIEBETRAUT spielt und singt.

Mit Pfeilen und Bogen
Cupido geflogen,
Die Fackel in Brand,
Wollt mutilich kriegen
Und männilich siegen
Mit stürmender Hand.
Auf! Auf!
An! An!
Die Waffen erklirrten,
Die Flügelein schwirrten,
Die Augen entbrannt.

Da fand er die Busen
Ach leider so bloß,
Sie nahmen so willig
Ihn all auf den Schoß.
Er schüttet die Pfeile
Zum Feuer hinein,
Sie herzten und drückten
Und wiegten ihn ein.
Hei ei o! Popeio!

ADELHEID. Ihr seid nicht bei Eurem Spiele. Schach dem König!

BISCHOF. Es ist noch Auskunft.

ADELHEID. Lange werdet Ihr's nicht mehr treiben. Schach dem König!

LIEBETRAUT. Dies Spiel spielt ich nicht, wenn ich ein großer Herr wär, und verböt's am Hofe und im ganzen Land.

ADELHEID. Es ist wahr, dies Spiel ist ein Probierstein des Gehirns.

LIEBETRAUT. Nicht darum! Ich wollte lieber das Geheul der Totenglocke und ominöser Vögel, lieber das Gebell des knurrischen Hofhunds Gewissen, lieber wollt ich sie durch den tiefsten Schlaf hören, als von Laufern, Springern und anderen Bestien das ewige: Schach dem König!

BISCHOF. Wem wird auch das einfallen!

LIEBETRAUT. Einem zum Exempel, der schwach wäre und ein stark Gewissen hätte, wie denn das meistenteils beisammen ist. Sie nennen's ein königlich Spiel, und sagen, es sei für einen König erfunden worden, der den Erfinder mit einem Meer von Überfluß belohnt habe. Wenn das wahr ist, so ist mir's, als wenn ich ihn sähe. Er war minorenn an Verstand oder an Jahren, unter der Vormundschaft seiner Mutter oder seiner Frau, hatte Milchhaare im Bart und Flachshaare um die Schläfe, er war so gefällig wie ein Weidenschößling, und spielte gern Dame und mit den Damen, nicht aus Leidenschaft, behüte Gott! nur zum Zeitvertreib. Sein Hofmeister, zu tätig, um ein Gelehrter, zu unlenksam, ein Weltmann zu sein, erfand das Spiel in usum Delphini, das so homogen mit Seiner Majestät war – und so ferner.

ADELHEID. Matt! Ihr solltet die Lücken unsrer Geschichtsbücher ausfüllen, Liebetraut.

Sie stehen auf.

LIEBETRAUT. Die Lücken unsrer Geschlechtsregister, das wäre profitabler. Seitdem die Verdienste unserer Vorfahren mit ihren Porträts zu einerlei Gebrauch dienen, die leeren Seiten nämlich unsrer Zimmer und unsres Charakters zu tapezieren; da wäre was zu verdienen.

BISCHOF. Er will nicht kommen, sagtet Ihr!

ADELHEID. Ich bitt Euch, schlagt's Euch aus dem Sinn!

BISCHOF. Was das sein mag?

LIEBETRAUT. Was? Die Ursachen lassen sich herunterbeten wie ein Rosenkranz. Er ist in eine Art von Zerknirschung gefallen, von der ich ihn leicht kurieren wollt.

BISCHOF. Tut das, reitet zu ihm!

LIEBETRAUT. Meinen Auftrag!

BISCHOF. Er soll unumschränkt sein. Spare nichts, wenn du ihn zurückbringst!

LIEBETRAUT. Darf ich Euch auch hineinmischen, gnädige Frau?

ADELHEID. Mit Bescheidenheit.

LIEBETRAUT. Das ist eine weitläufige Kommission.

ADELHEID. Kennt Ihr mich so wenig, oder seid Ihr so jung, um nicht zu wissen, in welchem Ton Ihr mit Weislingen von mir zu reden habt?

LIEBETRAUT. Im Ton einer Wachtelpfeife, denk ich.

ADELHEID. Ihr werdet nie gescheit werden!

LIEBETRAUT. Wird man das, gnädige Frau?

BISCHOF. Geht, geht! Nehmt das beste Pferd aus meinem Stall, wählt Euch Knechte, und schafft mir ihn her!

LIEBETRAUT. Wenn ich ihn nicht herbanne, so sagt: ein altes Weib, das Warzen und Sommerflecken vertreibt, verstehe mehr von der Sympathie als ich.

BISCHOF. Was wird das helfen! Berlichingen hat ihn ganz eingenommen. Wenn er herkommt, wird er wieder fort wollen.

LIEBETRAUT. Wollen, das ist keine Frage, aber ob er kann. Der Händedruck eines Fürsten, und das Lächeln einer schönen Frau! Da reißt sich kein Weisling los. Ich eile und empfehle mich zu Gnaden.

BISCHOF. Reist wohl!

ADELHEID. Adieu. *Er geht.*

BISCHOF. Wenn er einmal hier ist, verlaß ich mich auf Euch.

ADELHEID. Wollt Ihr mich zur Leimstange brauchen?

BISCHOF. Nicht doch.

ADELHEID. Zum Lockvogel denn?

BISCHOF. Nein, den spielt Liebetraut. Ich bitt Euch, versagt mir nicht, was mir sonst niemand gewähren kann.

ADELHEID. Wollen sehn.

## JAXTHAUSEN

Hanns von Selbitz. Götz.

SELBITZ. Jedermann wird Euch loben, daß Ihr denen von Nürnberg Fehd angekündigt habt.

GÖTZ. Es hätte mir das Herz abgefressen, wenn ich's ihnen hätte lang schuldig bleiben sollen. Es ist am Tag, sie haben den Bambergern meinen Buben verraten. Sie sollen an mich denken!

SELBITZ. Sie haben einen alten Groll gegen Euch.

GÖTZ. Und ich wider sie; mir ist gar recht, daß sie angefangen haben.

SELBITZ. Die Reichsstädte und Pfaffen halten doch von jeher zusammen.

GÖTZ. Sie haben's Ursach.

SELBITZ. Wir wollen ihnen die Hölle heiß machen.

GÖTZ. Ich zählte auf Euch. Wollte Gott, der Burgemeister von Nürnberg, mit der güldenen Kett um den Hals, käm uns in Wurf, er sollt sich mit all seinem Witz verwundern.

SELBITZ. Ich höre, Weislingen ist wieder auf Eurer Seite. Tritt er zu uns?

GÖTZ. Noch nicht; es hat seine Ursachen, warum er uns noch nicht öffentlich Vorschub tun darf; doch ist's eine Weile genug, daß er nicht wider uns ist. Der Pfaff ist ohne ihn, was das Meßgewand ohne den Pfaffen.

SELBITZ. Wann ziehen wir aus?

GÖTZ. Morgen oder übermorgen. Es kommen nun bald Kaufleute von Bamberg und Nürnberg aus der Frankfurter Messe. Wir werden einen guten Fang tun.

SELBITZ. Will's Gott. Ab.

## BAMBERG. ZIMMER DER ADELHEID

Adelheid. Kammerfräulein.

ADELHEID. Er ist da! sagst du. Ich glaub es kaum.

FRÄULEIN. Wenn ich ihn nicht selbst gesehn hätte, würd ich sagen: Ich zweifle.

ADELHEID. Den Liebetraut mag der Bischof in Gold einfassen: er hat ein Meisterstück gemacht.

FRÄULEIN. Ich sah ihn, wie er zum Schloß hereinreiten wollte, er saß auf einem Schimmel. Das Pferd scheute, wie's an die Brücke kam, und wollte nicht von der Stelle. Das Volk war aus allen Straßen gelaufen, ihn zu sehn. Sie freuten sich über des Pferds Unart. Von allen Seiten ward er gegrüßt, und er dankte allen. Mit einer angenehmen Gleichgültigkeit saß er droben, und mit Schmeicheln und Drohen bracht er es endlich zum Tor herein, der Liebetraut mit, und wenig Knechte.

ADELHEID. Wie gefällt er dir?

FRÄULEIN. Wie mir nicht leicht ein Mann gefallen hat. Er glich dem Kaiser hier, deutet auf Maximilians Porträt, als wenn er sein Sohn wäre. Die Nase nur etwas kleiner, eben so freundliche lichtbraune Augen, eben so ein blondes schönes Haar, und gewachsen wie eine Puppe. Ein halb trauriger Zug auf seinem Gesicht – ich weiß nicht – gefiel mir so wohl!

ADELHEID. Ich bin neugierig, ihn zu sehen.

FRÄULEIN. Das wär ein Herr für Euch.

ADELHEID. Närrin!

FRÄULEIN. Kinder und Narren –

Liebetraut kommt.

LIEBETRAUT. Nun, gnädige Frau, was verdien ich?

ADELHEID. Hörner von deinem Weibe. Denn nach dem zu rechnen, habt Ihr schon manches Nachbars ehrliches Hausweib aus ihrer Pflicht hinausgeschwatzt.

LIEBETRAUT. Nicht doch, gnädige Frau! Auf ihre Pflicht, wollt Ihr sagen; denn wenn's ja geschah, schwätzt ich sie auf ihres Mannes Bette.

ADELHEID. Wie habt Ihr's gemacht, ihn herzubringen?

LIEBETRAUT. Ihr wißt zu gut, wie man Schnepfen fängt; soll ich Euch meine Kunststückchen noch dazu lehren? – Erst tat ich, als wüßt ich nichts, verstünd nichts von seiner Aufführung, und setzt ihn dadurch in den Nachteil, die ganze Historie zu erzählen. Die sah ich nun gleich von einer ganz andern Seite an als er, konnte nicht finden – nicht einsehen – und so weiter. Dann redete ich von Bamberg allerlei durcheinander, Großes und Kleines, erweckte gewisse alte Erinnerungen, und wie ich seine Einbildungskraft beschäftigt hatte, knüpfte ich wirklich eine Menge Fädchen wieder an, die ich zerrissen fand. Er wußte nicht, wie ihm geschah, fühlte einen neuen Zug nach Bamberg, er wollte – ohne zu wollen. Wie er nun in sein Herz ging, und das zu entwickeln suchte, und viel zu sehr mit sich beschäftigt war, um auf sich achtzugeben, warf ich ihm ein Seil um den Hals, aus drei mächtigen Stricken, Weiber-, Fürstengunst und Schmeichelei, gedreht, und so hab ich ihn hergeschleppt.

ADELHEID. Was sagtet Ihr von mir?

LIEBETRAUT. Die lautre Wahrheit. Ihr hättet wegen Eurer Güter Verdrießlichkeiten – hättet gehofft, da er beim Kaiser so viel gelte, werde er das leicht enden können.

ADELHEID. Wohl.

LIEBETRAUT. Der Bischof wird ihn Euch bringen.

ADELHEID. Ich erwarte sie. *Liebetraut ab.* Mit einem Herzen, wie ich selten Besuch erwarte.

## IM SPESSART

Berlichingen. Selbitz. Georg als Reitersknecht.

GÖTZ. Du hast ihn nicht angetroffen, Georg!

GEORG. Er war tags vorher mit Liebetraut nach Bamberg geritten, und zwei Knechte mit.

GÖTZ. Ich seh nicht ein, was das geben soll.

SELBITZ. Ich wohl. Eure Versöhnung war ein wenig zu schnell, als daß sie dauerhaft hätte sein sollen. Der Liebetraut ist ein pfiffiger Kerl; von dem hat er sich beschwätzen lassen.

GÖTZ. Glaubst du, daß er bundbrüchig werden wird?

SELBITZ. Der erste Schritt ist getan.

GÖTZ. Ich glaub's nicht. Wer weiß, wie nötig es war, an Hof zu gehen; man ist ihm noch schuldig; wir wollen das Beste hoffen.

SELBITZ. Wollte Gott, er verdient es, und täte das Beste!

GÖTZ. Mir fällt eine List ein. Wir wollen Georgen des Bamberger Reiters erbeuteten Kittel anziehen und ihm das Geleitzeichen geben; er mag nach Bamberg reiten und sehen, wie's steht.

GEORG. Da hab ich lang drauf gehofft.

GÖTZ. Es ist dein erster Ritt. Sei vorsichtig, Knabe! Mir wäre leid, wenn dir ein Unfall begegnen sollt.

GEORG. Laßt nur, mich irrt's nicht, wenn noch so viel um mich herum krabbeln, mir ist's, als wenn's Ratten und Mäuse wären. Ab.

## BAMBERG

Bischof. Weislingen.

BISCHOF. Du willst dich nicht länger halten lassen!

WEISLINGEN. Ihr werdet nicht verlangen, daß ich meinen Eid brechen soll.

BISCHOF. Ich hätte verlangen können, du solltest ihn nicht schwören. Was für ein Geist regierte dich? Konnt ich dich ohne das nicht befreien? Gelt ich so wenig am Kaiserlichen Hofe?

WEISLINGEN. Es ist geschehen; verzeiht mir, wenn Ihr könnt!

BISCHOF. Ich begreif nicht, was nur im geringsten dich nötigte, den Schritt zu tun! Mir zu entsagen? Waren denn nicht hundert andere Bedingungen, loszukommen? Haben wir nicht seinen Buben? Hätt ich nicht Gelds genug gegeben und ihn wieder beruhigt? Unsere Anschläge auf ihn und seine Gesellen wären fortgegangen – Ach, ich denke nicht, daß ich mit seinem Freunde rede, der nun wider mich arbeitet und die Minen leicht entkräften kann, die er selbst gegraben hat.

WEISLINGEN. Gnädiger Herr!

BISCHOF. Und doch – wenn ich wieder dein Angesicht sehe, deine Stimme höre. Es ist nicht möglich, nicht möglich.

WEISLINGEN. Lebt wohl, gnädiger Herr!

BISCHOF. Ich gebe dir meinen Segen. Sonst, wenn du gingst, sagt ich: Auf Wiedersehn. Jetzt – Wollte Gott, wir sähen einander nie wieder!

WEISLINGEN. Es kann sich vieles ändern.

BISCHOF. Es hat sich leider nur schon zu viel geändert. Vielleicht seh ich dich noch einmal, als Feind vor meinen

Mauern, die Felder verheeren, die ihren blühenden Zustand dir jetzo danken.

WEISLINGEN. Nein, gnädiger Herr.

BISCHOF. Du kannst nicht Nein sagen. Die weltlichen Stände, meine Nachbarn, haben alle einen Zahn auf mich. Solang ich dich hatte – Geht, Weislingen! Ich habe Euch nichts mehr zu sagen. Ihr habt vieles zunichte gemacht. Geht!

WEISLINGEN. Und ich weiß nicht, was ich sagen soll.

Bischof ab.

Franz tritt auf.

FRANZ. Adelheid erwartet Euch. Sie ist nicht wohl. Und doch will sie Euch ohne Abschied nicht lassen.

WEISLINGEN. Komm!

FRANZ. Gehn wir denn gewiß?

WEISLINGEN. Noch diesen Abend. –

FRANZ. Mir ist, als wenn ich aus der Welt sollte.

WEISLINGEN. Mir auch, und noch darzu, als wüßt ich nicht wohin.

## ADELHEIDENS ZIMMER

Adelheid. Fräulein.

FRÄULEIN. Ihr seht blaß, gnädige Frau.

ADELHEID. – Ich lieb ihn nicht und wollte doch, daß er bliebe. Siehst du, ich könnte mit ihm leben, ob ich ihn gleich nicht zum Manne haben möchte.

FRÄULEIN. Glaubt Ihr, er geht?

ADELHEID. Er ist zum Bischof, um Lebewohl zu sagen.

FRÄULEIN. Er hat darnach noch einen schweren Stand.

ADELHEID. Wie meinst du?

FRÄULEIN. Was fragt Ihr, gnädige Frau? Ihr habt sein Herz geangelt, und wenn er sich losreißen will, verblutet er.

Adelheid. Weislingen.

WEISLINGEN. Ihr seid nicht wohl, gnädige Frau?

ADELHEID. Das kann Euch einerlei sein. Ihr verlaßt uns, verlaßt uns auf immer. Was fragt Ihr, ob wir leben oder sterben.

WEISLINGEN. Ihr verkennt mich.

ADELHEID. Ich nehme Euch, wie Ihr Euch gebt.

WEISLINGEN. Das Ansehn trügt.

ADELHEID. So seid Ihr ein Chamäleon?

WEISLINGEN. Wenn Ihr mein Herz sehen könntet!

ADELHEID. Schöne Sachen würden mir vor die Augen kommen.

WEISLINGEN. Gewiß! Ihr würdet Euer Bild drin finden.

ADELHEID. In irgendeinem Winkel bei den Porträten ausgestorbener Familien. Ich bitt Euch, Weislingen, bedenkt, Ihr redet mit mir. Falsche Worte gelten zum höchsten, wenn sie Masken unserer Taten sind. Ein Vermummter, der kenntlich ist, spielt eine armselige Rolle. Ihr leugnet Eure Handlungen nicht und redet das Gegenteil; was soll man von Euch halten?

WEISLINGEN. Was Ihr wollt. Ich bin so geplagt mit dem, was ich bin, daß mir wenig bang ist, für was man mich nehmen mag.

ADELHEID. Ihr kommt, um Abschied zu nehmen.

WEISLINGEN. Erlaubt mir, Eure Hand zu küssen, und ich will sagen: Lebt wohl. Ihr erinnert mich! Ich bedachte nicht – Ich bin beschwerlich, gnädige Frau.

ADELHEID. Ihr legt's falsch aus: ich wollte Euch forthelfen; denn Ihr wollt fort.

WEISLINGEN. O sagt: Ich muß. Zöge mich nicht die Ritterpflicht, der heilige Handschlag –

ADELHEID. Geht! Geht! Erzählt das Mädchen, die den Theuerdank lesen, und sich so einen Mann wünschen. Ritterpflicht! Kinderspiel!

WEISLINGEN. Ihr denkt nicht so.

ADELHEID. Bei meinem Eid, Ihr verstellt Euch! Was habt Ihr versprochen? Und wem? Einem Mann, der seine Pflicht gegen den Kaiser und das Reich verkennt, in eben dem Augenblick Pflicht zu leisten, da er durch Eure Gefangennehmung in die Strafe der Acht verfällt. Pflicht zu leisten! die nicht gültiger sein kann als ein ungerechter, gezwungener Eid. Entbinden nicht unsere Gesetze von solchen Schwüren? Macht das Kindern weis, die den Rübezahl glauben. Es stecken andere Sachen dahinter. Ein Feind des Reichs zu werden, ein Feind der bürgerlichen

Ruh und Glückseligkeit! Ein Feind des Kaisers! Geselle eines Räubers! du, Weislingen, mit deiner sanften Seele!

WEISLINGEN. Wenn Ihr ihn kenntet –

ADELHEID. Ich wollt ihm Gerechtigkeit widerfahren lassen. Er hat eine hohe, unbändige Seele. Eben darum wehe dir, Weislingen! Geh und bilde dir ein, Geselle von ihm zu sein. Geh! und laß dich beherrschen! Du bist freundlich, gefällig –

WEISLINGEN. Er ist's auch.

ADELHEID. Aber du bist nachgebend und er nicht! Unversehens wird er dich wegreißen, du wirst ein Sklave eines Edelmannes werden, da du Herr von Fürsten sein könntest. – Doch es ist Unbarmherzigkeit, dir deinen zukünftigen Stand zu verleiden.

WEISLINGEN. Hättest du gefühlt, wie liebreich er mir begegnete.

ADELHEID. Liebreich! Das rechnest du ihm an? Es war seine Schuldigkeit; und was hättest du verloren, wenn er widerwärtig gewesen wäre? Mir hätte das willkommner sein sollen. Ein übermütiger Mensch wie der –

WEISLINGEN. Ihr redet von Eurem Feind.

ADELHEID. Ich redete für Eure Freiheit – Und weiß überhaupt nicht, was ich für einen Anteil dran nehme. Lebt wohl!

WEISLINGEN. Erlaubt noch einen Augenblick. Er nimmt ihre Hand und schweigt.

ADELHEID. Habt Ihr mir noch was zu sagen?

WEISLINGEN. – – Ich muß fort.

ADELHEID. So geht.

WEISLINGEN. Gnädige Frau! – Ich kann nicht.

ADELHEID. Ihr müßt.

WEISLINGEN. Soll das Euer letzter Blick sein?

ADELHEID. Geht, ich bin krank, sehr zur ungelegnen Zeit.

WEISLINGEN. Seht mich nicht so an.

ADELHEID. Willst du unser Feind sein, und wir sollen dir lächeln? Geh!

WEISLINGEN. Adelheid!

ADELHEID. Ich hasse Euch!

Franz kommt.

Franz. Gnädiger Herr! Der Bischof läßt Euch rufen.

Adelheid. Geht! Geht!

Franz. Er bittet Euch, eilend zu kommen.

Adelheid. Geht! Geht!

Weislingen. Ich nehme nicht Abschied, ich sehe Euch wieder!

Adelheid. Mich wieder? Wir wollen dafür sein. Margarete, wenn er kommt, weis ihn ab! Ich bin krank, habe Kopfweh, ich schlafe – Weis ihn ab! Wenn er noch zu gewinnen ist, so ist's auf diesem Wege. Ab.

## VORZIMMER

Weislingen. Franz.

Weislingen. Sie will mich nicht sehn?

Franz. Es wird Nacht; soll ich die Pferde satteln?

Weislingen. Sie will mich nicht sehn!

Franz. Wann befehlen Ihro Gnaden die Pferde?

Weislingen. Es ist zu spät! Wir bleiben hier.

Franz. Gott sei Dank! Ab.

Weislingen. Du bleibst?! Sei auf deiner Hut, die Versuchung ist groß. Mein Pferd scheute, wie ich zum Schloßtor herein wollte, mein guter Geist stellte sich ihm entgegen, er kannte die Gefahren, die mein hier warteten. – Doch ist's nicht recht, die vielen Geschäfte, die ich dem Bischof unvollendet liegen ließ, nicht wenigstens so zu ordnen, daß ein Nachfolger da anfangen kann, wo ich's gelassen habe. Das kann ich doch alles tun, unbeschadet Berlichingens und unserer Verbindung. Denn halten sollen sie mich hier nicht. – Wäre doch besser gewesen, wenn ich nicht gekommen wäre. Aber ich will fort – morgen oder übermorgen. Geht ab.

## IM SPESSART

Götz. Selbitz. Georg.

Selbitz. Ihr seht, es ist gegangen, wie ich gesagt habe.

Götz. Nein! nein! nein!

Georg. Glaubt, ich berichte Euch mit der Wahrheit. Ich

tat, wie Ihr befahlt, nahm den Kittel des Bambergischen und sein Zeichen, und damit ich doch mein Essen und Trinken verdiente, geleitete ich Reineckische Bauern hinauf nach Bamberg.

SELBITZ. In der Verkappung? Das hätte dir übel geraten können.

GEORG. So denk ich auch hintendrein. Ein Reitersmann, der das vorausdenkt, wird keine weiten Sprünge machen. Ich kam nach Bamberg, und gleich im Wirtshaus hörte ich erzählen: Weislingen und der Bischof seien ausgesöhnt, und man redte viel von einer Heirat mit der Witwe des von Walldorf.

GÖTZ. Gespräche.

GEORG. Ich sah ihn, wie er sie zur Tafel führte. Sie ist schön, bei meinem Eid, sie ist schön. Wir bückten uns alle, sie dankte uns allen, er nickte mit dem Kopf, sah sehr vergnügt, sie gingen vorbei, und das Volk murmelte: Ein schönes Paar!

GÖTZ. Das kann sein.

GEORG. Hört weiter! Da er des andern Tags in die Messe ging, paßt ich meine Zeit ab. Er war allein mit einem Knaben. Ich stund unten an der Treppe und sagte leise zu ihm: Ein paar Worte von Eurem Berlichingen! Er ward bestürzt; ich sahe das Geständnis seines Lasters in seinem Gesicht, er hatte kaum das Herz, mich anzusehen, mich, einen schlechten Reitersjungen.

SELBITZ. Das macht, sein Gewissen war schlechter als dein Stand.

GEORG. Du bist bambergisch? sagt er. Ich bring einen Gruß vom Ritter Berlichingen, sagt ich, und soll fragen – Komm morgen früh, sagt er, an mein Zimmer, wir wollen weiter reden.

GÖTZ. Kamst du?

GEORG. Wohl kam ich, und mußt im Vorsaal stehn, lang, lang. Und die seidnen Buben beguckten mich von vorn und hinten. Ich dachte, guckt ihr – Endlich führte man mich hinein, er schien böse, mir war's einerlei. Ich trat zu ihm und legte meine Kommission ab. Er tat feindlich böse, wie einer, der kein Herz hat und's nit will merken lassen. Er verwunderte sich, daß Ihr ihn durch einen Reitersjungen zur Rede setzen ließt. Das verdroß mich. Ich sagte, es gäbe nur zweierlei Leut, brave und Schurken, und ich diente Götzen von Berlichingen. Nun fing er an, schwätzte allerlei verkehrtes Zeug, das darauf hinausging: Ihr hättet ihn übereilt, er sei Euch keine Pflicht schuldig und wolle nichts mit Euch zu tun haben.

GÖTZ. Hast du das aus seinem Munde?

GEORG. Das und noch mehr – Er drohte mir –

GÖTZ. Es ist genug! Der wäre nun auch verloren! Treu und Glaube, du hast mich wieder betrogen. Arme Marie! Wie werd ich dir's beibringen!

SELBITZ. Ich wollte lieber mein ander Bein dazu verlieren, als so ein Hundsfott sein. Ab.

## BAMBERG

Adelheid. Weislingen.

ADELHEID. Die Zeit fängt mir an unerträglich lang zu werden; reden mag ich nicht, und ich schäme mich, mit Euch zu spielen. Langeweile, du bist ärger als ein kaltes Fieber.

WEISLINGEN. Seid Ihr mich schon müde?

ADELHEID. Euch nicht sowohl als Euren Umgang. Ich wollte, Ihr wärt, wo Ihr hin wolltet, und wir hätten Euch nicht gehalten.

WEISLINGEN. Das ist Weibergunst! Erst brütet sie, mit Mutterwärme, unsere liebsten Hoffnungen an; dann, gleich einer unbeständigen Henne, verläßt sie das Nest und übergibt ihre schon keimende Nachkommenschaft dem Tode und der Verwesung.

ADELHEID. Scheltet die Weiber! Der unbesonnene Spieler zerbeißt und zerstampft die Karten, die ihn unschuldiger Weise verlieren machten. Aber laßt mich Euch was von Mannsleuten erzählen. Was seid denn ihr, um von Wankelmut zu sprechen? Ihr, die ihr selten seid, was ihr sein wollt, niemals, was ihr sein solltet. Könige im Festtagsornat, vom Pöbel beneidet. Was gäb eine Schneidersfrau drum, eine Schnur Perlen um ihren Hals zu haben, von dem Saum eures Kleids, den eure Absätze verächtlich zurückstoßen!

WEISLINGEN. Ihr seid bitter.

ADELHEID. Es ist die Antistrophe von Eurem Gesang. Eh ich Euch kannte, Weislingen, ging mir's wie der Schneidersfrau. Der Ruf, hundertzüngig, ohne Metapher gesprochen, hatte Euch so zahnarztmäßig herausgestrichen, daß ich mich überreden ließ zu wünschen: Möchtest du doch diese Quintessenz des männlichen Geschlechts, den Phönix Weislingen zu Gesicht kriegen! Ich ward meines Wunsches gewährt.

WEISLINGEN. Und der Phönix präsentierte sich als ein ordinärer Haushahn.

ADELHEID. Nein, Weislingen, ich nahm Anteil an Euch.

WEISLINGEN. Es schien so –

ADELHEID. Und war. Denn wirklich, Ihr übertraft Euren Ruf. Die Menge schätzt nur den Widerschein des Verdienstes. Wie mir's denn nun geht, daß ich über die Leute nicht denken mag, denen ich wohlwill, so lebten wir eine Zeitlang nebeneinander, es fehlte mir was, und ich wußte nicht, was ich an Euch vermißte. Endlich gingen mir die Augen auf. Ich sah statt des aktiven Mannes, der die Geschäfte eines Fürstentums belebte, der sich und seinen Ruhm dabei nicht vergaß, der auf hundert großen Unternehmungen, wie auf übereinander gewälzten Bergen, zu den Wolken hinauf gestiegen war, den sah ich auf einmal jammernd wie einen kranken Poeten, melancholisch wie ein gesundes Mädchen, und müßiger als einen alten Junggesellen. Anfangs schrieb ich's Eurem Unfall zu, der Euch noch neu auf dem Herzen lag, und entschuldigte Euch, so gut ich konnte. Jetzt, da es von Tag zu Tage schlimmer mit Euch zu werden scheint, müßt Ihr mir verzeihen, wenn ich Euch meine Gunst entreiße. Ihr besitzt sie ohne Recht, ich schenkte sie einem andern auf lebenslang, der sie Euch nicht übertragen konnte.

WEISLINGEN. So laßt mich los!

ADELHEID. Nicht, bis alle Hoffnung verloren ist. Die Einsamkeit ist in diesen Umständen gefährlich. – Armer Mensch! Ihr seid so mißmutig, wie einer, dem sein erstes Mädchen untreu wird, und eben darum geb ich Euch nicht auf. Gebt mir die Hand, verzeiht mir, was ich aus Liebe gesagt habe.

WEISLINGEN. Könntest du mich lieben, könntest du meiner heißen Leidenschaft einen Tropfen Linderung gewähren! Adelheid! deine Vorwürfe sind höchst ungerecht. Könntest du den hundertsten Teil ahnden von dem, was die Zeit her in mir arbeitet, du würdest mich nicht mit Gefälligkeit, Gleichgültigkeit und Verachtung so unbarmherzig hin und her zerrissen haben – Du lächelst! – Nach dem übereilten Schritt wieder mit mir selbst einig zu werden, kostete mehr als einen Tag. Wider den Menschen zu arbeiten, dessen Andenken so lebhaft neu in Liebe bei mir ist.

ADELHEID. Wunderlicher Mann, der du den lieben kannst, den du beneidest! Das ist, als wenn ich meinem Feinde Proviant zuführte.

WEISLINGEN. Ich fühl's wohl, es gilt hier kein Säumen. Er ist berichtet, daß ich wieder Weislingen bin, und er wird sich seines Vorteils über uns ersehen. Auch, Adelheid, sind wir nicht so träg, als du meinst. Unsere Reiter sind verstärkt und wachsam, unsere Unterhandlungen gehen fort, und der Reichstag zu Augsburg soll hoffentlich unsere Projekte zur Reife bringen.

ADELHEID. Ihr geht hin?

WEISLINGEN. Wenn ich e i n e Hoffnung mitnehmen könnte!
Er küßt ihre Hand.

ADELHEID. O ihr Ungläubigen! Immer Zeichen und Wunder! Geh, Weislingen, und vollende das Werk. Der Vorteil des Bischofs, der deinige, der meinige, sie sind so verwebt, daß, wäre es auch nur der Politik wegen –

WEISLINGEN. Du kannst scherzen.

ADELHEID. Ich scherze nicht. Meine Güter hat der stolze Herzog inne, die deinigen wird Götz nicht lange ungeneckt lassen; und wenn wir nicht zusammenhalten wie unsere Feinde, und den Kaiser auf unsere Seite lenken, sind wir verloren.

WEISLINGEN. Mir ist's nicht bange. Der größte Teil der Fürsten ist unserer Gesinnung. Der Kaiser verlangt Hülfe gegen die Türken, und dafür ist's billig, daß er uns wieder beisteht. Welche Wollust wird mir's sein, deine Güter von übermütigen Feinden zu befreien, die unruhigen Köpfe in Schwaben aufs Kissen zu bringen, die Ruhe des Bistums, unser aller herzustellen. Und dann –?

ADELHEID. Ein Tag bringt den andern, und beim Schicksal steht das Zukünftige.

WEISLINGEN. Aber wir müssen wollen.

ADELHEID. Wir wollen ja.

WEISLINGEN. Gewiß?

ADELHEID. Nun ja. Geht nur.

WEISLINGEN. Zauberin!

## HERBERGE

Bauernhochzeit. Musik und Tanz draußen.

Der Brautvater, Götz, Selbitz am Tische. Bräutigam tritt zu ihnen.

GÖTZ. Das Gescheitste war, daß ihr euren Zwist so glücklich und fröhlich durch eine Heirat endigt.

BRAUTVATER. Besser als ich mir's hätte träumen lassen. In Ruh und Fried mit meinem Nachbar, und eine Tochter wohl versorgt dazu!

BRÄUTIGAM. Und ich im Besitz des strittigen Stücks, und drüber den hübschten Backfisch im ganzen Dorf. Wollte Gott, Ihr hättet Euch eher dreingeben!

SELBITZ. Wie lange habt ihr prozessiert?

BRAUTVATER. An die acht Jahre. Ich wollte lieber noch einmal so lang das Frieren haben, als von vorn anfangen. Das ist ein Gezerre, Ihr glaubt's nicht, bis man den Perucken ein Urteil vom Herzen reißt; und was hat man darnach? Der Teufel hol den Assessor Sapupi! 's is ein verfluchter schwarzer Italiener.

BRÄUTIGAM. Ja, das ist ein toller Kerl. Zweimal war ich dort.

BRAUTVATER. Und ich dreimal. Und seht, ihr Herrn: Kriegen wir ein Urteil endlich, wo ich so viel Recht hab als er, und er so viel als ich, und wir eben stunden wie die Maulaffen, bis mir unser Herr Gott eingab, ihm meine Tochter zu geben und das Zeug dazu.

GÖTZ *trinkt.* Gut Vernehmen künftig.

BRAUTVATER. Geb's Gott! Geh aber, wie's will, prozessieren tu ich mein Tag nit mehr. Was das ein Geldspiel kost!

Jeden Reverenz, den Euch ein Prokurator macht, müßt Ihr bezahlen.

SELBITZ. Sind ja jährlich Kaiserliche Visitationen da.

BRAUTVATER. Hab nichts davon gespürt. Ist mir mancher schöne Taler nebenausgegangen. Das unerhörte Blechen!

GÖTZ. Wie meint Ihr?

BRAUTVATER. Ach, da macht alles hohle Pfötchen. Der Assessor allein, Gott verzeih's ihm, hat mir achtzehn Goldgulden abgenommen.

BRÄUTIGAM. Wer?

BRAUTVATER. Wer anders als der Sapupi!

GÖTZ. Das ist schändlich.

BRAUTVATER. Wohl, ich mußt ihm zwanzig erlegen. Und da ich sie ihm hingezahlt hatte, in seinem Gartenhaus, das prächtig ist, im großen Saal, wollt mir vor Wehmut fast das Herz brechen. Denn seht, eines Haus und Hof steht gut, aber wo soll bar Geld herkommen? Ich stund da, Gott weiß, wie mir's war. Ich hatte keinen roten Heller Reisegeld im Sack. Endlich nahm ich mir's Herz und stellt's ihm vor. Nun er sah, daß mir's Wasser an die Seele ging, da warf er mir zwei davon zurück, und schickt mich fort.

BRÄUTIGAM. Es ist nicht möglich! Der Sapupi?

BRAUTVATER. Wie stellst du dich! Freilich! Kein andrer!

BRÄUTIGAM. Den soll der Teufel holen, er hat mir auch funfzehn Goldgülden abgenommen.

BRAUTVATER. Verflucht!

SELBITZ. Götz! Wir sind Räuber!

BRAUTVATER. Drum fiel das Urteil so scheel aus. Du Hund!

GÖTZ. Das müßt ihr nicht ungerügt lassen.

BRAUTVATER. Was sollen wir tun?

GÖTZ. Macht euch auf nach Speyer, es ist eben Visitationszeit, zeigt's an, sie müssen's untersuchen und euch zu dem Eurigen helfen.

BRÄUTIGAM. Denkt Ihr, wir treiben's durch?

GÖTZ. Wenn ich ihm über die Ohren dürfte, wollt ich's euch versprechen.

SELBITZ. Die Summe ist wohl einen Versuch wert.

GÖTZ. Bin ich wohl eher um des vierten Teils willen ausgeritten.

BRAUTVATER. Wie meinst du?

BRÄUTIGAM. Wir wollen, geh's, wie's geh.

Georg kommt.

GEORG. Die Nürnberger sind im Anzug.

GÖTZ. Wo?

GEORG. Wenn wir ganz sachte reiten, packen wir sie zwischen Beerheim und Mühlbach im Wald.

SELBITZ. Trefflich!

GÖTZ. Kommt, Kinder! Gott grüß euch! Helf uns allen zum Unsrigen!

BAUER. Großen Dank! Ihr wollt nicht zum Nacht-Ims bleiben?

GÖTZ. Können nicht. Adies.

# DRITTER AKT

## AUGSBURG. EIN GARTEN

Zwei Nürnberger Kaufleute.

ERSTER KAUFMANN. Hier wollen wir stehn, denn da muß der Kaiser vorbei. Er kommt eben den langen Gang herauf.

ZWEITER KAUFMANN. Wer ist bei ihm?

ERSTER KAUFMANN. Adelbert von Weislingen!

ZWEITER KAUFMANN. Bambergs Freund! das ist gut.

ERSTER KAUFMANN. Wir wollen einen Fußfall tun, und ich will reden.

ZWEITER KAUFMANN. Wohl, da kommen sie.

Kaiser. Weislingen.

ERSTER KAUFMANN. Er sieht verdrießlich aus.

KAISER. Ich bin unmutig, Weislingen, und wenn ich auf mein vergangenes Leben zurücksehe, möcht ich verzagt werden; so viel halbe, so viel verunglückte Unternehmungen! und das alles, weil kein Fürst im Reich so klein ist, dem nicht mehr an seinen Grillen gelegen wäre als an meinen Gedanken.

Die Kaufleute werfen sich ihm zu Füßen.

KAUFMANN. Allerdurchlauchtigster! Großmächtigster!

KAISER. Wer seid ihr? Was gibt's?

KAUFMANN. Arme Kaufleute von Nürnberg, Eurer Majestät Knechte, und flehen um Hülfe. Götz von Berlichingen und Hanns von Selbitz haben unser dreißig, die von der Frankfurter Messe kamen, im Bambergischen Geleite niedergeworfen und beraubt; wir bitten Eure Kaiserliche Majestät um Hülfe, um Beistand, sonst sind wir alle verdorbene Leute, genötigt, unser Brot zu betteln.

KAISER. Heiliger Gott! Heiliger Gott! Was ist das? Der eine hat nur eine Hand, der andere nur ein Bein; wenn sie denn erst zwei Hände hätten, und zwei Beine, was wolltet ihr dann tun?

KAUFMANN. Wir bitten Eure Majestät untertänigst, auf unsere bedrängten Umstände ein mitleidiges Auge zu werfen.

KAISER. Wie geht's zu! Wenn ein Kaufmann einen Pfeffersack verliert, soll man das ganze Reich aufmahnen; und wenn Händel vorhanden sind, daran Kaiserliche Majestät und dem Reich viel gelegen ist, daß es Königreich, Fürstentum, Herzogtum und anders betrifft, so kann euch kein Mensch zusammenbringen.

WEISLINGEN. Ihr kommt zur ungelegnen Zeit. Geht und verweilt einige Tage hier.

KAUFLEUTE. Wir empfehlen uns zu Gnaden. *Ab.*

KAISER. Wieder neue Händel. Sie wachsen nach wie die Köpfe der Hydra.

WEISLINGEN. Und sind nicht auszurotten als mit Feuer und Schwert und einer mutigen Unternehmung.

KAISER. Glaubt Ihr?

WEISLINGEN. Ich halte nichts für tunlicher, wenn Eure Majestät und die Fürsten sich über andern unbedeutenden Zwist vereinigen könnten. Es ist mit nichten ganz Deutschland, das über Beunruhigung klagt. Franken und Schwaben allein glimmt noch von den Resten des innerlichen verderblichen Bürgerkriegs. Und auch da sind viele der Edeln und Freien, die sich nach Ruhe sehnen. Hätten wir einmal diesen Sickingen, Selbitz – Berlichingen auf die Seite geschafft, das übrige würde bald von sich selbst zerfallen. Denn s i e sind's, deren Geist die aufrührische Menge belebt.

KAISER. Ich möchte die Leute gerne schonen, sie sind tapfer

und edel. Wenn ich Kriege führte, müßten sie mit mir zu Felde.

Weislingen. Es wäre zu wünschen, daß sie von jeher gelernt hätten, ihrer Pflicht zu gehorchen. Und dann wär es höchst gefährlich, ihre aufrührischen Unternehmungen durch Ehrenstellen zu belohnen. Denn eben diese kaiserliche Mild und Gnade ist's, die sie bisher so ungeheuer mißbrauchten, und ihr Anhang, der sein Vertrauen und Hoffnung darauf setzt, wird nicht ehe zu bändigen sein, bis wir sie ganz vor den Augen der Welt zunichte gemacht und ihnen alle Hoffnung, jemals wieder emporzukommen, völlig abgeschnitten haben.

Kaiser. Ihr ratet also zur Strenge?

Weislingen. Ich sehe kein ander Mittel, den Schwindelgeist, der ganze Landschaften ergreift, zu bannen. Hören wir nicht schon hier und da die bittersten Klagen der Edeln, daß ihre Untertanen, ihre Leibeignen sich gegen sie auflehnen und mit ihnen rechten, ihnen die hergebrachte Oberherrschaft zu schmälern drohen, so daß die gefährlichsten Folgen zu fürchten sind?

Kaiser. Jetzt wär eine schöne Gelegenheit wider den Berlichingen und Selbitz; nur wollt ich nicht, daß ihnen was zu Leid geschehe. Gefangen möcht ich sie haben, und dann müßten sie Urfehde schwören, auf ihren Schlössern ruhig zu bleiben und nicht aus ihrem Bann zu gehen. Bei der nächsten Session will ich's vortragen.

Weislingen. Ein freudiger beistimmender Zuruf wird Eurer Majestät das Ende der Rede ersparen. Ab.

## JAXTHAUSEN

Sickingen. Berlichingen.

Sickingen. Ja, ich komme, Eure edle Schwester um ihr Herz und ihre Hand zu bitten.

Götz. So wollt ich, Ihr wärt eher kommen. Ich muß Euch sagen: Weislingen hat während seiner Gefangenschaft ihre Liebe gewonnen, um sie angehalten, und ich sagt sie ihm zu. Ich hab ihn losgelassen, den Vogel, und er verachtet die gütige Hand, die ihm in der Not Futter reichte. Er schwirrt herum, weiß Gott auf welcher Hecke seine Nahrung zu suchen.

SICKINGEN. Ist das so?

GÖTZ. Wie ich sage.

SICKINGEN. Er hat ein doppeltes Band zerrissen. Wohl Euch, daß Ihr mit dem Verräter nicht näher verwandt worden.

GÖTZ. Sie sitzt, das arme Mädchen, verjammert und verbetet ihr Leben.

SICKINGEN. Wir wollen sie singen machen.

GÖTZ. Wie! Entschließet Ihr Euch, eine Verlaßne zu heiraten?

SICKINGEN. Es macht euch beiden Ehre, von ihm betrogen worden zu sein. Soll darum das arme Mädchen in ein Kloster gehn, weil der erste Mann, den sie kannte, ein Nichtswürdiger war? Nein doch! ich bleibe darauf, sie soll Königin von meinen Schlössern werden.

GÖTZ. Ich sage Euch, sie war nicht gleichgültig gegen ihn.

SICKINGEN. Traust du mir nicht zu, daß ich den Schatten eines Elenden sollte verjagen können? Laß uns zu ihr. Ab.

## LAGER DER REICHSEXEKUTION

Hauptmann. Offiziere.

HAUPTMANN. Wir müssen behutsam gehn und unsere Leute soviel möglich schonen. Auch ist unsere gemessene Order, ihn in die Enge zu treiben und lebendig gefangen zu nehmen. Es wird schwer halten, denn wer mag sich an ihn machen?

ERSTER OFFIZIER. Freilich! Und er wird sich wehren wie ein wildes Schwein. Überhaupt hat er uns sein Leben lang nichts zu leid getan, und jeder wird's von sich schieben, Kaiser und Reich zu Gefallen Arm und Bein dranzusetzen.

ZWEITER OFFIZIER. Es wäre eine Schande, wenn wir ihn nicht kriegten. Wenn ich ihn nur einmal beim Lappen habe, er soll nicht loskommen.

ERSTER OFFIZIER. Faßt ihn nur nicht mit Zähnen, er möchte euch die Kinnbacken ausziehen. Guter junger Herr, dergleichen Leut packen sich nicht wie ein flüchtiger Dieb.

ZWEITER OFFIZIER. Wollen sehn.

HAUPTMANN. Unsern Brief muß er nun haben. Wir wollen nicht säumen und einen Trupp ausschicken, der ihn beobachten soll.

ZWEITER OFFIZIER. Laßt mich ihn führen.

HAUPTMANN. Ihr seid der Gegend unkundig.

ZWEITER OFFIZIER. Ich hab einen Knecht, der hier geboren und erzogen ist.

HAUPTMANN. Ich bin's zufrieden. Ab.

## JAXTHAUSEN

Sickingen.

SICKINGEN. Es geht alles nach Wunsch; sie war etwas bestürzt über meinen Antrag und sah mich vom Kopf bis auf die Füße an; ich wette, sie verglich mich mit ihrem Weißfisch. Gott sei Dank, daß ich mich stellen darf. Sie antwortete wenig, und durcheinander; desto besser! Es mag eine Zeit kochen. Bei Mädchen, die durch Liebesunglück gebeizt sind, wird ein Heiratsvorschlag bald gar.

Götz kommt.

SICKINGEN. Was bringt Ihr, Schwager?

GÖTZ. In die Acht erklärt!

SICKINGEN. Was?

GÖTZ. Da lest den erbaulichen Brief. Der Kaiser hat Exekution gegen mich verordnet, die mein Fleisch den Vögeln unter dem Himmel und den Tieren auf dem Felde zu fressen vorschneiden soll.

SICKINGEN. Erst sollen sie dran. Just zur gelegenen Zeit bin ich hier.

GÖTZ. Nein, Sickingen, Ihr sollt fort. Eure großen Anschläge könnten drüber zugrunde gehn, wenn Ihr zu so ungelegener Zeit des Reichs Feind werden wolltet. Auch mir werdet Ihr weit mehr nutzen, wenn Ihr neutral zu sein scheint. Der Kaiser liebt Euch, und das Schlimmste, das mir begegnen kann, ist, gefangen zu werden; dann braucht Euer Vorwort, und reißt mich aus einem Elend, in das unzeitige Hülfe uns beide stürzen könnte. Denn was wär's? Jetzo geht der Zug gegen mich; erfahren sie, du bist bei mir, so schicken sie mehr, und wir sind um nichts gebessert. Der

Kaiser sitzt an der Quelle, und ich wär schon jetzt unwiederbringlich verloren, wenn man Tapferkeit so geschwind einblasen könnte, als man einen Haufen zusammenblasen kann.

SICKINGEN. Doch kann ich heimlich ein zwanzig Reiter zu Euch stoßen lassen.

GÖTZ. Gut. Ich hab schon Georgen nach dem Selbitz geschickt, und meine Knechte in der Nachbarschaft herum. Lieber Schwager, wenn meine Leute beisammen sind, es wird ein Häufchen sein, dergleichen wenig Fürsten beisammen gesehen haben.

SICKINGEN. Ihr werdet gegen der Menge wenig sein.

GÖTZ. Ein Wolf ist einer ganzen Herde Schafe zuviel.

SICKINGEN. Wenn sie aber einen guten Hirten haben?

GÖTZ. Sorg du. Es sind lauter Mietlinge. Und dann kann der beste Ritter nichts machen, wenn er nicht Herr von seinen Handlungen ist. So kamen sie mir auch einmal, wie ich dem Pfalzgrafen zugesagt hatte, gegen Konrad Schotten zu dienen; da legt er mir einen Zettel aus der Kanzlei vor, wie ich reiten und mich halten sollt; da warf ich den Räten das Papier wieder dar und sagt: ich wüßt nicht darnach zu handeln, ich weiß nicht, was mir begegnen mag, das steht nicht im Zettel, ich muß die Augen selbst auftun und sehn, was ich zu schaffen hab.

SICKINGEN. Glück zu, Bruder! Ich will gleich fort und dir schicken, was ich in der Eil zusammentreiben kann.

GÖTZ. Komm noch zu den Frauen, ich ließ sie beisammen. Ich wollte, daß du ihr Wort hättest, ehe du gingst. Dann schick mir die Reiter, und komm heimlich wieder, Marien abzuholen, denn mein Schloß, fürcht ich, wird bald kein Aufenthalt für Weiber mehr sein.

SICKINGEN. Wollen das Beste hoffen. Ab.

## BAMBERG. ADELHEIDENS ZIMMER

Adelheid. Franz.

ADELHEID. So sind die beiden Exekutionen schon aufgebrochen?

FRANZ. Ja, und mein Herr hat die Freude, gegen Eure Feinde zu ziehen. Ich wollte gleich mit, so gern ich zu Euch gehe. Auch will ich jetzt wieder fort, um bald mit fröhlicher Botschaft wiederzukehren. Mein Herr hat mir's erlaubt.

ADELHEID. Wie steht's mit ihm?

FRANZ. Er ist munter. Mir befahl er, Eure Hand zu küssen.

ADELHEID. Da – deine Lippen sind warm.

FRANZ *vor sich auf die Brust deutend.* Hier ist's noch wärmer! *Laut.* Gnädige Frau, Eure Diener sind die glücklichsten Menschen unter der Sonne.

ADELHEID. Wer führt gegen Berlichingen?

FRANZ. Der von Sirau. Lebt wohl, beste gnädige Frau! Ich will wieder fort. Vergeßt mich nicht!

ADELHEID. Du mußt was essen, trinken, und rasten.

FRANZ. Wozu das? Ich hab Euch ja gesehen. Ich bin nicht müd noch hungrig.

ADELHEID. Ich kenne deine Treu.

FRANZ. Ach, gnädige Frau!

ADELHEID. Du hältst's nicht aus, beruhige dich, und nimm was zu dir.

FRANZ. Eure Sorgfalt für einen armen Jungen! *Ab.*

ADELHEID. Die Tränen stehn ihm in den Augen. Ich lieb ihn von Herzen. So wahr und warm hat noch niemand an mir gehangen. *Ab.*

## JAXTHAUSEN

*Götz. Georg.*

GEORG. Er will selbst mit Euch sprechen. Ich kenn ihn nicht; es ist ein stattlicher Mann, mit schwarzen feurigen Augen.

GÖTZ. Bring ihn herein.

*Lerse kommt.*

GÖTZ. Gott grüß Euch! Was bringt Ihr?

LERSE. Mich selbst, das ist nicht viel, doch alles, was es ist, biet ich Euch an.

GÖTZ. Ihr seid mir willkommen, doppelt willkommen, ein braver Mann, und zu dieser Zeit, da ich nicht hoffte, neue Freunde zu gewinnen, eher den Verlust der alten stündlich fürchtete. Gebt mir Euren Namen.

LERSE. Franz Lerse.

GÖTZ. Ich danke Euch, Franz, daß Ihr mich mit einem braven Mann bekannt macht.

LERSE. Ich machte Euch schon einmal mit mir bekannt, aber damals danktet Ihr mir nicht dafür.

GÖTZ. Ich erinnere mich Eurer nicht.

LERSE. Es wäre mir leid. Wißt Ihr noch, wie Ihr um des Pfalzgrafen willen Konrad Schotten feind wart, und nach Haßfurt auf die Fastnacht reiten wolltet?

GÖTZ. Wohl weiß ich es.

LERSE. Wißt Ihr, wie Ihr unterwegs bei einem Dorf fünfundzwanzig Reitern entgegenkamt?

GÖTZ. Richtig. Ich hielt sie anfangs nur für zwölfe und teilt meinen Haufen, waren unser sechzehn, und hielt am Dorf hinter der Scheuer, in willens, sie sollten bei mir vorbeiziehen. Dann wollt ich ihnen nachrucken, wie ich's mit dem andern Haufen abgeredt hatte.

LERSE. Aber wir sahn Euch, und zogen auf eine Höhe am Dorf. Ihr zogt herbei und hieltet unten. Wie wir sahn, Ihr wolltet nicht heraufkommen, ritten wir herab.

GÖTZ. Da sah ich erst, daß ich mit der Hand in die Kohlen geschlagen hatte. Fünfundzwanzig gegen acht! Da galt's kein Feiern. Erhard Truchseß durchstach mir einen Knecht, dafür rannt ich ihn vom Pferde. Hätten sie sich alle gehalten wie er und ein Knecht, es wäre mein und meines kleinen Häufchens übel gewahrt gewesen.

LERSE. Der Knecht, wovon Ihr sagtet –

GÖTZ. Es war der bravste, den ich gesehen habe. Er setzte mir heiß zu. Wenn ich dachte, ich hätt ihn von mir gebracht, wollte mit andern zu schaffen haben, war er wieder an mir, und schlug feindlich zu. Er hieb mir auch durch den Panzerärmel hindurch, daß es ein wenig gefleischt hatte.

LERSE. Habt Ihr's ihm verziehen?

GÖTZ. Er gefiel mir mehr als zu wohl.

LERSE. Nun so hoff ich, daß Ihr mit mir zufrieden sein werdet; ich hab mein Probstück an Euch selbst abgelegt.

GÖTZ. Bist du's? O willkommen, willkommen! Kannst du sagen, Maximilian, du hast unter deinen Dienern einen so geworben!

Lerse. Mich wundert, daß Ihr nicht eh auf mich gefallen seid.

Götz. Wie sollte mir einkommen, daß der mir seine Dienste anbieten würde, der auf das feindseligste mich zu überwältigen trachtete?

Lerse. Eben das, Herr! Von Jugend auf dien ich als Reitersknecht, und hab's mit manchem Ritter aufgenommen. Da wir auf Euch stießen, freut ich mich. Ich kannte Euren Namen, und da lernt ich Euch kennen. Ihr wißt, ich hielt nicht stand; Ihr saht, es war nicht Furcht, denn ich kam wieder. Kurz, ich lernt Euch kennen, und von Stund an beschloß ich, Euch zu dienen.

Götz. Wie lange wollt Ihr bei mir aushalten?

Lerse. Auf ein Jahr. Ohne Entgelt.

Götz. Nein, Ihr sollt gehalten werden wie ein anderer, und drüber, wie der, der mir bei Remlin zu schaffen machte.

Georg kommt.

Georg. Hanns von Selbitz läßt Euch grüßen. Morgen ist er hier mit funfzig Mann.

Götz. Wohl.

Georg. Es zieht am Kocher ein Trupp Reichsvölker herunter; ohne Zweifel, Euch zu beobachten.

Götz. Wieviel?

Georg. Ihrer funfzig.

Götz. Nicht mehr! Komm, Lerse, wir wollen sie zusammenschmeißen, wenn Selbitz kommt, daß er schon ein Stück Arbeit getan findet.

Lerse. Das soll eine reichliche Vorlese werden.

Götz. Zu Pferde! Ab.

## WALD AN EINEM MORAST

Zwei Reichsknechte begegnen einander.

Erster Knecht. Was machst du hier?

Zweiter Knecht. Ich hab Urlaub gebeten, meine Notdurft zu verrichten. Seit dem blinden Lärmen gestern abends ist mir's in die Gedärme geschlagen, daß ich alle Augenblicke vom Pferd muß.

Erster Knecht. Hält der Trupp hier in der Nähe?

ZWEITER KNECHT. Wohl eine Stunde den Wald hinauf.

ERSTER KNECHT. Wie verlaufst du dich dann hieher?

ZWEITER KNECHT. Ich bitte dich, verrat mich nicht. Ich will aufs nächste Dorf und sehn, ob ich nit mit warmen Überschlägen meinem Übel abhelfen kann. Wo kommst du her?

ERSTER KNECHT. Vom nächsten Dorf. Ich hab unserm Offizier Wein und Brot geholt.

ZWEITER KNECHT. So, er tut sich was zugut vor unserm Angesicht, und wir sollen fasten! Schön Exempel!

ERSTER KNECHT. Komm mit zurück, Schurke.

ZWEITER KNECHT. Wär ich ein Narr! Es sind noch viele unterm Haufen, die gern fasteten, wenn sie so weit davon wären als ich.

ERSTER KNECHT. Hörst du! Pferde!

ZWEITER KNECHT. O weh!

ERSTER KNECHT. Ich klettere auf den Baum.

ZWEITER KNECHT. Ich steck mich ins Rohr.

Götz, Lerse, Georg, Knechte zu Pferde.

GÖTZ. Hier am Teich weg und linker Hand in den Wald, so kommen wir ihnen in Rücken.

Sie ziehen vorbei.

ERSTER KNECHT steigt vom Baum. Da ist nicht gut sein. Michel! Er antwortet nicht? Michel, sie sind fort! Er geht nach dem Sumpf. Michel! O weh, er ist versunken. Michel! Er hört mich nicht, er ist erstickt. Bist doch krepiert, du Memme. – Wir sind geschlagen. Feinde, überall Feinde!

Götz, Georg zu Pferde.

GÖTZ. Halt Kerl, oder du bist des Todes!

KNECHT. Schont meines Lebens!

GÖTZ. Dein Schwert! Georg, führ ihn zu den andern Gefangenen, die Lerse dort unten am Wald hat. Ich muß ihren flüchtigen Führer erreichen. Ab.

KNECHT. Was ist aus unserm Ritter geworden, der uns führte?

GEORG. Unterst zu oberst stürzt ihn mein Herr vom Pferd, daß der Federbusch im Kot stak. Seine Reiter huben ihn aufs Pferd, und fort, wie besessen. Ab.

## LAGER

Hauptmann. Erster Ritter.

ERSTER RITTER. Sie fliehen von weitem dem Lager zu.

HAUPTMANN. Er wird ihnen an den Fersen sein. Laßt ein funfzig ausrücken bis an die Mühle; wenn er sich zu weit verliert, erwischt ihr ihn vielleicht. Ritter ab.

Zweiter Ritter, geführt.

HAUPTMANN. Wie geht's, junger Herr? Habt Ihr ein paar Zinken abgerennt?

RITTER. Daß dich die Pest! Das stärkste Geweih wäre gesplittert wie Glas. Du Teufel! Er rannt auf mich los, es war mir, als wenn mich der Donner in die Erd hineinschlüg.

HAUPTMANN. Dankt Gott, daß Ihr noch davongekommen seid.

RITTER. Es ist nichts zu danken, ein paar Rippen sind entzwei. Wo ist der Feldscher? Ab.

## JAXTHAUSEN

Götz. Selbitz.

GÖTZ. Was sagst du zu der Achtserklärung, Selbitz?

SELBITZ. Es ist ein Streich von Weislingen.

GÖTZ. Meinst du?

SELBITZ. Ich meine nicht, ich weiß.

GÖTZ. Woher?

SELBITZ. Er war auf dem Reichstag, sag ich dir, er war um den Kaiser.

GÖTZ. Wohl, so machen wir ihm wieder einen Anschlag zunichte.

SELBITZ. Hoff's.

GÖTZ. Wir wollen fort! und soll die Hasenjagd angehn.

## LAGER

Hauptmann. Ritter.

HAUPTMANN. Dabei kommt nichts heraus, ihr Herrn. Er schlägt uns einen Haufen nach dem andern, und was nicht umkommt und gefangen wird, das lauft in Gottes Namen lieber nach der Türkei als ins Lager zurück. So werden wir alle Tage schwächer. Wir müssen einmal für allemal ihm zu Leib gehen, und das mit Ernst; ich will selbst dabei sein, und er soll sehn, mit wem er zu tun hat.

RITTER. Wir sind's all zufrieden; nur ist er der Landsart so kundig, weiß alle Gänge und Schliche im Gebirg, daß er so wenig zu fangen ist wie eine Maus auf dem Kornboden.

HAUPTMANN. Wollen ihn schon kriegen. Erst auf Jaxthausen zu. Mag er wollen oder nicht, er muß herbei, sein Schloß zu verteidigen.

RITTER. Soll unser ganzer Hauf marschieren?

HAUPTMANN. Freilich! Wißt Ihr, daß wir schon um hundert geschmolzen sind?

RITTER. Drum geschwind, eh der ganze Eisklumpen auftaut; es macht warm in der Nähe, und wir stehn da wie Butter an der Sonne. *Ab.*

## GEBIRG UND WALD

Götz. Selbitz. Trupp.

GÖTZ. Sie kommen mit hellem Hauf. Es war hohe Zeit, daß Sickingens Reiter zu uns stießen.

SELBITZ. Wir wollen uns teilen. Ich will linker Hand um die Höhe ziehen.

GÖTZ. Gut. Und du, Franz, führe mir die funfzig rechts durch den Wald hinauf; sie kommen über die Heide, ich will gegen ihnen halten. Georg, du bleibst um mich. Und wenn ihr seht, daß sie mich angreifen, so fallt ungesäumt in die Seiten. Wir wollen sie patschen. Sie denken nicht, daß wir ihnen die Spitze bieten können. *Ab.*

## HEIDE, AUF DER EINEN SEITE EINE HÖHE, AUF DER ANDERN WALD

Hauptmann. Exekutionszug.

HAUPTMANN. Er hält auf der Heide! Das ist impertinent. Er soll's büßen. Was! Den Strom nicht zu fürchten, der auf ihn losbraust?

RITTER. Ich wollt nicht, daß Ihr an der Spitze rittet; er hat das Ansehn, als ob er den ersten, der ihn anstoßen möchte, umgekehrt in die Erde pflanzen wollte. Reitet hintendrein.

HAUPTMANN. Nicht gern.

RITTER. Ich bitt Euch. Ihr seid noch der Knoten von diesem Bündel Haselruten; löst ihn auf, so knickt er sie Euch einzeln wie Riedgras.

HAUPTMANN. Trompeter, blas! Und ihr blast ihn weg. Ab.

Selbitz hinter der Höhe hervor im Galopp.

SELBITZ. Mir nach! Sie sollen zu ihren Händen rufen: Multipliziert euch. Ab.

Lerse aus dem Wald.

LERSE. Götzen zu Hülf! Er ist fast umringt. Braver Selbitz, du hast schon Luft gemacht. Wir wollen die Heide mit ihren Distelköpfen besäen. Vorbei. Getümmel.

## EINE HÖHE MIT EINEM WARTTURN

Selbitz, verwundet. Knechte.

SELBITZ. Legt mich hieher und kehrt zu Götzen.

ERSTER KNECHT. Laßt uns bleiben, Herr, Ihr braucht unser.

SELBITZ. Steig einer auf die Warte und seh, wie's geht.

ERSTER KNECHT. Wie will ich hinaufkommen?

ZWEITER KNECHT. Steig auf meine Schultern, da kannst du die Lücke erreichen und dir bis zur Öffnung hinaufhelfen.

ERSTER KNECHT steigt hinauf. Ach, Herr!

SELBITZ. Was siehest du?

ERSTER KNECHT. Eure Reiter fliehen. Der Höhe zu.

SELBITZ. Höllische Schurken! Ich wollt, sie stünden, und ich hätt eine Kugel vorm Kopf. Reit einer hin! und fluch und wetter sie zurück. Knecht ab. Siehest du Götzen?

KNECHT. Die drei schwarzen Federn seh ich mitten im Getümmel.

SELBITZ. Schwimm, braver Schwimmer. Ich liege hier!

KNECHT. Ein weißer Federbusch, wer ist das?

SELBITZ. Der Hauptmann.

KNECHT. Götz drängt sich an ihn – Bau! Er stürzt.

SELBITZ. Der Hauptmann?

KNECHT. Ja, Herr.

SELBITZ. Wohl! Wohl!

KNECHT. Weh! Weh! Götzen seh ich nicht mehr.

SELBITZ. So stirb, Selbitz!

KNECHT. Ein fürchterlich Gedräng, wo er stund. Georgs blauer Busch verschwindt auch.

SELBITZ. Komm herunter. Siehst du Lersen nicht?

KNECHT. Nichts. Es geht alles drunter und drüber.

SELBITZ. Nichts mehr. Komm! Wie halten sich Sickingens Reiter?

KNECHT. Gut. – Da flieht einer nach dem Wald. Noch einer! Ein ganzer Trupp! Götz ist hin.

SELBITZ. Komm herab.

KNECHT. Ich kann nicht. – Wohl! Wohl! Ich sehe Götzen! Ich sehe Georgen!

SELBITZ. Zu Pferd?

KNECHT. Hoch zu Pferd! Sieg! Sieg! Sie fliehn.

SELBITZ. Die Reichstruppen?

KNECHT. Die Fahne mittendrin, Götz hintendrein. Sie zerstreuen sich. Götz erreicht den Fähndrich – Er hat die Fahn – Er hält. Eine Handvoll Menschen um ihn herum. Mein Kamerad erreicht ihn – Sie ziehn herauf.

Götz. Georg. Lerse. Ein Trupp.

SELBITZ. Glück zu, Götz! Sieg! Sieg!

GÖTZ steigt vom Pferd. Teuer! Teuer! Du bist verwundt, Selbitz?

SELBITZ. Du lebst und siegst! Ich habe wenig getan. Und meine Hunde von Reitern! Wie bist du davongekommen?

GÖTZ. Diesmal galt's! Und hier Georgen dank ich das Leben, und hier Lersen dank ich's. Ich warf den Hauptmann vom Gaul. Sie stachen mein Pferd nieder und drangen auf mich ein. Georg hieb sich zu mir und sprang ab, ich wie der Blitz auf seinen Gaul, wie der Donner saß er auch wieder. Wie kamst du zum Pferd?

GEORG. Einem, der nach Euch hieb, stieß ich meinen Dolch in die Gedärme, wie sich sein Harnisch in die Höhe zog. Er stürzt, und ich half Euch von einem Feind und mir zu einem Pferde.

GÖTZ. Nun staken wir, bis Franz sich zu uns hereinschlug, und da mähten wir von innen heraus.

LERSE. Die Hunde, die ich führte, sollten von außen hineinmähen, bis sich unsere Sensen begegnet hätten; aber sie flohen wie Reichsknechte.

GÖTZ. Es flohe Freund und Feind. Nur du kleiner Hauf hieltest mir den Rücken frei; ich hatte mit den Kerls vor mir gnug zu tun. Der Fall ihres Hauptmanns half mir sie schütteln, und sie flohen. Ich habe ihre Fahne und wenig Gefangene.

SELBITZ. Der Hauptmann ist euch entwischt?

GÖTZ. Sie hatten ihn inzwischen gerettet. Kommt, Kinder, kommt! Selbitz! – Macht eine Bahre von Ästen; – du kannst nicht aufs Pferd. Kommt in mein Schloß! Sie sind zerstreut. Aber unser sind wenig, und ich weiß nicht, ob sie Truppen nachzuschicken haben. Ich will Euch bewirten, meine Freunde. Ein Glas Wein schmeckt auf so einen Strauß.

## LAGER

Hauptmann.

HAUPTMANN. Ich möcht euch alle mit eigener Hand umbringen! Was, fortlaufen! Er hatte keine Handvoll Leute mehr! Fortzulaufen, vor einem Mann! Es wird's niemand glauben, als wer über uns zu lachen Lust hat. – Reit't herum, ihr, und ihr, und ihr. Wo ihr von unsern zerstreuten Knechten find't, bringt sie zurück oder stecht sie nieder. Wir müssen diese Scharten auswetzen, und wenn die Klingen darüber zugrunde gehen sollten.

## JAXTHAUSEN

Götz. Lerse. Georg.

GÖTZ. Wir dürfen keinen Augenblick säumen! Arme Jungen, ich darf euch keine Rast gönnen. Jagt geschwind herum und sucht noch Reiter aufzutreiben. Bestellt sie alle nach Weilern, da sind sie am sichersten. Wenn wir zögern, so ziehen sie mir vors Schloß. Die zwei ab. Ich muß einen auf Kundschaft ausjagen. Es fängt an heiß zu werden, und wenn es nur noch brave Kerls wären! aber so ist's die Menge. Ab.

Sickingen. Maria.

MARIA. Ich bitte Euch, lieber Sickingen, geht nicht von meinem Bruder! Seine Reiter, Selbitzens, Eure sind zerstreut; er ist allein, Selbitz ist verwundet auf sein Schloß gebracht, und ich fürchte alles.

SICKINGEN. Seid ruhig, ich gehe nicht weg.

Götz kommt

GÖTZ. Kommt in die Kirch, der Pater wartet. Ihr sollt mir in einer Viertelstund ein Paar sein.

SICKINGEN. Laßt mich hier.

GÖTZ. In die Kirch sollt Ihr jetzt.

SICKINGEN. Gern – und darnach?

GÖTZ. Darnach sollt Ihr Eurer Wege gehn.

SICKINGEN. Götz!

GÖTZ. Wollt Ihr nicht in die Kirche?

SICKINGEN. Kommt, kommt.

## LAGER

Hauptmann. Ritter.

HAUPTMANN. Wieviel sind's in allem?

RITTER. Hundertundfunfzig.

HAUPTMANN. Von vierhunderten! Das ist arg. Jetzt gleich auf und grad gegen Jaxthausen zu, eh er sich wieder erholt und sich uns wieder in Weg stellt.

## JAXTHAUSEN

Götz. Elisabeth. Maria. Sickingen.

GÖTZ. Gott segne euch, geb euch glückliche Tage und behalte die, die er euch abzieht, für eure Kinder.

ELISABETH. Und die laß er sein, wie ihr seid: rechtschaffen! Und dann laßt sie werden, was sie wollen.

SICKINGEN. Ich dank euch. Und dank Euch, Maria. Ich führte Euch an den Altar, und Ihr sollt mich zur Glückseligkeit führen.

MARIA. Wir wollen zusammen eine Pilgrimschaft nach diesem fremden gelobten Lande antreten.

GÖTZ. Glück auf die Reise!

MARIA. So ist's nicht gemeint, wir verlassen Euch nicht.

GÖTZ. Ihr sollt, Schwester.

MARIA. Du bist sehr unbarmherzig, Bruder!

GÖTZ. Und Ihr zärtlicher als vorsehend.

Georg kommt.

GEORG heimlich. Ich kann niemand auftreiben. Ein einziger war geneigt; darnach veränderte er sich und wollte nicht.

GÖTZ. Gut, Georg. Das Glück fängt mir an wetterwendisch zu werden. Ich ahndet's aber. Laut. Sickingen, ich bitt Euch, geht noch diesen Abend! Beredet Marie! Sie ist Eure Frau. Laßt sie's fühlen! Wenn Weiber quer in unsere Unternehmungen treten, ist unser Feind im freien Feld sichrer als sonst in der Burg.

Knecht kommt.

KNECHT leise. Herr, das Reichsfähnlein ist auf dem Marsch, grad hieher, sehr schnell.

GÖTZ. Ich hab sie mit Rutenstreichen geweckt! Wieviel sind ihrer?

KNECHT. Ungefähr zweihundert. Sie können nicht zwei Stunden mehr von hier sein.

GÖTZ. Noch überm Fluß?

KNECHT. Ja, Herr.

GÖTZ. Wenn ich nur funfzig Mann hätte, sie sollten mir nicht herüber. Hast du Lersen nicht gesehen?

KNECHT. Nein, Herr.

GÖTZ. Biet allen, sie sollen sich bereit halten! – Es muß geschieden sein, meine Lieben. – Weine, meine gute Marie, es werden Augenblicke kommen, wo du dich freuen wirst. Es ist besser, du weinst an deinem Hochzeittag, als daß übergroße Freude der Vorbote künftigen Elends wäre. Lebt wohl, Marie! Lebt wohl, Bruder!

MARIA. Ich kann nicht von Euch, Schwester. Lieber Bruder, laß uns! Achtest du meinen Mann so wenig, daß du in dieser Extremität seine Hülfe verschmähst?

GÖTZ. Ja, es ist weit mit mir gekommen. Vielleicht bin ich meinem Sturz nahe. Ihr beginnt heut zu leben, und ihr sollt euch von meinem Schicksal trennen. Ich hab eure Pferde zu satteln befohlen. Ihr müßt gleich fort.

MARIA. Bruder! Bruder!

ELISABETH zu Sickingen. Gebt ihm nach! Geht!

SICKINGEN. Liebe Marie, laßt uns gehen!

MARIA. Du auch? Mein Herz wird brechen.

GÖTZ. So bleib denn! In wenigen Stunden wird meine Burg umringt sein.

MARIA. Weh! Weh!

GÖTZ. Wir werden uns verteidigen, so gut wir können.

MARIA. Mutter Gottes, hab Erbarmen mit uns!

GÖTZ. Und am Ende werden wir sterben, oder uns ergeben. – Du wirst deinen edeln Mann mit mir in ein Schicksal geweint haben.

MARIA. Du marterst mich.

GÖTZ. Bleib! Bleib! Wir werden zusammen gefangen werden. Sickingen, du wirst mit mir in die Grube fallen! Ich hoffte, du solltest mir heraushelfen.

MARIA. Wir wollen fort. Schwester, Schwester!

GÖTZ. Bringt sie in Sicherheit, und dann erinnert Euch meiner!

SICKINGEN. Ich will ihr Bette nicht besteigen, bis ich Euch außer Gefahr weiß.

GÖTZ. Schwester – liebe Schwester! Er küßt sie.

SICKINGEN. Fort, fort!

GÖTZ. Noch einen Augenblick – Ich seh euch wieder. Tröstet euch! Wir sehn uns wieder.

Sickingen, Maria ab.

GÖTZ. Ich trieb sie, und da sie geht, möcht ich sie halten. Elisabeth, du bleibst bei mir!

ELISABETH. Bis in den Tod. Ab.

GÖTZ. Wen Gott lieb hat, dem geb er so eine Frau!

Georg kommt.

GEORG. Sie sind in der Nähe, ich habe sie vom Turn gesehen. Die Sonne ging auf, und ich sah ihre Piken blinken. Wie ich sie sah, wollt mir's nicht bänger werden, als einer Katze vor einer Armee Mäuse. Zwar wir spielen die Ratten.

GÖTZ. Seht nach den Torriegeln. Verrammelt's inwendig mit Balken und Steinen. Georg ab. Wir wollen ihre Geduld für'n Narren halten, und ihre Tapferkeit sollen sie mir an ihren eigenen Nägeln verkäuen. Trompeter von außen. Aha! ein rotröckiger Schurke, der uns die Frage vorlegen wird, ob wir Hundsfötter sein wollen. *Er geht ans Fenster.* Was soll's? *Man hört in der Ferne reden.*

GÖTZ *in seinen Bart.* Einen Strick um deinen Hals.

*Trompeter redet fort.*

GÖTZ. „Beleidiger der Majestät!" – Die Aufforderung hat ein Pfaff gemacht.

*Trompeter endet.*

GÖTZ *antwortet.* Mich ergeben! Auf Gnad und Ungnad! Mit wem redet ihr! Bin ich ein Räuber! Sag deinem Hauptmann: Vor Ihro Kaiserliche Majestät hab ich, wie immer, schuldigen Respekt. Er aber, sag's ihm, er kann mich – – –

*Schmeißt das Fenster zu.*

## BELAGERUNG. KÜCHE

*Elisabeth. Götz zu ihr.*

GÖTZ. Du hast viel Arbeit, arme Frau.

ELISABETH. Ich wollt, ich hätte sie lang. Wir werden schwerlich lang aushalten können.

GÖTZ. Wir hatten nicht Zeit, uns zu versehen.

ELISABETH. Und die vielen Leute, die ihr zeither gespeist habt. Mit dem Wein sind wir auch schon auf der Neige.

GÖTZ. Wenn wir nur auf einen gewissen Punkt halten, daß sie Kapitulation vorschlagen. Wir tun ihnen brav Abbruch. Sie schießen den ganzen Tag und verwunden unsere Mauern und knicken unsere Scheiben. Lerse ist ein braver Kerl; er schleicht mit seiner Büchse herum; wo sich einer zu nahe wagt, blaff! liegt er.

KNECHT. Kohlen, gnädige Frau!

GÖTZ. Was gibt's?

KNECHT. Die Kugeln sind alle, wir wollen neue gießen.

GÖTZ. Wie steht's Pulver?

KNECHT. So ziemlich. Wir sparen unsere Schüsse wohl aus.

## SAAL

*Lerse mit einer Kugelform. Knecht mit Kohlen.*

LERSE. Stell sie daher, und seht, wo ihr im Hause Blei kriegt. Inzwischen will ich hier zugreifen. *Hebt ein Fenster aus* und schlägt die Scheiben ein. Alle Vorteile gelten. – So geht's in der Welt, weiß kein Mensch, was aus den Dingen werden kann. Der Glaser, der die Scheiben faßte, dachte gewiß nicht, daß das Blei einem seiner Urenkel garstiges Kopfweh machen könnte! Und da mich mein Vater machte, dachte er nicht, welcher Vogel unter dem Himmel, welcher Wurm auf der Erde mich fressen möchte.

Georg kommt mit einer Dachrinne.

GEORG. Da hast du Blei. Wenn du nur mit der Hälfte triffst, so entgeht keiner, der Ihro Majestät ansagen kann: Herr, wir haben schlecht bestanden.

LERSE haut davon. Ein brav Stück.

GEORG. Der Regen mag sich einen andern Weg suchen! ich bin nicht bang davor; ein braver Reiter und ein rechter Regen kommen überall durch!

LERSE. Er gießt. Halt den Löffel. Er geht ans Fenster. Da zieht so ein Reichsknappe mit der Büchse herum; sie denken, wir haben uns verschossen. Er soll die Kugel versuchen, warm wie sie aus der Pfanne kommt. Er lädt.

GEORG lehnt den Löffel an. Laß mich sehn.

LERSE schießt. Da liegt der Spatz.

GEORG. Der schoß vorhin nach mir, sie gießen, wie ich zum Dachfenster hinausstieg und die Rinne holen wollte. Er traf eine Taube, die nicht weit von mir saß, sie stürzt in die Rinne; ich dankt ihm für den Braten und stieg mit der doppelten Beute wieder herein.

LERSE. Nun wollen wir wohl laden, und im ganzen Schloß herumgehen, unser Mittagessen verdienen.

Götz kommt.

GÖTZ. Bleib, Lerse! Ich habe mit dir zu reden! Dich, Georg, will ich nicht von der Jagd abhalten. Georg ab.

GÖTZ. Sie entbieten mir einen Vertrag.

LERSE. Ich will zu ihnen hinaus, und hören, was es soll.

GÖTZ. Es wird sein: ich soll mich auf Bedingungen in ritterlich Gefängnis stellen.

LERSE. Das ist nichts. Wie wär's, wenn sie uns freien Abzug eingestünden, da Ihr doch von Sickingen keinen Entsatz erwartet? Wir vergrüben Geld und Silber, wo sie's mit keiner Wünschelrute finden sollten, überließen ihnen das Schloß und kämen mit Manier davon.

GÖTZ. Sie lassen uns nicht.

LERSE. Es kommt auf eine Prob an. Wir wollen um sicher Geleit rufen, und ich will hinaus. *Ab.*

## SAAL

Götz, Elisabeth, Georg, Knechte bei Tische.

GÖTZ. So bringt uns die Gefahr zusammen. Laßt's euch schmecken, meine Freunde! Vergeßt das Trinken nicht! Die Flasche ist leer. Noch eine, liebe Frau. *Elisabeth zuckt die Achsel.* Ist keine mehr da?

ELISABETH *leise.* Noch eine! ich hab sie für dich beiseitegesetzt.

GÖTZ. Nicht doch, Liebe! Gib sie heraus! Sie brauchen Stärkung, nicht ich; es ist ja meine Sache.

ELISABETH. Holt sie draußen im Schrank!

GÖTZ. Es ist die letzte. Und mir ist's, als ob wir nicht zu sparen Ursach hätten. Ich bin lange nicht so vergnügt gewesen. *Er schenkt ein.* Es lebe der Kaiser!

ALLE. Er lebe!

GÖTZ. Das soll unser vorletztes Wort sein, wenn wir sterben! Ich lieb ihn, denn wir haben einerlei Schicksal. Und ich bin noch glücklicher als er. Er muß den Reichsständen die Mäuse fangen, inzwischen die Ratten seine Besitztümer annagen. Ich weiß, er wünscht sich manchmal lieber tot, als länger die Seele eines so krüppligen Körpers zu sein. *Er schenkt ein.* Es geht just noch einmal herum. Und wenn unser Blut anfängt auf die Neige zu gehen, wie der Wein in dieser Flasche erst schwach, dann tropfenweise rinnt, *er tröpfelt das Letzte in sein Glas,* was soll unser letztes Wort sein?

GEORG. Es lebe die Freiheit!

GÖTZ. Es lebe die Freiheit!

ALLE. Es lebe die Freiheit!

GÖTZ. Und wenn die uns überlebt, können wir ruhig sterben. Denn wir sehen im Geist unsere Enkel glücklich und die Kaiser unsrer Enkel glücklich. Wenn die Diener der

Fürsten so edel und frei dienen wie ihr mir, wenn die Fürsten dem Kaiser dienen, wie ich ihm dienen möchte –

GEORG. Da müßt's viel anders werden.

GÖTZ. So viel nicht, als es scheinen möchte. Hab ich nicht unter den Fürsten treffliche Menschen gekannt, und sollte das Geschlecht ausgestorben sein? Gute Menschen, die in sich und ihren Untertanen glücklich waren; die einen edeln freien Nachbar neben sich leiden konnten, und ihn weder fürchteten noch beneideten; denen das Herz aufging, wenn sie viel ihresgleichen bei sich zu Tisch sahen, und nicht erst die Ritter zu Hofschranzen umzuschaffen brauchten, um mit ihnen zu leben.

GEORG. Habt Ihr solche Herrn gekannt?

GÖTZ. Wohl. Ich erinnere mich zeitlebens, wie der Landgraf von Hanau eine Jagd gab, und die Fürsten und Herrn, die zugegen waren, unter freiem Himmel speisten und das Landvolk all herbeilief, sie zu sehen. Das war keine Maskerade, die er sich selbst zu Ehren angestellt hatte. Aber die vollen runden Köpfe der Bursche und Mädel, die roten Backen alle, und die wohlhäbigen Männer und stattlichen Greise, und alles fröhliche Gesichter, und wie sie teilnahmen an der Herrlichkeit ihres Herrn, der auf Gottes Boden unter ihnen sich ergetzte!

GEORG. Das war ein Herr, vollkommen wie Ihr.

GÖTZ. Sollten wir nicht hoffen, daß mehr solcher Fürsten auf einmal herrschen können? daß Verehrung des Kaisers, Fried und Freundschaft der Nachbarn und Lieb der Untertanen der kostbarste Familienschatz sein wird, der auf Enkel und Urenkel erbt? Jeder würde das Seinige erhalten und in sich selbst vermehren, statt daß sie jetzo nicht zuzunehmen glauben, wenn sie nicht andere verderben.

GEORG. Würden wir hernach auch reiten?

GÖTZ. Wollte Gott, es gäbe keine unruhige Köpfe in ganz Deutschland! wir würden noch immer zu tun genug finden. Wir wollten die Gebirge von Wölfen säubern, wollten unserm ruhig ackernden Nachbar einen Braten aus dem Wald holen, und dafür die Suppe mit ihm essen. Wär uns das nicht genug, wir wollten uns mit unsern Brüdern, wie Cherubim mit flammenden Schwertern, vor die Grenzen des

Reichs gegen die Wölfe, die Türken, gegen die Füchse, die Franzosen, lagern und zugleich unsers teuern Kaisers sehr ausgesetzte Länder und die Ruhe des Reichs beschützen Das wäre ein Leben! Georg! wenn man seine Haut für die allgemeine Glückseligkeit dransetzte. Georg springt auf. Wo willst du hin?

GEORG. Ach, ich vergaß, daß wir eingesperrt sind – und der Kaiser hat uns eingesperrt – und unsere Haut davonzubringen, setzen wir unsere Haut dran?

GÖTZ. Sei gutes Muts!

Lerse kommt.

LERSE. Freiheit! Freiheit! Das sind schlechte Menschen, unschlüssige, bedächtige Esel. Ihr sollt abziehen, mit Gewehr, Pferden und Rüstung. Proviant sollt Ihr dahinten lassen.

GÖTZ. Sie werden sich kein Zahnweh dran kauen.

LERSE heimlich. Habt Ihr das Silber versteckt?

GÖTZ. Nein! Frau, geh mit Franzen, er hat dir was zu sagen.

Alle ab.

## SCHLOSSHOF

Georg, im Stall, singt.

Es fing ein Knab ein Vögelein,
H'm! H'm!
Da lacht er in den Käfig 'nein,
Hm! Hm!
So! So!
H'm! H'm!

Der freut sich traun so läppisch,
H'm! H'm!
Und griff hinein so täppisch,
Hm! Hm!
So! So!
H'm! H'm!

Da flog das Meislein auf ein Haus,
H'm! H'm!
Und lacht den dummen Buben aus,
Hm! Hm!
So! So!
H'm! H'm!

GÖTZ *kommt.* Wie steht's?

GEORG *führt sein Pferd heraus.* Sie sind gesattelt.

GÖTZ. Du bist fix.

GEORG. Wie der Vogel aus dem Käfig.

*Alle die Belagerten.*

GÖTZ. Ihr habt eure Büchsen? Nicht doch! Geht hinauf und nehmt die besten aus dem Rüstschrank, es geht in einem hin. Wir wollen vorausreiten.

GEORG. Hm! Hm!
So! So!
H'm! H'm! *Ab.*

## SAAL

*Zwei Knechte am Rüstschrank.*

ERSTER KNECHT. Ich nehm die.

ZWEITER KNECHT. Ich die. Da ist noch eine schönere.

ERSTER KNECHT. Nicht doch! Mach, daß du fortkommst!

ZWEITER KNECHT. Horch!

ERSTER KNECHT *springt ans Fenster.* Hilf, heiliger Gott! sie ermorden unsern Herrn! Er liegt vom Pferd! Georg stürzt!

ZWEITER KNECHT. Wo retten wir uns? An der Mauer den Nußbaum hinunter ins Feld! *Ab.*

ERSTER KNECHT. Franz hält sich noch, ich will zu ihm. Wenn sie sterben, mag ich nicht leben. *Ab.*

# VIERTER AKT

## WIRTSHAUS ZU HEILBRONN

*Götz.*

GÖTZ. Ich komme mir vor wie der böse Geist, den der Kapuziner in einen Sack beschwor. Ich arbeite mich ab und fruchte mir nichts. Die Meineidigen!

*Elisabeth kommt.*

GÖTZ. Was für Nachrichten, Elisabeth, von meinen lieben Getreuen?

ELISABETH. Nichts Gewisses. Einige sind erstochen, einige liegen im Turn. Es konnte oder wollte niemand mir sie näher bezeichnen.

GÖTZ. Ist das Belohnung der Treue? des kindlichen Gehorsams? – Auf daß dir's wohl gehe und du lange lebest auf Erden!

ELISABETH. Lieber Mann, schilt unsern himmlischen Vater nicht! Sie haben ihren Lohn, er ward mit ihnen geboren, ein freies, edles Herz. Laß sie gefangen sein, sie sind frei! Gib auf die deputierten Räte acht, die großen goldnen Ketten stehen ihnen zu Gesicht –

GÖTZ. Wie dem Schwein das Halsband. Ich möchte Georgen und Franzen geschlossen sehn!

ELISABETH. Es wäre ein Anblick, um Engel weinen zu machen.

GÖTZ. Ich wollt nicht weinen. Ich wollte die Zähne zusammenbeißen und an meinem Grimm kauen. In Ketten meine Augäpfel! Ihr lieben Jungen, hättet ihr mich nicht geliebt! – Ich würde mich nicht satt an ihnen sehen können. – Im Namen des Kaisers ihr Wort nicht zu halten!

ELISABETH. Entschlagt Euch dieser Gedanken! Bedenkt, daß Ihr vor den Räten erscheinen sollt. Ihr seid nicht gestellt, ihnen wohl zu begegnen, und ich fürchte alles.

GÖTZ. Was wollen sie mir anhaben?

ELISABETH. Der Gerichtsbote!

GÖTZ. Esel der Gerechtigkeit! Schleppt ihre Säcke zur Mühle, und ihren Kehrig aufs Feld. Was gibt's?

Gerichtsdiener kommt.

GERICHTSDIENER. Die Herren Commissarii sind auf dem Rathause versammelt, und schicken nach Euch.

GÖTZ. Ich komme.

GERICHTSDIENER. Ich werde Euch begleiten.

GÖTZ. Viel Ehre.

ELISABETH. Mäßigt Euch!

GÖTZ. Sei außer Sorgen. Ab.

## RATHAUS

Kaiserliche Räte. Hauptmann. Ratsherrn von Heilbronn.

RATSHERR. Wir haben auf Euren Befehl die stärksten und tapfersten Bürger versammelt; sie warten hier in der Nähe auf Euren Wink, um sich Berlichingens zu bemeistern.

ERSTER RAT. Wir werden Ihro Kaiserlichen Majestät Eure Bereitwilligkeit, Ihrem höchsten Befehl zu gehorchen, mit vielem Vergnügen zu rühmen wissen. – Es sind Handwerker?

RATSHERR. Schmiede, Weinschröter, Zimmerleute, Männer mit geübten Fäusten und hier wohlbeschlagen. Auf die Brust deutend.

RAT. Wohl.

Gerichtsdiener kommt.

GERICHTSDIENER. Götz von Berlichingen wartet vor der Tür.

RAT. Laßt ihn herein!

Götz kommt.

GÖTZ. Gott grüß Euch, Ihr Herrn, was wollt Ihr von mir?

RAT. Zuerst, daß ihr bedenkt: wo Ihr seid? und vor wem?

GÖTZ. Bei meinem Eid, ich verkenn Euch nicht, meine Herrn.

RAT. Ihr tut Eure Schuldigkeit.

GÖTZ. Von ganzem Herzen.

RAT. Setzt Euch.

GÖTZ. Da unten hin? Ich kann stehn. Das Stühlchen riecht so nach armen Sündern, wie überhaupt die ganze Stube.

RAT. So steht!

GÖTZ. Zur Sache, wenn's gefällig ist.

RAT. Wir werden in der Ordnung verfahren.

GÖTZ. Bin's wohl zufrieden, wollt, es wär von jeher geschehen.

RAT. Ihr wißt, wie Ihr auf Gnad und Ungnad in unsere Hände kamt.

GÖTZ. Was gebt Ihr mir, wenn ich's vergesse?

RAT. Wenn ich Euch Bescheidenheit geben könnte, würd ich Eure Sache gut machen.

GÖTZ. Gut machen! Wenn Ihr das könntet! Dazu gehört freilich mehr als zum Verderben.

SCHREIBER. Soll ich das alles protokollieren?

RAT. Was zur Handlung gehört.

GÖTZ. Meinetwegen dürft Ihrs' drucken lassen.

RAT. Ihr wart in der Gewalt des Kaisers, dessen väterliche Gnade an den Platz der majestätischen Gerechtigkeit trat, Euch anstatt eines Kerkers Heilbronn, eine seiner geliebten Städte, zum Aufenthalt anwies. Ihr verspracht mit einem Eid, Euch, wie es einem Ritter geziemt, zu stellen und das Weitere demütig zu erwarten.

GÖTZ. Wohl, und ich bin hier und warte.

RAT. Und wir sind hier, Euch Ihro Kaiserlichen Majestät Gnade und Huld zu verkündigen. Sie verzeiht Euch Eure Übertretungen, spricht Euch von der Acht und aller wohlverdienten Strafe los, welches Ihr mit untertänigem Dank erkennen und dagegen die Urfehde abschwören werdet, welche Euch hiermit vorgelesen werden soll.

GÖTZ. Ich bin Ihro Majestät treuer Knecht wie immer. Noch ein Wort, eh Ihr weiter geht: Meine Leute, wo sind die? Was soll mit ihnen werden?

RAT. Das geht Euch nichts an.

GÖTZ. So wende der Kaiser sein Angesicht von Euch, wenn ihr in Not steckt! Sie waren meine Gesellen, und sind's. Wo habt ihr sie hingebracht?

RAT. Wir sind Euch davon keine Rechnung schuldig.

GÖTZ. Ah! Ich dachte nicht, daß ihr nicht einmal zu dem verbunden seid, was ihr versprecht, geschweige –

RAT. Unsere Kommission ist, Euch die Urfehde vorzulegen. Unterwerft Euch dem Kaiser, und Ihr werdet einen Weg finden, um Eurer Gesellen Leben und Freiheit zu flehen.

GÖTZ. Euren Zettel!

RAT. Schreiber, leset!

SCHREIBER. „Ich Götz von Berlichingen bekenne öffentlich durch diesen Brief: daß, da ich mich neulich gegen Kaiser und Reich rebellischer Weise aufgelehnt" –

GÖTZ. Das ist nicht wahr. Ich bin kein Rebell, habe gegen Ihro Kaiserliche Majestät nichts verbrochen, und das Reich geht mich nichts an.

RAT. Mäßigt Euch und hört weiter!

GÖTZ. Ich will nichts weiter hören. Tret einer auf und zeuge! Hab ich wider den Kaiser, wider das Haus Österreich nur einen Schritt getan? Hab ich nicht von jeher durch alle Handlungen gewiesen, daß ich besser als einer fühle, was Deutschland seinem Regenten schuldig ist? und besonders, was die Kleinen, die Ritter und Freien, ihrem Kaiser schuldig sind? Ich müßte ein Schurke sein, wenn ich mich könnte bereden lassen, das zu unterschreiben.

RAT. Und doch haben wir gemessene Ordre, Euch in der Güte zu überreden, oder im Entstehungsfall Euch in den Turn zu werfen.

GÖTZ. In Turn! Mich!

RAT. Und daselbst könnt Ihr Euer Schicksal von der Gerechtigkeit erwarten, wenn Ihr es nicht aus den Händen der Gnade empfangen wollt.

GÖTZ. In Turn! Ihr mißbraucht die Kaiserliche Gewalt. In Turn! Das ist sein Befehl nicht. Was! mir erst, die Verräter! eine Falle zu stellen, und ihren Eid, ihr ritterlich Wort zum Speck drin aufzuhängen! Mir dann ritterlich Gefängnis zusagen, und die Zusage wieder brechen.

RAT. Einem Räuber sind wir keine Treue schuldig.

GÖTZ. Trügst du nicht das Ebenbild des Kaisers, das ich in dem gesudeltsten Konterfei verehre, du solltest mir den Räuber fressen oder dran erwürgen! Ich bin in einer ehrlichen Fehd begriffen. Du könntest Gott danken und dich vor der Welt groß machen, wenn du in deinem Leben eine so edle Tat getan hättest, wie die ist, um welcher willen ich gefangen sitze.

Rat winkt dem Ratsherrn, der zieht die Schelle.

GÖTZ. Nicht um des leidigen Gewinsts willen, nicht um Land und Leute unbewehrten Kleinen wegzukapern, bin ich ausgezogen. Meinen Jungen zu befreien, und mich meiner Haut zu wehren! Seht ihr was Unrechtes dran? Kaiser und Reich hätten unsere Not nicht in ihrem Kopfkissen gefühlt. Ich habe Gott sei Dank noch eine Hand, und habe wohlgetan, sie zu brauchen.

Bürger treten herein, Stangen in der Hand, Wehren an der Seite.

GÖTZ. Was soll das?

RAT. Ihr wollt nicht hören. Fangt ihn!

GÖTZ. Ist das die Meinung? Wer kein ungrischer Ochs ist, komm mir nicht zu nah! Er soll von dieser meiner rechten eisernen Hand eine solche Ohrfeige kriegen, die ihm Kopfweh, Zahnweh und alles Weh der Erden aus dem Grund kurieren soll. Sie machen sich an ihn, er schlägt den einen zu Boden und reißt einem andern die Wehre von der Seite, sie weichen. Kommt! Kommt! Es wäre mir angenehm, den Tapfersten unter euch kennen zu lernen.

RAT. Gebt Euch!

GÖTZ. Mit dem Schwert in der Hand! Wißt Ihr, daß es jetzt nur an mir läge, mich durch alle diese Hasenjäger durchzuschlagen und das weite Feld zu gewinnen? Aber ich will Euch lehren, wie man Wort hält. Versprecht mir ritterlich Gefängnis, und ich gebe mein Schwert weg und bin wie vorher Euer Gefangener.

RAT. Mit dem Schwert in der Hand wollt Ihr mit dem Kaiser rechten?

GÖTZ. Behüte Gott! Nur mit Euch und Eurer edlen Kompagnie. – Ihr könnt nach Hause gehn, gute Leute. Für die Versäumnis kriegt ihr nichts, und zu holen ist hier nichts als Beulen.

RAT. Greift ihn! Gibt euch eure Liebe zu eurem Kaiser nicht mehr Mut?

GÖTZ. Nicht mehr, als ihnen der Kaiser Pflaster gibt, die Wunden zu heilen, die sich ihr Mut holen könnte.

Gerichtsdiener kommt.

GERICHTSDIENER. Eben ruft der Türner: es zieht ein Trupp von mehr als zweihunderten nach der Stadt zu. Unversehens sind sie hinter der Weinhöhe hervorgedrungen und drohen unsern Mauern.

RATSHERR. Weh uns! was ist das?

Wache kommt.

WACHE. Franz von Sickingen hält vor dem Schlag und läßt Euch sagen: er habe gehört, wie unwürdig man seinem Schwager bundbrüchig geworden sei, wie die Herrn von Heilbronn allen Vorschub täten. Er verlange Rechenschaft, sonst wolle er binnen einer Stunde die Stadt an vier Ecken anzünden und sie der Plünderung preisgeben.

GÖTZ. Braver Schwager!

RAT. Tretet ab, Götz! – Was ist zu tun?

RATSHERR. Habt Mitleiden mit uns und unserer Bürgerschaft! Sickingen ist unbändig in seinem Zorn, er ist Mann, es zu halten.

RAT. Sollen wir uns und dem Kaiser die Gerechtsame vergeben?

HAUPTMANN. Wenn wir nur Leute hätten, sie zu behaupten.

So aber könnten wir umkommen, und die Sache wär nur desto schlimmer. Wir gewinnen im Nachgeben.

RATSHERR. Wir wollen Götzen ansprechen, für uns ein gut Wort einzulegen. Mir ist's, als wenn ich die Stadt schon in Flammen sähe.

RAT. Laßt Götzen herein!

GÖTZ. Was soll's?

RAT. Du würdest wohltun, deinen Schwager von seinem rebellischen Vorhaben abzumahnen. Anstatt dich vom Verderben zu retten, stürzt er dich tiefer hinein, indem er sich zu deinem Falle gesellt.

GÖTZ sieht Elisabeth an der Tür, heimlich zu ihr. Geh hin! Sag ihm: er soll unverzüglich hereinbrechen, soll hieher kommen, nur der Stadt kein Leids tun. Wenn sich die Schurken hier widersetzen, soll er Gewalt brauchen. Es liegt mir nichts dran umzukommen, wenn sie nur alle mit erstochen werden.

## EIN GROSSER SAAL AUF DEM RATHAUS

Sickingen. Götz.

Das ganze Rathaus ist mit Sickingens Reitern besetzt.

GÖTZ. Das war Hülfe vom Himmel! Wie kommst du so erwünscht und unvermutet, Schwager?

SICKINGEN. Ohne Zauberei. Ich hatte zwei, drei Boten ausgeschickt, zu hören, wie dir's ginge. Auf die Nachricht von ihrem Meineid macht ich mich auf den Weg. Nun haben wir sie.

GÖTZ. Ich verlange nichts als ritterliche Haft.

SICKINGEN. Du bist zu ehrlich. Dich nicht einmal des Vorteils zu bedienen, den der Rechtschaffene über den Meineidigen hat! Sie sitzen im Unrecht, wir wollen ihnen keine Kissen unterlegen. Sie haben die Befehle des Kaisers schändlich mißbraucht. Und wie ich Ihro Majestät kenne, darfst du sicher auf mehr dringen. Es ist zu wenig.

GÖTZ. Ich bin von jeher mit wenigem zufrieden gewesen.

SICKINGEN. Und bist von jeher zu kurz gekommen. Meine Meinung ist: Sie sollen deine Knechte aus dem Gefängnis und dich zusamt ihnen auf deinen Eid nach deiner Burg ziehen lassen. Du magst versprechen, nicht aus deiner Terminei zu gehen, und wirst immer besser sein als hier.

GÖTZ. Sie werden sagen: meine Güter seien dem Kaiser heimgefallen.

SICKINGEN. So sagen wir: du wolltest zur Miete drin wohnen, bis sie dir der Kaiser wieder zu Lehn gäbe. Laß sie sich wenden wie Aale in der Reuse, sie sollen uns nicht entschlüpfen. Sie werden von Kaiserlicher Majestät reden, von ihrem Auftrag. Das kann uns einerlei sein. Ich kenne den Kaiser auch und gelte was bei ihm. Er hat immer gewünscht, dich unter seinem Heer zu haben. Du wirst nicht lang auf deinem Schlosse sitzen, so wirst du aufgerufen werden.

GÖTZ. Wollte Gott bald, eh ich's Fechten verlerne.

SICKINGEN. Der Mut verlernt sich nicht, wie er sich nicht lernt. Sorge für nichts! Wenn deine Sachen in der Ordnung sind, geh ich nach Hof, denn meine Unternehmung fängt an reif zu werden. Günstige Aspekten deuten mir: Brich auf! Es ist mir nichts übrig, als die Gesinnung des Kaisers zu sondieren. Trier und Pfalz vermuten eher des Himmels Einfall, als daß ich ihnen übern Kopf kommen werde. Und ich will kommen wie ein Hagelwetter! Und wenn wir unser Schicksal machen können, so sollst du bald der Schwager eines Kurfürsten sein. Ich hoffte auf deine Faust bei dieser Unternehmung.

GÖTZ *besieht seine Hand.* O! das deutete der Traum, den ich hatte, als ich tags drauf Marien an Weislingen versprach. Er sagte mir Treu zu, und hielt meine rechte Hand so fest, daß sie aus den Armschienen ging, wie abgebrochen. Ach! Ich bin in diesem Augenblick wehrloser, als ich war, da sie mir abgeschossen wurde. Weislingen! Weislingen!

SICKINGEN. Vergiß einen Verräter! Wir wollen seine Anschläge vernichten, sein Ansehn untergraben, und Gewissen und Schande sollen ihn zu Tode fressen. Ich seh, ich seh im Geist meine Feinde, deine Feinde niedergestürzt. Götz, nur noch ein halb Jahr!

GÖTZ. Deine Seele fliegt hoch. Ich weiß nicht, seit einiger Zeit wollen sich in der meinigen keine fröhliche Aussichten eröffnen. – Ich war schon mehr im Unglück, schon einmal gefangen, und so wie mir's jetzt ist, war mir's niemals.

SICKINGEN. Glück macht Mut. Kommt zu den Perücken! Sie haben lang genug den Vortrag gehabt, laß uns einmal die Müh übernehmen. *Ab.*

## ADELHEIDENS SCHLOSS

Adelheid. Weislingen.

ADELHEID. Das ist verhaßt!

WEISLINGEN. Ich hab die Zähne zusammengebissen. Ein so schöner Anschlag, so glücklich vollführt, und am Ende ihn auf sein Schloß zu lassen! Der verdammte Sickingen!

ADELHEID. Sie hätten's nicht tun sollen.

WEISLINGEN. Sie saßen fest. Was konnten sie machen? Sikkingen drohte mit Feuer und Schwert, der hochmütige jähzornige Mann! Ich haß ihn. Sein Ansehn nimmt zu wie ein Strom, der nur einmal ein paar Bäche gefressen hat, die übrigen folgen von selbst.

ADELHEID. Hatten sie keinen Kaiser?

WEISLINGEN. Liebe Frau! Er ist nur der Schatten davon, er wird alt und mißmutig. Wie er hörte, was geschehen war, und ich nebst den übrigen Regimentsräten eiferte, sagte er: Laßt ihnen Ruh! Ich kann dem alten Götz wohl das Plätzchen gönnen, und wenn er da still ist, was habt ihr über ihn zu klagen? Wir redeten vom Wohl des Staats. O! sagt er, hätt ich von jeher Räte gehabt, die meinen unruhigen Geist mehr auf das Glück einzelner Menschen gewiesen hätten!

ADELHEID. Er verliert den Geist eines Regenten.

WEISLINGEN. Wir zogen auf Sickingen los. – Er ist mein treuer Diener, sagt er; hat er's nicht auf meinen Befehl getan, so tat er doch besser meinen Willen als meine Bevollmächtigten, und ich kann's gutheißen, vor oder nach.

ADELHEID. Man möchte sich zerreißen.

WEISLINGEN. Ich habe deswegen noch nicht alle Hoffnung aufgegeben. Er ist auf sein ritterlich Wort auf sein Schloß gelassen, sich da still zu halten. Das ist ihm unmöglich; wir wollen bald eine Ursach wider ihn haben.

ADELHEID. Und desto eher, da wir hoffen können, der Kaiser

werde bald aus der Welt gehn, und Karl, sein trefflicher Nachfolger, majestätischere Gesinnungen verspricht.

WEISLINGEN. Karl? Er ist noch weder gewählt noch gekrönt.

ADELHEID. Wer wünscht und hofft es nicht?

WEISLINGEN. Du hast einen großen Begriff von seinen Eigenschaften; fast sollte man denken, du sähst sie mit andern Augen.

ADELHEID. Du beleidigst mich, Weislingen. Kennst du mich für das?

WEISLINGEN. Ich sagte nichts, dich zu beleidigen. Aber schweigen kann ich nicht dazu. Karls ungewöhnliche Aufmerksamkeit für dich beunruhigt mich.

ADELHEID. Und mein Betragen?

WEISLINGEN. Du bist ein Weib. Ihr haßt keinen, der euch hofiert.

ADELHEID. Aber ihr?

WEISLINGEN. Es frißt mich am Herzen, der fürchterliche Gedanke! Adelheid!

ADELHEID. Kann ich deine Torheit kurieren?

WEISLINGEN. Wenn du wolltest! Du könntest dich vom Hof entfernen.

ADELHEID. Sage Mittel und Art! Bist du nicht bei Hofe? Soll ich dich lassen und meine Freunde, um auf meinem Schloß mich mit den Uhus zu unterhalten? Nein, Weislingen, daraus wird nichts. Beruhige dich, du weißt, wie ich dich liebe.

WEISLINGEN. Der heilige Anker in diesem Sturm, solang der Strick nicht reißt. Ab.

ADELHEID. Fängst du's so an! Das fehlte noch. Die Unternehmungen meines Busens sind zu groß, als daß du ihnen im Wege stehen solltest. Karl! Großer trefflicher Mann, und Kaiser dereinst! und sollte er der einzige sein unter den Männern, den der Besitz meiner Gunst nicht schmeichelte? Weislingen, denke nicht mich zu hindern, sonst mußt du in den Boden, mein Weg geht über dich hin.

Franz kommt mit einem Brief.

FRANZ. Hier, gnädige Frau.

ADELHEID. Gab dir Karl ihn selbst?

FRANZ. Ja.

ADELHEID. Was hast du? Du siehst so kummervoll.

FRANZ. Es ist Euer Wille, daß ich mich tot schmachten soll; in den Jahren der Hoffnung macht Ihr mich verzweifeln.

ADELHEID. Er dauert mich – und wie wenig kostet's mich, ihn glücklich zu machen! Sei gutes Muts, Junge! Ich fühle deine Lieb und Treu und werde nie unerkenntlich sein.

FRANZ *beklemmt.* Wenn Ihr das fähig wärt, ich müßte vergehn. Mein Gott, ich habe keinen Blutstropfen in mir, der nicht Euer wäre, keinen Sinn als Euch zu lieben und zu tun, was Euch gefällt!

ADELHEID. Lieber Junge!

FRANZ. Ihr schmeichelt mir. *In Tränen ausbrechend.* Wenn diese Ergebenheit nichts mehr verdient, als andere sich vorgezogen zu sehn, als Eure Gedanken alle nach dem Karl gerichtet zu sehn –

ADELHEID. Du weißt nicht, was du willst, noch weniger, was du redst.

FRANZ *vor Verdruß und Zorn mit dem Fuß stampfend.* Ich will auch nicht mehr! Will nicht mehr den Unterhändler abgeben.

ADELHEID. Franz! Du vergißt dich.

FRANZ. Mich aufzuopfern! Meinen lieben Herrn!

ADELHEID. Geh mir aus dem Gesicht!

FRANZ. Gnädige Frau!

ADELHEID. Geh, entdecke deinem lieben Herrn mein Geheimnis! Ich war die Närrin, dich für was zu halten, das du nicht bist.

FRANZ. Liebe gnädige Frau, Ihr wißt, daß ich Euch liebe.

ADELHEID. Und du warst mein Freund, meinem Herzen so nahe. Geh, verrat mich!

FRANZ. Eher wollt ich mir das Herz aus dem Leibe reißen! Verzeiht mir, gnädige Frau! Mein Herz ist zu voll, meine Sinnen halten's nicht aus.

ADELHEID. Lieber warmer Junge! *Sie faßt ihn bei den Händen, zieht ihn zu sich, und ihre Küsse begegnen einander; er fällt ihr weinend um den Hals.*

ADELHEID. Laß mich!

FRANZ *erstickend in Tränen an ihrem Hals.* Gott! Gott!

ADELHEID. Laß mich, die Mauern sind Verräter. Laß mich!

Sie macht sich los. Wanke nicht von deiner Lieb und Treu, und der schönste Lohn soll dir werden. Ab.

FRANZ. Der schönste Lohn! Nur bis dahin laß mich leben! Ich wollte meinen Vater ermorden, der mir diesen Platz streitig machte.

## JAXTHAUSEN

Götz an einem Tisch. Elisabeth bei ihm mit der Arbeit; es steht ein Licht auf dem Tisch und Schreibzeug.

GÖTZ. Der Müßiggang will mir gar nicht schmecken, und meine Beschränkung wird mir von Tag zu Tag enger; ich wollt, ich könnt schlafen, oder mir nur einbilden, die Ruhe sei was Angenehmes.

ELISABETH. So schreib doch deine Geschichte aus, die du angefangen hast. Gib deinen Freunden ein Zeugnis in die Hand, deine Feinde zu beschämen; verschaff einer edlen Nachkommenschaft die Freude, dich nicht zu verkennen.

GÖTZ. Ach! Schreiben ist geschäftiger Müßiggang, es kommt mir sauer an. Indem ich schreibe, was ich getan, ärger ich mich über den Verlust der Zeit, in der ich etwas tun könnte.

ELISABETH nimmt die Schrift. Sei nicht wunderlich! Du bist eben an deiner ersten Gefangenschaft in Heilbronn.

GÖTZ. Das war mir von jeher ein fataler Ort.

ELISABETH liest. „Da waren selbst einige von den Bündischen, die zu mir sagten: ich habe törig getan, mich meinen ärgsten Feinden zu stellen, da ich doch vermuten konnte, sie würden nicht glimpflich mit mir umgehn; da antwortet ich:“ Nun, was antwortetest du? Schreibe weiter.

GÖTZ. Ich sagte: Setz ich so oft meine Haut an anderer Gut und Geld, sollt ich sie nicht an mein Wort setzen?

ELISABETH. Diesen Ruf hast du.

GÖTZ. Den sollen sie mir nicht nehmen! Sie haben mir alles genommen, Gut, Freiheit –

ELISABETH. Es fällt in die Zeiten, wie ich die von Miltenberg und Singlingen in der Wirtstube fand, die mich nicht kannten. Da hatt ich eine Freude, als wenn ich einen Sohn geboren hätte. Sie rühmten dich untereinander und sagten:

Er ist das Muster eines Ritters, tapfer und edel in seiner Freiheit, und gelassen und treu im Unglück.

GÖTZ. Sie sollen mir einen stellen, dem ich mein Wort gebrochen! Und Gott weiß, daß ich mehr geschwitzt hab, meinem Nächsten zu dienen, als mir, daß ich um den Namen eines tapfern und treuen Ritters gearbeitet habe, nicht um hohe Reichtümer und Rang zu gewinnen. Und Gott sei Dank, worum ich warb, ist mir worden.

Lerse. Georg mit Wildpret.

GÖTZ. Glück zu, brave Jäger!

GEORG. Das sind wir aus braven Reitern geworden. Aus Stiefeln machen sich leicht Pantoffeln.

LERSE. Die Jagd ist doch immer was, und eine Art von Krieg.

GEORG. Wenn man nur hierzulande nicht immer mit Reichsknechten zu tun hätte! Wißt Ihr, gnädiger Herr, wie Ihr uns prophezeitet: wenn sich die Welt umkehrte, würden wir Jäger werden. Da sind wir's ohne das.

GÖTZ. Es kommt auf eins hinaus, wir sind aus unserm Kreise gerückt.

GEORG. Es sind bedenkliche Zeiten. Schon seit acht Tagen läßt sich ein fürchterlicher Komet sehen, und ganz Deutschland ist in Angst, es bedeute den Tod des Kaisers, der sehr krank ist.

GÖTZ. Sehr krank! Unsere Bahn geht zu Ende.

LERSE. Und hier in der Nähe gibt's noch schrecklichere Veränderungen. Die Bauern haben einen entsetzlichen Aufstand erregt.

GÖTZ. Wo?

LERSE. Im Herzen von Schwaben. Sie sengen, brennen und morden. Ich fürchte, sie verheeren das ganze Land.

GEORG. Einen fürchterlichen Krieg gibt's. Es sind schon an die hundert Ortschaften aufgestanden, und täglich mehr. Der Sturmwind neulich hat ganze Wälder ausgerissen, und kurz darauf hat man in der Gegend, wo der Aufstand begonnen, zwei feurige Schwerter kreuzweis in der Luft gesehen.

GÖTZ. Da leiden von meinen guten Herrn und Freunden gewiß unschuldig mit!

GEORG. Schade, daß wir nicht reiten dürfen!

# FÜNFTER AKT

## BAUERNKRIEG.

## TUMULT IN EINEM DORF UND PLÜNDERUNG

Weiber und Alte mit Kindern und Gepäcke. Flucht.

ALTER. Fort! fort! daß wir den Mordhunden entgehen.

WEIB. Heiliger Gott, wie blutrot der Himmel ist, die untergehende Sonne blutrot!

MUTTER. Das bedeut Feuer.

WEIB. Mein Mann! Mein Mann!

ALTER. Fort! fort! in Wald! Ziehen vorbei.

Link.

LINK. Was sich widersetzt, niedergestochen! Das Dorf ist unser. Daß von Früchten nichts umkommt, nichts zurückbleibt. Plündert rein aus und schnell! Wir zünden gleich an.

Metzler vom Hügel herunter gelaufen.

METZLER. Wie geht's euch, Link?

LINK. Drunter und drüber, siehst du, du kommst zum Kehraus. Woher?

METZLER. Von Weinsberg. Da war ein Fest!

LINK. Wie?

METZLER. Wir haben sie zusammengestochen, daß eine Lust war.

LINK. Wen alles?

METZLER. Dietrich von Weiler tanzte vor. Der Fratz! Wir waren mit hellem wütigem Hauf herum, und er oben auf'm Kirchturn wollt gütlich mit uns handeln. Paff! Schoß ihn einer vor'n Kopf. Wir hinauf wie Wetter, und zum Fenster herunter mit dem Kerl.

LINK. Ah!

METZLER zu den Bauern. Ihr Hund, soll ich euch Bein machen! Wie sie haudern und trenteln, die Esel!

LINK. Brennt an! sie mögen drin braten! Fort! Fahrt zu, ihr Schlingel!

METZLER. Darnach führten wir heraus den Helfenstein, den Eltershofen, an die dreizehn von Adel, zusammen auf achtzig. Herausgeführt auf die Ebne gegen Heilbronn. Das war ein Jubilieren und ein Tumultuieren von den Unsrigen, wie die lange Reih arme reiche Sünder daherzog, einander anstarrten, und Erd und Himmel! Umringt waren sie, ehe sie sich's versahen, und alle mit Spießen niedergestochen.

LINK. Daß ich nicht dabei war!

METZLER. Hab mein Tag so kein Gaudium gehabt.

LINK. Fahrt zu! Heraus!

BAUER. Alles ist leer.

LINK. So brennt an allen Ecken!

METZLER. Wird ein hübsch Feuerchen geben. Siehst du, wie die Kerls übereinander purzelten und quiekten wie die Frösche! Es lief mir so warm übers Herz wie ein Glas Branntwein. Da war ein Rixinger; wenn der Kerl sonst auf die Jagd ritt, mit dem Federbusch und weiten Naslöchern, und uns vor sich hertrieb mit den Hunden und wie die Hunde. Ich hatt ihn die Zeit nicht gesehen, sein Fratzengesicht fiel mir recht auf. Hasch! den Spieß ihm zwischen die Rippen, da lag er, streckt alle vier über seine Gesellen. Wie die Hasen beim Treibjagen zuckten die Kerls übereinander.

LINK. Raucht schon brav.

METZLER. Dort hinten brennt's. Laß uns mit der Beute gelassen zu dem großen Haufen ziehen!

LINK. Wo hält er?

METZLER. Von Heilbronn hieher zu. Sie sind um einen Hauptmann verlegen, vor dem alles Volk Respekt hätt. Denn wir sind doch nur ihresgleichen, das fühlen sie und werden schwürig.

LINK. Wen meinen sie?

METZLER. Max Stumpf oder Götz von Berlichingen.

LINK. Das wär gut, gäb auch der Sache einen Schein, wenn's der Götz tät; er hat immer für einen rechtschaffnen Ritter gegolten. Auf! Auf! Wir ziehen nach Heilbronn zu. Ruft's herum!

METZLER. Das Feuer leucht uns noch eine gute Strecke. Hast du den großen Kometen gesehen?

LINK. Ja. Das ist ein grausam erschrecklich Zeichen! Wenn wir die Nacht durch ziehen, können wir ihn recht sehn. Er geht gegen eins auf.

METZLER. Und bleibt nur fünf Viertelstunden. Wie ein gebogner Arm mit einem Schwert sieht er aus, so blutgelbrot.

LINK. Hast du die drei Stern gesehen an des Schwerts Spitze und Seite?

METZLER. Und der breite wolkenfärbige Streif, mit tausend und tausend Striemen wie Spieß, und dazwischen wie kleine Schwerter.

LINK. Mir hat's gegraust. Wie das alles so bleichrot, und darunter viel feurige helle Flammen, und dazwischen die grausamen Gesichter mit rauchen Häuptern und Bärten!

METZLER. Hast du die auch gesehen? Und das zwitzert alles so durcheinander, als läg's in einem blutigen Meere, und arbeitet durcheinander, daß einem die Sinne vergehn!

LINK. Auf! Auf! Ab.

## FELD

Man sieht in der Ferne zwei Dörfer brennen und ein Kloster.

Kohl. Wild. Max Stumpf. Haufen.

MAX STUMPF. Ihr könnt nicht verlangen, daß ich euer Hauptmann sein soll. Für mich und euch wär's nichts nütze. Ich bin Pfalzgräfischer Diener; wie sollt ich gegen meinen Herrn führen? Ihr würdet immer wähnen, ich tät nicht von Herzen.

KOHL. Wußten wohl, du würdest Entschuldigung finden.

Götz, Lerse, Georg kommen.

GÖTZ. Was wollt ihr mit mir?

KOHL. Ihr sollt unser Hauptmann sein.

GÖTZ. Soll ich mein ritterlich Wort dem Kaiser brechen und aus meinem Bann gehen?

WILD. Das ist keine Entschuldigung.

GÖTZ. Und wenn ich ganz frei wäre, und ihr wollt handeln wie bei Weinsberg an den Edeln und Herrn, und so forthausen, wie ringsherum das Land brennt und blutet, und ich sollt euch behülflich sein zu euerm schändlich rasenden Wesen – eher sollt ihr mich totschlagen wie einen wütigen Hund, als daß ich euer Haupt würde!

KOHL. Wäre das nicht geschehen, es geschähe vielleicht nimmermehr.

STUMPF. Das war eben das Unglück, daß sie keinen Führer hatten, den sie geehrt, und der ihrer Wut Einhalt tun können.

Nimm die Hauptmannschaft an, ich bitte dich, Götz! Die Fürsten werden dir Dank wissen, ganz Deutschland. Es wird zum Besten und Frommen aller sein. Menschen und Länder werden geschont werden.

GÖTZ. Warum übernimmst du's nicht?

STUMPF. Ich hab mich von ihnen losgesagt.

KOHL. Wir haben nicht Sattelhenkens Zeit und langer unnötiger Diskurse. Kurz und gut. Götz, sei unser Hauptmann, oder sieh zu deinem Schloß und deiner Haut! Und hiermit zwei Stunden Bedenkzeit. Bewacht ihn!

GÖTZ. Was braucht's das! Ich bin so gut entschlossen – jetzt als darnach. Warum seid ihr ausgezogen? Eure Rechte und Freiheiten wiederzuerlangen? Was wütet ihr und verderbt das Land! Wollt ihr abstehen von allen Übeltaten, und handeln als wackere Leute, die wissen, was sie wollen, so will ich euch behülflich sein zu euren Forderungen, und auf acht Tag euer Hauptmann sein.

WILD. Was geschehen ist, ist in der ersten Hitz geschehen, und braucht's deiner nicht, uns künftig zu hindern.

KOHL. Auf ein Vierteljahr wenigstens mußt du uns zusagen.

STUMPF. Macht vier Wochen, damit könnt ihr beide zufrieden sein.

GÖTZ. Meinetwegen.

KOHL. Eure Hand!

GÖTZ. Und gelobt mir, den Vertrag, den ihr mit mir gemacht, schriftlich an alle Haufen zu senden, ihm bei Strafe streng nachzukommen.

WILD. Nun ja! Soll geschehen.

GÖTZ. So verbind ich mich euch auf vier Wochen.

STUMPF. Glück zu! Was du tust, schon unsern gnädigen Herrn, den Pfalzgrafen!

KOHL *leise.* Bewacht ihn! Daß niemand mit ihm rede außer eurer Gegenwart.

GÖTZ. Lerse! Kehr zu meiner Frau! Steh ihr bei! Sie soll bald Nachricht von mir haben.

*Götz, Stumpf, Georg, Lerse, einige Bauern ab.*

*Metzler, Link kommen.*

METZLER. Was hören wir von einem Vertrag? Was soll der Vertrag?

LINK. Es ist schändlich, so einen Vertrag einzugehen.

KOHL. Wir wissen so gut, was wir wollen, als ihr, und haben zu tun und zu lassen.

WILD. Das Rasen und Brennen und Morden mußte doch einmal aufhören, heut oder morgen; so haben wir noch einen braven Hauptmann dazu gewonnen.

METZLER. Was aufhören! Du Verräter! Warum sind wir da? Uns an unsern Feinden zu rächen, uns emporzuhelfen! – Das hat euch ein Fürstenknecht geraten.

KOHL. Komm, Wild, er ist wie ein Vieh. Ab.

METZLER. Geht nur! Wird euch kein Haufen zustehn. Die Schurken! Link, wir wollen die andern aufhetzen, Miltenberg dort drüben anzünden, und wenn's Händel setzt wegen des Vertrags, schlagen wir den Verträgern zusammen die Köpf ab.

LINK. Wir haben doch den großen Haufen auf unsrer Seite.

## BERG UND TAL. EINE MÜHLE IN DER TIEFE

Ein Trupp Reiter. Weislingen kommt aus der Mühle mit Franzen und einem Boten.

WEISLINGEN. Mein Pferd! – Ihr habt's den andern Herrn auch angesagt?

BOTE. Wenigstens sieben Fähnlein werden mit Euch eintreffen, im Wald hinter Miltenberg. Die Bauern ziehen unten herum. Überall sind Boten ausgeschickt, der ganze Bund wird in kurzem beisammensein. Fehlen kann's nicht; man sagt, es sei Zwist unter ihnen.

WEISLINGEN. Desto besser! – Franz!

FRANZ. Gnädiger Herr?

WEISLINGEN. Richt es pünktlich aus! Ich bind es dir auf deine Seele. Gib ihr den Brief. Sie soll vom Hof auf mein Schloß! Sogleich! Du sollst sie abreisen sehn, und mir's dann melden.

FRANZ. Soll geschehen, wie Ihr befehlt.

WEISLINGEN. Sag ihr, sie soll wollen. Zum Boten. Führt uns nun den nächsten und besten Weg.

BOTE. Wir müssen umziehen. Die Wasser sind von den entsetzlichen Regen alle ausgetreten.

## JAXTHAUSEN

Elisabeth. Lerse.

Lerse. Tröstet Euch, gnädge Frau!

Elisabeth. Ach, Lerse, die Tränen stunden ihm in den Augen, wie er Abschied von mir nahm. Es ist grausam, grausam!

Lerse. Er wird zurückkehren.

Elisabeth. Es ist nicht das. Wenn er auszog, rühmlichen Sieg zu erwerben, da war mir's nicht weh ums Herz. Ich freute mich auf seine Rückkunft, vor der mir jetzt bang ist.

Lerse. Ein so edler Mann! –

Elisabeth. Nenn ihn nicht so, das macht neu Elend. Die Bösewichter! Sie drohten, ihn zu ermorden und sein Schloß anzuzünden. – Wenn er wiederkommen wird – ich seh ihn finster, finster. Seine Feinde werden lügenhafte Klagartikel schmieden, und er wird nicht sagen können: Nein!

Lerse. Er wird und kann.

Elisabeth. Er hat seinen Bann gebrochen. Sag nein!

Lerse. Nein! Er ward gezwungen; wo ist der Grund, ihn zu verdammen?

Elisabeth. Die Bosheit sucht keine Gründe, nur Ursachen. Er hat sich zu Rebellen, Missetätern, Mördern gesellt, ist an ihrer Spitze gezogen. Sage nein!

Lerse. Laßt ab, Euch zu quälen und mich. Haben sie ihm nicht feierlich zugesagt, keine Tathandlung mehr zu unternehmen, wie die bei Weinsberg? Hört ich sie nicht selbst halbreuig sagen: wenn's nicht geschehen wär, geschäh's vielleicht nie? Müßten nicht Fürsten und Herrn ihm Dank wissen, wenn er freiwillig Führer eines unbändigen Volks geworden wäre, um ihrer Raserei Einhalt zu tun und so viel Menschen und Besitztümer zu schonen?

Elisabeth. Du bist ein liebevoller Advokat. – Wenn sie ihn gefangennähmen, als Rebell behandelten, und sein graues Haupt – Lerse, ich möchte von Sinnen kommen!

Lerse. Sende ihrem Körper Schlaf, lieber Vater der Menschen, wenn du ihrer Seele keinen Trost geben willst!

Elisabeth. Georg hat versprochen, Nachricht zu bringen. Er wird auch nicht dürfen, wie er will. Sie sind ärger als gefangen. Ich weiß, man bewacht sie wie Feinde. Der gute Georg! Er wollte nicht von seinem Herrn weichen.

LERSE. Das Herz blutete mir, wie er mich von sich schickte. Wenn Ihr nicht meiner Hülfe bedürftet, alle Gefahren des schmählichsten Todes sollten mich nicht von ihm getrennt haben.

ELISABETH. Ich weiß nicht, wo Sickingen ist. Wenn ich nur Marien einen Boten schicken könnte!

LERSE. Schreibt nur, ich will dafür sorgen. Ab.

## BEI EINEM DORF

Götz. Georg.

GÖTZ. Geschwind zu Pferde, Georg! ich sehe Miltenberg brennen. Halten sie so den Vertrag! Reit hin, sag ihnen die Meinung. Die Mordbrenner! Ich sage mich von ihnen los. Sie sollen einen Zigeuner zum Hauptmann machen, nicht mich. Geschwind, Georg. Georg ab. Wollt, ich wäre tausend Meilen davon und läg im tiefsten Turn, der in der Türkei steht. Könnt ich mit Ehren von ihnen kommen! Ich fahr ihnen alle Tag durch den Sinn, sag ihnen die bittersten Wahrheiten, daß sie mein müde werden und mich erlassen sollen.

Ein Unbekannter.

UNBEKANNTER. Gott grüß Euch, sehr edler Herr.

GÖTZ. Gott dank Euch. Was bringt Ihr? Euren Namen?

UNBEKANNTER. Der tut nichts zur Sache. Ich komme, Euch zu sagen, daß Euer Kopf in Gefahr ist. Die Anführer sind müde, sich von Euch so harte Worte geben zu lassen, haben beschlossen, Euch aus dem Weg zu räumen. Mäßigt Euch oder seht zu entwischen, und Gott geleit Euch. Ab.

GÖTZ. Auf diese Art dein Leben zu lassen, Götz, und so zu enden! Es sei drum! So ist mein Tod der Welt das sicherste Zeichen, daß ich nichts Gemeines mit den Hunden gehabt habe.

Einige Bauern.

ERSTER BAUER. Herr! Herr! Sie sind geschlagen, sie sind gefangen.

GÖTZ. Wer?

ZWEITER BAUER. Die Miltenberg verbrannt haben. Es zog sich ein bündischer Trupp hinter dem Berg hervor und überfiel sie auf einmal.

GÖTZ. Sie erwartet ihr Lohn. – O Georg! Georg! – Sie haben ihn mit den Bösewichtern gefangen – Mein Georg! Mein Georg! –

Anführer kommen.

LINK. Auf, Herr Hauptmann, auf! Es ist nicht Säumens Zeit. Der Feind ist in der Nähe und mächtig.

GÖTZ. Wer verbrannte Miltenberg?

METZLER. Wenn Ihr Umstände machen wollt, so wird man Euch weisen, wie man keine macht.

KOHL. Sorgt für unsere Haut und Eure. Auf! Auf!

GÖTZ zu Metzler. Drohst du mir? Du Nichtswürdiger! Glaubst du, daß du mir fürchterlicher bist, weil des Grafen von Helfenstein Blut an deinen Kleidern klebt?

METZLER. Berlichingen!

GÖTZ. Du darfst meinen Namen nennen, und meine Kinder werden sich dessen nicht schämen.

METZLER. Mit dir feigen Kerl! Fürstendiener!

GÖTZ haut ihm über den Kopf, daß er stürzt. Die andern treten dazwischen.

KOHL. Ihr seid rasend. Der Feind bricht auf allen Seiten 'rein, und ihr hadert!

LINK. Auf! Auf! Tumult und Schlacht.

Weislingen. Reiter.

WEISLINGEN. Nach! Nach! Sie fliehen. Laßt euch Regen und Nacht nicht abhalten! Götz ist unter ihnen, hör ich. Wendet Fleiß an, daß ihr ihn erwischt. Er ist schwer verwundet, sagen die Unsrigen. Die Reiter ab. Und wenn ich dich habe! – Es ist noch Gnade, wenn wir heimlich im Gefängnis dein Todesurteil vollstrecken. – So verlischt er vor dem Andenken der Menschen, und du kannst freier atmen, törichtes Herz! Ab.

## NACHT, IM WILDEN WALD. ZIGEUNERLAGER

Zigeunermutter am Feuer.

MUTTER. Flick das Strohdach über der Grube, Tochter, gibt hint nacht noch Regen genug.

Knab kommt.

KNAB. Ein Hamster, Mutter. Da! Zwei Feldmäus.

MUTTER. Will sie dir abziehen und braten, und sollst eine Kapp haben von den Fellchen. – Du blutst?

KNAB. Hamster hat mich bissen.

MUTTER. Hol mir dürr Holz, daß das Feuer loh brennt, wenn dein Vater kommt, wird naß sein durch und durch.

Andre Zigeunerin, ein Kind auf dem Rücken.

ERSTE ZIGEUNERIN. Hast du brav geheischen?

ZWEITE ZIGEUNERIN. Wenig genug. Das Land ist voll Tumult herum, daß man seins Lebens nicht sicher ist. Brennen zwei Dörfer lichterloh.

ERSTE ZIGEUNERIN. Ist das dort drunten Brand, der Schein? Seh ihm schon lang zu. Man ist der Feuerzeichen am Himmel zeither so gewohnt worden.

Zigeunerhauptmann, drei Gesellen kommen.

HAUPTMANN. Hört ihr den wilden Jäger?

ERSTER ZIGEUNER. Er zieht grad über uns hin.

HAUPTMANN. Wie die Hunde bellen! Wau! Wau!

ZWEITER ZIGEUNER. Die Peitschen knallen.

DRITTER ZIGEUNER. Die Jäger jauchzen holla ho!

MUTTER. Bringt ja des Teufels sein Gepäck!

HAUPTMANN. Haben im Trüben gefischt. Die Bauern rauben selbst, ist's uns wohl vergönnt.

ZWEITE ZIGEUNERIN. Was hast du, Wolf?

WOLF. Einen Hasen, da, und einen Hahn. Ein'n Bratspieß. Ein Bündel Leinwand. Drei Kochlöffel und ein'n Pferdzaum.

STICKS. Ein wullen Deck hab ich, ein paar Stiefeln und Zunder und Schwefel.

MUTTER. Ist alles pudelnaß, wollen's trocknen, gebt her.

HAUPTMANN. Horch, ein Pferd! Geht! Seht, was ist.

Götz zu Pferd.

GÖTZ. Gott sei Dank! dort seh ich Feuer, sind Zigeuner.

Meine Wunden verbluten, die Feinde hinterher. Heiliger Gott, du endigst gräßlich mit mir!

HAUPTMANN. Ist's Friede, daß du kommst?

GÖTZ. Ich flehe Hülfe von euch. Meine Wunden ermatten mich. Helft mir vom Pferd!

HAUPTMANN. Helf ihm! Ein edler Mann, an Gestalt und Wort.

WOLF leise. Es ist Götz von Berlichingen.

HAUPTMANN. Seid willkommen! Alles ist Euer, was wir haben.

GÖTZ. Dank euch!

HAUPTMANN. Kommt in mein Zelt.

## HAUPTMANNS ZELT

Hauptmann. Götz.

HAUPTMANN. Ruft der Mutter, sie soll Blutwurzel bringen und Pflaster.

Götz legt den Harnisch ab.

HAUPTMANN. Hier ist mein Feiertagswams.

GÖTZ. Gott lohn's!

Mutter verbindt ihn.

HAUPTMANN. Ist mir herzlich lieb, Euch zu haben.

GÖTZ. Kennt Ihr mich?

HAUPTMANN. Wer sollte Euch nicht kennen! Götz, unser Leben und Blut lassen wir vor Euch.

Schricks.

SCHRICKS. Kommen durch den Wald Reiter. Sind Bündische.

HAUPTMANN. Eure Verfolger! Sie sollen nit bis zu Euch kommen! Auf, Schricks! Biete den andern! Wir kennen die Schliche besser als sie, wir schießen sie nieder, eh sie uns gewahr werden. Ab.

GÖTZ allein. O Kaiser! Kaiser! Räuber beschützen deine Kinder. Man hört scharf schießen. Die wilden Kerls, starr und treu!

Zigeunerin.

ZIGEUNERIN. Rettet Euch! Die Feinde überwältigen.

GÖTZ. Wo ist mein Pferd?

ZIGEUNERIN. Hier bei.

GÖTZ gürtet sich und sitzt auf ohne Harnisch. Zum letzten Mal sollen sie meinen Arm fühlen. Ich bin so schwach noch nicht. Ab.

ZIGEUNERIN. Er sprengt zu den Unsrigen. Flucht.

WOLF. Fort! fort! Alles verloren. Unser Hauptmann erschossen. Götz gefangen. Geheul der Weiber und Flucht.

## ADELHEIDENS SCHLAFZIMMER

Adelheid mit einem Brief.

ADELHEID. Er, oder ich! Der Übermütige! Mir drohen! – Wir wollen dir zuvorkommen. Was schleicht durch den Saal? Es klopft. Wer ist draußen?

Franz, leise.

FRANZ. Macht mir auf, gnädige Frau.

ADELHEID. Franz! Er verdient wohl, daß ich ihm aufmache. Sie läßt ihn ein.

FRANZ fällt ihr um den Hals. Liebe gnädige Frau.

ADELHEID. Unverschämter! Wenn dich jemand gehört hätte!

FRANZ. O, es schläft alles, alles!

ADELHEID. Was willst du?

FRANZ. Mich läßt's nicht ruhen. Die Drohungen meines Herrn, Euer Schicksal, mein Herz.

ADELHEID. Er war sehr zornig, als du Abschied nahmst?

FRANZ. Als ich ihn nie gesehen. Auf ihre Güter soll sie, sagt er, sie soll wollen.

ADELHEID. Und wir folgen?

FRANZ. Ich weiß nichts, gnädige Frau.

ADELHEID. Betrogener törichter Junge, du siehst nicht, wo das hinaus will. Hier weiß er mich in Sicherheit. Denn lange steht's ihm schon nach meiner Freiheit. Er will mich auf seine Güter. Dort hat er Gewalt, mich zu behandeln, wie sein Haß ihm eingibt.

FRANZ. Er soll nicht!

ADELHEID. Wirst du ihn hindern?

FRANZ. Er soll nicht!

ADELHEID. Ich seh mein ganzes Elend voraus. Von seinem Schloß wird er mich mit Gewalt reißen, wird mich in ein Kloster sperren.

FRANZ. Hölle und Tod!

ADELHEID. Wirst du mich retten?

FRANZ. Eh alles! Alles!

ADELHEID die weinend ihn umhalst. Franz, ach, uns zu retten!

FRANZ. Er soll nieder, ich will ihm den Fuß auf den Nacken setzen.

ADELHEID. Keine Wut. Du sollst einen Brief an ihn haben, voll Demut, daß ich gehorche. Und dieses Fläschchen gieß ihm unter das Getränk.

FRANZ. Gebt! Ihr sollt frei sein!

ADELHEID. Frei! Wenn du nicht mehr zitternd auf deinen Zehen zu mir schleichen wirst – nicht mehr ich ängstlich zu dir sage: Brich auf, Franz, der Morgen kommt!

## HEILBRONN, VORM TURN

Elisabeth. Lerse.

LERSE. Gott nehm das Elend von Euch, gnädige Frau. Marie ist hier.

ELISABETH. Gott sei Dank! Lerse, wir sind in entsetzliches Elend versunken. Da ist's nun, wie mir alles ahndete! gefangen, als Meuter, Missetäter in den tiefsten Turn geworfen –

LERSE. Ich weiß alles.

ELISABETH. Nichts, nichts weißt du, der Jammer ist zu groß! Sein Alter, seine Wunden, ein schleichend Fieber, und, mehr als alles das, die Finsternis seiner Seele, daß es so mit ihm enden soll.

LERSE. Auch, und daß der Weislingen Kommissar ist.

ELISABETH. Weislingen?

LERSE. Man hat mit unerhörten Exekutionen verfahren. Metzler ist lebendig verbrannt, zu Hunderten gerädert, gespießt, geköpft, geviertelt. Das Land umher gleicht einer Metzge, wo Menschenfleisch wohlfeil ist.

ELISABETH. Weislingen Kommissar! O Gott! ein Strahl von Hoffnung. Marie soll mir zu ihm, er kann ihr nichts abschlagen. Er hatte immer ein weiches Herz, und wenn er sie sehen wird, die er so liebte, die so elend durch ihn ist – Wo ist sie?

LERSE. Noch im Wirtshaus.

Elisabeth. Führe mich zu ihr! Sie muß gleich fort. Ich fürchte alles.

## WEISLINGENS SCHLOSS

Weislingen.

Weislingen. Ich bin so krank, so schwach. Alle meine Gebeine sind hohl. Ein elendes Fieber hat das Mark ausgefressen. Keine Ruh und Rast, weder Tag noch Nacht. Im halben Schlummer giftige Träume. Die vorige Nacht begegnete ich Götzen im Wald. Er zog sein Schwert und forderte mich heraus. Ich faßte nach meinem, die Hand versagte mir. Da stieß er's in die Scheide, sah mich verächtlich an und ging hinter mich. – Er ist gefangen, und ich zittre vor ihm. Elender Mensch! Dein Wort hat ihn zum Tode verurteilt, und du bebst vor seiner Traumgestalt wie ein Missetäter! – Und soll er sterben? – Götz! Götz! – Wir Menschen führen uns nicht selbst; bösen Geistern ist Macht über uns gelassen, daß sie ihren höllischen Mutwillen an unserm Verderben üben. Er setzt sich. – Matt! Matt! Wie sind meine Nägel so blau! – Ein kalter, kalter, verzehrender Schweiß lähmt mir jedes Glied. Es dreht mir alles vorm Gesicht. Könnt ich schlafen! Ach –

Maria tritt auf.

Weislingen. Jesus Marie! – Laß mir Ruh! Laß mir Ruh! – Die Gestalt fehlte noch! Sie stirbt, Marie stirbt und zeigt sich mir an. – Verlaß mich, seliger Geist, ich bin elend genug!

Maria. Weislingen, ich bin kein Geist. Ich bin Marie.

Weislingen. Das ist ihre Stimme.

Maria. Ich komme, meines Bruders Leben von dir zu erflehen. Er ist unschuldig, so strafbar er scheint.

Weislingen. Still, Marie! Du Engel des Himmels bringst die Qualen der Hölle mit dir. Rede nicht fort.

Maria. Und mein Bruder soll sterben? Weislingen, es ist entsetzlich, daß ich dir zu sagen brauche: er ist unschuldig; daß ich jammern muß, dich von dem abscheulichsten Morde zurückzuhalten. Deine Seele ist bis in ihre innersten Tiefen von feindseligen Mächten besessen. Das ist Adelbert!

WEISLINGEN. Du siehst, der verzehrende Atem des Todes hat mich angehaucht, meine Kraft sinkt nach dem Grabe. Ich stürbe als ein Elender, und du kommst, mich in Verzweiflung zu stürzen. Wenn ich reden könnte, dein höchster Haß würde in Mitleid und Jammer zerschmelzen. Oh! Marie! Marie!

MARIA. Mein Bruder, Weislingen, verkranket im Gefängnis. Seine schweren Wunden, sein Alter. Und wenn du fähig wärst, sein graues Haupt – Weislingen, wir würden verzweifeln.

WEISLINGEN. Genug! Er zieht die Schelle.

Franz in äußerster Bewegung.

FRANZ. Gnädiger Herr?

WEISLINGEN. Die Papiere dort, Franz!

Franz bringt sie.

WEISLINGEN reißt ein Paket auf und zeigt Marie ein Papier. Hier ist deines Bruders Todesurteil unterschrieben.

MARIA. Gott im Himmel!

WEISLINGEN. Und so zerreiß ich's! Er lebt. Aber kann ich wieder schaffen, was ich zerstört habe? Weine nicht so, Franz! Guter Junge! dir geht mein Elend tief zu Herzen.

FRANZ wirft sich vor ihm nieder und faßt seine Knie.

MARIA vor sich. Er ist sehr krank. Sein Anblick zerreißt mir das Herz. Wie liebt ich ihn! und nun ich ihm nahe, fühl ich, wie lebhaft.

WEISLINGEN. Franz, steh auf und laß das Weinen! Ich kann wieder aufkommen. Hoffnung ist bei den Lebenden.

FRANZ. Ihr werdet nicht. Ihr müßt sterben.

WEISLINGEN. Ich muß?

FRANZ außer sich. Gift! Gift! Von Eurem Weibe! – Ich! Ich! Er rennt davon.

WEISLINGEN. Marie, geh ihm nach. Er verzweifelt. Maria ab. Gift von meinem Weibe! Weh! Weh! Ich fühl's. Marter und Tod!

MARIA inwendig. Hülfe! Hülfe!

WEISLINGEN will aufstehn. Gott, vermag ich das nicht!

MARIA kommt. Er ist hin. Zum Saalfenster hinaus stürzt er wütend in den Main hinunter.

WEISLINGEN. Ihm ist wohl. – Dein Bruder ist außer Gefahr.

Die übrigen Kommissarien, Seckendorf besonders, sind seine Freunde. Ritterlich Gefängnis werden sie ihm auf sein Wort gleich gewähren. Leb wohl, Maria, und geh.

MARIA. Ich will bei dir bleiben, armer Verlaßner.

WEISLINGEN. Wohl verlassen und arm! Du bist ein furchtbarer Rächer, Gott! – Mein Weib. –

MARIA. Entschlage dich dieser Gedanken! Kehre dein Herz zu dem Barmherzigen.

WEISLINGEN. Geh, liebe Seele, überlaß mich meinem Elend. – Entsetzlich! Auch deine Gegenwart, Marie, der letzte Trost, ist Qual.

MARIA *vor sich.* Stärke mich, o Gott! Meine Seele erliegt mit der seinigen.

WEISLINGEN. Weh! Weh! Gift von meinem Weibe! – Mein Franz verführt durch die Abscheuliche! Wie sie wartet, horcht auf den Boten, der ihr die Nachricht bringe: Er ist tot. Und du, Marie! Marie, warum bist du gekommen, daß du jede schlafende Erinnerung meiner Sünden wecktest! Verlaß mich! Verlaß mich, daß ich sterbe.

MARIA. Laß mich bleiben! Du bist allein. Denk, ich sei deine Wärterin. Vergiß alles. Vergesse dir Gott so alles, wie ich dir alles vergesse.

WEISLINGEN. Du Seele voll Liebe, bete für mich, bete für mich! Mein Herz ist verschlossen.

MARIA. Er wird sich deiner erbarmen. – Du bist matt.

WEISLINGEN. Ich sterbe, sterbe und kann nicht ersterben. Und in dem fürchterlichen Streit des Lebens und Tods sind die Qualen der Hölle.

MARIA. Erbarmer, erbarme dich seiner! Nur Einen Blick deiner Liebe an sein Herz, daß es sich zum Trost öffne, und sein Geist Hoffnung, Lebenshoffnung in den Tod hinüberbringe!

## IN EINEM FINSTERN ENGEN GEWÖLBE

Die Richter des heimlichen Gerichts. Alle vermummt.

ÄLTESTER. Richter des heimlichen Gerichts, schwurt auf Strang und Schwert, unsträflich zu sein, zu richten im Verborgenen, zu strafen im Verborgenen Gott gleich! Sind eure Herzen rein und eure Hände, hebt die Arme empor, ruft über die Missetäter: Wehe! Wehe!

ALLE. Wehe! Wehe!

ÄLTESTER. Rufer, beginne das Gericht!

RUFER. Ich Rufer rufe die Klag gegen den Missetäter. Des Herz rein ist, dessen Händ rein sind, zu schwören auf Strang und Schwert, der klage bei Strang und Schwert! klage! klage!

KLÄGER tritt vor. Mein Herz ist rein von Missetat, meine Hände von unschuldigem Blut. Verzeih mir Gott böse Gedanken und hemme den Weg zum Willen! Ich hebe meine Hand auf und klage! klage! klage!

ÄLTESTER. Wen klagst du an?

KLÄGER. Klage an auf Strang und Schwert Adelheiden von Weislingen. Sie hat Ehebruchs sich schuldig gemacht, ihren Mann vergiftet durch ihren Knaben. Der Knab hat sich selbst gerichtet, der Mann ist tot.

ÄLTESTER. Schwörst du zu dem Gott der Wahrheit, daß du Wahrheit klagst?

KLÄGER. Ich schwöre.

ÄLTESTER. Würd es falsch befunden, beutst du deinen Hals der Strafe des Mords und des Ehebruchs?

KLÄGER. Ich biete.

ÄLTESTER. Eure Stimmen. Sie reden heimlich zu ihm.

KLÄGER. Richter des heimlichen Gerichts, was ist euer Urteil über Adelheiden von Weislingen, bezüchtigt des Ehebruchs und Mords?

ÄLTESTER. Sterben soll sie! Sterben des bittern doppelten Todes. Mit Strang und Dolch büßen doppelt doppelte Missetat. Streckt eure Hände empor, und rufet Weh über sie! Weh! Weh! In die Hände des Rächers.

ALLE. Weh! Weh! Weh!

ÄLTESTER. Rächer! Rächer! tritt auf!

Rächer tritt vor.

ÄLTESTER. Faß hier Strang und Schwert, sie zu tilgen von dem Angesicht des Himmels, binnen acht Tage Zeit. Wo du sie findest, nieder mit ihr in Staub. – Richter, die ihr richtet im Verborgenen und strafet im Verborgenen Gott gleich, bewahrt euer Herz vor Missetat und eure Hände vor unschuldigem Blut.

## HOF EINER HERBERGE

Maria. Lerse.

MARIA. Die Pferde haben genug gerastet. Wir wollen fort, Lerse.

LERSE. Ruht doch bis an Morgen. Die Nacht ist gar zu unfreundlich.

MARIA. Lerse, ich habe keine Ruhe, bis ich meinen Bruder gesehen habe. Laß uns fort. Das Wetter hellt sich aus, wir haben einen schönen Tag zu gewarten.

LERSE. Wie Ihr befehlt.

## HEILBRONN, IM TURN

Götz. Elisabeth.

ELISABETH. Ich bitte dich, lieber Mann, rede mit mir! Dein Stillschweigen ängstet mich. Du verglühst in dir selbst. Komm, laß uns nach deinen Wunden sehen; sie bessern sich um vieles. In der mutlosen Finsternis erkenn ich dich nicht mehr.

GÖTZ. Suchtest du den Götz? Der ist lang hin. Sie haben mich nach und nach verstümmelt, meine Hand, meine Freiheit, Güter und guten Namen. Mein Kopf, was ist an dem? – Was hört ihr von Georgen? Ist Lerse nach Georgen?

ELISABETH. Ja, Lieber! Richtet Euch auf, es kann sich vieles wenden.

GÖTZ. Wen Gott niederschlägt, der richtet sich selbst nicht auf. Ich weiß am besten, was auf meinen Schultern liegt. Unglück bin ich gewohnt zu dulden. Und jetzt ist's nicht Weislingen allein, nicht die Bauern allein, nicht der Tod des Kaisers und meine Wunden – es ist alles zusammen. Meine Stunde ist kommen. Ich hoffte, sie sollte sein wie mein Leben. Sein Wille geschehe!

ELISABETH. Willt du nicht was essen?

GÖTZ. Nichts, meine Frau. Sieh, wie die Sonne draußen scheint.

ELISABETH. Ein schöner Frühlingstag.

GÖTZ. Meine Liebe, wenn du den Wächter bereden könntest, mich in sein klein Gärtchen zu lassen auf eine halbe

Stunde, daß ich der lieben Sonne genösse, des heitern Himmels und der reinen Luft.

ELISABETH. Gleich! und er wird's wohl tun.

GÄRTCHEN AM TURN

Maria. Lerse.

MARIA. Geh hinein und sieh, wie's steht! Lerse ab.

Elisabeth. Wächter.

ELISABETH. Gott vergelt Euch die Lieb und Treu an meinem Herrn. Wächter ab. Maria, was bringst du?

MARIA. Meines Bruders Sicherheit. Ach, aber mein Herz ist zerrissen. Weislingen ist tot, vergiftet von seinem Weibe. Mein Mann ist in Gefahr. Die Fürsten werden ihm zu mächtig, man sagt, er sei eingeschlossen und belagert.

ELISABETH. Glaubt dem Gerüchte nicht! Und laßt Götzen nichts merken.

MARIA. Wie steht's um ihn?

ELISABETH. Ich fürchtete, er würde deine Rückkunft nicht erleben. Die Hand des Herrn liegt schwer auf ihm. Und Georg ist tot.

MARIA. Georg! der goldne Junge!

ELISABETH. Als die Nichtswürdigen Miltenberg verbrannten, sandte ihn sein Herr, ihnen Einhalt zu tun. Da fiel ein Trupp Bündischer auf sie los. – Georg! hätten sie sich alle gehalten wie er, sie hätten alle das gute Gewissen haben müssen. Viel wurden erstochen, und Georg mit: er starb einen Reiterstod.

MARIA. Weiß es Götz?

ELISABETH. Wir verbergen's vor ihm. Er fragt mich zehnmal des Tags, und schickt mich zehnmal des Tags zu forschen, was Georg macht. Ich fürchte, seinem Herzen diesen letzten Stoß zu geben.

MARIA. O Gott, was sind die Hoffnungen dieser Erden!

Götz. Lerse. Wächter.

GÖTZ. Allmächtiger Gott! Wie wohl ist's einem unter deinem Himmel! Wie frei! – Die Bäume treiben Knospen, und alle Welt hofft. Lebt wohl, meine Lieben; meine Wurzeln sind abgehauen, meine Kraft sinkt nach dem Grabe.

ELISABETH. Darf ich Lersen nach deinem Sohn ins Kloster schicken, daß du ihn noch einmal siehst und segnest?

GÖTZ. Laß ihn, er ist heiliger als ich, er braucht meinen Segen nicht. – An unserm Hochzeittag, Elisabeth, ahndete mir's nicht, daß ich so sterben würde. – Mein alter Vater segnete uns, und eine Nachkommenschaft von edeln tapfern Söhnen quoll aus seinem Gebet. – Du hast ihn nicht erhört, und ich bin der Letzte. – Lerse, dein Angesicht freut mich in der Stunde des Todes mehr als im mutigsten Gefecht. Damals führte mein Geist den eurigen, jetzt hältst du mich aufrecht. Ach daß ich Georgen noch einmal sähe, mich an seinem Blick wärmte! – Ihr seht zur Erden und weint – Er ist tot – Georg ist tot.– Stirb, Götz – Du hast dich selbst überlebt, die Edeln überlebt. – Wie starb er? – Ach, fingen sie ihn unter den Mordbrennern, und er ist hingerichtet?

ELISABETH. Nein, er wurde bei Miltenberg erstochen. Er wehrte sich wie ein Löw um seine Freiheit.

GÖTZ. Gott sei Dank! Er war der beste Junge unter der Sonne und tapfer. – Löse meine Seele nun. – Arme Frau. Ich lasse dich in einer verderbten Welt. Lerse, verlaß sie nicht. – Schließt eure Herzen sorgfältiger als eure Tore. Es kommen die Zeiten des Betrugs, es ist ihm Freiheit gegeben. Die Nichtswürdigen werden regieren mit List, und der Edle wird in ihre Netze fallen. Marie, gebe dir Gott deinen Mann wieder! Möge er nicht so tief fallen, als er hoch gestiegen ist! Selbitz starb, und der gute Kaiser, und mein Georg. – Gebt mir einen Trunk Wasser! – Himmlische Luft – Freiheit! Freiheit! Er stirbt.

ELISABETH. Nur droben, droben bei dir. Die Welt ist ein Gefängnis.

MARIA. Edler Mann! Edler Mann! Wehe dem Jahrhundert, das dich von sich stieß!

LERSE. Wehe der Nachkommenschaft, die dich verkennt!

# PROMETHEUS

## DRAMATISCHES FRAGMENT

## ERSTER AKT

### Prometheus. Merkur.

PROMETHEUS. Ich will nicht, sag es ihnen!
Und kurz und gut, ich will nicht!
Ihr Wille gegen meinen!
Eins gegen eins,
Mich dünkt, es hebt sich!
MERKUR. Deinem Vater Zeus das bringen?
Deiner Mutter?
PROMETHEUS. Was Vater! Mutter!
Weißt du, woher du kommst?
Ich stand, als ich zum erstenmal bemerkte
Die Füße stehn,
Und reichte, da ich
Diese Hände reichen fühlte,
Und fand die achtend meiner Tritte,
Die du nennst Vater, Mutter.
MERKUR. Und reichend dir
Der Kindheit note Hülfe.
PROMETHEUS.
Und dafür hatten sie Gehorsam meiner Kindheit.
Den armen Sprößling zu bilden
Dahin, dorthin, nach dem Wind ihrer Grillen.
MERKUR. Und schützten dich.
PROMETHEUS. Wovor? Vor Gefahren,
Die *sie* fürchteten.
Haben sie das Herz bewahrt
Vor Schlangen, die es heimlich neidschten?
Diesen Busen gestählt,
Zu trotzen den Titanen?
Hat nicht mich zum Manne geschmiedet
Die allmächtige Zeit,
*Mein* Herr und *eurer*?

MERKUR. Elender! Deinen Göttern das,
Den Unendlichen?
PROMETHEUS. Göttern? Ich bin kein Gott
Und bilde mir so viel ein als einer.
Unendlich? – Allmächtig? –
Was könnt ihr?
Könnt ihr den weiten Raum
Des Himmels und der Erde
Mir ballen in meine Faust?
Vermögt ihr mich zu scheiden
Von mir selbst?
Vermögt ihr mich auszudehnen,
Zu erweitern zu einer Welt?
MERKUR. Das Schicksal!
PROMETHEUS. Anerkennst du seine Macht?
Ich auch! –
Und geh, ich diene nicht Vasallen!

Merkur ab.

PROMETHEUS
zu seinen Statuen sich kehrend, die durch den ganzen Hain zerstreut stehen.

Unersetzlicher Augenblick!
Aus eurer Gesellschaft
Gerissen von dem Toren,
Meine Kinder!
Was es auch ist, das meinen Busen regt –

Sich einem Mädchen nahend.

Der Busen sollte mir entgegen wallen!
Das Auge spricht schon jetzt!
Sprich, rede, liebe Lippe, mir!
O, könnt ich euch das fühlen geben,
Was ihr seid!

Epimetheus kommt.

EPIMETHEUS. Merkur beklagt sich bitter.
PROMETHEUS. Hättest du kein Ohr für Klagen,
Er wär auch ungeklagt zurückgekehrt.
EPIMETHEUS. Mein Bruder! Alles, was recht ist!
Der Götter Vorschlag
War diesmal billig.

Sie wollen dir Olympus' Spitze räumen,
Dort sollst du wohnen,
Sollst der Erde herrschen!
PROMETHEUS. Ihr Burggraf sein
Und ihren Himmel schützen? –
Mein Vorschlag ist viel billiger:
Sie wollen mit mir teilen, und ich meine,
Daß ich mit ihnen nichts zu teilen habe.
Das, was ich habe, können sie nicht rauben,
Und was sie haben, mögen sie beschützen.
Hier Mein und Dein,
Und so sind wir geschieden.
EPIMETHEUS. Wie vieles ist denn dein?
PROMETHEUS. Der Kreis, den meine Wirksamkeit erfüllt!
Nichts drunter und nichts drüber! –
Was haben diese Sterne droben
Für ein Recht an mich,
Daß sie mich begaffen?
EPIMETHEUS. Du stehst allein!
Dein Eigensinn verkennt die Wonne,
Wenn die Götter, du,
Die Deinigen und Welt und Himmel, all
Sich all ein innig Ganzes fühlten.
PROMETHEUS. Ich kenne das!
Ich bitte, lieber Bruder,
Treib's, wie du kannst, und laß mich!

Epimetheus ab.

PROMETHEUS. Hier meine Welt, mein All!
Hier fühl ich mich;
Hier alle meine Wünsche
In körperlichen Gestalten.
Meinen Geist so tausendfach
Geteilt und ganz in meinen teuern Kindern.

Minerva kommt.

PROMETHEUS. Du wagst es, meine Göttin?
Wagest zu deines Vaters Feind zu treten?
MINERVA. Ich ehre meinen Vater,
Und liebe dich, Prometheus!
PROMETHEUS. Und du bist meinem Geist,

Was er sich selbst ist;
Sind von Anbeginn
Mir deine Worte Himmelslicht gewesen!
Immer als wenn meine Seele spräche zu sich selbst,
Sie sich eröffnete
Und mitgeborne Harmonieen
In ihr erklängen aus sich selbst:
Das waren deine Worte.
So war ich selbst nicht selbst,
Und eine Gottheit sprach,
Wenn ich zu reden wähnte,
Und wähnt ich, eine Gottheit spreche,
Sprach ich selbst.
Und so mit dir und mir
So ein, so innig
Ewig meine Liebe dir!
MINERVA. Und ich dir ewig gegenwärtig!
PROMETHEUS. Wie der süße Dämmerschein
Der weggeschiednen Sonne
Dort heraufschwimmt
Vom finstern Kaukasus
Und meine Seel umgibt mit Wonneruh,
Abwesend auch mir immer gegenwärtig,
So haben meine Kräfte sich entwickelt
Mit jedem Atemzug aus deiner Himmelsluft.
Und welch ein Recht
Ergeizen sich die stolzen
Bewohner des Olympus
Auf meine Kräfte?
Sie sind mein, und mein ist ihr Gebrauch.
Nicht einen Fußtritt
Für den obersten der Götter mehr!
Für sie? Bin ich für sie?
MINERVA. So wähnt die Macht.
PROMETHEUS. Ich wähne, Göttin, auch
Und bin auch mächtig. –
Sonst! – Hast du mich nicht oft gesehn
In selbst erwählter Knechtschaft
Die Bürde tragen, die sie

In feierlichem Ernst auf meine Schultern legten?
Hab ich die Arbeit nicht vollendet,
Jedes Tagwerk, auf ihr Geheiß,
Weil ich glaubte,
Sie sähen das Vergangne, das Zukünftige
Im Gegenwärtigen,
Und ihre Leitung, ihr Gebot
Sei uranfängliche,
Uneigennützige Weisheit?

MINERVA. Du dientest, um der Freiheit wert zu sein.

PROMETHEUS. Und möcht um vieles nicht
Mit dem Donnervogel tauschen
Und meines Herren Blitze stolz
In Sklavenklauen packen.
Was sind sie? Was ich?

MINERVA. Dein Haß ist ungerecht!
Den Göttern fiel zum Lose Dauer
Und Macht und Weisheit und Liebe.

PROMETHEUS. Haben sie das all
Doch nicht allein!
Ich daure so wie sie.
Wir alle sind ewig! –
Meines Anfangs erinnr ich mich nicht,
Zu enden hab ich keinen Beruf
Und seh das Ende nicht.
So bin ich ewig, denn ich bin! –
Und Weisheit –

sie an den Bildnissen herumführend.

Sieh diese Stirn an!
Hat mein Finger nicht
Sie ausgeprägt?
Und dieses Busens Macht
Drängt sich entgegen
Der allanfallenden Gefahr umher.

Bleibt bei einer weiblichen Bildsäule stehen.

Und du, Pandora,
Heiliges Gefäß der Gaben alle,
Die ergötzlich sind
Unter dem weiten Himmel,

Auf der unendlichen Erde,
Alles, was mich je erquickt von Wonnegefühl,
Was in des Schattens Kühle
Mir Labsal ergossen,
Der Sonne Liebe jemals Frühlingswonne,
Des Meeres laue Welle
Jemals Zärtlichkeit an meinen Busen angeschmiegt,
Und was ich je für reinen Himmelsglanz
Und Seelenruhgenuß geschmeckt –
Das all all – – Meine Pandora!

MINERVA. Jupiter hat dir entboten,
Ihnen allen das Leben zu erteilen,
Wenn du seinem Antrag
Gehör gäbst.

PROMETHEUS.
Das war das einzige, was mich bedenken machte.
Allein – ich sollte Knecht sein und wir
All erkennen droben die Macht des Donnrers?
Nein! Sie mögen hier gebunden sein
Von ihrer Leblosigkeit,
Sie sind doch frei,
Und ich fühl ihre Freiheit!

MINERVA. Und sie sollen leben!
Dem Schicksal ist es, nicht den Göttern,
Zu schenken das Leben und zu nehmen;
Komm, ich leite dich zum Quell des Lebens all,
Den Jupiter uns nicht verschließt:
Sie sollen leben, und durch dich!

PROMETHEUS. Durch dich, o meine Göttin,
Leben, frei sich fühlen,
Leben! – Ihre Freude wird dein Dank sein!

## ZWEITER AKT
### AUF OLYMPUS

Jupiter. Merkur.

MERKUR. Greuel – Vater Jupiter – Hochverrat!
Minerva, deine Tochter,
Steht dem Rebellen bei,

Hat ihm den Lebensquell eröffnet
Und seinen lettnen Hof,
Seine Welt von Ton
Um ihn belebt.
Gleich uns bewegen sie sich all
Und weben, jauchzen um ihn her,
Wie wir um dich.
O, deine Donner, Zeus!
JUPITER. Sie sind! und werden sein!
Und sollen sein!
Über alles, was ist
Unter dem weiten Himmel,
Auf der unendlichen Erde,
Ist mein die Herrschaft.
Das Wurmgeschlecht vermehret
Die Anzahl meiner Knechte.
Wohl ihnen, wenn sie meiner Vatersleitung folgen;
Weh ihnen, wenn sie meinem Fürstenarm
Sich widersetzen.
MERKUR. Allvater! Du Allgütiger,
Der du die Missetat vergibst Verbrechern,
Sei Liebe dir und Preis
Von aller Erd und Himmel!
O, sende mich, daß ich verkünde
Dem armen, erdgebornen Volk
Dich, Vater, deine Güte, deine Macht!
JUPITER. Noch nicht! In neugeborner Jugendwonne
Wähnt ihre Seele sich göttergleich.
Sie werden dich nicht hören, bis sie dein
Bedürfen. Überlaß sie ihrem Leben!
MERKUR. So weis' als gütig!

## TAL AM FUSSE DES OLYMPUS

PROMETHEUS. Sieh nieder, Zeus,
Auf meine Welt: sie lebt!
Ich habe sie geformt nach meinem Bilde,
Ein Geschlecht, das mir gleich sei,
Zu leiden, weinen, zu genießen und zu freuen sich

Und dein nicht zu achten
Wie ich!

Man sieht das Menschengeschlecht durchs ganze Tal verbreitet. Sie sind auf Bäume geklettert, Früchte zu brechen, sie baden sich im Wasser, sie laufen um die Wette auf der Wiese; Mädchen beschäftigen sich, Blumen zu brechen und Kränzgen zu flechten.

Ein Mann mit abgehauenen jungen Bäumen tritt zu Prometheus.

MANN. Sieh hier die Bäume,
Wie du sie verlangtest.
PROMETHEUS. Wie brachtest du
Sie von dem Boden?
MANN. Mit diesem scharfen Steine hab ich sie
Glatt an der Wurzel weggerissen.

PROMETHEUS. Erst ab die Äste! –
Dann hier rammle diesen
Schief in den Boden hier
Und diesen hier, so gegenüber;
Und oben verbinde sie! –
Dann wieder zwei hier hinten hin
Und oben einen quer darüber.
Nun die Äste herab von oben
Bis zur Erde,
Verbunden und verschlungen die,
Und Rasen ringsumher,
Die Äste drüber, mehr,
Bis daß kein Sonnenlicht,
Kein Regen, Wind durchdringe.
Hier, lieber Sohn, ein Schutz und eine Hütte!
MANN. Dank, teurer Vater, tausend Dank!
Sag, dürfen alle meine Brüder wohnen
In meiner Hütte?

PROMETHEUS. Nein!
Du hast sie dir gebaut und sie ist dein.
Du kannst sie teilen,
Mit wem du willst.
Wer wohnen will, der bau sich selber eine.

Prometheus ab.

Zwei Männer.

ERSTER. Du sollst kein Stück
Von meinen Ziegen nehmen,
Sie sind mir, mein!
ZWEITER. Woher?
ERSTER. Ich habe gestern Tag und Nacht
Auf dem Gebirg herumgeklettert,
Und mit saurem Schweiß
Lebendig sie gefangen,
Diese Nacht bewacht,
Sie eingeschlossen hier
Mit Stein und Ästen.
ZWEITER. Nun gib mir eins!
Ich habe gestern auch eine erlegt,
Am Feuer sie gezeitigt
Und gessen mit meinen Brüdern.
Brauchst du heut mehr als eine?
Wir fangen morgen wieder.
ERSTER. Bleib mir von meinen Schafen!
ZWEITER. Doch!

Erster will ihn abhalten, Zweiter gibt ihm einen Stoß, daß er umstürzt, der nimmt eine Ziege und fort.

ERSTER. Gewalt! Weh! Weh!
PROMETHEUS kommt. Was gibt's?
MANN. Er raubt mir meine Ziegen! –
Blut rieselt sich von meinem Haupt –.
Er schmetterte
Mich wider diesen Stein.
PROMETHEUS. Reiß da vom Baume diesen Schwamm
Und leg ihn auf die Wunde!
MANN. So – teurer Vater!
Schon ist es gestillt.
PROMETHEUS. Geh, wasch dein Angesicht.
MANN. Und meine Ziege?
PROMETHEUS. Laß ihn!
Ist seine Hand wider jedermann,
Wird jedermanns Hand sein wider ihn.

Mann ab.

PROMETHEUS. Ihr seid nicht ausgeartet, meine Kinder,

Seid arbeitsam und faul,
Und grausam mild,
Freigebig geizig,
Gleichet all euren Schicksalsbrüdern,
Gleichet den Tieren und den Göttern.

Pandora kommt.

PROMETHEUS. Was hast du, meine Tochter,
Wie so bewegt?
PANDORA. Mein Vater!
Ach, was ich sah, mein Vater,
Was ich fühlte!
PROMETHEUS. Nun?
PANDORA. O, meine arme Mira! –
PROMETHEUS. Was ist ihr?
PANDORA. Namenlose Gefühle!
Ich sah sie zu dem Waldgebüsche gehn,
Wo wir so oft uns Blumenkränze pflücken;
Ich folgt ihr nach,
Und, ach, wie ich vom Hügel komme,
Seh ich sie, im Tal auf einen Rasen hingesunken.
Zum Glück war Arbar ohngefähr im Wald.
Er hielt sie fest in seinen Armen,
Wollte sie nicht sinken lassen,
Und, ach, sank mit ihr hin.
Ihr schönes Haupt entsank,
Er küßte sie tausendmal
Und hing an ihrem Munde,
Um seinen Geist ihr einzuhauchen.
Mir ward bang, ich sprang hinzu und schrie,
Mein Schrei eröffnet ihr die Sinnen.
Arbar ließ sie; sie sprang auf,
Und, ach, mit halb gebrochnen Augen
Fiel sie mir um den Hals.
Ihr Busen schlug,
Als wollt er reißen,
Ihre Wangen glühten,
Es lechzt' ihr Mund, und tausend Tränen stürzten.
Ich fühlte wieder ihre Kniee wanken
Und hielt sie, teurer Vater,

Und ihre Küsse, ihre Glut
Hat solch ein neues unbekanntes Gefühl
Durch meine Adern durchgegossen,
Daß ich verwirrt, bewegt
Und weinend endlich sie ließ
Und Wald und Feld,
Zu dir, mein Vater! Sag,
Was ist das alles, was sie erschüttert
Und mich?
PROMETHEUS. Der Tod!
PANDORA. Was ist das?
PROMETHEUS. Meine Tochter,
Du hast der Freuden viel genossen.
PANDORA. Tausendfach! Dir dank ich's all.
PROMETHEUS. Pandora, dein Busen schlug
Der kommenden Sonne,
Dem wandlenden Mond entgegen,
Und in den Küssen deiner Gespielen
Genossest du die reinste Seligkeit.
PANDORA. Unaussprechlich!
PROMETHEUS. Was hub im Tanze deinen Körper
Leicht auf vom Boden?
PANDORA. Freude!
Wie jedes Glied gerührt vom Sang und Spiel
Bewegte, regte sich, ich ganz in Melodie verschwamm.
PROMETHEUS. Und alles löst sich endlich auf in Schlaf,
So Freud als Schmerz.
Du hast gefühlt der Sonne Glut,
Des Durstes Lechzen,
Deiner Kniee Müdigkeit,
Hast über dein verlornes Schaf geweint,
Und wie geächzt, gezittert,
Als du im Wald den Dorn dir in die Ferse tratst,
Eh ich dich heilte.
PANDORA. Mancherlei, mein Vater, ist des Lebens Wonn
Und Weh!
PROMETHEUS. Und du fühlst an deinem Herzen,
Daß noch der Freuden viele sind,
Noch der Schmerzen, die du nicht kennst.

PANDORA. Wohl, wohl! – Dies Herze sehnt sich oft
Ach nirgend hin und überall doch hin!
PROMETHEUS. Da ist ein Augenblick, der alles erfüllt,
Alles, was wir gesehnt, geträumt, gehofft,
Gefürchtet, meine Beste, – das ist der Tod!
PANDORA. Der Tod?
PROMETHEUS. Wenn aus dem innerst tiefsten Grunde
Du ganz erschüttert alles fühlst,
Was Freud und Schmerzen jemals dir ergossen,
Im Sturm dein Herz erschwillt,
In Tränen sich erleichtern will und seine Glut vermehrt,
Und alles klingt an dir und bebt und zittert,
Und all die Sinne dir vergehn,
Und du dir zu vergehen scheinst
Und sinkst, und alles um dich her
Versinkt in Nacht, und du, in inner eigenem Gefühle,
Umfassest eine Welt:
Dann stirbt der Mensch.
PANDORA ihn umhalsend. O, Vater, laß uns sterben!
PROMETHEUS. Noch nicht.
PANDORA. Und nach dem Tod?
PROMETHEUS. Wenn alles – Begier und Freud und Schmerz –
Im stürmenden Genuß sich aufgelöst,
Dann sich erquickt in Wonneschlaf, –
Dann lebst du auf, aufs jüngste wieder auf,
Aufs neue zu fürchten, zu hoffen und zu begehren!

# SATYROS
## ODER
## DER VERGÖTTERTE WALDTEUFEL

### DRAMA

### ERSTER AKT

Einsiedler. Ihr denkt, ihr Herrn, ich bin allein,
Weil ich nicht mag in Städten sein.
Ihr irrt euch, liebe Herren mein!
Ich hab mich nicht hierher begeben,
Weil sie in Städten so ruchlos leben
Und alle wandeln nach ihrem Trieb,
Der Schmeichler, Heuchler und der Dieb:
Das hätt mich immerfort ergetzt,
Wollten sie nur nicht sein hochgeschätzt,
Bestehlen und be— mich, wie die Raben,
Und noch dazu Reverenzen haben!
Ihrer langweiligen Narrheit satt,
Bin herausgezogen in Gottes Stadt;
Wo's freilich auch geht drüber und drunter
Und geht demohngeacht nicht unter.
Ich sah im Frühling ohne Zahl
Blüten und Knospen durch Berg und Tal,
Wie alles drängt und alles treibt,
Kein Pläcklein ohne Keimlein bleibt.
Da denkt nun gleich der steif Philister:
Das ist für mich und meine Geschwister.
Unser Herrgott ist so gnädig heuer;
Hätt ich's doch schon in Fach und Scheuer!
Unser Herrgott spricht: Aber mir nit so;
Es sollen's ander auch werden froh.
Da lockt uns denn der Sonnenschein
Störch und Schwalb aus der Fremd herein,
Den Schmetterling aus seinem Haus,
Die Fliegen aus den Ritzen 'raus,

Und brütet das Raupenvölklein aus.
Das quillt all von Erzeugungskraft,
Wie sich's hat aus dem Schlaf gerafft;
Vögel und Frösch und Tier' und Mücken
Begehn sich zu allen Augenblicken,
Hinten und vorn, auf Bauch und Rücken,
Daß man auf jeder Blüt und Blatt
Ein Eh- und Wochenbettlein hat.
Und sing ich dann im Herzen mein
Lob Gott mit allen Würmelein.
Das Volk will dann zu essen haben,
Verzehren bescherte Gottesgaben.
So frißt's Würmlein frisch Keimlein-Blatt,
Das Würmlein macht das Lerchlein satt,
Und weil ich auch bin zu essen hier,
Mir das Lerchlein zu Gemüte führ.
Ich bin denn auch ein häuslich Mann,
Hab Haus und Stall und Garten dran.
Mein Gärtlein, Früchtlein ich beschütz
Vor Kält und Raupen und dürrer Hitz.
Kommt aber herein der Kieselschlag
Und furaschiert mir an einem Tag,
So ärgert mich der Streich fürwahr;
Doch leb ich noch am End vom Jahr,
Wo mancher Werwolf ist schon tot
Aus Ängsten vor der Hungersnot.

Man hört von ferne heulen:

U! U! Au! Au! Weh! Weh! Ai! Ai!
EINSIEDLER. Welch ein erbärmlich Wehgeschrei!
Muß eine verwundte Besti' sein.
SATYROS. O weh, mein Rücken! o weh, mein Bein!
EINSIEDLER. Gut Freund, was ist Euch Leids geschehn?
SATYROS. Dumme Frag! Ihr könnt's ja sehn.
Ich bin gestürzt – entzwei mein Bein!
EINSIEDLER. Hockt auf! Hier in die Hütten 'rein.

Einsiedler hockt ihn auf, trägt ihn in die Hütte und legt ihn aufs Bett.

EINSIEDLER. Halt still, daß ich die Wund beseh!
SATYROS. Ihr seid ein Flegel! Ihr tut mir weh.
EINSIEDLER. Ihr seid ein Fratz! so halt denn still!

Wie Teufel ich Euch da schindeln will?

Verbindet ihn.

So bleibt nur wenigstens in Ruh!
SATYROS. Schafft mir Wein und Obst dazu.
EINSIEDLER. Milch und Brot, sonst nichts auf der Welt.
SATYROS. Eure Wirtschaft ist schlecht bestellt.
EINSIEDLER. Des vornehmen Gasts mich nicht versah.
Da kostet von dem Topfe da!
SATYROS. Pfui! was ist das ein ä Geschmack
Und magrer als ein Bettelsack.
Da droben im G'birg die wilden Ziegen,
Wenn ich eine bei'n Hörnern tu kriegen,
Faß mit dem Maul ihre vollen Zitzen,
Tu mir mit Macht die Gurgel bespritzen,
Das ist, bei Gott! ein ander Wesen.
EINSIEDLER. Drum eilt Euch, wieder zu genesen.
SATYROS. Was blast Ihr da so in die Hand?
EINSIEDLER. Seid Ihr nicht mit der Kunst bekannt?
Ich hauch die Fingerspitzen warm.
SATYROS. Ihr seid doch auch verteufelt arm.
EINSIEDLER. Nein, Herr! ich bin gewaltig reich:
Meinem eignen Mangel helf ich gleich.
Wollt Ihr von Supp und Kraut nicht was?
SATYROS. Das warm Geschlapp, was soll mir das?
EINSIEDLER. So legt Euch denn einmal zur Ruh,
Bringt ein paar Stund mit Schlafen zu.
Will sehen, ob ich nicht etwan
Für Euren Gaum was finden kann.

Ende des ersten Akts.

## ZWEITER AKT

SATYROS erwachend. Das ist eine Hunde-Lagerstätt!
Ein's Missetäters Folterbett!
Aufliegen hab ich tan mein'n Rücken,
Und die Unzahl verfluchte Mücken!
Bin kommen in ein garstig Loch.
In meiner Höhl, da lebt man doch;
Hat Wein im wohlgeschnitzten Krug

Und fette Milch und Käs genug. –
Kann doch wohl wieder den Fuß betreten? –
Da ist dem Kerl sein Platz zu beten.
Es tut mir in den Augen weh,
Wenn ich dem Narren seinen Herrgott seh.
Wollt lieber eine Zwiebel anbeten,
Bis mir die Trän in die Augen träten,
Als öffnen meines Herzens Schrein
Einem Schnitzbildlein, Querhölzelein.
Mir geht in der Welt nichts über mich:
Denn Gott ist Gott, und ich bin ich.
Ich denk, ich schleiche so hinaus;
Der Teufel hol den Herrn vom Haus!
Könnt ich nicht etwa brauchen was?
Das Leinwand nu wär so ein Spaß.
Die Maidels laufen so vor mir;
Ich denk, ich bind's so etwa für.
Seinen Herrgott will ich runter reißen
Und draußen in den Gießbach schmeißen.

Ende des zweiten Akts.

## DRITTER AKT

Satyros. Ich bin doch müd; 's ist höllisch schwül.
Der Brunn, der ist so schattenkühl.
Hier hat mir einen Königsthron
Der Rasen ja bereitet schon;
Und die Lüftelein laden mich all
Wie lose Buhlen ohne Zahl.
Natur ist rings so liebebang;
Ich will dich letzen mit Flöt und Sang.

Zwei Mägdlein mit Wasserkrügen.

Arsinoe. Hör, wie's daher so lieblich schallt!
Es kömmt vom Brunn oder aus'm Wald.
Psyche. Es ist kein Knab von unsrer Flur;
So singen Himmelsgötter nur.
Komm, laß uns lauschen!
Arsinoe. Mir ist bang.
Psyche. Mein Herz, ach! lechzt nach dem Gesang.

SATYROS singt. Dein Leben, Herz, für wen erglüht's?
Dein Adlerauge, was ersieht's?
Dir huldigt ringsum die Natur,
's ist alles dein;
Und bist allein,
Bist elend nur!
ARSINOE. Der singt wahrhaftig gar zu schön!
PSYCHE. Mir will das Herz in meiner Brust vergehn.
SATYROS singt. Hast Melodie vom Himmel geführt
Und Fels und Wald und Fluß gerührt;
Und wonnlicher war dein Lied der Flur
Als Sonnenschein;
Und bist allein,
Bist elend nur!
PSYCHE. Welch göttlich hohes Angesicht!
ARSINOE. Siehst denn seine langen Ohren nicht?
PSYCHE. Wie glühend stark umher er schaut!
ARSINOE. Möcht drum nicht sein des Wunders Braut.
SATYROS. O Mädchen hold, der Erde Zier!
Ich bitt euch, fliehet nicht vor mir.
PSYCHE. Wie kommst du an den Brunnen hier?
SATYROS. Woher ich komm, kann ich nicht sagen,
Wohin ich geh, müßt ihr nicht fragen.
Gebenedeit sind mir die Stunden,
Da ich dich, liebes Paar! gefunden.
PSYCHE. O lieber Fremdling! sag uns recht,
Welch ist dein Nam und dein Geschlecht?
SATYROS. Meine Mutter hab ich nie gekannt,
Hat niemand mir mein'n Vater genannt.
Im fernen Land hoch Berg und Wald
Ist mein beliebter Aufenthalt.
Hab weit und breit meinen Weg genommen.
PSYCHE. Sollt er wohl gar vom Himmel kommen?
ARSINOE. Von was, o Fremdling, lebst du dann?
SATYROS. Vom Leben, wie ein andrer Mann.
Mein ist die ganze weite Welt,
Ich wohne, wo mir's wohlgefällt.
Ich herrsch übers Wild und Vögelheer,
Frücht auf der Erden und Fisch im Meer.

Auch ist auf'm ganzen Erdenstrich
Kein Mensch so weis und klug als ich.
Ich kenn die Kräuter ohne Zahl,
Der Sterne Namen allzumal,
Und mein Gesang, der dringt ins Blut
Wie Weines Geist und Sonnen Glut.

PSYCHE. Ach Gott! ich weiß, wie's einem tut.

ARSINOE. Hör, das wär meines Vaters Mann.

PSYCHE. Ja freilich!

SATYROS. Wer ist dein Vater dann?

ARSINOE. Er ist der Priester und Ältest im Land,
Hat viele Bücher und viel Verstand,
Versteht sich auch auf Kräuter und Sternen;
Ihr müßt ihn wahrhaftig kennen lernen.

PSYCHE. So lauf und bring ihn schwind herbei!

Arsinoe ab.

SATYROS. So sind wir denn allein und frei.
O Engelskind! Dein himmlisch Bild
Hat meine Seel mit Wonn erfüllt.

PSYCHE. O Gott! seitdem ich dich gesehn,
Kann kaum auf meinen Füßen stehn.

SATYROS. Von dir glänzt Tugend-Wahrheits-Licht
Wie aus eines Engels Angesicht.

PSYCHE. Ich bin ein armes Mägdelein,
Dem du, Herr! wollest gnädig sein.

Er umfaßt sie.

SATYROS. Hab alles Glück der Welt im Arm
So Liebe-Himmels-Wonne-warm!

PSYCHE. Dies Herz mir schon viel Weh bereit't',
Nun aber stirbt's in Seligkeit.

SATYROS. Du hast nie gewußt, wo mit hin?

PSYCHE. Nie, – als seitdem ich bei dir bin.

SATYROS. Es war so ahnungsvoll und schwer,
Dann wieder ängstlich arm und leer;
Es trieb dich oft in Wald hinaus,
Dort Bangigkeit zu atmen aus;
Und wollustvolle Tränen flossen,
Und heilge Schmerzen sich ergossen,
Und um dich Himmel und Erd verging?

PSYCHE. O Herr! Du weißest alle Ding.
Und aller Seligkeit Wahntraumbild
Fühl ich erbebend voll erfüllt.

Er küßt sie mächtig.

PSYCHE. Laßt ab! – mich schaudert's – Wonn und Weh –
O Gott im Himmel! ich vergeh –

Hermes und Arsinoe kommen.

HERMES. Willkommen, Fremdling, in unserm Land!
SATYROS. Ihr tragt ein verflucht weites Gewand.
HERMES. Das ist nun so die Landesart.
SATYROS. Und einen lächerlich krausen Bart.
ARSINOE leise zu Psyche. Dem Fratzen da ist gar nichts recht.
PSYCHE. O Kind! er ist von einem Göttergeschlecht.
HERMES. Ihr scheint mir auch so wunderbar.
SATYROS. Siehst an mein ungekämmtes Haar,
Meine nackte Schultern, Brust und Lenden,
Meine lange Nägel an den Händen;
Da ekelt dir's vielleicht dafür?
HERMES. Mir nicht!
PSYCHE. Mir auch nicht.
ARSINOE für sich. Aber mir!
SATYROS. Ich wollt sonst schnell von hinnen eilen
Und in dem Wald mit den Wölfen heulen,
Wenn ihr euer unselig Geschick
Wolltet wähnen für Gut und Glück,
Eure Kleider, die euch beschimpfen,
Mir als Vorzug entgegenrümpfen.
HERMES. Herr! es ist eine Notwendigkeit.
PSYCHE. O, wie beschwert mich schon mein Kleid!
SATYROS. Was Not! Gewohnheitsposse nur,
Fernt euch von Wahrheit und Natur,
Drin doch alleine Seligkeit
Besteht, und Lebens-Liebens-Freud;
Seid all zur Sklaverei verdammt,
Nichts Ganzes habt ihr allzusamt!

Es drängt sich allerlei Volk zusammen.

EINER AUS DEM VOLK. Wer mag der mächtig Redner sein?
EIN ANDRER. Einem dringt das Wort durch Mark und Bein.
SATYROS. Habt eures Ursprungs vergessen,

Euch zu Sklaven versessen,
Euch in Häuser gemauert,
Euch in Sitten vertrauert,
Kennt die goldnen Zeiten
Nur aus Märchen, von weiten.
DAS VOLK. Weh uns! Weh!
SATYROS. Da eure Väter neugeboren
Vom Boden aufsprangen,
Im Wonnetaumel verloren
Willkommelied sangen,
An mitgeborner Gattin Brust,
Der rings aufkeimenden Natur,
Ohne Neid gen Himmel blickten,
Sich zu Göttern entzückten.
Und ihr – wo ist sie hin, die Lust
An sich selbst? Siechlinge, verbannet nur!
DAS VOLK. Weh! Weh!
SATYROS. Selig, wer fühlen kann,
Was sei: Gott sein! Mann!
Seinem Busen vertraut,
Entäußert bis auf die Haut
Sich alles fremden Schmucks,
Und nun ledig des Drucks
Gehäufter Kleinigkeiten, frei
Wie Wolken, fühlt, was Leben sei!
Stehn auf seinen Füßen,
Der Erde genießen,
Nicht kränklich erwählen,
Mit Bereiten sich quälen;
Der Baum wird zum Zelte,
Zum Teppich das Gras,
Und rohe Kastanien
Ein herrlicher Fraß!
DAS VOLK. Rohe Kastanien! O hätten wir's schon!
SATYROS. Was hält euch zurücke
Vom himmlischen Glücke?
Was hält euch davon?
DAS VOLK. Rohe Kastanien! Jupiters Sohn!
SATYROS. Folgt mir, ihr Werten!

Herren der Erden!
Alle gesellt!
DAS VOLK. Rohe Kastanien! Unser die Welt!

Ende des dritten Akts.

## VIERTER AKT

### IM WALD

Satyros, Hermes, Psyche, Arsinoe, das Volk sitzen in einem Kreise alle gekauert wie die Eichhörnchen, haben Kastanien in den Händen und nagen daran.

HERMES für sich. Sackerment! ich habe schon
Von der neuen Religion
Eine verfluchte Indigestion!
SATYROS. Und bereitet zu dem tiefen Gang
Aller Erkenntnis, horchet meinem Gesang!
Vernehmt, wie im Unding
Alles durcheinander ging;
Im verschloßnen Haß die Elemente tosend,
Und Kraft an Kräften widrig von sich stoßend,
Ohne Feindsband, ohne Freundsband,
Ohne Zerstören, ohne Vermehren.
DAS VOLK. Lehr uns, wir hören!
SATYROS. Wie im Unding das Urding erquoll,
Lichtsmacht durch die Nacht scholl,
Durchdrang die Tiefen der Wesen all,
Daß aufkeimte Begehrungsschwall
Und die Elemente sich erschlossen,
Mit Hunger ineinander ergossen,
Alldurchdringend, alldurchdrungen.
HERMES. Des Mannes Geist ist von Göttern entsprungen.
SATYROS. Wie sich Haß und Lieb gebar
Und das All nun ein Ganzes war,
Und das Ganze klang
In lebend wirkendem Ebengesang,
Sich täte Kraft in Kraft verzehren,
Sich täte Kraft in Kraft vermehren,
Und auf und ab sich rollend ging

Das all und ein und ewig Ding,
Immer verändert, immer beständig!

Das Volk. Er ist ein Gott!

Hermes. Wie wird die Seele lebendig
Vom Feuer seiner Rede!

Das Volk. Gott! Gott!

Psyche. Heiliger Prophete!
Gottheit! an deinen Worten, an deinen Blicken
Ich sterbe vor Entzücken!

Das Volk. Sinkt nieder!
Betet an!

Einer. Sei uns gnädig!

Ein andrer. Wundertätig
Und herrlich!

Das Volk. Nimm dies Opfer an!

Einer. Die Finsternis ist vergangen.

Das Volk. Nimm dies Opfer an!

Einer. Der Tag bricht herein.

Das Volk. Wir sind dein!
Gott, dein! ganz dein!

Der Einsiedler kommt durch den Wald gerade auf den Satyros zu.

Einsiedler. Ah, saubrer Gast! find ich dich hier,
Du ungezogen schändlich Tier!

Satyros. Mit wem sprichst du?

Einsiedler. Mit dir!
Wer hat bestohlen mich undankbar?
Meines Gottes Bild geraubet gar?
Du hinkender Teufel!

Das Volk. Höllenspott!
Er lästert unsern herrlichen Gott!

Einsiedler. Du wirst von keiner Schande rot.

Das Volk. Der Lästrer hat verdient den Tod.
Steinigt ihn!

Satyros. Haltet ein!
Ich will nicht dabei zugegen sein.

Das Volk. Sein unrein Blut, du himmlisch Licht,
Fließ fern von deinem Angesicht!

Satyros. Ich gehe!

DAS VOLK. Doch verlaß uns nicht!

Satyros ab.

EINSIEDLER. Seid ihr toll?
HERMES. Unseliger, kein Wort!
Bringt ihn an einen sichern Ort!
Geht, verschließt ihn in meine Wohnung.

Sie führen den Einsiedler ab.

DAS VOLK. Sterben soll er!
HERMES. Er verdient keine Schonung.
Und zu versühnen den himmlischen Geist,
Der uns sich so gnädig und liebreich erweist,
Wollen wir ihm unsern Tempel weihn
Und mit dem blutigen Opfer erfreun.
DAS VOLK. Wohl! Wohl!
HERMES. Zur Gottheit Füßen
Den Frevel zu büßen.
DAS VOLK. Das Verbrechen
Zu rächen,
Zu tilgen den Spott.
ALLE. Zernichtet die Lästrer,
Verherrlichet Gott!

Ende des vierten Akts.

## FÜNFTER AKT

### WOHNUNG DES HERMES

Eudora, Hermes' Frau. Der Einsiedler.

EUDORA. Nimm, guter Mann, dies Brot und Milch von mir,
Es ist das Letzte.
EINSIEDLER. Weib! ich danke dir.
Und weine nicht, laß mich in Ruhe scheiden;
Dies Herz ist wohlgewöhnt zu leiden,
Allein zu leiden männiglich.
Dein Mitleid überwältigt mich.
EUDORA. Ich bin betrübt, wie Blutdurst meinen Mann,
Das ganze Volk der Schwindel fassen kann!
EINSIEDLER. Sie glauben. – Laß sie! Du wirst nichts gewinnen.

Das Schicksal spielt
Mit unserm armen Kopf und Sinnen.

EUDORA. Dich um des Tiers willen töten!

EINSIEDLER. Tiers! Wer sein Herz bedürftig fühlt,
Find't überall einen Propheten.
Ich bin der erste Märtyrer nicht,
Aber gewiß der harmlosen einer;
Um keiner Meinungen, keiner
Willkürlichen Grillen,
Um eines armen Lappens willen,
Eines Lappens, bei Gott! den ich brauchte.
Mein Andachtsbild, den Schutzgott meiner Ruh,
Raubt mir das Ungeheuer dazu.

EUDORA. O Freund! ich kenn sein Götterblut wie du.
Mein Mann ward Knecht in seiner eignen Wohnung,
Und Ihro borstge Majestät sah zur Belohnung
Mich Hausfrau für einen arkadischen Schwan,
Mein Ehbett für einen Rasen an,
Sich drauf zu tummeln.

EINSIEDLER. Ich erkenn ihn dran.

EUDORA. Ich schickt ihn mit Verachtung weg. Er hing
Sich fester an Psyche, das arme Ding,
Um mir zu trotzen! Und seit der Zeit
Sterb ich oder seh dich befreit.

EINSIEDLER. Sie bereiten das Opfer heut.

EUDORA. Die Gefahr lehrt uns bereit sein.
Ich gebe nichts verloren;.
Mit einem Blick lenk ich ein
Bei dem kühnen eingebild'ten Toren.

EINSIEDLER. Und dann?

EUDORA. Wann sie dich zum Opfer führen,
Lock ich ihn an, sich zu verlieren
In die innern heiligen Hallen,
Aus Großmut-Sanftmut-Schein.
Da dring ich auf das Volk ein,
Uns zu überfallen.

EINSIEDLER. Ich fürchte –

EUDORA. Fürchte nicht!
Einer, der um sein Leben spricht,
Hat Gewalt. Ich wage, und du sollst reden. Ab.
EINSIEDLER. Geht's nicht, so mögen sie mich töten.

## DER TEMPEL

Satyros sitzt ernst wild auf dem Altar. Das Volk vor ihm auf den Knieen. Psyche an ihrer Spitze.

DAS VOLK. CHORUS. Geist des Himmels, Sohn der Götter,
Zürne nicht!
Frevlern deiner Stirne Wetter,
Uns ein gnädig Angesicht!
Hat der Lästrer das verbrochen,
Sieh herab, du wirst gerochen!
Schrecklich nahet sein Gericht.
Hermes. Ihm folgt ein Trupp, den Einsiedler gebunden führend.
DAS VOLK. Höll und Tod dem Übertreter!
Geist des Himmels, Sohn der Götter,
Zürne deinen Kindern nicht!
SATYROS herabsteigend. Ich hab ihm seine Missetat verziehn!
Der Gerechtigkeit überlaß ich ihn.
Mögt den Toren schlachten, befrein,
Ich will nicht dawider sein.
DAS VOLK. O Edelmut!
Es fließe sein Blut!
SATYROS. Ich geh ins Heiligtum hinein;
Und keiner soll sich unterstehn,
Bei Lebensstraf, mir nachzugehn!
EINSIEDLER für sich.
Weh mir! Ihr Götter, wollet bei mir stehn!
Satyros ab.
EINSIEDLER. Mein Leben ist in euren Händen,
Ich bin nicht unbereitet, es zu enden.
Ich habe schon seit manchen langen Tagen
Nicht genossen, nur das Leben so ausgetragen.
Es mag! Mich hält der tränenvolle Blick
Des Freundes, eines lieben Weibes Not

Und unversorgter Kinder Elend nicht zurück.
Mein Haus versinkt nach meinem Tod,
Das dem Bedürfnis meines Lebens
Allein gebaut war. Doch das schmerzt mich nur,
Daß ich die tiefe Kenntnis der Natur
Mit Müh geforscht und, leider! nun vergebens;
Daß hohe Menschenwissenschaft,
Manche geheimnisvolle Kraft,
Mit diesem Geist der Erd entschwinden soll.

EINER DES VOLKS. Ich kenn ihn; er ist der Künste voll.

EIN ANDRER. Was Künste! Unser Gott weiß das all.

EIN DRITTER. Ob er sie sagt, das ist ein andrer Fall.

EINSIEDLER.
Ihr seid über hundert. Wenn's zwei-, dreihundert wären,
Ich wollte jedem sein eigen Kunststück lehren,
Einem jeden eins,
Denn was alle wissen, ist keins.

DAS VOLK. Er will uns beschwätzen. Fort! Fort!

EINSIEDLER. Noch ein Wort!
So erlaube, daß ich dir
Ein Geheimnis eröffne, das für und für
Dich glücklich machen soll.

HERMES. Und wie soll's heißen?

EINSIEDLER *leise.* Nichts weniger als den Stein der Weisen.
Komm von der Menge
Nur einen Schritt in diese Gänge.

*Sie wollen gehn.*

DAS VOLK. Verwegner, keinen Schritt!

PSYCHE. Ins Heiligtum! Und, Hermes, du gehst mit?
Vergissest des Gottes Gebot?

VOLK. Auf! Auf! Des Frevlers Blut und Tod!

*Sie reißen den Einsiedler zum Altare. Einer dringt dem Hermes das Messer auf.*

EUDORA *inwendig.* Hülfe! Hülfe!

DAS VOLK. Welche Stimme?

HERMES. Das ist mein Weib!

EINSIEDLER. Gebietet eurem Grimme
Einen Augenblick!

EUDORA *inwendig.* Hülfe, Hermes! Hülfe!

HERMES. Mein Weib! Götter, mein Weib!

Er stößt die Türen des Heiligtums auf. Man sieht Eudora sich gegen des Satyros Umarmungen verteidigend.

HERMES. Es ist nicht möglich!

Satyros läßt Eudoren los.

EUDORA. Da seht ihr euren Gott!
VOLK. Ein Tier! Ein Tier!
SATYROS. Von euch Schurken keinen Spott!
Ich tät euch Eseln eine Ehr an,
Wie mein Vater Jupiter vor mir getan;
Wollt eure dummen Köpf belehren
Und euren Weibern die Mücken wehren,
Die ihr nicht gedenkt ihnen zu vertreiben;
So mögt ihr denn im Dreck bekleiben.
Ich zieh meine Hand von euch ab,
Lasse zu edlern Sterblichen mich herab.
HERMES. Geh! wir begehren deiner nit.

Satyros ab.

EINSIEDLER. Es geht doch wohl eine Jungfrau mit.

# GÖTTER, HELDEN UND WIELAND

## EINE FARCE

Mercurius am Ufer des Cocytus mit zwei Schatten.

MERCURIUS. Charon! he, Charon! Mach, daß du rüber kommst. Geschwind! Meine Leutchen da beklagen sich zum Erbarmen, wie ihnen das Gras die Füße netzt und sie den Schnuppen kriegen.

CHARON. Saubre Nation! Woher? Das ist einmal wieder von der rechten Rasse. Die könnten immer leben.

MERCURIUS. Droben reden sie umgekehrt. Doch mit allem dem war das Paar nicht unangesehen auf der Oberwelt. Dem Herrn Literator hier fehlt nichts als seine Perücke und seine Bücher und der Megäre da nur Schminke und Dukaten. Wie steht's drüben?

CHARON. Nimm dich in acht, sie haben dir's geschworen, wenn du hinüber kommst.

MERCURIUS. Wieso?

CHARON. Admet und Alceste sind übel auf dich zu sprechen, am ärgsten Euripides. Und Herkules hat dich im Anfall seiner Hitze einen dummen Buben geheißen, der nie gescheit werden würde.

MERCURIUS. Ich versteh kein Wort davon.

CHARON. Ich auch nicht. Du hast in Deutschland jetzt ein Geträtsch mit einem gewissen Wieland?

MERCURIUS. Ich kenn so keinen.

CHARON. Was schiert's mich? Gnug, sie sind fuchswild.

MERCURIUS. Laß mich in Kahn, ich will mit hinüber, muß doch sehen, was gibt.

Sie fahren über.

EURIPIDES. Es ist nicht fein, daß du's uns so spielst, alten guten Freunden und deinen Brüdern und Kindern. Dich mit Kerls zu gesellen, die keine Ader griechisch Blut im Leibe haben, und an uns zu necken und neidschen, als wenn uns noch was übrig wäre außer dem bißchen Ruhm und dem Respekt, den die Kinder droben für unserm Bart haben!

MERCURIUS. Beim Jupiter, ich versteh Euch nicht.

Literator. Sollte etwa die Rede vom Deutschen Merkur sein?

Euripides. Kommt Ihr daher? Ihr bezeugt's also?

Literator. O ja, das ist jetzo die Wonne und Hoffnung von ganz Deutschland, was der Götterbote für goldne Papierchen der Aristarchen und Aoiden herumträgt.

Euripides. Da hört ihr's. Und mir ist übel mitgespielt in denen goldenen Blättchens.

Literator. Das nicht sowohl. Herr W. zeigt nur, daß er nach Ihnen habe wagen dürfen, eine Alceste zu schreiben, und daß, wenn er Ihre Fehler vermieden und größere Schönheiten aufempfunden, man die Schuld Ihrem Jahrhunderte und dessen Gesinnungen zuschreiben müsse.

Euripides. Fehler! Schuld! Jahrhundert! O du hohes herrliches Gewölbe des unendlichen Himmels! was ist aus uns geworden! Merkur, und du trägst dich damit!

Mercurius. Ich stehe versteinert.

Alceste. Du bist in übler Gesellschaft, und ich werde sie nicht verbessern. Pfui!

Admet. Merkur, das hätte ich dir nicht zugetraut.

Mercurius. Redt deutlich, oder ich gehe fort. Was hab ich mit Rasenden zu tun!

Alceste. Du scheinst betroffen? So höre denn. Wir gingen neulich, mein Gemahl und ich, in dem Hain jenseits des Cocytus, wo, wie du weißt, die Gestalten der Träume sich lebhaft darstellen und hören lassen. Wir hatten uns eine Weile an den phantastischen Gestalten ergötzt, als ich auf einmal meinen Namen mit einem unleidlichen Tone ausrufen hörte. Wir wandten uns. Da erschienen zwei abgeschmackte, gezierte, hagre, blasse Püppchens, die sich einander Alceste! Admet! nannten, voreinander sterben wollten, ein Geklingele mit ihren Stimmen machten als die Vögel und zuletzt mit einem traurigen Gekrächz verschwanden.

Admet. Es war lächerlich anzusehen. Wir verstunden das nicht, bis erst kurz ein junger Studiosus herunterkam, der uns die große Neuigkeit brachte, ein gewisser Wieland habe uns ungebeten wie Euripides die Ehre angetan, dem Volke unsre Masken zu prostituieren. Und der sagte das

Stück auswendig von Anfang bis zu Ende her. Es hat's aber niemand ausgehalten als Euripides, der neugierig und Autor genug dazu war.

EURIPIDES. Ja, und was das Schlimmste ist, so soll er in eben den Wischen, die du herumträgst, seine Alceste vor der meinigen herausgestrichen, mich herunter und lächerlich gemacht haben.

MERCURIUS. Wer ist der Wieland?

LITERATOR. Hofrat und Prinzenhofmeister zu Weimar.

MERCURIUS. Und wenn er Ganymeds Hofmeister wäre, sollt er mir her. Es ist just Schlafenszeit, und mein Stab führt eine Seele leicht aus ihrem Körper.

LITERATOR. Mir wird's angenehm sein, solch einen großen Mann bei dieser Gelegenheit kennen zu lernen.

Wielands Schatten in der Nachtmütze tritt auf.

WIELAND. Lassen Sie uns, mein lieber Jacobi.

ALCESTE. Er spricht im Traum.

EURIPIDES. Man sieht doch, mit was für Leuten er umgeht.

MERCURIUS. Ermuntert Euch. Es ist hier von keinen Jacobis die Rede. Wie ist's mit dem Merkur? Ihrem Merkur? dem Deutschen Merkur?

WIELAND kläglich. Sie haben mir ihn nachgedruckt.

MERCURIUS. Was tut uns das. So hört denn und seht.

WIELAND. Wo bin ich? Wohin führt mich der Traum?

ALCESTE. Ich bin Alceste.

ADMET. Und ich Admet.

EURIPIDES. Solltet Ihr mich wohl kennen?

MERCURIUS. Woher? – Das ist Euripides, und ich bin Merkur. Was steht Ihr so verwundert?

WIELAND. Ist das Traum, was ich wie wachend fühle? Und doch hat meine Einbildungskraft niemals solche Bilder hervorgebracht. Ihr Alceste? Mit dieser Taille! Verzeiht! Ich weiß nicht, was ich sagen soll.

MERCURIUS. Die eigentliche Frage ist, warum Ihr meinen Namen prostituiert und diesen ehrlichen Leuten zusammen so übel begegnet.

WIELAND. Ich bin mir nichts bewußt. Was Euch betrifft, Ihr könntet, dünkt mich, wissen, daß wir Euerm Namen keine Achtung schuldig sind. Unsre Religion verbietet uns, irgendeine Wahrheit, Größe, Güte, Schönheit anzuerkennen und anzubeten außer ihr. Daher sind eure Namen wie eure Bildsäulen zerstümmelt und preisgegeben. Und ich versichre Euch, nicht einmal der griechische Hermes, wie ihn uns die Mythologen geben, ist mir je dabei in Sinn gekommen. Man denkt gar nichts dabei. Es ist, als wenn einer sagte: Recueil, Portefeuille.

MERCURIUS. Es ist doch immer mein Name.

WIELAND. Haben Sie niemals Ihre Gestalt mit Flügel an Haupt und Füßen, den Schlangenstab in der Hand, sitzend auf Warenballen und Tonnen, im Vorbeigehn auf einer Tabaksbüchse figurieren sehn?

MERCURIUS. Das läßt sich hören. Ich sprech Euch los. Und ihr andern werdet mich künftig ungeplagt lassen. So, weiß ich, war auf dem letzten Maskenballe ein gnädiger Herr, der über seine Hosen und Weste noch einen fleischfarbnen Jobs gezogen hatte und vermittelst Flügeln an Haupt und Sohlen seine Molchsgestalt für einen Mercurius an Mann bringen wollte.

WIELAND. Das ist die Meinung. So wenig mein Vignettenschneider auf Eure Statue Rücksicht nahm, die Florenz aufbewahrt, so wenig auch ich.

MERCURIUS. So gehabt Euch wohl. Und so seid Ihr überzeugt, daß der Sohn Jupiters noch nicht so bankrutt gemacht hat, um sich mit allerlei Leuten zu assoziieren. Ab.

WIELAND. So empfehl ich mich dann.

EURIPIDES. Nicht uns so. Wir haben noch erst ein Glas zusammen zu leeren.

WIELAND. Ihr seid Euripides, und meine Hochachtung für Euch hab ich öffentlich gestanden.

EURIPIDES. Viel Ehre! Es fragt sich, inwiefern Euch Eure Arbeit berechtigt, von der meinigen Übels zu reden. Fünf Briefe zu schreiben, um Euer Drama, das so mittelmäßig ist, daß ich als kompromittierter Nebenbuhler fast drüber eingeschlafen bin, Euern Herren und Damen nicht allein vorzustreichen, das man noch verzeihen könnte; sondern den guten Euripides als einen verunglückten Mitstreiter hinzustellen, dem Ihr den Rang abgelaufen habt.

ADMET. Ich will's Euch gestehen, Euripides ist auch ein

Poet, und ich habe mein Tage die Poeten für nichts mehr gehalten, als sie sind. Aber ein braver Mensch ist er und unser Landsmann. Es hätte Euch doch sollen bedenklich scheinen, ob der Mann, der geboren wurde, da Griechenland den Xerxes bemeisterte, der ein Freund des Sokrates war, dessen Stücke eine Wirkung auf sein Jahrhundert hatten wie Eure wohl schwerlich, ob der Mann nicht eher die Schatten von Alceste und Admet habe herbeibeschwören können als Ihr. Das verdiente einige ahndungsvolle Ehrfurcht. Der zwar Euer ganzes aberweises Jahrhundert von Literatoren nicht fähig ist.

EURIPIDES. Wenn Eure Stücke einmal so viel Menschen das Leben gerettet haben als meine, dann sollt Ihr auch reden.

WIELAND. Mein Publikum, Euripides, ist nicht das Eurige.

EURIPIDES. Das ist die Sache nicht. Von meinen Fehlern und Unvollkommenheiten ist die Rede, die Ihr vermieden habt.

ALCESTE. Daß ich's Euch sage als ein Weib, die eh ein Wort reden darf, daß es nicht auffällt. Eure Alceste mag gut sein und Eure Weibchen und Männchen amüsiert, auch wohl gekitzelt haben, was Ihr Rührung nennt. Ich bin drüber weggegangen, wie man von einer verstimmten Zither wegweicht. Des Euripides seine hab ich doch ganz ausgehört, mich manchmal drüber gefreut und auch drüber gelächelt.

WIELAND. Meine Fürstin!

ALCESTE. Ihr solltet wissen, daß Fürsten hier nichts gelten. Ich wünschte, Ihr könntet fühlen, wie viel glücklicher Euripides in Ausführung unsrer Geschichte gewesen als Ihr. Ich bin für meinen Mann gestorben; wie und wo, das ist nicht die Frage. Die Frage ist von Eurer Alceste, von Euripides' Alceste.

WIELAND. Könnt Ihr mir absprechen, daß ich das Ganze delikater behandelt habe?

ALCESTE. Was heißt das? Genug, Euripides hat gewußt, warum er eine Alceste aufs Theater bringt. Ihr nicht. So wenig Ihr die Größe des Opfers, das ich meinem Manne tat, darzustellen wußtet.

WIELAND. Wie meint Ihr das?

EURIPIDES. Laßt mich reden, Alceste. Sieh her, das sind

meine Fehler. Ein junger, blühender König, ersterbend mitten im Genuß aller Glückseligkeit. Sein Haus, sein Volk in Verzweiflung, den Guten, Trefflichen zu verlieren, und über dem Jammer Apoll bewegt, den Parzen einen Wechseltod abdringend. Und nun – alles verstummt und Vater und Mutter und Freunde und Volk – alles – und er lechzend am Rande des Tods, umherschauend nach einem willigen Auge, und überall Schweigen – bis sie auftritt, die Einzige, ihre Schönheit und Kraft aufzuopfern dem Gatten, hinunterzusteigen zu den hoffnungslosen Toten.

WIELAND. Das hab ich alles auch.

EURIPIDES. Nicht gar! Eure Leute sind erstlich alle zusammen aus der großen Familie, der ihr Würde der Menschheit, ein Ding, das Gott weiß woher abstrahiert ist, zum Erbe gegeben habt, ihr Dichter auf unsern Trümmern! Sie sehn einander ähnlich wie die Eier, und Ihr habt sie zum unbedeutenden Breie zusammengerührt. Da ist eine Frau, die für ihren Mann sterben will, ein Mann, der für seine Frau sterben will, ein Held, der für sie beide sterben will, daß nichts übrigbleibt als das langweilige Stück Parthenia, die man gerne wie den Widder aus'm Busche bei den Hörnern kriegte, um dem Elend ein Ende zu machen.

WIELAND. Ihr seht das anders an als ich.

ALCESTE. Das vermut ich. Nur sagt mir: Was war Alcestens Tat, wenn ihr Mann sie mehr liebte als sein Leben? Der Mensch, der sein ganzes Glück in seiner Gattin genösse, wie Euer Admet, würde durch ihre Tat in den doppelt bittern Tod gestürzt werden. Philemon und Baucis erbaten sich zusammen den Tod, und euer Klopstock, der doch immer unter euch ein Mensch ist, läßt seine Liebenden wetteifern – „Daphnis, ich sterbe zuletzt". Also mußte Admet gerne leben, sehr gerne leben, oder ich war – was? – eine Komödiantin – ein Kind – genug, macht aus mir, was Euch gefällt.

ADMET. Und den Admet, der Euch so ekelhaft ist, weil er nicht sterben mag. Seid Ihr jemals gestorben? Oder seid Ihr jemals ganz glücklich gewesen? Ihr redt wie großmütige Hungerleider.

WIELAND. Nur Feige fürchten den Tod.

ADMET. Den Heldentod, ja! Aber den Hausvatertod fürchtet jeder, selbst der Held. So ist's in der Natur. Glaubt Ihr denn, ich würde mein Leben geschont haben, meine Frau dem Feinde zu entreißen, meine Besitztümer zu verteidigen? Und doch –

WIELAND. Ihr redet wie Leute einer andern Welt, eine Sprache, deren Worte ich vernehme, deren Sinn ich nicht fasse.

ADMET. Wir reden griechisch. Ist Euch das so unbegreiflich? Admet –

EURIPIDES. Ihr bedenkt nicht, daß er zu einer Sekte gehört, die allen Wassersüchtigen, Auszehrenden, an Hals und Bein tödlich Verwundeten einreden will, tot würden ihre Herzen voller, ihre Geister mächtiger, ihre Knochen markiger sein. Das glaubt er.

ADMET. Er tut nur so. Nein, Ihr seid noch Mensch genug, Euch zu Euripides' Admeten zu versetzen.

ALCESTE. Merkt auf und fragt Eure Frau drüber.

ADMET. Ein junger, ganz glücklicher, wohlbehaglicher Fürst, der von seinem Vater Reich und Erbe und Herde und Güter empfangen hatte und drinne saß mit Genüglichkeit und genoß und ganz war und nichts bedurfte als Leute, die mit ihm genossen, und sie, wie natürlich, fand und des Hergebens nicht satt wurde und alle liebte, daß sie ihn lieben sollten, und sich Götter und Menschen so zu Freunden gemacht hatte und Apoll den Himmel an seinem Tische vergaß – der sollte nicht ewig zu leben wünschen! – Und der Mensch hatte auch eine Frau –

ALCESTE. Ihr habt eine und begreift das nicht. Ich wollte das dem schwarzaugigen jungen Ding dort begreiflich machen. Schöne Kleine, willst du ein Wort hören?

DAS MÄDCHEN. Was verlangt Ihr?

ALCESTE. Du hattest einen Liebhaber.

MÄDCHEN. Ach ja!

ALCESTE. Und liebtest ihn von Herzen, so daß du in mancher guten Stunde Beruf fühltest, für ihn zu sterben?

MÄDCHEN. Ach, und ich bin um ihn gestorben. Ein feindseliges Schicksal trennte uns, das ich nicht lang überlebte.

ALCESTE. Da habt Ihr Eure Alceste, Wieland. Nun sage mir, liebe Kleine, du hattest Eltern, die sich zärtlich liebten?

MÄDCHEN. Gegen unsre Liebe war's kein Schatten. Aber sie ehrten einander von Herzen.

ALCESTE. Glaubst du wohl, wenn deine Mutter in Todsgefahr gewesen wäre und dein Vater hätte für sie mit seinem Leben bezahlt, daß sie's mit Dank angenommen hätte?

MÄDCHEN. Ganz gewiß.

ALCESTE. Und wechselsweise, Wieland, ebenso, da habt Ihr Euripides' Alceste.

ADMET. Die Eurige wäre denn für Kinder, die andere für ehrliche Leute, die schon ein bis zwei Weiber begraben haben. Daß Ihr nun mit Eurem Auditorio sympathisiert, ist nötig und billig.

WIELAND. Laßt mich, ihr seid widersinnige rohe Leute, mit denen ich nichts gemein habe.

EURIPIDES. Erst höre mich noch ein paar Worte.

WIELAND. Mach's kurz.

EURIPIDES. Keine fünf Briefe, aber Stoff dazu. Das, worauf Ihr Euch so viel zugute tut, ein Theaterstück so zu lenken und zu ründen, daß es sich sehen lassen darf, ist ein Talent, ja, aber ein sehr geringes.

WIELAND. Ihr kennt die Mühe nicht, die's kostet.

EURIPIDES. Du hast ja genug davon vorgeprahlt, daß alles, wenn man's beim Licht besieht, nichts ist als eine Fähigkeit, nach Sitten und Theaterkonventionen und nach und nach aufgeflickten Statuten Natur und Wahrheit zu verschneiden und einzugleichen.

WIELAND. Ihr werdet mich das nicht überreden.

EURIPIDES. So genieße deines Ruhms unter den Deinigen und laß uns in Ruh.

ADMET. Begib dich zur Gelassenheit, Euripides! Die Stellen, an denen er deiner spottet, sind so viel Flecken, mit denen er sein eigen Gewand beschmitzt. Wär er klug und er könnte sie und die Noten zum Shakespeare mit Blut abkaufen, er würde es tun. So stellt er sich dar und bekennt: Da hab ich nichts gefühlt.

EURIPIDES. Nichts gefühlt bei meinem Prolog, der ein Meisterstück ist. Ich darf wohl von meiner Arbeit so reden, tust du's ja. Du fühlst nichts, da du in den gastoffnen Hof Admetens trittst?

Alceste. Er hat keinen Sinn für Gastfreiheit, hörst du ja.

Euripides. Und auf der Schwelle begegnet dir Apollo, die freundliche Gottheit des Hauses, die, ganz voll Liebe zum Admet, ihn erst dem Tod entreißt und nun, o Jammer! sein bestes Weib für ihn dahingegeben sieht. Er kann nichts weiter retten und entfernt sich wehmütig, daß nicht die Gemeinschaft mit Toten seine Reinigkeit beflecke. Da tritt herein, schwarz gehüllt, das Schwert ihrer heimtückischen Macht in der Faust, die Königin der Toten, die Geleiterin zum Orkus, das unerbittliche Schicksal, und schilt auf die gütig verweilende Gottheit, droht schon der Alceste, und Apoll verläßt das Haus und uns. Und wir mit dem verlassenen Chor seufzen: Ach, daß Äskulap noch lebte, der Sohn Apollos, der die Kräuter kannte und jeden Balsam, sie würde gerettet werden: denn er erweckte die Toten; aber er ist erschlagen von Jupiters Blitz, der nicht duldete, daß jener weckte vom ewigen Schlaf, die in Staub gestreckt hatte nieder sein unerbittlicher Ratschluß.

Alceste. Bist du nicht ganz entrückt gewesen in die Phantasie der Menschen, die aus ihrer Väter Munde vernommen hatten von einem so wundertätigen Manne, dem Macht gegeben war über den allmächtigen Tod? Ist dir nicht der Wunsch, Hoffnung, Glauben aufgegangen: Käme einer aus diesem Geschlechte! käme der Halbgott seinen Brüdern zu Hülfe!

Euripides. Und da er nun kommt, nun Herkules auftritt und ruft: Sie ist tot! tot! hast sie weggeführt, schwarze gräßliche Geleiterin zum Orkus, hast mit deinem verzehrenden Schwerte abgeweihet ihre Haare. Ich bin Jupiters Sohn und traue mir Kraft zu über dich. An dem Grabe will ich dir auflauschen, wo du das Blut trinkst der abgeschlachteten Totenopfer, fassen will ich dich, Todesgöttin, umknüpfen mit meinen Armen, die kein Sterblicher und kein Unsterblicher löset, und du sollst mir herausgeben das Weib, Admetens liebes Weib, oder ich bin nicht Jupiters Sohn.

HERKULES tritt auf. Was redt ihr von Jupiters Sohn? Ich bin Jupiters Sohn.

ADMET. Haben wir dich in deinem Rauschschläfchen gestört?

HERKULES. Was soll der Lärm?

ALCESTE. Ei, da ist der Wieland.

HERKULES. Ei wo?

ADMET. Da steht er.

HERKULES. Der! Nun, der ist klein genug. Hab ich mir ihn doch so vorgestellt. Seid Ihr der Mann, der den Herkules immer im Munde führt?

WIELAND. Ich habe nichts mit Euch zu schaffen, Koloß.

HERKULES. Bin ich dir als Zwerg erschienen?

WIELAND. Als wohlgestalter Mann, mittlerer Größe tritt mein Herkules auf.

HERKULES. Mittlerer Größe! Ich!

WIELAND. Wenn Ihr der Herkules seid, so seid Ihr's nicht gemeint.

HERKULES. Es ist mein Name, und auf den bin ich stolz. Ich weiß wohl, wenn ein Fratze keinen Schildhalter unter den Bären, Greifen und Schweinen finden kann, so nimmt er einen Herkules dazu. Denn meine Gottheit ist dir niemals im Traum erschienen.

WIELAND. Ich gestehe, das ist der erste Traum, den ich so habe.

HERKULES. So geh in dich und bitte den Göttern ab deine Noten übern Homer, wo wir dir zu groß sind. Das glaub ich, zu groß!

WIELAND. Wahrhaftig, Ihr seid ungeheuer. Ich hab mir Euch niemals so imaginiert.

HERKULES. Was kann ich davor, daß Er so eine engbrüstige Imagination hat. Wer ist denn Sein Herkules, auf den Er sich so viel zugute tut? Und was will Er? Für die Tugend! Was heißt die Devise? Hast du die Tugend gesehn, Wieland? Ich bin doch auch in der Welt herumkommen, und ist mir nichts so begegnet.

WIELAND. Die Tugend, für die mein Herkules alles tut, alles wagt, Ihr kennt sie nicht?

HERKULES. Tugend! Ich hab das Wort erst hierunten von

ein paar albernen Kerls gehört, die keine Rechenschaft davon zu geben wußten.

WIELAND. Ich bin's ebensowenig imstande. Doch laßt uns darüber keine Worte verderben. Ich wollte, Ihr hättet meine Gedichte gelesen, und Ihr würdet finden, daß ich selbst die Tugend wenig achte. Sie ist ein zweideutiges Ding.

HERKULES. Ein Unding ist sie, wie alle Phantasie, die mit dem Gang der Welt nicht bestehen kann. Eure Tugend kommt mir vor wie ein Zentaur; solang der vor Eurer Imagination herumtrabt, wie herrlich, wie kräftig! und wenn der Bildhauer Euch ihn hinstellt, welch übermenschliche Form! – Anatomiert ihn und findet vier Lungen, zwei Herzen, zwei Mägen. Er stirbt im Augenblicke der Geburt wie ein andres Mißgeschöpf, oder ist nie außer Eurem Kopf erzeugt worden.

WIELAND. Tugend muß doch was sein, sie muß wo sein.

HERKULES. Bei meines Vaters ewigem Bart! Wer hat daran gezweifelt? Und mich dünkt, bei uns wohnte sie, Halbgöttern und Helden. Meinst du, wir lebten wie das Vieh, weil eure Bürger sich vor den Faustrechtszeiten kreuzigen? Wir hatten die bravsten Kerls unter uns.

WIELAND. Was nennt ihr brave Kerls?

HERKULES. Einen, der mitteilt, was er hat. Und der reichste ist der bravste. Hatte einer Überfluß an Kräften, so prügelte er die andern aus. Und versteht sich, ein rechter Mann gibt sich nie mit Geringern ab, nur mit seinesgleichen, auch Größern wohl. Hatte einer denn Überfluß an Säften, machte er den Weibern so viel Kinder, als sie begehrten, auch wohl ungebeten. Wie ich denn selbst in einer Nacht funfzig Buben ausgearbeitet habe. Fehlt es einem denn an beiden, und der Himmel hatte ihm, oder auch wohl dazu, Erb und Hab vor Tausenden gegeben, eröffnete er seine Türen und hieß Tausende willkommen, mit ihm zu genießen. Und da steht Admet, der wohl der Bravste in diesem Stücke genannt werden kann.

WIELAND. Das meiste davon wird zu unsern Zeiten für Laster gerechnet.

HERKULES. Laster, das ist wieder ein schönes Wort. Dadurch wird eben alles so halb bei euch, daß ihr euch Tugend und Laster als zwei Extrema vorstellt, zwischen denen ihr schwankt. Anstatt euern Mittelzustand als den positiven anzusehn und den besten, wie's eure Bauern und Knechte und Mägde noch tun.

WIELAND. Wenn Ihr diese Gesinnungen in meinem Jahrhunderte merken ließet, man würde Euch steinigen. Haben sie mich wegen meiner kleinen Angriffe an Tugend und Religion so entsetzlich verketzert.

HERKULES. Was ist da viel anzugreifen? Die Pferde, Menschenfresser und Drachen, mit denen hab ich's aufgenommen, mit Wolken niemals, sie wollten eine Gestalt haben, wie sie mochten. Die überläßt ein gescheiter Mann dem Winde, der sie zusammengeführt hat, wieder zu verwehen.

WIELAND. Ihr seid ein Unmensch! Ein Gotteslästrer.

HERKULES. Will dir das nicht in Kopf? Aber des Prodikus Herkules, das ist dein Mann. Eines Schulmeisters Herkules. Ein unbärtiger Sylvio am Scheideweg. Wären mir die Weiber begegnet, siehst du, eine unter den Arm, eine unter den, und alle beide hätten mit fortgemußt. Darin ist dein Amadis kein Narr, ich laß dir Gerechtigkeit widerfahren.

WIELAND. Kenntet Ihr meine Gesinnungen, Ihr würdet noch anders denken.

HERKULES. Ich weiß genug. Hättest du nicht zu lang unter der Knechtschaft deiner Sittenlehre geseufzt, es hätte noch was aus dir werden können. Denn jetzt hängen dir immer noch die scheelen Ideale an. Kannst nicht verdauen, daß ein Halbgott sich betrinkt und ein Flegel ist, seiner Gottheit ohnbeschadet. Und wunder meinst, wie du einen Kerl prostituiert hättest, wenn du ihn untern Tisch oder zum Mädel auf die Streu bringst. Weil Eure Hochwürden das nicht Wort haben wollen.

WIELAND. Ich empfehle mich.

HERKULES. Du möchtest aufwachen. Noch ein Wort. Was soll ich von eines Menschen Verstand denken, der in seinem vierzigsten Jahr ein groß Werks und Wesens draus machen kann und fünf, sechs Bücher voll schreiben, davon, daß ein Maidel mit kaltem Blut kann bei drei, vier Kerls liegen und sie eben in der Reihe herum liebhaben. Und daß die Kerls sich darüber beleidigt finden und doch wieder anbeißen. Ich sehe gar nicht –

PLUTO inwendig. He! Ho! Was für ein verfluchter Lärm da draußen. Herkules, dich hört man überall vor. Kann man denn nicht einmal ruhig liegen bei seinem Weibe, wenn sie nichts dagegen hat.

HERKULES. So gehabt Euch wohl, Herr Hofrat.

WIELAND erwachend. Sie reden, was sie wollen: mögen sie doch reden, was kümmert's mich.

# CLAUDINE VON VILLA BELLA

## EIN SCHAUSPIEL MIT GESANG

### PERSONEN

Don Gonzalo, Herr von Villa Bella
Donna Claudina, seine Tochter
Sibylla und Camilla, seine Nichten
Don Sebastian von Rovero, ein Freund des Hauses
Don Pedro von Castelvecchio, ein Fremder
Crugantino, Basko, Vagabunden

Die Musik kündigt einen Wirrwarr, einen fröhlichen Tumult an, einen Zusammenlauf des Volks zu einem festlichen Pompe.

Eine geschmückte Gartenszene stellt sich dar. Unter einem feurigen Marsche naht sich der Zug.

Kleine Kinder gehen voran mit Blumenkörben und Kränzen; ihnen folgen Mädchen und Jünglinge mit Früchten; darauf kommen Alte mit allerlei Gaben. Sibylla und Camilla tragen Geschmeide und köstliche Kleider. Sodann gehen die beiden Alten, Don Gonzalo und Don Sebastian. Gleich hinter ihnen erscheint, getragen von vier Jünglingen, auf einem mit Blumen geschmückten Sessel, Donna Claudina. Die herabhangenden Kränze tragen vier andere Jünglinge, deren erster, rechter Hand, Don Pedro ist. Während des Zugs singt der

CHOR.
Fröhlicher,
Seliger,
Herrlicher Tag!
Gabst uns Claudinen!
Bist uns so glücklich,
Uns wieder erschienen!
Fröhlicher,
Seliger,
Herrlicher Tag!

Der Zug teilt sich auf beiden Seiten. Die Träger halten in der Mitte, und die Begleiter bringen ihre Gaben an.

EIN KLEINES. Sieh, es erscheinen
Alle die Kleinen;
Mädchen und Bübchen.
Kommen, o Liebchen!
Binden mit Bändern
Und Kränzen dich an! –

CHOR. Nimm sie, die herzlichen
Gaben, sie an!

EINE JUNGFRAU. Alten und Jungen
Kommen gesungen;
Männer und Greise,
Jeder nach Weise,
Bringet ein jeder
Dir, was er vermag.

CHOR. Fröhlicher,
Seliger,
Herrlicher Tag!

PEDRO reicht ihr einen Strauß.
Blumen der Wiese,
Dürfen auch diese
Hoffen und wähnen?
Ach es sind Tränen –
Noch sind die Tränen
Des Taues daran!

CHOR. Nimm sie, die herzlichen
Gaben, sie an!

GONZALO auf die Kleider und Kostbarkeiten zeigend.
Tochter, die Gaben
Sollst du heut haben.
Zu den andern.
Teilt ihr die Freude,
Teilet euch heute
Essen und Trinken,
Und was ich vermag!

CHOR. Fröhlicher,
Seliger,
Herrlicher Tag!

Die Träger lassen den Stuhl herunter; Claudine steigt herab.

CLAUDINE. Tränen und Schweigen
Mögen euch zeigen,
Wie ich so fröhlich
Fühle, so selig
Alles, was alles
Ihr für mich getan!

CHOR. Nimm sie, die herzlichen
Gaben, sie an!

CLAUDINE ihren Vater umarmend.
Könnt ich mein Leben,
Vater, dir geben!

Zu den übrigen.

Könnt ich, ohn Schranken,
Allen euch danken!

Wendet sich schüchtern zu Pedro.

Könnt ich –

Sie stockt. Die Musik macht eine Pause. Sie sucht ihre Verwirrung zu verbergen, setzt sich auf den Sessel, den die Träger aufheben, und das Chor fällt ein.

CHOR. Fröhlicher,
Seliger,
Herrlicher Tag!
Gabst uns Claudinen!
Bist uns so glücklich,
Uns wieder erschienen!
Fröhlicher,
Seliger,
Herrlicher Tag.

Der Zug geht singend ab.

Gonzalo und Sebastian bleiben.

GONZALO. Bastian, lieber Bastian, verdenke mir's nicht! Sieh das Mädchen an, und du wirst mir nicht verdenken, daß ich einen kleinen Abgott aus ihr mache. So manche Feierlichkeit, bei so manchem Anlaß, scheint mir nicht hinreichend, das Gefühl meines Innersten gegen sie an den Tag zu legen. Wie warm dank ich dem Schicksal, das, da es mir eine männliche Nachkommenschaft versagt hat, da es mit mir den alten herrlichen Stamm von Villa Bella ausgehen läßt, mir diese Tochter gibt. O, ihr Wert entzückt mich mehr als die Aussicht über eine grenzenlose Nachkommenschaft!

SEBASTIAN. Nein, ich sage dir, mich ergötzt das kleine Fest recht herzlich. Denn ob ich gleich kein Freund von Umständen bin, so bin ich doch den Zeremonien nicht feind. Ein feierlicher Aufzug von geputzten Leuten; ein Zusammenlauf des Volks; gejauchzt, die Glocken geläutet; gejauchzt und geschossen drein: es geht einem das Herz doch immer dabei auf, und ich verdenk's den Leuten nicht, wenn sie dadurch glauben, die Heiligen zu verehren und Gott selbst zu verherrlichen.

GONZALO. Und ich glaube, für Claudinen niemals genug zu tun. Wie kann ich genug ausdrücken, daß sie Königin ist über alle meine Besitztümer, über meine Untertanen, über mich selbst – Muß ich sie nicht den Vorzug fühlen lassen, den sie vor andern Menschen hat, da sie ihn selbst nicht fühlt, nicht die geringste Ahndung davon zu haben scheint, daß ihresgleichen nicht in der Welt ist? Diese Ruhe des Geistes, dieses innere Gefühl ihrer selbst, diese Teilnehmung an anderer Schicksale, diese Empfindlichkeit gegen alles Schöne und Gute – Sage nicht, ich sei Vater, ich bespiegle mich nur selbst in ihr – Höre! alle meine Leute, alles, was sie umgibt, sogar die neidischen Nichten müssen ihr huldigen.

SEBASTIAN. Hab ich nicht Augen und ein Herz? Freilich seh ich sie weder als Vater noch als Liebhaber; aber so viel seh' ich doch, daß es eine Gabe vom Himmel ist, Vater oder Liebhaber so eines Mädchens zu sein. Hast du bemerkt, daß all der Triumph, all die Herrlichkeit heute, sie mehr in Verlegenheit setzte als erfreute? Ich hab mein Tage kein rührenders Bild der Demut gesehn als sie in dem Schmuck. Auch war noch jemand dabei, dem ein einsamer Busch weit mehr Wonne gegeben hätte; dessen Empfindung zu dem Rauschen des Wassers und dem Lispeln der Blätter besser stimmte als zu den Trompeten und Freudengesang.

GONZALO. Du meinst?

SEBASTIAN. Pedro!

GONZALO. Pedro?

SEBASTIAN. Du wirst doch darüber nicht staunen? Pedro, der, seitdem er Claudinen zum erstenmal gesehen hat, kein Pfötchen mehr machen kann; den du schon hundertmal auf einem Seitenblick, einem Händereiben, einem Hutkneten mußt ertappt haben.

GONZALO. Und wenn auch –

SEBASTIAN. Gut! Du mußt denken wie ich, daß diese Partie für deine Tochter – Du lächelst?

GONZALO. Daß wir Alten gleich verheiraten!

SEBASTIAN. Ich trag das wachend und träumend herum. Aber alles will reif werden. Unterdessen hast du recht, daß du ein Aug' zutust und mit dem andern neben ausblickst.

GONZALO. Wenn ich sie so ansehe, erinnere ich mich der blühenden Tage meiner Jugend; mir wird ganz wohl.

SEBASTIAN. Ich glaube auch, daß ihnen ganz wohl bei der Sache ist. Wenn Pedro nur unser Hauptgeschäft nicht drüber vergäße!

GONZALO. Hat's ihm noch nicht geglückt, was von seinem Bruder auszufragen?

SEBASTIAN. Ihm? Das ist mir der rechte Spion! Er ist ja so verliebt, daß, wenn du nach der Stunde fragst, er nicht weiß, in welcher Tasche seine Uhr steckt. Bei Gott! wenn ich mich nicht abritte und abarbeitete, wir wären noch auf dem alten Flecke.

GONZALO. Unter uns, Bastian: Hast du was heraus?

SEBASTIAN. Es bleibt bei dir. Wenn nicht alle Umstände lügen, so hab' ich den Vogel, dem wir so sehnlich nachstreben, hier im Städtchen nah bei, wo er lustig und guter Ding ist. Heut früh sagt ich's Pedro so halb und halb; wir wollen aber das Fest nicht verderben, sagt' ich. Ach, Claudine! seufzte der Arme aus tiefer Brust, als wollt' er sagen: Den Bruder zum Teufel und dich mir in Arm!

GONZALO. Ich habe das Mädchen bemerkt, ich habe die keimende Leidenschaft in ihrer Seele beobachtet: es ist ein reizendes Schauspiel, das einem wieder ganz jung macht!

SEBASTIAN. Hätten wir nur erst unser Vorhaben ausgeführt, woran dem ganzen Hause Castelvecchio so viel gelegen, wovon Pedros Schicksal zum Teil mit abhängt! Ich sag ihm so oft: Herr, seid verliebt; wer wehrt's Euch? Seid bei Claudinen; wer hindert Euch? Nur vergeßt nicht ganz, was Ihr Euch und Eurer Familie und der Welt schuldig seid. Das hilft –!

GONZALO. Wie eine Arznei! Nicht wahr? Sei ruhig, Bastian! Haben wir's unsern Hofmeistern nicht eben so gemacht?

SEBASTIAN. Nein, Freund, so ist's nicht gemeint. Sollen wir umsonst die weite Reise von Madrid hierher gemacht haben? sollen wir beschämt nach Hause kehren? Und wer wird alsdenn die Schuld tragen müssen als ich? Ich rede ihm zu wie ein Biedermann. Was! seinen Bruder länger in dem Luderleben verwildern zu lassen, der mit Spielern und Buben im Lande herumschwadroniert, mehr Mädels betrügt, als ein anderer kennt, und öfter Händel anfängt, als ein Trunkenbold sein Wasser abschlägt!

GONZALO. Ein toller unbegreiflicher Kopf!

SEBASTIAN. Du hättest den Buben sehen sollen, wie er so heran wuchs; er war zum Fressen. Kein Tag verging, daß er uns nicht durch die lebhaftesten Streiche zu lachen machte; und wir alten Narren lachten über das, was künftig unser größter Verdruß werden wollte. Der Vater wurd' nicht satt, von seinen Streichen, seinen kindischen Heldentaten erzählen zu hören. Immer hatt' er's mit den Hunden zu tun; keine Scheibe der Nachbarn, keine Taube war vor ihm sicher; er kletterte wie eine Katze auf Bäumen und in der Scheuer herum. Einmal stürzt er herab; er war acht Jahr alt; ich vergesse das nie; er fiel sich ein großes Loch in Kopf, ging ganz gelassen zum Entenpfuhl in Hof, wusch sich's aus und kam mit der Hand vor der Stirn herein und sagte mit so ganz lachendem Gesicht: Papa! – Papa! – ich hab ein Loch in Kopf gefallen! Eben als wollt er uns ein Glück notifizieren, das ihm zugestoßen wäre.

GONZALO. Schade für den schönen Mut, den glücklichen Humor des Jungens!

SEBASTIAN. So ging's freilich fort; je älter er ward, je toller. Statt nun das Zeug zu lassen, statt sich zu fügen, statt seine Kräfte zu Ehren der Familie und seinem Nutz zu verwenden, trieb er einen unsinnigen Streich nach dem andern; belog und betrog alle Mädchen und ging endlich gar auf und davon; begab sich, wie wir Nachricht haben, unter die schlechteste Gesellschaft, wo ich nicht begreife, wie er's aushält; denn er hatte immer einen Grund von Edelmut und Großheit im Herzen.

GONZALO. Glück zu, Bastian! und gib ihn seiner Familie zurück.

SEBASTIAN. Nicht eben das! Umsonst soll er uns nicht genarrt haben. Krieg ich ihn nur einmal beim Kragen, ich will schon in einem Kloster oder irgend einer Festung ein Plätzchen für ihn finden, und Pedro soll mir die Rechte des Erstgebornen genießen. Der König hat schon seine Gesinnung hierüber blicken lassen. Wenn's wahr ist, daß mein Mann sich in der Gegend aufhält, so müßt es arg zugehn, wenn ich ihn nicht, zu Ehren des Fests, heute noch packe. Wir können's vor Gott und der Welt nicht verantworten; der alte Vater würde sich im Grab umwenden!

GONZALO. Brav, Bastian! Du bist immer der alte, treue Bastian!

SEBASTIAN. Und eben deswegen – unter uns – sieh doch ein bißchen nach deiner Tochter!

GONZALO. Wie meinst du?

SEBASTIAN. Der Teufel ist ein Schelm; und Pedro und die Liebe sind auch nicht so da.

GONZALO. Auch immer der alte Bastian! Verzeih mir, du weißt keinen Unterschied zu machen. Das Mädchen, die Sorge meiner Seele, der Zweck all dieser achtzehnjährigen Erziehung, das feinste delikateste weibliche Geschöpf, das vor dem geringsten Gedanken – nicht Gedanken, vor der geringsten Ahndung eines Gefühls erzittert, das ihrer unwürdig wäre.

SEBASTIAN. Eben deswegen!

GONZALO. Ich setze mein Vermögen an sie, meinen Kopf.

SEBASTIAN. Da kommt sie eben die Allee herauf. Sie hat sich von der Menge losgewunden, sie ist allein; und sieh den Gang, sieh das Köpfchen, wie sie's hängt! Komm, komm ihr aus dem Wege; Sünde wär's, durch unsere kalte Gegenwart die angenehmen Träume zu verjagen, in deren Gesellschaft sie daherwandelt! Beide ab.

Claudine mit Pedros Strauß.

CLAUDINE. Alle Freuden, alle Gaben,
Die mir heut gehuldigt haben,
Sind nicht dieser Blumen wert.
Ehr und Lieb von allen Seiten,
Kleider, Schmuck und Kostbarkeiten,
Alles, was mein Herz begehrt!
Aber alle diese Gaben
Sind nicht dieser Blumen wert.

Liebes Herz, ich wollte dich noch einmal so lieb haben, wenn du nur nicht immer so pochtest. Sei ruhig, ich bitte dich, sei ruhig! Pedro von ferne. Pedro? Auch der? Ach, da soll ich nun gar verbergen, daß ich empfinde!

Pedro kommt.

PEDRO. Fräulein!

CLAUDINE. Mein Herr! Schweigen einige Augenblicke.

PEDRO, auf sie schnell losgehend. Ich bin der glücklichste Mensch unter der Sonne!

CLAUDINE zurückweichend. Wie ist Ihnen?

PEDRO. Wohl! wohl! als wie im Himmel in dieser englischen Gesellschaft! Ach! daß Sie meine armen Blumen so ehren, ihnen einen Platz an Ihrem Herzen gegönnt haben!

CLAUDINE. Weniger konnt ich nicht tun. Sie verwelken bis an den Abend, und jedes Geschenk hat mir heut eine Herzensfreude gemacht.

PEDRO. Jedes?

CLAUDINE. Wann reiten Sie weg?

PEDRO. Die Pferde sind gesattelt. Sebastian will mich mit aller Gewalt bei sich haben; er glaubt, mein Bruder sei in der Nähe, und denkt ihn noch heute zu fangen.

CLAUDINE. Der Bruder macht Ihnen viel Verdruß.

PEDRO. Er macht das Glück meines Lebens. Ohne ihn kennte ich Sie nicht. Ohne ihn –

CLAUDINE. Und wenn Sie ihn erwischen, ihn wieder durch Liebe und Beispiel dem rechten Weg zuführen, wenn Sie ihn seiner Familie zurückbringen, Pedro, wie werden Sie empfangen werden, mit welchen Freuden!

PEDRO. Nichts davon, um Gottes willen! Ich kenne mich selbst nicht; ich weiß nicht, wo ich bin; ich sehe kaum, wohin ich trete. Zurück nach Hause! zurück! Von Ihnen weg, mein Fräulein!

CLAUDINE. Der König, der Sie liebt, der so ein trefflicher Herr sein soll; der Hof, der Sie mit aller Herrlichkeit erwartet –

PEDRO. Ist das ein Leben? Und doch, sonst war mir's nicht ganz zuwider. Wenn ich meine Tage den Geschäften des Vaterlands gewidmet hatte, konnt' ich wohl meine Abende und Nächte in dem Schwarme zubringen, der um die Majestät wie Mücken ums Licht summt. Jetzt würde mir das eine Hölle sein! Ich weiß nicht, wo meine Arbeitsamkeit, meine Geschäftigkeit hin ist. Es ekelt mir, einen Brief zu schreiben, der ich sonst allein zwei, drei Sekretäre beschäftigen konnte. Ich gehe aus und ein, träumend und wähnend; aber selig, selig ist mein Herz!

CLAUDINE. Ja, Pedro; je näher wir der Natur sind, je näher fühlen wir uns der Gottheit, und unser Herz fließt unaussprechlich in Freuden über.

PEDRO. Ach, diesen Morgen, als ich die Blümchen brach am Bach herauf, der hinter dem Wald herfließt, und die Morgennebel um mich dufteten, und die Spitze des Bergs drüben mir den Aufgang der Sonne verkündigte, und ich ihr entgegenrief: Das ist der Tag! – das ist ihr Tag! – Claudine! – Ich bin ein Tor, daß ich auszusprechen wage, was ich empfinde!

CLAUDINE. Ach ja, Pedro, ich wüßte nichts für mein Herz, so volle warme Fülle, als die Herrlichkeit der Natur um uns her.

PEDRO. O wer dafür keine Seele hätte, zu fühlen, wie um diese himmlische Güte, um diesen heiligen Reiz alles, alles schöner, herrlicher wird; wer nicht in dieser Gegend lieber sein Leben in einer stillen Hütte verbärge, um nur Zeuge sein zu dürfen!

CLAUDINE. So ganz ungleich Ihrem Bruder, den ich doch auch kennen möchte! Es muß ein wunderlicher Mensch sein, der allen Stand, Güter, Freund verläßt und in tollen Streichen, schwärmender Abwechselung seine schönsten Tage verdirbt.

PEDRO. Der Unglückliche! Ich erschrecke über seine Verhärtung. Nicht zu fühlen, daß das unstete flüchtige Leben ein Fluch ist, der auf dem Verbrecher ruht, verbannt er sich selbst aus der menschlichen Gesellschaft. Es ist unglaublich! Und dann – mit Zittern sag ich's – wie manche Träne von ihm verführter verlassener Mädchen hab ich fließen sehn! O, das war's, was uns am meisten aufbrachte, seiner Freiheit nachzustellen. Ich hätte mit den armen Geschöpfen vergehen mögen! Wie wird ihm sein, wenn er, von seiner Verblendung dereinst geheilt, mit Zittern sehn muß, daß er das innerste Heiligtum der Menschheit entweihte, da er Liebe und Treue so schändlich mit Füßen trat?

CLAUDINE. Liebe und Treue! Glauben Sie dran, Pedro?

PEDRO. Sie können scherzen und fragen?

CLAUDINE. Treue Herzen!
Männer scherzen
Über treue Liebe nur.

PEDRO. Drüber scherzen
Schlechte Herzen
Nur, verderbte Männer nur.

CLAUDINE. Aber sag, wo sind die Rechten,
Und wie kennt man sie von Schlechten?
Sieht man's 'en an den Augen an?

PEDRO. Zwar verstellen sich die Schlechten,
Blicken, seufzen wie die Rechten;
Doch das geht so lang nicht an.

CLAUDINE. Ach, des Betrugs ist viel;
Wir Arme sind ihr Spiel!

PEDRO. Wer findt ein treues Blut,
Findt drum ein edel Gut.

CLAUDINE. Ach, nur zu viel
Ein Sonntagsspiel!

PEDRO. Ein treues Blut
Ein edel Gut!

In dem Schluß des Duetts hört man schon von weitem singen Camillen und Sibyllen, die singend näher kommen.

BEIDE. Vom hohen Sternenrund
Bis 'nunter in tiefen Erdengrund

Muß nichts so schön, so Liebes sein
Als nur mein Schätzel allein!

Sie treten herein.

CAMILLE. Er ist der Sträckst im ganzen Land,
Ist kühn und sittsam und gewandt,
Und bitten kann er, betteln, fein;
Es sag einmal eins: Nein!

SIBYLLE. Guten Abend! Wie treffen wir einander hier? Allons, Chorus!

ALLE VIER. Vom hohen hohen Sternenrund
Bis 'nunter in tiefen Erdengrund
Muß nichts so schön, so Liebes sein
Als nur mein Schätzel allein!

SIBYLLE. Und das, was über alles geht,
Ihn über Kön'g und Herrn erhöht:
Er ist und bleibet mein,
Er ist mein Schätzel allein.
Chorus!

ALLE VIER. Vom hohen hohen Sternenrund
Bis 'nunter in tiefen Erdengrund
Muß nichts so schön, so Liebes sein
Als nur mein Schätzel allein!

CLAUDINE. Habt ihr meinen Vater nicht gesehn? Ach, ich muß zu ihm; seit unserer Feierlichkeit hab ich ihn nicht allein gesprochen. Auch euch dank ich, lieben Kinder, daß ihr den Tag habt wollen verherrlichen helfen, an dem das Geschöpf zur Welt kam, das – Ihr kennt mich ja? Leben Sie wohl, Pedro!

PEDRO. Darf ich Sie begleiten?

CLAUDINE. Bleiben Sie, ich bitte, bleiben Sie!

PEDRO. Wir gehen zusammen. Sebastian wartet auf mich; die Pferde sind gesattelt.

SIBYLLE. Gehen Sie nur! Er hat lang nach Ihnen gefragt.
Gehen ab.

Sibylle. Camille.

SIBYLLE. Ich möchte bersten vor Bosheit! „Bleiben Sie! Bleiben Sie!" Ich glaub, sie tat's, uns zu spotten. Sie ist übermütig, daß ihr der Mensch nachläuft wie ein Hündchen. „Bleiben Sie! Bleiben Sie!" Ich komm schier aus der Fassung. Und er! macht er nicht ein Hängmaul wie ein Schulknabe? Der Affe!

Camille. Sie meint, weil sie ein rund Köpfchen hat, ein Stumpfnäschen, und über ein Gräschen und Gänsblümchen gleich weinen kann, so wär was mit ihr.

Sibylle. Und weil man uns auch heute an den Triumphwagen gespannt hat. Ich war so im Grimm –

Camille. Unsereins ist auch keine Katz, und den Pedro möcht ich nit einmal. Es ist ein langweiliger träumiger Mensch. Übel ist er nicht gemacht.

Sibylle. Und war auch artig, eh ihn die Närrin verwirrt hat. Denn meinetwegen eigentlich hat er hier ins Haus Bekanntschaft gesucht und dem Don Sebastian in den Ohren gelegen, ihn hereinzubringen. Seit ich ihn drüben beim Gouverneur auf Salanka kennen lernte, da war er galant, freundlich und artig. Ich weiß wohl noch, wie mich Sebastian vexierte. Jetzt ist er unerträglich.

Camille. Unausstehlich! Ja, aber ich hab einen Fang getan, wenn du mich nicht verraten willst.

Sibylle. Ich dachte, du weißt, daß du dich auf mich verlassen kannst; und wahrhaftig, ich weiß auch, du hilfst mir Rache an Pedro nehmen und an seiner zärtlichen Dulzinee.

Camille. Hör nur, in der Nachbarschaft hält sich ein Kavalier auf. Siehst du, ich sage nichts; aber es ist der Ausbund vom ganzen Geschlecht. Reich muß er sein und vornehm; das sieht man ihm an. Und ein Bürschchen wie ein Hirschchen!

Sibylle. Wie heißt er? Wo ist er?

Camille. Er verbirgt seinen Stand und Namen. Sie heißen ihn Don Crugantino. Heiß er, wie er will, es gibt nicht seinesgleichen.

Sibylle. Das hast du gewiß ehegestern auf'm Jahrmarkt gekapert?

Camille. St!

Sibylle. Noch eins, Camille! Du weißt, wenn Don Pedro des Abends fort muß, wie sie da einander mit langen Atemzügen und Blicken eine gute Nacht geben, als sollten sie auf ewig getrennt werden, und wie's bei Tisch so still hergeht, und wie bald abgessen ist, und wie mein Claudinchen, sobald der Vater im Lehnsessel zu nicken anfängt, weg und in Garten schleicht und dem Mond was vorsingt. Camille, ich wollt schwören, es ist nicht der Mond! Wenn nicht hinter der Sach was stickt!

CAMILLE. Meinst du?

SIBYLLE. Närrchen! dahinten die Terrasse mit dem eisernen Gatter kennst du. Das müßt ein schlechter Liebhaber sein, der nicht da herüber wollte wie ein Steinwurf, um seiner Charmanten die Tränen abzutrocknen, die ihr der keusche Mond abgelockt hat.

CAMILLE. Wahrhaftig! und sie kann nicht leiden, daß eins mitgeht.

SIBYLLE. Und ich stell mich auch immer so schläfrig, um sie sicher zu machen. Nun aber muß es heraus. Pedro reit't schon jetzt weg; dahinter stickt was. Das Nachtessen ist so früh bestellt! Ganz gewiß!

CAMILLE. Wann wir sie beschlichen?

SIBYLLE. Das ist nichts. Säh auch unfreundlich aus. Nein, dem Alten wollen wir's erzählen, der wird rasend; wie er auf seine Tochter und Ehre hält. Der soll sich hinten hin schleichen.

CAMILLE. Fangen wir's nur klug an, daß es nicht aussieht –

SIBYLLE. Ist das das erste Mal, daß wir Leute aneinanderhetzen? Komm, eh es zu Tisch geht, komm!

Beide ab.

## EINE STUBE IN EINER SCHLECHTEN DORFHERBERGE

**Drei Vagabunden stehen um einen Tisch und würfeln. Crugantino, den Degen an der Seite, eine Zither mit einem blauen Band in der Hand. Er stimmt, auf und ab gehend, und singt:**

Mit Mädeln sich vertragen,
Mit Männern 'rumgeschlagen,
Und mehr Kredit als Geld –
So kommt man durch die Welt.
Ein Lied, am Abend warm gesungen,
Hat mir schon manches Herz errungen,

Und steht der Neider an der Wand,
Hervor, den Degen in der Hand!
'raus, feurig, frisch,
Den Flederwisch!
Kling! Kling! Klang! Klang!
Dik! Dik! Dak! Dak!
Krik! Krak!
Mit Mädeln sich vertragen,
Mit Männern 'rumgeschlagen
Und mehr Kredit als Geld –
So kommt man durch die Welt.

ERSTER VAGABUND. Komm doch, Crugantino! Halt eins!

CRUGANTINO. Mir ist heut gar nicht drum zu tun.

ZWEITER VAGABUND. Er ist heut wieder nicht zu brauchen.

CRUGANTINO. Servitor! Wenn ich mich wollte brauchen lassen, ging ich in honette Gesellschaft und gäb mich mit Lumpen nicht ab, wie ihr seid.

ERSTER VAGABUND. Laßt ihn! Er ist guten Humors.

DRITTER VAGABUND. Ich wette, er harrt auf die Stunde zum Rendezvous. Wohin geht's heut? zur Almeria hinüber?

CRUGANTINO. Wie du meinst.

ZWEITER VAGABUND. Nein, der Roman ist gewiß zu Ende. Er dauert schon drei Wochen.

ERSTER VAGABUND. Wett', ich rat's! Zur Camilla, die auf'm letzten Jahrmarkt ihm mit ihren schwarzen Augen stracks durch die Leber geschossen hat.

CRUGANTINO. Ich dächte, du gingst mit und sähst zu; wärst du doch deiner Sache ganz gewiß.

ERSTER VAGABUND. Viel Ehr. Wenn sie nur so eine lange Nas nicht hätt. Sonst ist sie nicht übel, außer – fürcht ich –

CRUGANTINO. Ich glaub, du fängst an, delikat zu werden.

ZWEITER VAGABUND. Mag nicht mehr spielen.

DRITTER VAGABUND. Ich auch nit.

ZWEITER VAGABUND. Unter ein paaren ist's nicht der Mühe wert. Man gewinnt einander das Geld ab, das ist fatal.

CRUGANTINO. Besonders, wo keins ist.

ZWEITER VAGABUND. Bliebst du bei uns, hättst du auch was zu lachen.

CRUGANTINO. Was treibt ihr denn?

ZWEITER VAGABUND. Der Pfarrer hat heut ein Hirschkalb geschenkt gekriegt; das hängt hunten in der Küchenkammer. Das wird ihm weggeputzt.

DRITTER VAGABUND. Und die Hörner ihm auf den Perückenstock genagelt. Sein Perückenstock mit der Festperücke steht in der Ecke; verlaßt euch auf mich! – Ich hätte sie neulich bald übern Haufen geworfen, als mich die Köchin in dem Kämmerchen konsultierte.

ZWEITER VAGABUND. Du steigst hinein, reichst mir den Bock heraus. Wir lösen die Hörner ab und geben sie dir.

DRITTER VAGABUND. Für das übrige laßt mich sorgen! Auf der Perücke muß das herrlich stehn, und ein Zettelchen dran: – Der neue Moses! –

ALLE. Bravo, bravo!

ERSTER VAGABUND. Hat keiner den Basko gesehn?

CRUGANTINO. Wollt ihr einen Augenblick warten? er wird gleich zur Hand sein.

ZWEITER VAGABUND. Ich glaub's nicht; er ist bös auf mich, ich hab ihn gestern ein bißchen übergezogen.

CRUGANTINO. Bös über dich? bild dir's nit ein! Basko ist kein Kerl, das nachzutragen. Er hätt dir ins Gesicht geschmissen und ein Schrämmchen über die Nase gehauen, und da wär's gut gewest.

Man hört eine Nachtigall draußen.

ERSTER VAGABUND. Da ist er! Hört ihr ihn? Da ist er!

BASKO. Guten Abend!

CRUGANTINO. Du kommst eben recht. Sylvio meint, du wärst bös über ihn.

BASKO. Was der Mensch sich vor Streiche einbildt! Crugantino, ein Wort! –

ERSTER VAGABUND. Scheniert euch nicht. Wir machen euch Platz.

BASKO. Lernst du noch Lebensart, alter Bock! Gelt, du spürst in allen Gliedern, daß dich ehstens der Teufel holen wird, und da wirst du kirre?

DIE VAGABUNDEN. Viel Glück auf die Expedition! Wir wollen eine Bouteille drauf ausleeren.

Mit vielem hält man haus,
Mit wenig kommt man auch aus:
Heisa! Heisa! so geht's doch hinaus. Ab.

CRUGANTINO. Die ich doch am Ende wieder bezahlen muß –O Basko, das Leben wird mir unter den Kerls unerträglich! Eine Langeweile, ein ewig Einerlei. Wenn unsere Streiche nicht wären. – Was bringst du, Basko? Was bringst du von Villa Bella?

BASKO. Viel, gar viel.

CRUGANTINO. Hab ich Hoffnung, mich Claudinen zu nähern? Ein Engel, ein ganzer Engel!

BASKO. Camillchen, das liebe Camillchen hat mir Winke gegeben, hat mir zugeflüstert: Dem edlen Crugantino meinen Gruß!

CRUGANTINO. Laß sie zum Teufel gehn! Red mir von Claudinen.

BASKO. Herr! Wir, oder unser Genius, oder allzusammen sind ausgemachte Esel.

CRUGANTINO. Was gibt's?

BASKO. Ich, der ich sonst herumschwärme den ganzen Tag und plane wie ein Raubvogel, muß heut den ganzen Nachmittag hier auf der Bärenhaut liegen.

CRUGANTINO. Nun.

BASKO. Und drüben – ich hätte mir die Augen ausschlagen mögen – drüben in Villa Bella – Ich hab in Gonzalos Hofe bei Claudinen gestanden, von hier an den Tisch, und wer's eh' gewußt hätte –

CRUGANTINO. Schwerenot! Wie ging das?

BASKO. Heut ist Claudinens Geburtstag. Ihr Vater, der sie wie ein Narr liebt, hat ein Fest angestellt. Sie haben einen Umgang gehalten, sie im Triumph getragen –

CRUGANTINO. Das hast du gesehn?

BASKO. Ich kam zu spät. Aber im Hof unter den großen Linden waren fürs ganze Dorf Tische gedeckt. Alt und Junge, alles geputzt! Und heisa oben aus! Fässer mit Bier, ungeheure Töpfe mit Brei, und ein Gesumm und Gedräng! da kam ich eben auch hinein.

CRUGANTINO. Und holtest mich nicht?

BASKO. Kaum hatt ich mich umgesehn, verloren sich die Herrschaften.

CRUGANTINO. Hast sie gesehn?

BASKO. Narr, ich möcht dir sagen können, wie schön sie war. In einer gewissen Verlegenheit.

CRUGANTINO. Was ist nun das alles?

BASKO. Geduld! Geduld! Eins hab ich erfahren. Sie pflegt alle Nacht, besonders bei so schönem Mondenscheine, allein im Garten zu spazieren. Du kennst die Kastanienbäume, die davorstehen auf dem Wege nach Salanka?

CRUGANTINO. Lehr mich das! Die Terrasse geht da heraus und die eiserne Türe. O, ich will hin, gleich hin, und dort sein, eh der Mond noch aufgeht. Komm, Basko!

BASKO. Noch eins! Nimm dich doch in acht. Serpillo, der Häscher, der mein Herzensfreund ist, hat mir vertraut: man frage nach dir, erkundige sich nach dir.

CRUGANTINO. Possen! Ich wüßte jetzt nichts!

BASKO. Wenn's nur nicht über etwas geht, das du schon vor abgetan hältst!

CRUGANTINO. Das wär dumm.

BASKO. Unsere Landsleute tragen gar lange nach.

CRUGANTINO. Ist mir nit bang. Und nach Villa Bella muß ich. Komm, wir wollen unsern Operationsplan so einrichten: Ich steck mich in die Allee; hör ich sie, bin ich gleich am Garten; überm Gitter; im Garten. Und du, klettre auf einen Kastanienbaum. Wenn jemand kommt, so mach deine Nachtigall.

BASKO. Gut, gut! Zwar ziemlich außer der Zeit –

CRUGANTINO. Und vergiß die Maske nicht. Und wie ich dir sage, schlag und zwitschere und kümmere dich um nichts, bis ich dich rufe. Ich zieh mich schon heraus. Zwei verderben immer so einen Handel. Komm! Ich halt dich doch von nichts ab die Nacht, Basko?

BASKO. Ich bring's gegen Tag wieder ein.

CRUGANTINO. Du hast doch auch was auf'm Korn?

BASKO *abgehend*. A!

Eine Blond und eine Braune  
Schlagen sich jetzt um mein Herz;  
Eine mit immer schlimmen Laune,  
Eine mit immer Lust und Scherz.

## MONDSCHEIN

Die Terrasse des Gartens von Villa Bella; mit einer Gartentüre, wohinauf eine doppelte Treppe führt. Eine Reihe hoher Kastanienbäume vor der Terrasse.

Claudine oben, Crugantino unter den Bäumen.

CLAUDINE. Hier, im stillen Mondenscheine
Mit dir, heil'ge Nacht, alleine,
Schlägt dies Herz so liebevoll;
Ach, daß ich's nicht sagen soll!

CRUGANTINO. In dem stillen Mondenscheine
Wandelst, Engel, nicht alleine;
Seufzet noch ein armes Herz,
Birgt im Schatten seinen Schmerz.

CLAUDINE, sich der Tür nähernd.
Welche Stimme! Ich vergehe.

CRUGANTINO nimmt die Maske vor und steigt die Treppe leise hinauf.
Auf, ich wag mich in die Nähe.

CLAUDINE an der Gartentüre.
Wer! Wer! Wer ist da?

CRUGANTINO hinaufsteigend.
Ich! Ich! Ich bin da.

CLAUDINE droben.
Wer?

CRUGANTINO. Ich!
CLAUDINE. Fremdling, wie heißt du?
CRUGANTINO. Liebchen, das weißt du.
CLAUDINE. Zeige mir dein Gesicht!
CRUGANTINO. Sagt dir's dein Herze nicht?
CLAUDINE. Weg von dem Orte!
CRUGANTINO. Öffne die Pforte.
BEIDE. Himmel, Himmel, welche Qual!
Einen Kuß doch nur einmal!

Claudine entfernt sich.

CRUGANTINO. Das Gitter! will nichts bedeuten. Sie hat mich so lange angehört. O wenn ich sie hasche! Er fängt an, aufzusteigen; wie er bald droben ist, schlägt die Nachtigall. Nachtigall und der Teufel! Er springt herab. Ich höre wahrlich jemand. Gingst du feurig!

Die Terrasse herunter und hinter die Bäume. Die Nachtigall schlägt zuweilen.

PEDRO. Mein Herz zieht mich unwiderstehlich hierher. Da droben wandelt sie oft in stillem Gefühl ihrer selbst. Himmlischer Ort! Alles schwebt um dich voll Liebegefühl! Die Nachtigallen singen noch, als wär hier ein ewiger Frühling. O, rings umher in allen Gebüschen hat sie der Sommer schon schweigen gemacht. Liebe Nachtigall! Freundin meines Herzens!

Noch so spät, ihr Nachtigallen,
Laßt ihr Liebesklagen schallen,
Zärtlich noch wie meine Brust?
Auch ich bin in Liebestagen,
Seufze, klage; doch mein Klagen
Ist die wärmste Herzenslust!

CRUGANTINO, der die Zeit über seine Ungeduld bezeigt hat, vor sich. Ich muß ihn wegschaffen; er endigt nicht.

PEDRO. Horch! – Wer da? Crugantino langsam hervortretend. Pedro mit starker Stimme. Wer da?

CRUGANTINO zieht. Eine Degenspitze!

PEDRO zieht. Nichts weiter?

Sie fechten. Pedro wird in rechten Arm verwundt, den er sinken läßt und mit der Linken den Degen faßt.

CRUGANTINO. Laßt! Ihr seid verwundet.

PEDRO, den Degen vorhaltend. Wollt Ihr mein Leben? Wollt Ihr meinen Beutel? redt! Den Beutel könnt Ihr haben; mein Leben sollt Ihr noch teuer bezahlen.

CRUGANTINO. Keins von beiden. Vor sich. Seine Stimme rührt mich. Laut. Ich bin weder Räuber noch Mörder.

PEDRO. Was fallt Ihr mich an?

CRUGANTINO. Laßt! Ihr verblutet! Nehmt unsere Bemühungen an. Er nimmt sein Schnupftuch. Nachtigall! Nachtigall!

PEDRO. Was ist das?

CRUGANTINO. Fürchtet nichts!

BASKO. Was gibt's?

CRUGANTINO. Trag Sorge für diesen Verwundeten.

PEDRO. Die Augen vergehn mir.

BASKO, sich um ihn beschäftigend. Das blutet verteufelt für eine Armritze!

CRUGANTINO, auf und ab gehend. Esel! tausendfacher Esel!

Sich an die Stirn schlagend.

BASKO. Seid Ihr nicht Pedro?

PEDRO. Bring mich wohin; daß ich ruhe und verbunden werde.

CRUGANTINO. Pedro! Claudinens Pedro! Bring ihn hinüber nach Sarossa! in unser Wirtshaus, Basko! leg ihn auf mein Bett, Basko!

BASKO. Nun, nun! Ermannt Euch, Herr! Kommt! Ab.

CRUGANTINO. Nun und was soll's? Der Teufel hol den Fratzen! Armer Pedro! Aber ich weiß, Degen, du sollst mir steckenbleiben! Ich will dich zu Hause lassen, ich will dich ins Wasser werfen! – Mußt er denn auch just Wer da! rufen? Und Wer da! mit einem so gebietenden Ton? Ich kann den gebietenden Ton nicht leiden – Und darüber alles zu Grunde, die schönste herrlichste Gelegenheit! Wärst du nur vorhin übers Gitter und hättst den Amoroso mit der Nachtigall duettieren lassen. Daß einen die Resolution just da verläßt, wo man sie am meisten braucht! Vielleicht – nach der Treppe zugehend ein dummes Vielleicht! Sie ist lang nach dem Haus zurück und liegt im Bett bis über die Ohren. Horch!

Gonzalo oben mit zwei Bedienten.

GONZALO. Wo sie sein mag! Bleib einer bei mir. Und ihr durchsucht den Garten, ihr! Gebt acht, am End ist's Lug und Trug von Schandmäulern.

CRUGANTINO horchend. Wieder was Neues.

GONZALO. Verbirgt sich nicht einer da drunten unter die Kastanienbäume?

BEDIENTE. Mich dünkt's.

GONZALO. Haben wir den Vogel? Wart, Pedro, wart! Er schließt das Gitter auf und kommt auf die Treppe. Wer ist da unten? Wer, holla, wer?

CRUGANTINO, die Maske vornehmend. Aus dem Regen in die Träufe.

GONZALO. Wer da?

CRUGANTINO. Gut Freund!

GONZALO. Hol der Teufel den guten Freund, der einem des Nachts ums Haus herumschleicht, den Leuten zu Nachreden Gelegenheit gibt und alle Liebe und Freundschaft so belohnt!

CRUGANTINO, die Hand an den Degen, und gleich wieder davon. Ich bitte dich, bleib stecken! Was mag das bedeuten? Das ist der Vater.

GONZALO. Nein, Herr, das ist schlecht, sag ich Euch; sehr schlecht.

CRUGANTINO. Das ist zu viel! Die Maske wegwerfend. Seid Ihr Herr von Villa Bella oder nicht, Euer Betragen ist unanständig.

GONZALO. Ihr seid nicht Pedro?

CRUGANTINO. Sei ich, wer ich will, Ihr habt mich beleidigt, und ich verlange Genugtuung.

GONZALO zieht. Gerne! So verdrießlich mir der Streich ist.

CRUGANTINO zieht halb, stößt aber gleich wieder in die Scheide. Genug, mein Herr, genug! Ich kann zufrieden sein, daß ein Mann von Ihrem Alter, Ihrer bekannten Tapferkeit, Stand und Würde die Spitze seines Degens gegen mich gekehrt hat. Dadurch würden größere Beleidigungen vergütet werden.

GONZALO. Ihr beschämt mich.

CRUGANTINO. Wie's scheint, haben Sie mich für den Unrechten angesehen.

GONZALO. Und Ihnen unrecht getan; und vielleicht dem andern, durch Argwohn, auch unrecht getan.

CRUGANTINO. Ihr nanntet ihn Pedro. Ist das der junge angenehme Fremde?

GONZALO. Der aus Kastilien angekommen ist.

CRUGANTINO. Richtig! Sie glaubten, der wäre hier herum?

GONZALO. Ich glaubte – Genug, mein Herr! Sie haben niemanden gesehen?

CRUGANTINO. Niemanden. Ich ging hier auf und ab, wie ich denn die Einsamkeit liebe, und hing meinen stillen Betrachtungen nach, als Sie mich zu unterbrechen beliebten.

GONZALO. Nichts mehr davon. Ich danke dem Zufall und meiner Hitze, daß sie mir die Bekanntschaft eines so wackern Mannes verschafft haben. Sie halten sich auf, wenn man fragen darf?

CRUGANTINO. Nicht weit von hier, in Sarossa.

GONZALO. Es ist nicht zu spät, noch hereinzutreten und auf weitere Bekanntschaft ein Gläschen zu stoßen?

CRUGANTINO. Wenn's Mitternacht wäre, und Sie erlaubten. So ein Trunk wär eine Pilgrimschaft wert.

GONZALO. Allzu höflich! Allenfalls steht auch ein Pferd zum Rückweg zu Diensten.

CRUGANTINO. Sie überhäufen mich.

GONZALO. Treten Sie herein.

CRUGANTINO. Ich folge.

Die Treppe hinauf, da Gonzalo das Gitter schließt, und ab.

## ZIMMER IM SCHLOSSE

Sibylle. Camille.

SIBYLLE. Was es nur gegeben hat?

CAMILLE. Ich begreif's nicht.

SIBYLLE. Claudine war eben schon zurück, als der Alte durch die Seitentüre mit den Bedienten hinausschlich.

CAMILLE. Jetzt wird's über uns hergehn.

SIBYLLE. Wir haben's ja nicht gesagt.

Claudine tritt herein.

CLAUDINE. Wo ist mein Vater?

SIBYLLE. Guten Abend, Nichtchen, Ihr wart heut bald wieder zurück; die Nacht ist dazu so schön.

CLAUDINE. Mir ist nicht wohl; mich schläfert. Wo ist mein Vater? Ich möcht ihm gute Nacht sagen.

CAMILLE. Ich höre ihn draußen.

Gonzalo. Crugantino.

GONZALO. Noch einen Gast, meine Kinder, so spät.

CRUGANTINO. Ich wünsche, daß mein unerwartetes Glück Ihnen nicht beschwerlich sein möchte.

CAMILLE heimlich zu Sibyllen. Das ist Crugantino, Schatz; er ist's selbst!

SIBYLLE. Ein feiner Kerl!

GONZALO. Das ist meine Tochter. Crugantino bückt sich ehrfurchtsvoll. Das meine Nichten. Liebe Nichten, ein Glas

Wein, einen Bissen Brot! Ich muß einen Bissen Brot haben, sonst schmeckt mir der Wein nicht. Sibylle und Camille ab. Letztere gibt Crugantino verstohlene Blicke, die er erwidert. Claudinchen, du warst bald aus dem Garten?

CLAUDINE. Die Nacht ist kühl; mir ist nicht ganz wohl. Darf ich mich beurlauben?

GONZALO. Noch ein bißchen; wach noch ein bißchen! Ich sagt's gleich, die Leute sind Lügenmäuler, Schandzungen.

CLAUDINE. Was meint Ihr, mein Vater?

GONZALO. Nichts, mein Kind! Als – daß du mein liebes einziges Kind bist und bleibst. Crugantino hat bisher wie unbeweglich gestanden, Claudinen bald mit vollen Seelenblicken angesehn, bald die Augen niedergeschlagen, sobald sie ihn ansah. Claudinens Verwirrung nimmt zu. Ihr habt eine Zither?

CRUGANTINO. Die Gespielin meiner Einsamkeit und meiner Empfindung.

CLAUDINE vor sich. Seine Stimme, seine Zither! Sollt er es gewesen sein? Pedro war es nicht, mein Herz sagte mir's; er war's nicht!

GONZALO. Das ist Claudinens Lieblingston.

CRUGANTINO. Dürft ich hoffen? Er greift drauf.

CLAUDINE. Ein schöner Ton!

CRUGANTINO heimlich. Sollten Sie diesen Ton und dieses Herz verkennen?

CLAUDINE. Mein Herr!

Sibylle und Camille, Bediente mit Wein und Gläsern. Indes Gonzalo sich beschäftigt am Tisch.

CRUGANTINO heimlich. Sollten Sie verkennen, daß eben der glückliche Sterbliche neben Ihnen, Götter, neben Ihnen steht, der vor wenigen Augenblicken –

CLAUDINE. Ich bitte Sie!

CRUGANTINO. Nichts in der Welt als Ihre Liebe oder den Tod!

Sibylle und Camille spüren.

GONZALO. Ein Glas! Wovon spracht ihr?

CRUGANTINO. Von Gesängen. Das Fräulein hat besondere Kenntnisse der Poesie.

GONZALO. Nun gebt uns einmal was zur Zither! Ein Bursche, der eine Zither und Stimme hat, schlägt sich überall durch!

CRUGANTINO. Wenn ich imstande bin.

GONZALO. Ohne Umstände.

CRUGANTINO, meist zu Claudinen gekehrt.

Liebliches Kind!
Kannst du mir sagen,
Sagen, warum
Zärtliche Seelen
Einsam und stumm
Immer sich quälen?
Selbst sich betrügen
Und ihr Vergnügen
Immer nur ahnden
Da, wo sie nicht sind?
Kannst du mir's sagen,
Liebliches Kind?

GONZALO scherzend zu Claudinen. Kannst du mir's sagen! – das ist was auf deinen Zustand, Claudinchen. Ja, ein Lied war immer ihre Sache. Und sie fühlt darin wie ich; je freier, je wahrer, je treuer so ein Stückchen vom Herzen geht, desto werter ist mir's – Setzt Euch, mein Herr! – setzt Euch – Noch eins! – Ich sage immer: Zu meiner Zeit war's noch anders; da ging's dem Bauern wohl, und da hatt er immer ein Liedchen, das von der Leber wegging und einem 's Herz ergötzte; und der Herr schämte sich nicht und sang's auch, wenn's ihm gefiel. Das natürlichste das beste!

CRUGANTINO. Vortrefflich!

GONZALO. Und wo ist die Natur als bei meinem Bauer? Der ißt, trinkt, arbeitet, schläft und liebt, so simpel weg; und kümmert sich den Henker drum, in was für Firlfanzereien man all das in den Städten und am Hof vermaskeriert hat.

CRUGANTINO. Fahren Sie fort! Ich werde nicht satt, einen Mann von Ihrem Stande so reden zu hören.

GONZALO. Und die Lieder? Da waren die alten Lieder, die Liebeslieder, die Mordgeschichten, die Gespenstergeschichten, jedes nach seiner eigenen Weise, und immer so herzlich, besonders die Gespensterlieder. Da erinnere ich mich einiger; aber heutzutage lacht man einen mit aus.

CRUGANTINO. Nicht so sehr, als Sie denken. Der allerneuste Ton ist's wieder, solche Lieder zu singen und zu machen.

GONZALO. Unmöglich!

CRUGANTINO. Alle Balladen, Romanzen, Bänkelgesänge werden jetzt eifrig aufgesucht, aus allen Sprachen übersetzt. Unsere schönen Geister beeifern sich darin um die Wette.

GONZALO. Das ist doch einmal ein gescheiter Einfall von ihnen; etwas Unglaubliches, daß sie wieder zur Natur kehren; denn sonst pflegen sie immer das Gekämmte zu frisieren, das Frisierte zu kräuseln und das Gekräuselte am Ende zu verwirren, und bilden sich Wunderstreiche darauf ein.

CRUGANTINO. Gerade das Gegenteil.

GONZALO. Was man erlebt! Ihr müßt doch manch schön Lied auswendig wissen?

CRUGANTINO. Unzählig.

GONZALO. Nur noch eins; ich bitt Euch. Ich bin sehr gestimmt; wir alle sind gestimmt, denk ich; es ist uns wohl gegangen, und unsere Geister sind in Bewegung.

CRUGANTINO. Gleich. Er stimmt.

GONZALO. Setzt euch, Kinder!

Sie ordnen sich um den Tisch, Crugantino neben an, Claudine hinten, Gonzalo dem Crugantino gegenüber; zwischen Claudinen und Crugantino schiebt sich Camille ein; Sibylle hält sich hinter Gonzalo.

CRUGANTINO. Ein Licht aus! Und das andere weit weg!

GONZALO. Recht! Recht! wird so vertraulicher und schauriger.

CRUGANTINO. Es war ein Buhle frech genung,
War erst aus Frankreich kommen,
Der hat ein armes Maidel jung
Gar oft in Arm genommen,
Und liebgekost und liebgeherzt,
Als Bräutigam herumgescherzt,
Und endlich sie verlassen.

Das arme Maidel das erfuhr,
Vergingen ihr die Sinnen.
Sie lacht und weint, und bet und schwur;
So fuhr die Seel von hinnen.

Die Stund, da sie verschieden war,
Wird bang dem Buben, graust sein Haar;
Es treibt ihn fort zu Pferde.

GONZALO. Wer kommt? O, Teufel! wer kommt? Einen zu stören in der schaurigen schönen Empfindung! Lieber eine Ohrfeige. Sebastian?

Sebastian, ein Bedienter mit Lichtern.

SEBASTIAN. Guten Abend!

GONZALO. Woher?

SEBASTIAN. Nur einen guten Abend. Ich suche Don Pedro überall, und kann ihn nicht finden.

CRUGANTINO vor sich. Ich glaub's wohl.

CLAUDINE. Ist's lang, daß er von Euch schied?

SEBASTIAN. Freilich. Überhaupt geht mir's heut nacht so schurkisch.

GONZALO. Nichts geraten? Trink eins auf den Ärger. Wir haben auch hier einen neuen Gast, so spät noch.

SEBASTIAN, ihn betrachtend und das Glas nehmend, vor sich. Das ist ein Kerl, wie der, den ich suche! Schwank, feurige Augen, und die Zither –

GONZALO. Wo bleibst du heute? Bleib hier!

SEBASTIAN. Nein, ich muß Pedro finden, und sollt ich suchen bis an den Tag. Wo kommen der Herr her?

GONZALO. Von Sarossa.

SEBASTIAN freundlich. Den Namen?

CRUGANTINO. Crugantino nennt man mich. Vor sich. Alter Esel!

SEBASTIAN, gleichgültig ins Glas redend. So? Sich herumwendend, ergötzt vor sich. Hab ich dich, Vogel? Hab ich dich? Nun, Pedro, sei, wo du willst, den muß ich erst in Sicherheit bringen. Laut. Adieu!

GONZALO. Noch eins!

SEBASTIAN. Danke. Diener, meine Herrn und Damen.

GONZALO. Sibylle, geleit ihn.

SEBASTIAN. Laßt das Zeug. Ab.

CRUGANTINO. Ein alter Freund vom Hause?

GONZALO. Der uns wieder einmal nach langer Abwesenheit besucht. Ein bißchen gerad zu, aber brav. Nun weiter unser Liedchen, weiter. Mich dünkt, ich seh ihn, wie ihn der böse Geist vom Herrn ängstiget, den Meineidigen, wie er zu Pferde in die Welt hinein haust und wütet.

CRUGANTINO. Wohl! Wohl!

Die Stund, da sie verschieden war,
Wird bang dem Buben, graust sein Haar;
Es treibt ihn fort zu Pferde.

Er gab die Sporen kreuz und quer
Und ritt auf alle Seiten,
Herüber, 'nüber, hin und her,
Kann keine Ruh erreiten;
Reit't sieben Tag und sieben Nacht:
Es blitzt und donnert, stürmt und kracht,
Die Fluten reißen über.

Und reit im Blitz und Wetterschein
Gemäuerwerk entgegen;
Bindt 's Pferd hauß an und kriecht hinein,
Und duckt sich vor dem Regen;
Und wie er tappt und wie er fühlt,
Sich unter ihm die Erd erwühlt:
Er stürzt wohl hundert Klafter.

Und als er sich ermannt vom Schlag,
Sieht er drei Lichtlein schleichen.
Er rafft sich auf und krapelt nach;
Die Lichtlein ferne weichen;
Irrführen ihn die Quer und Läng,
Trepp auf Trepp ab, durch enge Gäng,
Verfallne wüste Keller.

Ein Bedienter kommt unter die Türe. Sibylle sieht sich um, er winkt ihr, sie geht, um nicht zu stören, auf den Zehen zu ihm. Gonzalo, der's doch merkt, wird ungeduldig und stampft. Crugantino fährt fort.

Auf einmal steht er hoch im Saal,
Sieht sitzen hundert Gäste,
Hohläugig grinsen allzumal
Und winken ihm zum Feste,

Sibylle kommt leise hinter Claudinens Stuhl und redt ihr in die Ohren.
Gonzalo wird wild, Crugantino singt.

Er sieht sein Schätzel unten an,
Mit weißen Tüchern angetan,
Die wendt sich –

CLAUDINE *mit einem Schrei.* Pedro!

*Sie fällt ohnmächtig zurück, alle springen auf.*

GONZALO. Hilfe! was gibt's! Hilfe! *Man labt sie mit Wein.* Was ist's, was ist's!

SIBYLLE. Pedro ist verwundet! gefährlich verwundet.

GONZALO. Pedro! Helft ihr! Mein Kind! Mein Engel! Pedro! Wer sagt es?

SIBYLLE. Sebastians Diener kam hereingesprengt, er suchte seinen Herrn hie.

GONZALO. Wo ist Bastian? Sie rührt sich nicht!

SIBYLLE. Weiß ich's?

GONZALO. Wein! Sibylle, Wein! Camille, Wein! Meine Tochter! Meine Tochter!

CRUGANTINO *gerührt vor sich.* Und du, Elender! das ist dein Werk, deiner Torheiten. Dieser Engel!

GONZALO. Wein!

SIBYLLE *ohne Wein, vergeistert.* Herr!

GONZALO. Wein!

SIBYLLE. Herr!

GONZALO. Bist du toll?

*Sebastian. Wache.*

SEBASTIAN. Hier! Ergreift ihn!

CRUGANTINO. Mich?

SEBASTIAN. Dich! Ergib dich!

GONZALO. Was ist das?

CRUGANTINO *wirft seinen Stuhl um und verrammelt sich hinter den Tisch und Claudinen, greift in die Taschen und zieht ein Paar Terzerole heraus.* Bleibt mir vom Leibe! Ich möchte nicht gern einem was zu Leide tun. *Sebastian auf ihn losgehend.* Damit ihr seht, daß sie geladen sind! *Er schießt eine nach der Decke, Sebastian weicht. Crugantino zieht den Degen, in der andern Hand die Terzerole.* Die für den, der mir nachfolgt!

*Er springt über den Stuhl weg und schwadroniert sich durch die Kerls durch, hinaus.*

SEBASTIAN *denen draußen.* Haltet! Haltet! Nach! Allons, nach! *Er geht zuerst.*

CLAUDINE, die vom Schuß aufgefahren ist, sieht wild um sich her. Tot! tot! Hast du's gehört? Sie haben ihn erschossen. Springt auf. Erschossen. Mein Vater! Weinend. Und Sie haben's gelitten! Wo haben sie ihn hin? Wo sind sie hin? Wo bin ich? Pedro! Sie fällt wieder in den Sessel.

GONZALO. Mein Kind! Mein Kind! Zu Camillen und Sibyllen. Steht ihr da! Guckt ihr zu! Hier, Sibylle, hier meine Schlüssel, hol meinen Balsam droben. Camille, geschwind in Keller, vom stärksten Wein! Claudine! mein Kind!

Claudine hebt sich ohnmächtig, ohne zu sprechen, reicht ihrem Vater die Hand und sinkt wieder hin. Gonzalo geht verwirrt bald zu, bald von ihr.

SEBASTIAN kommt. Er hat sich durchgeschlagen, wütend wie der Teufel! Du sollst uns nicht müde machen. Gonzalo, ich bitte dich.

GONZALO. O meine Tochter!

SEBASTIAN. Es ist der Schreck. Sie erholt sich wieder. Willst du mir deine Bedienten erlauben, deine Pferde? Ich will ihm nach.

GONZALO. Mach, was du willst.

CLAUDINE. Sebastian.

SEBASTIAN. Auf Wiedersehn, Fräulein.

CLAUDINE. Pedro! Er ist tot?

SEBASTIAN. Sie ist verwirrt, pflegt sie, ich muß fort. Ab.

GONZALO, sie zum Sessel führend. Beruhige dich, Engel.

CLAUDINE. Er geht. Und sagt mir nicht: ist er tot, lebt er? Ach meine Knie, meine armen Knie! Mein Herz wird brechen.

Sibylle kommt.

SIBYLLE. Hier der Balsam.

CLAUDINE. Gefährlich verwundet, sagtest du? In Sarossa?

GONZALO. Wer?

SIBYLLE. Pedro.

GONZALO. Wie?

SIBYLLE. Ach daß man nicht von Sinnen kommt über den Lärm und das Gewirre. Heiliger Gott! Da kommt Bastians Diener gesprengt, fragt nach seinem Herrn, und da er ihn nicht antrifft, hinterläßt er: Pedro sei gefährlich verwundet, in Sarossa im Wirtshaus, und fort! Und gleich darauf Sebastian mit Wache, unsern Gast zu fangen, der sich durchschießt und -schlägt. Und Nichtchen in Ohnmacht. Mir wird's blau vor den Augen. Setzt sich. Mir wird's weh.

Camille mit Wein.

Gonzalo. Gib her. Trink einen Tropfen, Claudine! Gib Sibyllen ein Glas. Sie sieht auch wie ein Gespenst.

Camille. Mir klappern die Zähne, wie im Fieber. Den Schrecken fühl ich Jahr und Tag in den Gliedern.

Gonzalo. Trink ein Gläschen! Reib dir die Schläfe mit dem Balsam. Reib, Sibylle.

Camille setzt sich. Ich halt's nicht aus.

Claudine. O mein Vater! Pedro gefährlich verwundt. Sebastian wollte mich nicht hören!

Gonzalo. Es hat's ihm niemand gesagt.

Camille. In dem Lärm, in der Angst!

Claudine. Ohne Hilfe vielleicht.

Gonzalo. Du machst dir's zu fürchterlich vor. Ein Stich in den Arm, ein Ritzchen: Liebes Kind, einem Manne, was ist das? Sei ruhig! Ich will einen nach Sarossa sprengen.

Camille. All Eure Leute und Pferde sind mit Sebastianen.

Gonzalo. Verflucht.

Claudine. O, aus dem Dorf drüben.

Sibylle. Ja, wer soll bei Nacht übers Wasser? Die Fähre steht drüben: ihr hört ja, es ist alles fort.

Gonzalo. Bis morgen gedulde dich, Liebchen, und geh jetzt zu Bette.

Claudine. Laßt mich noch einen Augenblick. Bis sich das Blut gesetzt hat. Ich könnte jetzt nicht schlafen. Aber! die Augen fallen Euch zu. Sorgt für Eure Gesundheit.

Gonzalo. Laßt mich.

Claudine. Ihr werdet mich beruhigen!

Gonzalo. Nun denn! Nichten, ihr wacht mir aber bei ihr. Ich bitt euch, verlaßt sie nicht! Morgen mit dem frühsten sollst du Nachricht von Pedro haben. Weckt mich, Nichten, gegen Morgen. Gute Nacht. Lieb Mädchen, leg dich bald. Leucht mir, Camille. Gute Nacht. Mit Camille ab.

Claudine. Sibylle.

Sibylle nach einer Pause. Der Kopf möchte mir zerspringen.

Die Knie sind mir wie geradbrecht. Auf solch einen Tag solch eine Nacht!

CLAUDINE. Ich kann euch nicht zumuten, zu wachen, Nichten.

SIBYLLE. Aber Euer Vater?

CLAUDINE. Laßt; der soll nichts erfahren. Geht hinauf, legt euch wenigstens auf die Betten. Nur in Kleidern, es ist doch immer Ruh. Ihr seid alle wach, eh mein Vater, und dann – Laßt mich nur!

Camille kommt.

SIBYLLE. Nichtchen will, wir sollen schlafen gehn.

CAMILLE. Lieb Nichtchen! Gott lohn's! Ich halt's nicht aus.

SIBYLLE. Wir begleiten dich zuerst ins Bett.

CLAUDINE. Laßt's nur. Ich bin ja hier gleich neben an. Und muß mich noch erst erholen.

SIBYLLE UND CAMILLE. Gute Nacht denn.

CLAUDINE. Gute Nacht. Sibylle und Camille ab. Bin ich euch los? Darf ich dem Tumult meines Herzens Freiheit lassen? Pedro! Pedro! wie fühl ich in diesen Augenblicken, daß ich dich liebe! Ha, wie das all drängt und tobt, die verborgne, mir selbst bisher verborgne Leidenschaft! – – Wo bist du? – und was bist du mir? – Tot, Pedro! – Nein! verwundet! – Ohne Hilfe! – Verwundet? – Zu dir – zu dir! – Mein Schimmel, der du mich so treu auf die Falkenjagd trugst, was wärst du mir jetzt! Mein Kopf! Mein Herz! Es ist nicht kühn, es ist nichts. – Auf dem Tisch die Gartenschlüssel findend. Und diese Schlüssel? Eine Gottheit sandte mir sie! – Durchs kleine Pförtchen in Garten, hinten die Terrasse hinunter; und in einer halben Stunde bin ich in Sarossa! – Die Herberge? – Ich werde sie finden! – Und diese Kleider? Die Nacht? – Hab ich nicht meines Vettern Garderobe noch da? Paßt mir nicht sein blaues Wams wie angegossen? – Ha, und seinen Degen! – Die Liebe geleitet mich; da sind keine Gefahren! – Und auf dem Wege? – Nein, ich wag's nicht! So allein! Und wenn deine Nichten erwachen und dein Vater? – – Und du, Pedro, liegst in deinem Blute! Dein letzter Atemzug ruft nach Claudinen! Ich komme, ich komme! – Fühle, wie meine

Seele zu dir hinüberreicht! – An deinem Bette liegen, um dich weinen, wehklagen möcht ich, Pedro! – Nur daß ich dich sehe; deine Hand fühle, daß dein Puls noch schlägt; daß ein schwacher Druck mir sage, er lebt noch, er liebt dich noch! – Ist niemand, der ihn verbinde? der das Blut stille?

Herz, mein Herz,
Ach, will verzagen!
Soll ich's tragen,
Soll ich fliehn,
Soll ich's wagen,
Soll ich hin?
Herz, mein Herz,
Hör auf, zu zagen;
Ich will's wagen,
Ich muß hin!

## GEGEN MORGEN, VOR DER HERBERGE ZU SAROSSA

CRUGANTINO, den Degen unterm Arm. So hatte Basko recht? Man stellt mir nach? Wo er nur stickt? Sie sind an mir vorbei gesprengt und gelaufen. Ha! ich kenn die Büsche besser als ihr, und ihr habt keine sonderlichen Spürhunde, und die besten beißen uns nicht. Klopft an die Türe der Herberge.

Ein Knabe kömmt.

KNABE. Gnädiger Herr!

CRUGANTINO. Ist Basko zu Haus kommen?

KNABE. Ja, gnädiger Herr, mit einem Blessierten, der liegt in ihrer Stube. Hernach ist er gleich fort und hat mir befohlen zu wachen, wenn etwa der Fremde schellte. Und Ihnen soll ich sagen, er sei nach Mirmolo. Ich kenn zwar so keinen Ort; ich glaubte, er spaßte.

CRUGANTINO. Gut! Geh hinein und halt dich munter! Junge ab. Mirmolo! Unsre Losung für Villa Bella! Nach Villa Bella, Basko! Ich versteh! – Sebastian! Wer ist der Sebastian? Was hat er gegen mich? – Das wird sich all entwickeln, das wird all zu verbeißen sein; hättst du nur deine

Zither nicht im Stich gelassen! Das ist ein schurkischer Streich, darüber du Ohrfeigen verdient hättest von einem Hundsfutt! Deine Zither! Ich möchte rasend werden. Was sollte man von dem Kerl sagen, der in ein Gedränge käm mit seinem Freund; und sich durchschlüg und seinen Freund im Stich ließ? Pfui! über den Kerl! Pfui! Und deine Zither, mehr wert als zehn Freunde; deine Gesellin, Gespielin, Buhlerin; die noch all deine Liebsten ausgehalten hat! Wie wär's, ich kehrte zurück? denn die Spürhunde sind fort! Wohl! kein Mensch vermutet mich dort! Wohl! ich weiß die Schliche! Das wär ein Streich! in der Verwirrung, in der das Haus ist – Ach, und die arme Claudine! Dies Abenteuer sieht windig aus. Doch, allons! erst die Zither befreit, und das übrige gibt sich!

Er die eine Seite der Straße hinauf, Claudine in Mannskleidern an der andern.

CLAUDINE. Da bin ich! Götter, das ist Sarossa! Und nun die Herberge! Mir zittern meine Knie; ich kann nicht mehr.

Auf eine Hausbank sich setzend, der Herberge gegenüber.

CRUGANTINO. Eine Erscheinung! Was will der geputzte Bube die Nacht hier? Abenteuer über Abenteuer! Wollen's doch besehen.

CLAUDINE. Weh, ich höre jemand!

CRUGANTINO. Mein Herr!

CLAUDINE. Ich bin verloren!

CRUGANTINO. Keine Furcht! Sie haben mit einer redlichen braven Seele zu tun. Kann ich was dienen?

CLAUDINE. Ich bitte! Ich weiß schon! Ich bitte, lassen Sie mich!

CRUGANTINO. Welche Stimme? Bei der Hand nehmend. Himmel, welche Hand!

CLAUDINE. Lassen Sie mich!

CRUGANTINO. Claudine!

CLAUDINE aufspringend. Ha! Señor! bei der Gastfreiheit meines Vaters! Ich beschwöre Sie! – Himmlische Geister!

CRUGANTINO.
Schönste! Wie, Schönste,
Hier find ich dich wieder?

CLAUDINE.
Himmel! Ach Himmel!
Ich sinke darnieder!

CRUGANTINO. Bietest den nächtgen
Gefahren so Trutz?

CLAUDINE. Götter, ihr guten!
Gewähret mir Schutz!

CRUGANTINO, sie bei der Hand fassend.
So allein! so Nacht! so schön!

CLAUDINE, ihn wegstoßend.
Laß mich gehn! laß mich gehn!

CRUGANTINO. Darf ich fragen,
Darf ich wissen,
Wie du dich dem
Haus entrissen,
Mir so auf den Füßen nach?
Dürft ich hoffen?

CLAUDINE. Welche Schmach!

ZUSAMMEN. Darf ich hoffen?
Welche Schmach!

PEDRO, am Fenster horchend.
Himmel! ich träume;
Ich hörte Claudinen!

CRUGANTINO kniend.
Göttin der Erde!

CLAUDINE, ihn zurückstoßend.
Du darfst dich erkühnen?

CRUGANTINO. Höre, Schöne! nur ein Wort!
Komm, hier ist ein sichrer Ort.

CLAUDINE. Aus den Augen, Bösewicht!
Ha, du kennst dies Herz noch nicht!

CRUGANTINO, auf sie losgehend.
Dich ergeben!
Nicht so getan!

CLAUDINE, den Degen ziehend und ihn vorhaltend.
Nicht ums Leben!
Komm heran!

CRUGANTINO, sie anfassend und forttragend.
O schöne Wut!
Mein ist die Beute!

CLAUDINE, in seinen Armen sich wehrend.
Bei Gottes Blut!
Helft mir, ihr Leute!
PEDRO vom Fenster weg und herab.
Sie ist's! Sie ist's!
CLAUDINE. Crugantino will sie eben in die Herberge tragen.
Gewalt! Gewalt!
PEDRO unter der Türe, den Degen in der Linken.
Halt! Halt!
CLAUDINE. Pedro!
PEDRO. Claudine!
BEIDE. Welches Glück!
CRUGANTINO, der Claudinen niedersetzt, aber an der Hand behält, den Degen zieht und weicht und ihr ihn auf die Brust setzt.
Nicht so eilig!
Zurück, du! Zurück!
BEIDE. Götter!
CRUGANTINO. Mäß'ge die Hitze!
Sonst ist's um sie geschehn!
PEDRO. Wende die Spitze!
Wag's, mir zu stehn!
CRUGANTINO. Zurück! Zurück!
BEIDE. Götter!
CRUGANTINO. Du siehst ihr Blut
Aus diesem Herzen fließen!
PEDRO. Schreckliche Wut!
Sieh mich zu deinen Füßen!
CRUGANTINO. Mäß'ge die Hitze!
PEDRO. Wende die Spitze!
CRUGANTINO. Es ist um sie geschehn!
PEDRO. Höre mein Flehn!
CRUGANTINO. Zurück! Zurück!
BEIDE. Götter!
BASKO von ferne.
Hör ich ein Lärmen,
Hör ein Getöse?
Säufer, die schwärmen
Feindlich so böse?
CRUGANTINO, ihn hörend. Basko!

BASKO antwortet mit einer Fratze und füllt den Rhythmus mit dem Nachtigallenschlag.

Tarasko!
Titilirtirerireli!

CRUGANTINO. Führ den Verwundten!
Er irrt uns hie.

PEDRO, Basko drohend.
Laß mich hinüber!

CRUGANTINO, Claudinen wegführend.
Er raset im Fieber.

BASKO, Pedro den Degen aus der Hand schlagend.
Allons zu Bette!

CLAUDINE, von Crugantino mit Gewalt entführt.
Rette mich! Rette!

Tutti.

Während des Tutti hätte fast Crugantino Claudinen weggeführt. Pedro, rasend, springt ungefähr dem Basko an Kopf, wirft ihn zu Boden, über ihn hinaus und auf Crugantino los, der den Degen Claudinen auf die Brust hält. Sie stehn, und die Musik macht eine Pause.

WACHE von ferne.
Hierher! hierher
Hör ich ein Lärmen!

EIN ANDERER. Lumpen und Schurken!
Hör! wie sie schwärmen!

CRUGANTINO, Claudinen loslassend. Basko und er fechten gegen die Wache. Basko, zu Degen!

WACHE zuschlagend.
Ha, so verwegen!

PEDRO zu Claudinen, sie anfassend.
Eilig von hinnen!

CLAUDINE, Pedro in die Arme sinkend.
Weh, meine Sinnen!

WACHE, Pedro und Claudine anhaltend.
Haltet!

PEDRO UND CLAUDINE. O weh!

WACHE, entwaffnend den Crugantino und Basko.
Gib dich!

CRUGANTINO UND BASKO.
O Schmach!

Tutti.

WACHE führt alle weg.

Folget mir nach!

PEDRO UND CLAUDINE.

Weh! Weh!

WACHE. Frevler, ergib dich!

CRUGANTINO UND BASKO.

Schmach! Schmach!

## EIN ENGES GEFÄNGNIS

Pedro und Claudine.

Sie kniet auf der Erde, ihre Hände und den Kopf trostlos auf eine Erhöhung an der Wand legend.

PEDRO. O quäle
Deine liebe Seele,
Quäle deine liebe Seele nicht!

CLAUDINE, sich abwendend.
Mein Herze
In bangem Schmerze,
Mein Herz in bangem Schmerze bricht.

PEDRO. O quäle
Deine liebe Seele,
Quäle deine liebe Seele nicht!

CLAUDINE, sich aufrichtend, doch auf den Knien.
Himmel, höre meine Klage!
Ich vergeh in meiner Plage;
Erd und Tag sind mir verhaßt.

PEDRO. Vor dir schwindet alle Plage,
Wird die Finsternis zum Tage,
Dieser Kerker ein Palast!

Er will sie aufrichten; sie springt auf und macht sich los.

CLAUDINE. Grausamer! Feindlicher!
Kürzest mein Leben.

PEDRO. Himmel, o freundlicher!
Hilf mir erstreben!

CLAUDINE. Vater! – Ich Arme! –
Stirbest für Schmerz!

PEDRO. Himmel, erbarme,
Tröste das Herz!

Man hört Schlüssel rasseln.

Sebastian. Der Kerkermeister.

KERKERMEISTER. Seht, ob hier Euer Mann ist? Sonst hab ich drüben noch ein Paar!

SEBASTIAN. Pedro!

PEDRO, ihn umhalsend. Mein Freund!

SEBASTIAN. Was ist das? Und dein Geselle?

CLAUDINE. Erde, verbirg mich!

SEBASTIAN. Bin ich verhext? Claudine?

CLAUDINE. Weh mir!

PEDRO. Bester Engel!

SEBASTIAN. Du siehst so bleich! Claudine, bist du's? – Claudine –

CLAUDINE. Überlassen Sie mich meinem Elend! Ich will des Tages Licht, will euch alle nicht wiedersehn.

SEBASTIAN. Nur ein Wort; nur ein gescheit Wort, Pedro! Wie kommt ihr daher? Mir schwimmt alles im Kopfe.

PEDRO. Ich hatte eine kleine Rencontre, ward in dem Arm verwundt und hierher gebracht. Gegen Tag ging's. Ich lag in der Herberge auf einem Bette und schlummerte; da hört ich Claudinens Stimme, hörte sie um Hilfe rufen; sprang herunter und fande sie mit einem Wagehals ringen; ich wollte sie befreien und ward mit ihr eingesperrt.

SEBASTIAN. Item, und du, Liebchen?

CLAUDINE. Können Sie fragen?

SEBASTIAN. Du hörtest Pedros Unfall, und dein gutes Herzchen –

PEDRO. Schone sie! Ihr Herz ist in fürchterlichem Aufruhr.

SEBASTIAN. Dich sucht ich nicht; ich suchte deinen Bruder, den ich die ganze Nacht verfolgte; und nun hör ich, er sei hier eingesperrt.

PEDRO. Hier? Welcher Gedanke schießt mir durch die Seele!

SEBASTIAN. Es muß ein Irrtum sein!

PEDRO. Der mich verwundete; der Claudinen drohte! – Es ist einer und der!

SEBASTIAN. Wir wollen sehen. Ruft. Kerkermeister!

KERKERMEISTER. Gnädiger Herr!

SEBASTIAN. Du sagtest noch von zweien; bring sie her!

KERKERMEISTER. Gleich, Señor!

PEDRO. O wenn er's wäre!

SEBASTIAN. Er hat dich verwundet, sagtest du?

PEDRO. Verwundet, und diesen Engel geängstet! – Wenn's mein Bruder wäre!

CLAUDINE. Wir wollten ihm verzeihen. Ach Pedro; wenn ich was anders fühlen könnte als meinen Schmerz! –

SEBASTIAN. Sei ruhig, Geckchen! Die Sache sieht bunt aus. Nur Geduld!

Die Vorigen. Der Kerkermeister. Crugantino. Basko.
Man bringt einen Stuhl für Claudinen.

KERKERMEISTER. Señor, hier ist das edle Paar.

SEBASTIAN. Señor Crugantino, treffen wir einander da? Vor kurzem fand ich Euch wo anders.

CRUGANTINO. Keinen Spott! Eure Tapferkeit ist's nicht, daß ich hier bin.

SEBASTIAN. So? Unterdessen ist mir's immer viel Ehre, Señor Crugantino hier zu sehn. Darf man fragen, ist das der einzige Name, den Sie führen?

CRUGANTINO. Darauf will ich Euch antworten, wenn Ihr mein Richter sein werdet und mir's gelegen sein wird.

SEBASTIAN. Auch gut! Und Euer Name ist Basko, wie man sagt?

BASKO. Für diesmal; Euer Gnaden zu dienen.

SEBASTIAN. Geselle dieses edlen Ritters hier?

CRUGANTINO. Ha, alter Schwätzer!

SEBASTIAN. Mir das?

CRUGANTINO. Ich bin ein Gefangner; also laßt Euer Point d'honneur stecken. *Zu Pedro.* Mit Euch, Herr, bin ich übler dran. Erst verwund ich Euch um nichts und wieder nichts, dann bin ich an Eurer Haft schuld. Vergebt mir!

PEDRO. Gern, gern! Und für mich warum nicht tausendmal, da dieser Engel dir vergibt, den du geängstet? Ich will dir's vergeben; denn büßen könntst du's nie.

CRUGANTINO. Vergrößert meine Schuld nicht; ich will sie tragen, wie sie ist. Aber gesteht mir: ein Mensch, der halbwege Abenteuer zu bestehen weiß, soll der eine Schöne, eine gewünschte, geliebte Schöne, die sich allein nachts dem Schutze des Himmels anvertraut, um so wohlfeilen Preis aus seinen Händen lassen?

CLAUDINE. Wie erniedrigt er mich! Er hat recht! O Liebe! Liebe!

PEDRO. Ich bin der Glücklichste unter der Sonne!

SEBASTIAN. Und glaubt Ihr dann, das putzte man alles so ab, wie ein Bauer die Nase am Ärmel? Ihr müßt ein Gewissen haben.

CRUGANTINO. Erst Richter; und dann Beichtvater.

SEBASTIAN. Stünd's bei mir, ich machte auch den Medikus, und ließ Euch ein bißchen zur Ader; nur aus Kuriosität, das edle Blut zu sehn.

CRUGANTINO. Edles Blut, Herr? Edles Blut? Eure Habichtsnase sieht freilich in eine alte Familie; aber mein Blut darf sich gegen dem Eurigen nicht schämen. Edles Blut?

SEBASTIAN. Reiß dem die Zunge aus, der gegen Castelvecchio was redet.

CRUGANTINO. Castelvecchio? Ich bin verraten!

SEBASTIAN. Und was soll man dir tun, der du dies edle Haus so entehrst?

CRUGANTINO. Zu allen Teufeln!

SEBASTIAN. Kennst du Sebastian von Rovero nicht? Bist du nicht der Alonzo mehr, der auf meinen Knien saß; der die Hoffnung seines Vaters, seines Hauses war? Kennst du mich nicht mehr?

CRUGANTINO. Sebastian?

SEBASTIAN. Ich bin's! Versinke, ehe du hörst, was vor ein Ungeheuer du bist!

CRUGANTINO. Seid großmütig! ich bin ein Mensch.

SEBASTIAN. Nichts vom Vergangenen, Elender! was vor dir steht! Hast du nicht diesen Edlen verwundet; seine Liebste, seine Braut aus den Armen ihres Vaters gesprengt, der ihr diesen Schritt nie verzeihen wird? Und nun bringst du sie als Mitgenossen deiner Bosheit in diesen Kerker! Ihn, den Besten, Freisten, Gütigsten! – deinen Bruder!

CRUGANTINO. Bruder?

PEDRO, ihn umhalsend. Bruder! mein Bruder!

SEBASTIAN. Pedro von Castelvecchio!

CRUGANTINO. Laßt mich, ich bitt euch; laßt mich! Ich hab

ein Herz, das empfindet; und was euch bestürmt, greift mich auch an. – Mein Bruder! der unerträglichste Gedanke! Weg! Ich will nur fühlen, daß ich dich habe, daß du mein Bruder bist. Hier – Pedro? mein Bruder hier?

SEBASTIAN. Auch um deinetwillen! Als wir endlich dir ohngefähr auf die Spur gekommen und er hörte, daß ich Anstalten machte, dich zu kapern, verließ er Madrid.

PEDRO. Ich fürchtete seine Strenge. Sebastian ist gut, wenn man ihn gut läßt.

CRUGANTINO. Ihr seid ausgezogen, mich zu fangen? Nun was hättet ihr an mir? was habt ihr an mir? Wollt ihr mich in Turm sperren, um der Welt den unbedeutenden Ärger und meiner Familie die eingebildete Schande zu sparen? Nehmt mich! – Und was habt ihr getan? und seid ihr mir nichts schuldig?

SEBASTIAN. Führt Euch besser auf!

CRUGANTINO. Mit Eurer Erlaubnis, mein Herr! davon versteht Ihr nichts! Was heißt das: aufführen? Wißt Ihr die Bedürfnisse eines jungen Herzens, wie meins ist? Ein junger toller Kopf? Wo habt Ihr einen Schauplatz des Lebens für mich? Eure bürgerliche Gesellschaft ist mir unerträglich! Will ich arbeiten, muß ich Knecht sein; will ich mich lustig machen, muß ich Knecht sein. Muß nicht einer, der halbweg was wert ist, lieber in die weite Welt gehn? Verzeiht! Ich höre nicht gern anderer Leute Meinung; verzeiht, daß ich Euch die meinige sage. Dafür will ich Euch auch zugeben, daß, wer sich einmal ins Vagieren einläßt, dann kein Ziel mehr hat und keine Grenzen; denn unser Herz – ach! das ist unendlich, solang ihm Kräfte zureichen!

PEDRO. Lieber Bruder, sollte dir's in dem Kreise unsrer Liebe zu enge werden?

CRUGANTINO. Ich bitte dich, laß mich! Es ist das erste Mal, daß ich dich so zu sagen sehe, und –

PEDRO. Laß uns Brüder sein!

CRUGANTINO. Ich bin dein Gefangener.

PEDRO. Nichts davon!

CRUGANTINO. Ich bin's willig; nur überlaßt mich mir selbst. – Wenn ich je euch zur Freude leben kann, so müßt ihr mir das schuldig sein.

PEDRO. In diesen edlen zärtlichen Empfindungen find ich das Ungeheuer nicht mehr, das Claudinens Blut zu vergießen drohte.

CRUGANTINO, lächelnd. Claudinens Blut zu vergießen? Du hättest mir den Degen durch den Leib rennen können, ohne daß ich mich unterstanden hätte, dem Engel ein Haar zu krümmen.

SEBASTIAN. Umarme mich; edler Junge! Hier erkenne ich im Vagabunden das Blut von Castelvecchio.

PEDRO. Und doch ängstigtest du –?

CRUGANTINO. Gut! Weil ich weiß, daß man euch Verliebte mit Zwirnsfäden binden kann.

SEBASTIAN. Guter Junge!

CRUGANTINO. Und habt Ihr nicht gehört, daß alle brave Leute in ihrer Jugend gute Jungens waren; auch wohl etwas mehr sogar?

SEBASTIAN. Topp!

CRUGANTINO. Und sogar Ihr selbst.
Könnt Ihr mir vergeben?
Laßt uns Brüder sein!

CLAUDINE mit schwacher Stimme.
Ändre dein Leben!
Sollst mein Bruder sein.

PEDRO. Ich hab dir vergeben;
Wollen Brüder sein.

Zu drei.

CRUGANTINO. Laßt uns Brüder sein!
CLAUDINE. Sollst mein Bruder sein!
PEDRO. Wollen Brüder sein!

SEBASTIAN. Nun, allons, auf! daß wir aus dem Rauchloch kommen. Claudine, Mädchen, wo bist du? Armes Kind, was für Freud und Schmerz hast du ausgestanden! Du sollst dich erholen, sollst Ruhe haben, sollst – alles haben; komm! Wir kriegen hier wohl einen Tragsessel; und so auf Villa Bella!

CLAUDINE. Nimmer, nimmermehr! In ein Kloster, Bastian! oder ich sterbe hier. Meinem Vater unter die Augen treten? das Licht der Sonne sehn?

Sie will aufstehn und fällt zurück.

SEBASTIAN. Sei ruhig, Mädchen! du bist zerrüttet. Auf, meine Herrn! sorgt für einen Sessel; wir müssen fort.

Gonzalo tritt auf.

GONZALO. Wo sind sie? – Wo ist Bastian? Bastian! –

CLAUDINE. Mein Vater!

Sie fällt in Ohnmacht.

GONZALO. Die Stimme meiner Tochter? – Pedro! Bastian! Wie? Wo? Sich auf sie werfend. Claudine! meine Tochter!

SEBASTIAN. Ärzte! Hilfe! Schnell von hinnen!
CRUGANTINO. Götter! ach! ich atme kaum!
PEDRO. Wehe! mir vergehn die Sinnen!
GONZALO. Seid ihr alle? Ist's ein Traum?
SEBASTIAN. CRUGANTINO, den Gonzalo und Pedro von Claudinen wegziehend.
Weg von hier!
PEDRO. GONZALO, den Sebastian und Crugantino von sich stoßend.
Weg mit dir!
SEBASTIAN. Herr, ach, seht nach Eurer Wunde!
PEDRO. Laßt mich sterben! sie ist tot!
GONZALO. Gott, ich gehe dir zu Grunde!
CRUGANTINO. Ich vergeh in ihrer Not!
SEBASTIAN. CRUGANTINO wie oben.
Weg von hier!
PEDRO. GONZALO wie oben.
Weg mit dir!
PEDRO. Uns so fürchterlich verderben!
Sieht denn Gott nicht unsre Not?
GONZALO. Nein, du kannst, du kannst nicht sterben,
Mädchen, nein du bist nicht tot!

Zu vier.

SEBASTIAN. Wie erbärmlich unsre Not!
CRUGANTINO. Ich vergeh in ihrer Not.
PEDRO. Laßt mich sterben! sie ist tot!
GONZALO. Mädchen, nein, du bist nicht tot.
SEBASTIAN. Sie richtet sich.
CRUGANTINO. Sie lebt.
PEDRO. / GONZALO. } Claudine!

CLAUDINE. *Sie sieht starr ihren Vater und Pedro an.* Mein Vater! Pedro!

GONZALO. Meine Tochter!

SEBASTIAN. Schont sie.

CLAUDINE. Pedro! Mein Vater!

GONZALO. Sei unser! Lebe! lebe! um meinetwillen; um des Edlen willen!

*Pedro wirft sich vor ihr nieder.*

SEBASTIAN. Schont sie! Schone sie! sie ist dein!

PEDRO. Mein Vater!

GONZALO. Sie ist dein!

CHOR.
Brüllt nicht der Donner mehr,
Ruhet der Sturm im Meer;
Leuchtet die Sonne
Über euch gar.
Ewige Wonne!
Seliges Paar!

# CLAVIGO

## EIN TRAUERSPIEL

### PERSONEN

Clavigo, Archivarius des Königs
Carlos, dessen Freund
Beaumarchais
Marie Beaumarchais
Sophie Guilbert, geborne Beaumarchais
Guilbert, ihr Mann
Buenco
Saint George

Der Schauplatz ist zu Madrid.

## ERSTER AKT

### CLAVIGOS WOHNUNG

Clavigo. Carlos.

CLAVIGO, vom Schreibtisch aufstehend. Das Blatt wird eine gute Wirkung tun, es muß alle Weiber bezaubern. Sag mir, Carlos, glaubst du nicht, daß meine Wochenschrift jetzt eine der ersten in Europa ist?

CARLOS. Wir Spanier wenigstens haben keinen neuern Autor, der so viel Stärke des Gedankens, so viel blühende Einbildungskraft mit einem so glänzenden und leichten Stil verbände.

CLAVIGO. Laß mich! Ich muß unter dem Volke noch der Schöpfer des guten Geschmacks werden. Die Menschen sind willig, allerlei Eindrücke anzunehmen; ich habe einen Ruhm, ein Zutrauen unter meinen Mitbürgern; und, unter uns gesagt, meine Kenntnisse breiten sich täglich aus, meine Empfindungen erweitern sich, und mein Stil bildet sich immer wahrer und stärker.

CARLOS. Gut, Clavigo! Doch wenn du mir's nicht übelnehmen willst, so gefiel mir damals deine Schrift weit besser, als du sie noch zu Mariens Füßen schriebst, als noch das liebliche, muntere Geschöpf auf dich Einfluß hatte. Ich weiß nicht, das Ganze hatte ein jugendlicheres, blühenderes Ansehen.

CLAVIGO. Es waren gute Zeiten, Carlos, die nun vorbei sind. Ich gestehe dir gern, ich schrieb damals mit offnerem Herzen, und wahr ist's, sie hatte viel Anteil an dem Beifall, den das Publikum mir gleich anfangs gewährte. Aber in der Länge, Carlos, man wird der Weiber gar bald satt; und warst du nicht der erste, meinem Entschluß Beifall zu geben, als ich mir vornahm, sie zu verlassen?

CARLOS. Du wärst versauert. Sie sind gar zu einförmig. Nur, dünkt mich, wär's wieder Zeit, daß du dich nach einem neuen Plan umsähest, es ist doch auch nichts, wenn man so ganz auf'm Sand ist.

CLAVIGO. Mein Plan ist der Hof, und da gilt kein Feiern. Hab ich's für einen Fremden, der ohne Stand, ohne Namen, ohne Vermögen hieher kam, nicht weit genug gebracht? Hier an einem Hofe! unter dem Gedräng von Menschen, wo es so schwer hält, sich bemerken zu machen? Mir ist's so wohl, wenn ich den Weg ansehe, den ich zurückgelegt habe. Geliebt von den Ersten des Königreichs! geehrt durch meine Wissenschaften, meinen Rang! Archivarius des Königs! Carlos, das spornt mich alles; ich wäre nichts, wenn ich bliebe, was ich bin! Hinauf! Hinauf! Und da kostet's Mühe und List! Man braucht seinen ganzen Kopf; und die Weiber, die Weiber! Man vertändelt gar zu viel Zeit mit ihnen.

CARLOS. Narre, das ist deine Schuld. Ich kann nie ohne Weiber leben, und mich hindern sie an gar nichts. Auch sag ich ihnen nicht so viel schöne Sachen, röste mich nicht monatelang an Sentiments und dergleichen; wie ich denn mit honetten Mädchen am ungernsten zu tun habe. Ausgeredt hat man bald mit ihnen; hernach schleppt man sich eine Zeitlang herum, und kaum sind sie ein bißchen warm bei einem, hat sie der Teufel gleich mit Heiratsgedanken und Heiratsvorschlägen, die ich fürchte wie die Pest. Du bist nachdenkend, Clavigo?

CLAVIGO. Ich kann die Erinnerung nicht loswerden, daß ich Marien verlassen – hintergangen habe, nenn's, wie du willst.

CARLOS. Wunderlich! Mich dünkt doch, man lebt nur Einmal in der Welt, hat nur Einmal diese Kräfte, diese Aussichten, und wer sie nicht zum besten braucht, wer sich nicht so weit treibt als möglich, ist ein Tor. Und heiraten! heiraten just zur Zeit, da das Leben erst recht in Schwung kommen soll! sich häuslich niederlassen, sich einschränken, da man noch die Hälfte seiner Wanderung nicht zurückgelegt, die Hälfte seiner Eroberungen noch nicht gemacht hat! Daß du sie liebtest, das war natürlich, daß du ihr die Ehe versprachst, war eine Narrheit, und wenn du Wort gehalten hättest, wär's gar Raserei gewesen.

CLAVIGO. Sieh, ich begreife den Menschen nicht. Ich liebte sie wahrlich, sie zog mich an, sie hielt mich, und wie ich zu ihren Füßen saß, schwur ich ihr, schwur ich mir, daß es ewig so sein sollte, daß ich der Ihrige sein wollte, sobald ich ein Amt hätte, einen Stand – Und nun, Carlos!

CARLOS. Es wird noch Zeit genug sein, wenn du ein gemachter Mann bist, wenn du das erwünschte Ziel erreicht hast, daß du alsdann, um all dein Glück zu krönen und zu befestigen, dich mit einem angesehenen und reichen Hause durch eine kluge Heirat zu verbinden suchst.

CLAVIGO. Sie ist verschwunden! glatt aus meinem Herzen verschwunden, und wenn mir ihr Unglück nicht manchmal durch den Kopf führe – Daß man so veränderlich ist!

CARLOS. Wenn man beständig wäre, wollt ich mich verwundern. Sieh doch, verändert sich nicht alles in der Welt? warum sollten unsere Leidenschaften bleiben? Sei du ruhig, sie ist nicht das erste verlaßne Mädchen, und nicht das erste, das sich getröstet hat. Wenn ich dir raten soll, da ist die junge Witwe gegenüber –

CLAVIGO. Du weißt, ich halte nicht viel auf solche Vorschläge. Ein Roman, der nicht ganz von selbst kommt, ist nicht imstande, mich einzunehmen.

CARLOS. Über die delikaten Leute!

CLAVIGO. Laß das gut sein, und vergiß nicht, daß unser Hauptwerk gegenwärtig sein muß, uns dem neuen Minister notwendig zu machen. Daß Whal das Gouvernement von Indien niederlegt, ist immer beschwerlich für uns. Zwar ist mir's weiter nicht bange; sein Einfluß bleibt – Grimaldi und er sind Freunde, und wir können schwatzen und uns bücken –

CARLOS. Und denken und tun, was wir wollen.

CLAVIGO. Das ist die Hauptsache in der Welt. *Schellt dem Bedienten.* Tragt das Blatt in die Druckerei!

CARLOS. Sieht man Euch den Abend?

CLAVIGO. Nicht wohl. Nachfragen könnt Ihr ja.

CARLOS. Ich möchte heut abend gar zu gern was unternehmen, das mir das Herz erfreute; ich muß diesen ganzen Nachmittag wieder schreiben. Das endigt nicht.

CLAVIGO. Laß es gut sein! Wenn wir nicht für so viele Leute arbeiteten, wären wir so viel Leuten nicht über den Kopf gewachsen. *Ab.*

## GUILBERTS WOHNUNG

*Sophie Guilbert. Marie Beaumarchais. Don Buenco.*

BUENCO. Sie haben eine üble Nacht gehabt?

SOPHIE. Ich sagt's ihr gestern abend. Sie war so ausgelassen lustig und hat geschwatzt bis eilfe, da war sie erhitzt, konnte nicht schlafen, und nun hat sie wieder keinen Atem und weint den ganzen Morgen.

MARIE. Daß unser Bruder nicht kommt! Es sind zwei Tage über die Zeit.

SOPHIE. Nur Geduld, er bleibt nicht aus.

MARIE *aufstehend.* Wie begierig bin ich, diesen Bruder zu sehen; meinen Richter und meinen Retter. Ich erinnere mich seiner kaum.

SOPHIE. O ja, ich kann mir ihn noch wohl vorstellen; er war ein feuriger, offner, braver Knabe von dreizehn Jahren, als uns unser Vater hierher schickte.

MARIE. Eine edle, große Seele. Sie haben den Brief gelesen, den er schrieb, als er mein Unglück erfuhr. Jeder Buchstabe davon steht in meinem Herzen. „Wenn du schuldig bist", schreibt er, „so erwarte keine Vergebung; über dein Elend soll noch die Verachtung eines Bruders auf dir schwer werden, und der Fluch eines Vaters. Bist du unschuldig – o dann alle Rache, alle, alle glühende Rache auf den Verräter!" – Ich zittere! Er wird kommen. Ich zittere, nicht für mich, ich stehe vor Gott in meiner Unschuld. – Ihr müßt, meine Freunde – Ich weiß nicht, was ich will! O Clavigo!

SOPHIE. Du hörst nicht! Du wirst dich umbringen.

MARIE. Ich will stille sein! Ja ich will nicht weinen. Mich dünkt auch, ich hätte keine Tränen mehr! Und warum Tränen? Es ist mir nur leid, daß ich euch das Leben sauer mache. Denn im Grunde, worüber beklag' ich mich? Ich habe viel Freude gehabt, solang unser alter Freund noch lebte. Clavigos Liebe hat mir viel Freude gemacht, vielleicht mehr als ihm die meinige. Und nun – was ist's nun weiter? Was ist an mir gelegen? an einem Mädchen gelegen, ob ihm das Herz bricht? ob es sich verzehrt und sein armes junges Leben ausquält?

BUENCO. Um Gottes willen, Mademoiselle!

MARIE. Ob's ihm wohl einerlei ist – daß er mich nicht mehr liebt? Ach! warum bin ich nicht mehr liebenswürdig? – Aber bedauern, bedauern sollt er mich! daß die Arme, der er sich so notwendig gemacht hatte, nun ohne ihn ihr Leben hinschleichen, hinjammern soll. – Bedauern! Ich mag nicht von dem Menschen bedauert sein.

SOPHIE. Wenn ich dich ihn könnte verachten lehren, den Nichtswürdigen! den Hassenswürdigen!

MARIE. Nein, Schwester, ein Nichtswürdiger ist er nicht; und muß ich denn den verachten, den ich hasse? – Hassen! Ja, manchmal kann ich ihn hassen, manchmal, wenn der spanische Geist über mich kommt. Neulich, o neulich, als wir ihm begegneten, sein Anblick wirkte volle warme Liebe auf mich! und wie ich wieder nach Hause kam, und mir sein Betragen auffiel, und der ruhige, kalte Blick, den er über mich herwarf an der Seite der glänzenden Donna – da ward ich Spanierin in meinem Herzen, und griff nach meinem Dolch, und nahm Gift zu mir, und verkleidete mich. Ihr erstaunt, Buenco? Alles in Gedanken, versteht sich.

SOPHIE. Närrisches Mädchen!

MARIE. Meine Einbildungskraft führte mich ihm nach, ich sah ihn, wie er zu den Füßen seiner neuen Geliebten alle die Freundlichkeit, alle die Demut verschwendete, mit der er mich vergiftet hat – ich zielte nach dem Herzen des Verräters! Ach, Buenco! – Auf einmal war das gutherzige französische Mädchen wieder da, das keine Liebestränke kennt und keine Dolche zur Rache. Wir sind übel dran! Vaudevilles, unsere Liebhaber zu unterhalten, Fächer, sie zu strafen, und wenn sie untreu sind? – Sag, Schwester, wie machen sie's in Frankreich, wenn die Liebhaber untreu sind?

SOPHIE. Man verwünscht sie.

MARIE. Und?

SOPHIE. Und läßt sie laufen.

MARIE. Laufen! Nun, und warum soll ich Clavigo nicht laufen lassen? Wenn das in Frankreich Mode ist, warum soll's nicht in Spanien sein? Warum soll eine Französin in Spanien nicht Französin sein? Wir wollen ihn laufen lassen und uns einen andern nehmen; mich dünkt, sie machen's bei uns auch so.

BUENCO. Er hat eine feierliche Zusage gebrochen, und keinen leichtsinnigen Roman, kein gesellschaftliches Attachement. Mademoiselle, Sie sind bis ins innerste Herz beleidigt, gekränkt. O, mir ist mein Stand, daß ich ein unbedeutender ruhiger Bürger von Madrid bin, nie so beschwerlich, nie so ängstlich gewesen als jetzt, da ich mich so schwach, so unvermögend fühle, Ihnen gegen den falschen Höfling Gerechtigkeit zu schaffen!

MARIE. Wie er noch Clavigo war, noch nicht Archivarius des Königs, wie er der Fremdling, der Ankömmling, der Neueingeführte in unserm Hause war, wie liebenswürdig war er, wie gut! Wie schien all sein Ehrgeiz, all sein Aufstreben ein Kind seiner Liebe zu sein! Für mich rang er nach Namen, Stand, Gütern: er hat's, und ich! – –

Guilbert kommt.

GUILBERT heimlich zu seiner Frau. Der Bruder kommt.

MARIE. Der Bruder! – Sie zittert, man führt sie in einen Sessel. Wo? wo? Bringt mir ihn! Bringt mich hin!

Beaumarchais kommt.

BEAUMARCHAIS. Meine Schwester! Von der ältesten weg, nach der jüngsten zustürzend. Meine Schwester! Meine Freunde! O meine Schwester!

Marie. Bist du da? Gott sei Dank, du bist da!

Beaumarchais. Laß mich zu mir selbst kommen!

Marie. Mein Herz, mein armes Herz!

Sophie. Beruhigt euch! Lieber Bruder, ich hoffte, dich gelassener zu sehn.

Beaumarchais. Gelassener! Seid ihr denn gelassen? Seh ich nicht an der zerstörten Gestalt dieser Lieben, an deinen verweinten Augen, deiner Blässe des Kummers, an dem toten Stillschweigen eurer Freunde, daß ihr so elend seid, wie ich mir euch den ganzen langen Weg vorgestellt habe? Und elender – denn ich seh euch, ich hab euch in meinen Armen, die Gegenwart verdoppelt meine Gefühle, o meine Schwester!

Sophie. Und unser Vater?

Beaumarchais. Er segnet euch und mich, wenn ich euch rette.

Buenco. Mein Herr, erlauben Sie einem Unbekannten, der den edlen braven Mann in Ihnen beim ersten Anblick erkennt, seinen innigsten Anteil an Tag zu legen, den er bei dieser ganzen Sache empfindet. Mein Herr! Sie machen diese ungeheure Reise, Ihre Schwester zu retten, zu rächen. Willkommen! sein Sie willkommen wie ein Engel, ob Sie uns alle gleich beschämen!

Beaumarchais. Ich hoffte, mein Herr, in Spanien solche Herzen zu finden, wie das Ihre ist; das hat mich angespornt, den Schritt zu tun. Nirgend, nirgend in der Welt mangelt es an teilnehmenden, beistimmenden Seelen; wenn nur einer auftritt, dessen Umstände ihm völlig Freiheit lassen, all seiner Entschlossenheit zu folgen. Und o, meine Freunde, ich habe das hoffnungsvolle Gefühl: überall gibt's treffliche Menschen unter den Mächtigen und Großen, und das Ohr der Majestät ist selten taub; nur ist unsere Stimme meist zu schwach, bis dahinauf zu reichen.

Sophie. Kommt, Schwester! Kommt! Legt Euch einen Augenblick nieder! Sie ist ganz außer sich. Sie führen sie weg.

Marie. Mein Bruder!

Beaumarchais. Will's Gott, du bist unschuldig, und dann alle, alle Rache über den Verräter! Marie, Sophie ab. Mein Bruder! Meine Freunde! ich seh's an euren Blicken, daß ihr's seid. Laßt mich zu mir selbst kommen! Und dann! Eine reine, unparteiische Erzählung der ganzen Geschichte. Die soll meine Handlungen bestimmen. Das Gefühl einer guten Sache soll meinen Entschluß befestigen; und glaubt mir, wenn wir recht haben, werden wir Gerechtigkeit finden.

## ZWEITER AKT

### DAS HAUS DES CLAVIGO

Clavigo.

CLAVIGO. Wer die Franzosen sein mögen, die sich bei mir haben melden lassen? – Franzosen! Sonst war mir diese Nation willkommen! – Und warum nicht jetzt? Es ist wunderbar, ein Mensch, der sich über so vieles hinaussetzt, wird doch an einer Ecke mit Zwirnsfäden angebunden. – Weg! – Und wär ich Marien mehr schuldig als mir selbst? und ist's eine Pflicht, mich unglücklich zu machen, weil mich ein Mädchen liebt?

Ein Bedienter.

BEDIENTER. Die Fremden, mein Herr.

CLAVIGO. Führe sie herein! Du sagtest doch ihrem Bedienten, daß ich sie zum Frühstück erwarte?

BEDIENTER. Wie Sie befahlen.

CLAVIGO. Ich bin gleich wieder hier. Ab.

Beaumarchais. Saint George.

Der Bediente setzt ihnen Stühle und geht.

BEAUMARCHAIS. Es ist mir so leicht! so wohl! mein Freund, daß ich endlich hier bin, daß ich ihn habe; er soll mir nicht entwischen. Sein Sie ruhig; wenigstens zeigen Sie ihm die gelassenste Außenseite! Meine Schwester! meine Schwester! Wer glaubte, daß du so unschuldig als unglücklich bist? Es soll an den Tag kommen, du sollst auf das grimmigste gerächt werden. Und du, guter Gott, erhalte mir die Ruhe der Seele, die du mir in diesem Augenblicke gewährest, daß ich mit aller Mäßigung in dem entsetzlichen Schmerz und so klug handle als möglich!

SAINT GEORGE. Ja diese Klugheit, alles, mein Freund, was

Sie jemals von Überlegung bewiesen haben, nehm ich in Anspruch. Sagen Sie mir's zu, mein Bester, noch einmal, daß Sie bedenken, wo Sie sind. In einem fremden Königreiche, wo alle Ihre Beschützer, wo all Ihr Geld nicht imstande ist, Sie gegen die geheimen Maschinen nichtswürdiger Feinde zu sichern.

BEAUMARCHAIS. Sein Sie ruhig! Spielen Sie Ihre Rolle gut, er soll nicht wissen, mit welchem von uns beiden er's zu tun hat. Ich will ihn martern. O, ich bin guten Humors genug, um den Kerl an einem langsamen Feuer zu braten.

Clavigo kommt wieder.

CLAVIGO. Meine Herren, es ist mir eine Freude, Männer von einer Nation bei mir zu sehen, die ich immer geschätzt habe.

BEAUMARCHAIS. Mein Herr, ich wünsche, daß auch wir der Ehre würdig sein mögen, die Sie unsern Landsleuten anzutun belieben.

SAINT GEORGE. Das Vergnügen, Sie kennen zu lernen, hat bei uns die Bedenklichkeit überwunden, daß wir beschwerlich sein könnten.

CLAVIGO. Personen, die der erste Anblick empfiehlt, sollten die Bescheidenheit nicht so weit treiben.

BEAUMARCHAIS. Freilich kann Ihnen nicht fremd sein, von Unbekannten besucht zu werden, da Sie durch die Vortrefflichkeit Ihrer Schriften sich ebensosehr in auswärtigen Reichen bekannt gemacht haben, als die ansehnlichen Ämter, die Ihro Majestät Ihnen anvertrauen, Sie in Ihrem Vaterlande distinguieren.

CLAVIGO. Der König hat viel Gnade für meine geringen Dienste, und das Publikum viel Nachsicht für die unbedeutenden Versuche meiner Feder; ich wünschte, daß ich einigermaßen etwas zu der Verbesserung des Geschmacks in meinem Lande, zur Ausbreitung der Wissenschaften beitragen könnte. Denn sie sind's allein, die uns mit andern Nationen verbinden, sie sind's, die aus den entferntesten Geistern Freunde machen und die angenehmste Vereinigung unter denen selbst erhalten, die leider durch Staatsverhältnisse öfters getrennt werden.

BEAUMARCHAIS. Es ist entzückend, einen Mann so reden zu

hören, der gleichen Einfluß auf den Staat und auf die Wissenschaften hat. Auch muß ich gestehen, Sie haben mir das Wort aus dem Munde genommen, und mich geradeswegs auf das Anliegen gebracht, um dessen willen Sie mich hier sehen. Eine Gesellschaft gelehrter würdiger Männer hat mir den Auftrag gegeben, an jedem Orte, wo ich durchreiste und Gelegenheit fände, einen Briefwechsel zwischen ihnen und den besten Köpfen des Königreichs zu stiften. Wie nun kein Spanier besser schreibt als der Verfasser der Blätter, die unter dem Namen „Der Denker" so bekannt sind, ein Mann, mit dem ich die Ehre habe zu reden –

CLAVIGO macht eine verbindliche Beugung.

BEAUMARCHAIS. Und der eine besondere Zierde der Gelehrten ist, indem er gewußt hat, mit seinen Talenten einen solchen Grad von Weltklugheit zu verbinden; dem es nicht fehlen kann, die glänzenden Stufen zu besteigen, deren ihn sein Charakter und seine Kenntnisse würdig machen – ich glaube, meinen Freunden keinen angenehmern Dienst leisten zu können, als wenn ich sie mit einem solchen Manne verbinde.

CLAVIGO. Kein Vorschlag in der Welt konnte mir erwünschter sein, meine Herren: ich sehe dadurch die angenehmsten Hoffnungen erfüllt, mit denen sich mein Herz oft ohne Aussicht einer glücklichen Gewährung beschäftigte. Nicht daß ich glaubte, durch meinen Briefwechsel den Wünschen Ihrer gelehrten Freunde genugtun zu können; so weit geht meine Eitelkeit nicht. Aber da ich das Glück habe, daß die besten Köpfe in Spanien mit mir zusammenhängen, da mir nichts unbekannt bleiben mag, was in unserm weiten Reiche von einzelnen, oft verborgenen Männern für die Wissenschaften, für die Künste getan wird, so sahe ich mich bisher als einen Kolporteur an, der das geringe Verdienst hat, die Erfindungen anderer gemeinnützig zu machen; nun aber werd' ich durch Ihre Dazwischenkunft zum Handelsmann, der das Glück hat, durch Umsetzung der einheimischen Produkte den Ruhm seines Vaterlandes auszubreiten und darüber es noch mit fremden Schätzen zu bereichern. Und so erlauben Sie, mein Herr, daß ich einen Mann, der mit solcher Freimütigkeit eine so angenehme Botschaft bringt, nicht wie einen Fremden behandle; erlauben Sie, daß ich frage, was für ein Geschäft, was für ein Anliegen Sie diesen weiten Weg geführt hat? Nicht, als wollt ich durch diese Indiskretion eine eitle Neugier befriedigen; nein, glauben Sie vielmehr, daß es in der reinsten Absicht geschieht, alle Kräfte, allen Einfluß, den ich etwa haben mag, für Sie zu verwenden: denn ich sage Ihnen zum voraus, Sie sind an einen Ort gekommen, wo sich einem Fremden zu Ausführung seiner Geschäfte, besonders bei Hofe, unzählige Schwierigkeiten entgegensetzen.

BEAUMARCHAIS. Ich nehme ein so gefälliges Anerbieten mit allem Dank an. Ich habe keine Geheimnisse für Sie, mein Herr, und dieser Freund wird bei meiner Erzählung nicht zuviel sein; er ist sattsam von dem unterrichtet, was ich Ihnen zu sagen habe.

CLAVIGO betrachtet Saint George mit Aufmerksamkeit.

BEAUMARCHAIS. Ein französischer Kaufmann, der bei einer starken Anzahl von Kindern wenig Vermögen besaß, hatte viele Korrespondenten in Spanien. Einer der reichsten kam vor funfzehn Jahren nach Paris und tat ihm den Vorschlag: „Gebt mir zwei von Euern Töchtern, ich nehme sie mit nach Madrid und versorge sie. Ich bin ledig, bejahrt, ohne Verwandte, sie werden das Glück meiner alten Tage machen, und nach meinem Tode hinterlaß ich ihnen eine der ansehnlichsten Handlungen in Spanien." Man vertraute ihm die älteste und eine der jüngern Schwestern. Der Vater übernahm, das Haus mit allen französischen Waren zu versehn, die man verlangen würde, und so hatte alles ein gutes Ansehn, bis der Korrespondent mit Tode abging, ohne die Französinnen im geringsten zu bedenken, die sich denn in dem beschwerlichen Falle sahen, allein einer neuen Handlung vorzustehen.
Die älteste hatte unterdessen geheiratet, und unerachtet des geringen Zustandes ihrer Glücksgüter erhielten sie sich durch gute Aufführung und durch die Annehmlichkeit ihres Geistes eine Menge Freunde, die sich wechselsweise beeiferten, ihren Kredit und ihre Geschäfte zu erweitern.

CLAVIGO wird immer aufmerksamer.

BEAUMARCHAIS. Ungefähr um eben die Zeit hatte sich ein

junger Mensch, von den Kanarischen Inseln bürtig, in dem Hause vorstellen lassen.

CLAVIGO verliert alle Munterkeit aus seinem Gesicht, und sein Ernst geht nach und nach in eine Verlegenheit über, die immer sichtbarer wird.

BEAUMARCHAIS. Ungeachtet seines geringen Standes und Vermögens nimmt man ihn gefällig auf. Die Frauenzimmer, die eine große Begierde zur französischen Sprache an ihm bemerkten, erleichtern ihm alle Mittel, sich in weniger Zeit große Kenntnisse zu erwerben.
Voll von Begierde, sich einen Namen zu machen, fällt er auf den Gedanken, der Stadt Madrid das seiner Nation noch unbekannte Vergnügen einer Wochenschrift im Geschmack des englischen „Zuschauers“ zu geben. Seine Freundinnen lassen es nicht ermangeln, ihm auf alle Art beizustehn; man zweifelt nicht, daß ein solches Unternehmen großen Beifall finden würde; genug, ermuntert durch die Hoffnung, nun bald ein Mensch von einiger Bedeutung werden zu können, wagt er es, der jüngsten einen Heiratsvorschlag zu tun. Man gibt ihm Hoffnung. „Sucht Euer Glück zu machen“, sagt die älteste, „und wenn Euch ein Amt, die Gunst des Hofes, oder irgend sonst ein Mittel ein Recht wird gegeben haben, an meine Schwester zu denken, wenn sie Euch denn andern Freiern vorzieht, kann ich Euch meine Einwilligung nicht versagen.“

CLAVIGO bewegt sich in höchster Verwirrung auf seinem Sessel.

BEAUMARCHAIS. Die jüngste schlägt verschiedene ansehnliche Partieen aus; ihre Neigung gegen den Menschen nimmt zu und hilft ihr die Sorge einer ungewissen Erwartung tragen; sie interessiert sich für sein Glück wie für ihr eigenes, und ermuntert ihn, das erste Blatt seiner Wochenschrift zu geben, das unter einem vielversprechenden Titel erscheint.

CLAVIGO ist in der entsetzlichsten Verlegenheit.

BEAUMARCHAIS ganz kalt. Das Werk macht ein erstaunendes Glück; der König selbst, durch diese liebenswürdige Produktion ergetzt, gab dem Autor öffentliche Zeichen seiner Gnade. Man versprach ihm das erste ansehnliche Amt, das sich auftun würde. Von dem Augenblick an entfernt er alle Nebenbuhler von seiner Geliebten, indem er ganz öffentlich sich um sie bemühte. Die Heirat verzog sich nur in Erwartung der zugesagten Versorgung. – Endlich, nach sechs Jahren Harrens, ununterbrochener Freundschaft, Beistands und Liebe von seiten des Mädchens, nach sechs Jahren Ergebenheit, Dankbarkeit, Bemühungen, heiliger Versicherungen von seiten des Mannes, erscheint das Amt – und er verschwindet.

CLAVIGO. Es entfährt ihm ein tiefer Seufzer, den er zu verbergen sucht, und ganz außer sich ist.

BEAUMARCHAIS. Die Sache hatte zu großes Aufsehn gemacht, als daß man die Entwicklung sollte gleichgültig angesehen haben. Ein Haus für zwei Familien war gemietet. Die ganze Stadt sprach davon. Alle Freunde waren aufs höchste aufgebracht und suchten Rache. Man wendete sich an mächtige Gönner; allein der Nichtswürdige, der nun schon in die Kabalen des Hofs initiiert war, weiß alle Bemühungen fruchtlos zu machen und geht in seiner Insolenz so weit, daß er es wagt, den Unglücklichen zu drohen, wagt, denen Freunden, die sich zu ihm begeben, ins Gesicht zu sagen: die Französinnen sollten sich in acht nehmen, er biete sie auf, ihm zu schaden, und wenn sie sich unterständen, etwas gegen ihn zu unternehmen, so wär's ihm ein leichtes, sie in einem fremden Lande zu verderben, wo sie ohne Schutz und Hülfe seien.
Das arme Mädchen fiel auf die Nachricht in Konvulsionen, die ihr den Tod drohten. In der Tiefe ihres Jammers schreibt die Älteste nach Frankreich die offenbare Beschimpfung, die ihnen angetan worden. Die Nachricht bewegt ihren Bruder aufs schrecklichste, er verlangt seinen Abschied, um in so einer verwirrten Sache selbst Rat und Hülfe zu schaffen, er ist im Fluge von Paris zu Madrid, und der Bruder – bin ich! der alles verlassen hat, Vaterland, Pflichten, Familie, Stand, Vergnügen, um in Spanien eine unschuldige, unglückliche Schwester zu rächen.
Ich komme, bewaffnet mit der besten Sache und aller Entschlossenheit, einen Verräter zu entlarven, mit blutigen Zügen seine Seele auf sein Gesicht zu zeichnen, und der Verräter – bist du!

CLAVIGO. Hören Sie mich, mein Herr – Ich bin – Ich habe – Ich zweifle nicht –

BEAUMARCHAIS. Unterbrechen Sie mich nicht. Sie haben mir nichts zu sagen und viel von mir zu hören.
Nun um einen Anfang zu machen, sein Sie so gütig, vor diesem Herrn, der expreß mit mir aus Frankreich gekommen ist, zu erklären: ob meine Schwester durch irgend eine Treulosigkeit, Leichtsinn, Schwachheit, Unart oder sonst einen Fehler diese öffentliche Beschimpfung um Sie verdient habe.

CLAVIGO. Nein, mein Herr. Ihre Schwester, Donna Maria, ist ein Frauenzimmer voll Geist, Liebenswürdigkeit und Tugend.

BEAUMARCHAIS. Hat sie Ihnen jemals seit Ihrem Umgange eine Gelegenheit gegeben, sich über sie zu beklagen, oder sie geringer zu achten?

CLAVIGO. Nie! Niemals!

BEAUMARCHAIS aufstehend. Und warum, Ungeheuer! hattest du die Grausamkeit, das Mädchen zu Tode zu quälen? Nur weil dich ihr Herz zehn andern vorzog, die alle rechtschaffner und reicher waren als du.

CLAVIGO. Oh mein Herr! Wenn Sie wüßten, wie ich verhetzt worden bin, wie ich durch mancherlei Ratgeber und Umstände –

BEAUMARCHAIS. Genug! Zu Saint George. Sie haben die Rechtfertigung meiner Schwester gehört; gehn Sie und breiten Sie es aus! Was ich dem Herrn weiter zu sagen habe, braucht keine Zeugen.

Clavigo steht auf. Saint George geht.

BEAUMARCHAIS. Bleiben Sie! Bleiben Sie! Beide setzen sich wieder. Da wir nun so weit sind, will ich Ihnen einen Vorschlag tun, den Sie hoffentlich billigen werden.
Es ist Ihre Konvenienz und meine, daß Sie Marien nicht heiraten, und Sie fühlen wohl, daß ich nicht gekommen bin, den Komödienbruder zu machen, der den Roman entwikkeln und seiner Schwester einen Mann schaffen will. Sie haben ein ehrliches Mädchen mit kaltem Blute beschimpft, weil Sie glaubten, in einem fremden Lande sei sie ohne Beistand und Rächer. So handelt ein Niederträchtiger, ein

Nichtswürdiger. Und also, zuvörderst erklären Sie eigenhändig, freiwillig, bei offenen Türen, in Gegenwart Ihrer Bedienten: daß Sie ein abscheulicher Mensch sind, der meine Schwester betrogen, verraten, sie ohne die mindeste Ursache erniedrigt hat; und mit dieser Erklärung geh ich nach Aranjuez, wo sich unser Gesandter aufhält, ich zeige sie, ich lasse sie drucken, und übermorgen ist der Hof und die Stadt davon überschwemmt. Ich habe mächtige Freunde hier, habe Zeit und Geld, und das alles wend' ich an, um Sie auf alle Weise aufs grausamste zu verfolgen, bis der Zorn meiner Schwester sich legt, befriedigt ist und sie mir selbst Einhalt tut.

Clavigo. Ich tue diese Erklärung nicht.

Beaumarchais. Das glaub ich, denn vielleicht tät ich sie an Ihrer Stelle ebensowenig. Aber hier ist das andere: Schreiben Sie nicht, so bleib ich von diesem Augenblicke bei Ihnen, ich verlasse Sie nicht, ich folge Ihnen überallhin, bis Sie, einer solchen Gesellschaft überdrüssig, hinter Buenretiro meiner loszuwerden gesucht haben. Bin ich glücklicher als Sie: ohne den Gesandten zu sehn, ohne mit einem Menschen hier gesprochen zu haben, fass' ich meine sterbende Schwester in meine Arme, hebe sie in den Wagen und kehre mit ihr nach Frankreich zurück. Begünstigt Sie das Schicksal, so hab ich das Meine getan, und so lachen Sie denn auf unsere Kosten. Unterdessen das Frühstück!

Beaumarchais zieht die Schelle. Ein Bedienter bringt die Schokolade. Beaumarchais nimmt seine Tasse und geht in der anstoßenden Galerie spazieren, die Gemälde betrachtend.

Clavigo. Luft! Luft! – Das hat dich überrascht, angepackt wie einen Knaben – Wo bist du, Clavigo? Wie willst du das enden? – Wie kannst du das enden? – Ein schrecklicher Zustand, in den dich deine Torheit, deine Verräterei gestürzt hat! Er greift nach dem Degen auf dem Tische. Ha! Kurz und gut! – Er läßt ihn liegen. – Und da wäre kein Weg, kein Mittel, als Tod – oder Mord, abscheulicher Mord! – Das unglückliche Mädchen ihres letzten Trostes, ihres einzigen Beistandes zu berauben, ihres Bruders! – Des edeln, braven Menschen Blut zu sehen! – Und so den doppelten unerträglichen Fluch einer vernichteten Familie auf dich zu laden! – O, das war die Aussicht nicht, als das liebenswürdige Geschöpf dich die ersten Stunden ihrer Bekanntschaft mit so viel Reizen anzog! Und da du sie verließest, sahst du nicht die gräßlichen Folgen deiner Schandtat! – Welche Seligkeit wartete dein in ihren Armen! in der Freundschaft solch eines Bruders! – Marie! Marie! O daß du vergeben könntest! daß ich zu deinen Füßen das alles abweinen dürfte! – Und warum nicht? – Mein Herz geht mir über; meine Seele geht mir auf in Hoffnung! – Mein Herr!

BEAUMARCHAIS. Was beschließen Sie?

CLAVIGO. Hören Sie mich! Mein Betragen gegen Ihre Schwester ist nicht zu entschuldigen. Die Eitelkeit hat mich verführt. Ich fürchtete, meine Plane, meine Aussichten auf ein ruhmvolles Leben durch diese Heirat zugrunde zu richten. Hätte ich wissen können, daß sie so einen Bruder habe, sie würde in meinen Augen keine unbedeutende Fremde gewesen sein; ich würde die ansehnlichsten Vorteile von dieser Verbindung gehofft haben. Sie erfüllen mich, mein Herr, mit der größesten Hochachtung für Sie; und indem Sie mir auf diese Weise mein Unrecht lebhaft empfinden machen, flößen Sie mir eine Begierde ein, eine Kraft, alles wieder gutzumachen. Ich werfe mich zu Ihren Füßen! Helfen Sie! Helfen Sie, wenn's möglich ist, meine Schuld austilgen und das Unglück endigen! Geben Sie mir Ihre Schwester wieder, mein Herr, geben Sie mich ihr! Wie glücklich wär ich, von Ihrer Hand eine Gattin und die Vergebung aller meiner Fehler zu erhalten!

BEAUMARCHAIS. Es ist zu spät! Meine Schwester liebt Sie nicht mehr, und ich verabscheue Sie. Schreiben Sie die verlangte Erklärung, das ist alles, was ich von Ihnen fordere, und überlassen Sie mir die Sorgfalt einer ausgesuchten Rache!

CLAVIGO. Ihre Hartnäckigkeit ist weder gerecht noch klug. Ich gebe Ihnen zu, daß es hier nicht auf mich ankommt, ob ich eine so sehr verschlimmerte Sache wieder gutmachen will. – Ob ich sie gutmachen kann, das hängt von dem Herzen Ihrer vortrefflichen Schwester ab, ob sie einen Elenden wieder ansehn mag, der nicht verdient, das

Tageslicht zu sehen. Allein Ihre Pflicht ist's, mein Herr, das zu prüfen und darnach sich zu betragen, wenn Ihr Schritt nicht einer jugendlichen unbesonnenen Hitze ähnlich sehen soll. Wenn Donna Maria unbeweglich ist – o ich kenne das Herz! o ihre Güte, ihre himmlische Seele schwebt mir ganz lebhaft vor! Wenn sie unerbittlich ist, dann ist es Zeit, mein Herr.

BEAUMARCHAIS. Ich bestehe auf der Erklärung.

CLAVIGO *nach dem Tisch zu gehend.* Und wenn ich nach dem Degen greife?

BEAUMARCHAIS *gehend.* Gut, mein Herr! Schön, mein Herr!

CLAVIGO *ihn zurückhaltend.* Noch ein Wort. Sie haben die gute Sache; lassen Sie mich die Klugheit für Sie haben. Bedenken Sie, was Sie tun! Auf beide Fälle sind wir alle unwiederbringlich verloren. Müßt' ich nicht für Schmerz, für Beängstigung untergehn, wenn Ihr Blut meinen Degen färben sollte, wenn ich Marien noch über all ihr Unglück auch ihren Bruder raubte, und dann – der Mörder des Clavigo würde die Pyrenäen nicht zurückmessen.

BEAUMARCHAIS. Die Erklärung, mein Herr, die Erklärung!

CLAVIGO. So sei's denn. Ich will alles tun, um Sie von der aufrichtigen Gesinnung zu überzeugen, die mir Ihre Gegenwart einflößt. Ich will die Erklärung schreiben, ich will sie schreiben aus Ihrem Munde. Nur versprechen Sie mir, nicht eher Gebrauch davon zu machen, bis ich imstande gewesen bin, Donna Maria von meinem geänderten, reuvollen Herzen zu überzeugen; bis ich mit Ihrer Ältesten ein Wort gesprochen, bis diese ihr gütiges Vorwort bei meiner Geliebten eingelegt hat. So lange, mein Herr!

BEAUMARCHAIS. Ich gehe nach Aranjuez.

CLAVIGO. Gut denn, bis Sie wiederkommen, so lange bleibt die Erklärung in Ihrem Portefeuille; hab ich meine Vergebung nicht, so lassen Sie Ihrer Rache vollen Lauf. Dieser Vorschlag ist gerecht, anständig, klug, und wenn Sie nicht wollen, so sei's denn unter uns beiden um Leben und Tod gespielt. Und der das Opfer seiner Übereilung wird, sind immer Sie und Ihre arme Schwester.

BEAUMARCHAIS. Es steht Ihnen an, die zu bedauern, die Sie unglücklich gemacht haben.

CLAVIGO sich setzend. Sind Sie das zufrieden?

BEAUMARCHAIS. Gut denn, ich gebe nach! Aber keinen Augenblick länger. Ich komme von Aranjuez, ich frage, ich höre! Und hat man Ihnen nicht vergeben, wie ich denn hoffe, wie ich's wünsche! – gleich auf, und mit dem Zettel in die Druckerei.

CLAVIGO nimmt Papier. Wie verlangen Sie's?

BEAUMARCHAIS. Mein Herr! in Gegenwart Ihrer Bedienten.

CLAVIGO. Wozu das?

BEAUMARCHAIS. Befehlen Sie nur, daß sie in der anstoßenden Galerie gegenwärtig sind. Man soll nicht sagen, daß ich Sie gezwungen habe.

CLAVIGO. Welche Bedenklichkeiten!

BEAUMARCHAIS. Ich bin in Spanien, und habe mit Ihnen zu tun.

CLAVIGO. Nun denn! Er klingelt. Ein Bedienter. Ruft meine Leute zusammen, und begebt euch auf die Galerie herbei!

Der Bediente geht, die übrigen kommen und besetzen die Galerie.

CLAVIGO. Sie überlassen mir, die Erklärung zu schreiben.

BEAUMARCHAIS. Nein, mein Herr! Schreiben Sie, ich bitte, schreiben Sie, wie ich's Ihnen sage.

CLAVIGO schreibt.

BEAUMARCHAIS. Ich Unterzeichneter, Joseph Clavigo, Archivarius des Königs –

CLAVIGO. Des Königs.

BEAUMARCHAIS. – bekenne, daß, nachdem ich in dem Hause der Madame Guilbert freundschaftlich aufgenommen worden –

CLAVIGO. Worden.

BEAUMARCHAIS. – ich Mademoiselle von Beaumarchais, ihre Schwester, durch hundertfältig wiederholte Heiratsversprechungen betrogen habe. – Haben Sie's? –

CLAVIGO. Mein Herr!

BEAUMARCHAIS. Haben Sie ein ander Wort dafür?

CLAVIGO. Ich dächte –

BEAUMARCHAIS. Betrogen habe. Was Sie getan haben, können Sie ja noch eher schreiben. – Ich habe sie verlassen, ohne daß irgend ein Fehler oder Schwachheit von ihrer

Seite einen Vorwand oder Entschuldigung dieses Meineids veranlaßt hätte.

CLAVIGO. Nun!

BEAUMARCHAIS. Im Gegenteil ist die Aufführung des Frauenzimmers immer rein, untadelig und aller Ehrfurcht würdig gewesen.

CLAVIGO. Würdig gewesen.

BEAUMARCHAIS. Ich bekenne, daß ich durch mein Betragen, den Leichtsinn meiner Reden, durch die Auslegung, der sie unterworfen waren, öffentlich dieses tugendhafte Frauenzimmer erniedrigt habe; weswegen ich sie um Vergebung bitte, ob ich mich gleich nicht wert achte, sie zu erhalten.

CLAVIGO hält inne.

BEAUMARCHAIS. Schreiben Sie! Schreiben Sie! – Welches Zeugnis ich mit freiem Willen und ungezwungen von mir gegeben habe, mit dem besondern Versprechen, daß, wenn diese Satisfaktion der Beleidigten nicht hinreichend sein sollte, ich bereit bin, sie auf alle andere erforderliche Weise zu geben. Madrid.

CLAVIGO steht auf, winkt den Bedienten, sich wegzubegeben, und reicht ihm das Papier. Ich habe mit einem beleidigten, aber mit einem edeln Menschen zu tun. Sie halten Ihr Wort und schieben Ihre Rache auf. In dieser einzigen Rücksicht, in dieser Hoffnung hab ich das schimpfliche Papier von mir gestellt, wozu mich sonst nichts gebracht hätte. Aber ehe ich es wage, vor Donna Maria zu treten, hab ich beschlossen, jemanden den Auftrag zu geben, mir bei ihr das Wort zu reden, für mich zu sprechen – und der Mann sind Sie.

BEAUMARCHAIS. Bilden Sie sich das nicht ein!

CLAVIGO. Wenigstens sagen Sie ihr die bittere herzliche Reue, die Sie an mir gesehn haben. Das ist alles, alles, warum ich Sie bitte; schlagen Sie mir's nicht ab; ich müßte einen andern, weniger kräftigen Vorsprecher wählen, und Sie sind ihr ja eine treue Erzählung schuldig. Erzählen Sie ihr, wie Sie mich gefunden haben!

BEAUMARCHAIS. Gut, das kann ich, das will ich. Und so adieu.

CLAVIGO. Leben Sie wohl. Er will seine Hand nehmen, Beaumarchais hält sie zurück.

CLAVIGO allein. So unerwartet aus einem Zustand in den andern. Man taumelt, man träumt! – Diese Erklärung, ich hätte sie nicht geben sollen. – Es kam so schnell, so unerwartet als ein Donnerwetter!

Carlos kommt.

CARLOS. Was hast du für Besuch gehabt? Das ganze Haus ist in Bewegung; was gibt's?

CLAVIGO. Mariens Bruder.

CARLOS. Ich vermutet's. Der Hund von einem alten Bedienten, der sonst bei Guilberts war und der mir nun trätscht, weiß es schon seit gestern, daß man ihn erwartet habe, und trifft mich erst diesen Augenblick. Er war da?

CLAVIGO. Ein vortrefflicher Junge.

CARLOS. Den wollen wir bald los sein. Ich habe den Weg über schon gesponnen! – Was hat's denn gegeben? Eine Ausforderung? eine Ehrenerklärung? War er fein hitzig, der Bursch?

CLAVIGO. Er verlangte eine Erklärung, daß seine Schwester mir keine Gelegenheit zur Veränderung gegeben.

CARLOS. Und du hast sie ausgestellt?

CLAVIGO. Ich hielt es fürs Beste.

CARLOS. Gut, sehr gut! Ist sonst nichts vorgefallen?

CLAVIGO. Er drang auf einen Zweikampf oder die Erklärung.

CARLOS. Das letzte war das Gescheitste. Wer wird sein Leben gegen einen so romantischen Fratzen wagen. Und forderte er das Papier ungestüm?

CLAVIGO. Er diktierte mir's, und ich mußte die Bedienten in die Galerie rufen.

CARLOS. Ich versteh! Ah! nun hab ich dich, Herrchen! das bricht ihm den Hals. Heiß mich einen Schreiber, wenn ich den Buben nicht in zwei Tagen im Gefängnis habe, und mit dem nächsten Transport nach Indien.

CLAVIGO. Nein, Carlos. Die Sache steht anders, als du denkst.

CARLOS. Wie?

CLAVIGO. Ich hoffe, durch seine Vermittlung, durch mein eifriges Bestreben, Verzeihung von der Unglücklichen zu erhalten.

CARLOS. Clavigo!

CLAVIGO. Ich hoffe, all das Vergangene zu tilgen, das Zerrüttete wieder herzustellen und so in meinen Augen und in den Augen der Welt wieder zum ehrlichen Mann zu werden.

CARLOS. Zum Teufel, bist du kindisch geworden? Man spürt dir doch immer an, daß du ein Gelehrter bist. – Dich so betören zu lassen! Siehst du nicht, daß das ein einfältig angelegter Plan ist, um dich ins Garn zu sprengen?

CLAVIGO. Nein, Carlos, er will die Heirat nicht; sie sind dagegen, sie will nichts von mir hören.

CARLOS. Das ist die rechte Höhe. Nein, guter Freund, nimm mir's nicht übel, ich hab wohl in Komödien gesehen, daß man einen Landjunker so geprellt hat.

CLAVIGO. Du beleidigst mich. Ich bitte, spare deinen Humor auf meine Hochzeit! Ich bin entschlossen, Marien zu heiraten. Freiwillig, aus innerm Trieb. Meine ganze Hoffnung, meine ganze Glückseligkeit ruht auf dem Gedanken, ihre Vergebung zu erhalten. Und dann fahr hin, Stolz! An der Brust dieser Lieben liegt noch der Himmel wie vormals; aller Ruhm, den ich erwerbe, alle Größe, zu der ich mich erhebe, wird mich mit doppeltem Gefühl ausfüllen: denn das Mädchen teilt's mit mir, die mich zum doppelten Menschen macht. Leb wohl! ich muß hin! ich muß die Guilbert wenigstens sprechen.

CARLOS. Warte nur bis nach Tisch!

CLAVIGO. Keinen Augenblick.

CARLOS *ihm nachsehend und eine Weile schweigend.* Da macht wieder jemand einmal einen dummen Streich. *Ab.*

## DRITTER AKT

### GUILBERTS WOHNUNG

Sophie Guilbert. Marie Beaumarchais.

MARIE. Du hast ihn gesehen? Mir zittern alle Glieder! Du hast ihn gesehen? Ich war nah an einer Ohnmacht, als ich hörte, er käme, und du hast ihn gesehen? Nein, ich kann, ich werde, nein, ich kann ihn nie wieder sehn.

SOPHIE. Ich war außer mir, als er hereintrat; denn ach! liebt ich ihn nicht, wie du, mit der vollsten, reinsten, schwesterlichsten Liebe? Hat mich nicht seine Entfernung gekränkt, gemartert? – Und nun, den Rückkehrenden, den Reuigen zu meinen Füßen! – Schwester! es ist so was Bezauberndes in seinem Anblick, in dem Ton seiner Stimme. Er –

Marie. Nimmer, nimmermehr!

Sophie. Er ist noch der alte, noch ebendas gute, sanfte, fühlbare Herz, noch ebendie Heftigkeit der Leidenschaft. Es ist noch ebendie Begier, geliebt zu werden, und das ängstliche, marternde Gefühl, wenn ihm Neigung versagt wird. Alles! alles! Und von dir spricht er, Marie! wie in jenen glücklichen Tagen der feurigsten Leidenschaft; es ist, als wenn dein guter Geist diesen Zwischenraum von Untreu und Entfernung selbst veranlaßt habe, um das Einförmige, Schleppende einer langen Bekanntschaft zu unterbrechen und dem Gefühl eine neue Lebhaftigkeit zu geben.

Marie. Du redst ihm das Wort?

Sophie. Nein, Schwester, auch versprach ich's ihm nicht. Nur, meine Beste, seh ich die Sachen, wie sie sind. Du und der Bruder, ihr seht sie in einem allzu romantischen Lichte. Du hast das mit gar manchem guten Kinde gemein, daß dein Liebhaber treulos ward und dich verließ! Und daß er wiederkommt, reuig seinen Fehler verbessern, alle alte Hoffnungen erneuern will – das ist ein Glück, das eine andere nicht leicht von sich stoßen würde.

Marie. Mein Herz würde reißen!

Sophie. Ich glaube dir. Der erste Anblick muß auf dich eine empfindliche Wirkung machen – und dann, meine Beste, ich bitte dich, halt diese Bangigkeit, diese Verlegenheit, die dir alle Sinne zu übermeistern scheint, nicht für eine Wirkung des Hasses, für keinen Widerwillen. Dein Herz spricht mehr für ihn, als du es glaubst, und eben darum traust du dich nicht, ihn wiederzusehen, weil du seine Rückkehr so sehnlich wünschest.

Marie. Sei barmherzig!

Sophie. Du sollst glücklich werden. Fühlt ich, daß du ihn verachtetest, daß er dir gleichgültig wäre, so wollt ich kein Wort weiter reden, so sollt er mein Angesicht nicht mehr sehen. Doch so, meine Liebe – Du wirst mir danken, daß ich dir geholfen habe, diese ängstliche Unbestimmtheit zu überwinden, die ein Zeichen der innigsten Liebe ist.

Die Vorigen. Guilbert. Buenco.

SOPHIE. Kommen Sie, Buenco! Guilbert, kommen Sie! Helft mir dieser Kleinen Mut einsprechen, Entschlossenheit, jetzt, da es gilt.

BUENCO. Ich wollte, daß ich sagen dürfte: Nehmt ihn nicht wieder an!

SOPHIE. Buenco!

BUENCO. Mein Herz wirft sich mir im Leib herum bei dem Gedanken: Er soll diesen Engel noch besitzen, den er so schändlich beleidigt, den er an das Grab geschleppt hat. Und besitzen? – warum? – wodurch macht er das alles wieder gut, was er verbrochen hat? – Daß er wiederkehrt, daß ihm auf einmal beliebt, wiederzukehren und zu sagen: „Jetzt mag ich sie, jetzt will ich sie!" – Just als wäre diese treffliche Seele eine verdächtige Ware, die man am Ende dem Käufer doch noch nachwirft, wenn er euch schon durch die niedrigsten Gebote und jüdisches Ab- und Zulaufen bis aufs Mark gequält hat. Nein, meine Stimme kriegt er nicht, und wenn Mariens Herz selbst für ihn spräche. – Wiederzukommen, und warum denn jetzt? – jetzt? – Mußte er warten, bis ein tapferer Bruder käme, dessen Rache er fürchten muß, um wie ein Schulknabe zu kommen und Abbitte zu tun? – Ha! er ist so feig, als er nichtswürdig ist!

GUILBERT. Ihr redet wie ein Spanier, und als wenn Ihr die Spanier nicht kenntet. Wir schweben diesen Augenblick in einer größern Gefahr, als ihr alle nicht seht.

MARIE. Bester Guilbert!

GUILBERT. Ich ehre die unternehmende Seele unsers Bruders, ich habe im stillen seinem Heldengange zugesehen und wünsche, daß alles gut ausschlagen möge, wünsche, daß Marie sich entschließen könnte, Clavigo ihre Hand zu geben, denn – *lächelnd* ihr Herz hat er doch. –

MARIE. Ihr seid grausam.

SOPHIE. Hör ihn, ich bitte dich, hör ihn!

GUILBERT. Dein Bruder hat ihm eine Erklärung abgedrungen, die dich vor den Augen aller Welt rechtfertigen soll, und die wird uns verderben.

BUENCO. Wie?

MARIE. O Gott!

GUILBERT. Er stellte sie aus in der Hoffnung, dich zu bewegen. Bewegt er dich nicht, so muß er alles anwenden, um das Papier zu vernichten; er kann's, er wird's. Dein Bruder will es gleich nach seiner Rückkehr von Aranjuez drucken und ausstreuen. Ich fürchte, wenn du beharrest, er wird nicht zurückkehren.

SOPHIE. Lieber Guilbert!

MARIE. Ich vergehe!

GUILBERT. Clavigo kann das Papier nicht auskommen lassen. Verwirfst du seinen Antrag und er ist ein Mann von Ehre, so geht er deinem Bruder entgegen, und einer von beiden bleibt; und dein Bruder sterbe oder siege, er ist verloren. Ein Fremder in Spanien! Mörder dieses geliebten Höflings! – Schwester, es ist ganz gut, daß man edel denkt und fühlt; nur, sich und die Seinigen zugrunde zu richten –

MARIE. Rate mir, Sophie, hilf mir!

GUILBERT. Und, Buenco, widerlegen Sie mich!

BUENCO. Er wagt's nicht, er fürchtet für sein Leben; sonst hätt er gar nicht geschrieben, sonst böt er Marien seine Hand nicht an.

GUILBERT. Desto schlimmer; so findet er hundert, die ihm ihren Arm leihen, hundert, die unserm Bruder tückisch auf dem Wege das Leben rauben. Ha! Buenco, bist du so jung? Ein Hofmann sollte keine Meuchelmörder im Solde haben?

BUENCO. Der König ist groß und gut.

GUILBERT. Auf denn! Durch alle die Mauern, die ihn umschließen, die Wachen, das Zeremoniell und alle das, womit die Hofschranzen ihn von seinem Volke geschieden haben, dringen Sie durch und retten Sie uns! – Wer kommt?

Clavigo kommt.

CLAVIGO. Ich muß! Ich muß!

MARIE tut einen Schrei und fällt Sophien in die Arme.

SOPHIE. Grausamer! in welchen Zustand versetzen Sie uns!

Guilbert und Buenco treten zu ihr.

Clavigo. Ja, sie ist's! Sie ist's! Und ich bin Clavigo. – Hören Sie mich, Beste, wenn Sie mich nicht ansehen wollen! Zu der Zeit, da mich Guilbert mit Freundlichkeit in sein Haus aufnahm, da ich ein armer unbedeutender Junge war, da ich in meinem Herzen eine unüberwindliche Leidenschaft für Sie fühlte, war's da Verdienst an mir? Oder war's nicht vielmehr innere Übereinstimmung der Charaktere, geheime Zuneigung des Herzens, daß auch Sie für mich nicht unempfindlich blieben, daß ich nach einer Zeit mir schmeicheln konnte, dies Herz ganz zu besitzen? Und nun – bin ich nicht ebenderselbe? Warum sollt ich nicht hoffen dürfen? warum nicht bitten? Wollten Sie einen Freund, einen Geliebten, den Sie nach einer gefährlichen, unglücklichen Seereise lange für verloren geachtet, nicht wieder an Ihren Busen nehmen, wenn er unvermutet wiederkäme und sein gerettetes Leben zu Ihren Füßen legte? Und habe ich weniger auf einem stürmischen Meere diese Zeit geschwebet? Sind unsere Leidenschaften, mit denen wir in ewigem Streit leben, nicht schrecklicher, unbezwinglicher als jene Wellen, die den Unglücklichen fern von seinem Vaterlande verschlagen! Marie! Marie! Wie können Sie mich hassen, da ich nie aufgehört habe, Sie zu lieben? Mitten in allem Taumel, durch allen verführerischen Gesang der Eitelkeit und des Stolzes hab ich mich immer jener seligen unbefangenen Tage erinnert, die ich in glücklicher Einschränkung zu Ihren Füßen zubrachte, da wir eine Reihe von blühenden Aussichten vor uns liegen sahen. – Und nun, warum wollten Sie nicht mit mir alles erfüllen, was wir hofften? Wollen Sie das Glück des Lebens nun nicht ausgenießen, weil ein düsterer Zwischenraum sich unsern Hoffnungen eingeschoben hatte? Nein, meine Liebe, glauben Sie, die besten Freuden der Welt sind nicht ganz rein; die höchste Wonne wird auch durch unsere Leidenschaften, durch das Schicksal unterbrochen. Wollen wir uns beklagen, daß es uns gegangen ist wie allen andern, und wollen wir uns strafbar machen, indem wir diese Gelegenheit von uns stoßen, das Vergangene herzustellen, eine zerrüttete Familie wieder aufzurichten, die heldenmütige Tat eines edeln Bruders zu belohnen und unser eigen Glück auf ewig zu befestigen? – Meine Freunde, um die ich's nicht verdient habe, meine Freunde, die es sein müssen, weil Sie Freunde der Tugend sind, zu der ich rückkehre, verbinden Sie Ihr Flehen mit dem meinigen! Marie! Er wirft sich nieder. Marie! Kennst du meine Stimme nicht mehr? Vernimmst du nicht mehr den Ton meines Herzens? Marie! Marie!

MARIE. O Clavigo!

CLAVIGO springt auf und faßt ihre Hand mit entzückten Küssen. Sie vergibt mir, sie liebt mich! Er umarmt den Guilbert, den Buenco. Sie liebt mich noch! O Marie, mein Herz sagte mir's! Ich hätte mich zu deinen Füßen werfen, stumm meinen Schmerz, meine Reue ausweinen wollen; du hättest mich ohne Worte verstanden, wie ich ohne Worte meine Vergebung erhalte. Nein, diese innige Verwandtschaft unserer Seelen ist nicht aufgehoben; nein, sie vernehmen einander noch wie ehemals, wo kein Laut, kein Wink nötig war, um die innersten Bewegungen sich mitzuteilen. Marie – Marie – Marie! –

Beaumarchais tritt auf.

BEAUMARCHAIS. Ha!

CLAVIGO, ihm entgegen fliegend. Mein Bruder!

BEAUMARCHAIS. Du vergibst ihm?

MARIE. Laßt, laßt mich! Meine Sinne vergehn. Man führt sie weg.

BEAUMARCHAIS. Sie hat ihm vergeben?

BUENCO. Es sieht so aus.

BEAUMARCHAIS. Du verdienst dein Glück nicht.

CLAVIGO. Glaube, daß ich's fühle!

SOPHIE kommt zurück. Sie vergibt ihm. Ein Strom von Tränen brach aus ihren Augen. „Er soll sich entfernen", rief sie schluchzend, „daß ich mich erhole! Ich vergeb ihm. – Ach Schwester!" rief sie und fiel mir um den Hals, „woher weiß er, daß ich ihn so liebe?"

CLAVIGO, ihr die Hand küssend. Ich bin der glücklichste Mensch unter der Sonne. Mein Bruder!

BEAUMARCHAIS umarmt ihn. Von Herzen denn. Ob ich Euch schon sagen muß: noch kann ich Euch nicht lieben. Und somit seid Ihr der Unsrige, und vergessen sei alles! Das

Papier, das Ihr mir gabt, hier ist's. Er nimmt's aus der Brieftasche, zerreißt es und gibt's ihm hin.

CLAVIGO. Ich bin der Eurige, ewig der Eurige.

SOPHIE. Ich bitte, entfernt Euch, daß sie Eure Stimme nicht hört, daß sie sich beruhigt.

CLAVIGO, sie rings umarmend. Lebt wohl! Lebt wohl! – Tausend Küsse dem Engel! Ab.

BEAUMARCHAIS. Es mag denn gut sein, ob ich gleich wünschte, es wäre anders. Lächelnd. Es ist doch ein gutherziges Geschöpf, so ein Mädchen – Und, meine Freunde, auch muß ich's sagen: es war ganz der Gedanke, der Wunsch unsers Gesandten, daß ihm Marie vergeben und daß eine glückliche Heirat diese verdrießliche Geschichte endigen möge.

GUILBERT. Mir ist auch wieder ganz wohl.

BUENCO. Er ist euer Schwager, und so adieu! Ihr seht mich in eurem Hause nicht wieder.

BEAUMARCHAIS. Mein Herr!

GUILBERT. Buenco!

BUENCO. Ich haß ihn nun einmal bis ans Jüngste Gericht. Und gebt acht, mit was für einem Menschen ihr zu tun habt! Ab.

GUILBERT. Er ist ein melancholischer Unglücksvogel. Und mit der Zeit läßt er sich doch wieder bereden, wenn er sieht, es geht alles gut.

BEAUMARCHAIS. Doch war's übereilt, daß ich ihm das Papier zurückgab.

GUILBERT. Laßt! Laßt! Keine Grillen! Ab.

## VIERTER AKT

### CLAVIGOS WOHNUNG

Carlos allein.

Es ist löblich, daß man dem Menschen, der durch Verschwendung oder andere Torheiten zeigt, daß sein Verstand sich verschoben hat, von Amts wegen Vormünder setzt. Tut das die Obrigkeit, die sich doch sonst nicht viel um uns bekümmert, wie sollten wir's nicht an einem

Freunde tun? Clavigo, du bist in übeln Umständen! Noch hoff' ich! Und wenn du nur noch halbweg lenksam bist wie sonst, so ist's eben noch Zeit, dich vor einer Torheit zu bewahren, die bei deinem lebhaften, empfindlichen Charakter das Elend deines Lebens machen und dich vor der Zeit ins Grab bringen muß. Er kommt.

Clavigo nachdenkend.

CLAVIGO. Guten Tag, Carlos.

CARLOS. Ein schwermütiges, gepreßtes: Guten Tag! Kommst du in dem Humor von deiner Braut?

CLAVIGO. Es ist ein Engel! Es sind vortreffliche Menschen!

CARLOS. Ihr werdet doch mit der Hochzeit nicht so sehr eilen, daß man sich noch ein Kleid dazu kann sticken lassen?

CLAVIGO. Scherz oder Ernst, bei unserer Hochzeit werden keine gestickten Kleider paradieren.

CARLOS. Ich glaub's wohl.

CLAVIGO. Das Vergnügen an uns selbst, die freundschaftliche Harmonie sollen der Prunk dieser Feierlichkeit sein.

CARLOS. Ihr werdet eine stille, kleine Hochzeit machen?

CLAVIGO. Wie Menschen, die fühlen, daß ihr Glück ganz in ihnen selbst beruht.

CARLOS. In den Umständen ist es recht gut.

CLAVIGO. Umständen! Was meinst du mit den Umständen?

CARLOS. Wie die Sache nun steht und liegt und sich verhält.

CLAVIGO. Höre, Carlos, ich kann den Ton des Rückhalts an Freunden nicht ausstehen. Ich weiß, du bist nicht für diese Heirat; demungeachtet, wenn du etwas dagegen zu sagen hast, sagen willst: so sag's geradezu! Wie steht denn die Sache? wie verhält sie sich?

CARLOS. Es kommen einem im Leben mehr unerwartete, wunderbare Dinge vor, und es wäre schlimm, wenn alles im Gleise ginge. Man hätte nichts, sich zu verwundern, nichts, die Köpfe zusammenzustoßen, nichts in Gesellschaft zu verschneiden.

CLAVIGO. Aufsehn wird's machen.

CARLOS. Des Clavigo Hochzeit! das versteht sich. Wie manches Mädchen in Madrid harrt auf dich, hofft auf dich, und wenn du ihnen nun diesen Streich spielst?

CLAVIGO. Das ist nun nicht anders.

CARLOS. Sonderbar ist's. Ich habe wenig Männer gekannt, die so großen und allgemeinen Eindruck auf die Weiber machten als du. Unter allen Ständen gibt's gute Kinder, die sich mit Planen und Aussichten beschäftigen, dich habhaft zu werden. Die eine bringt ihre Schönheit in Anschlag, die ihren Reichtum, ihren Stand, ihren Witz, ihre Verwandte. Was macht man mir nicht um deinetwillen für Komplimente! Denn wahrlich, weder meine Stumpfnase, noch mein Krauskopf, noch meine bekannte Verachtung der Weiber kann mir so was zuziehen.

CLAVIGO. Du spottest.

CARLOS. Wenn ich nicht schon Vorschläge, Anträge in Händen gehabt hätte, geschrieben von eignen zärtlichen, kritzlichen Pfötchen, so unorthographisch, als ein originaler Liebesbrief eines Mädchens nur sein kann. Wie manche hübsche Duenna ist mir bei der Gelegenheit unter die Finger gekommen!

CLAVIGO. Und du sagtest mir von allem dem nichts?

CARLOS. Weil ich dich mit leeren Grillen nicht beschäftigen wollte, und niemals raten konnte, daß du mit einer einzigen Ernst gemacht hättest. O Clavigo, ich habe dein Schicksal im Herzen getragen wie mein eigenes! Ich habe keinen Freund als dich; die Menschen sind mir alle unerträglich, und du fängst auch an, mir unerträglich zu werden.

CLAVIGO. Ich bitte dich, sei ruhig!

CARLOS. Brenn einem das Haus ab, daran er zehen Jahre gebauet hat, und schick ihm einen Beichtvater, der ihm die christliche Geduld empfiehlt! – Man soll sich für niemand interessieren als für sich selbst; die Menschen sind nicht wert – –

CLAVIGO. Kommen deine feindseligen Grillen wieder?

CARLOS. Wenn ich aufs neue ganz drein versinke, wer ist schuld dran als du? Ich sagte zu mir: Was soll ihm jetzt die vorteilhafteste Heirat? ihm, der es für einen gewöhnlichen Menschen weit genug gebracht hätte; aber mit seinem Geist, mit seinen Gaben ist es unverantwortlich – ist es unmöglich, daß er bleibt, was er ist. – Ich machte meine Projekte. Es gibt so wenig Menschen, die so unternehmend und biegsam, so geistvoll und fleißig zugleich sind. Er ist in alle Fächer gerecht; als Archivarius kann er sich schnell die wichtigsten Kenntnisse erwerben, er wird sich notwendig machen, und laßt eine Veränderung vorgehn, so ist er Minister.

CLAVIGO. Ich gesteh dir, das waren oft auch meine Träume!

CARLOS. Träume! So gewiß ich den Turm erreiche und erklettere, wenn ich darauf losgehe, mit dem festen Vorsatze, nicht abzulassen, bis ich ihn erstiegen habe, so gewiß hättest du auch alle Schwierigkeiten überwunden. Und hernach wäre mir für das übrige nicht bang gewesen. Du hast kein Vermögen von Hause, desto besser; das hätte dich auf die Erwerbung eifriger, auf die Erhaltung aufmerksamer gemacht. Und wer am Zoll sitzt, ohne reich zu werden, ist ein Pinsel. Und dann seh ich nicht, warum das Land dem Minister nicht so gut Abgaben schuldig ist als dem Könige. Dieser gibt seinen Namen her und jener die Kräfte. Wenn ich denn mit allem dem fertig war, dann sah ich mich erst nach einer Partie für dich um. Ich sah manch stolzes Haus, das die Augen über deine Abkunft zugeblinkt hätte, manches der reichsten, das dir gern den Aufwand deines Standes verschafft haben würde, nur um an der Herrlichkeit des zweiten Königs teilnehmen zu dürfen – und nun –

CLAVIGO. Du bist ungerecht, du setzest meinen gegenwärtigen Zustand zu tief herab. Und glaubst du denn, daß ich mich nicht weiter treiben, nicht auch noch mächtigere Schritte tun kann?

CARLOS. Lieber Freund, brich du einer Pflanze das Herz aus, sie mag hernach treiben und treiben, unzählige Nebenschößlinge – es gibt vielleicht einen starken Busch, aber der stolze königliche Wuchs des ersten Schusses ist dahin. Und denke nur nicht, daß man diese Heirat bei Hofe gleichgültig ansehen wird. Hast du vergessen, was für Männer dir den Umgang, die Verbindung mit Marien mißrieten? Hast du vergessen, wer dir den klugen Gedanken eingab, sie zu verlassen? Soll ich dir sie an den Fingern herzählen?

CLAVIGO. Der Gedanke hat mich auch schon gepeinigt, daß so wenige diesen Schritt billigen werden.

CARLOS. Keiner! Und deine hohen Freunde sollten nicht aufgebracht sein, daß du, ohne sie zu fragen, ohne ihren Rat, dich so geradezu hingegeben hast, wie ein unbesonnener Knabe auf dem Markte sein Geld gegen wurmstichige Nüsse wegwirft?

CLAVIGO. Das ist unartig, Carlos, und übertrieben.

CARLOS. Nicht um einen Zug. Denn daß einer aus Leidenschaft einen seltsamen Streich macht, das laß ich gelten. Ein Kammermädchen zu heiraten, weil sie schön ist wie ein Engel! gut, der Mensch wird getadelt, und doch beneiden ihn die Leute.

CLAVIGO. Die Leute, immer die Leute.

CARLOS. Du weißt, ich frage nicht ängstlich nach andrer Beifall, doch das ist ewig wahr: wer nichts für andere tut, tut nichts für sich; und wenn die Menschen dich nicht bewundern oder beneiden, bist du auch nicht glücklich.

CLAVIGO. Die Welt urteilt nach dem Scheine. O! wer Mariens Herz besitzt, ist zu beneiden!

CARLOS. Was die Sache ist, scheint sie auch. Aber freilich dacht ich, daß das verborgene Qualitäten sein müssen, die dein Glück beneidenswert machen; denn was man mit seinen Augen sieht, mit seinem Menschenverstande begreifen kann –

CLAVIGO. Du willst mich zugrunde richten.

CARLOS. Wie ist das zugegangen? wird man in der Stadt fragen. Wie ist das zugegangen? fragt man bei Hofe. Um Gottes willen, wie ist das zugegangen? Sie ist arm, ohne Stand; hätte Clavigo nicht einmal ein Abenteuer mit ihr gehabt, man wüßte gar nicht, daß sie in der Welt ist. Sie soll artig sein, angenehm, witzig! – Wer wird darum eine Frau nehmen? Das vergeht so in den ersten Zeiten des Ehestands. Ach! sagt einer, sie soll schön sein, reizend, ausnehmend schön. – Da ist's zu begreifen, sagt ein anderer –

CLAVIGO *wird verwirrt, ihm entfährt ein tiefer Seufzer.* Ach!

CARLOS. Schön? O! sagt die eine, es geht an! Ich hab sie in sechs Jahren nicht gesehn, da kann sich schon was verändern, sagt eine andere. Man muß doch achtgeben, er wird sie bald produzieren, sagt die dritte. Man fragt, man guckt, man geht zu Gefallen, man wartet, man ist ungeduldig, erinnert sich immer des stolzen Clavigo, der sich nie öffentlich sehen ließ, ohne eine stattliche, herrliche, hochäugige Spanierin im Triumph aufzuführen, deren volle Brust, ihre glühenden Wangen, ihre heißen Augen die Welt ringsumher zu fragen schienen: bin ich nicht meines Begleiters wert? und die in ihrem Übermut den seidnen Schlepprock so weit hinten aus im Winde segeln ließ als möglich, um ihre Erscheinung ansehnlicher und würdiger zu machen. – Und nun erscheint der Herr – und allen Leuten versagt das Wort im Munde – kommt angezogen mit seiner trippelnden, kleinen, hohläugigen Französin, der die Auszehrung aus allen Gliedern spricht, wenn sie gleich ihre Totenfarbe mit Weiß und Rot überpinselt hat. O Bruder, ich werde rasend, ich laufe davon, wenn mich nun die Leute zu packen kriegen und fragen und quästionieren und nicht begreifen können –

Clavigo *ihn bei der Hand fassend.* Mein Freund, mein Bruder, ich bin in einer schrecklichen Lage. Ich sage dir, ich gestehe dir: Ich erschrak, als ich Marien wieder sah! Wie entstellt sie ist, – wie bleich, abgezehrt! O das ist meine Schuld, meiner Verräterei! —

Carlos. Possen! Grillen! Sie hatte die Schwindsucht, da dein Roman noch sehr im Gange war. Ich sagte dir's tausendmal, und – aber ihr Liebhaber habt keine Augen, keine Nasen. Clavigo, es ist schändlich! So alles, alles zu vergessen, eine kranke Frau, die dir die Pest unter deine Nachkommenschaft bringen wird, daß alle deine Kinder und Enkel so in gewissen Jahren höflich ausgehen, wie Bettlerslämpchen. – Ein Mann, der Stammvater einer Familie sein könnte, die vielleicht künftig – Ich werde noch närrisch, der Kopf vergeht mir!

Clavigo. Carlos, was soll ich dir sagen! Als ich sie wieder sah: im ersten Taumel flog ihr mein Herz entgegen – und ach! – da der vorüber war – Mitleiden – innige, tiefe Erbarmung flößte sie mir ein: aber Liebe – sieh! es war, als wenn mir in der Fülle der Freuden die kalte Hand des Todes übern Nacken führe. Ich strebte, munter zu sein, wieder vor denen Menschen, die mich umgaben, den Glücklichen zu spielen – es war alles vorbei, alles so steif, so ängstlich. Wären sie weniger außer sich gewesen, sie müßten's gemerkt haben.

CARLOS. Hölle! Tod und Teufel! und du willst sie heiraten? –

CLAVIGO *steht ganz in sich selbst versunken, ohne zu antworten.*

CARLOS. Du bist hin! verloren auf ewig! Leb wohl, Bruder, und laß mich alles vergessen, laß mich mein einsames Leben noch so ausknirschen über das Schicksal deiner Verblendung! Ha! das alles! sich in den Augen der Welt verächtlich zu machen, und nicht einmal dadurch eine Leidenschaft, eine Begierde befriedigen! dir mutwillig eine Krankheit zuziehen, die, indem sie deine innern Kräfte untergräbt, dich zugleich dem Anblick der Menschen abscheulich macht!

CLAVIGO. Carlos! Carlos!

CARLOS. Wärst du nie gestiegen, um nie zu fallen! Mit welchen Augen werden sie das ansehn! Da ist der Bruder, werden sie sagen! das muß ein braver Kerl sein, der hat ihn ins Bockshorn gejagt, er hat sich nicht getraut, ihm die Spitze zu bieten. Ha! werden unsre schwadronierenden Hofjunker sagen, man sieht immer, daß er kein Kavalier ist. Pah! ruft einer und rückt den Hut in die Augen, der Franzos hätte mir kommen sollen! und patscht sich auf den Bauch, ein Kerl, der vielleicht nicht wert wäre, dein Reitknecht zu sein.

CLAVIGO *fällt in dem Ausbruch der heftigsten Beängstigung, mit einem Strom von Tränen, dem Carlos um den Hals.* Rette mich! Freund! mein Bester, rette mich! Rette mich von dem gedoppelten Meineid, von der unübersehlichen Schande, von mir selbst – ich vergehe!

CARLOS. Armer! Elender! Ich hoffte, diese jugendlichen Rasereien, diese stürmenden Tränen, diese versinkende Wehmut sollte vorüber sein, ich hoffte, dich als Mann nicht mehr erschüttert, nicht mehr in dem beklemmenden Jammer zu sehen, den du ehemals so oft in meinen Busen ausgeweint hast. Ermanne dich, Clavigo, ermanne dich!

CLAVIGO. Laß mich weinen! *Er wirft sich in einen Sessel.*

CARLOS. Weh dir, daß du eine Bahn betreten hast, die du nicht endigen wirst! Mit deinem Herzen, deinen Gesinnungen, die einen ruhigen Bürger glücklich machen würden, mußtest du den unseligen Hang nach Größe verbinden! Und was ist Größe, Clavigo? Sich in Rang und Ansehn über andre zu erheben? Glaub es nicht! Wenn dein Herz nicht größer ist als andrer Herzen, wenn du nicht imstande bist, dich gelassen über Verhältnisse hinauszusetzen, die einen gemeinen Menschen ängstigen würden, so bist du mit allen deinen Bändern und Sternen, bist mit der Krone selbst nur ein gemeiner Mensch. Fasse dich, beruhige dich!

Clavigo richtet sich auf, sieht Carlos an und reicht ihm die Hand, die Carlos mit Heftigkeit anfaßt.

Carlos. Auf! auf, mein Freund! und entschließe dich. Sieh, ich will alles beiseitesetzen, ich will sagen: Hier liegen zwei Vorschläge auf gleichen Schalen. Entweder du heiratest Marien und findest dein Glück in einem stillen bürgerlichen Leben, in den ruhigen häuslichen Freuden; oder du führest auf der ehrenvollen Bahn deinen Lauf weiter nach dem nahen Ziele. – Ich will alles beiseitesetzen und will sagen: Die Zunge steht inne, es kommt auf deinen Entschluß an, welche von beiden Schalen den Ausschlag haben soll! Gut! Aber entschließe dich! – Es ist nichts erbärmlicher in der Welt als ein unentschlossener Mensch, der zwischen zweien Empfindungen schwebt, gern beide vereinigen möchte und nicht begreift, daß nichts sie vereinigen kann als eben der Zweifel, die Unruhe, die ihn peinigen. Auf, und gib Marien deine Hand, handle als ein ehrlicher Kerl, der das Glück seines Lebens seinen Worten aufopfert, der es für seine Pflicht achtet, was er verdorben hat, wieder gutzumachen, der auch den Kreis seiner Leidenschaften und Wirksamkeit nie weiter ausgebreitet hat, als daß er imstande ist, alles wieder gutzumachen, was er verdorben hat: und so genieße das Glück einer ruhigen Beschränkung, den Beifall eines bedächtigen Gewissens und alle Seligkeit, die denen Menschen gewährt ist, die imstande sind, sich ihr eigen Glück zu schaffen und Freude den Ihrigen – Entschließe dich; so will ich sagen, du bist ein ganzer Kerl –

Clavigo. Einen Funken, Carlos, deiner Stärke, deines Muts.

Carlos. Er schläft in dir, und ich will blasen, bis er in Flammen schlägt. Sieh auf der andern Seite das Glück und die

Größe, die dich erwarten. Ich will dir diese Aussichten nicht mit dichterischen bunten Farben vormalen; stelle sie dir selbst in der Lebhaftigkeit dar, wie sie in voller Klarheit vor deiner Seele standen, ehe der französische Strudelkopf dir die Sinne verwirrte. Aber auch da, Clavigo, sei ein ganzer Kerl, und mache deinen Weg stracks, ohne rechts und links zu sehen! Möge deine Seele sich erweitern und die Gewißheit des großen Gefühls über dich kommen, daß außerordentliche Menschen eben auch darin außerordentliche Menschen sind, weil ihre Pflichten von den Pflichten des gemeinen Menschen abgehen; daß der, dessen Werk es ist, ein großes Ganze zu übersehen, zu regieren, zu erhalten, sich keinen Vorwurf zu machen braucht, geringe Verhältnisse vernachlässiget, Kleinigkeiten dem Wohl des Ganzen aufgeopfert zu haben. Tut das der Schöpfer in seiner Natur, der König in seinem Staate – warum sollten wir's nicht tun, um ihnen ähnlich zu werden?

CLAVIGO. Carlos, ich bin ein kleiner Mensch.

CARLOS. Wir sind nicht klein, wenn Umstände uns zu schaffen machen, nur, wenn sie uns überwältigen. Noch einen Atemzug, und du bist wieder bei dir selber. Wirf die Reste einer erbärmlichen Leidenschaft von dir, die dich in jetzigen Tagen ebensowenig kleiden als das graue Jäckchen und die bescheidene Miene, mit denen du nach Madrid kamst. Was das Mädchen für dich getan hat, hast du ihr lange gelohnt; und daß du ihr die erste freundliche Aufnahme schuldig bist – Oh! eine andre hätte um das Vergnügen deines Umgangs ebensoviel und mehr getan, ohne solche Prätensionen zu machen – und wird dir einfallen, deinem Schulmeister die Hälfte deines Vermögens zu geben, weil er dich vor dreißig Jahren das Abc gelehrt hat? Nun, Clavigo?

CLAVIGO. Das ist all gut; im ganzen magst du recht haben, es mag also sein; nur, wie helfen wir uns aus der Verwirrung, in der wir stecken? Da gib Rat, da schaff Hülfe, und dann rede!

CARLOS. Gut! Du willst also?

CLAVIGO. Mach mich können, so will ich. Ich habe kein Nachdenken; hab's für mich!

CARLOS. Also denn. Zuerst gehst du, den Herrn an einen dritten Ort zu bescheiden, und alsdann forderst du mit der Klinge die Erklärung zurück, die du gezwungen und unbesonnen ausgestellt hast.

CLAVIGO. Ich habe sie schon, er zerriß und gab mir sie.

CARLOS. Trefflich! Trefflich! Schon den Schritt getan – und du hast mich so lange reden lassen? – Also kürzer! Du schreibst ihm ganz gelassen: Du fändest nicht für gut, seine Schwester zu heiraten; die Ursache könnte er erfahren, wenn er sich heute nacht, von einem Freunde begleitet und mit beliebigen Waffen versehen, da oder dort einfinden wolle. Und somit signiert. – Komm, Clavigo, schreib das! Ich bin dein Sekundant und – es müßte mit dem Teufel zugehen –

CLAVIGO geht nach dem Tische.

CARLOS. Höre! Ein Wort! Wenn ich's so recht bedenke, ist das ein einfältiger Vorschlag. Wer sind wir, um uns gegen einen aufgebrachten Abenteurer zu wagen? Und die Aufführung des Menschen, sein Stand verdient nicht, daß wir ihn für unsersgleichen achten. Also hör mich! Wenn ich ihn nun peinlich anklage, daß er heimlich nach Madrid gekommen, sich bei dir unter einem falschen Namen mit einem Helfershelfer anmelden lassen, dich erst mit freundlichen Worten vertraulich gemacht, dann dich unvermutet überfallen, eine Erklärung dir abgenötigt und sie auszustreuen weggegangen ist – das bricht ihm den Hals; er soll erfahren, was das heißt, einen Spanier mitten in der bürgerlichen Ruhe zu befehden.

CLAVIGO. Du hast recht.

CARLOS. Wenn wir nun aber unterdessen, bis der Prozeß eingeleitet ist, bis dahin uns der Herr noch allerlei Streiche machen könnte, das Gewisse spielten, und ihn kurz und gut beim Kopfe nähmen?

CLAVIGO. Ich verstehe, und kenne dich, daß du Mann bist, es auszuführen.

CARLOS. Nun auch! wenn ich, der ich schon fünfundzwanzig Jahre mitlaufe und dabei war, da den Ersten unter den Menschen die Angsttropfen auf dem Gesichte standen – wenn ich so ein Possenspiel nicht entwickeln wollte! Und somit lässest du mir freie Hand; du brauchst nichts zu tun, nichts zu schreiben. Wer den Bruder einstecken läßt, gibt pantomimisch zu verstehen, daß er die Schwester nicht mag.

CLAVIGO. Nein, Carlos: es gehe, wie es wolle, das kann, das werd ich nicht leiden! Beaumarchais ist ein würdiger Mensch, und er soll in keinem schimpflichen Gefängnisse verschmachten um seiner gerechten Sache willen. Einen andern Vorschlag, Carlos, einen andern!

CARLOS. Pah! pah! Kindereien! Wir wollen ihn nicht fressen, er soll wohl aufgehoben und versorgt werden, und lang kann's auch nicht währen. Denn siehe, wenn er spürt, daß es Ernst ist, kriecht sein theatralischer Eifer gewiß zum Kreuz, er kehrt bedutzt nach Frankreich zurück und dankt auf das höflichste, wenn man ja seiner Schwester ein jährliches Gehalt aussetzen will, warum's ihm vielleicht einzig und allein zu tun war.

CLAVIGO. So sei's denn! Nur verfahrt gut mit ihm!

CARLOS. Sei unbesorgt! – Noch eine Vorsicht! Man kann nicht wissen, wie's verschwätzt wird, wie er Wind kriegt, und er überläuft dich, und alles geht zugrunde. Drum begib dich aus deinem Hause, daß auch kein Bedienter weiß, wohin. Laß nur das Nötigste zusammenpacken. Ich schicke dir einen Burschen, der dir's forttragen und dich hinbringen soll, wo dich die heilige Hermandad selbst nicht findet. Ich hab so ein paar Mauslöcher immer offen. Adieu.

CLAVIGO. Leb wohl!

CARLOS. Frisch! Frisch! Wenn's vorbei ist, Bruder, wollen wir uns laben.

## GUILBERTS WOHNUNG

Sophie Guilbert. Marie Beaumarchais, mit Arbeit.

MARIE. So ungestüm ist Buenco fort?

SOPHIE. Das war natürlich. Er liebt dich, und wie konnte er den Anblick des Menschen ertragen, den er doppelt hassen muß?

MARIE. Er ist der beste, tugendhafteste Bürger, den ich je gekannt habe. *Ihr die Arbeit zeigend.* Mich dünkt, ich mach es so? Ich ziehe das hier ein, und das Ende steck ich hinauf. Es wird gut stehn.

SOPHIE. Recht gut. Und ich will Pailleband zu dem Häubchen nehmen! es kleid't mich keins besser. Du lächelst?

MARIE. Ich lache über mich selbst. Wir Mädchen sind doch eine wunderliche Nation: kaum heben wir den Kopf nur ein wenig wieder, so ist gleich Putz und Band, was uns beschäftigt.

SOPHIE. Das kannst du dir nicht nachsagen; seit dem Augenblick, da Clavigo dich verließ, war nichts imstande, dir eine Freude zu machen.

MARIE fährt zusammen und sieht nach der Tür.

SOPHIE. Was hast du?

MARIE beklemmt. Ich glaubte, es käme jemand! Mein armes Herz! O, es wird mich noch umbringen. Fühl, wie es schlägt, von dem leeren Schrecken!

SOPHIE. Sei ruhig. Du siehst blaß; ich bitte dich, meine Liebe!

MARIE, auf die Brust deutend. Es drückt mich hier so. – Es sticht mich so. – Es wird mich umbringen.

SOPHIE. Schone dich!

MARIE. Ich bin ein närrisches, unglückliches Mädchen. Schmerz und Freude haben mit all ihrer Gewalt mein armes Leben untergraben. Ich sage dir, es ist nur halbe Freude, daß ich ihn wiederhabe. Ich werde das Glück wenig genießen, das mich in seinen Armen erwartet; vielleicht gar nicht.

SOPHIE. Schwester, meine liebe Einzige! Du nagst mit solchen Grillen an dir selber.

MARIE. Warum soll ich mich betrügen?

SOPHIE. Du bist jung und glücklich und kannst alles hoffen.

MARIE. Hoffnung! O der süße einzige Balsam des Lebens bezaubert oft meine Seele. Mutige jugendliche Träume schweben vor mir und begleiten die geliebte Gestalt des Unvergleichlichen, der nun wieder der Meine wird. O Sophie, wie reizend er ist! Seit ich ihn nicht sah, hat er – ich weiß nicht, wie ich's ausdrücken soll – es haben sich alle großen Eigenschaften, die ehemals in seiner Bescheidenheit verborgen lagen, entwickelt. Er ist ein Mann worden, und muß mit diesem reinen Gefühle seiner selbst, mit dem er auftritt, das so ganz ohne Stolz, ohne Eitelkeit ist, er muß alle Herzen wegreißen. – Und er soll der Meinige werden? – Nein, Schwester, ich war seiner nicht wert – Und jetzt bin ich's viel weniger!

SOPHIE. Nimm ihn nur und sei glücklich! – Ich höre deinen Bruder!

Beaumarchais kommt.

BEAUMARCHAIS. Wo ist Guilbert?

SOPHIE. Er ist schon eine Weile weg; lang kann er nicht mehr ausbleiben.

MARIE. Was hast du, Bruder? – Aufspringend und ihm um den Hals fallend. Lieber Bruder, was hast du?

BEAUMARCHAIS. Nichts! Laß mich, meine Marie!

MARIE. Wenn ich deine Marie bin, so sag mir, was du auf dem Herzen hast!

SOPHIE. Laß ihn! Die Männer machen oft Gesichter, ohne just was auf dem Herzen zu haben.

MARIE. Nein, nein. Ich sehe dein Angesicht nur wenige Zeit; aber schon drückt es mir alle deine Empfindungen aus, ich lese jedes Gefühl dieser unverstellten, unverdorbenen Seele auf deiner Stirne. Du hast etwas, das dich stutzig macht. Rede, was ist's?

BEAUMARCHAIS. Es ist nichts, meine Lieben. Ich hoffe, im Grunde ist's nichts. Clavigo –

MARIE. Wie?

BEAUMARCHAIS. Ich war bei Clavigo. Er ist nicht zu Hause.

SOPHIE. Und das verwirrt dich?

BEAUMARCHAIS. Sein Pförtner sagt, er sei verreist, er wisse nicht, wohin; es wisse niemand, wie lange. Wenn er sich verleugnen ließe! Wenn er wirklich verreist wäre! Wozu das? Warum das?

MARIE. Wir wollen's abwarten.

BEAUMARCHAIS. Deine Zunge lügt. Ha! Die Blässe deiner Wangen, das Zittern deiner Glieder, alles spricht und zeugt, daß du das nicht abwarten kannst. Liebe Schwester! Er faßt sie in seine Arme. An diesem klopfenden, ängstlich bebenden Herzen schwör ich dir. Höre mich, Gott, der du gerecht bist! Höret mich an, alle seine Heiligen! Du sollst gerächt werden, wenn er – die Sinne vergehn mir über dem Gedanken – wenn er rückfiele, wenn er doppeltes gräßliches

Meineids sich schuldig machte, unsers Elends spottete – Nein, es ist, es ist nicht möglich, nicht möglich – Du sollst gerächt werden!

SOPHIE. Alles zu früh, zu voreilig. Schone ihrer, ich bitte dich, mein Bruder!

MARIE setzt sich.

SOPHIE. Was hast du? du wirst ohnmächtig.

MARIE. Nein, nein. Du bist gleich so besorgt.

SOPHIE reicht ihr Wasser. Nimm das Glas!

MARIE. Laß doch! wozu soll's? – Nun meinetwegen, gib her.

BEAUMARCHAIS. Wo ist Guilbert? Wo ist Buenco? Schick nach ihnen, ich bitte dich. Sophie ab. Wie ist dir, Marie?

MARIE. Gut, ganz gut! Denkst du denn, Bruder–?

BEAUMARCHAIS. Was, meine Liebe?

MARIE. Ach!

BEAUMARCHAIS. Der Atem wird dir schwer?

MARIE. Das unbändige Schlagen meines Herzens versetzt mir die Luft.

BEAUMARCHAIS. Habt ihr denn kein Mittel? Brauchst du nichts Niederschlagendes?

MARIE. Ich weiß ein Mittel, und darum bitt ich Gott schon lange.

BEAUMARCHAIS. Du sollst's haben, und ich hoffe, von meiner Hand.

MARIE. Schon gut.

Sophie kommt.

SOPHIE. Soeben gibt ein Kurier diesen Brief ab; er kommt von Aranjuez.

BEAUMARCHAIS. Das ist das Siegel und die Hand unsers Gesandten.

SOPHIE. Ich hieß ihn absteigen und einige Erfrischungen zu sich nehmen; er wollte nicht, weil er noch mehr Depeschen habe.

MARIE. Willst du doch, Liebe, das Mädchen nach dem Arzte schicken?

SOPHIE. Fehlt dir was? Heiliger Gott! was fehlt dir?

MARIE. Du wirst mich ängstigen, daß ich zuletzt kaum traue, ein Glas Wasser zu begehren – Sophie! – Bruder! – Was enthält der Brief? Sieh, wie er zittert! wie ihn aller Mut verläßt!

SOPHIE. Bruder, mein Bruder!

BEAUMARCHAIS wirft sich sprachlos in einen Sessel und läßt den Brief fallen.

SOPHIE. Mein Bruder! Sie hebt den Brief auf und liest.

MARIE. Laß mich ihn sehn! ich muß – Sie will aufstehn. Weh! Ich fühl's. Es ist das Letzte. Schwester, aus Barmherzigkeit den letzten schnellen Todesstoß! Er verrät uns! –

BEAUMARCHAIS aufspringend. Er verrät uns! An die Stirn schlagend und auf die Brust. Hier! hier! es ist alles so dumpf, so tot vor meiner Seele, als hätt ein Donnerschlag meine Sinne gelähmt. Marie! Marie! du bist verraten! – und ich stehe hier! Wohin? – Was? – Ich sehe nichts, nichts! keinen Weg, keine Rettung! Er wirft sich in den Sessel.

Guilbert kommt.

SOPHIE. Guilbert! Rat! Hülfe! Wir sind verloren!

GUILBERT. Weib!

SOPHIE. Lies! Lies! Der Gesandte meldet unserm Bruder: Clavigo habe ihn peinlich angeklagt, als sei er unter einem falschen Namen in sein Haus geschlichen, habe ihm im Bette die Pistole vorgehalten, habe ihn gezwungen, eine schimpfliche Erklärung zu unterschreiben; und wenn er sich nicht schnell aus dem Königreiche entfernt, so schleppen sie ihn ins Gefängnis, daraus ihn zu befreien der Gesandte vielleicht selbst nicht imstande ist.

BEAUMARCHAIS aufspringend. Ja, sie sollen's! sie sollen's! sollen mich ins Gefängnis schleppen. Aber von seinem Leichname weg, von der Stätte weg, wo ich mich in seinem Blute werde geletzt haben. – Ach! der grimmige, entsetzliche Durst nach seinem Blute füllt mich ganz. Dank sei dir, Gott im Himmel, daß du dem Menschen mitten im glühenden unerträglichsten Leiden ein Labsal sendest, eine Erquickung! Wie ich die dürstende Rache in meinem Busen fühle! wie aus der Vernichtung meiner selbst, aus der stumpfen Unentschlossenheit mich das herrliche Gefühl, die Begier nach seinem Blute herausreißt, mich über mich selbst reißt! Rache! Wie mir's wohl ist! wie alles an mir nach ihm hinstrebt, ihn zu fassen, ihn zu vernichten!

SOPHIE. Du bist fürchterlich, Bruder.

BEAUMARCHAIS. Desto besser. – Ach! Keinen Degen, kein

Gewehr! Mit diesen Händen will ich ihn erwürgen, daß mein die Wonne sei! ganz mein eigen das Gefühl: ich hab ihn vernichtet!

MARIE. Mein Herz! Mein Herz!

BEAUMARCHAIS. Ich habe dich nicht retten können, so sollst du gerächet werden. Ich schnaube nach seiner Spur, meine Zähne gelüstet's nach seinem Fleisch, meinen Gaumen nach seinem Blut. Bin ich ein rasendes Tier geworden? Mir glüht in jeder Ader, mir zuckt in jeder Nerve die Begier nach ihm! – Ich würde den ewig hassen, der mir ihn jetzt mit Gift vergäbe, der mir ihn meuchelmörderisch aus dem Wege räumte. O hilf mir, Guilbert, ihn aufsuchen! Wo ist Buenco? Helft mir ihn finden!

GUILBERT. Rette dich! Rette dich! Du bist außer dir.

MARIE. Fliehe, mein Bruder!

SOPHIE. Führ ihn weg, er bringt seine Schwester um.

Buenco kommt.

BUENCO. Auf, Herr! Fort! Ich sah's voraus. Ich gab auf alles acht. Und nun! man stellt Euch nach, Ihr seid verloren, wenn Ihr nicht im Augenblick die Stadt verlaßt.

BEAUMARCHAIS. Nimmermehr! Wo ist Clavigo?

BUENCO. Ich weiß nicht.

BEAUMARCHAIS. Du weißt's. Ich bitte dich fußfällig, sag mir's!

SOPHIE. Um Gottes willen, Buenco!

MARIE. Ach! Luft! Luft! Sie fällt zurück. Clavigo! –

BUENCO. Hülfe, sie stirbt!

SOPHIE. Verlaß uns nicht, Gott im Himmel! – Fort, mein Bruder, fort!

BEAUMARCHAIS fällt vor Marien nieder, die ungeachtet aller Hülfe nicht wieder zu sich selbst kommt. Dich verlassen! Dich verlassen!

SOPHIE. So bleib, und verderb uns alle, wie du Marien getötet hast! Du bist hin, o meine Schwester! durch die Unbesonnenheit deines Bruders.

BEAUMARCHAIS. Halt, Schwester!

SOPHIE spottend. Retter! – Rächer! – Hilf dir selber!

BEAUMARCHAIS. Verdien ich das?

SOPHIE. Gib mir sie wieder! Und dann geh in Kerker, geh

aufs Martergerüst, geh, vergieße dein Blut, und gib mir sie wieder!

BEAUMARCHAIS. Sophie!

SOPHIE. Ha! und ist sie hin, ist sie tot – so erhalte dich uns! *Ihm um den Hals fallend.* Mein Bruder, erhalte dich uns! unserm Vater! Eile, eile! Das war ihr Schicksal! Sie hat's geendet. Und ein Gott ist im Himmel, dem laß die Rache.

BUENCO. Fort! fort! Kommen Sie mit mir, ich verberge Sie, bis wir Mittel finden, Sie aus dem Königreiche zu schaffen.

BEAUMARCHAIS *fällt auf Marien und küßt sie.* Schwester! *Sie reißen ihn los, er faßt Sophien, sie macht sich los, man bringt Marien weg, und Buenco mit Beaumarchais ab.*

*Guilbert. Ein Arzt.*

SOPHIE *aus dem Zimmer zurückkommend, darein man Marien gebracht hat.* Zu spät! Sie ist hin! Sie ist tot!

GUILBERT. Kommen Sie, mein Herr! Sehen Sie selbst! Es ist nicht möglich! *Ab.*

## FÜNFTER AKT

### STRASSE VOR DEM HAUSE GUILBERTS. NACHT

*Das Haus ist offen. Vor der Türe stehen drei in schwarze Mäntel gehüllte Männer mit Fackeln. Clavigo, in einen Mantel gewickelt, den Degen unterm Arm, kommt. Ein Bedienter geht voraus mit einer Fackel.*

CLAVIGO. Ich sagte dir's, du solltest diese Straße meiden.

BEDIENTER. Wir hätten einen gar großen Umweg nehmen müssen, und Sie eilen so. Es ist nicht weit von hier, wo Don Carlos sich aufhält.

CLAVIGO. Fackeln dort?

BEDIENTER. Eine Leiche. Kommen Sie, mein Herr.

CLAVIGO. Mariens Wohnung! Eine Leiche! Mir fährt ein Todesschauer durch alle Glieder. Geh, frag, wen sie begraben?

BEDIENTER *geht zu den Männern.* Wen begrabt ihr?

DIE MÄNNER. Marien Beaumarchais.

CLAVIGO *setzt sich auf einen Stein und verhüllt sich.*

BEDIENTER kommt zurück. Sie begraben Marien Beaumarchais.

CLAVIGO aufspringend. Mußtest du's wiederholen, Verräter! Das Donnerwort wiederholen, das mir alles Mark aus meinen Gebeinen schlägt!

BEDIENTER. Stille, mein Herr, kommen Sie! Bedenken Sie die Gefahr, in der Sie schweben!

CLAVIGO. Geh in die Hölle! ich bleibe.

BEDIENTER. O Carlos! O daß ich dich fände, Carlos! Er ist außer sich! Ab.

Clavigo. In der Ferne die Leichenmänner.

CLAVIGO. Tot! Marie tot! Die Fackeln dort! ihre traurigen Begleiter! – Es ist ein Zauberspiel, ein Nachtgesicht, das mich erschreckt, das mir einen Spiegel vorhält, darin ich das Ende meiner Verrätereien ahndungsweise erkennen soll. – Noch ist es Zeit! Noch! – Ich bebe, mein Herz zerfließt in Schauer! Nein! Nein! du sollst nicht sterben. Ich komme! Ich komme! – Verschwindet, Geister der Nacht, die ihr euch mit ängstlichen Schrecknissen mir in den Weg stellt – Er geht auf sie los. Verschwindet! – Sie stehen! Ha! sie sehen sich nach mir um! Weh! Weh mir! es sind Menschen wie ich. – Es ist wahr – Wahr? – Kannst du's fassen? – Sie ist tot – Es ergreift mich mit allem Schauer der Nacht das Gefühl: sie ist tot! Da liegt sie, die Blume, zu deinen Füßen – und du – Erbarm dich meiner, Gott im Himmel, ich habe sie nicht getötet! – Verbergt euch, Sterne, schaut nicht hernieder, ihr, die ihr so oft den Missetäter saht in dem Gefühl des innigsten Glückes diese Schwelle verlassen, durch eben diese Straße mit Saitenspiel und Gesang in goldnen Phantasieen hinschweben, und sein am heimlichen Gegitter lauschendes Mädchen mit wonnevollen Erwartungen entzünden! – und du füllst nun das Haus mit Wehklagen und Jammer! und diesen Schauplatz deines Glückes mit Grabgesang! – Marie! Marie! nimm mich mit dir! nimm mich mit dir! Eine traurige Musik tönt einige Laute von innen. Sie beginnen den Weg zum Grabe! – Haltet, haltet! Schließt den Sarg nicht! Laßt mich sie noch einmal sehen! Er geht aufs Haus los. Ha! wem, wem wag ich's unters Gesicht zu treten? wem in seinen entsetzlichen

Schmerzen zu begegnen? – Ihren Freunden? Ihrem Bruder? dem wütender Jammer den Busen füllt! Die Musik geht wieder an. Sie ruft mir! sie ruft mir! Ich komme! – Welche Angst umgibt mich! Welches Beben hält mich zurück!

Die Musik fängt zum dritten Male an und fährt fort. Die Fackeln bewegen sich vor der Tür, es treten noch drei andere zu ihnen, die sich in Ordnung reihen, um den Leichenzug einzufassen, der aus dem Hause kommt. Sechs tragen die Bahre, darauf der bedeckte Sarg steht.

Guilbert, Buenco, in tiefer Trauer.

CLAVIGO hervortretend. Haltet!

GUILBERT. Welche Stimme!

CLAVIGO Haltet! Die Träger stehen.

BUENCO. Wer untersteht sich, den ehrwürdigen Zug zu stören?

CLAVIGO. Setzt nieder!

GUILBERT. Ha!

BUENCO. Elender! Ist deiner Schandtaten kein Ende? Ist dein Opfer im Sarge nicht sicher vor dir?

CLAVIGO. Laßt! macht mich nicht rasend! die Unglücklichen sind gefährlich! Ich muß sie sehen! Er wirft das Tuch ab. Marie liegt weiß gekleidet und mit gefalteten Händen im Sarge. Clavigo tritt zurück und verbirgt sein Gesicht.

BUENCO. Willst du sie erwecken, um sie wieder zu töten?

CLAVIGO. Armer Spötter! – Marie! Er fällt vor dem Sarge nieder.

Beaumarchais kommt.

BEAUMARCHAIS. Buenco hat mich verlassen. Sie ist nicht tot, sagen sie, ich muß sehen, trotz dem Teufel! Ich muß sie sehen. Fackeln! Leiche! Er rennt auf sie los, erblickt den Sarg und fällt sprachlos drüber hin; man hebt ihn auf, er ist wie ohnmächtig. Guilbert hält ihn.

CLAVIGO, der an der andern Seite des Sargs aufsteht. Marie! Marie!

BEAUMARCHAIS auffahrend. Das ist seine Stimme! Wer ruft Marie? Wie mit dem Klang der Stimme sich eine glühende Wut in meine Adern goß!

CLAVIGO. Ich bin's.

BEAUMARCHAIS, wild hinsehend und nach dem Degen greifend. Guilbert hält ihn.

CLAVIGO. Ich fürchte deine glühenden Augen nicht, nicht

die Spitze deines Degens! Sieh hierher, dieses geschlossene Auge, diese gefalteten Hände!

BEAUMARCHAIS. Zeigst du mir das? Er reißt sich los, dringt auf Clavigo ein, der zieht, sie fechten, Beaumarchais stößt ihm den Degen in die Brust.

CLAVIGO sinkend. Ich danke dir, Bruder! Du vermählst uns. Er sinkt auf den Sarg.

BEAUMARCHAIS, ihn wegreißend. Weg von dieser Heiligen, Verdammter!

CLAVIGO. Weh! Die Träger halten ihn.

BEAUMARCHAIS. Blut! Blick auf, Marie, blick auf deinen Brautschmuck, und dann schließ deine Augen auf ewig. Sieh, wie ich deine Ruhestätte geweiht habe mit dem Blute deines Mörders! Schön! Herrlich!

Sophie kommt.

SOPHIE. Bruder! Gott! was gibt's?

BEAUMARCHAIS. Tritt näher, Liebe, und schau! Ich hoffte, ihr Brautbette mit Rosen zu bestreuen – sieh die Rosen, mit denen ich sie ziere auf ihrem Wege zum Himmel.

SOPHIE. Wir sind verloren!

CLAVIGO. Rette dich, Unbesonnener! rette dich, eh der Tag anbricht. Gott, der dich zum Rächer sandte, geleite dich! – Sophie – vergib mir! – Bruder – Freunde, vergebt mir!

BEAUMARCHAIS. Wie sein fließendes Blut alle die glühende Rache meines Herzens auslöscht! wie mit seinem wegfliehenden Leben meine Wut abschwindet! Auf ihn losgehend. Stirb, ich vergebe dir!

CLAVIGO. Deine Hand! und deine, Sophie! Und Eure!

Buenco zaudert.

SOPHIE. Gib sie ihm, Buenco!

CLAVIGO. Ich danke dir! du bist die alte. Ich danke euch! Und wenn du noch hier diese Stätte umschwebst, Geist meiner Geliebten, schau herab, sieh diese himmlische Güte, sprich deinen Segen dazu, und vergib mir auch! – Ich komme! ich komme! – Rette dich, mein Bruder! Sagt mir, vergab sie mir? Wie starb sie?

SOPHIE. Ihr letztes Wort war dein unglücklicher Name. Sie schied weg ohne Abschied von uns.

CLAVIGO. Ich will ihr nach, und ihr den eurigen bringen.

Carlos. Ein Bedienter.

CARLOS. Clavigo? Mörder!

CLAVIGO. Höre mich, Carlos! Du siehest hier die Opfer deiner Klugheit – Und nun, um des Blutes willen, in dem mein Leben unaufhaltsam dahinfließt! rette meinen Bruder –

CARLOS. Mein Freund! Ihr steht da? Lauft nach Wundärzten!

Bedienter ab.

CLAVIGO. Es ist vergebens. Rette! rette den unglücklichen Bruder! – Deine Hand darauf! Sie haben mir vergeben, und so vergeb ich dir. Du begleitest ihn bis an die Grenze, und – ah!

CARLOS, mit dem Fuße stampfend. Clavigo! Clavigo!

CLAVIGO, sich dem Sarge nähernd, auf den sie ihn niederlassen. Marie! deine Hand! Er entfaltet ihre Hände und faßt die rechte.

SOPHIE zu Beaumarchais. Fort, Unglücklicher! fort!

CLAVIGO. Ich hab ihre Hand! Ihre kalte Totenhand! Du bist die Meinige – Und noch diesen Bräutigamskuß. Ah!

SOPHIE. Er stirbt! Rette dich, Bruder!

BEAUMARCHAIS fällt Sophien um den Hals.

SOPHIE umarmt ihn, indem sie zugleich eine Bewegung macht, ihn zu entfernen.

# STELLA

## EIN SCHAUSPIEL FÜR LIEBENDE

### PERSONEN

Stella
Cäcilie, anfangs unter dem Namen Madame Sommer
Fernando
Lucie
Verwalter
Postmeisterin
Annchen
Karl
Bediente
Ein Postillion

## ERSTER AKT

### IM POSTHAUSE

Man hört einen Postillion blasen. Postmeisterin.

POSTMEISTERIN. Karl! Karl!

Der Junge kommt.

DER JUNGE. Was is?

POSTMEISTERIN. Wo hat dich der Henker wieder? Geh hinaus; der Postwagen kommt. Führ die Passagiers herein, trag ihnen das Gepäck; rühr dich! Machst du wieder ein Gesicht? Der Junge ab. Ihm nachrufend. Wart, ich will dir dein muffig Wesen vertreiben. Ein Wirtsbursche muß immer munter, immer alert sein. Hernach, wenn so ein Schurke Herr wird, so verdirbt er. Wenn ich wieder heiraten möchte, so wär's nur darum; einer Frau allein fällt's gar zu schwer, das Pack in Ordnung zu halten!

Madame Sommer, Lucie, in Reisekleidern. Karl.

LUCIE, einen Mantelsack tragend, zu Karl. Laß Er's nur, es ist nicht schwer; aber nehm Er meiner Mutter die Schachtel ab.

POSTMEISTERIN. Ihre Dienerin, meine Frauenzimmer! Sie kommen beizeiten. Der Wagen kommt sonst nimmer so früh.

Lucie. Wir haben einen gar jungen, lustigen, hübschen Schwager gehabt, mit dem ich durch die Welt fahren möchte; und unser sind nur zwei, und wenig beladen.

Postmeisterin. Wenn Sie zu speisen belieben, so sind Sie wohl so gütig zu warten; das Essen ist noch nicht gar fertig.

Madame Sommer. Darf ich Sie nur um ein wenig Suppe bitten?

Lucie. Ich hab keine Eil. Wollten Sie indes meine Mutter versorgen?

Postmeisterin. Sogleich.

Lucie. Nur recht gute Brühe!

Postmeisterin. So gut sie da ist. Ab.

Madame Sommer. Daß du dein Befehlen nicht lassen kannst! Du hättest, dünkt mich, die Reise über schon klug werden können! Wir haben immer mehr bezahlt als verzehrt; und in unsern Umständen –!

Lucie. Es hat uns noch nie gemangelt.

Madame Sommer. Aber wir waren dran.

Postillion tritt herein.

Lucie. Nun, braver Schwager, wie steht's? Nicht wahr, dein Trinkgeld?

Postillion. Hab' ich nicht gefahren wie Extrapost?

Lucie. Das heißt, du hast auch was extra verdient; nicht wahr? Du solltest mein Leibkutscher werden, wenn ich nur Pferde hätte.

Postillion. Auch ohne Pferde steh ich zu Diensten.

Lucie. Da!

Postillion. Danke, Mamsell! Sie gehn nicht weiter?

Lucie. Wir bleiben für diesmal hier.

Postillion. Adies! Ab.

Madame Sommer. Ich seh' an seinem Gesicht, daß du ihm zu viel gegeben hast.

Lucie. Sollte er mit Murren von uns gehen? Er war die ganze Zeit so freundlich. Sie sagen immer, Mama, ich sei eigensinnig; wenigstens eigennützig bin ich nicht.

Madame Sommer. Ich bitte dich, Lucie, verkenne nicht, was ich dir sage. Deine Offenheit ehr ich, wie deinen guten Mut und deine Freigebigkeit; aber es sind nur Tugenden, wo sie hingehören.

LUCIE. Mama, das Örtchen gefällt mir wirklich. Und das Haus da drüben ist wohl der Dame, der ich künftig Gesellschaft leisten soll?

MADAME SOMMER. Mich freut's, wenn der Ort deiner Bestimmung dir angenehm ist.

LUCIE. Stille mag's sein, das merk' ich schon. Ist's doch wie Sonntag auf dem großen Platze! Aber die gnädige Frau hat einen schönen Garten und soll eine gute Frau sein; wir wollen sehen, wie wir zurechtkommen. Was sehen Sie sich um, Mama?

MADAME SOMMER. Laß mich, Lucie! Glückliches Mädchen, das durch nichts erinnert wird! Ach damals war's anders! Mir ist nichts schmerzlicher, als in ein Posthaus zu treten.

LUCIE. Wo fänden Sie auch nicht Stoff, sich zu quälen?

MADAME SOMMER. Und wo nicht Ursache dazu? Meine Liebe, wie ganz anders war's damals, da dein Vater noch mit mir reiste: da wir die schönste Zeit unsers Lebens in freier Welt genossen; die ersten Jahre unserer Ehe! Damals hatte alles den Reiz der Neuheit für mich. Und in seinem Arm vor so tausend Gegenständen vorüberzueilen; da jede Kleinigkeit mir interessant ward, durch seinen Geist, durch seine Liebe! –

LUCIE. Ich mag auch wohl gerne reisen.

MADAME SOMMER. Und wenn wir denn nach einem heißen Tag, nach ausgestandenen Fatalitäten, schlimmen Weg im Winter, wenn wir eintraten in manche noch schlechtere Herberge, wie diese ist, und den Genuß der einfachsten Bequemlichkeit zusammen fühlten, auf der hölzernen Bank zusammen saßen, unsern Eierkuchen und abgesottene Kartoffeln zusammen aßen – – Damals war's anders!

LUCIE. Es ist nun einmal Zeit, ihn zu vergessen.

MADAME SOMMER. Weißt du, was das heißt: Vergessen! Gutes Mädchen, du hast, Gott sei Dank! noch nichts verloren, das nicht zu ersetzen gewesen wäre. Seit dem Augenblick, da ich gewiß ward, er habe mich verlassen, ist alle Freude meines Lebens dahin. Mich ergriff eine Verzweifelung. Ich mangelte mir selbst; ein Gott mangelte mir. Ich weiß mich des Zustands kaum zu erinnern.

LUCIE. Auch ich weiß nichts mehr, als daß ich auf Ihrem

Bette saß und weinte, weil Sie weinten. Es war in der grünen Stube, auf dem kleinen Bette. Die Stube hat mir am wehsten getan, da wir das Haus verkaufen mußten.

Madame Sommer. Du warst sieben Jahre alt, und konntest nicht fühlen, was du verlorst.

Annchen, mit der Suppe. Die Postmeisterin. Karl.

Annchen. Hier ist die Suppe für Madame.

Madame Sommer. Ich danke, meine Liebe! Ist das Ihr Töchterchen?

Postmeisterin. Meine Stieftochter, Madame! aber da sie so brav ist, ersetzt sie mir den Mangel an eigenen Kindern.

Madame Sommer. Sie sind in Trauer?

Postmeisterin. Für meinen Mann, den ich vor drei Monaten verlor. Wir haben nicht gar drei Jahre zusammen gelebt.

Madame Sommer. Sie scheinen doch ziemlich getröstet.

Postmeisterin. O Madame! Unsereins hat so wenig Zeit zu weinen als leider zu beten. Das geht Sonntage und Werkeltage. Wenn der Pfarrer nicht manchmal auf den Text kommt, oder man ein Sterbelied singen hört. Karl, ein paar Servietten! deck hier am Ende auf.

Lucie. Wem ist das Haus da drüben?

Postmeisterin. Unserer Frau Baronesse. Eine allerliebste Frau.

Madame Sommer. Mich freut's, daß ich von einer Nachbarin bestätigen höre, was man uns in einer weiten Ferne beteuert hat. Meine Tochter wird künftig bei ihr bleiben und ihr Gesellschaft leisten.

Postmeisterin. Dazu wünsche ich Ihnen Glück, Mamsell.

Lucie. Ich wünsche, daß sie mir gefallen möge.

Postmeisterin. Sie müßten einen sonderbaren Geschmack haben, wenn Ihnen der Umgang mit der gnädgen Frau nicht gefiele.

Lucie. Desto besser! Denn wenn ich mich einmal nach jemanden richten soll, so muß Herz und Wille dabei sein; sonst geht's nicht.

Postmeisterin. Nun! nun! wir reden bald wieder davon, und Sie sollen sagen, ob ich wahr gesprochen habe. Wer um unsre gnädige Frau lebt, ist glücklich; wird meine

Tochter ein wenig größer, so soll sie ihr wenigstens einige Jahre dienen: es kommt dem Mädchen auf sein ganzes Leben zugute.

ANNCHEN. Wenn Sie sie nur sehn! Sie ist so lieb! so lieb! Sie glauben nicht, wie sie auf Sie wartet. Sie hat mich auch recht lieb. Wollen Sie denn nicht zu ihr gehn? Ich will Sie begleiten.

LUCIE. Ich muß mich erst zurecht machen, und will auch noch essen.

ANNCHEN. So darf ich doch hinüber, Mamachen? Ich will der gnädigen Frau sagen, daß die Mamsell gekommen ist.

POSTMEISTERIN. Geh nur!

MADAME SOMMER. Und sag ihr, Kleine, wir wollten gleich nach Tisch aufwarten. Annchen ab.

POSTMEISTERIN. Mein Mädchen hängt außerordentlich an ihr. Auch ist sie die beste Seele von der Welt, und ihre ganze Freude ist mit Kindern. Sie lehrt sie allerlei Arbeiten machen und singen. Sie läßt sich von Bauersmädchen aufwarten, bis sie ein Geschick haben, hernach sucht sie eine gute Kondition für sie; und so vertreibt sie sich die Zeit, seit ihr Gemahl weg ist. Es ist unbegreiflich, wie sie so unglücklich sein kann, und dabei so freundlich, so gut.

MADAME SOMMER. Ist sie nicht Witwe?

POSTMEISTERIN. Das weiß Gott! Ihr Herr ist vor drei Jahren weg, und hört und sieht man nichts von ihm. Und sie hat ihn geliebt über alles. Mein Mann konnte nie fertig werden, wenn er anfing, von ihnen zu erzählen. Und noch! Ich sag's selbst, es gibt so kein Herz auf der Welt mehr. Alle Jahre den Tag, da sie ihn zum letzten Mal sah, läßt sie keine Seele zu sich, schließt sich ein, und auch sonst, wenn sie von ihm red't, geht's einem durch die Seele.

MADAME SOMMER. Die Unglückliche!

POSTMEISTERIN. Es läßt sich von der Sache viel reden.

MADAME SOMMER. Wie meinen Sie?

POSTMEISTERIN. Man sagt's nicht gern.

MADAME SOMMER. Ich bitte Sie!

POSTMEISTERIN. Wenn Sie mich nicht verraten wollen, kann ich's Ihnen wohl vertrauen. Es sind nun über die acht Jahre, daß sie hierher kamen. Sie kauften das Rittergut; niemand kannte sie; man hieß sie den gnädigen Herrn und die gnädige Frau, und hielt ihn für einen Offizier, der in fremden Kriegsdiensten reich geworden war und sich nun zur Ruhe setzen wollte. Sie war damals blutjung, nicht älter als sechzehn Jahr, und schön wie ein Engel.

Lucie. Da wär sie jetzt nicht über vierundzwanzig?

Postmeisterin. Sie hat für ihr Alter Betrübnis genug erfahren. Sie hatte ein Kind; es starb ihr bald; im Garten ist sein Grab, nur von Rasen, und seit der Herr weg ist, hat sie eine Einsiedelei dabei angelegt und ihr Grab dazu bestellen lassen. Mein Mann seliger war bei Jahren und nicht leicht zu rühren; aber er erzählte nichts lieber als von der Glückseligkeit der beiden Leute, solang sie hier zusammen lebten. Man war ein ganz anderer Mensch, sagte er, nur zuzusehn, wie sie sich liebten.

Madame Sommer. Mein Herz bewegt sich nach ihr.

Postmeisterin. Aber wie's geht. Man sagte, der Herr hätte kuriose Principia gehabt; wenigstens kam er nicht in die Kirche; und die Leute, die keine Religion haben, haben keinen Gott und halten sich an keine Ordnung. Auf einmal hieß es: Der gnädige Herr ist fort. Er war verreist und kam eben nicht wieder.

Madame Sommer vor sich. Ein Bild meines ganzen Schicksals!

Postmeisterin. Da waren alle Mäuler davon voll. Eben zur Zeit, da ich als eine junge Frau hierher zog, auf Michael sind's eben drei Jahre. Und da wußt jedes was anders, sogar zischelte man einander in die Ohren, sie seien niemals getraut gewesen; aber verraten Sie mich nicht. Er soll wohl ein vornehmer Herr sein, soll sie entführt haben, und was man alles sagt. Ja, wenn ein junges Mädchen so einen Schritt tut, sie hat ihr Leben lang dran abzubüßen.

Annchen kommt.

Annchen. Die gnädige Frau läßt Sie sehr bitten, doch gleich hinüberzukommen; sie will Sie nur einen Augenblick sprechen, nur sehen.

Lucie. Es schickt sich nicht in diesen Kleidern.

Postmeisterin. Gehn Sie nur, ich geb Ihnen mein Wort, daß sie darauf nicht achtet.

LUCIE. Will Sie mich begleiten, Kleine?

ANNCHEN. Von Herzen gern!

MADAME SOMMER. Lucie, ein Wort! Die Postmeisterin entfernt sich. Daß du nichts verrätst! nicht unsern Stand, nicht unser Schicksal. Begegne ihr ehrerbietig.

LUCIE. Lassen Sie mich nur! Mein Vater war ein Kaufmann, ist nach Amerika, ist tot; und dadurch sind unsere Umstände – Lassen Sie mich nur; ich hab das Märchen ja schon oft genug erzählt. Laut. Wollten Sie nicht ein bißchen ruhen? Sie haben's not. Die Frau Wirtin weist Ihnen wohl ein Zimmerchen mit einem Bett an.

POSTMEISTERIN. Ich hab eben ein hübsches, stilles Zimmerchen im Garten. Zu Lucien. Ich wünsche, daß Ihnen die gnädige Frau gefallen möge. Lucie mit Annchen ab.

MADAME SOMMER. Meine Tochter ist noch ein bißchen obenaus.

POSTMEISTERIN. Das tut die Jugend. Werden sich schon legen, die stolzen Wellen.

MADAME SOMMER. Desto schlimmer.

POSTMEISTERIN. Kommen Sie, Madame, wenn's gefällig ist.

Beide ab.

Man hört einen Postillion.

Fernando, in Offizierstracht. Ein Bedienter.

BEDIENTER. Soll ich gleich wieder einspannen und Ihre Sachen aufpacken lassen?

FERNANDO. Du sollst's hereinbringen, sag ich dir; herein. Wir gehen nicht weiter, hörst du.

BEDIENTER. Nicht weiter? Sie sagten ja –

FERNANDO. Ich sage, laß dir ein Zimmer anweisen und bring meine Sachen dorthin. Bedienter ab.

FERNANDO, ans Fenster tretend. So seh ich dich wieder? Himmlischer Anblick! So seh ich dich wieder? Den Schauplatz all meiner Glückseligkeit! Wie still das ganze Haus ist! Kein Fenster offen! Die Galerie wie öde, auf der wir so oft zusammen saßen! Merk dir's, Fernando, das klösterliche Ansehn ihrer Wohnung, wie schmeichelt es deinen Hoffnungen! Und sollte, in ihrer Einsamkeit, Fernando ihr Gedanke, ihre Beschäftigung sein? Und hat er's um sie verdient? O! mir ist, als wenn ich nach einem langen, kalten, freudelosen Todesschlaf ins Leben wieder erwachte; so neu, so bedeutend ist mir alles. Die Bäume, der Brunnen, noch alles, alles! So lief das Wasser aus eben den Röhren, wenn ich, ach, wie tausendmal! mit ihr gedankenvoll aus unserm Fenster schaute, und jedes, in sich gekehrt, still dem Rinnen des Wassers zusah! Sein Geräusch ist mir Melodie, rückerinnernde Melodie. Und sie? Sie wird sein, wie sie war. Ja, Stella, du hast dich nicht verändert; das sagt mir mein Herz. Wie's dir entgegenschlägt! Aber ich will nicht, ich darf nicht! Ich muß mich erst erholen, muß mich erst überzeugen, daß ich wirklich hier bin, daß mich kein Traum täuscht, der mich so oft schlafend und wachend aus den fernsten Gegenden hierher geführt hat. Stella! Stella! Ich komme! fühlst du nicht meine Näherung? in deinen Armen alles zu vergessen! – Und wenn du um mich schwebst, teurer Schatten meines unglücklichen Weibes, vergib mir, verlaß mich! Du bist dahin; so laß mich dich vergessen, in den Armen des Engels alles vergessen, meine Schicksale, allen Verlust, meine Schmerzen, und meine Reue – Ich bin ihr so nah und so ferne – Und in einem Augenblick – Ich kann nicht, ich kann nicht! Ich muß mich erholen, oder ich ersticke zu ihren Füßen.

Postmeisterin kommt.

POSTMEISTERIN. Verlangen der gnädige Herr zu speisen?

FERNANDO. Sind Sie versehen?

POSTMEISTERIN. O ja! wir warten nur auf ein Frauenzimmer, das hinüber zur gnädigen Frau ist.

FERNANDO. Wie geht's Ihrer gnädigen Frau?

POSTMEISTERIN. Kennen Sie sie?

FERNANDO. Vor Jahren war ich wohl manchmal da. Was macht ihr Gemahl?

POSTMEISTERIN. Weiß Gott. Er ist in die weite Welt.

FERNANDO. Fort?

POSTMEISTERIN. Freilich! Verläßt die liebe Seele! Gott verzeih's ihm!

FERNANDO. Sie wird sich schon zu trösten wissen.

POSTMEISTERIN. Meinen Sie doch? Da müssen Sie sie wenig kennen. Sie lebt wie eine Nonne, so eingezogen, die Zeit ich sie kenne. Fast kein Fremdes, kein Besuch aus der Nachbarschaft kommt zu ihr. Sie lebt mit ihren Leuten, hat die Kinder des Orts alle an sich und ist, ungeachtet ihres innern Schmerzens, immer freundlich, immer angenehm.

FERNANDO. Ich will sie doch besuchen.

POSTMEISTERIN. Das tun Sie. Manchmal läßt sie uns invitieren, die Frau Amtmännin, die Frau Pfarrerin und mich, und diskuriert mit uns von allerlei. Freilich hüten wir uns, sie an den gnädigen Herrn zu erinnern. Ein einzigmal geschah's. Gott weiß, wie's uns wurde, da sie anfing, von ihm zu reden, ihn zu preisen, zu weinen. Gnädiger Herr, wir haben alle geweint wie die Kinder, und uns fast nicht erholen können.

FERNANDO vor sich. Das hast du um sie verdient! – Laut. Ist meinem Bedienten ein Zimmer angewiesen?

POSTMEISTERIN. Eine Treppe hoch. Karl, zeig dem gnädigen Herrn das Zimmer! Fernando mit dem Jungen ab.

Lucie, Annchen kommen.

POSTMEISTERIN. Nun, wie ist's?

LUCIE. Ein liebes Weibchen, mit der ich mich vertragen werde. Sie haben nicht zuviel von ihr gesagt. Sie wollt mich nicht lassen. Ich mußte ihr heilig versprechen, gleich nach Tisch mit meiner Mutter und dem Gepäck zu kommen.

POSTMEISTERIN. Das dacht ich wohl! Ist's jetzt gefällig zu essen? Noch ein schöner langer Offizier ist angefahren, wenn Sie den nicht fürchten.

LUCIE. Nicht im geringsten. Mit Soldaten hab ich lieber zu tun als mit andern. Sie verstellen sich wenigstens nicht, daß man die Guten und Bösen gleich das erste Mal kennt. Schläft meine Mutter?

POSTMEISTERIN. Ich weiß nicht.

LUCIE. Ich muß doch nach ihr sehn. Ab.

POSTMEISTERIN. Karl! Da ist wieder das Salzfaß vergessen. Heißt das geschwenkt? Sieh nur die Gläser! Ich sollt dir sie am Kopf entzwei schmeißen, wenn du so viel wert wärst, als sie kosten!

Fernando kommt.

POSTMEISTERIN. Das Frauenzimmer ist wieder da. Sie wird gleich zu Tisch kommen.

FERNANDO. Wer ist sie?

POSTMEISTERIN. Ich kenn sie nicht. Sie scheint von gutem Stande, aber ohne Vermögen; sie wird künftig der gnädgen Frau zur Gesellschaft sein.

FERNANDO. Sie ist jung?

POSTMEISTERIN. Sehr jung; und schnippisch. Ihre Mutter ist auch droben.

Lucie kommt.

LUCIE. Ihre Dienerin!

FERNANDO. Ich bin glücklich, eine so schöne Tischgesellschaft zu finden. Lucie neigt sich.

POSTMEISTERIN. Hierher, Mamsell! Und Sie belieben hierher!

FERNANDO. Wir haben nicht die Ehre von Ihnen, Frau Postmeisterin?

POSTMEISTERIN. Wenn ich einmal ruhe, ruht alles. Ab.

FERNANDO. Also ein Tête-à-tête!

LUCIE. Den Tisch dazwischen, wie ich's wohl leiden kann.

FERNANDO. Sie haben sich entschlossen, der Frau Baronesse künftig Gesellschaft zu leisten?

LUCIE. Ich muß wohl!

FERNANDO. Mich dünkt, Ihnen sollt' es nicht fehlen, einen Gesellschafter zu finden, der noch unterhaltender wäre als die Frau Baronesse.

LUCIE. Mir ist nicht drum zu tun.

FERNANDO. Auf Ihr ehrlich Gesicht?

LUCIE. Mein Herr, Sie sind wie alle Männer, merk ich!

FERNANDO. Das heißt?

LUCIE. Auf den Punkt sehr arrogant. Ihr Herren dünkt euch unentbehrlich; und ich weiß nicht, ich bin doch groß geworden ohne Männer.

FERNANDO. Sie haben keinen Vater mehr?

LUCIE. Ich erinnere mich kaum, daß ich einen hatte. Ich war jung, da er uns verließ, eine Reise nach Amerika zu tun, und sein Schiff ist untergegangen, hören wir.

FERNANDO. Und Sie scheinen so gleichgültig dabei?

LUCIE. Wie könnt ich anders? Er hat mir wenig zuliebe getan; und ob ich's ihm gleich verzeihe, daß er uns verlassen hat – denn was geht dem Menschen über seine Freiheit?

–, so möcht ich doch nicht meine Mutter sein, die vor Kummer stirbt.

FERNANDO. Und Sie sind so ohne Hülfe, ohne Schutz?

LUCIE. Was braucht's das? Unser Vermögen ist alle Tage kleiner worden; dafür auch ich alle Tage größer; und mir ist's nicht bange, meine Mutter zu ernähren.

FERNANDO. Mich erstaunt Ihr Mut!

LUCIE. O, mein Herr, der gibt sich. Wenn man so oft unterzugehen fürchtet und sich immer wieder gerettet sieht, das gibt ein Zutrauen!

FERNANDO. Davon Sie Ihrer lieben Mutter nichts mitteilen können?

LUCIE. Leider ist sie, die verliert, nicht ich. Ich dank's meinem Vater, daß er mich auf die Welt gesetzt hat, denn ich lebe gern und vergnügt; aber sie – die alle Hoffnung des Lebens auf ihn gesetzt, ihm den Flor ihrer Jugend aufgeopfert hatte, und nun verlassen, auf einmal verlassen – – Das muß was Entsetzliches sein, sich verlassen zu fühlen! – Ich habe noch nichts verloren; ich kann nichts davon reden. – Sie scheinen nachdenkend!

FERNANDO. Ja, meine Liebe, wer lebt, verliert; *aufstehend* aber er gewinnt auch. Und so erhalt Ihnen Gott Ihren Mut! *Er nimmt ihre Hand.* Sie haben mich erstaunen machen. O, mein Kind, wie glücklich! – – Ich bin auch in der Welt gar viel, gar oft von meinen Hoffnungen – Freuden – Es ist doch immer – Und –

LUCIE. Wie meinen Sie?

FERNANDO. Alles Gute! die besten, wärmsten Wünsche für Ihr Glück! *Ab.*

LUCIE. Das ist ein wunderbarer Mensch! Er scheint aber gut zu sein.

## ZWEITER AKT

Stella. Ein Bedienter.

STELLA. Geh hinüber, geschwind hinüber! Sag ihr, ich erwarte sie.

BEDIENTER. Sie versprach, gleich zu kommen.

STELLA. Du siehst ja, sie kommt nicht. Ich hab das Mädchen recht lieb. Geh! – Und ihre Mutter soll ja mitkommen! Bedienter ab.

STELLA. Ich kann sie kaum erwarten. Was das für ein Wünschen, ein Hoffen ist, bis so ein neues Kleid ankommt! Stella! du bist ein Kind. Und warum soll ich nicht lieben? – Ich brauche viel, viel, um dies Herz auszufüllen! – Viel? Arme Stella? Viel? – Sonst, da er dich noch liebte, noch in deinem Schoße lag, füllte sein Blick deine ganze Seele; und – o Gott im Himmel! dein Ratschluß ist unerforschlich. Wenn ich von seinen Küssen meine Augen zu dir hinauf wendete, mein Herz an dem seinen glühte, und ich mit bebenden Lippen seine große Seele in mich trank, und ich dann mit Wonnetränen zu dir hinaufsah, und aus vollem Herzen zu dir sprach: Laß uns glücklich, Vater! du hast uns so glücklich gemacht! – Es war dein Wille nicht – Sie fällt einen Augenblick in Nachdenken, fährt dann schnell auf und drückt ihre Hände ans Herz. Nein, Fernando, nein, das war kein Vorwurf!

Madame Sommer, Lucie kommen.

STELLA. Ich habe sie! Liebes Mädchen, du bist nun die Meine. – Madame, ich danke Ihnen für das Zutrauen, mit dem Sie mir den Schatz in die Hände liefern. Das kleine Trotzköpfchen, die gute freie Seele. O, ich hab dir's schon abgelernt, Lucie.

MADAME SOMMER. Sie fühlen, was ich Ihnen bringe und lasse.

STELLA nach einer Pause, in der sie Madame Sommer angesehen hat. Verzeihen Sie! Man hat mir Ihre Geschichte berichtet, ich weiß, daß ich Personen von guter Familie vor mir habe; aber Ihre Gegenwart überrascht mich. Ich fühle im ersten Anblick Vertrauen und Ehrfurcht gegen Sie.

MADAME SOMMER. Gnädige Frau –

STELLA. Nichts davon. Was mein Herz gesteht, bekennt mein Mund gern. Ich höre, Sie sind nicht wohl; wie ist's Ihnen? Setzen Sie sich!

MADAME SOMMER. Doch, gnädige Frau! Diese Reise in den Frühlingstagen, die abwechselnden Gegenstände und diese reine, segensvolle Luft, die sich schon so oft für mich mit neuer Erquickung gefüllt hat, das wirkte alles auf mich so gut, so freundlich, daß selbst die Erinnerung abgeschiedener Freuden mir ein angenehmes Gefühl wurde, ich einen Widerschein der goldenen Zeiten der Jugend und Liebe in meiner Seele aufdämmern sah.

STELLA. Ja die Tage! die ersten Tage der Liebe! – Nein, du bist nicht zum Himmel zurückgekehrt, goldne Zeit! du umgibst noch jedes Herz in den Momenten, da sich die Blüte der Liebe erschließt.

MADAME SOMMER, ihre Hände fassend. Wie groß! Wie lieb!

STELLA. Ihr Angesicht glänzt wie das Angesicht eines Engels, Ihre Wangen färben sich!

MADAME SOMMER. Ach und mein Herz! Wie geht es auf! wie schwillt's vor Ihnen!

STELLA. Sie haben geliebt! O Gott sei Dank! Ein Geschöpf, das mich versteht! das Mitleiden mit mir haben kann! das nicht kalt zu meinen Schmerzen dreinblickt! – Wir können ja doch einmal nichts dafür, daß wir so sind! – Was hab ich nicht alles getan! Was nicht alles versucht! – Ja, was half's? – Es wollte das – just das – und keine Welt, und sonst nichts in der Welt – Ach! der Geliebte ist überall, und alles ist für den Geliebten.

MADAME SOMMER. Sie tragen den Himmel im Herzen.

STELLA. Eh ich mich's verseh, wieder sein Bild! – So richtete er sich auf, in der und jener Gesellschaft, und sah sich nach mir um – So kam er dort übers Feld her gesprengt, und warf sich an der Gartentür in meinen Arm. – Dahinaus sah ich ihn fahren, dahinaus – ach, und er war wiedergekommen – war seiner Wartenden wiedergekommen – – Kehr ich mit meinen Gedanken in das Geräusch der Welt – er ist da! Wenn ich so in der Loge saß und gewiß war, wo er auch steckte, ich mochte ihn sehen oder nicht, daß er jede meiner Bewegungen bemerkte und liebte, mein Aufstehen, mein Niedersitzen! Ich fühlte, daß das Schütteln meines Federbusches ihn mehr anzog als all die blinkenden Augen ringsum, daß alle Musik nur Melodie zu dem ewigen Liede seines Herzens war: „Stella! Stella! Wie lieb du mir bist!"

LUCIE. Kann man denn einander so lieb haben?

STELLA. Du fragst, Kleine? Da kann ich dir nicht antworten – Aber mit was unterhalt ich euch! – – Kleinigkeiten! wichtige Kleinigkeiten – Wahrlich, man ist doch ein großes Kind, und es ist einem so wohl dabei – Eben wie die Kinder sich hinter ihr Schürzchen verstecken und rufen Piep! daß man sie suchen soll! – – Wie ganz füllt das unser Herz, wenn wir, beleidigt, den Gegenstand unsrer Liebe zu verlassen bei uns sehr eifrig festsetzen; mit welchen Verzerrungen von Seelenstärke treten wir wieder in seine Gegenwart! wie übt sich das in unserm Busen auf und ab! und wie platzt es zuletzt wieder, auf Einen Blick, Einen Händedruck, zusammen.

MADAME SOMMER. Wie glücklich! Sie leben doch noch ganz in dem Gefühl der jüngsten, reinsten Menschheit.

STELLA. Ein Jahrtausend von Tränen und Schmerzen vermöchten die Seligkeit nicht aufzuwiegen der ersten Blicke, des Zitterns, Stammelns, des Nahens, Weichens – des Vergessens sein selbst – den ersten flüchtigen, feurigen Kuß, und die erste, ruhigatmende Umarmung – Madame! Sie versinken, meine Teure! Wo sind Sie?

MADAME SOMMER. Männer! Männer!

STELLA. Sie machen uns glücklich und elend! Mit welchen Ahndungen von Seligkeit erfüllen sie unser Herz! Welche neue, unbekannte Gefühle und Hoffnungen schwellen unsere Seele, wenn ihre stürmende Leidenschaft sich jeder unserer Nerven mitteilt. Wie oft hat alles an mir gezittert und geklungen, wenn er in unbändigen Tränen die Leiden einer Welt an meinem Busen hinströmte! Ich bat ihn um Gottes willen, sich zu schonen! – mich! – Vergebens – Bis ins innerste Mark fachte er mir die Flammen, die ihn durchwühlten. Und so ward das Mädchen vom Kopf bis zu den Sohlen ganz Herz, ganz Gefühl. Und wo ist denn nun der Himmelsstrich für dies Geschöpf, um drin zu atmen, um Nahrung drunter zu finden?

MADAME SOMMER. Wir glauben den Männern! In den Augenblicken der Leidenschaft betrügen sie sich selbst – warum sollten *wir* nicht betrogen werden?

STELLA. Madame! Da fährt mir ein Gedanke durch den Kopf – Wir wollen einander das sein, was sie uns hätten werden sollen! Wir wollen zusammen bleiben! – Ihre Hand! – Von diesem Augenblick an laß ich Sie nicht!

Lucie. Das wird nicht angehn!

Stella. Warum, Lucie?

Madame Sommer. Meine Tochter fühlt –

Stella. Doch keine Wohltat in diesem Vorschlag! Fühlen Sie, welche Wohltat Sie mir tun, wenn Sie bleiben! O ich darf nicht allein sein! Liebe, ich hab alles getan, ich hab mir Federvieh und Reh und Hunde angeschafft; ich lehre kleine Mädchen stricken und knüpfen, nur um nicht allein zu sein, nur um was außer mir zu sehen, das lebt und zunimmt. Und dann doch, wenn mir's glückt, wenn eine gute Gottheit mir an einem heitern Frühlingsmorgen den Schmerz von der Seele weggehoben zu haben scheint; wenn ich ruhig erwache, und die liebe Sonne auf meinen blühenden Bäumen leuchtet, und ich mich tätig, munter fühle zu den Geschäften des Tages: dann ist mir's wohl, dann treib ich eine Zeitlang herum, verrichte und ordne, und führe meine Leute an, und in der Freiheit meines Herzens dank ich laut auf zum Himmel für die glücklichen Stunden.

Madame Sommer. Ach ja, gnädige Frau, ich fühl's! Geschäftigkeit und Wohltätigkeit sind eine Gabe des Himmels, ein Ersatz für unglücklichliebende Herzen.

Stella. Ersatz? Entschädigung wohl, nicht Ersatz – Etwas anstatt des Verlornen, nicht das Verlorne selbst mehr – Verlorne Liebe! wo ist da Ersatz für? – O wenn ich manchmal von Gedanken in Gedanken sinke, freundliche Träume der Vergangenheit vor meine Seele bringe, hoffnungsvolle Zukunft ahnde, und so in des Mondes Dämmerung meinen Garten auf und ab walle, dann mich's auf einmal ergreift! ergreift, daß ich allein bin, vergebens nach allen vier Winden meine Arme ausstrecke, den Zauber der Liebe vergebens mit einem Drang, einer Fülle ausspreche, daß ich meine, ich müßte den Mond herunterziehen – und ich allein bin, keine Stimme mir aus dem Gebüsch antwortet, und die Sterne kalt und freundlich über meine Qual herabblinken! Und dann, auf einmal das Grab meines Kindes zu meinen Füßen. –

MADAME SOMMER. Sie hatten ein Kind?

STELLA. Ja, meine Beste! O Gott, du hattest mir diese Seligkeit auch nur zu kosten gegeben, um mir einen bittern Kelch auf mein ganzes Leben zu bereiten. – Wenn so ein Bauerkind auf dem Spaziergange barfuß mir entgegenläuft, und mit den großen unschuldigen Augen mir eine Kußhand reicht, es durchdringt mir Mark und Gebeine! So groß, denk ich, wär meine Mina! Ich heb es ängstlich liebend in die Höhe, küß es hundertmal; mein Herz ist zerrissen, die Tränen stürzen aus meinen Augen, und ich fliehe!

LUCIE. Sie haben doch auch viel Beschwerlichkeit weniger.

STELLA lächelt und klopft ihr die Achseln. Wie ich nur noch empfinden kann! wie die schrecklichen Augenblicke mich nicht getötet haben! – Es lag vor mir! abgepflückt die Knospe! und ich stand – versteinert im innersten Busen – ohne Schmerz – ohne Bewußtsein – – ich stand! – Da nahm die Wärterin das Kind auf, drückte es an ihr Herz, und rief auf einmal: Es lebt! – Ich fiel auf sie, ihr um den Hals, mit tausend Tränen auf das Kind – ihr zu Füßen – – Ach, und sie hatte sich betrogen! Tot lag es da, und ich neben ihm in wütender, gräßlicher Verzweiflung. Sie wirft sich in einen Sessel.

MADAME SOMMER. Wenden Sie Ihre Gedanken von den traurigen Szenen.

STELLA. Nein! Wohl, sehr wohl ist mir's, daß mein Herz sich wieder öffnen, daß ich das alles losschwätzen kann, was mich so drängt! – Ja, wenn ich euch einmal anfange, von ihm zu erzählen, der mir alles war! – der – Ihr sollt sein Porträt sehn! – sein Porträt – O, mich dünkt immer, die Gestalt des Menschen ist der beste Text zu allem, was sich über ihn empfinden und sagen läßt.

LUCIE. Ich bin neugierig.

STELLA eröffnet ihr Kabinett und führt sie hinein. Hier, meine Lieben, hier!

MADAME SOMMER. Gott!

STELLA. So! – So! – Und doch nicht den tausendsten Teil, wie er war. Diese Stirn, diese schwarze Augen, diese braune Locken, dieser Ernst – Aber ach, er hat nicht ausdrücken können die Liebe, die Freundlichkeit, wenn seine Seele sich ergoß! O mein Herz, das fühlst du allein!

LUCIE. Madame, ich erstaune!

STELLA. Es ist ein Mann!

LUCIE. Ich muß Ihnen sagen, heut aß ich drüben mit einem Offizier im Posthause, der diesem Herrn gleicht – O er ist es selbst! ich will mein Leben wetten.

STELLA. Heute? Du betrügst dich! Du betrügst mich!

LUCIE. Heute! Nur war jener älter, brauner verbrannt von der Sonne. Er ist's! Er ist's!

STELLA *zieht die Schelle.* Lucie, mein Herz zerspringt! Ich will hinüber!

LUCIE. Es wird sich nicht schicken.

STELLA. Schicken? O mein Herz! –

*Bedienter kommt.*

STELLA. Wilhelm, hinüber ins Posthaus! hinüber! Ein Offizier ist drüben, der soll – der ist – Lucie, sag's ihm – Er soll herüberkommen.

LUCIE. Kannte Er den gnädigen Herrn?

BEDIENTER. Wie mich selbst.

LUCIE. So geh Er ins Posthaus; es ist ein Offizier drüben, der ihm außerordentlich gleicht. Seh Er, ob ich mich betrüge. Ich schwöre, er ist's.

STELLA. Sag ihm, er soll kommen, kommen! geschwind! geschwind! – Wär das überstanden! – Hätt ich ihn in diesen, in – Du betrügst dich! Es ist unmöglich. – Laßt mich, ihr Lieben, laßt mich allein! – *Sie schließt das Kabinett hinter sich.*

LUCIE. Was fehlt Ihnen, meine Mutter? Wie blaß!

MADAME SOMMER. Das ist der letzte Tag meines Lebens! Das trägt mein Herz nicht! Alles, alles auf einmal.

LUCIE. Großer Gott!

MADAME SOMMER. Der Gemahl – Das Bild – Der Erwartete – Geliebte! – – Das ist mein Gemahl! – Es ist dein Vater!

LUCIE. Mutter! beste Mutter!

MADAME SOMMER. Und der ist hier! – wird in ihre Arme sinken, in wenig Minuten! – Und wir? – Lucie, wir müssen fort!

LUCIE. Wohin Sie wollen.

MADAME SOMMER. Gleich!

LUCIE. Kommen Sie in den Garten. Ich will ins Posthaus. Wenn nur der Wagen noch nicht fort ist, so können wir ohne Abschied in der Stille – inzwischen sie, berauscht von Glück –

MADAME SOMMER. In aller Wonne des Wiedersehens ihn umfassend – Ihn! Und ich in dem Augenblick, da ich ihn wieder finde – auf ewig! auf ewig!

Fernando, Bedienter kommen.

BEDIENTER. Hierher! Kennen Sie ihr Kabinett nicht mehr? Sie ist außer sich! Ach! daß Sie wieder da sind!

Fernando vorbei, über sie hinsehend.

MADAME SOMMER. Er ist's! Er ist's! – Ich bin verloren!

## DRITTER AKT

Stella in aller Freude hineintretend mit Fernando.

STELLA zu den Wänden. Er ist wieder da! Seht ihr ihn? Er ist wieder da! Vor das Gemälde einer Venus tretend. Siehst du ihn, Göttin? Er ist wieder da! Wie oft bin ich Törin auf und ab gelaufen, hier, und habe geweint, geklagt vor dir. Er ist wieder da! Ich traue meinen Sinnen nicht. Göttin! ich habe dich so oft gesehen, und er war nicht da – Nun bist du da, und er ist da! – Lieber! Lieber! Du warst lange weg! – Aber du bist da! Ihm um den Hals fallend. Du bist da! Ich will nichts fühlen, nichts hören, nichts wissen, als daß du da bist!

FERNANDO. Stella! meine Stella! An ihrem Halse. Gott im Himmel, du gibst mir meine Tränen wieder!

STELLA. O du Einziger!

FERNANDO. Stella! laß mich wieder deinen lieben Atem trinken, deinen Atem, gegen den mir alle Himmelsluft leer, unerquicklich war! – –

STELLA. Lieber! – –

FERNANDO. Hauche in diesen ausgetrockneten, verstürmten, zerstörten Busen wieder neue Liebe, neue Lebenswonne, aus der Fülle deines Herzens! Er hängt an ihrem Munde.

STELLA. Bester!

FERNANDO. Erquickung! Erquickung! – Hier, wo du atmest, schwebt alles in genüglichem, jungem Leben. Lieb und bleibende Treue würden hier den ausgedorrten Vagabunden fesseln.

STELLA. Schwärmer!

FERNANDO. Du fühlst nicht, was Himmelstau dem Dürstenden ist, der aus der öden, sandigen Welt an deinen Busen zurückkehrt.

STELLA. Und die Wonne des Armen? Fernando! sein verirrtes, verlornes, einziges Schäfchen wieder an sein Herz zu drücken?

FERNANDO *zu ihren Füßen.* Meine Stella!

STELLA. Auf, Bester! Steh auf! Ich kann dich nicht knieen sehen.

FERNANDO. Laß das! Lieg ich doch immer vor dir auf den Knieen; beugt sich doch immer mein Herz vor dir, unendliche Liebe und Güte!

STELLA. Ich habe dich wieder! – Ich kenne mich nicht, ich verstehe mich nicht! Im Grunde, was tut's?

FERNANDO. Mir ist's wieder wie in den ersten Augenblicken unsrer Freuden. Ich hab dich in meinen Armen, ich sauge die Gewißheit deiner Liebe auf deinen Lippen, und taumle, und frage mich staunend, ob ich wache oder träume.

STELLA. Nun, Fernando, wie ich spüre, gescheiter bist du nicht geworden.

FERNANDO. Da sei Gott für! – Aber diese Augenblicke von Wonne in deinen Armen machen mich wieder gut, wieder fromm. – Ich kann beten, Stella; denn ich bin glücklich.

STELLA. Gott verzeih dir's, daß du so ein Bösewicht, und so gut bist – Gott verzeih dir's, der dich so gemacht hat – so flatterhaft und so treu! – Wenn ich den Ton deiner Stimme höre, so mein ich doch gleich wieder, das wäre Fernando, der nichts in der Welt liebte als mich!

FERNANDO. Und ich, wenn ich in dein blaues, süßes Aug dringe, und drin mich mit Forschen verliere, so mein ich, die ganze Zeit meines Wegseins hätte kein ander Bild drin gewohnet als das meine.

STELLA. Du irrst nicht.

FERNANDO. Nicht? –

STELLA. Ich würde dir's bekennen! – Gestand ich dir nicht in den ersten Tagen meiner vollen Liebe zu dir alle kleine Leidenschaften, die je mein Herz gerührt hatten? Und ward ich dir darum nicht lieber? –

FERNANDO. Du Engel!

STELLA. Was siehst du mich so an? Nicht wahr, ich bin älter worden? Nicht wahr, das Elend hat die Blüte von meinen Wangen gestreift? –

FERNANDO. Rose! meine süße Blume! Stella! – Was schüttelst du den Kopf?

STELLA. – Daß man euch so lieb haben kann! – Daß man euch den Kummer nicht anrechnet, den ihr uns verursachet!

FERNANDO, ihre Locken streichelnd. Ob du wohl graue Haare davon gekriegt hast? – Es ist dein Glück, daß sie so blond ohne das sind – Zwar ausgefallen scheinen dir keine zu sein. Er zieht ihr den Kamm aus den Haaren, und sie rollen tief herunter.

STELLA. Mutwille!

FERNANDO, seine Arme drein wickelnd. Rinaldo wieder in den alten Ketten!

Bedienter kommt.

BEDIENTER. Gnädige Frau!

STELLA. Was hast du? Du machst ein verdrießlich, ein kaltes Gesicht; du weißt, die Gesichter sind mein Tod, wenn ich vergnügt bin.

BEDIENTER. Und doch, gnädige Frau – Die zwei Fremden wollen fort.

STELLA. Fort? Ach!

BEDIENTER. Wie ich sage. Ich sah die Tochter ins Posthaus gehn, wiederkommen, zur Mutter reden. Da erkundigt ich mich drüben: es hieß, sie hätten Extrapost bestellt, weil der Postwagen hinunter schon fort ist. Ich redete mit ihnen; sie bat mich, die Mutter, in Tränen, ich sollte ihnen ihre Kleider heimlich hinüberschaffen, und der gnädigen Frau tausend Segen wünschen; sie könnten nicht bleiben.

FERNANDO. Es ist die Frau, die heute mit ihrer Tochter angekommen ist?

STELLA. Ich wollte die Tochter in meine Dienste nehmen und die Mutter dazu behalten. – O daß sie mir jetzt diese Verwirrung machen, Fernando! –

FERNANDO. Was mag ihnen sein?

STELLA. Gott weiß! Ich kann, ich mag nichts wissen. Verlieren möcht ich sie nicht gern – Hab ich doch dich, Fernando! Ich würde zugrunde gehn in diesen Augenblicken! Rede mit ihnen, Fernando. – Eben jetzt! jetzt! – Mache, daß die Mutter herüber kommt, Heinrich! Der Bediente geht ab. Sprich mit ihr: sie soll Freiheit haben. – Fernando, ich will ins Boskett! Komm nach! Komm nach! – Ihr Nachtigallen, ihr empfangt ihn noch!

FERNANDO. Liebste Liebe!

STELLA, an ihm hangend. Und du kommst doch bald?

FERNANDO. Gleich! Gleich! Stella ab.

FERNANDO allein. Engel des Himmels! Wie vor ihrer Gegenwart alles heiter wird, alles frei! – Fernando, kennst du dich noch selbst? Alles, was diesen Busen bedrängt, es ist weg; jede Sorge, jedes ängstliche Zurückerinnern, was war – und was sein wird! – Kommt ihr schon wieder? – und doch, wenn ich dich ansehe, deine Hand halte, Stella! flieht alles, verlischt jedes andre Bild in meiner Seele!

Der Verwalter kommt.

VERWALTER, ihm die Hände küssend. Sie sind wieder da?

FERNANDO, die Hand wegziehend. Ich bin's.

VERWALTER. Lassen Sie mich! Lassen Sie mich! O gnädiger Herr! –

FERNANDO. Bist du glücklich?

VERWALTER. Meine Frau lebt, ich habe zwei Kinder – Und Sie kommen wieder!

FERNANDO. Wie habt ihr gewirtschaftet?

VERWALTER. Daß ich gleich bereit bin, Rechenschaft abzulegen – Sie sollen erstaunen, wie wir das Gut verbessert haben. – Darf ich denn fragen, wie es Ihnen ergangen ist?

FERNANDO. Stille! – Soll ich dir alles sagen? Du verdienst's, alter Mitschuldiger meiner Torheiten.

VERWALTER. Gott sei nur Dank, daß Sie nicht Zigeunerhauptmann waren; ich hätte auf ein Wort von Ihnen gesengt und gebrennt.

Fernando. Du sollst's hören!

Verwalter. Ihre Gemahlin? Ihre Tochter?

Fernando. Ich habe sie nicht gefunden. Ich traute mich selbst nicht in die Stadt; allein aus sichern Nachrichten weiß ich, daß sie sich einem Kaufmann, einem falschen Freunde vertraut hat, der ihr die Kapitalien, die ich ihr zurückließ, unter dem Versprechen größerer Prozente ablockte und sie darum betrog. Unter dem Vorwande, sich aufs Land zu begeben, hat sie sich aus der Gegend entfernt und verloren, und bringt wahrscheinlicher Weise durch eigene und ihrer Tochter Handarbeit ein kümmerliches Leben durch. Du weißt, sie hatte Mut und Charakter genug, so etwas zu unternehmen.

Verwalter. Und Sie sind nun wieder hier! Verzeihn wir's Ihnen, daß Sie so lange ausgeblieben.

Fernando. Ich bin weit herumgekommen.

Verwalter. Wäre mir's nicht zu Hause mit meiner Frau und zwei Kindern so wohl, beneidete ich Sie um den Weg, den Sie wieder durch die Welt versucht haben. Werden Sie uns nun bleiben?

Fernando. Will's Gott!

Verwalter. Es ist doch am Ende nichts anders und nichts Bessers.

Fernando. Ja wer die alten Zeiten vergessen könnte!

Verwalter. Die uns bei mancher Freude manche Not brachten. Ich erinnere mich noch an alles genau: wie wir Cäcilien so liebenswürdig fanden, uns ihr aufdrangen, unsere jugendliche Freiheit nicht geschwind genug loswerden konnten.

Fernando. Es war doch eine schöne, glückliche Zeit!

Verwalter. Wie sie uns ein munteres, lebhaftes Töchterchen brachte, aber zugleich von ihrer Munterkeit, von ihrem Reiz manches verlor.

Fernando. Verschone mich mit dieser Lebensgeschichte.

Verwalter. Wie wir hie und da, und da und dort uns umsahn, wie wir endlich diesen Engel trafen, wie nicht mehr von Kommen und Gehen die Rede war, sondern wir uns entschließen mußten, entweder die eine oder die andere unglücklich zu machen; wie wir es endlich so bequem fanden, daß sich eben eine Gelegenheit zeigte, die Güter zu verkaufen, wie wir mit manchem Verlust uns davonmachten, den Engel raubten, und das schöne, mit sich selbst und der Welt unbekannte Kind hierher verbannten.

FERNANDO. Wie es scheint, bist du noch immer so lehrreich und geschwätzig wie vor alters.

VERWALTER. Hatte ich nicht Gelegenheit, was zu lernen? War ich nicht der Vertraute Ihres Gewissens? Als Sie auch von hier, ich weiß nicht, ob so ganz aus reinem Verlangen, Ihre Gemahlin und Ihre Tochter wiederzufinden, oder auch mit aus einer heimlichen Unruhe, sich wieder wegsehnten, und wie ich Ihnen von mehr als einer Seite behülflich sein mußte –

FERNANDO. Soweit für diesmal.

VERWALTER. Bleiben Sie nur, dann ist alles gut. Ab.

Bedienter kommt.

BEDIENTER. Madame Sommer!

FERNANDO. Bring sie herein. Bedienter ab.

FERNANDO allein. Dies Weib macht mich schwermütig. Daß nichts ganz, nichts rein in der Welt ist! Diese Frau! – Ihrer Tochter Mut hat mich zerstört; was wird ihr Schmerz tun?

Madame Sommer tritt auf.

FERNANDO vor sich. O Gott! und auch ihre Gestalt muß mich an mein Vergehen erinnern! Herz! Unser Herz! o, wenn's in dir liegt, so zu fühlen und so zu handeln, warum hast du nicht auch Kraft, dir das Geschehene zu verzeihen? – Ein Schatten der Gestalt meiner Frau! – O wo seh ich den nicht! Laut. Madame!

MADAME SOMMER. Was befehlen Sie, mein Herr?

FERNANDO. Ich wünschte, daß Sie meiner Stella Gesellschaft leisten wollten und mir. Setzen Sie sich!

MADAME SOMMER. Die Gegenwart des Elenden ist dem Glücklichen zur Last, und ach! der Glückliche dem Elenden noch mehr.

FERNANDO. Ich begreife Sie nicht. Können Sie Stella verkannt haben? sie, die ganz Liebe, ganz Gottheit ist?

MADAME SOMMER. Mein Herr! ich wünschte, heimlich zu reisen! Lassen Sie mich – Ich muß fort. Glauben Sie, daß ich Gründe habe! Aber ich bitte, lassen Sie mich!

FERNANDO vor sich. Welche Stimme! Welche Gestalt! Laut. Madame! Er wendet sich ab. – Gott, es ist meine Frau! – Laut. Verzeihen Sie! Eilend ab.

MADAME SOMMER allein. Er erkennt mich! – Ich danke dir, Gott, daß du in diesen Augenblicken meinem Herzen so viel Stärke gegeben hast! – Bin ich's? die Zerschlagene! die Zerrissene! die in der bedeutenden Stunde so ruhig, so mutig ist? Guter, ewiger Vorsorger, du nimmst unserm Herzen doch nichts, was du ihm nicht aufbewahrtest, bis zur Stunde, wo es dessen am meisten bedarf.

Fernando kommt zurück.

FERNANDO vor sich. Sollte sie mich kennen? – Laut. Ich bitte Sie, Madame, ich beschwöre Sie, eröffnen Sie mir Ihr Herz!

MADAME SOMMER. Ich müßte Ihnen mein Schicksal erzählen; und wie sollten Sie zu Klagen und Trauer gestimmt sein, an einem Tage, da Ihnen alle Freuden des Lebens wiedergegeben sind, da Sie alle Freuden des Lebens der würdigsten weiblichen Seele wiedergegeben haben! Nein, mein Herr! entlassen Sie mich!

FERNANDO. Ich bitte Sie!

MADAME SOMMER. Wie gern erspart ich's Ihnen und mir! Die Erinnerung der ersten, glücklichen Tage meines Lebens macht mir tödliche Schmerzen.

FERNANDO. Sie sind nicht immer unglücklich gewesen?

MADAME SOMMER. Sonst würd ich's jetzt in dem Grade nicht sein. Nach einer Pause, mit erleichterter Brust. Die Tage meiner Jugend waren leicht und froh. Ich weiß nicht, was die Männer an mich fesselte; eine große Anzahl wünschte mir gefällig zu sein. Für wenige fühlte ich Freundschaft, Neigung; doch keiner war, mit dem ich geglaubt hätte mein Leben zubringen zu können. Und so vergingen die glücklichen Tage der rosenfarbenen Zerstreuungen, wo so ein Tag dem andern freundlich die Hand bietet. Und doch fehlte mir etwas. – Wenn ich tiefer ins Leben sah, und Freud und Leid ahndete, die des Menschen warten, da wünscht ich mir einen Gatten, dessen Hand mich durch die Welt begleitete, der für die Liebe, die ihm mein jugendliches Herz weihen konnte, im Alter mein Freund, mein Beschützer mir statt meiner Eltern geworden wäre, die ich um seinetwillen verließ.

FERNANDO. Und nun?

MADAME SOMMER. Ach ich sah den Mann! Ich sah ihn, auf den ich in den ersten Tagen unsrer Bekanntschaft all meine Hoffnungen niederlegte! Die Lebhaftigkeit seines Geistes schien mit solch einer Treue des Herzens verbunden zu sein, daß sich ihm das meinige gar bald öffnete, daß ich ihm meine Freundschaft und ach, wie schnell darauf, meine Liebe gab. Gott im Himmel, wenn sein Haupt an meinem Busen ruhte, wie schien er dir für die Stätte zu danken, die du ihm in meinen Armen bereitet hattest! Wie floh er aus dem Wirbel der Geschäfte und Zerstreuungen wieder zu mir, und wie unterstützt ich mich in trüben Stunden an seiner Brust!

FERNANDO. Was konnte diese liebe Verbindung stören?

MADAME SOMMER. Nichts ist bleibend – Ach, er liebte mich! liebte mich so gewiß als ich ihn. Es war eine Zeit, da er nichts kannte, nichts wußte, als mich glücklich zu sehen, mich glücklich zu machen. Es war, ach! die leichteste Zeit des Lebens, die ersten Jahre einer Verbindung, wo manchmal mehr ein bißchen Unmut, ein bißchen Langeweile uns peinigen, als daß es wirklich Übel wären. Ach, er begleitete mich den leidlichen Weg, um mich in einer öden, fürchterlichen Wüste allein zu lassen.

FERNANDO, immer verwirrter. Und wie? Seine Gesinnungen, sein Herz?

MADAME SOMMER. Können wir wissen, was in dem Busen der Männer schlägt? – Ich merkte nicht, daß ihm nach und nach das alles ward – wie soll ich's nennen? – nicht gleichgültiger! das darf ich mir nicht sagen. Er liebte mich immer, immer! Aber er brauchte mehr als meine Liebe. Ich hatte mit seinen Wünschen zu teilen, vielleicht mit einer Nebenbuhlerin; ich verbarg ihm meine Vorwürfe nicht, und zuletzt –

FERNANDO. Er konnte –?

MADAME SOMMER. Er verließ mich. Das Gefühl meines Elends hat keinen Namen! All meine Hoffnungen in dem Augenblick zugrunde! in dem Augenblick, da ich die

Früchte der aufgeopferten Blüte einzuernten gedachte – verlassen! – verlassen! – Alle Stützen des menschlichen Herzens: Liebe, Zutrauen, Ehre, Stand, täglich wachsendes Vermögen, Aussicht über eine zahlreiche, wohlversorgte Nachkommenschaft, alles stürzte vor mir zusammen, und ich – und das überbliebene unglückliche Pfand unsrer Liebe – Ein toter Kummer folgte auf die wütenden Schmerzen, und das ausgeweinte, durchverzweifelte Herz sank in Ermattung hin. Die Unglücksfälle, die das Vermögen einer armen Verlassenen ergriffen, achtete ich nicht, fühlte ich nicht, bis ich zuletzt –

FERNANDO. Der Schuldige!

MADAME SOMMER *mit zurückgehaltener Wehmut.* Er ist's nicht! – Ich bedaure den Mann, der sich an ein Mädchen hängt.

FERNANDO. Madame!

MADAME SOMMER, *gelinde spottend, ihre Rührung zu verbergen.* Nein, gewiß! Ich seh ihn als einen Gefangenen an. Sie sagen ja auch immer, es sei so. Er wird aus seiner Welt in die unsere herübergezogen, mit der er im Grunde nichts gemein hat. Er betrügt sich eine Zeitlang, und weh uns, wenn ihm die Augen aufgehn! – Ich nun gar konnte ihm zuletzt nichts sein als eine redliche Hausfrau, die zwar mit dem festesten Bestreben an ihm hing, ihm gefällig, für ihn sorgsam zu sein; die dem Wohl ihres Hauses, ihres Kindes all ihre Tage widmete, und freilich sich mit so viel Kleinigkeiten abgeben mußte, daß ihr Herz und Kopf oft wüste ward, daß sie keine unterhaltende Gesellschafterin war, daß er mit der Lebhaftigkeit seines Geistes meinen Umgang notwendig schal finden mußte. Er ist nicht schuldig!

FERNANDO *zu ihren Füßen.* Ich bin's!

MADAME SOMMER *mit einem Strom von Tränen an seinem Hals.* Mein! –

FERNANDO. Cäcilie! – mein Weib! –

CÄCILIE, *von ihm sich abwendend.* Nicht mein – Du verlässest mich, mein Herz! – *Wieder an seinem Hals.* Fernando! – wer du auch seist – laß diese Tränen einer Elenden an deinem Busen fließen – Halte mich diesen Augenblick aufrecht, und dann verlaß mich auf ewig! – Es ist nicht dein Weib! – Stoße mich nicht von dir! –

FERNANDO. Gott! – Cäcilie, deine Tränen an meinen Wangen – das Zittern deines Herzens an dem meinigen! – Schone mich! schone mich! –

CÄCILIE. Ich will nichts, Fernando! – Nur diesen Augenblick! – Gönne meinem Herzen diese Ergießung, es wird frei werden, stark! Du sollst mich loswerden –

FERNANDO. Eh soll mein Leben zerreißen, eh ich dich lasse!

CÄCILIE. Ich werde dich wiedersehn, aber nicht auf dieser Erde! Du gehörst einer andern, der ich dich nicht rauben kann – – Öffne, öffne mir den Himmel! Einen Blick in jene selige Ferne, in jenes ewige Bleiben – Allein, allein ist's Trost in diesem fürchterlichen Augenblicke.

FERNANDO, sie bei der Hand fassend, ansehend, sie umarmend. Nichts, nichts in der Welt soll mich von dir trennen. Ich habe dich wiedergefunden.

CÄCILIE. Gefunden, was du nicht suchtest!

FERNANDO. Laß! laß! – Ja, ich habe dich gesucht; dich, meine Verlassene, meine Teure! Ich fand sogar in den Armen des Engels hier keine Ruhe, keine Freuden; alles erinnerte mich an dich, an deine Tochter, an meine Lucie. Gütiger Himmel! wieviel Freude! Sollte das liebenswürdige Geschöpf meine Tochter sein? – – Ich habe dich aufgesucht überall. Drei Jahre zieh ich herum. An dem Ort unsers Aufenthalts fand ich, ach! unsere Wohnung verändert, in fremden Händen, und die traurige Geschichte des Verlusts deines Vermögens. Deine Entweichung zerriß mir das Herz; ich konnte keine Spur von dir finden, und meiner selbst und des Lebens überdrüssig, steckt ich mich in diese Kleider, in fremde Dienste, half die sterbende Freiheit der edeln Korsen unterdrücken; und nun siehst du mich hier, nach einer langen und wunderbaren Verirrung wieder an deinem Busen, mein teuerstes, mein bestes Weib!

Lucie tritt auf.

FERNANDO. O meine Tochter!

LUCIE. Lieber, bester Vater! wenn Sie mein Vater wieder sind!

FERNANDO. Immer und ewig!

CÄCILIE. Und Stella? –

FERNANDO. Hier gilt's schnell sein. Die Unglückliche! Warum, Lucie, diesen Morgen, warum konnten wir uns nicht erkennen? – Mein Herz schlug mir; du weißt, wie gerührt ich dich verließ! Warum? Warum? – Wir hätten uns das alles erspart! Stella! wir hätten ihr diese Schmerzen erspart – Doch wir wollen fort. Ich will ihr sagen, ihr beständet darauf, euch zu entfernen, wolltet sie mit eurem Abschied nicht beschweren, wolltet fort. Und du, Lucie, geschwind hinüber; laß eine Chaise zu dreien anspannen. Meine Sachen soll der Bediente zu den eurigen packen. – Bleib noch hüben, beste, teuerste Frau! Und du, meine Tochter, wenn alles bestellt ist, komm herüber; und verweilt im Gartensaal, wartet auf mich. Ich will mich von ihr losmachen, sagen, ich wollte euch hinüber begleiten, sorgen, daß ihr wohl fortkämt, und das Postgeld für euch bezahlen. – Arme Seele, ich betrüge dich mit deiner Güte! – Wir wollen fort! –

CÄCILIE. Fort? – Nur ein vernünftig Wort!

FERNANDO. Fort! Laß sein! – Ja, meine Lieben, wir wollen fort! Cäcilie und Lucie ab.

FERNANDO allein. Fort? – – Wohin? Wohin? – Ein Dolchstich würde allen diesen Schmerzen den Weg öffnen, und mich in die dumpfe Fühllosigkeit stürzen, um die ich jetzt alles dahingäbe! – Bist du da, Elender? Erinnere dich der vollglücklichen Tage, da du in starker Genügsamkeit gegen den Armen standst, der des Lebens Bürde abwerfen wollte; wie du dich fühltest in jenen glücklichen Tagen, und nun! – Ja, die Glücklichen! die Glücklichen! – Eine Stunde früher diese Entdeckung, und ich war geborgen; ich hätte sie nicht wieder gesehn, sie mich nicht; ich hätte mich überreden können: sie hat dich diese vier Jahre her vergessen, verschmerzt ihr Leiden. Aber nun? Wie soll ich vor ihr erscheinen, was ihr sagen? – O meine Schuld, meine Schuld wird schwer in diesen Augenblicken über mir! – Verlassen, die beiden lieben Geschöpfe! Und ich, in dem Augenblick, da ich sie wieder finde, verlassen von mir selbst! elend! O meine Brust!

# VIERTER AKT
## EINSIEDELEI IN STELLAS GARTEN

Stella allein.

STELLA. Du blühst schön, schöner als sonst, liebe, liebe Stätte der gehofften ewigen Ruhe – Aber du lockst mich nicht mehr – mir schaudert vor dir – kühle lockre Erde, mir schaudert vor dir – – Ach wie oft, in Stunden der Einbildung, hüllt ich schon Haupt und Brust dahingegeben in den Mantel des Todes, und stand gelassen an deiner Tiefe, und schritt hinunter, und verbarg mein jammervolles Herz unter deine lebendige Decke. Da solltest du, Verwesung, wie ein liebes Kind, diese überfüllte, drängende Brust aussaugen, und mein ganzes Dasein in einen freundlichen Traum auflösen – Und nun! – Sonne des Himmels, du scheinst herein – es ist so licht, so offen um mich her, und ich freue mich des! – Er ist wieder da! – und in einem Wink steht rings um mich die Schöpfung lebevoll – und ich bin ganz Leben – – und neues, wärmeres, glühenderes Leben will ich von seinen Lippen trinken! – Zu ihm – bei ihm – mit ihm in bleibender Kraft wohnen! – Fernando! – Er kommt! Horch! – Nein, noch nicht! – – Hier soll er mich finden, hier an meinem Rasenaltar, unter meinen Rosenzweigen! Diese Knöspchen will ich ihm brechen – – Hier! Hier! – Und dann führ ich ihn in diese Laube. Wohl, wohl war's, daß ich sie doch, so eng sie ist, für zwei eingerichtet habe – Hier lag sonst mein Buch, stand mein Schreibzeug – Weg Buch und Schreibzeug! – Käm er nur! – Gleich verlassen! – Hab ich ihn denn wieder? – Ist er da? –

Fernando kommt.

STELLA. Wo bleibst du, mein Bester? Wo bist du? Ich bin lang, lang allein! Ängstlich. Was hast du?

FERNANDO. Die Weiber haben mich verstimmt! – Die Alte ist eine brave Frau; sie will aber nicht bleiben, will keine Ursache sagen, sie will fort. Laß sie, Stella.

STELLA. Wenn sie nicht zu bewegen ist, ich will sie nicht wider Willen – Und, Fernando, ich brauchte Gesellschaft – und jetzt – an seinem Hals jetzt, Fernando! Ich habe dich ja!

FERNANDO. Beruhige dich!

STELLA. Laß mich weinen! Ich wollte, der Tag wäre vorbei! Noch zittern mir alle Gebeine! – Freude! – Alles unerwartet auf einmal! Dich, Fernando! Und kaum! kaum! Ich werde vergehen in diesem allen!

FERNANDO *vor sich.* Ich Elender! Sie verlassen? *Laut.* Laß mich, Stella!

STELLA. Es ist deine Stimme, deine liebende Stimme! – Stella! Stella! – Du weißt, wie gern ich diesen Namen aussprechen hörte: – Stella! Es spricht ihn niemand aus wie du. Ganz die Seele der Liebe in dem Klang! – Wie lebhaft ist mir noch die Erinnerung des Tags, da ich dich ihn zuerst aussprechen hörte, da all mein Glück in dir begann!

FERNANDO. Glück?

STELLA. Ich glaube, du fängst an zu rechnen; rechnest die trüben Stunden, die ich mir über dich gemacht habe. Laß, Fernando! Laß! – O! seit dem Augenblick, da ich dich zum ersten Mal sah, wie ward alles so ganz anders in meiner Seele! Weißt du den Nachmittag im Garten, bei meinem Onkel? Wie du zu uns hereintratst? Wir saßen unter den großen Kastanienbäumen hinter dem Lusthaus! –

FERNANDO *vor sich.* Sie wird mir das Herz zerreißen! – – *Laut.* Ich weiß noch, meine Stella!

STELLA. Wie du zu uns tratst? Ich weiß nicht, ob du bemerktest, daß du im ersten Augenblick meine Aufmerksamkeit gefesselt hattest? Ich wenigstens merkte bald, daß deine Augen mich suchten. Ach, Fernando! da brachte mein Onkel die Musik, du nahmst deine Violine, und wie du spieltest, lagen meine Augen sorglos auf dir; ich spähte jeden Zug in deinem Gesicht, und – in einer unvermuteten Pause schlugst du die Augen auf – auf mich! sie begegneten den meinigen! Wie ich errötete, wie ich wegsah! Du hast es bemerkt, Fernando; denn von der Zeit an fühlt ich wohl, daß du öfter über dem Blatt wegsahst, oft zur ungelegenen Zeit, aus dem Takt kamst, daß mein Onkel sich zertrat. Jeder Fehlstrich, Fernando, ging mir durch die Seele – Es war die süßeste Konfusion, die ich in meinem Leben gefühlt habe. Um alles Gold hätt ich dich nicht wieder grad ansehen können. Ich machte mir Luft und ging –

FERNANDO. Bis auf den kleinsten Umstand! – Vor sich. Unglückliches Gedächtnis!

STELLA. Ich erstaune oft selbst: wie ich dich liebe, wie ich jeden Augenblick bei dir mich ganz vergesse; doch alles vor mir noch zu haben, so lebhaft, als wär's heute! Ja, wie oft hab ich mir's auch erzählt, wie oft, Fernando! – Wie ihr mich suchtet, wie du an der Hand meiner Freundin, die du vor mir kennen lerntest, durchs Boskett streiftest, und sie rief: Stella! – und du riefst: Stella! Stella! – Ich hatte dich kaum reden gehört, und erkannte deine Stimme; und wie ihr auf mich traft, und du meine Hand nahmst! Wer war konfuser, ich oder du? Eins half dem andern – Und von dem Augenblick an – Meine gute Sara sagte mir's wohl, gleich selbigen Abend – Es ist alles eingetroffen – und welche Seligkeit in deinen Armen! Wenn meine Sara meine Freuden sehen könnte! Es war ein gutes Geschöpf; sie weinte viel um mich, da ich so krank, so liebeskrank war. Ich hätte sie gern mitgenommen, da ich um deinetwillen alles verließ.

FERNANDO. Alles verließ!

STELLA. Fällt dir das so auf? Ist's denn nicht wahr? Alles verließ! Oder kannst du in Stellas Munde so was zum Vorwurf mißdeuten? Um deinetwillen hab ich lange nicht genug getan.

FERNANDO. Freilich! Deinen Onkel, der dich als Vater liebte, der dich auf den Händen trug, dessen Wille dein Wille war, das war nicht viel? Das Vermögen, die Güter, die alle dein waren, dein worden wären, das war nichts? Den Ort, wo du von Jugend auf gelebt, dich gefreut hattest – deine Gespielen –

STELLA. Und das alles, Fernando, ohne dich? Was war mir's vor deiner Liebe? Aber da, als die in meiner Seele aufging, da hatt ich erst Fuß in der Welt gefaßt. – Zwar muß ich dir gestehn, daß ich manchmal in einsamen Stunden dachte: Warum konnt ich das nicht alles mit ihm genießen? Warum mußten wir fliehen? Warum nicht im Besitz von dem allen bleiben? Hätte ihm mein Onkel meine Hand verweigert? – Nein! – Und warum fliehen? – O ich habe für dich wieder Entschuldigungen genug gefunden! für dich! da hat mir's nie gemangelt! Und wenn's Grille wäre, sagte ich – wie ihr denn eine Menge Grillen habt –, wenn's Grille wäre, das Mädchen so heimlich als Beute für sich zu haben! – Und wenn's Stolz wäre, das Mädchen so allein, ohne Zugabe zu haben. Du kannst denken, daß mein Stolz nicht wenig dabei interessiert war, sich das Beste glauben zu machen; und so kamst du nun glücklich durch.

FERNANDO. Ich vergehe!

Annchen kommt.

ANNCHEN. Verzeihen Sie, gnädige Frau! Wo bleiben Sie, Herr Hauptmann? Alles ist aufgepackt, und nun fehlt's an Ihnen! Die Mamsell hat schon ein Laufens, ein Befehlens heut verführt, daß es unleidlich war; und nun bleiben Sie aus!

STELLA. Geh, Fernando, bring sie hinüber; zahl das Postgeld für sie, aber sei gleich wieder da.

ANNCHEN. Fahren Sie denn nicht mit? Die Mamsell hat eine Chaise zu dreien bestellt, Ihr Bedienter hat ja aufgepackt!

STELLA. Fernando, das ist ein Irrtum!

FERNANDO. Was weiß das Kind?

ANNCHEN. Was ich weiß? Freilich sieht's kurios aus, daß der Herr Hauptmann mit dem Frauenzimmer fort will, von der gnädigen Frau; seit sie bei Tisch Bekanntschaft mit Ihnen gemacht hat. Das war wohl ein zärtlicher Abschied, als Sie ihr zur gesegneten Mahlzeit die Hand drückten?

STELLA verlegen. Fernando!

FERNANDO. Es ist ein Kind!

ANNCHEN. Glauben Sie's nicht, gnädige Frau! es ist alles aufgepackt; der Herr geht mit.

FERNANDO. Wohin? Wohin?

STELLA. Verlaß uns, Annchen! Annchen ab. Reiß mich aus der entsetzlichen Verlegenheit! Ich fürchte nichts, und doch ängstet mich das Kindergeschwätz. – Du bist bewegt! Fernando! – Ich bin deine Stella!

FERNANDO, sich umwendend und sie bei der Hand fassend. Du bist meine Stella!

STELLA. Du erschreckst mich, Fernando! du siehst wild.

FERNANDO. Stella! ich bin ein Bösewicht, und feig; und

vermag vor dir nichts. Fliehen! – Hab das Herz nicht, dir den Dolch in die Brust zu stoßen, und will dich heimlich vergiften, ermorden! Stella!

STELLA. Um Gottes willen!

FERNANDO *mit Wut und Zittern.* Und nur nicht sehn ihr Elend, nicht hören ihre Verzweiflung! Fliehen! –

STELLA. Ich halt's nicht aus! *Sie will sinken und hält sich an ihn.*

FERNANDO. Stella, die ich in meinen Armen fasse! Stella! die du mir alles bist! Stella! – *Kalt.* Ich verlasse dich!

STELLA, *verwirrt lächelnd.* Mich!

FERNANDO *mit Zähneknirschen.* Dich! mit dem Weibe, das du gesehen hast! mit dem Mädchen! –

STELLA. Es wird so Nacht!

FERNANDO. Und dieses Weib ist meine Frau! –

STELLA *sieht ihn starr an und läßt die Arme sinken.*

FERNANDO. Und das Mädchen ist meine Tochter! Stella! *Er bemerkt erst, daß sie in Ohnmacht gefallen ist.* Stella! *Er bringt sie auf seinen Sitz.* Stella! – Hülfe! Hülfe!

*Cäcilie, Lucie kommen.*

FERNANDO. Seht! seht den Engel! Er ist dahin! Seht! – Hülfe!

*Sie bemühen sich um sie.*

LUCIE. Sie erholt sich.

FERNANDO, *stumm sie ansehend.* Durch dich! Durch dich! *Ab.*

STELLA. Wer? Wer? – *Aufstehend.* Wo ist er? *Sie sinkt zurück, sieht die an, die sich um sie bemühen.* Dank euch! Dank! – Wer seid ihr? –

CÄCILIE. Beruhigen Sie sich! Wir sind's.

STELLA. Ihr? – Seid ihr nicht fort? – Seid ihr –? Gott! wer sagte mir's? – Wer bist du? – Bist du –? *Cäcilie bei den Händen fassend.* Nein! ich halt's nicht aus!

CÄCILIE. Beste! Liebste! Ich schließ dich Engel an mein Herz.

STELLA. Sag mir – es liegt tief in meiner Seele – Sag mir – bist du –

CÄCILIE. Ich bin – ich bin sein Weib! –

STELLA, *aufspringend, sich die Augen zuhaltend.* Und ich? – *Sie geht verwirrt auf und ab.*

CÄCILIE. Kommen Sie in Ihr Zimmer!

STELLA. Woran erinnerst du mich? Was ist mein? Schrecklich! Schrecklich! – Sind das meine Bäume, die ich pflanzte, die ich erzog? Warum in dem Augenblick mir alles so fremd wird? – Verstoßen! – Verloren! – Verloren auf ewig! Fernando! Fernando!

CÄCILIE. Geh, Lucie, such deinen Vater.

STELLA. Um Gottes Barmherzigkeit! Halt! – Weg! Laß ihn nicht kommen! Entfern dich! – Vater! – Gatte! –

CÄCILIE. Süße Liebe!

STELLA. Du liebst mich? Du drückst mich an deine Brust? – – Nein! Nein – Laß mich! – Verstoß mich! An ihrem Halse. Noch einen Augenblick! Es wird bald aus mit mir sein! Mein Herz! Mein Herz!

LUCIE. Sie müssen ruhen!

STELLA. Ich ertrag euern Anblick nicht! Euer Leben hab ich vergiftet, euch geraubt euer Alles – Ihr im Elend; und ich – welche Seligkeit in seinen Armen! Sie wirft sich auf die Kniee. Könnt ihr mir vergeben?

CÄCILIE. Laß! Laß! Sie bemühen sich, sie aufzuheben.

STELLA. Hier will ich liegen, flehn, jammern, zu Gott und euch: Vergebung! Vergebung! – Sie springt auf. – Vergebung? – Trost gebt mir! Trost! Ich bin nicht schuldig! – Du gabst mir ihn, heiliger Gott im Himmel! ich hielt ihn fest, wie die liebste Gabe aus deiner Hand – Laß mich! – Mein Herz zerreißt! –

CÄCILIE. Unschuldige! Liebe!

STELLA an ihrem Halse. Ich lese in deinen Augen, auf deiner Lippe Worte des Himmels. Halt mich! Trag mich! Ich gehe zugrunde! Sie vergibt mir! Sie fühlt mein Elend!

CÄCILIE. Schwester! meine Schwester! erhole dich! nur einen Augenblick erhole dich! Glaube, daß, der in unser Herz diese Gefühle legte, die uns oft so elend machen, auch Trost und Hülfe dafür bereiten kann.

STELLA. An deinem Hals laß mich sterben!

CÄCILIE. Kommen Sie! –

STELLA nach einer Pause, wild wegfahrend. Laßt mich alle! Sieh, es drängt sich eine Welt voll Verwirrung und Qual in meine Seele, und füllt sie ganz mit unsäglichen Schmerzen – Es ist unmöglich – unmöglich! So auf einmal! – Ist nicht zu fassen, nicht zu tragen! – Sie steht eine Weile niedersehend still, in sich gekehrt, sieht dann auf, erblickt die beiden, fährt mit einem Schrei zusammen und entflieht.

CÄCILIE. Geh ihr nach, Lucie! Beobachte sie! Lucie ab. Sieh herab auf deine Kinder, und ihre Verwirrung, ihr Elend! – Leidend lernt ich viel. Stärke mich! – Und kann der Knoten gelöst werden, heiliger Gott im Himmel! zerreiß ihn nicht.

## FÜNFTER AKT

### STELLAS KABINETT. IM MONDENSCHEIN

Stella.

Sie hat Fernandos Porträt und ist im Begriff, es von dem Blendrahmen loszumachen.

STELLA. Fülle der Nacht, umgib mich! fasse mich! leite mich! ich weiß nicht, wohin ich trete! – – Ich muß! ich will hinaus in die weite Welt! Wohin? Ach wohin? – Verbannt aus deiner Schöpfung! Wo du, heiliger Mond, auf den Wipfeln meiner Bäume dämmerst; wo du mit furchtbar lieben Schatten das Grab meiner holden Mina umgibst, soll ich nicht mehr wandeln? Von dem Ort, wo alle Schätze meines Lebens, alle selige Erinnerung aufbewahrt sind? – Und du, worüber ich so oft mit Andacht und Tränen gewohnt habe, Stätte meines Grabes! die ich mir weihte; wo umher alle Wehmut, alle Wonne meines Lebens dämmert; wo ich noch abgeschieden umzuschweben und die Vergangenheit allschmachtend zu genießen hoffte, von dir auch verbannt sein? – Verbannt sein! – Du bist stumpf! Gott sei Dank! dein Gehirn ist verwüstet; du kannst ihn nicht fassen, den Gedanken: Verbannt sein! Du würdest wahnsinnig werden! – – Nun! – O mir ist schwindlig! – Leb wohl! – Lebt wohl? Nimmer wiedersehen? – Es ist ein dumpfer Totenblick in dem Gefühl! Nicht wiedersehn? – Fort! Stella! Sie ergreift das Porträt. Und dich sollt ich zurücklassen? Sie nimmt ein Messer und fängt an, die Nägel loszubrechen. O daß ich ohne Gedanken wäre! daß ich in dumpfem Schlaf, daß ich in hinreißenden Tränen mein Leben hingäbe! – – Das ist und wird sein: – du bist elend! – Das Gemälde nach dem Monde wendend. Ha, Fernando! da du zu mir tratst und mein Herz dir entgegensprang, fühltest du nicht das Vertrauen auf deine Treue, deine Güte? – Fühltest du nicht, welch Heiligtum sich dir eröffnete, als sich mein Herz gegen dich aufschloß? – Und du bebtest nicht vor mir zurück? Versankst nicht? Entflohst nicht? – Du konntest meine Unschuld, mein Glück, mein Leben so zum Zeitvertreib pflücken, und zerpflücken, und am Wege gedankenlos hinstreuen? – Edler! – Ha, Edler! – Meine Jugend! – meine goldnen Tage! – Und du trägst die tiefe Tücke im Herzen! – Dein Weib! – deine Tochter! – Und mir war's frei in der Seele, rein wie ein Frühlingsmorgen! – Alles, alles Eine Hoffnung! – – Wo bist du, Stella? – Das Porträt anschauend. So groß! so schmeichelnd! – Der Blick war's, der mich ins Verderben riß! – – Ich hasse dich! Weg! wende dich weg! – So dämmernd! so lieb! – Nein! Nein! – Verderber! – Mich? – Mich? – Du? Mich? – Sie zuckt mit dem Messer nach dem Gemälde. Fernando! – Sie wendet sich ab, das Messer fällt, sie stürzt mit einem Ausbruch von Tränen vor den Stuhl nieder. Liebster! Liebster! – Vergebens! Vergebens! –

Bedienter kommt.

Bedienter. Gnädige Frau! wie Sie befahlen, die Pferde sind an der hintern Gartentür. Ihre Wäsche ist aufgepackt. Vergessen Sie nicht Geld!

Stella. Das Gemälde! Bedienter nimmt das Messer auf und schneidet das Gemälde von dem Rahmen und rollt's. Hier ist Geld.

Bedienter. Aber warum?

Stella, einen Moment stillstehend, auf- und umherblickend. Komm! Ab.

## SAAL

Fernando.

Fernando. Laß mich! Laß mich! Sieh! da faßt's mich wieder mit all der schrecklichen Verworrenheit! – So kalt, so graß liegt alles vor mir – als wär die Welt nichts – ich hätte drin nichts verschuldet – – Und sie! – Ha! bin ich nicht elender als ihr? Was habt ihr an mich zu fordern? – Was ist nun des Sinnens Ende? – Hier! und hier! Von einem Ende zum andern! durchgedacht! und wieder durchgedacht! und immer quälender! immer schrecklicher! – – Sich die Stirn haltend. Wo's zuletzt widerstößt! Nirgends vor, nicht hinter sich! Nirgends Rat und Hülfe! – Und diese zwei, diese drei besten weiblichen Geschöpfe der Erde? – elend durch mich – elend ohne mich! – Ach, noch elender mit mir! – Wenn ich klagen könnte, könnte verzweifeln, könnt um Vergebung bitten – könnt in stumpfer Hoffnung nur eine Stunde hinbringen – zu ihren Füßen liegen, und in teilnehmendem Elend Seligkeit genießen! – Wo sind sie? – Stella! du liegst auf deinem Angesichte, blickst sterbend nach dem Himmel, und ächzest: „Was hab ich Blume verschuldet, daß mich dein Grimm so niederknickt? Was hatte ich Arme verschuldet, daß du diesen Bösewicht zu mir führtest?“ – – Cäcilie! Mein Weib! o mein Weib! – Elend! Elend! tiefes Elend! – Welche Seligkeiten vereinigen sich, um mich elend zu machen! – Gatte! Vater! Geliebter! – Die besten, edelsten weiblichen Geschöpfe – Dein! Dein? – Kannst du das fassen, die dreifache, unsägliche Wonne? – Und nur die ist's, die dich so ergreift, die dich zerreißt! – Jede fordert mich ganz – Und ich? – Hier ist's zu! – tief! unergründlich! – – Sie wird elend sein! Stella! bist elend! – Was hab ich dir geraubt? Das Bewußtsein deiner selbst, dein junges Leben! – Stella! – Und ich bin so kalt! Er nimmt eine Pistole vom Tisch. Doch, auf alle Fälle! – Er ladet.

Cäcilie kommt.

Cäcilie. Mein Bester! wie ist uns? Sie sieht die Pistolen. Das sieht ja reisefertig aus!

Fernando legt sie nieder.

Cäcilie. Mein Freund! Du scheinst mir gelassener. Kann man ein Wort mit dir reden?

Fernando. Was willst du, Cäcilie? Was willst du, mein Weib?

Cäcilie. Nenne mich nicht so, bis ich ausgeredet habe. Wir sind nun wohl sehr verworren; sollte das nicht zu lösen sein? Ich hab viel gelitten, und drum nichts von gewaltsamen Entschlüssen. Vernimmst du mich, Fernando?

Fernando. Ich höre!

Cäcilie. Nimm's zu Herzen! Ich bin nur ein Weib, ein kummervolles, klagendes Weib; aber Entschluß ist in meiner Seele. – Fernando – ich bin entschlossen – ich verlasse dich!

Fernando *spottend.* Kurz und gut?

Cäcilie. Meinst du, man müsse hinter der Tür Abschied nehmen, um zu verlassen, was man liebt?

Fernando. Cäcilie!

Cäcilie. Ich werfe dir nichts vor, und glaube nicht, daß ich dir so viel aufopfere. Bisher beklagte ich deinen Verlust; ich härmte mich ab über das, was ich nicht ändern konnte. Ich finde dich wieder, deine Gegenwart flößt mir neues Leben, neue Kraft ein. Fernando, ich fühle, daß meine Liebe zu dir nicht eigennützig ist, nicht die Leidenschaft einer Liebhaberin, die alles dahingäbe, den erflehten Gegenstand zu besitzen. Fernando! mein Herz ist warm, und voll für dich; es ist das Gefühl einer Gattin, die, aus Liebe, selbst ihre Liebe hinzugeben vermag.

Fernando. Nimmer! Nimmer!

Cäcilie. Du fährst auf?

Fernando. Du marterst mich!

Cäcilie. Du sollst glücklich sein! Ich habe meine Tochter – und einen Freund an dir. Wir wollen scheiden, ohne getrennt zu sein. Ich will entfernt von dir leben und ein Zeuge deines Glücks bleiben. Deine Vertraute will ich sein; du sollst Freude und Kummer in meinen Busen ausgießen. Deine Briefe sollen mein einziges Leben sein, und die meinen sollen dir als ein lieber Besuch erscheinen – – Und so bleibst du mein, bist nicht mit Stella verbannt in einen Winkel der Erde, wir lieben uns, nehmen teil an einander! Und so, Fernando, gib mir deine Hand drauf.

Fernando. Als Scherz wär's zu grausam; als Ernst ist's unbegreiflich! – Wie's nun will, Beste! – Der kalte Sinn löst den Knoten nicht. Was du sagst, klingt schön, schmeckt süß. Wer nicht fühlte, daß darunter weit mehr verborgen liegt; daß du dich selbst betrügst, indem du die marterndsten Gefühle mit einem blendenden eingebildeten Troste schweigen machst. Nein, Cäcilie! Mein Weib, nein! – Du bist mein – ich bleibe dein – Was sollen hier Worte? Was soll ich die Warums dir vortragen? Die Warums sind soviel Lügen. Ich bleibe dein, oder –

CÄCILIE. Nun denn! – Und Stella?

FERNANDO fährt auf und geht wild auf und ab.

CÄCILIE. Wer betrügt sich? Wer betäubt seine Qualen durch einen kalten, ungefühlten, ungedachten, vergänglichen Trost? Ja, ihr Männer kennt euch.

FERNANDO. Überhebe dich nicht deiner Gelassenheit! – Stella! Sie ist elend! Sie wird ihr Leben fern von mir und dir ausjammern. Laß sie! Laß mich!

CÄCILIE. Wohl, glaube ich, würde ihrem Herzen die Einsamkeit tun; wohl ihrer Zärtlichkeit, uns wieder vereinigt zu wissen. Jetzo macht sie sich bittere Vorwürfe. Sie würde mich immer für unglücklicher halten, wenn ich dich verließ, als ich wäre; denn sie berechnet mich nach sich. Sie würde nicht ruhig leben, nicht lieben können, der Engel! wenn sie fühlte, daß ihr Glück Raub wäre. Es ist ihr besser –

FERNANDO. Laß sie fliehen! Laß sie in ein Kloster!

CÄCILIE. Wenn ich nun aber wieder so denke: warum soll sie denn eingemauert sein? Was hat sie verschuldet, um eben die blühendsten Jahre, die Jahre der Fülle, der reifenden Hoffnung hinzutrauern, verzweifelnd am Abgrund hinzujammern? geschieden sein von ihrer lieben Welt! – von dem, den sie so glühend liebt? – von dem, der sie – Nicht wahr, du liebst sie, Fernando?

FERNANDO. Ha! was soll das? Bist du ein böser Geist, in Gestalt meines Weibs? Was kehrst du mein Herz um und um? Was zerreißest du das zerrissene? Bin ich nicht zerstört, zerrüttet genug? Verlaß mich! Überlaß mich meinem Schicksal! – und Gott erbarme sich euer! Er wirft sich in einen Sessel.

CÄCILIE tritt zu ihm und nimmt ihn bei der Hand. Es war einmal ein Graf –

FERNANDO will aufspringen, sie hält ihn.

CÄCILIE. Ein deutscher Graf. Den trieb ein Gefühl frommer Pflicht von seiner Gemahlin, von seinen Gütern, nach dem Gelobten Lande –

FERNANDO. Ha!

CÄCILIE. Er war ein Biedermann; er liebte sein Weib, nahm Abschied von ihr, empfahl ihr sein Hauswesen, umarmte sie, und zog. Er zog durch viele Länder, kriegte, und ward gefangen. Seiner Sklaverei erbarmte sich seines Herrn Tochter; sie löste seine Fesseln, sie flohen. Sie geleitete ihn aufs neue durch alle Gefahren des Kriegs – Der liebe Waffenträger! – Mit Sieg bekrönt ging's nun zur Rückreise – zu seinem edeln Weibe! – Und sein Mädchen? – Er fühlte Menschheit! – er glaubte an Menschheit, und nahm sie mit. – Sieh da, die wackre Hausfrau, die ihrem Gemahl entgegeneilt, sieht all ihre Treue, all ihr Vertrauen, ihre Hoffnungen belohnt, ihn wieder in ihren Armen. Und dann daneben seine Ritter, mit stolzer Ehre von ihren Rossen sich auf den vaterländischen Boden schwingend; seine Knechte, abladend die Beute, sie zu ihren Füßen legend; und sie schon in ihrem Sinn das all in ihren Schränken aufbewahrend, schon ihr Schloß mit auszierend, ihre Freunde mit beschenkend – „Edles, teures Weib, der größte Schatz ist noch zurück!" – Wer ist's, die dort verschleiert mit dem Gefolge naht? Sanft steigt sie vom Pferde – – „Hier!" – rief der Graf, sie bei der Hand fassend, sie seiner Frau entgegenführend – „hier! sieh das alles – und sie! nimm's aus ihren Händen – nimm mich aus ihren Händen wieder! Sie hat die Ketten von meinem Halse geschlossen, sie hat den Winden befohlen, sie hat mich erworben – hat mir gedient, mein gewartet! – Was bin ich ihr schuldig! – Da hast du sie! Belohn sie." *Fernando liegt schluchzend mit den Armen übern Tisch gebreitet.* An ihrem Halse rief das treue Weib, in tausend Tränen rief sie: „Nimm alles, was ich dir geben kann! Nimm die Hälfte des, der ganz dein gehört – Nimm ihn ganz! Laß mir ihn ganz! Jede soll ihn haben, ohne der andern was zu rauben – Und", rief sie an seinem Halse, zu seinen Füßen, „wir sind dein!" – – Sie faßten seine Hände, hingen an ihm – Und Gott im Himmel freute sich der Liebe, und sein heiliger Statthalter sprach seinen Segen dazu. Und ihr Glück und ihre Liebe faßte selig Eine Wohnung, Ein Bett, und Ein Grab.

FERNANDO. Gott im Himmel, der du uns Engel sendest in

der Not, schenk uns die Kraft, diese gewaltigen Erscheinungen zu ertragen! – Mein Weib! –

Er fällt wieder zusammen.

CÄCILIE eröffnet die Türe des Kabinetts und ruft: Stella!

STELLA, ihr um den Hals fallend. Gott! Gott!

FERNANDO springt auf in der Bewegung zu fliehen.

CÄCILIE faßt ihn. Stella! nimm die Hälfte des, der ganz dein ist – du hast ihn gerettet – von ihm selbst gerettet – du gibst mir ihn wieder!

FERNANDO. Stella! Er neigt sich zu ihr.

STELLA. Ich faß es nicht!

CÄCILIE. Du fühlst's.

STELLA an seinem Hals. Ich darf? – –

CÄCILIE. Dankst du mir's, daß ich dich Flüchtling zurückhielt?

STELLA an ihrem Hals. O du! – –

FERNANDO, beide umarmend. Mein! Mein!

STELLA, seine Hand fassend, an ihm hangend. Ich bin dein!

CÄCILIE, seine Hand fassend, an seinem Hals. Wir sind dein!

*In den Ausgaben von 1816 an heißt das Drama:* Stella. Ein Trauerspiel. *Die neue Fassung des Schlusses setzt S. 346 Z. 39 ein und lautet:*

FERNANDO. Gott im Himmel! Welch ein Strahl von Hoffnung dringt herein!

CÄCILIE. Sie ist da! Sie ist unser! Nach der Kabinettstüre. Stella!

FERNANDO. Laß sie, laß mich! Im Begriff wegzugehen.

CÄCILIE. Bleib! Höre mich!

FERNANDO. Der Worte sind schon genug. Was werden kann, wird werden. Laß mich! In diesem Augenblick bin ich nicht vorbereitet, vor euch beiden zu stehen. Ab.

Cäcilie, hernach Lucie, hernach Stella.

CÄCILIE. Der Unglückliche! Immer so einsilbig, immer dem freundlichen, vermittelnden Wort widerstrebend, und sie, ebenso! Es muß mir doch gelingen. Nach der Türe. Stella! Höre mich, Stella!

LUCIE. Ruf ihr nicht! Sie ruht, von einem schweren Leiden ruht sie einen Augenblick. Sie leidet sehr; ich fürchte, meine Mutter, mit Willen; ich fürchte, sie stirbt.

CÄCILIE. Was sagst du?

LUCIE. Es war nicht Arzenei, fürcht ich, was sie nahm.

CÄCILIE. Und ich hätte vergebens gehofft? O, daß du dich täuschtest! – Fürchterlich – Fürchterlich!

STELLA an der Türe. Wer ruft mich? Warum weckt ihr mich? Welche Zeit ist es? Warum so frühe?

LUCIE. Es ist nicht frühe, es ist Abend.

STELLA. Ganz recht, ganz wohl, Abend für mich.

CÄCILIE. Und so täuschtest du uns!

STELLA. Wer täuschte dich? Du.

CÄCILIE. Ich brachte dich zurück, ich hoffte.

STELLA. Für mich ist kein Bleibens.

CÄCILIE. Ach hätte ich dich ziehen lassen, reisen, eilen, ans Ende der Welt!

STELLA. Ich bin am Ende.

CÄCILIE zu Lucien, die indessen ängstlich hin und wider gelaufen ist. Was zauderst du? Eile, rufe um Hülfe!

STELLA, die Lucien anfaßt. Nein, verweile. Sie lehnt sich auf beide, und sie kommen weiter hervor. An eurem Arm dachte ich durchs Leben zu gehen; so führt mich zum Grabe. Sie führen sie langsam hervor und lassen sie auf der rechten Seite auf einen Sessel nieder.

CÄCILIE. Fort, Lucie! fort! Hülfe! Hülfe! Lucie ab.

Stella, Cäcilie, hernach Fernando, hernach Lucie.

STELLA. Mir ist geholfen!

CÄCILIE. Wie anders glaubt ich! Wie anders hofft ich!

STELLA. Du Gute, Duldende, Hoffende!

CÄCILIE. Welch entsetzliches Schicksal!

STELLA. Tiefe Wunden schlägt das Schicksal, aber oft heilbare. Wunden, die das Herz dem Herzen schlägt, das Herz sich selber, die sind unheilbar, und so – laß mich sterben.

FERNANDO tritt ein. Übereilte sich Lucie, oder ist die Botschaft wahr? Laß sie nicht wahr sein, oder ich fluche deiner Großmut, Cäcilie, deiner Langmut.

CÄCILIE. Mir wirft mein Herz nichts vor. Guter Wille ist höher als aller Erfolg. Eile nach Rettung, sie lebt noch, sie gehört uns noch.

STELLA, die aufblickt und Fernandos Hand faßt. Willkommen! Laß mir deine Hand, zu Cäcilien und du die deine. Alles um Liebe, war die Losung meines Lebens. Alles um Liebe, und so nun auch den Tod. In den seligsten Augenblicken schwiegen wir und verstanden uns, sucht die Hände beider Gatten zusammenzubringen und nun laßt mich schweigen und ruhen. Sie fällt auf ihren rechten Arm, der über den Tisch gelehnt ist.

FERNANDO. Ja wir wollen schweigen, Stella, und ruhen. Er geht langsam nach dem Tische linker Hand.

CÄCILIE in ungeduldiger Bewegung. Lucie kommt nicht, niemand kommt. Ist denn das Haus, ist denn die Nachbarschaft eine Wüste? Fasse dich, Fernando, sie lebt noch. Hunderte sind vom Todeslager aufgestanden, aus dem Grabe sind sie wieder aufgestiegen. Fernando, sie lebt noch. Und wenn uns alles verläßt, und hier kein Arzt ist, keine Arzenei, so ist doch einer im Himmel, der uns hört. Auf den Knieen, in der Nähe von Stella. Höre mich! Erhöre mich, Gott! Erhalte sie uns, laß sie nicht sterben!

FERNANDO hat mit der linken Hand ein Pistol ergriffen und geht langsam ab.

CÄCILIE wie vorher, Stellas linke Hand fassend. Ja sie lebt noch; ihre Hand, ihre liebe Hand ist noch warm. Ich lasse dich nicht, ich fasse dich mit der ganzen Gewalt des Glaubens und der Liebe. Nein, es ist kein Wahn! Eifriges Gebet ist stärker denn irdische Hülfe. Aufstehend und sich umkehrend. Er ist hinweg, der Stumme, Hoffnungslose. Wohin? O, daß er nicht den Schritt wagt, wohin sein ganzes sturmvolles Leben sich hindrängte. Zu ihm! Indem sie fort will, wendet sie sich nach Stella. Und diese laß ich hülflos hier. Großer Gott! und so stehe ich, im fürchterlichsten Augenblick, zwischen zweien, die ich nicht trennen und nicht vereinigen kann. Es fällt in der Ferne ein Schuß.

CÄCILIE. Gott! Will dem Schall nach.

STELLA, sich mühsam aufrichtend. Was war das? Cäcilie, du stehst so ferne, komm näher, verlaß mich nicht. Es ist mir so bange. O meine Angst! Ich sehe Blut fließen. Ist's denn mein Blut? Es ist nicht mein Blut. Ich bin nicht verwundet, aber todkrank – Es ist doch mein Blut.

LUCIE kommt. Hülfe, Mutter, Hülfe! Ich renne nach Hülfe, nach dem Arzte, sprenge Boten fort; aber ach! soll ich dir sagen, ganz anderer Hülfe bedarf's. Mein Vater fällt durch seine eigene Hand, er liegt im Blute. Cäcilie will fort, Lucie hält sie. Nicht dahin, meine Mutter, der Anblick ist hülflos, und erregt Verzweiflung.

STELLA, die halb aufgerichtet aufmerksam zugehört hat, faßt Cäciliens Hand. So wäre es geworden? Sich aufrichtend und an Cäcilien und Lucien lehnend. Kommt, ich fühle mich wieder stark, kommt zu ihm. Dort laßt mich sterben.

CÄCILIE. Du wankst, deine Kniee tragen dich nicht. Wir tragen dich nicht. Auch mir ist das Mark aus den Gebeinen.

STELLA sinkt an den Sessel nieder. Am Ziele denn. So gehe du hin, zu dem, dem du angehörst. Nimm seinen letzten Seufzer, sein letztes Röcheln auf. Er ist dein Gatte. Du zauderst? Ich bitte, ich beschwöre dich. Dein Bleiben macht mich unruhig. Mit Bewegung, doch schwach. Bedenke, er ist allein, und gehe!

Cäcilie mit Heftigkeit ab.

LUCIE. Ich verlasse dich nicht, ich bleibe bei dir.

STELLA. Nein, Lucie! Wenn du mir wohl willst, so eile. Fort! fort! laß mich ruhen! Die Flügel der Liebe sind gelähmt, sie tragen mich nicht zu ihm hin. Du bist frisch und gesund. Die Pflicht sei tätig, wo die Liebe verstummt. Fort zu dem, dem du angehörst. Er ist dein Vater. Weißt du, was das heißt? Fort! wenn du mich liebst, wenn du mich beruhigen willst.

Lucie entfernt sich langsam.

STELLA sinkend. Und ich sterbe allein.

# DIE GESCHWISTER

## EIN SCHAUSPIEL IN EINEM AKT

### PERSONEN

Wilhelm, ein Kaufmann
Marianne, seine Schwester
Fabrice
Briefträger

WILHELM *an einem Pult mit Handelsbüchern und Papieren.* Diese Woche wieder zwei neue Kunden! Wenn man sich rührt, gibt's doch immer etwas; sollt' es auch nur wenig sein, am Ende summiert sich's doch, und wer klein Spiel spielt, hat immer Freude, auch am kleinen Gewinn, und der kleine Verlust ist zu verschmerzen. Was gibt's?

*Briefträger tritt auf.*

BRIEFTRÄGER. Einen beschwerten Brief, zwanzig Dukaten, franko halb.

WILHELM. Gut! sehr gut! Notier Er mir's zum übrigen.

*Briefträger ab.*

WILHELM, *den Brief ansehend.* Ich wollte mir heute den ganzen Tag nicht sagen, daß ich sie erwartete. Nun kann ich Fabricen grad bezahlen und mißbrauche seine Gutheit nicht weiter. Gestern sagte er mir: Morgen komm ich zu dir! Es war mir nicht recht. Ich wußte, daß er mich nicht mahnen würde, und so mahnt mich seine Gegenwart just doppelt. *Indem er die Schatulle aufmacht und zählt.* In vorigen Zeiten, wo ich ein bißchen bunter wirtschaftete, konnt ich die stillen Gläubiger am wenigsten leiden. Gegen einen, der mich überläuft, belagert, gegen den gilt Unverschämtheit und alles, was dran hängt; der andere, der schweigt, geht grad ans Herz und fordert am dringendsten, da er mir sein Anliegen überläßt. *Er legt Geld zusammen auf den Tisch.* Lieber Gott, wie dank ich dir, daß ich aus der Wirtschaft heraus und wieder geborgen bin! *Er hebt ein Buch auf.* Deinen Segen im Kleinen! mir, der ich deine Gaben im Großen verschleuderte. – Und so – Kann ich's ausdrücken? – – Doch du tust nichts für mich, wie ich nichts für mich tue. Wenn das holde liebe Geschöpf nicht wäre, säß ich hier und verglich Brüche? – O Marianne! wenn du wüßtest, daß der, den du für deinen Bruder hältst, daß der mit ganz anderm Herzen, ganz andern Hoffnungen für dich arbeitet! – Vielleicht! – Ach! – Es ist doch bitter – – Sie liebt mich – – ja, als Bruder – Nein, pfui! das ist wieder Unglaube, und der hat nie was Gutes gestiftet. – Marianne! ich werde glücklich sein, du wirst's sein, Marianne!

Marianne tritt auf.

MARIANNE. Was willst du, Bruder? Du riefst mich.

WILHELM. Ich nicht, Marianne.

MARIANNE. Sticht dich der Mutwille, daß du mich aus der Küche hereinvexierst?

WILHELM. Du siehst Geister.

MARIANNE. Sonst wohl. Nur deine Stimme kenn ich zu gut, Wilhelm!

WILHELM. Nun, was machst du draußen?

MARIANNE. Ich hab nur ein paar Tauben gerupft, weil doch wohl Fabrice heut abend mitessen wird.

WILHELM. Vielleicht.

MARIANNE. Sie sind gleich fertig, du darfst es nachher nur sagen. Er muß mich auch heut abend gleich sein Liedchen lehren.

WILHELM. Du lernst gern wohl was von ihm?

MARIANNE. Liedchen kann er recht hübsch. Und wenn du hernach so beim Tische sitzest und den Kopf hängst, da fang ich gleich an. Denn ich weiß doch, daß du lachst, wenn ich ein Liedchen anfange, das dir lieb ist.

WILHELM. Hast du mir's abgemerkt?

MARIANNE. Ja, wer euch Mannsleuten auch nichts abmerkte! – Wenn du sonst nichts hast, so geh ich wieder; denn ich habe noch allerlei zu tun. Adieu. – Nun gib mir noch einen Kuß.

WILHELM. Wenn die Tauben gut gebraten sind, sollst du einen zum Nachtisch haben.

MARIANNE. Es ist doch verwünscht, was die Brüder grob sind! Wenn Fabrice oder sonst ein guter Junge einen Kuß nehmen dürfte, die sprängen Wände hoch, und der Herr da verschmäht einen, den ich geben will. – Jetzt verbrenn ich die Tauben. Ab.

Wilhelm. Engel! Lieber Engel! Daß ich mich halte, daß ich ihr nicht um den Hals falle, ihr alles entdecke! – Siehst du denn auf uns herunter, heilige Frau, die du mir diesen Schatz aufzuheben gabst? – Ja, sie wissen von uns droben! sie wissen von uns! – Charlotte, du konntest meine Liebe zu dir nicht herrlicher, heiliger belohnen, als daß du mir scheidend deine Tochter anvertrautest! Du gabst mir alles, was ich bedurfte, knüpftest mich ans Leben! Ich liebte sie als dein Kind – und nun –! Noch ist mir's Täuschung. Ich glaube dich wieder zu sehen, glaube, daß mir das Schicksal verjüngt dich wieder gegeben hat, daß ich nun mit dir vereinigt bleiben und wohnen kann, wie ich's in jenem ersten Traum des Lebens nicht konnte! nicht sollte! – Glücklich! Glücklich! All deinen Segen, Vater im Himmel!

Fabrice tritt auf.

Fabrice. Guten Abend.

Wilhelm. Lieber Fabrice, ich bin gar glücklich: es ist alles Gute über mich gekommen diesen Abend. Nun nichts von Geschäften! Da liegen deine dreihundert Taler! Frisch in die Tasche! Meinen Schein gibst du mir gelegentlich wieder. Und laß uns eins plaudern!

Fabrice. Wenn du sie weiter brauchst –

Wilhelm. Wenn ich sie wieder brauche, gut! Ich bin dir immer dankbar, nur jetzt nimm sie zu dir. – Höre, Charlottens Andenken ist diesen Abend wieder unendlich neu und lebendig vor mir geworden.

Fabrice. Das tut's wohl öfters.

Wilhelm. Wenn du sie hättest kennen sollen! Ich sage dir, es war eins der herrlichsten Geschöpfe.

Fabrice. Sie war Witwe, wie du sie kennen lerntest?

Wilhelm. So rein und groß! Da las ich gestern noch einen ihrer Briefe. Du bist der einzige Mensch, der je was davon zu sehen gekriegt hat. Er geht nach der Schatulle.

Fabrice für sich. Wenn er mich nur jetzt verschonte! Ich habe die Geschichte schon so oft gehört! Ich höre ihm sonst auch gerne zu, denn es geht ihm immer von Herzen. Nur heut hab ich ganz andere Sachen im Kopf, und just möcht ich ihn in guter Laune erhalten.

Wilhelm. Es war in den ersten Tagen unserer Bekanntschaft. „Die Welt wird mir wieder lieb“, schreibt sie, „ich hatte mich so los von ihr gemacht, wieder lieb durch Sie. Mein Herz macht mir Vorwürfe; ich fühle, daß ich Ihnen und mir Qualen zubereite. Vor einem halben Jahr war ich so bereit zu sterben, und bin's nicht mehr.“

Fabrice. Eine schöne Seele!

Wilhelm. Die Erde war sie nicht wert. Fabrice, ich hab dir schon oft gesagt, wie ich durch sie ein ganz anderer Mensch wurde. Beschreiben kann ich die Schmerzen nicht, wenn ich dann zurück und mein väterliches Vermögen von mir verschwendet sah! Ich durfte ihr meine Hand nicht anbieten, konnt ihren Zustand nicht erträglicher machen. Ich fühlte zum ersten Mal den Trieb, mir einen nötigen schicklichen Unterhalt zu erwerben; aus der Verdrossenheit, mit der ich einen Tag nach dem andern kümmerlich hingelebt hatte, mich herauszureißen. Ich arbeitete – aber was war das? – Ich hielt an, brachte so ein mühseliges Jahr durch; endlich kam mir ein Schein von Hoffnung; mein weniges vermehrte sich zusehends – und sie starb – Ich konnte nicht bleiben. Du ahnest nicht, was ich litt. Ich konnte die Gegend nicht mehr sehen, wo ich mit ihr gelebt hatte, und den Boden nicht verlassen, wo sie ruhte. Sie schrieb mir kurz vor ihrem Ende – Er nimmt einen Brief aus der Schatulle.

Fabrice. Es ist ein herrlicher Brief, du hast mir ihn neulich gelesen. – Höre, Wilhelm –

Wilhelm. Ich kann ihn auswendig und les ihn immer. Wenn ich ihre Schrift sehe, das Blatt, wo ihre Hand geruht hat, mein ich wieder, sie wär noch da – Sie ist auch noch da! Man hört ein Kind schreien. Daß doch Marianne nicht ruhen kann! Da hat sie wieder den Jungen unsers Nachbars; mit dem treibt sie sich täglich herum und stört mich zur unrechten Zeit. An der Tür. Marianne, sei still mit dem Kind, oder schick ihn fort, wenn er unartig ist. Wir haben zu reden. Er steht in sich gekehrt.

Fabrice. Du solltest diese Erinnerungen nicht so oft reizen.

Wilhelm. Diese Zeilen sind's! diese letzten! der Abschiedshauch des scheidenden Engels. Er legt den Brief wieder zusammen. Du hast recht, es ist sündlich. Wie selten sind wir wert, die vergangenen selig-elenden Augenblicke unsers Lebens wieder zu fühlen.

FABRICE. Dein Schicksal geht mir immer zu Herzen. Sie hinterließ eine Tochter, erzähltest du mir, die ihrer Mutter leider bald folgte. Wenn die nur leben geblieben wäre, du hättest wenigstens was von ihr übrig gehabt, etwas gehabt, woran sich deine Sorgen und dein Schmerz geheftet hätten.

WILHELM, sich lebhaft nach ihm wendend. Ihre Tochter? Es war ein holdes Blütchen. Sie übergab mir's – Es ist zu viel, was das Schicksal für mich getan hat! – Fabrice, wenn ich dir alles sagen könnte –

FABRICE. Wenn's dir einmal ums Herz ist.

WILHELM. Warum sollt' ich nicht –

Marianne mit einem Knaben.

MARIANNE. Er will noch gute Nacht sagen, Bruder! Du mußt ihm kein finster Gesicht machen, und mir auch nicht. Du sagst immer, du wolltest heiraten und möchtest gern viel Kinder haben. Die hat man nicht immer so am Schnürchen, daß sie nur schreien, wenn's dich nicht stört.

WILHELM. Wenn's meine Kinder sind.

MARIANNE. Das mag wohl auch ein Unterschied sein.

FABRICE. Meinen Sie, Marianne?

MARIANNE. Das muß gar zu glücklich sein! Sie kauert sich zum Knaben und küßt ihn. Ich hab Christeln so lieb! Wenn er erst mein wäre! – Er kann schon buchstabieren; er lernt's bei mir.

WILHELM. Und da meinst du, deiner könnt schon lesen?

MARIANNE. Ja wohl! Denn da tät ich mich den ganzen Tag mit nichts abgeben, und ihn aus- und anziehen, und lehren, und zu essen geben, und putzen, und allerlei sonst.

FABRICE. Und der Mann?

MARIANNE. Der täte mitspielen: der würd ihn ja wohl so lieb haben wie ich. Christel muß nach Haus und empfiehlt sich. Sie führt ihn zu Wilhelmen. Hier, gib eine schöne Hand, eine rechte Patschhand!

FABRICE für sich. Sie ist gar zu lieb, ich muß mich erklären.

MARIANNE, das Kind zu Fabricen führend. Hier dem Herrn auch.

WILHELM für sich. Sie wird dein sein! Du wirst – Es ist zu viel, ich verdien's nicht. – Laut. Marianne, schaff das Kind weg, unterhalt Herrn Fabricen bis zum Nachtessen; ich will nur ein paar Gassen auf und ab laufen; ich habe den ganzen Tag gesessen. Marianne ab. Unter dem Sternhimmel nur einen freien Atemzug! – mein Herz ist so voll. – Ich bin gleich wieder da! Ab.

FABRICE. Mach der Sache ein Ende, Fabrice! Wenn du's nun immer länger und länger trägst, wird's doch nicht reifer. Du hast's beschlossen. Es ist gut, es ist trefflich! Du hilfst ihrem Bruder weiter, und sie – sie liebt mich nicht, wie ich sie liebe. Aber sie kann auch nicht heftig lieben, sie soll nicht heftig lieben! – Liebes Mädchen! – Sie vermutet wohl keine andere als freundschaftliche Gesinnungen in mir! – Es wird uns wohl gehen, Marianne! – Ganz erwünscht und wie bestellt die Gelegenheit! Ich muß mich ihr entdecken – Und wenn mich ihr Herz nicht verschmäht – von dem Herzen des Bruders bin ich sicher.

Marianne tritt auf.

FABRICE. Haben Sie den Kleinen weggeschafft?

MARIANNE. Ich hätt ihn gern dabehalten; ich weiß nur, der Bruder hat's nicht gern, und da unterlaß ich's. Manchmal erbettelt sich der kleine Dieb selbst die Erlaubnis von ihm, mein Schlafkamerade zu sein.

FABRICE. Ist er Ihnen denn nicht lästig?

MARIANNE. Ach, gar nicht. Er ist so wild den ganzen Tag, und wenn ich zu ihm ins Bette komm, ist er so gut wie ein Lämmchen! Ein Schmeichelkätzchen! und herzt mich, was er kann; manchmal kann ich ihn gar nicht zu Schlaf bringen.

FABRICE, halb für sich. Die liebe Natur!

MARIANNE. Er hat mich auch lieber als seine Mutter.

FABRICE. Sie sind ihm auch Mutter.

MARIANNE steht in Gedanken.

FABRICE sieht sie eine Zeitlang an. Macht Sie der Name Mutter traurig?

MARIANNE. Nicht traurig, aber ich denke nur so.

FABRICE. Was, süße Marianne?

MARIANNE. Ich denke – ich denke auch nichts. Es ist mir nur manchmal so wunderbar.

FABRICE. Sollten Sie nie gewünscht haben –?

MARIANNE. Was tun Sie für Fragen?

FABRICE. Fabrice wird's doch dürfen?

MARIANNE. Gewünscht nie, Fabrice. Und wenn mir auch einmal so ein Gedanke durch den Kopf fuhr, war er gleich wieder weg. Meinen Bruder zu verlassen, wäre mir unerträglich – unmöglich, – alle übrige Aussicht möchte auch noch so reizend sein.

FABRICE. Das ist doch wunderbar! Wenn Sie in einer Stadt beieinander wohnten, hieß das ihn verlassen?

MARIANNE. O nimmermehr! Wer sollte seine Wirtschaft führen? Wer für ihn sorgen? – Mit einer Magd? – oder gar heiraten? – Nein, das geht nicht!

FABRICE. Könnte er nicht mit Ihnen ziehen? Könnte Ihr Mann nicht sein Freund sein? Könnten Sie drei nicht eben so eine glückliche, eine glücklichere Wirtschaft führen? Könnte Ihr Bruder nicht dadurch in seinen sauern Geschäften erleichtert werden? Was für ein Leben könnte das sein!

MARIANNE. Man sollt's denken. Wenn ich's überleg, ist's wohl wahr. Und hernach ist mir's wieder so, als wenn's nicht anginge.

FABRICE. Ich begreif Sie nicht.

MARIANNE. Es ist nun so. – Wenn ich aufwache, horch ich, ob der Bruder schon auf ist; rührt sich nichts, hui! bin ich aus dem Bette in der Küche, mach Feuer an, daß das Wasser über und über kocht, bis die Magd aufsteht, und er seinen Kaffee hat, wie er die Augen auftut.

FABRICE. Hausmütterchen!

MARIANNE. Und dann setz ich mich hin und stricke Strümpfe für meinen Bruder, und hab eine Wirtschaft, und meß sie ihm zehnmal an, ob sie auch lang genug sind, ob die Wade recht sitzt, ob der Fuß nicht zu kurz ist, daß er manchmal ungeduldig wird. Es ist mir auch nicht ums Messen; es ist mir nur, daß ich was um ihn zu tun habe, daß er mich einmal ansehen muß, wenn er ein paar Stunden geschrieben hat, und er mir nicht Hypochonder wird. Denn es tut ihm doch wohl, wenn er mich ansieht; ich seh's ihm an den Augen ab, wenn er mir's gleich sonst nicht will merken lassen. Ich lache manchmal heimlich, daß er tut, als wenn er ernst wäre oder bös. Er tut wohl; ich peinigt ihn sonst den ganzen Tag.

FABRICE. Er ist glücklich.

MARIANNE. Nein, ich bin's. Wenn ich ihn nicht hätte, wüßt ich nicht, was ich in der Welt anfangen sollte. Ich tue doch auch alles für mich, und mir ist, als wenn ich alles für ihn täte, weil ich auch bei dem, was ich für mich tue, immer an ihn denke.

FABRICE. Und wenn Sie nun das alles für einen Gatten täten, wie ganz glücklich würde er sein! Wie dankbar würde er sein, und welch ein häuslich Leben würde das werden!

MARIANNE. Manchmal stell ich mir's auch vor und kann mir ein langes Märchen erzählen, wenn ich so sitze und stricke oder nähe, wie alles gehen könnte und gehen möchte. Komm ich aber hernach aufs Wahre zurück, so will's immer nicht werden.

FABRICE. Warum?

MARIANNE. Wo wollt ich einen Gatten finden, der zufrieden wäre, wenn ich sagte: „Ich will Euch lieb haben", und müßte gleich dazusetzen: „Lieber als meinen Bruder kann ich Euch nicht haben, für den muß ich alles tun dürfen, wie bisher." – – – Ach, Sie sehen, daß das nicht geht!

FABRICE. Sie würden nachher einen Teil für den Mann tun, was sie für den Bruder taten, Sie würden die Liebe auf ihn übertragen. –

MARIANNE. Da sitzt der Knoten! Ja, wenn sich Liebe herüber und hinüber zahlen ließe, wie Geld, oder den Herrn alle Quartal veränderte, wie eine schlechte Dienstmagd. Bei einem Manne würde das alles erst werden müssen, was hier schon ist, was nie so wieder werden kann.

FABRICE. Es macht sich viel.

MARIANNE. Ich weiß nicht; wenn er so bei Tische sitzt und den Kopf auf die Hand stemmt und niedersieht, und still ist in Sorgen – ich kann halbe Stunden lang sitzen und ihn ansehen. Er ist nicht schön, sag ich manchmal zu mir selbst, und mir ist's so wohl, wenn ich ihn ansehe. Freilich fühl ich nun wohl, daß es mit für mich ist, wenn er sorgt; freilich sagt mir das der erste Blick, wenn er wieder aufsieht, und das tut ein Großes.

Fabrice. Alles, Marianne. Und ein Gatte, der für Sie sorgte–!

Marianne. Da ist noch eins: da sind eure Launen. Wilhelm hat auch seine Launen; von ihm drücken sie mich nicht, von jedem andern wären sie mir unerträglich. Er hat leise Launen; ich fühl sie doch manchmal. Wenn er in unholden Augenblicken eine gute teilnehmende liebevolle Empfindung wegstößt – es trifft mich! freilich nur einen Augenblick; und wenn ich auch über ihn knurre, so ist's mehr, daß er meine Liebe nicht erkennt, als daß ich ihn weniger liebe.

Fabrice. Wenn sich nun aber einer fände, der auf alles das hin wagen wollte, Ihnen seine Hand zu bieten?

Marianne. Er wird sich nicht finden! Und dann wäre die Frage, ob ich's mit ihm wagen dürfte!

Fabrice. Warum nicht?

Marianne. Er wird sich nicht finden!

Fabrice. Marianne, Sie haben ihn!

Marianne. Fabrice!

Fabrice. Sie sehen ihn vor sich. Soll ich eine lange Rede halten? Soll ich Ihnen hinschütten, was mein Herz so lang bewahrt? Ich liebe Sie, das wissen Sie lang; ich biete Ihnen meine Hand an, das vermuteten Sie nicht. Nie hab ich ein Mädchen gesehen, das so wenig dachte, daß es Gefühle dem, der sie sieht, erregen muß, als dich. – Marianne, es ist nicht ein feuriger unbedachter Liebhaber, der mit Ihnen spricht; ich kenne Sie, ich habe Sie erkoren, mein Haus ist eingerichtet; wollen Sie mein sein? – – – Ich hab in der Liebe mancherlei Schicksale gehabt, war mehr als einmal entschlossen, mein Leben als Hagestolz zu enden. Sie haben mich nun – Widerstehen Sie nicht! Sie kennen mich; ich bin eins mit Ihrem Bruder; Sie können kein reineres Band denken. – Öffnen Sie Ihr Herz! – Ein Wort, Marianne!

Marianne. Lieber Fabrice, lassen Sie mir Zeit, ich bin Ihnen gut.

FABRICE. Sagen Sie, daß Sie mich lieben! Ich lasse Ihrem Bruder seinen Platz; ich will Bruder Ihres Bruders sein, wir wollen vereint für ihn sorgen. Mein Vermögen, zu dem seinen geschlagen, wird ihn mancher kummervollen Stunde überheben; er wird Mut kriegen, er wird – Marianne, ich möchte Sie nicht gern überreden – Er faßt ihre Hand.

MARIANNE. Fabrice, es ist mir nie eingefallen – In welche Verlegenheit setzen Sie mich! –

FABRICE. Nur Ein Wort! Darf ich hoffen?

MARIANNE. Reden Sie mit meinem Bruder!

FABRICE kniet. Engel! Allerliebste!

MARIANNE, einen Augenblick still. Gott! was hab ich gesagt! Ab.

FABRICE. Sie ist dein! – – – Ich kann dem lieben kleinen Narren wohl die Tändelei mit dem Bruder erlauben; das wird sich so nach und nach herüberbegeben, wenn wir einander näher kennen lernen, und er soll nichts dabei verlieren. Es tut mir gar wohl, wieder so zu lieben und gelegentlich wieder so geliebt zu werden! Es ist doch eine Sache, woran man nie den Geschmack verliert. – Wir wollen zusammen wohnen. Ohnedas hätt ich des guten Menschen gewissenhafte Häuslichkeit zeither schon gern ein bißchen ausgeweitet; als Schwager wird's schon gehen. Er wird sonst ganz Hypochonder mit seinen ewigen Erinnerungen, Bedenklichkeiten, Nahrungssorgen und Geheimnissen. Es wird alles hübsch! Er soll freiere Luft atmen; das Mädchen soll einen Mann haben – das nicht wenig ist; und du kriegst noch mit Ehren eine Frau – das viel ist!

Wilhelm tritt auf.

FABRICE. Ist dein Spaziergang zu Ende?

WILHELM. Ich ging auf den Markt und die Pfarrgasse hinauf und an der Börse zurück. Mir ist's eine wunderliche Empfindung, nachts durch die Stadt zu gehen. Wie von der Arbeit des Tags alles teils zur Ruh ist, teils darnach eilt, und man nur noch die Emsigkeit des kleinen Gewerbs in Bewegung sieht! Ich hatte meine Freude an einer alten Käsfrau, die, mit der Brille auf der Nase, beim Stümpfchen Licht, ein Stück nach dem andern ab- und zuschnitt, bis die Käuferin ihr Gewicht hatte.

FABRICE. Jeder bemerkt in seiner Art. Ich glaube, es sind viele die Straße gegangen, die nicht nach den Käsemüttern und ihren Brillen geguckt haben.

WILHELM. Was man treibt, gewinnt man lieb, und der Erwerb im Kleinen ist mir ehrwürdig, seit ich weiß, wie sauer ein Taler wird, wenn man ihn groschenweise verdienen soll. Steht einige Augenblicke in sich gekehrt. Mir ist ganz wunderbar geworden auf dem Wege. Es sind mir so viele Sachen auf einmal und durcheinander eingefallen – und das, was mich im Tiefsten meiner Seele beschäftigt – Er wird nachdenkend.

FABRICE für sich. Es geht mir närrisch: sobald er gegenwärtig ist, untersteh ich mich nicht recht zu sagen, daß ich Mariannen liebe. – Ich muß ihm doch sagen, was vorgegangen ist. – Laut. Wilhelm sag mir! du wolltest hier ausziehen? Du hast wenig Gelaß und sitzest teuer. Weißt du ein ander Quartier?

WILHELM zerstreut. Nein.

FABRICE. Ich dächte, wir könnten uns beide erleichtern. Ich habe da mein väterliches Haus und bewohne nur den obern Stock, und den untern könntest du einnehmen; du verheiratest dich doch so bald nicht. – Du hast den Hof und eine kleine Niederlage für deine Spedition und gibst mir einen leidlichen Hauszins, so ist uns beiden geholfen.

WILHELM. Du bist gar gut. Es ist mir wahrlich auch manchmal eingefallen, wenn ich zu dir kam und so viel leer stehen sah, und ich muß mich so ängstlich behelfen. – Dann sind wieder andre Sachen – – – Man muß es eben sein lassen, es geht doch nicht.

FABRICE. Warum nicht?

WILHELM. Wenn ich nun heiratete?

FABRICE. Dem wäre zu helfen. Ledig hättest du mit deiner Schwester Platz, und mit einer Frau ging's ebensowohl.

WILHELM lächelnd. Und meine Schwester?

FABRICE. Die nähm ich allenfalls zu mir.

WILHELM ist still.

FABRICE. Und auch ohne das. Laß uns ein klug Wort reden. – Ich liebe Mariannen; gib mir sie zur Frau!

WILHELM. Wie?

FABRICE. Warum nicht? Gib dein Wort! Höre mich, Bruder! Ich liebe Mariannen! Ich hab's lang überlegt: sie allein, du allein, ihr könnt mich so glücklich machen, als ich auf der Welt noch sein kann. Gib mir sie! Gib mir sie!

WILHELM *verworren.* Du weißt nicht, was du willst.

FABRICE. Ach, wie weiß ich's! Soll ich dir alles erzählen, was mir fehlt und was ich haben werde, wenn sie meine Frau und du mein Schwager werden wirst?

WILHELM, *aus Gedanken auffahrend, hastig.* Nimmermehr! nimmermehr!

FABRICE. Was hast du? – Mir tut's weh – Den Abscheu! – Wenn du einen Schwager haben wirst, wie sich's doch früh- oder später macht, warum mich nicht? den du so kennst, den du liebst! Wenigstens glaubt ich –

WILHELM. Laß mich! – – ich hab keinen Verstand.

FABRICE. Ich muß alles sagen. Von dir allein hängt mein Schicksal ab. Ihr Herz ist mir geneigt, das mußt du gemerkt haben. Sie liebt dich mehr, als sie mich liebt; ich bin's zufrieden. Den Mann wird sie mehr als den Bruder lieben; ich werde in deine Rechte treten, du in meine, und wir werden alle vergnügt sein. Ich habe keinen Knoten gesehen, der sich so menschlich schön knüpfte.

WILHELM *stumm.*

FABRICE. Und was alles fest macht – Bester, gib du nur dein Wort, deine Einwilligung! Sag ihr, daß dich's freut, daß dich's glücklich macht! – ich hab ihr Wort.

WILHELM. Ihr Wort?

FABRICE. Sie warf's hin, wie einen scheidenden Blick, der mehr sagte, als alles Bleiben gesagt hätte. Ihre Verlegenheit und ihre Liebe, ihr Wollen und Zittern, es war so schön.

WILHELM. Nein! Nein!

FABRICE. Ich versteh dich nicht. Ich fühle, du hast keinen Widerwillen gegen mich, und bist mir so entgegen? Sei's nicht! Sei ihrem Glücke, sei meinem nicht hinderlich! –

Und ich denke immer, du sollst mit uns glücklich sein! – Versag' meinen Wünschen dein Wort nicht! dein freundlich Wort!

Wilhelm stumm in streitenden Qualen.

Fabrice. Ich begreif dich nicht –

Wilhelm. Sie? – Du willst sie haben? –

Fabrice. Was ist das?

Wilhelm. Und sie dich?

Fabrice. Sie antwortete, wie's einem Mädchen ziemt.

Wilhelm. Geh! geh! – Marianne! – – Ich ahndet's! ich fühlt' es!

Fabrice. Sag' mir nur –

Wilhelm. Was sagen! – Das war's, was mir auf der Seele lag diesen Abend, wie eine Wetterwolke. Es zuckt, es schlägt! – – Nimm sie! – Nimm sie! Mein Einziges – mein Alles!

Fabrice ihn stumm ansehend.

Wilhelm. Nimm sie! – Und daß du weißt, was du mir nimmst – Pause. Er rafft sich zusammen. Von Charlotten erzählt ich dir, dem Engel, der meinen Händen entwich und mir sein Ebenbild, eine Tochter, hinterließ – – und diese Tochter – ich habe dich belogen – sie ist nicht tot; diese Tochter ist Marianne! – Marianne ist nicht meine Schwester.

Fabrice. Darauf war ich nicht vorbereitet.

Wilhelm. Und von dir hätt ich das fürchten sollen! – Warum folgt' ich meinem Herzen nicht und verschloß dir mein Haus, wie jedem in den ersten Tagen, da ich herkam? Dir allein vergönnt ich einen Zutritt in dies Heiligtum, und du wußtest mich durch Güte, Freundschaft, Unterstützung, scheinbare Kälte gegen die Weiber einzuschläfern. Wie ich dem Schein nach ihr Bruder war, hielt ich dein Gefühl für sie für das wahre brüderliche; und wenn mir ja auch manchmal ein Argwohn kommen wollte, warf ich ihn weg als unedel, schrieb ihre Gutheit für dich auf Rechnung des Engelherzens, das eben alle Welt mit einem liebevollen Blick ansieht. – Und du! – Und sie! –

Fabrice. Ich mag nichts weiter hören, und zu sagen hab ich auch nichts. Also adieu. Ab.

WILHELM. Geh nur! – Du trägst sie alle mit dir weg, meine ganze Seligkeit. So weggeschnitten, weggebrochen alle Aussichten – die nächsten – auf einmal – am Abgrunde! und zusammengestürzt die goldne Zauberbrücke, die mich in die Wonne der Himmel hinüberführen sollte – Weg! und durch ihn, den Verräter! der so mißbraucht hat die Offenheit, das Zutrauen! – – O Wilhelm! Wilhelm! du bist so weit gebracht, daß du gegen den guten Menschen ungerecht sein mußt? – Was hat er verbrochen? – – – Du liegst schwer über mir und bist gerecht, vergeltendes Schicksal! – Warum stehst du da? Und du? Just in dem Augenblicke! – Verzeiht mir! Hab ich nicht gelitten dafür? Verzeiht! es ist lange! – Ich habe unendlich gelitten. Ich schien euch zu lieben; ich glaubte euch zu lieben; mit leichtsinnigen Gefälligkeiten schloß ich euer Herz auf und machte euch elend! – Verzeiht und laßt mich – Soll ich so gestraft werden? – Soll ich Mariannen verlieren? Die letzte meiner Hoffnungen, den Inbegriff meiner Sorgen? – Es kann nicht! es kann nicht! Er bleibt stille.

Marianne tritt auf.

MARIANNE naht verlegen. Bruder!

WILHELM. Ah!

MARIANNE. Lieber Bruder, du mußt mir vergeben, ich bitte dich um alles. Du bist böse, ich dacht es wohl. Ich habe eine Torheit begangen – es ist mir ganz wunderlich.

WILHELM, sich zusammennehmend. Was hast du, Mädchen?

MARIANNE. Ich wollte, daß ich dir's erzählen könnte. – Mir geht's so konfus im Kopf herum. – Fabrice will mich zur Frau, und ich –

WILHELM, halb bitter. Sag's heraus, du schlägst ein?

MARIANNE. Nein, nicht ums Leben! Nimmermehr werd ich ihn heiraten; ich kann ihn nicht heiraten.

WILHELM. Wie anders klingt das!

MARIANNE. Wunderlich genug. Du bist gar unhold, Bruder; ich ging gern und wartete eine gute Stunde ab, wenn mir's nicht gleich vom Herzen müßte: ein für allemal: ich kann Fabricen nicht heiraten.

WILHELM steht auf und nimmt sie bei der Hand. Wie, Marianne?

MARIANNE. Er war da und redete so viel und stellte mir so

allerlei vor, daß ich mir einbildete, es wäre möglich. Er drang so, und in der Unbesonnenheit sagt ich, er sollte mit dir reden. – Er nahm das als Jawort, und im Augenblick fühlt ich, daß es nicht werden konnte.

WILHELM. Er hat mit mir gered't.

MARIANNE. Ich bitte dich, was ich kann und mag, mit all der Liebe, die ich zu dir habe, bei all der Liebe, mit der du mich liebst, mach' es wieder gut, bedeut ihn!

WILHELM für sich. Ewiger Gott!

MARIANNE. Sei nicht böse! Er soll auch nicht böse sein. Wir wollen wieder leben wie vorher und immer so fort. – Denn nur mit dir kann ich leben, mit dir allein mag ich leben. Es liegt von jeher in meiner Seele, und dieses hat's herausgeschlagen, gewaltsam herausgeschlagen – Ich liebe nur dich!

WILHELM. Marianne!

MARIANNE. Bester Bruder! Diese Viertelstunde über – ich sag dir nicht, was in meinem Herzen auf und ab gerannt ist. – Es ist mir wie neulich, da es auf dem Markte brannte und erst Rauch und Dampf über alles zog, bis auf einmal das Feuer das Dach hob und das ganze Haus in e i n e r Flamme stand. – Verlaß mich nicht! Stoß mich nicht von dir, Bruder!

WILHELM. Es kann doch nicht immer so bleiben.

MARIANNE. Das eben ängstet mich so! – Ich will dir gern versprechen, nicht zu heiraten, ich will immer für dich sorgen, immer, immer so fort. – Da drüben wohnen so ein paar alte Geschwister zusammen; da denk ich manchmal zum Spaß: wenn du so alt und schrumpflich bist, wenn ihr nur so zusammen seid.

WILHELM, sein Herz haltend, halb für sich. Wenn du das aushältst, bist du nie wieder zu enge!

MARIANNE. Dir ist's nun wohl nicht so; du nimmst doch wohl eine Frau mit der Zeit, und es würde mir immer leid tun, wenn ich sie auch noch so gerne lieben wollte. – Es hat dich niemand so lieb wie ich; es kann dich niemand so lieb haben.

WILHELM versucht zu reden.

MARIANNE. Du bist immer so zurückhaltend, und ich hab's

immer im Munde, dir ganz zu sagen, wie mir's ist, und wag's nicht. Gott sei Dank, daß mir der Zufall die Zunge löst!

WILHELM. Nichts weiter, Marianne!

MARIANNE. Du sollst mich nicht hindern, laß mich alles sagen! Dann will ich in die Küche gehen und tagelang an meiner Arbeit sitzen, nur manchmal dich ansehn, als wollt ich sagen: Du weißt's!

WILHELM stumm in dem Umfange seiner Freuden.

MARIANNE. Du konntest es lang wissen, du weißt's auch, seit dem Tod unserer Mutter, wie ich aufkam aus der Kindheit und immer mit dir war. – Siehe, ich fühle mehr Vergnügen, bei dir zu sein, als Dank für deine mehr als brüderliche Sorgfalt. Und nach und nach nahmst du so mein ganzes Herz, meinen ganzen Kopf ein, daß jetzt noch etwas anders Mühe hat, ein Plätzchen drin zu gewinnen. Ich weiß wohl noch, daß du manchmal lachtest, wenn ich Romane las: es geschah einmal mit der Julie Mandeville, und ich fragte, ob der Heinrich, oder wie er heißt, nicht ausgesehen habe wie du. – Du lachtest – das gefiel mir nicht. Da schwieg ich ein andermal still. Mir war's aber ganz ernsthaft; denn was die liebsten, die besten Menschen waren, die sahen bei mir alle aus wie du. Dich sah ich in den großen Gärten spazieren, und reiten, und reisen, und sich duellieren – – – Sie lacht für sich.

WILHELM. Was ist dir?

MARIANNE. Daß ich's ebenso mehr auch gestehe: wenn eine Dame recht hübsch war und recht gut und recht geliebt – und recht verliebt – das war ich immer selbst. – Nur zuletzt, wenn's an die Entwicklung kam und sie sich nach allen Hindernissen noch heirateten – – Ich bin doch auch gar ein treuherziges, gutes, geschwätziges Ding!

WILHELM. Fahr fort! Weggewendet. Ich muß den Freudenkelch austrinken. Erhalte mich bei Sinnen, Gott im Himmel!

MARIANNE. Unter allem konnt ich am wenigsten leiden, wenn sich ein Paar Leute lieb haben, und endlich kommt heraus, daß sie verwandt sind, oder Geschwister sind – Die Miß Fanny hätt ich verbrennen können! Ich habe so viel geweint! Es ist so ein gar erbärmlich Schicksal! Sie wendet sich und weint bitterlich.

WILHELM auffahrend an ihrem Hals. Marianne! – meine Marianne!

MARIANNE. Wilhelm! nein! nein! Ewig lass' ich dich nicht! Du bist mein! – Ich halte dich! ich kann dich nicht lassen!

Fabrice tritt auf.

MARIANNE. Ha, Fabrice, Sie kommen zur rechten Zeit! Mein Herz ist offen und stark, daß ich's sagen kann. Ich habe Ihnen nichts zugesagt. Sein Sie unser Freund! Heiraten werd' ich Sie nie.

FABRICE kalt und bitter. Ich dacht es, Wilhelm! Wenn du dein ganzes Gewicht auf die Schale legtest, mußt ich zu leicht erfunden werden. Ich komme zurück, daß ich mir vom Herzen schaffe, was doch herunter muß. Ich gebe alle Ansprüche auf und seh', die Sachen haben sich schon gemacht; mir ist wenigstens lieb, daß ich unschuldige Gelegenheit dazu gegeben habe.

WILHELM. Lästre nicht in dem Augenblick, und raube dir nicht ein Gefühl, um das du vergebens in die weite Welt wallfahrtetest! Sieh hier das Geschöpf – sie ist ganz mein – – und sie weiß nicht.

FABRICE, halb spottend. Sie weiß nicht?

MARIANNE. Was weiß ich nicht?

WILHELM. Hier lügen, Fabrice? –

FABRICE getroffen. Sie weiß nicht?

WILHELM. Ich sag's.

FABRICE. Behaltet einander, ihr seid einander wert.

MARIANNE. Was ist das?

WILHELM, ihr um den Hals fallend. Du bist mein, Marianne!

MARIANNE. Gott! was ist das? – Darf ich dir diesen Kuß zurückgeben? – Welch ein Kuß war das, Bruder?

WILHELM. Nicht des zurückhaltenden, kaltscheinenden Bruders, der Kuß eines ewig einzig glücklichen Liebhabers. – Zu ihren Füßen. Marianne, du bist nicht meine Schwester! Charlotte war deine Mutter, nicht meine.

MARIANNE. Du! du!

WILHELM. Dein Geliebter! – Von dem Augenblick an dein Gatte, wenn du ihn nicht verschmähst.

MARIANNE. Sag mir, wie war's möglich? –

FABRICE. Genießt, was euch Gott selbst nur einmal geben kann! Nimm es an, Marianne, und frag nicht! – Ihr werdet noch Zeit genug finden, euch zu erklären.

MARIANNE, ihn ansehend. Nein, es ist nicht möglich.

WILHELM. Meine Geliebte, meine Gattin!

MARIANNE an seinem Hals. Wilhelm, es ist nicht möglich!

# EGMONT

## EIN TRAUERSPIEL IN FÜNF AUFZÜGEN

### PERSONEN

Margarete von Parma, Tochter Karls des Fünften, Regentin der Niederlande
Graf Egmont, Prinz von Gaure
Wilhelm von Oranien
Herzog von Alba
Ferdinand, sein natürlicher Sohn
Machiavell, im Dienste der Regentin
Richard, Egmonts Geheimschreiber
Silva, Gomez } unter Alba dienend
Klärchen, Egmonts Geliebte
Ihre Mutter
Brackenburg, ein Bürgerssohn
Soest, Krämer, Jetter, Schneider, Zimmermann, Seifensieder } Bürger von Brüssel
Buyck, Soldat unter Egmont
Ruysum, Invalide und taub
Vansen, ein Schreiber
Volk, Gefolge, Wachen usw.

Der Schauplatz ist in Brüssel.

## ERSTER AUFZUG

### ARMBRUSTSCHIESSEN

Soldaten und Bürger mit Armbrüsten.

Jetter, Bürger von Brüssel, Schneider, tritt vor und spannt die Armbrust. Soest, Bürger von Brüssel, Krämer.

Soest. Nun schießt nur hin, daß es alle wird! Ihr nehmt mir's doch nicht! Drei Ringe schwarz, die habt Ihr Eure Tage nicht geschossen. Und so wär ich für dies Jahr Meister.

JETTER. Meister und König dazu. Wer mißgönnt's Euch? Ihr sollt dafür auch die Zeche doppelt bezahlen; Ihr sollt Eure Geschicklichkeit bezahlen, wie's recht ist.

Buyck, ein Holländer, Soldat unter Egmont.

BUYCK. Jetter, den Schuß handl ich Euch ab, teile den Gewinst, traktiere die Herren: ich bin so schon lange hier und für viele Höflichkeit Schuldner. Fehl ich, so ist's, als wenn Ihr geschossen hättet.

SOEST. Ich sollte dreinreden: denn eigentlich verlier ich dabei. Doch, Buyck, nur immerhin.

BUYCK schießt. Nun, Pritschmeister, Reverenz! – Eins! Zwei! Drei! Vier!

SOEST. Vier Ringe? Es sei!

ALLE. Vivat, Herr König, hoch! und abermal hoch!

BUYCK. Danke, ihr Herren. Wäre Meister zu viel! Danke für die Ehre.

JETTER. Die habt Ihr Euch selbst zu danken.

Ruysum, ein Friesländer, Invalide und taub.

RUYSUM. Daß ich euch sage!

SOEST. Wie ist's, Alter?

RUYSUM. Daß ich euch sage! – Er schießt wie sein Herr, er schießt wie Egmont.

BUYCK. Gegen ihn bin ich nur ein armer Schlucker. Mit der Büchse trifft er erst, wie keiner in der Welt. Nicht etwa, wenn er Glück oder gute Laune hat; nein! wie er anlegt, immer rein schwarz geschossen. Gelernt habe ich von ihm. Das wäre auch ein Kerl, der bei ihm diente und nichts von ihm lernte! – Nicht zu vergessen, meine Herren! Ein König nährt seine Leute; und so, auf des Königs Rechnung, Wein her!

JETTER. Es ist unter uns ausgemacht, daß jeder –

BUYCK. Ich bin fremd und König, und achte Eure Gesetze und Herkommen nicht.

JETTER. Du bist ja ärger als der Spanier; der hat sie uns doch bisher lassen müssen.

RUYSUM. Was?

SOEST laut. Er will uns gastieren; er will nicht haben, daß wir zusammenlegen und der König nur das Doppelte zahlt.

RUYSUM. Laßt ihn! doch ohne Präjudiz! Das ist auch seines

Herren Art, splendid zu sein und es laufen zu lassen, wo es gedeiht. Sie bringen Wein.

ALLE. Ihro Majestät Wohl! Hoch!

JETTER zu Buyck. Versteht sich: Eure Majestät.

BUYCK. Danke von Herzen, wenn's doch so sein soll.

SOEST. Wohl! Denn unserer spanischen Majestät Gesundheit trinkt nicht leicht ein Niederländer von Herzen.

RUYSUM. Wer?

SOEST laut. Philipps des Zweiten, Königs in Spanien.

RUYSUM. Unser allergnädigster König und Herr! Gott geb ihm langes Leben.

SOEST. Hattet Ihr seinen Herrn Vater, Karl den Fünften, nicht lieber?

RUYSUM. Gott tröst ihn! Das war ein Herr! Er hatte die Hand über den ganzen Erdboden und war euch alles in allem; und wenn er euch begegnete, so grüßt er euch wie ein Nachbar den andern; und wenn ihr erschrocken wart, wußt er mit so guter Manier – Ja, versteht mich – Er ging aus, ritt aus, wie's ihm einkam, gar mit wenig Leuten. Haben wir doch alle geweint, wie er seinem Sohn das Regiment hier abtrat – sagt ich, versteht mich – der ist schon anders, der ist majestätischer.

JETTER. Er ließ sich nicht sehen, da er hier war, als in Prunk und königlichem Staate. Er spricht wenig, sagen die Leute.

SOEST. Es ist kein Herr für uns Niederländer. Unsre Fürsten müssen froh sein wie wir, leben und leben lassen. Wir wollen nicht verachtet noch gedruckt sein, so gutherzige Narren wir auch sind.

JETTER. Der König, denk ich, wäre wohl ein gnädiger Herr, wenn er nur bessere Ratgeber hätte.

SOEST. Nein, nein! Er hat kein Gemüt gegen uns Niederländer, sein Herz ist dem Volke nicht geneigt, er liebt uns nicht; wie können wir ihn wieder lieben? Warum ist alle Welt dem Grafen Egmont so hold? Warum trügen wir ihn alle auf den Händen? Weil man ihm ansieht, daß er uns wohlwill; weil ihm die Fröhlichkeit, das freie Leben, die gute Meinung aus den Augen sieht; weil er nichts besitzt, das er dem Dürftigen nicht mitteilte, auch dem, der's nicht bedarf. Laßt den Grafen Egmont leben! Buyck, an

Euch ist's, die erste Gesundheit zu bringen! Bringt Eures Herrn Gesundheit aus.

BUYCK. Von ganzer Seele denn: Graf Egmont hoch!

RUYSUM. Überwinder bei St. Quintin!

BUYCK. Dem Helden von Gravelingen!

ALLE. Hoch!

RUYSUM. St. Quintin war meine letzte Schlacht. Ich konnte kaum mehr fort, kaum die schwere Büchse mehr schleppen. Hab ich doch den Franzosen noch eins auf den Pelz gebrennt, und da kriegt ich zum Abschied noch einen Streifschuß ans rechte Bein.

BUYCK. Gravelingen! Freunde! da ging's frisch! Den Sieg haben wir allein. Brannten und sengten die welschen Hunde nicht durch ganz Flandern? Aber ich mein', wir trafen sie! Ihre alten handfesten Kerle hielten lange wider, und wir drängten und schossen und hieben, daß sie die Mäuler verzerrten und ihre Linien zuckten. Da ward Egmont das Pferd unter dem Leibe niedergeschossen, und wir stritten lange hinüber herüber, Mann für Mann, Pferd gegen Pferd, Haufe mit Haufe, auf dem breiten flachen Sand an der See hin. Auf einmal kam's, wie vom Himmel herunter, von der Mündung des Flusses, bav! bau! immer mit Kanonen in die Franzosen drein. Es waren Engländer, die unter dem Admiral Malin von ungefähr von Dünkirchen her vorbeifuhren. Zwar viel halfen sie uns nicht; sie konnten nur mit den kleinsten Schiffen herbei, und das nicht nah genug; schossen auch wohl unter uns – Es tat doch gut! Es brach die Welschen und hob unsern Mut. Da ging's rick rack! herüber hinüber! Alles totgeschlagen, alles ins Wasser gesprengt. Und die Kerle ersoffen, wie sie das Wasser schmeckten; und was wir Holländer waren, gerad hintendrein. Uns, die wir beidlebig sind, ward erst wohl im Wasser, wie den Fröschen; und immer die Feinde im Fluß zusammengehauen, weggeschossen wie die Enten. Was nun noch durchbrach, schlugen euch auf der Flucht die Bauerweiber mit Hacken und Mistgabeln tot. Mußte doch die welsche Majestät gleich das Pfötchen reichen und Friede machen. Und den Frieden seid ihr uns schuldig, dem großen Egmont schuldig!

Alle. Hoch! dem großen Egmont hoch! und abermal hoch! und abermal hoch!

Jetter. Hätte man uns den statt der Margrete von Parma zum Regenten gesetzt!

Soest. Nicht so! Wahr bleibt wahr! Ich lasse mir Margareten nicht schelten. Nun ist's an mir. Es lebe unsre gnädge Frau!

Alle. Sie lebe!

Soest. Wahrlich, treffliche Weiber sind in dem Hause. Die Regentin lebe!

Jetter. Klug ist sie, und mäßig in allem, was sie tut; hielte sie's nur nicht so steif und fest mit den Pfaffen. Sie ist doch auch mit schuld, daß wir die vierzehn neuen Bischofsmützen im Lande haben. Wozu die nur sollen? Nicht wahr, daß man Fremde in die guten Stellen einschieben kann, wo sonst Äbte aus den Kapiteln gewählt wurden? Und wir sollen glauben, es sei um der Religion willen. Ja, es hat sich. An drei Bischöfen hatten wir genug: da ging's ehrlich und ordentlich zu. Nun muß doch auch jeder tun, als ob er nötig wäre; und da setzt's allen Augenblick Verdruß und Händel. Und je mehr ihr das Ding rüttelt und schüttelt, desto trüber wird's. Sie trinken.

Soest. Das war nun des Königs Wille; sie kann nichts davon noch dazu tun.

Jetter. Da sollen wir nun die neuen Psalmen nicht singen. Sie sind wahrlich gar schön in Reimen gesetzt und haben recht erbauliche Weisen. Die sollen wir nicht singen, aber Schelmenlieder, so viel wir wollen. Und warum? Es seien Ketzereien drin, sagen sie, und Sachen, Gott weiß. Ich hab ihrer doch auch gesungen; es ist jetzt was Neues, ich hab nichts drin gesehen.

Buyck. Ich wollte sie fragen! In unsrer Provinz singen wir, was wir wollen. Das macht, daß Graf Egmont unser Statthalter ist; der fragt nach so etwas nicht. – In Gent, Ypern, durch ganz Flandern singt sie, wer Belieben hat. Laut. Es ist ja wohl nichts unschuldiger als ein geistlich Lied? Nicht wahr, Vater?

Ruysum. Ei wohl! Es ist ja ein Gottesdienst, eine Erbauung.

Jetter. Sie sagen aber, es sei nicht auf die rechte Art, nicht auf ihre Art; und gefährlich ist's doch immer, da läßt man's lieber sein. Die Inquisitionsdiener schleichen herum und passen auf; mancher ehrliche Mann ist schon unglücklich geworden. Der Gewissenszwang fehlte noch! Da ich nicht tun darf, was ich möchte, können sie mich doch denken und singen lassen, was ich will,

SOEST. Die Inquisition kommt nicht auf. Wir sind nicht gemacht, wie die Spanier, unser Gewissen tyrannisieren zu lassen. Und der Adel muß auch bei Zeiten suchen, ihr die Flügel zu beschneiden.

JETTER. Es ist sehr fatal. Wenn's den lieben Leuten einfällt, in mein Haus zu stürmen, und ich sitz an meiner Arbeit und summe just einen französischen Psalm und denke nichts dabei, weder Gutes noch Böses; ich summe ihn aber, weil er mir in der Kehle ist: gleich bin ich ein Ketzer und werde eingesteckt. Oder ich gehe über Land und bleibe bei einem Haufen Volks stehen, das einem neuen Prediger zuhört, einem von denen, die aus Deutschland gekommen sind: auf der Stelle heiß ich ein Rebell und komme in Gefahr, meinen Kopf zu verlieren. Habt ihr je einen predigen hören?

SOEST. Wackre Leute. Neulich hört ich einen auf dem Felde vor tausend und tausend Menschen sprechen. Das war ein ander Geköch, als wenn unsre auf der Kanzel herumtrommeln und die Leute mit lateinischen Brocken erwürgen. Der sprach von der Leber weg; sagte, wie sie uns bisher hätten bei der Nase herumgeführt, uns in der Dummheit erhalten, und wie wir mehr Erleuchtung haben könnten. – Und das bewies er euch alles aus der Bibel.

JETTER. Da mag doch auch was dran sein. Ich sagt's immer selbst und grübelte so über die Sache nach. Mir ist's lang im Kopf herumgegangen.

BUYCK. Es läuft ihnen auch alles Volk nach.

SOEST. Das glaub ich, wo man was Gutes hören kann und was Neues.

JETTER. Und was ist's denn nun? Man kann ja einen jeden predigen lassen nach seiner Weise.

BUYCK. Frisch, ihr Herren! Über dem Schwätzen vergeßt ihr den Wein und Oranien.

Jetter. Den nicht zu vergessen. Das ist ein rechter Wall: wenn man nur an ihn denkt, meint man gleich, man könne sich hinter ihn verstecken, und der Teufel brächte einen nicht hervor. Hoch! Wilhelm von Oranien, hoch!

Alle. Hoch! Hoch!

Soest. Nun, Alter, bring auch deine Gesundheit!

Ruysum. Alte Soldaten! Alle Soldaten! Es lebe der Krieg!

Buyck. Bravo, Alter! Alle Soldaten! Es lebe der Krieg!

Jetter. Krieg! Krieg! Wißt ihr auch, was ihr ruft? Daß es euch leicht vom Munde geht, ist wohl natürlich; wie lumpig aber unsereinem dabei zumute ist, kann ich nicht sagen. Das ganze Jahr das Getrommel zu hören; und nichts zu hören, als wie da ein Haufen gezogen kommt und dort ein andrer, wie sie über einen Hügel kamen und bei einer Mühle hielten, wieviel da geblieben sind, wieviel dort, und wie sie sich drängen und einer gewinnt, der andere verliert, ohne daß man sein Tage begreift, wer was gewinnt oder verliert. Wie eine Stadt eingenommen wird, die Bürger ermordet werden, und wie's den armen Weibern, den unschuldigen Kindern ergeht. Das ist eine Not und Angst, man denkt jeden Augenblick: „Da kommen sie! Es geht uns auch so."

Soest. Drum muß auch ein Bürger immer in Waffen geübt sein.

Jetter. Ja, es übt sich, wer Frau und Kinder hat. Und doch hör ich noch lieber von Soldaten, als ich sie sehe.

Buyck. Das sollt ich übelnehmen.

Jetter. Auf Euch ist's nicht gesagt, Landsmann. Wie wir die spanischen Besatzungen los waren, holten wir wieder Atem.

Soest. Gelt! die lagen dir am schwersten auf?

Jetter. Vexier Er sich!

Soest. Die hatten scharfe Einquartierung bei dir.

Jetter. Halt dein Maul!

Soest. Sie hatten ihn vertrieben aus der Küche, dem Keller, der Stube – dem Bette. *Sie lachen.*

Jetter. Du bist ein Tropf.

Buyck. Friede, ihr Herren! Muß der Soldat Friede rufen? – Nun da ihr von uns nichts hören wollt, nun bringt auch eure Gesundheit aus, eine bürgerliche Gesundheit.

JETTER. Dazu sind wir bereit! Sicherheit und Ruhe!
SOEST. Ordnung und Freiheit!
BUYCK. Brav! das sind auch wir zufrieden.

Sie stoßen an und wiederholen fröhlich die Worte, doch so, daß jeder ein anders ausruft und es eine Art Kanon wird. Der Alte horcht und fällt endlich auch mit ein.

ALLE. Sicherheit und Ruhe! Ordnung und Freiheit!

## PALAST DER REGENTIN

Margarete von Parma in Jagdkleidern. Hofleute. Pagen. Bediente.

REGENTIN. Ihr stellt das Jagen ab, ich werde heut nicht reiten. Sagt Machiavellen, er soll zu mir kommen. Alle gehen ab.

Der Gedanke an diese schrecklichen Begebenheiten läßt mir keine Ruhe! Nichts kann mich ergetzen, nichts mich zerstreuen; immer sind diese Bilder, diese Sorgen vor mir. Nun wird der König sagen, dies sei'n die Folgen meiner Güte, meiner Nachsicht; und doch sagt mir mein Gewissen, jeden Augenblick das Rätlichste, das Beste getan zu haben. Sollte ich früher mit dem Sturme des Grimmes diese Flammen anfachen und umhertreiben? Ich hoffte, sie zu umstellen, sie in sich selbst zu verschütten. Ja, was ich mir selbst sage, was ich wohl weiß, entschuldigt mich vor mir selbst; aber wie wird es mein Bruder aufnehmen? Denn, ist es zu leugnen? der Übermut der fremden Lehrer hat sich täglich erhöht; sie haben unser Heiligtum gelästert, die stumpfen Sinne des Pöbels zerrüttet und den Schwindelgeist unter sie gebannt. Unreine Geister haben sich unter die Aufrührer gemischt, und schreckliche Taten sind geschehen, die zu denken schauderhaft ist und die ich nun einzeln nach Hofe zu berichten habe, schnell und einzeln, damit mir der allgemeine Ruf nicht zuvorkomme, damit der König nicht denke, man wolle noch mehr verheimlichen. Ich sehe kein Mittel, weder strenges noch gelindes, dem Übel zu steuern. O was sind wir Großen auf der Woge der Menschheit? Wir glauben sie zu beherrschen, und sie treibt uns auf und nieder, hin und her.

Machiavell tritt auf.

REGENTIN. Sind die Briefe an den König aufgesetzt?

MACHIAVELL. In einer Stunde werdet Ihr sie unterschreiben können.

REGENTIN. Habt Ihr den Bericht ausführlich genug gemacht?

MACHIAVELL. Ausführlich und umständlich, wie es der König liebt. Ich erzähle, wie zuerst um St. Omer die bilderstürmerische Wut sich zeigt. Wie eine rasende Menge, mit Stäben, Beilen, Hämmern, Leitern, Stricken versehen, von wenig Bewaffneten begleitet, erst Kapellen, Kirchen und Klöster anfallen, die Andächtigen verjagen, die verschlossenen Pforten aufbrechen, alles umkehren, die Altäre niederreißen, die Statuen der Heiligen zerschlagen, alle Gemälde verderben, alles, was sie nur Geweihtes, Geheiligtes antreffen, zerschmettern, zerreißen, zertreten. Wie sich der Haufe unterwegs vermehrt, die Einwohner von Ypern ihnen die Tore eröffnen. Wie sie den Dom mit unglaublicher Schnelle verwüsten, die Bibliothek des Bischofs verbrennen. Wie eine große Menge Volks, von gleichem Unsinn ergriffen, sich über Menin, Comines, Verwich, Lille verbreitet, nirgend Widerstand findet, und wie fast durch ganz Flandern in Einem Augenblicke die ungeheure Verschwörung sich erklärt und ausgeführt ist.

REGENTIN. Ach, wie ergreift mich aufs neue der Schmerz bei deiner Wiederholung! Und die Furcht gesellt sich dazu, das Übel werde nur größer und größer werden. Sagt mir Eure Gedanken, Machiavell!

MACHIAVELL. Verzeihen Eure Hoheit, meine Gedanken sehen Grillen so ähnlich; und wenn Ihr auch immer mit meinen Diensten zufrieden wart, habt Ihr doch selten meinem Rat folgen mögen. Ihr sagtet oft im Scherze: „Du siehst zu weit, Machiavell! Du solltest Geschichtschreiber sein: wer handelt, muß fürs Nächste sorgen." Und doch, habe ich diese Geschichte nicht vorauserzählt? Hab ich nicht alles vorausgesehen?

REGENTIN. Ich sehe auch viel voraus, ohne es ändern zu können.

MACHIAVELL. Ein Wort für tausend: Ihr unterdrückt die

neue Lehre nicht. Laßt sie gelten, sondert sie von den Rechtgläubigen, gebt ihnen Kirchen, faßt sie in die bürgerliche Ordnung, schränkt sie ein; und so habt ihr die Aufrührer auf einmal zur Ruhe gebracht. Jede andern Mittel sind vergeblich, und Ihr verheert das Land.

REGENTIN. Hast du vergessen, mit welchem Abscheu mein Bruder selbst die Frage verwarf, ob man die neue Lehre dulden könne? Weißt du nicht, wie er mir in jedem Briefe die Erhaltung des wahren Glaubens aufs eifrigste empfiehlt? daß er Ruhe und Einigkeit auf Kosten der Religion nicht hergestellt wissen will? Hält er nicht selbst in den Provinzen Spione, die wir nicht kennen, um zu erfahren, wer sich zu der neuen Meinung hinüberneigt? Hat er nicht zu unsrer Verwunderung uns diesen und jenen genannt, der sich in unsrer Nähe heimlich der Ketzerei schuldig machte? Befiehlt er nicht Strenge und Schärfe? Und ich soll gelind sein? ich soll Vorschläge tun, daß er nachsehe, daß er dulde? Würde ich nicht alles Vertrauen, allen Glauben bei ihm verlieren?

MACHIAVELL. Ich weiß wohl; der König befiehlt, er läßt Euch seine Absichten wissen. Ihr sollt Ruhe und Friede wieder herstellen durch ein Mittel, das die Gemüter noch mehr erbittert, das den Krieg unvermeidlich an allen Enden anblasen wird. Bedenkt, was Ihr tut! Die größten Kaufleute sind angesteckt, der Adel, das Volk, die Soldaten. Was hilft es, auf seinen Gedanken beharren, wenn sich um uns alles ändert? Möchte doch ein guter Geist Philippen eingeben, daß es einem Könige anständiger ist, Bürger zweierlei Glaubens zu regieren, als sie durch einander aufzureiben.

REGENTIN. Solch ein Wort nie wieder! Ich weiß wohl, daß Politik selten Treu und Glauben halten kann, daß sie Offenheit, Gutherzigkeit, Nachgiebigkeit aus unsern Herzen ausschließt. In weltlichen Geschäften ist das leider nur zu wahr; sollen wir aber auch mit Gott spielen, wie untereinander? Sollen wir gleichgültig gegen unsre bewährte Lehre sein, für die so viele ihr Leben aufgeopfert haben? Die sollten wir hingeben an hergelaufne, ungewisse, sich selbst widersprechende Neuerungen?

MACHIAVELL. Denkt nur deswegen nicht übler von mir!

REGENTIN. Ich kenne dich und deine Treue, und weiß, daß einer ein ehrlicher und verständiger Mann sein kann, wenn er gleich den nächsten, besten Weg zum Heil seiner Seele verfehlt hat. Es sind noch andere, Machiavell, Männer, die ich schätzen und tadeln muß.

MACHIAVELL. Wen bezeichnet Ihr mir?

REGENTIN. Ich kann es gestehen, daß mir Egmont heute einen recht innerlichen tiefen Verdruß erregte.

MACHIAVELL. Durch welches Betragen?

REGENTIN. Durch sein gewöhnliches, durch Gleichgültigkeit und Leichtsinn. Ich erhielt die schreckliche Botschaft, eben als ich, von vielen und ihm begleitet, aus der Kirche ging. Ich hielt meinen Schmerz nicht an, beklagte mich laut und rief, indem ich mich zu ihm wendete: „Seht, was in Eurer Provinz entsteht! Das duldet Ihr, Graf, von dem der König sich alles versprach?"

MACHIAVELL. Und was antwortete er?

REGENTIN. Als wenn es nichts, als wenn es eine Nebensache wäre, versetzte er: „Wären nur erst die Niederländer über ihre Verfassung beruhigt! Das übrige würde sich leicht geben."

MACHIAVELL. Vielleicht hat er wahrer als klug und fromm gesprochen. Wie soll Zutrauen entstehen und bleiben, wenn der Niederländer sieht, daß es mehr um seine Besitztümer als um sein Wohl, um seiner Seele Heil zu tun ist? Haben die neuen Bischöfe mehr Seelen gerettet als fette Pfründen geschmaust, und sind es nicht meist Fremde? Noch werden alle Statthalterschaften mit Niederländern besetzt; lassen sich es die Spanier nicht zu deutlich merken, daß sie die größte, unwiderstehlichste Begierde nach diesen Stellen empfinden? Will ein Volk nicht lieber nach seiner Art von den Seinigen regieret werden, als von Fremden, die erst im Lande sich wieder Besitztümer auf Unkosten aller zu erwerben suchen, die einen fremden Maßstab mitbringen und unfreundlich und ohne Teilnehmung herrschen?

REGENTIN. Du stellst dich auf die Seite der Gegner.

MACHIAVELL. Mit dem Herzen gewiß nicht; und wollte, ich könnte mit dem Verstande ganz auf der unsrigen sein.

REGENTIN. Wenn du so willst, so tät es not, ich träte ihnen meine Regentschaft ab; denn Egmont und Oranien machten sich große Hoffnung, diesen Platz einzunehmen. Damals waren sie Gegner; jetzt sind sie gegen mich verbunden, sind Freunde, unzertrennliche Freunde geworden.

MACHIAVELL. Ein gefährliches Paar!

REGENTIN. Soll ich aufrichtig reden: ich fürchte Oranien, und ich fürchte für Egmont. Oranien sinnt nichts Gutes, seine Gedanken reichen in die Ferne, er ist heimlich, scheint alles anzunehmen, widerspricht nie, und in tiefster Ehrfurcht, mit größter Vorsicht tut er, was ihm beliebt.

MACHIAVELL. Recht im Gegenteil geht Egmont einen freien Schritt, als wenn die Welt ihm gehörte.

REGENTIN. Er trägt das Haupt so hoch, als wenn die Hand der Majestät nicht über ihm schwebte.

MACHIAVELL. Die Augen des Volks sind alle nach ihm gerichtet, und die Herzen hängen an ihm.

REGENTIN. Nie hat er einen Schein vermieden; als wenn niemand Rechenschaft von ihm zu fordern hätte. Noch trägt er den Namen Egmont. „Graf Egmont" freut ihn sich nennen zu hören; als wollte er nicht vergessen, daß seine Vorfahren Besitzer von Geldern waren. Warum nennt er sich nicht Prinz von Gaure, wie es ihm zukommt? Warum tut er das? Will er erloschne Rechte wieder geltend machen?

MACHIAVELL. Ich halte ihn für einen treuen Diener des Königs.

REGENTIN. Wenn er wollte, wie verdient könnte er sich um die Regierung machen; anstatt daß er uns schon, ohne sich zu nutzen, unsäglichen Verdruß gemacht hat. Seine Gesellschaften, Gastmahle und Gelage haben den Adel mehr verbunden und verknüpft als die gefährlichsten heimlichen Zusammenkünfte. Mit seinen Gesundheiten haben die Gäste einen dauernden Rausch, einen nie sich verziehenden Schwindel geschöpft. Wie oft setzt er durch seine Scherzreden die Gemüter des Volks in Bewegung, und wie stutzte der Pöbel über die neuen Livreen, über die törichten Abzeichen der Bedienten!

MACHIAVELL. Ich bin überzeugt, es war ohne Absicht.

REGENTIN. Schlimm genug. Wie ich sage: er schadet uns und nützt sich nicht. Er nimmt das Ernstliche scherzhaft; und wir, um nicht müßig und nachlässig zu scheinen, müssen das Scherzhafte ernstlich nehmen. So hetzt eins das andre; und was man abzuwenden sucht, das macht sich erst recht. Er ist gefährlicher als ein entschiednes Haupt einer Verschwörung; und ich müßte mich sehr irren, wenn man ihm bei Hofe nicht alles gedenkt. Ich kann nicht leugnen, es vergeht wenig Zeit, daß er mich nicht empfindlich, sehr empfindlich macht.

MACHIAVELL. Er scheint mir in allem nach seinem Gewissen zu handeln.

REGENTIN. Sein Gewissen hat einen gefälligen Spiegel. Sein Betragen ist oft beleidigend. Er sieht oft aus, als wenn er in der völligen Überzeugung lebe, er sei Herr und wolle es uns nur aus Gefälligkeit nicht fühlen lassen, wolle uns so gerade nicht zum Lande hinausjagen; es werde sich schon geben.

MACHIAVELL. Ich bitte Euch, legt seine Offenheit, sein glückliches Blut, das alles Wichtige leicht behandelt, nicht zu gefährlich aus. Ihr schadet nur ihm und Euch.

REGENTIN. Ich lege nichts aus. Ich spreche nur von den unvermeidlichen Folgen, und ich kenne ihn. Sein niederländischer Adel und sein Golden Vlies vor der Brust stärken sein Vertrauen, seine Kühnheit. Beides kann ihn vor einem schnellen, willkürlichen Unmut des Königs schützen. Untersuch es genau: an dem ganzen Unglück, das Flandern trifft, ist er doch nur allein schuld. Er hat zuerst den fremden Lehrern nachgesehn, hat's so genau nicht genommen und vielleicht sich heimlich gefreut, daß wir etwas zu schaffen hatten. Laß mich nur! was ich auf dem Herzen habe, soll bei dieser Gelegenheit davon. Und ich will die Pfeile nicht umsonst verschießen; ich weiß, wo er empfindlich ist. Er ist auch empfindlich.

MACHIAVELL. Habt Ihr den Rat zusammenberufen lassen? Kommt Oranien auch?

REGENTIN. Ich habe nach Antwerpen um ihn geschickt. Ich will ihnen die Last der Verantwortung nahe genug zuwälzen; sie sollen sich mit mir dem Übel ernstlich entgegensetzen oder sich auch als Rebellen erklären. Eile, daß die Briefe fertig werden, und bringe mir sie zur Unterschrift! Dann sende schnell den bewährten Vaska nach Madrid; er ist unermüdet und treu; daß mein Bruder zuerst durch ihn die Nachricht erfahre, daß der Ruf ihn nicht übereile. Ich will ihn selbst noch sprechen, eh er abgeht.

MACHIAVELL. Eure Befehle sollen schnell und genau befolgt werden.

## BÜRGERHAUS

Klare. Klarens Mutter. Brackenburg.

KLARE. Wollt Ihr mir nicht das Garn halten, Brackenburg?

BRACKENBURG. Ich bitt Euch, verschont mich, Klärchen!

KLARE. Was habt Ihr wieder? Warum versagt Ihr mir diesen kleinen Liebesdienst?

BRACKENBURG. Ihr bannt mich mit dem Zwirn so fest vor Euch hin, ich kann Euern Augen nicht ausweichen.

KLARE. Grillen! Kommt und haltet!

MUTTER, *im Sessel strickend.* Singt doch eins! Brackenburg sekundiert so hübsch. Sonst wart ihr lustig, und ich hatte immer was zu lachen.

BRACKENBURG. Sonst.

KLARE. Wir wollen singen.

BRACKENBURG. Was Ihr wollt.

KLARE. Nur hübsch munter und frisch weg! Es ist ein Soldatenliedchen, mein Leibstück.

*Sie wickelt Garn und singt mit Brackenburg:*

Die Trommel gerühret!
Das Pfeifchen gespielt!
Mein Liebster gewaffnet
Dem Haufen befiehlt,
Die Lanze hoch führet,
Die Leute regieret.
Wie klopft mir das Herze!
Wie wallt mir das Blut!
O hätt ich ein Wämslein
Und Hosen und Hut!

Ich folgt ihm zum Tor 'naus
Mit mutigem Schritt,
Ging durch die Provinzen,
Ging überall mit.
Die Feinde schon weichen,
Wir schießen hinterdrein!
Welch Glück sondergleichen,
Ein Mannsbild zu sein!

Brackenburg hat unter dem Singen Klärchen oft angesehen; zuletzt bleibt ihm die Stimme stocken, die Tränen kommen ihm in die Augen, er läßt den Strang fallen und geht ans Fenster. Klärchen singt das Lied allein aus, die Mutter winkt ihr halb unwillig, sie steht auf, geht einige Schritte nach ihm hin, kehrt halb unschlüssig wieder um und setzt sich.

MUTTER. Was gibt's auf der Gasse, Brackenburg? Ich höre marschieren.

BRACKENBURG. Es ist die Leibwache der Regentin.

KLARE. Um diese Stunde? was soll das bedeuten? Sie steht auf und geht an das Fenster zu Brackenburg. Das ist nicht die tägliche Wache, das sind weit mehr! Fast alle ihre Haufen. O Brackenburg, geht! hört einmal, was es gibt? Es muß etwas Besonderes sein. Geht, guter Brackenburg, tut mir den Gefallen!

BRACKENBURG. Ich gehe! Ich bin gleich wieder da! Er reicht ihr abgehend die Hand; sie gibt ihm die ihrige.

MUTTER. Du schickst ihn schon wieder weg!

KLARE. Ich bin neugierig; und auch, verdenkt mir's nicht, seine Gegenwart tut mir weh. Ich weiß immer nicht, wie ich mich gegen ihn betragen soll. Ich habe unrecht gegen ihn, und mich nagt's am Herzen, daß er es so lebendig fühlt. – Kann ich's doch nicht ändern!

MUTTER. Es ist ein so treuer Bursche.

KLARE. Ich kann's auch nicht lassen, ich muß ihm freundlich begegnen. Meine Hand drückt sich oft unversehens zu, wenn die seine mich so leise, so liebevoll anfaßt. Ich mache mir Vorwürfe, daß ich ihn betrüge, daß ich in seinem Herzen eine vergebliche Hoffnung nähre. Ich bin übel dran. Weiß Gott, ich betrüg ihn nicht. Ich will nicht, daß er hoffen soll, und ich kann ihn doch nicht verzweifeln lassen.

MUTTER. Das ist nicht gut.

KLARE. Ich hatte ihn gern und will ihm auch noch wohl in der Seele. Ich hätte ihn heiraten können und glaube, ich war nie in ihn verliebt.

MUTTER. Glücklich wärst du immer mit ihm gewesen.

KLARE. Wäre versorgt und hätte ein ruhiges Leben.

MUTTER. Und das ist alles durch deine Schuld verscherzt.

KLARE. Ich bin in einer wunderlichen Lage. Wenn ich so nachdenke, wie es gegangen ist, weiß ich's wohl und weiß es nicht. Und dann darf ich Egmont nur wieder ansehen, wird mir alles sehr begreiflich, ja, wäre mir weit mehr begreiflich. Ach, was ist's ein Mann! Alle Provinzen beten ihn an, und ich in seinem Arm sollte nicht das glücklichste Geschöpf von der Welt sein?

MUTTER. Wie wird's in der Zukunft werden?

KLARE. Ach, ich frage nur, ob er mich liebt; und ob er mich liebt, ist das eine Frage?

MUTTER. Man hat nichts als Herzensangst mit seinen Kindern. Wie das ausgehen wird! Immer Sorge und Kummer! Es geht nicht gut aus! Du hast dich unglücklich gemacht! mich unglücklich gemacht.

KLARE *gelassen.* Ihr ließet es doch im Anfange.

MUTTER. Leider war ich zu gut, bin immer zu gut.

KLARE. Wenn Egmont vorbeiritt und ich ans Fenster lief, schaltet Ihr mich da? Tratet Ihr nicht selbst ans Fenster? Wenn er heraufsah, lächelte, nickte, mich grüßte: war es Euch zuwider? Fandet Ihr Euch nicht selbst in Eurer Tochter geehrt?

MUTTER. Mache mir noch Vorwürfe!

KLARE *gerührt.* Wenn er nun öfter die Straße kam und wir wohl fühlten, daß er um meinetwillen den Weg machte, bemerktet Ihr's nicht selbst mit heimlicher Freude? Rieft Ihr mich ab, wenn ich hinter den Scheiben stand und ihn erwartete?

MUTTER. Dachte ich, daß es so weit kommen sollte?

KLARE *mit stockender Stimme und zurückgehaltenen Tränen.* Und wie er uns abends, in den Mantel eingehüllt, bei der Lampe überraschte, wer war geschäftig, ihn zu empfangen, da ich auf meinem Stuhl wie angekettet und staunend sitzen blieb?

MUTTER. Und konnte ich fürchten, daß diese unglückliche Liebe das kluge Klärchen so bald hinreißen würde? Ich muß es nun tragen, daß meine Tochter –

KLARE mit ausbrechenden Tränen. Mutter! Ihr wollt's nun! Ihr habt Eure Freude, mich zu ängstigen.

MUTTER weinend. Weine noch gar! mache mich noch elender durch deine Betrübnis! Ist mir's nicht Kummer genug, daß meine einzige Tochter ein verworfenes Geschöpf ist?

KLARE aufstehend und kalt. Verworfen! Egmonts Geliebte verworfen? – Welche Fürstin neidete nicht das arme Klärchen um den Platz an seinem Herzen! O Mutter – meine Mutter, so redetet Ihr sonst nicht. Liebe Mutter, seid gut! – Das Volk, was das denkt, die Nachbarinnen, was die murmeln – Diese Stube, dieses kleine Haus ist ein Himmel, seit Egmonts Liebe drin wohnt.

MUTTER. Man muß ihm hold sein! das ist wahr. Er ist immer so freundlich, frei und offen.

KLARE. Es ist keine falsche Ader an ihm. Seht, Mutter, und er ist doch der große Egmont. Und wenn er zu mir kommt, wie er so lieb ist, so gut! wie er mir seinen Stand, seine Tapferkeit gerne verbärge! wie er um mich besorgt ist! so nur Mensch, nur Freund, nur Liebster.

MUTTER. Kommt er wohl heute?

KLARE. Habt Ihr mich nicht oft ans Fenster gehen sehn? Habt Ihr nicht bemerkt, wie ich horche, wenn's an der Tür rauscht? – Ob ich schon weiß, daß er vor Nacht nicht kommt, vermut ich ihn doch jeden Augenblick, von morgens an, wenn ich aufstehe. Wär ich nur ein Bube und könnte immer mit ihm gehen, zu Hofe und überall hin! Könnt ihm die Fahne nachtragen in der Schlacht!

MUTTER. Du warst immer so ein Springinsfeld; als ein kleines Kind schon, bald toll, bald nachdenklich. Ziehst du dich nicht ein wenig besser an?

KLARE. Vielleicht, Mutter! wenn ich Langeweile habe. – Gestern, denkt, gingen von seinen Leuten vorbei und sangen Lobliedchen auf ihn. Wenigstens war sein Name in den Liedern! das übrige konnte ich nicht verstehn. Das Herz schlug mir bis an den Hals. – Ich hätte sie gern zurückgerufen, wenn ich mich nicht geschämt hätte.

MUTTER. Nimm dich in acht! Dein heftiges Wesen verdirbt noch alles; du verrätst dich offenbar vor den Leuten. Wie neulich bei dem Vetter, wie du den Holzschnitt und die Beschreibung fandst und mit einem Schrei riefst: Graf Egmont! – Ich ward feuerrot.

KLARE. Hätt ich nicht schreien sollen? Es war die Schlacht bei Gravelingen, und ich finde oben im Bilde den Buchstaben C. und suche unten in der Beschreibung C. Steht da: „Graf Egmont, dem das Pferd unter dem Leibe totgeschossen wird." Mich überlief's – und hernach mußt ich lachen über den holzgeschnitzten Egmont, der so groß war als der Turm von Gravelingen gleich dabei und die englischen Schiffe an der Seite. – Wenn ich mich manchmal erinnere, wie ich mir sonst eine Schlacht vorgestellt, und was ich mir als Mädchen für ein Bild vom Grafen Egmont machte, wenn sie von ihm erzählten, und von allen Grafen und Fürsten – und wie mir's jetzt ist!

Brackenburg kommt.

KLARE. Wie steht's?

BRACKENBURG. Man weiß nichts Gewisses. In Flandern soll neuerdings ein Tumult entstanden sein; die Regentin soll besorgen, er möchte sich hieher verbreiten. Das Schloß ist stark besetzt, die Bürger sind zahlreich an den Toren, das Volk summt in den Gassen. – Ich will nur schnell zu meinem alten Vater. Als wollt er gehen.

KLARE. Sieht man Euch morgen? Ich will mich ein wenig anziehen. Der Vetter kommt, und ich sehe gar zu liederlich aus. Helft mir einen Augenblick, Mutter! – Nehmt das Buch mit, Brackenburg, und bringt mir wieder so eine Historie!

MUTTER. Lebt wohl.

BRACKENBURG, seine Hand reichend. Eure Hand!

KLARE, ihre Hand versagend. Wenn Ihr wiederkommt.

Mutter und Tochter ab.

BRACKENBURG allein. Ich hatte mir vorgenommen, gerade wieder fortzugehn, und da sie es dafür aufnimmt und mich gehen läßt, möcht ich rasend werden. – Unglücklicher! und dich rührt deines Vaterlandes Geschick nicht? der wachsende Tumult nicht? – und gleich ist dir Landsmann oder Spanier, und wer regiert und wer recht hat? – War ich doch ein andrer Junge als Schulknabe! – Wenn da ein Exerzitium aufgegeben war: „Brutus' Rede für die Freiheit, zur Übung der Redekunst", da war doch immer Fritz der Erste, und der Rektor sagte: Wenn's nur ordentlicher wäre, nur nicht alles so übereinander gestolpert. – Damals kocht es und trieb! – Jetzt schlepp ich mich an den Augen des Mädchens so hin. Kann ich sie doch nicht lassen! Kann sie mich doch nicht lieben! – Ach – Nein – Sie – Sie kann mich nicht ganz verworfen haben – – Nicht ganz – und halb und nichts! – Ich duld es nicht länger! – – Sollte es wahr sein, was mir ein Freund neulich ins Ohr sagte? daß sie nachts einen Mann heimlich zu sich einläßt, da sie mich züchtig immer vor Abend aus dem Hause treibt. Nein, es ist nicht wahr, es ist eine Lüge, eine schändliche verleumderische Lüge! Klärchen ist so unschuldig, als ich unglücklich bin. – Sie hat mich verworfen, hat mich von ihrem Herzen gestoßen – – Und ich soll so fortleben? Ich duld, ich duld es nicht. – – Schon wird mein Vaterland von innerm Zwiste heftiger bewegt, und ich sterbe unter dem Getümmel nur ab! Ich duld es nicht! – Wenn die Trompete klingt, ein Schuß fällt, mir fährt's durch Mark und Bein! Ach, es reizt mich nicht! es fordert mich nicht, auch mit einzugreifen, mit zu retten, zu wagen. – Elender, schimpflicher Zustand! Es ist besser, ich end auf einmal. Neulich stürzt ich mich ins Wasser, ich sank – aber die geängstete Natur war stärker; ich fühlte, daß ich schwimmen konnte, und rettete mich wider Willen. – – Könnt ich der Zeiten vergessen, da sie mich liebte, mich zu lieben schien! – Warum hat mir's Mark und Bein durchdrungen, das Glück? Warum haben mir diese Hoffnungen allen Genuß des Lebens aufgezehrt, indem sie mir ein Paradies von weitem zeigten? – Und jener erste Kuß! Jener einzige! – Hier, *die Hand auf den Tisch legend* hier waren wir allein – sie war immer gut und freundlich gegen mich gewesen – da schien sie sich zu erweichen – sie sah mich an – alle Sinnen gingen mir um, und ich fühlte ihre Lippen auf den meinigen. – Und – und nun? – Stirb, Armer! Was zauderst du? *Er zieht ein Fläschchen aus der*

Tasche. Ich will dich nicht umsonst aus meines Bruders Doktorkästchen gestohlen haben, heilsames Gift! Du sollst mir dieses Bangen, diese Schwindel, diese Todesschweiße auf einmal verschlingen und lösen.

## ZWEITER AUFZUG

### PLATZ IN BRÜSSEL

Jetter und ein Zimmermeister treten zusammen.

ZIMMERMEISTER. Sagt ich's nicht voraus? Noch vor acht Tagen auf der Zunft sagt ich, es würde schwere Händel geben.

JETTER. Ist's denn wahr, daß sie die Kirchen in Flandern geplündert haben?

ZIMMERMEISTER. Ganz und gar zugrunde gerichtet haben sie Kirchen und Kapellen. Nichts als die vier nackten Wände haben sie stehen lassen. Lauter Lumpengesindel! Und das macht unsre gute Sache schlimm. Wir hätten eher, in der Ordnung, und standhaft, unsere Gerechtsame der Regentin vortragen und drauf halten sollen. Reden wir jetzt, versammeln wir uns jetzt, so heißt es, wir gesellen uns zu den Aufwieglern.

JETTER. Ja, so denkt jeder zuerst: was sollst du mit deiner Nase voran? hängt doch der Hals gar nah damit zusammen.

ZIMMERMEISTER. Mir ist's bange, wenn's einmal unter dem Pack zu lärmen anfängt, unter dem Volk, das nichts zu verlieren hat. Die brauchen das zum Vorwande, worauf wir uns auch berufen müssen, und bringen das Land in Unglück.

Soest tritt dazu.

SOEST. Guten Tag, ihr Herrn! Was gibt's Neues? Ist's wahr, daß die Bilderstürmer gerade hierher ihren Lauf nehmen?

ZIMMERMEISTER. Hier sollen sie nichts anrühren.

SOEST. Es trat ein Soldat bei mir ein, Tobak zu kaufen; den fragt ich aus. Die Regentin, so eine wackre kluge Frau sie bleibt, diesmal ist sie außer Fassung. Es muß sehr arg sein, daß sie sich so geradezu hinter ihre Wache versteckt. Die

Burg ist scharf besetzt. Man meint sogar, sie wolle aus der Stadt flüchten.

ZIMMERMEISTER. Hinaus soll sie nicht! Ihre Gegenwart beschützt uns, und wir wollen ihr mehr Sicherheit verschaffen als ihre Stutzbärte. Und wenn sie uns unsere Rechte und Freiheiten aufrecht erhält, so wollen wir sie auf den Händen tragen.

*Seifensieder tritt dazu.*

SEIFENSIEDER. Garstige Händel! Üble Händel! Es wird unruhig und geht schief aus! – Hütet euch, daß ihr stille bleibt, daß man euch nicht auch für Aufwiegler hält.

SOEST. Da kommen die sieben Weisen aus Griechenland.

SEIFENSIEDER. Ich weiß, da sind viele, die es heimlich mit den Calvinisten halten, die auf die Bischöfe lästern, die den König nicht scheuen. Aber ein treuer Untertan, ein aufrichtiger Katholike –

*Es gesellt sich nach und nach allerlei Volk zu ihnen und horcht.*

*Vansen tritt dazu.*

VANSEN. Gott grüß euch Herren! Was Neues?

ZIMMERMEISTER. Gebt euch mit dem nicht ab, das ist ein schlechter Kerl.

JETTER. Ist es nicht der Schreiber beim Doktor Wiets?

ZIMMERMEISTER. Er hat schon viele Herren gehabt. Erst war er Schreiber, und wie ihn ein Patron nach dem andern fortjagte, Schelmstreiche halber, pfuscht er jetzt Notaren und Advokaten ins Handwerk, und ist ein Branntweinzapf.

*Es kommt mehr Volk zusammen und steht truppweise.*

VANSEN. Ihr seid auch versammelt, steckt die Köpfe zusammen. Es ist immer redenswert.

SOEST. Ich denk auch.

VANSEN. Wenn jetzt einer oder der andere Herz hätte, und einer oder der andere den Kopf dazu, wir könnten die spanischen Ketten auf einmal sprengen.

SOEST. Herre! So müßt Ihr nicht reden! Wir haben dem König geschworen.

VANSEN. Und der König uns. Merkt das!

JETTER. Das läßt sich hören! Sagt Eure Meinung!

EINIGE ANDERE. Horch, der versteht's! Der hat Pfiffe.

VANSEN. Ich hatte einen alten Patron, der besaß Pergamente

und Briefe von uralten Stiftungen, Kontrakten und Gerechtigkeiten; er hielt auf die rarsten Bücher. In einem stand unsere ganze Verfassung: wie uns Niederländer zuerst einzelne Fürsten regierten, alles nach hergebrachten Rechten, Privilegien und Gewohnheiten; wie unsre Vorfahren alle Ehrfurcht für ihren Fürsten gehabt, wenn er sie regiert, wie er sollte; und wie sie sich gleich vorsahen, wenn er über die Schnur hauen wollte. Die Staaten waren gleich hinterdrein: denn jede Provinz, so klein sie war, hatte ihre Staaten, ihre Landstände.

ZIMMERMEISTER. Haltet Euer Maul! das weiß man lange! Ein jeder rechtschaffene Bürger ist, soviel er braucht, von der Verfassung unterrichtet.

JETTER. Laßt ihn reden; man erfährt immer etwas mehr.

SOEST. Er hat ganz recht.

MEHRERE. Erzählt! erzählt! So was hört man nicht alle Tage.

VANSEN. So seid ihr Bürgersleute! Ihr lebt nur so in den Tag hin; und wie ihr euer Gewerb von euern Eltern überkommen habt, so laßt ihr auch das Regiment über euch schalten und walten, wie es kann und mag. Ihr fragt nicht nach dem Herkommen, nach der Historie, nach dem Recht eines Regenten; und über das Versäumnis haben euch die Spanier das Netz über die Ohren gezogen.

SOEST. Wer denkt dadran? wenn einer nur das tägliche Brot hat.

JETTER. Verflucht! Warum tritt auch keiner in Zeiten auf und sagt einem so etwas?

VANSEN. Ich sag es euch jetzt. Der König in Spanien, der die Provinzen durch gut Glück zusammen besitzt, darf doch nicht drin schalten und walten, anders als die kleinen Fürsten, die sie ehemals einzeln besaßen. Begreift ihr das?

JETTER. Erklärt's uns!

VANSEN. Es ist so klar als die Sonne. Müßt ihr nicht nach euern Landrechten gerichtet werden? Woher käme das?

EIN BÜRGER. Wahrlich!

VANSEN. Hat der Brüsseler nicht ein ander Recht als der Antwerper? der Antwerper als der Genter? Woher käme denn das?

ANDERER BÜRGER. Bei Gott!

VANSEN. Aber wenn ihr's so fortlaufen laßt, wird man's euch bald anders weisen. Pfui! Was Karl der Kühne, Friedrich der Krieger, Karl der Fünfte nicht konnten, das tut nun Philipp durch ein Weib.

SOEST. Ja ja! Die alten Fürsten haben's auch schon probiert.

VANSEN. Freilich! – Unsere Vorfahren paßten auf. Wie sie einem Herrn gram wurden, fingen sie ihm etwa seinen Sohn und Erben weg, hielten ihn bei sich und gaben ihn nur auf die besten Bedingungen heraus. Unsere Väter waren Leute! Die wußten, was ihnen nütz war! Die wußten etwas zu fassen und festzusetzen! Rechte Männer! Dafür sind aber auch unsere Privilegien so deutlich, unsere Freiheiten so versichert.

SEIFENSIEDER. Was sprecht Ihr von Freiheiten?

DAS VOLK. Von unsern Freiheiten, von unsern Privilegien! Erzählt noch was von unsern Privilegien!

VANSEN. Wir Brabanter besonders, obgleich alle Provinzen ihre Vorteile haben, wir sind am herrlichsten versehen. Ich habe alles gelesen.

SOEST. Sagt an!

JETTER. Laßt hören!

EIN BÜRGER. Ich bitt Euch.

VANSEN. Erstlich geschrieben: Der Herzog von Brabant soll uns ein guter und getreuer Herr sein.

SOEST. Gut? Steht das so?

JETTER. Getreu? Ist das wahr?

VANSEN. Wie ich euch sage. Er ist uns verpflichtet, wie wir ihm. Zweitens: Er soll keine Macht oder eignen Willen an uns beweisen, merken lassen, oder gedenken zu gestatten, auf keinerlei Weise.

JETTER. Schön! Schön! nicht beweisen.

SOEST. Nicht merken lassen.

EIN ANDERER. Und nicht gedenken zu gestatten! Das ist der Hauptpunkt. Niemanden gestatten, auf keinerlei Weise.

VANSEN. Mit ausdrücklichen Worten.

JETTER. Schafft uns das Buch!

EIN BÜRGER. Ja, wir müssen's haben.

ANDERE. Das Buch! das Buch!

EIN ANDERER. Wir wollen zu der Regentin gehen mit dem Buche.

EIN ANDERER. Ihr sollt das Wort führen, Herr Doktor!

SEIFENSIEDER. O die Tröpfe!

ANDERE. Noch etwas aus dem Buche!

SEIFENSIEDER. Ich schlage ihm die Zähne in den Hals, wenn er noch ein Wort sagt.

DAS VOLK. Wir wollen sehen, wer ihm etwas tut. Sagt uns was von den Privilegien! Haben wir noch mehr Privilegien?

VANSEN. Mancherlei, und sehr gute, sehr heilsame. Da steht auch: Der Landsherr soll den geistlichen Stand nicht verbessern oder mehren, ohne Verwilligung des Adels und der Stände! Merkt das! Auch den Staat des Landes nicht verändern.

SOEST. Ist das so?

VANSEN. Ich will's euch geschrieben zeigen von zwei-, dreihundert Jahren her.

BÜRGER. Und wir leiden die neuen Bischöfe? Der Adel muß uns schützen, wir fangen Händel an!

ANDERE. Und wir lassen uns von der Inquisition ins Bockshorn jagen?

VANSEN. Das ist eure Schuld.

DAS VOLK. Wir haben noch Egmont! noch Oranien! Die sorgen für unser Bestes.

VANSEN. Eure Brüder in Flandern haben das gute Werk angefangen.

SEIFENSIEDER. Du Hund! Er schlägt ihn.

ANDERE widersetzen sich und rufen. Bist du auch ein Spanier?

EIN ANDERER. Was? den Ehrenmann?

EIN ANDERER. Den Gelahrten?

Sie fallen den Seifensieder an.

ZIMMERMEISTER. Um 's Himmels willen, ruht! Andere mischen sich in den Streit. Bürger, was soll das?

Buben pfeifen, werfen mit Steinen, hetzen Hunde an, Bürger stehn und gaffen, Volk läuft zu, andere gehn gelassen auf und ab, andere treiben allerlei Schalkspossen, schreien und jubilieren.

ANDERE. Freiheit und Privilegien! Privilegien und Freiheit!

Egmont tritt auf mit Begleitung.

EGMONT. Ruhig! Ruhig, Leute! Was gibt's? Ruhe! Bringt sie auseinander!

ZIMMERMEISTER. Gnädiger Herr, Ihr kommt wie ein Engel des Himmels. Stille! seht ihr nichts? Graf Egmont! Dem Grafen Egmont Reverenz!

EGMONT. Auch hier? Was fangt ihr an? Bürger gegen Bürger! Hält sogar die Nähe unsrer königlichen Regentin diesen Unsinn nicht zurück? Geht auseinander, geht an euer Gewerbe! Es ist ein übles Zeichen, wenn ihr an Werktagen feiert. Was war's?

Der Tumult stillt sich nach und nach, und alle stehen um ihn herum.

ZIMMERMEISTER. Sie schlagen sich um ihre Privilegien.

EGMONT. Die sie noch mutwillig zertrümmern werden – Und wer seid Ihr? Ihr scheint mir rechtliche Leute.

ZIMMERMEISTER. Das ist unser Bestreben.

EGMONT. Eures Zeichens?

ZIMMERMEISTER. Zimmermann und Zunftmeister.

EGMONT. Und Ihr?

SOEST. Krämer.

EGMONT. Ihr?

JETTER. Schneider.

EGMONT. Ich erinnere mich, Ihr habt mit an den Livreen für meine Leute gearbeitet. Euer Name ist Jetter.

JETTER. Gnade, daß Ihr Euch dessen erinnert.

EGMONT. Ich vergesse niemanden leicht, den ich einmal gesehen und gesprochen habe. – Was an euch ist, Ruhe zu erhalten, Leute, das tut; ihr seid übel genug angeschrieben. Reizt den König nicht mehr, er hat zuletzt doch die Gewalt in Händen. Ein ordentlicher Bürger, der sich ehrlich und fleißig nährt, hat überall soviel Freiheit, als er braucht.

ZIMMERMEISTER. Ach wohl! das ist eben unsre Not! Die Tagdiebe, die Söffer, die Faulenzer, mit Euer Gnaden Verlaub, die stänkern aus Langerweile, und scharren aus Hunger nach Privilegien, und lügen den Neugierigen und Leichtgläubigen was vor, und um eine Kanne Bier bezahlt zu kriegen, fangen sie Händel an, die viel tausend Menschen unglücklich machen. Das ist ihnen eben recht. Wir halten unsre Häuser und Kasten zu gut verwahrt; da möchten sie gern uns mit Feuerbränden davon treiben.

EGMONT. Allen Beistand sollt ihr finden; es sind Maßregeln genommen, dem Übel kräftig zu begegnen. Steht fest gegen die fremde Lehre und glaubt nicht, durch Aufruhr befestige man Privilegien. Bleibt zu Hause; leidet nicht, daß sie sich auf den Straßen rotten! Vernünftige Leute können viel tun.

Indessen hat sich der größte Haufe verlaufen.

ZIMMERMEISTER. Danken Euer Exzellenz, danken für die gute Meinung! Alles, was an uns liegt. Egmont ab. Ein gnädiger Herr! der echte Niederländer! Gar so nichts Spanisches.

JETTER. Hätten wir ihn nur zum Regenten! Man folgt' ihm gerne.

SOEST. Das läßt der König wohl sein. Den Platz besetzt er immer mit den Seinigen.

JETTER. Hast du das Kleid gesehen? Das war nach der neuesten Art, nach spanischem Schnitt.

ZIMMERMEISTER. Ein schöner Herr!

JETTER. Sein Hals wär ein rechtes Fressen für einen Scharfrichter.

SOEST. Bist du toll? was kommt dir ein?

JETTER. Dumm genug, daß einem so etwas einfällt. – Es ist mir nun so. Wenn ich einen schönen langen Hals sehe, muß ich gleich wider Willen denken: Der ist gut köpfen. – Die verfluchten Exekutionen! man kriegt sie nicht aus dem Sinne. Wenn die Bursche schwimmen und ich seh einen nackten Buckel, gleich fallen sie mir zu Dutzenden ein, die ich habe mit Ruten streichen sehen. Begegnet mir ein rechter Wanst, mein ich, den säh ich schon am Pfahl braten. Des Nachts im Traume zwickt mich's an allen Gliedern; man wird eben keine Stunde froh. Jede Lustbarkeit, jeden Spaß hab ich bald vergessen; die fürchterlichen Gestalten sind mir wie vor die Stirne gebrannt.

## EGMONTS WOHNUNG

Sekretär an einem Tische mit Papieren, er steht unruhig auf.

SEKRETÄR. Er kommt immer nicht! und ich warte schon zwei Stunden, die Feder in der Hand, die Papiere vor mir; und eben heute möcht ich gern so zeitig fort. Es brennt mir unter den Sohlen! Ich kann vor Ungeduld kaum bleiben. „Sei auf die Stunde da“, befahl er mir noch, ehe er wegging; nun kommt er nicht. Es ist so viel zu tun, ich werde vor Mitternacht nicht fertig. Freilich sieht er einem auch einmal durch die Finger. Doch hielt’ ich’s besser, wenn er strenge wäre und ließe einen auch wieder zur bestimmten Zeit. Man könnte sich einrichten. Von der Regentin ist er nun schon zwei Stunden weg; wer weiß, wen er unterwegs angefaßt hat.

Egmont tritt auf.

EGMONT. Wie sieht’s aus?

SEKRETÄR. Ich bin bereit, und drei Boten warten.

EGMONT. Ich bin dir wohl zu lang geblieben; du machst ein verdrießlich Gesicht.

SEKRETÄR. Eurem Befehl zu gehorchen, wart ich schon lange. Hier sind die Papiere!

EGMONT. Donna Elvira wird böse auf mich werden, wenn sie hört, daß ich dich abgehalten habe.

SEKRETÄR. Ihr scherzt.

EGMONT. Nein, nein. Schäme dich nicht! Du zeigst einen guten Geschmack. Sie ist hübsch; und es ist mir ganz recht, daß du auf dem Schlosse eine Freundin hast. Was sagen die Briefe?

SEKRETÄR. Mancherlei, und wenig Erfreuliches.

EGMONT. Da ist gut, daß wir die Freude zu Hause haben und sie nicht von auswärts zu erwarten brauchen. Ist viel gekommen?

SEKRETÄR. Genug, und drei Boten warten.

EGMONT. Sag an! das Nötigste.

SEKRETÄR. Es ist alles nötig.

EGMONT. Eins nach dem andern, nur geschwind!

SEKRETÄR. Hauptmann Breda schickt die Relation, was weiter in Gent und der umliegenden Gegend vorgefallen. Der Tumult hat sich meistens gelegt. –

EGMONT. Er schreibt wohl noch von einzelnen Ungezogenheiten und Tollkühnheiten?

SEKRETÄR. Ja! Es kommt noch manches vor.

EGMONT. Verschone mich damit!

SEKRETÄR. Noch sechs sind eingezogen worden, die bei

Verwich das Marienbild umgerissen haben. Er fragt an, ob er sie auch wie die andern soll hängen lassen.

Egmont. Ich bin des Hängens müde. Man soll sie durchpeitschen, und sie mögen gehen.

Sekretär. Es sind zwei Weiber dabei; soll er die auch durchpeitschen?

Egmont. Die mag er verwarnen und laufen lassen.

Sekretär. Brink von Bredas Kompagnie will heiraten. Der Hauptmann hofft, Ihr werdet's ihm abschlagen. Es sind so viele Weiber bei dem Haufen, schreibt er, daß, wenn wir ausziehen, es keinem Soldatenmarsch, sondern einem Zigeuner-Geschleppe ähnlich sehen wird.

Egmont. Dem mag's noch hingehen! Es ist ein schöner junger Kerl; er bat mich noch gar dringend, eh ich wegging. Aber nun soll's keinem mehr gestattet sein, so leid mir's tut, den armen Teufeln, die ohnedies geplagt genug sind, ihren besten Spaß zu versagen.

Sekretär. Zwei von Euern Leuten, Seter und Hart, haben einem Mädel, einer Wirtstochter, übel mitgespielt. Sie kriegten sie allein, und die Dirne konnte sich ihrer nicht erwehren.

Egmont. Wenn es ein ehrlich Mädchen ist, und sie haben Gewalt gebraucht, so soll er sie drei Tage hintereinander mit Ruten streichen lassen, und wenn sie etwas besitzen, soll er so viel davon einziehen, daß dem Mädchen eine Ausstattung gereicht werden kann.

Sekretär. Einer von den fremden Lehrern ist heimlich durch Comines gegangen und entdeckt worden. Er schwört, er sei im Begriff, nach Frankreich zu gehen. Nach dem Befehl soll er enthauptet werden.

Egmont. Sie sollen ihn in der Stille an die Grenze bringen und ihm versichern, daß er das zweite Mal nicht so wegkommt.

Sekretär. Ein Brief von Euerm Einnehmer. Er schreibt: es komme wenig Geld ein, er könne auf die Woche die verlangte Summe schwerlich schicken; der Tumult habe in alles die größte Konfusion gebracht.

Egmont. Das Geld muß herbei! er mag sehen, wie er es zusammenbringt.

Sekretär. Er sagt: er werde sein möglichstes tun, und wolle endlich den Raymond, der Euch so lange schuldig ist, verklagen und in Verhaft nehmen lassen.

Egmont. Der hat ja versprochen zu bezahlen.

Sekretär. Das letzte Mal setzte er sich selbst vierzehn Tage.

Egmont. So gebe man ihm noch vierzehn Tage; und dann mag er gegen ihn verfahren.

Sekretär. Ihr tut wohl. Es ist nicht Unvermögen; es ist böser Wille. Er macht gewiß Ernst, wenn er sieht, Ihr spaßt nicht. – Ferner sagt der Einnehmer: er wolle den alten Soldaten, den Witwen und einigen andern, denen Ihr Gnadengehalte gebt, die Gebühr einen halben Monat zurückhalten; man könne indessen Rat schaffen; sie möchten sich einrichten.

Egmont. Was ist da einzurichten? Die Leute brauchen das Geld nötiger als ich. Das soll er bleiben lassen.

Sekretär. Woher befehlt Ihr denn, daß er das Geld nehmen soll?

Egmont. Darauf mag er denken; es ist ihm im vorigen Briefe schon gesagt.

Sekretär. Deswegen tut er die Vorschläge.

Egmont. Die taugen nicht. Er soll auf was anders sinnen. Er soll Vorschläge tun, die annehmlich sind, und vor allem soll er das Geld schaffen.

Sekretär. Ich habe den Brief des Grafen Oliva wieder hieher gelegt. Verzeiht, daß ich Euch daran erinnere. Der alte Herr verdient vor allen andern eine ausführliche Antwort. Ihr wolltet ihm selbst schreiben. Gewiß, er liebt Euch wie ein Vater.

Egmont. Ich komme nicht dazu. Und unter vielem Verhaßten ist mir das Schreiben das Verhaßteste. Du machst meine Hand ja so gut nach, schreib in meinem Namen! Ich erwarte Oranien. Ich komme nicht dazu; und wünschte selbst, daß ihm auf seine Bedenklichkeiten was recht Beruhigendes geschrieben würde.

Sekretär. Sagt mir nur ungefähr Eure Meinung; ich will die Antwort schon aufsetzen und sie Euch vorlegen. Geschrieben soll sie werden, daß sie vor Gericht für Eure Hand gelten kann.

EGMONT. Gib mir den Brief! *Nachdem er hineingesehen.* Guter ehrlicher Alter! Warst du in deiner Jugend auch wohl so bedächtig? Erstiegst du nie einen Wall? Bliebst du in der Schlacht, wo es die Klugheit anrät, hinten? – Der Treue, Sorgliche! Er will mein Leben und mein Glück, und fühlt nicht, daß der schon tot ist, der um seiner Sicherheit willen lebt. – Schreib ihm, er möge unbesorgt sein; ich handle, wie ich soll, ich werde mich schon wahren: sein Ansehn bei Hofe soll er zu meinen Gunsten brauchen und meines vollkommnen Dankes gewiß sein.

SEKRETÄR. Nichts weiter? O, er erwartet mehr!

EGMONT. Was soll ich mehr sagen? Willst du mehr Worte machen, so steht's bei dir. Es dreht sich immer um den einen Punkt: ich soll leben, wie ich nicht leben mag. Daß ich fröhlich bin, die Sachen leicht nehme, rasch lebe, das ist mein Glück; und ich vertausch es nicht gegen die Sicherheit eines Totengewölbes. Ich habe nun zu der spanischen Lebensart nicht einen Blutstropfen in meinen Adern, nicht Lust, meine Schritte nach der neuen bedächtigen Hofkadenz zu mustern. Leb ich nur, um aufs Leben zu denken? Soll ich den gegenwärtigen Augenblick nicht genießen, damit ich des folgenden gewiß sei? Und diesen wieder mit Sorgen und Grillen verzehren?

SEKRETÄR. Ich bitt Euch, Herr; seid nicht so harsch und rauh gegen den guten Mann! Ihr seid ja sonst gegen alle freundlich. Sagt mir ein gefällig Wort, das den edeln Freund beruhige. Seht, wie sorgfältig er ist, wie leis er Euch berührt!

EGMONT. Und doch berührt er immer diese Saite. Er weiß von alters her, wie verhaßt mir diese Ermahnungen sind; sie machen nur irre, sie helfen nichts. Und wenn ich ein Nachtwandler wäre, und auf dem gefährlichen Gipfel eines Hauses spazierte, ist es freundschaftlich, mich beim Namen zu rufen und mich zu warnen, zu wecken und zu töten? Laßt jeden seines Pfades gehn; er mag sich wahren.

SEKRETÄR. Es ziemt Euch, nicht zu sorgen, aber wer Euch kennt und liebt –

Egmont, in den Brief sehend. Da bringt er wieder die alten Märchen auf, was wir an einem Abend in leichtem Übermut der Geselligkeit und des Weins getrieben und gesprochen; und was man daraus für Folgen und Beweise durchs ganze Königreich gezogen und geschleppt habe. – Nun gut, wir haben Schellenkappen, Narrenkutten auf unsrer Diener Ärmel sticken lassen, und haben diese tolle Zierde nachher in ein Bündel Pfeile verwandelt; ein noch gefährlicher Symbol für alle, die deuten wollen, wo nichts zu deuten ist. Wir haben die und jene Torheit in einem lustigen Augenblick empfangen gleich und geboren; sind schuld, daß eine ganze edle Schar mit Bettelsäcken und mit einem selbstgewählten Unnamen dem Könige seine Pflicht mit spottender Demut ins Gedächtnis rief; sind schuld – was ist's nun weiter? Ist ein Faßnachtsspiel gleich Hochverrat? Sind uns die kurzen bunten Lumpen zu mißgönnen, die ein jugendlicher Mut, eine angefrischte Phantasie um unsers Lebens arme Blöße hängen mag? Wenn ihr das Leben gar zu ernsthaft nehmt, was ist denn dran? Wenn uns der Morgen nicht zu neuen Freuden weckt, am Abend uns keine Lust zu hoffen übrig bleibt, ist's wohl des An- und Ausziehens wert? Scheint mir die Sonne heut, um das zu überlegen, was gestern war? und um zu raten, zu verbinden, was nicht zu erraten, nicht zu verbinden ist, das Schicksal eines kommenden Tages? Schenke mir diese Betrachtungen, wir wollen sie Schülern und Höflingen überlassen. Die mögen sinnen und aussinnen, wandeln und schleichen, gelangen, wohin sie können, erschleichen, was sie können. – Kannst du von allem diesem etwas brauchen, daß deine Epistel kein Buch wird, so ist mir's recht. Dem guten Alten scheint alles viel zu wichtig. So drückt ein Freund, der lang unsre Hand gehalten, sie stärker noch einmal, wenn er sie lassen will.

Sekretär. Verzeiht mir, es wird dem Fußgänger schwindlig, der einen Mann mit rasselnder Eile daherfahren sieht.

Egmont. Kind! Kind! nicht weiter! Wie von unsichtbaren Geistern gepeitscht, gehen die Sonnenpferde der Zeit mit unsers Schicksals leichtem Wagen durch; und uns bleibt nichts, als mutig gefaßt die Zügel festzuhalten, und bald rechts, bald links, vom Steine hier, vom Sturze da, die Räder wegzulenken. Wohin es geht, wer weiß es? Erinnert er sich doch kaum, woher er kam.

SEKRETÄR. Herr! Herr!

EGMONT. Ich stehe hoch und kann und muß noch höher steigen; ich fühle mir Hoffnung, Mut und Kraft. Noch hab ich meines Wachstums Gipfel nicht erreicht; und steh ich droben einst, so will ich fest, nicht ängstlich stehn. Soll ich fallen, so mag ein Donnerschlag, ein Sturmwind, ja ein selbst verfehlter Schritt mich abwärts in die Tiefe stürzen; da lieg ich mit viel Tausenden. Ich habe nie verschmäht, mit meinen guten Kriegsgesellen um kleinen Gewinst das blutige Los zu werfen; und sollt ich knickern, wenn's um den ganzen freien Wert des Lebens geht?

SEKRETÄR. O Herr! Ihr wißt nicht, was für Worte Ihr sprecht! Gott erhalt Euch!

EGMONT. Nimm deine Papiere zusammen! Oranien kommt. Fertige aus, was am nötigsten ist, daß die Boten fortkommen, eh die Tore geschlossen werden. Das andere hat Zeit. Den Brief an den Grafen laß bis morgen; versäume nicht, Elviren zu besuchen, und grüße sie von mir. – Horche, wie sich die Regentin befindet; sie soll nicht wohl sein, ob sie's gleich verbirgt. Sekretär ab.

Oranien kommt.

EGMONT. Willkommen, Oranien! Ihr scheint mir nicht ganz frei.

ORANIEN. Was sagt Ihr zu unsrer Unterhaltung mit der Regentin?

EGMONT. Ich fand in ihrer Art, uns aufzunehmen, nichts Außerordentliches. Ich habe sie schon öfter so gesehen. Sie schien mir nicht ganz wohl.

ORANIEN. Merktet Ihr nicht, daß sie zurückhaltender war? Erst wollte sie unser Betragen bei dem neuen Aufruhr des Pöbels gelassen billigen; nachher merkte sie an, was sich doch auch für ein falsches Licht darauf werfen lasse; wich dann mit dem Gespräche zu ihrem alten gewöhnlichen Diskurs: daß man ihre liebevolle, gute Art, ihre Freundschaft zu uns Niederländern nie genug erkannt, zu leicht behandelt habe, daß nichts einen erwünschten Ausgang nehmen wolle, daß sie am Ende wohl müde werden, der König sich zu andern Maßregeln entschließen müsse. Habt Ihr das gehört?

EGMONT. Nicht alles; ich dachte unterdessen an was anders. Sie ist ein Weib, guter Oranien, und die möchten immer gern, daß sich alles unter ihr sanftes Joch gelassen schmiegte, daß jeder Herkules die Löwenhaut ablegte und ihren Kunkelhof vermehrte; daß, weil sie friedlich gesinnt sind, die Gärung, die ein Volk ergreift, der Sturm, den mächtige Nebenbuhler gegen einander erregen, sich durch Ein freundlich Wort beilegen ließe, und die widrigsten Elemente sich zu ihren Füßen in sanfter Eintracht vereinigten. Das ist ihr Fall; und da sie es dahin nicht bringen kann, so hat sie keinen Weg, als launisch zu werden, sich über Undankbarkeit, Unweisheit zu beklagen, mit schrecklichen Aussichten in die Zukunft zu drohen, und zu drohen – daß sie fortgehn will.

ORANIEN. Glaubt Ihr dasmal nicht, daß sie ihre Drohung erfüllt?

EGMONT. Nimmermehr! Wie oft habe ich sie schon reisefertig gesehn! Wo will sie denn hin? Hier Statthalterin, Königin; glaubst du, daß sie es unterhalten wird, am Hofe ihres Bruders unbedeutende Tage abzuhaspeln? oder nach Italien zu gehen und sich in alten Familienverhältnissen herumzuschleppen?

ORANIEN. Man hält sie dieser Entschließung nicht fähig, weil ihr sie habt zaudern, weil ihr sie habt zurücktreten sehn; dennoch liegt's wohl in ihr; neue Umstände treiben sie zu dem lang verzögerten Entschluß. Wenn sie ginge? und der König schickte einen andern!

EGMONT. Nun, der würde kommen, und würde eben auch zu tun finden. Mit großen Planen, Projekten und Gedanken würde er kommen, wie er alles zurechtrücken, unterwerfen und zusammenhalten wolle; und würde heut mit dieser Kleinigkeit, morgen mit einer andern zu tun haben, übermorgen jene Hindernis finden, einen Monat mit Entwürfen, einen andern mit Verdruß über fehlgeschlagne Unternehmen, ein halb Jahr in Sorgen über eine einzige Provinz zubringen. Auch ihm wird die Zeit vergehn, der

Kopf schwindeln, und die Dinge wie zuvor ihren Gang halten, daß er, statt weite Meere nach einer vorgezognen Linie zu durchsegeln, Gott danken mag, wenn er sein Schiff in diesem Sturme vom Felsen hält.

ORANIEN. Wenn man nun aber dem König zu einem Versuch riete?

EGMONT. Der wäre?

ORANIEN. Zu sehen, was der Rumpf ohne Haupt anfinge.

EGMONT. Wie?

ORANIEN. Egmont, ich trage viele Jahre her alle unsre Verhältnisse am Herzen, ich stehe immer wie über einem Schachspiele und halte keinen Zug des Gegners für unbedeutend; und wie müßige Menschen mit der größten Sorgfalt sich um die Geheimnisse der Natur bekümmern, so halt ich es für Pflicht, für Beruf eines Fürsten, die Gesinnungen, die Ratschläge aller Parteien zu kennen. Ich habe Ursach, einen Ausbruch zu befürchten. Der König hat lange nach gewissen Grundsätzen gehandelt; er sieht, daß er damit nicht auskommt; was ist wahrscheinlicher, als daß er es auf einem andern Wege versucht?

EGMONT. Ich glaub's nicht. Wenn man alt wird und hat so viel versucht, und es will in der Welt nie zur Ordnung kommen, muß man es endlich wohl genug haben.

ORANIEN. Eins hat er noch nicht versucht.

EGMONT. Nun?

ORANIEN. Das Volk zu schonen und die Fürsten zu verderben.

EGMONT. Wie viele haben das schon lange gefürchtet! Es ist keine Sorge.

ORANIEN. Sonst war's Sorge; nach und nach ist mir's Vermutung, zuletzt Gewißheit geworden.

EGMONT. Und hat der König treuere Diener als uns?

ORANIEN. Wir dienen ihm auf unsre Art; und unter einander können wir gestehen, daß wir des Königs Rechte und die unsrigen wohl abzuwägen wissen.

EGMONT. Wer tut's nicht? Wir sind ihm untertan und gewärtig, in dem, was ihm zukommt.

ORANIEN. Wenn er sich nun aber mehr zuschriebe, und

Treulosigkeit nennte, was wir heißen: auf unsre Rechte halten?

Egmont. Wir werden uns verteidigen können. Er rufe die Ritter des Vlieses zusammen, wir wollen uns richten lassen.

Oranien. Und was wäre ein Urteil vor der Untersuchung, eine Strafe vor dem Urteil?

Egmont. Eine Ungerechtigkeit, der sich Philipp nie schuldig machen wird; und eine Torheit, die ich ihm und seinen Räten nicht zutraue.

Oranien. Und wenn sie nun ungerecht und töricht wären?

Egmont. Nein, Oranien, es ist nicht möglich. Wer sollte wagen, Hand an uns zu legen? – Uns gefangen zu nehmen, wär ein verlornes und fruchtloses Unternehmen. Nein, sie wagen nicht, das Panier der Tyrannei so hoch aufzustecken. Der Windhauch, der diese Nachricht übers Land brächte, würde ein ungeheures Feuer zusammentreiben. Und wohinaus wollten sie? Richten und verdammen kann nicht der König allein; und wollten sie meuchelmörderisch an unser Leben? – Sie können nicht wollen. Ein schrecklicher Bund würde in einem Augenblick das Volk vereinigen. Haß und ewige Trennung vom spanischen Namen würde sich gewaltsam erklären.

Oranien. Die Flamme wütete dann über unserm Grabe, und das Blut unsrer Feinde flösse zum leeren Sühnopfer. Laß uns denken, Egmont!

Egmont. Wie sollten sie aber?

Oranien. Alba ist unterwegs.

Egmont. Ich glaub's nicht.

Oranien. Ich weiß es.

Egmont. Die Regentin wollte nichts wissen.

Oranien. Um desto mehr bin ich überzeugt. Die Regentin wird ihm Platz machen. Seinen Mordsinn kenn ich, und ein Heer bringt er mit.

Egmont. Aufs neue die Provinzen zu belästigen? Das Volk wird höchst schwierig werden.

Oranien. Man wird sich der Häupter versichern.

Egmont. Nein! Nein!

Oranien. Laß uns gehen, jeder in seine Provinz. Dort wollen wir uns verstärken; mit offner Gewalt fängt er nicht an.

EGMONT. Müssen wir ihn nicht begrüßen, wenn er kommt?

ORANIEN. Wir zögern.

EGMONT. Und wenn er uns im Namen des Königs bei seiner Ankunft fordert?

ORANIEN. Suchen wir Ausflüchte.

EGMONT. Und wenn er dringt?

ORANIEN. Entschuldigen wir uns.

EGMONT. Und wenn er drauf besteht?

ORANIEN. Kommen wir um so weniger.

EGMONT. Und der Krieg ist erklärt, und wir sind die Rebellen. Oranien, laß dich nicht durch Klugheit verführen; ich weiß, daß Furcht dich nicht weichen macht. Bedenke den Schritt!

ORANIEN. Ich hab ihn bedacht.

EGMONT. Bedenke, wenn du dich irrst, woran du schuld bist: an dem verderblichsten Kriege, der je ein Land verwüstet hat. Dein Weigern ist das Signal, das die Provinzen mit einmal zu den Waffen ruft, das jede Grausamkeit rechtfertigt, wozu Spanien von jeher nur gern den Vorwand gehascht hat. Was wir lange mühselig gestillt haben, wirst du mit Einem Winke zur schrecklichsten Verwirrung aufhetzen. Denk an die Städte, die Edeln, das Volk, an die Handlung, den Feldbau, die Gewerbe! und denke die Verwüstung, den Mord! – Ruhig sieht der Soldat wohl im Felde seinen Kameraden neben sich hinfallen; aber den Fluß herunter werden dir die Leichen der Bürger, der Kinder, der Jungfrauen entgegenschwimmen, daß du mit Entsetzen dastehst und nicht mehr weißt, wessen Sache du verteidigst, da die zugrunde gehen, für deren Freiheit du die Waffen ergriffst. Und wie wird's dir sein, wenn du dir still sagen mußt: Für meine Sicherheit ergriff ich sie.

ORANIEN. Wir sind nicht einzelne Menschen, Egmont. Ziemt es sich, uns für Tausende hinzugeben, so ziemt es sich auch, uns für Tausende zu schonen.

EGMONT. Wer sich schont, muß sich selbst verdächtig werden.

ORANIEN. Wer sich kennt, kann sicher vor- und rückwärts gehen.

EGMONT. Das Übel, das du fürchtest, wird gewiß durch deine Tat.

Oranien. Es ist klug und kühn, dem unvermeidlichen Übel entgegenzugehn.

Egmont. Bei so großer Gefahr kommt die leichteste Hoffnung in Anschlag.

Oranien. Wir haben nicht für den leisesten Fußtritt Platz mehr; der Abgrund liegt hart vor uns.

Egmont. Ist des Königs Gunst ein so schmaler Grund?

Oranien. So schmal nicht, aber schlüpfrig.

Egmont. Bei Gott! man tut ihm unrecht. Ich mag nicht leiden, daß man ungleich von ihm denkt! Er ist Karls Sohn und keiner Niedrigkeit fähig.

Oranien. Die Könige tun nichts Niedriges.

Egmont. Man sollte ihn kennen lernen.

Oranien. Eben diese Kenntnis rät uns, eine gefährliche Probe nicht abzuwarten.

Egmont. Keine Probe ist gefährlich, zu der man Mut hat.

Oranien. Du wirst aufgebracht, Egmont.

Egmont. Ich muß mit meinen Augen sehen.

Oranien. O sähst du diesmal nur mit den meinigen! Freund, weil du sie offen hast, glaubst du, du siehst. Ich gehe! Warte du Albas Ankunft ab, und Gott sei bei dir! Vielleicht rettet dich mein Weigern. Vielleicht, daß der Drache nichts zu fangen glaubt, wenn er uns nicht beide auf Einmal verschlingt. Vielleicht zögert er, um seinen Anschlag sicherer auszuführen; und vielleicht bis dahin siehest du die Sache in ihrer wahren Gestalt. Aber dann schnell! schnell! Rette! rette dich! – Leb wohl! – Laß deiner Aufmerksamkeit nichts entgehen: wieviel Mannschaft er mitbringt, wie er die Stadt besetzt, was für Macht die Regentin behält, wie deine Freunde gefaßt sind. Gib mir Nachricht – – – Egmont –

Egmont. Was willst du?

Oranien *ihn bei der Hand fassend.* Laß dich überreden! Geh mit!

Egmont. Wie? Tränen, Oranien?

Oranien. Einen Verlornen zu beweinen, ist auch männlich.

Egmont. Du wähnst mich verloren?

Oranien. Du bist's. Bedenke! Dir bleibt nur eine kurze Frist. Leb wohl! *Ab.*

Egmont allein. Daß andrer Menschen Gedanken solchen Einfluß auf uns haben! Mir wär es nie eingekommen; und dieser Mann trägt seine Sorglichkeit in mich herüber. – Weg! – das ist ein fremder Tropfen in meinem Blute. Gute Natur, wirf ihn wieder heraus! Und von meiner Stirne die sinnenden Runzeln wegzubaden, gibt es ja wohl noch ein freundlich Mittel.

## DRITTER AUFZUG

### PALAST DER REGENTIN

Margarete von Parma.

Regentin. Ich hätte mir's vermuten sollen. Ha! Wenn man in Mühe und Arbeit vor sich hinlebt, denkt man immer, man tue das möglichste; und der von weitem zusieht und befiehlt, glaubt, er verlange nur das mögliche. – O die Könige! – Ich hätte nicht geglaubt, daß es mich so verdrießen könnte. Es ist so schön zu herrschen! – Und abzudanken? – Ich weiß nicht, wie mein Vater es konnte; aber ich will es auch.

Machiavell erscheint im Grunde.

Regentin. Tretet näher, Machiavell! Ich denke hier über den Brief meines Bruders.

Machiavell. Ich darf wissen, was er enthält?

Regentin. So viel zärtliche Aufmerksamkeit für mich, als Sorgfalt für seine Staaten. Er rühmt die Standhaftigkeit, den Fleiß und die Treue, womit ich bisher für die Rechte seiner Majestät in diesen Landen gewacht habe. Er bedauert mich, daß mir das unbändige Volk so viel zu schaffen mache. Er ist von der Tiefe meiner Einsichten so vollkommen überzeugt, mit der Klugheit meines Betragens so außerordentlich zufrieden, daß ich fast sagen muß: Der Brief ist für einen König zu schön geschrieben, für einen Bruder gewiß.

Machiavell. Es ist nicht das erste Mal, daß er Euch seine gerechte Zufriedenheit bezeigt.

Regentin. Aber das erste Mal, daß es rednerische Figur ist.

Machiavell. Ich versteh Euch nicht.

REGENTIN. Ihr werdet. – Denn er meint, nach diesem Eingange: ohne Mannschaft, ohne eine kleine Armee werde ich immer hier eine üble Figur spielen! Wir hätten, sagt er, unrecht getan, auf die Klagen der Einwohner unsre Soldaten aus den Provinzen zu ziehen. Eine Besatzung, meint er, die dem Bürger auf dem Nacken lastet, verbiete ihm durch ihre Schwere, große Sprünge zu machen.

MACHIAVELL. Es würde die Gemüter äußerst aufbringen.

REGENTIN. Der König meint aber, hörst du? – Er meint, daß ein tüchtiger General, so einer, der gar keine Räson annimmt, gar bald mit Volk und Adel, Bürgern und Bauern fertig werden könne; – und schickt deswegen mit einem starken Heere – den Herzog von Alba.

MACHIAVELL. Alba?

REGENTIN. Du wunderst dich?

MACHIAVELL. Ihr sagt: er schickt. Er fragt wohl, ob er schicken soll?

REGENTIN. Der König fragt nicht; er schickt.

MACHIAVELL. So werdet Ihr einen erfahrnen Krieger in Euren Diensten haben.

REGENTIN. In meinen Diensten? Rede grad heraus, Machiavell!

MACHIAVELL. Ich möcht Euch nicht vorgreifen.

REGENTIN. Und ich möchte mich verstellen! Es ist mir empfindlich, sehr empfindlich. Ich wollte lieber, mein Bruder sagte, wie er's denkt, als daß er förmliche Episteln unterschreibt, die ein Staatssekretär aufsetzt.

MACHIAVELL. Sollte man nicht einsehen –?

REGENTIN. Und ich kenne sie inwendig und auswendig. Sie möchten's gern gesäubert und gekehrt haben: und weil sie selbst nicht zugreifen, so findet ein jeder Vertrauen, der mit dem Besen in der Hand kommt. O mir ist's, als wenn ich den König und sein Conseil auf dieser Tapete gewirkt sähe.

MACHIAVELL. So lebhaft?

REGENTIN. Es fehlt kein Zug. Es sind gute Menschen drunter. Der ehrliche Rodrich, der so erfahren und mäßig ist, nicht zu hoch will und doch nichts fallen läßt, der gerade Alonzo, der fleißige Freneda, der feste Las Vargas und noch einige, die mitgehen, wenn die gute Partei mächtig wird. Da sitzt aber der hohläugige Toledaner mit der ehrnen Stirne und dem tiefen Feuerblick, murmelt zwischen den Zähnen von Weibergüte, unzeitigem Nachgeben, und daß Frauen wohl von zugerittenen Pferden sich tragen lassen, selbst aber schlechte Stallmeister sind, und solche Späße, die ich ehemals von den politischen Herren habe mit durchhören müssen.

MACHIAVELL. Ihr habt zu dem Gemälde einen guten Farbentopf gewählt.

REGENTIN. Gesteht nur, Machiavell: In meiner ganzen Schattierung, aus der ich allenfalls malen könnte, ist kein Ton so gelbbraun, gallenschwarz wie Albas Gesichtsfarbe und als die Farbe, aus der er malt. Jeder ist bei ihm gleich ein Gotteslästerer, ein Majestätenschänder: denn aus diesem Kapitel kann man sie alle sogleich rädern, pfählen, vierteilen und verbrennen. – Das Gute, was ich hier getan habe, sieht gewiß in der Ferne wie nichts aus, eben weil's gut ist. – Da hängt er sich an jeden Mutwillen, der vorbei ist, erinnert an jede Unruhe, die gestillt ist; und es wird dem Könige vor den Augen so voll Meuterei, Aufruhr und Tollkühnheit, daß er sich vorstellt, sie fräßen sich hier einander auf, wenn eine flüchtig vorübergehende Ungezogenheit eines rohen Volks bei uns lange vergessen ist. Da faßt er einen recht herzlichen Haß auf die armen Leute; sie kommen ihm abscheulich, ja wie Tiere und Ungeheuer vor; er sieht sich nach Feuer und Schwert um und wähnt, so bändige man Menschen.

MACHIAVELL. Ihr scheint mir zu heftig, Ihr nehmt die Sache zu hoch. Bleibt Ihr nicht Regentin?

REGENTIN. Das kenn ich. Er wird eine Instruktion bringen. – Ich bin in Staatsgeschäften alt genug geworden, um zu wissen, wie man einen verdrängt, ohne ihm seine Bestallung zu nehmen. – Erst wird er eine Instruktion bringen, die wird unbestimmt und schief sein; er wird um sich greifen, denn er hat die Gewalt; und wenn ich mich beklage, wird er eine geheime Instruktion vorschützen; wenn ich sie sehen will, wird er mich herumziehen; wenn ich drauf bestehe, wird er mir ein Papier zeigen, das ganz was anders enthält; und, wenn ich mich da nicht beruhige, gar nicht mehr tun, als wenn ich redete. – Indes wird er, was ich fürchte, getan und, was ich wünsche, weit abwärts gelenkt haben.

MACHIAVELL. Ich wollt, ich könnt Euch widersprechen.

REGENTIN. Was ich mit unsäglicher Geduld beruhigte, wird er durch Härte und Grausamkeiten wieder aufhetzen; ich werde vor meinen Augen mein Werk verloren sehen und überdies noch seine Schuld zu tragen haben.

MACHIAVELL. Erwarten's Eure Hoheit!

REGENTIN. So viel Gewalt hab ich über mich, um stille zu sein. Laß ihn kommen; ich werde ihm mit der besten Art Platz machen, eh er mich verdrängt.

MACHIAVELL. So rasch diesen wichtigen Schritt?

REGENTIN. Schwerer, als du denkst. Wer zu herrschen gewohnt ist, wer's hergebracht hat, daß jeden Tag das Schicksal von Tausenden in seiner Hand liegt, steigt vom Throne wie ins Grab. Aber besser so, als einem Gespenste gleich unter den Lebenden bleiben und mit hohlem Ansehn einen Platz behaupten wollen, den ihm ein anderer abgeerbt hat und nun besitzt und genießt.

## KLÄRCHENS WOHNUNG

Klärchen. Mutter.

MUTTER. So eine Liebe wie Brackenburgs hab ich nie gesehen; ich glaubte, sie sei nur in Heldengeschichten.

KLÄRCHEN geht in der Stube auf und ab, ein Lied zwischen den Lippen summend.

Glücklich allein
Ist die Seele, die liebt.

MUTTER. Er vermutet deinen Umgang mit Egmont; und ich glaube, wenn du ihm ein wenig freundlich tätest, wenn du wolltest, er heiratete dich noch.

KLÄRCHEN singt:

Freudvoll
Und leidvoll,
Gedankenvoll sein,
Langen

Und bangen
In schwebender Pein,
Himmelhoch jauchzend,
Zum Tode betrübt;
Glücklich allein
Ist die Seele, die liebt.

MUTTER. Laß das Heiopopeio!

KLÄRCHEN. Scheltet mir's nicht; es ist ein kräftig Lied. Hab ich doch schon manchmal ein großes Kind damit schlafen gewiegt.

MUTTER. Du hast doch nichts im Kopfe als deine Liebe. Vergäßest du nur nicht alles über das eine! Den Brackenburg solltest du in Ehren halten, sag ich dir! Er kann dich noch einmal glücklich machen.

KLÄRCHEN. Er?

MUTTER. O ja! es kommt eine Zeit! – Ihr Kinder seht nichts voraus und überhorcht unsre Erfahrungen. Die Jugend und die schöne Liebe, alles hat sein Ende; und es kommt eine Zeit, wo man Gott dankt, wenn man irgendwo unterkriechen kann.

KLÄRCHEN schaudert, schweigt und fährt auf. Mutter, laßt die Zeit kommen wie den Tod. Dran vorzudenken ist schreckhaft! – Und wenn er kommt! Wenn wir müssen – dann – wollen wir uns gebärden, wie wir können! – Egmont, ich dich entbehren! – In Tränen. Nein, es ist nicht möglich, nicht möglich.

Egmont in einem Reitermantel, den Hut ins Gesicht gedrückt.

EGMONT. Klärchen!

KLÄRCHEN tut einen Schrei, fährt zurück. Egmont! Sie eilt auf ihn zu. Egmont! Sie umarmt ihn und ruht an ihm. O du Guter, Lieber, Süßer! Kommst du? bist du da!

EGMONT. Guten Abend, Mutter.

MUTTER. Gott grüß Euch, edler Herr! Meine Kleine ist fast vergangen, daß Ihr so lang ausbleibt; sie hat wieder den ganzen Tag von Euch geredet und gesungen.

EGMONT. Ihr gebt mir doch ein Nachtessen?

MUTTER. Zu viel Gnade. Wenn wir nur etwas hätten!

KLÄRCHEN. Freilich! Seid nur ruhig, Mutter; ich habe

schon alles darauf eingerichtet, ich habe etwas zubereitet. Verratet mich nicht, Mutter!

MUTTER. Schmal genug.

KLÄRCHEN. Wartet nur! Und dann denk ich: wenn er bei mir ist, hab ich gar keinen Hunger, da sollte er auch keinen großen Appetit haben, wenn ich bei ihm bin.

EGMONT. Meinst du?

KLÄRCHEN stampft mit dem Fuße und kehrt sich unwillig um.

EGMONT. Wie ist dir?

KLÄRCHEN. Wie seid Ihr heute so kalt! Ihr habt mir noch keinen Kuß angeboten. Warum habt Ihr die Arme in den Mantel gewickelt wie ein Wochenkind? Ziemt keinem Soldaten noch Liebhaber, die Arme eingewickelt zu haben.

EGMONT. Zuzeiten, Liebchen, zuzeiten. Wenn der Soldat auf der Lauer steht und dem Feinde etwas ablisten möchte, da nimmt er sich zusammen, faßt sich selbst in seine Arme und kaut seinen Anschlag reif. Und ein Liebhaber –

MUTTER. Wollt Ihr Euch nicht setzen? es Euch nicht bequem machen? Ich muß in die Küche; Klärchen denkt an nichts, wenn Ihr da seid. Ihr müßt fürlieb nehmen.

EGMONT. Euer guter Wille ist die beste Würze. Mutter ab.

KLÄRCHEN. Und was wäre denn meine Liebe?

EGMONT. So viel du willst.

KLÄRCHEN. Vergleicht sie, wenn Ihr das Herz habt!

EGMONT. Zuvörderst also. Er wirft den Mantel ab und steht in einem prächtigen Kleide da.

KLÄRCHEN. O je!

EGMONT. Nun hab ich die Arme frei. Er herzt sie.

KLÄRCHEN. Laßt! Ihr verderbt Euch. Sie tritt zurück. Wie prächtig! da darf ich Euch nicht anrühren.

EGMONT. Bist du zufrieden? Ich versprach dir, einmal spanisch zu kommen.

KLÄRCHEN. Ich bat Euch zeither nicht mehr drum; ich dachte, Ihr wolltet nicht. – Ach, und das Goldne Vlies!

EGMONT. Da siehst du's nun.

KLÄRCHEN. Das hat dir der Kaiser umgehängt?

EGMONT. Ja, Kind! und Kette und Zeichen geben dem, der sie trägt, die edelsten Freiheiten. Ich erkenne auf Erden keinen Richter über meine Handlungen als den

Großmeister des Ordens, mit dem versammelten Kapitel der Ritter.

KLÄRCHEN. O, du dürftest die ganze Welt über dich richten lassen! – Der Sammet ist gar zu herrlich, und die Passement-Arbeit! und das Gestickte! – Man weiß nicht, wo man anfangen soll.

EGMONT. Sieh dich nur satt!

KLÄRCHEN. Und das Goldne Vlies! Ihr erzähltet mir die Geschichte und sagtet, es sei ein Zeichen alles Großen und Kostbaren, was man mit Müh und Fleiß verdient und erwirbt. Es ist sehr kostbar – ich kann's deiner Liebe vergleichen. – Ich trage sie ebenso am Herzen – und hernach –

EGMONT. Was willst du sagen?

KLÄRCHEN. Hernach vergleicht sich's auch wieder nicht.

EGMONT. Wieso?

KLÄRCHEN. Ich habe sie nicht mit Müh und Fleiß erworben, nicht verdient.

EGMONT. In der Liebe ist es anders. Du verdienst sie, weil du dich nicht darum bewirbst – und die Leute erhalten sie auch meist allein, die nicht darnach jagen.

KLÄRCHEN. Hast du das von dir abgenommen? Hast du diese stolze Anmerkung über dich selbst gemacht? du, den alles Volk liebt?

EGMONT. Hätt ich nur etwas für sie getan! könnt ich etwas für sie tun! Es ist ihr guter Wille, mich zu lieben.

KLÄRCHEN. Du warst gewiß heute bei der Regentin?

EGMONT. Ich war bei ihr.

KLÄRCHEN. Bist du gut mit ihr?

EGMONT. Es sieht einmal so aus. Wir sind einander freundlich und dienstlich.

KLÄRCHEN. Und im Herzen?

EGMONT. Will ich ihr wohl. Jedes hat seine eignen Absichten. Das tut nichts zur Sache. Sie ist eine treffliche Frau, kennt ihre Leute, und sähe tief genug, wenn sie auch nicht argwöhnisch wäre. Ich mache ihr viel zu schaffen, weil sie hinter meinem Betragen immer Geheimnisse sucht, und ich keine habe.

KLÄRCHEN. So gar keine?

EGMONT. Eh nun! einen kleinen Hinterhalt. Jeder Wein

setzt Weinstein in den Fässern an mit der Zeit. Oranien ist doch noch eine bessere Unterhaltung für sie und eine immer neue Aufgabe. Er hat sich in den Kredit gesetzt, daß er immer etwas Geheimes vorhabe: und nun sieht sie immer nach seiner Stirne, was er wohl denken, auf seine Schritte, wohin er sie wohl richten möchte.

KLÄRCHEN. Verstellt sie sich?

EGMONT. Regentin, und du fragst?

KLÄRCHEN. Verzeiht, ich wollte fragen: Ist sie falsch?

EGMONT. Nicht mehr und nicht weniger als jeder, der seine Absichten erreichen will.

KLÄRCHEN. Ich könnte mich in die Welt nicht finden. Sie hat aber auch einen männlichen Geist, sie ist ein ander Weib als wir Nähterinnen und Köchinnen. Sie ist groß, herzhaft, entschlossen.

EGMONT. Ja, wenn's nicht gar zu bunt geht. Diesmal ist sie doch ein wenig aus der Fassung.

KLÄRCHEN. Wieso?

EGMONT. Sie hat auch ein Bärtchen auf der Oberlippe, und manchmal einen Anfall von Podagra. Eine rechte Amazone!

KLÄRCHEN. Eine majestätische Frau! Ich scheute mich, vor sie zu treten.

EGMONT. Du bist doch sonst nicht zaghaft – Es wäre auch nicht Furcht, nur jungfräuliche Scham.

KLÄRCHEN schlägt die Augen nieder, nimmt seine Hand und lehnt sich an ihn.

EGMONT. Ich verstehe dich! liebes Mädchen! du darfst die Augen aufschlagen. Er küßt ihre Augen.

KLÄRCHEN. Laß mich schweigen! Laß mich dich halten. Laß mich dir in die Augen sehen; alles drin finden, Trost und Hoffnung und Freude und Kummer. Sie umarmt ihn und sieht ihn an. Sag mir! Sage! ich begreife nicht! bist du Egmont? der Graf Egmont? der große Egmont, der so viel Aufsehn macht, von dem in den Zeitungen steht, an dem die Provinzen hängen?

EGMONT. Nein, Klärchen, das bin ich nicht.

KLÄRCHEN. Wie?

EGMONT. Siehst du, Klärchen! – Laß mich sitzen! – Er setzt sich, sie kniet, sich vor ihn auf einen Schemel, legt ihre Arme auf seinen Schoß und sieht ihn an. Jener Egmont ist ein verdrießlicher, steifer, kalter Egmont, der an sich halten, bald dieses, bald jenes Gesicht machen muß; geplagt, verkannt, verwickelt ist, wenn ihn die Leute für froh und fröhlich halten; geliebt von einem Volke, das nicht weiß, was es will; geehrt und in die Höhe getragen von einer Menge, mit der nichts anzufangen ist; umgeben von Freunden, denen er sich nicht überlassen darf; beobachtet von Menschen, die ihm auf alle Weise beikommen möchten; arbeitend und sich bemühend, oft ohne Zweck, meist ohne Lohn – O laß mich schweigen, wie es dem ergeht, wie es dem zumute ist! Aber dieser, Klärchen, der ist ruhig, offen, glücklich, geliebt und gekannt von dem besten Herzen, das auch er ganz kennt und mit voller Liebe und Zutrauen an das seine drückt. Er umarmt sie. Das ist dein Egmont.

KLÄRCHEN. So laß mich sterben! Die Welt hat keine Freuden auf diese!

## VIERTER AUFZUG

### STRASSE

Jetter. Zimmermeister.

JETTER. He! Pst! He, Nachbar, ein Wort!

ZIMMERMEISTER. Geh deines Pfads, und sei ruhig!

JETTER. Nur ein Wort. Nichts Neues?

ZIMMERMEISTER. Nichts, als daß uns vom Neuen zu reden verboten ist.

JETTER. Wie?

ZIMMERMEISTER. Tretet hier ans Haus an! Hütet Euch! Der Herzog von Alba hat gleich bei seiner Ankunft einen Befehl ausgehen lassen, dadurch zwei oder drei, die auf der Straße zusammen sprechen, des Hochverrats ohne Untersuchung schuldig erklärt sind.

JETTER. O weh!

ZIMMERMEISTER. Bei ewiger Gefangenschaft ist verboten, von Staatssachen zu reden.

JETTER. O unsre Freiheit!

ZIMMERMEISTER. Und bei Todesstrafe soll niemand die Handlungen der Regierung mißbilligen.

JETTER. O unsre Köpfe!

ZIMMERMEISTER. Und mit großem Versprechen werden Väter, Mütter, Kinder, Verwandte, Freunde, Dienstboten eingeladen, was in dem Innersten des Hauses vorgeht, bei dem besonders niedergesetzten Gerichte zu offenbaren.

JETTER. Gehn wir nach Hause!

ZIMMERMEISTER. Und den Folgsamen ist versprochen, daß sie weder an Leibe noch Vermögen einige Kränkung erdulden sollen.

JETTER. Wie gnädig! War mir's doch gleich weh, wie der Herzog in die Stadt kam. Seit der Zeit ist mir's, als wäre der Himmel mit einem schwarzen Flor überzogen und hinge so tief herunter, daß man sich bücken müsse, um nicht dran zu stoßen.

ZIMMERMEISTER. Und wie haben dir seine Soldaten gefallen? Gelt! das ist eine andre Art von Krebsen, als wir sie sonst gewohnt waren.

JETTER. Pfui! Es schnürt einem das Herz ein, wenn man so einen Haufen die Gassen hinabmarschieren sieht. Kerzengerad mit unverwandtem Blick, Ein Tritt, so viel ihrer sind. Und wenn sie auf der Schildwache stehen und du gehst an einem vorbei, ist's, als wenn er dich durch und durch sehen wollte, und sieht so steif und mürrisch aus, daß du auf allen Ecken einen Zuchtmeister zu sehen glaubst. Sie tun mir gar nicht wohl. Unsre Miliz war doch noch ein lustig Volk; sie nahmen sich was heraus, standen mit ausgegrätschten Beinen da, hatten den Hut überm Ohr, lebten und ließen leben; diese Kerle aber sind wie Maschinen, in denen ein Teufel sitzt.

ZIMMERMEISTER. Wenn so einer ruft: „Halt!" und anschlägt, meinst du, man hielte?

JETTER. Ich wäre gleich des Todes.

ZIMMERMEISTER. Gehn wir nach Hause!

JETTER. Es wird nicht gut. Adieu.

*Soest tritt dazu.*

SOEST. Freunde! Genossen!

ZIMMERMEISTER. Still! Laßt uns gehen!

SOEST. Wißt ihr?

JETTER. Nur zu viel!

SOEST. Die Regentin ist weg.

JETTER. Nun gnad uns Gott!

ZIMMERMEISTER. Die hielt uns noch.

SOEST. Auf einmal und in der Stille. Sie konnte sich mit dem Herzog nicht vertragen; sie ließ dem Adel melden, sie komme wieder. Niemand glaubt's.

ZIMMERMEISTER. Gott verzeih's dem Adel, daß er uns diese neue Geißel über den Hals gelassen hat. Sie hätten es abwenden können. Unsre Privilegien sind hin.

JETTER. Um Gottes willen nichts von Privilegien! Ich wittre den Geruch von einem Exekutionsmorgen; die Sonne will nicht hervor, die Nebel stinken.

SOEST. Oranien ist auch weg.

ZIMMERMEISTER. So sind wir denn ganz verlassen!

SOEST. Graf Egmont ist noch da.

JETTER. Gott sei Dank! Stärken ihn alle Heiligen, daß er sein Bestes tut; der ist allein was vermögend.

*Vansen tritt auf.*

VANSEN. Find ich endlich ein paar, die noch nicht untergekrochen sind?

JETTER. Tut uns den Gefallen und geht fürbaß!

VANSEN. Ihr seid nicht höflich.

ZIMMERMEISTER. Es ist gar keine Zeit zu Komplimenten. Juckt Euch der Buckel wieder? Seid Ihr schon durchgeheilt?

VANSEN. Fragt einen Soldaten nach seinen Wunden! Wenn ich auf Schläge was gegeben hätte, wäre sein' Tage nichts aus mir geworden.

JETTER. Es kann ernstlicher werden.

VANSEN. Ihr spürt von dem Gewitter, das aufsteigt, eine erbärmliche Mattigkeit in den Gliedern, scheint's.

ZIMMERMEISTER. Deine Glieder werden sich bald wo anders eine Motion machen, wenn du nicht ruhst.

VANSEN. Armselige Mäuse, die gleich verzweifeln, wenn der Hausherr eine neue Katze anschafft. Nur ein bißchen anders; aber wir treiben unser Wesen vor wie nach, seid nur ruhig!

ZIMMERMEISTER. Du bist ein verwegener Taugenichts.

VANSEN. Gevatter Tropf! Laß du den Herzog nur gewähren! Der alte Kater sieht aus, als wenn er Teufel statt Mäuse gefressen hätte und könnte sie nun nicht verdauen. Laßt ihn nur erst; er muß auch essen, trinken, schlafen wie andere Menschen. Es ist mir nicht bange, wenn wir unsere Zeit recht nehmen. Im Anfange geht's rasch; nachher wird er auch finden, daß in der Speisekammer unter den Speckseiten besser leben ist und des Nachts zu ruhen, als auf dem Fruchtboden einzelne Mäuschen zu erlisten. Geht nur, ich kenne die Statthalter.

ZIMMERMEISTER. Was so einem Menschen alles durchgeht! Wenn ich in meinem Leben so etwas gesagt hätte, hielt ich mich keine Minute für sicher.

VANSEN. Seid nur ruhig! Gott im Himmel erfährt nichts von euch Würmern, geschweige der Regent.

JETTER. Lästermaul!

VANSEN. Ich weiß andere, denen es besser wäre, sie hätten statt ihres Heldenmuts eine Schneiderader im Leibe.

ZIMMERMEISTER. Was wollt Ihr damit sagen?

VANSEN. Hm! den Grafen mein ich.

JETTER. Egmont! Was soll der fürchten?

VANSEN. Ich bin ein armer Teufel, und könnte ein ganzes Jahr leben von dem, was er in Einem Abende verliert. Und doch könnt er mir sein Einkommen eines ganzen Jahres geben, wenn er meinen Kopf auf eine Viertelstunde hätte.

JETTER. Du denkst dich was Rechts. Egmonts Haare sind gescheiter als dein Hirn.

VANSEN. Red't Ihr! Aber nicht feiner. Die Herren betrügen sich am ersten. Er sollte nicht trauen.

JETTER. Was er schwätzt! So ein Herr!

VANSEN. Eben weil er kein Schneider ist.

JETTER. Ungewaschen Maul!

VANSEN. Dem wollt ich Eure Courage nur eine Stunde in die Glieder wünschen, daß sie ihm da Unruh machte und ihn so lange neckte und juckte, bis er aus der Stadt müßte.

JETTER. Ihr redet recht unverständig; er ist so sicher wie der Stern am Himmel.

VANSEN. Hast du nie einen sich schneuzen gesehn? Weg war er!

ZIMMERMEISTER. Wer will ihm denn was tun?

VANSEN. Wer will? Willst du's etwa hindern? Willst du einen Aufruhr erregen, wenn sie ihn gefangennehmen?

JETTER. Ah!

VANSEN. Wollt ihr eure Rippen für ihn wagen?

SOEST. Eh!

VANSEN, sie nachäffend. Ih! Oh! Uh! Verwundert euch durchs ganze Alphabet! So ist's und bleibt's! Gott bewahre ihn!

JETTER. Ich erschrecke über Eure Unverschämtheit. So ein edler, rechtschaffener Mann sollte was zu befürchten haben?

VANSEN. Der Schelm sitzt überall im Vorteil. Auf dem Armensünderstühlchen hat er den Richter zum Narren; auf dem Richterstuhl macht er den Inquisiten mit Lust zum Verbrecher. Ich habe so ein Protokoll abzuschreiben gehabt, wo der Kommissarius schwer Lob und Geld von Hofe erhielt, weil er einen ehrlichen Teufel, an den man wollte, zum Schelmen verhört hatte.

ZIMMERMEISTER. Das ist wieder frisch gelogen. Was wollen sie denn herausverhören, wenn einer unschuldig ist?

VANSEN. O Spatzenkopf! Wo nichts herauszuverhören ist, da verhört man hinein. Ehrlichkeit macht unbesonnen, auch wohl trotzig. Da fragt man erst sachte weg, und der Gefangne ist stolz auf seine Unschuld, wie sie's heißen, und sagt alles geradezu, was ein Verständiger verbärge. Dann macht der Inquisitor aus den Antworten wieder Fragen und paßt ja auf, wo irgend ein Widersprüchelchen erscheinen will; da knüpft er seinen Strick an, und läßt sich der dumme Teufel betreten, daß er hier etwas zu viel, dort etwas zu wenig gesagt oder wohl gar aus Gott weiß was für einer Grille einen Umstand verschwiegen hat, auch wohl irgend an einem Ende sich hat schrecken lassen: dann sind wir auf dem rechten Weg! Und ich versichre euch, mit mehr Sorgfalt suchen die Bettelweiber nicht die Lumpen aus dem Kehricht, als so ein Schelmenfabrikant aus kleinen, schiefen, verschobenen, verrückten, verdrückten, geschlossenen, bekannten, geleugneten Anzeichen und Umständen sich endlich einen strohlumpenen Vogelscheu zusammenkünstelt, um wenigstens seinen Inquisiten in effigie hängen zu können. Und Gott mag der arme Teufel danken, wenn er sich noch kann hängen sehen.

JETTER. Der hat eine geläufige Zunge.

ZIMMERMEISTER. Mit Fliegen mag das angehen. Die Wespen lachen Eures Gespinstes.

VANSEN. Nachdem die Spinnen sind. Seht, der lange Herzog hat euch so ein rein Ansehn von einer Kreuzspinne; nicht einer dickbäuchigen, die sind weniger schlimm, aber so einer langfüßigen, schmalleibigen, die vom Fraße nicht feist wird und recht dünne Fäden zieht, aber desto zähere.

JETTER. Egmont ist Ritter des Goldnen Vlieses; wer darf Hand an ihn legen? Nur von seinesgleichen kann er gerichtet werden, nur vom gesamten Orden. Dein loses Maul, dein böses Gewissen verführen dich zu solchem Geschwätz.

VANSEN. Will ich ihm darum übel? Mir kann's recht sein. Es ist ein trefflicher Herr. Ein paar meiner guten Freunde, die anderwärts schon wären gehangen worden, hat er mit einem Buckel voll Schläge verabschiedet. Nun geht! Geht! Ich rat es euch selbst. Dort seh ich wieder eine Runde antreten; die sehen nicht aus, als wenn sie so bald Brüderschaft mit uns trinken würden. Wir wollen's abwarten und nur sachte zusehen. Ich hab ein paar Nichten und einen Gevatter Schenkwirt; wenn sie von denen gekostet haben, und werden dann nicht zahm, so sind sie ausgepichte Wölfe.

## DER CULENBURGISCHE PALAST. WOHNUNG DES HERZOGS VON ALBA

Silva und Gomez begegnen einander.

SILVA. Hast du die Befehle des Herzogs ausgerichtet?

GOMEZ. Pünktlich. Alle täglichen Runden sind beordert, zur bestimmten Zeit an verschiedenen Plätzen einzutreffen, die ich ihnen bezeichnet habe; sie gehen indes, wie gewöhnlich, durch die Stadt, um Ordnung zu erhalten. Keiner weiß von dem andern; jeder glaubt, der Befehl gehe ihn allein an, und in einem Augenblick kann alsdann der Cordon gezogen und alle Zugänge zum Palast können besetzt sein. Weißt du die Ursache dieses Befehls?

SILVA. Ich bin gewohnt, blindlings zu gehorchen. Und wem gehorcht sich's leichter als dem Herzoge, da bald der Ausgang beweist, daß er recht befohlen hat?

GOMEZ. Gut! Gut! Auch scheint es mir kein Wunder, daß du so verschlossen und einsilbig wirst wie er, da du immer um ihn sein mußt. Mir kommt es fremd vor, da ich den leichteren italienischen Dienst gewohnt bin. An Treue und Gehorsam bin ich der alte; aber ich habe mir das Schwätzen und Räsonieren angewöhnt. Ihr schweigt alle und laßt es euch nie wohl sein. Der Herzog gleicht mir einem ehrnen Turm ohne Pforte, wozu die Besatzung Flügel hätte. Neulich hört ich ihn bei Tafel von einem frohen, freundlichen Menschen sagen: er sei wie eine schlechte Schenke mit einem ausgesteckten Branntweinzeichen, um Müßiggänger, Bettler und Diebe hereinzulocken.

SILVA. Und hat er uns nicht schweigend hierhergeführt?

GOMEZ. Dagegen ist nichts zu sagen. Gewiß! Wer Zeuge seiner Klugheit war, wie er die Armee aus Italien hierher brachte, der hat etwas gesehen. Wie er sich durch Freund und Feind, durch die Franzosen, Königlichen und Ketzer, durch die Schweizer und Verbundnen gleichsam durchschmiegte, die strengste Mannszucht hielt, und einen Zug, den man so gefährlich achtete, leicht und ohne Anstoß zu leiten wußte! – Wir haben was gesehen, was lernen können.

SILVA. Auch hier! Ist nicht alles still und ruhig, als wenn kein Aufstand gewesen wäre?

GOMEZ. Nun, es war auch schon meist still, als wir herkamen.

SILVA. In den Provinzen ist es viel ruhiger geworden; und wenn sich noch einer bewegt, so ist es, um zu entfliehen. Aber auch diesem wird er die Wege bald versperren, denk ich.

GOMEZ. Nun wird er erst die Gunst des Königs gewinnen.

SILVA. Und uns bleibt nichts angelegener, als uns die seinige zu erhalten. Wenn der König hierher kommt, bleibt gewiß der Herzog und jeder, den er empfiehlt, nicht unbelohnt.

GOMEZ. Glaubst du, daß der König kommt?

Silva. Es werden so viele Anstalten gemacht, daß es höchst wahrscheinlich ist.

Gomez. Mich überreden sie nicht.

Silva. So rede wenigstens nicht davon! Denn wenn des Königs Absicht ja nicht sein sollte, zu kommen, so ist sie's doch wenigstens gewiß, daß man es glauben soll.

Ferdinand, Albas natürlicher Sohn.

Ferdinand. Ist mein Vater noch nicht heraus?

Silva. Wir warten auf ihn.

Ferdinand. Die Fürsten werden bald hier sein.

Gomez. Kommen sie heute?

Ferdinand. Oranien und Egmont.

Gomez *leise zu Silva.* Ich begreife etwas.

Silva. So behalt es für dich!

Herzog von Alba.

*Wie er herein- und hervortritt, treten die andern zurück.*

Alba. Gomez!

Gomez *tritt vor.* Herr!

Alba. Du hast die Wachen verteilt und beordert?

Gomez. Aufs genaueste. Die täglichen Runden –

Alba. Genug. Du wartest in der Galerie. Silva wird dir den Augenblick sagen, wenn du sie zusammenziehen, die Zugänge nach dem Palast besetzen sollst. Das übrige weißt du.

Gomez. Ja, Herr! *Ab.*

Alba. Silva!

Silva. Hier bin ich.

Alba. Alles, was ich von jeher an dir geschätzt habe, Mut, Entschlossenheit, unaufhaltsames Ausführen, das zeige heut.

Silva. Ich danke Euch, daß Ihr mir Gelegenheit gebt zu zeigen, daß ich der alte bin.

Alba. Sobald die Fürsten bei mir eingetreten sind, dann eile gleich, Egmonts Geheimschreiber gefangenzunehmen. Du hast alle Anstalten gemacht, die übrigen, welche bezeichnet sind, zu fahen?

Silva. Vertrau auf uns! Ihr Schicksal wird sie, wie eine wohlberechnete Sonnenfinsternis, pünktlich und schrecklich treffen.

ALBA. Hast du sie genau beobachten lassen?

SILVA. Alle; den Egmont vor andern. Er ist der einzige, der, seit du hier bist, sein Betragen nicht geändert hat. Den ganzen Tag von einem Pferd aufs andere, ladet Gäste, ist immer lustig und unterhaltend bei Tafel, würfelt, schießt und schleicht nachts zum Liebchen. Die andern haben dagegen eine merkliche Pause in ihrer Lebensart gemacht; sie bleiben bei sich; vor ihrer Türe sieht's aus, als wenn ein Kranker im Hause wäre.

ALBA. Drum rasch, eh sie uns wider Willen genesen.

SILVA. Ich stelle sie. Auf deinen Befehl überhäufen wir sie mit dienstfertigen Ehren. Ihnen graut's: politisch geben sie uns einen ängstlichen Dank, fühlen, das Rätlichste sei zu entfliehen; keiner wagt einen Schritt, sie zaudern, können sich nicht vereinigen; und einzeln etwas Kühnes zu tun, hält sie der Gemeingeist ab. Sie möchten gern sich jedem Verdacht entziehen, und machen sich immer verdächtiger. Schon seh ich mit Freuden deinen ganzen Anschlag ausgeführt.

ALBA. Ich freue mich nur über das Geschehene; und auch über das nicht leicht: denn es bleibt stets noch übrig, was uns zu denken und zu sorgen gibt. Das Glück ist eigensinnig, oft das Gemeine, das Nichtswürdige zu adeln und wohlüberlegte Taten mit einem gemeinen Ausgang zu entehren. Verweile, bis die Fürsten kommen, dann gib Gomez die Ordre, die Straßen zu besetzen, und eile selbst, Egmonts Schreiber und die übrigen gefangenzunehmen, die dir bezeichnet sind. Ist es getan, so komm hierher und meld es meinem Sohne, daß er mir in den Rat die Nachricht bringe.

SILVA. Ich hoffe, diesen Abend vor dir stehn zu dürfen.

Alba geht nach seinem Sohne, der bisher in der Galerie gestanden.

SILVA. Ich traue mir es nicht zu sagen; aber meine Hoffnung schwankt. Ich fürchte, es wird nicht werden, wie er denkt. Ich sehe Geister vor mir, die still und sinnend auf schwarzen Schalen das Geschick der Fürsten und vieler Tausende wägen. Langsam wankt das Zünglein auf und ab; tief scheinen die Richter zu sinnen; zuletzt sinkt diese Schale, steigt jene, angehaucht vom Eigensinn des Schicksals, und entschieden ist's. Ab.

ALBA, mit Ferdinand hervortretend. Wie fandst du die Stadt?

FERDINAND. Es hat sich alles gegeben. Ich ritt, als wie zum Zeitvertreib, straßauf, straßab. Eure wohlverteilten Wachen halten die Furcht so angespannt, daß sie sich nicht zu lispeln untersteht. Die Stadt sieht einem Felde ähnlich, wenn das Gewitter von weitem leuchtet: man erblickt keinen Vogel, kein Tier, als das eilend nach einem Schutzorte schlüpft.

ALBA. Ist dir nichts weiter begegnet?

FERDINAND. Egmont kam mit einigen auf den Markt geritten; wir grüßten uns; er hatte ein rohes Pferd, das ich ihm loben mußte. „Laßt uns eilen, Pferde zuzureiten, wir werden sie bald brauchen!" rief er mir entgegen. Er werde mich noch heute wiedersehn, sagte er, und komme auf Euer Verlangen, mit Euch zu ratschlagen.

ALBA. Er wird dich wiedersehn.

FERDINAND. Unter allen Rittern, die ich hier kenne, gefällt er mir am besten. Es scheint, wir werden Freunde sein.

ALBA. Du bist noch immer zu schnell und wenig behutsam; immer erkenn ich in dir den Leichtsinn deiner Mutter, der mir sie unbedingt in die Arme lieferte. Zu mancher gefährlichen Verbindung lud dich der Anschein voreilig ein.

FERDINAND. Euer Wille findet mich bildsam.

ALBA. Ich vergebe deinem jungen Blute dies leichtsinnige Wohlwollen, diese unachtsame Fröhlichkeit. Nur vergiß nicht, zu welchem Werke ich gesandt bin, und welchen Teil ich dir dran geben möchte.

FERDINAND. Erinnert mich, und schont mich nicht, wo Ihr es nötig haltet!

ALBA nach einer Pause. Mein Sohn!

FERDINAND. Mein Vater!

ALBA. Die Fürsten kommen bald, Oranien und Egmont kommen. Es ist nicht Mißtrauen, daß ich dir erst jetzt entdecke, was geschehen soll. Sie werden nicht wieder von hinnen gehn.

FERDINAND. Was sinnst du?

ALBA. Es ist beschlossen, sie festzuhalten. – Du erstaunst!

Was du zu tun hast, höre; die Ursachen sollst du wissen, wenn es geschehn ist. Jetzt bleibt keine Zeit, sie auszulegen. Mit dir allein wünscht' ich das Größte, das Geheimste zu besprechen; ein starkes Band hält uns zusammengefesselt; du bist mir wert und lieb; auf dich möcht ich alles häufen. Nicht die Gewohnheit zu gehorchen allein möcht ich dir einprägen; auch den Sinn, auszudenken, zu befehlen, auszuführen, wünscht' ich in dir fortzupflanzen; dir ein großes Erbteil, dem Könige den brauchbarsten Diener zu hinterlassen; dich mit dem Besten, was ich habe, auszustatten, daß du dich nicht schämen dürfest, unter deine Brüder zu treten.

FERDINAND. Was werd ich nicht dir für diese Liebe schuldig, die du mir allein zuwendest, indem ein ganzes Reich vor dir zittert!

ALBA. Nun höre, was zu tun ist. Sobald die Fürsten eingetreten sind, wird jeder Zugang zum Palaste besetzt. Dazu hat Gomez die Ordre. Silva wird eilen, Egmonts Schreiber mit den Verdächtigsten gefangenzunehmen. Du hältst die Wache am Tore und in den Höfen in Ordnung. Vor allen Dingen besetze diese Zimmer hier neben mit den sichersten Leuten; dann warte auf der Galerie, bis Silva wiederkommt, und bringe mir irgendein unbedeutend Blatt herein, zum Zeichen, daß sein Auftrag ausgerichtet ist. Dann bleib im Vorsaale, bis Oranien weggeht; folg ihm; ich halte Egmont hier, als ob ich ihm noch was zu sagen hätte. Am Ende der Galerie fordre Oraniens Degen, rufe die Wache an, verwahre schnell den gefährlichsten Mann; und ich fasse Egmont hier.

FERDINAND. Ich gehorche, mein Vater. Zum ersten Mal mit schwerem Herzen und mit Sorge.

ALBA. Ich verzeihe dir's; es ist der erste große Tag, den du erlebst.

Silva tritt herein.

SILVA. Ein Bote von Antwerpen. Hier ist Oraniens Brief! Er kommt nicht.

ALBA. Sagt' es der Bote?

SILVA. Nein, mir sagt's das Herz.

ALBA. Aus dir spricht mein böser Genius. Nachdem er den

Brief gelesen, winkt er beiden, und sie ziehen sich in die Galerie zurück. Er bleibt allein auf dem Vorderteile. Er kommt nicht! Bis auf den letzten Augenblick verschiebt er, sich zu erklären. Er wagt es, nicht zu kommen! So war denn diesmal wider Vermuten der Kluge klug genug, nicht klug zu sein! – Es rückt die Uhr! Noch einen kleinen Weg des Seigers, und ein großes Werk ist getan oder versäumt, unwiederbringlich versäumt: denn es ist weder nachzuholen noch zu verheimlichen. Längst hatt ich alles reiflich abgewogen und mir auch diesen Fall gedacht, mir festgesetzt, was auch in diesem Falle zu tun sei; und jetzt, da es zu tun ist, wehr ich mir kaum, daß nicht das Für und Wider mir aufs neue durch die Seele schwankt. – Ist's rätlich, die andern zu fangen, wenn er mir entgeht? – Schieb ich es auf und laß Egmont mit den Seinigen, mit so vielen entschlüpfen, die nun, vielleicht nur heute noch, in meinen Händen sind? So zwingt dich das Geschick denn auch, du Unbezwinglicher! Wie lang gedacht! Wie wohl bereitet! Wie groß, wie schön der Plan! Wie nah die Hoffnung ihrem Ziele! und nun im Augenblick des Entscheidens bist du zwischen zwei Übel gestellt; wie in einen Lostopf greifst du in die dunkle Zukunft: was du fassest, ist noch zugerollt, dir unbewußt, sei's Treffer oder Fehler! Er wird aufmerksam, wie einer, der etwas hört, und tritt ans Fenster. Er ist es! Egmont! – Trug dich dein Pferd so leicht herein, und scheute vor dem Blutgeruche nicht, und vor dem Geiste mit dem blanken Schwert, der an der Pforte dich empfängt? – Steig ab! – So bist du mit dem einen Fuß im Grab! und so mit beiden! – Ja, streichl es nur, und klopfe für seinen mutigen Dienst zum letzten Male den Nacken ihm – Und mir bleibt keine Wahl. In der Verblendung, wie hier Egmont naht, kann er dir nicht zum zweiten Mal sich liefern! – Hört!

Ferdinand und Silva treten eilig herbei.

Alba. Ihr tut, was ich befahl, ich ändre meinen Willen nicht. Ich halte, wie es gehn will, Egmont auf, bis du mir von Silva die Nachricht gebracht hast. Dann bleib in der Nähe! Auch dir raubt das Geschick das große Verdienst, des Königs größten Feind mit eigener Hand gefangen zu haben.

Zu Silva. Eile! Zu Ferdinand. Geh ihm entgegen! Alba bleibt einige Augenblicke allein und geht schweigend auf und ab.

Egmont tritt auf.

EGMONT. Ich komme, die Befehle des Königs zu vernehmen, zu hören, welchen Dienst er von unserer Treue verlangt, die ihm ewig ergeben bleibt.

ALBA. Er wünscht vor allen Dingen, Euern Rat zu hören.

EGMONT. Über welchen Gegenstand? Kommt Oranien auch? Ich vermutete ihn hier.

ALBA. Mir tut es leid, daß er uns eben in dieser wichtigen Stunde fehlt. Euern Rat, Eure Meinung wünscht der König, wie diese Staaten wieder zu befriedigen. Ja er hofft, Ihr werdet kräftig mitwirken, diese Unruhen zu stillen und die Ordnung der Provinzen völlig und dauerhaft zu gründen.

EGMONT. Ihr könnt besser wissen als ich, daß schon alles genug beruhigt ist, ja noch mehr beruhigt war, eh die Erscheinung der neuen Soldaten wieder mit Furcht und Sorge die Gemüter bewegte.

ALBA. Ihr scheint andeuten zu wollen, das Rätlichste sei gewesen, wenn der König mich gar nicht in den Fall gesetzt hätte, Euch zu fragen.

EGMONT. Verzeiht! Ob der König das Heer hätte schicken sollen, ob nicht vielmehr die Macht seiner majestätischen Gegenwart allein stärker gewirkt hätte, ist meine Sache nicht zu beurteilen. Das Heer ist da, er nicht. Wir aber müßten sehr undankbar, sehr vergessen sein, wenn wir uns nicht erinnerten, was wir der Regentin schuldig sind. Bekennen wir! sie brachte durch ihr so kluges als tapferes Betragen die Aufrührer mit Gewalt und Ansehn, mit Überredung und List zur Ruhe und führte zum Erstaunen der Welt ein rebellisches Volk in wenigen Monaten zu seiner Pflicht zurück.

ALBA. Ich leugne es nicht. Der Tumult ist gestillt, und jeder scheint in die Grenzen des Gehorsams zurückgebannt. Aber hängt es nicht von eines jeden Willkür ab, sie zu verlassen? Wer will das Volk hindern loszubrechen? Wo ist die Macht, sie abzuhalten? Wer bürgt uns, daß sie sich ferner treu und untertänig zeigen werden? Ihr guter Wille ist alles Pfand, das wir haben.

Egmont. Und ist der gute Wille eines Volks nicht das sicherste, das edelste Pfand? Bei Gott! Wann darf sich ein König sicherer halten, als wenn sie alle für einen, einer für alle stehn? Sicherer gegen innere und äußere Feinde?

Alba. Wir werden uns doch nicht überreden sollen, daß es jetzt hier so steht?

Egmont. Der König schreibe einen Generalpardon aus, er beruhige die Gemüter; und bald wird man sehen, wie Treue und Liebe mit dem Zutrauen wieder zurückkehrt.

Alba. Und jeder, der die Majestät des Königs, der das Heiligtum der Religion geschändet, ginge frei und ledig hin und wider! lebte den andern zum bereiten Beispiel, daß ungeheure Verbrechen straflos sind?

Egmont. Und ist ein Verbrechen des Unsinns, der Trunkenheit nicht eher zu entschuldigen als grausam zu bestrafen? Besonders, wo so sichre Hoffnung, wo Gewißheit ist, daß die Übel nicht wiederkehren werden? Waren Könige darum nicht sicherer, werden sie nicht von Welt und Nachwelt gepriesen, die eine Beleidigung ihrer Würde vergeben, bedauern, verachten konnten? Werden sie nicht eben deswegen Gott gleich gehalten, der viel zu groß ist, als daß an ihn jede Lästerung reichen sollte?

Alba. Und eben darum soll der König für die Würde Gottes und der Religion, wir sollen für das Ansehn des Königs streiten. Was der Obere abzulehnen verschmäht, ist unsere Pflicht zu rächen. Ungestraft soll, wenn ich rate, kein Schuldiger sich freuen.

Egmont. Glaubst du, daß du sie alle erreichen wirst? Hört man nicht täglich, daß die Furcht sie hie- und dahin, sie aus dem Lande treibt? Die Reichsten werden ihre Güter, sich, ihre Kinder und Freunde flüchten; der Arme wird seine nützlichen Hände dem Nachbar zubringen.

Alba. Sie werden, wenn man sie nicht verhindern kann. Darum verlangt der König Rat und Tat von jedem Fürsten, Ernst von jedem Statthalter; nicht nur Erzählung, wie es ist, was werden könnte, wenn man alles gehen ließe, wie's geht. Einem großen Übel zusehen, sich mit Hoffnung schmeicheln, der Zeit vertrauen, etwa einmal dreinschlagen, wie im Fastnachtsspiel, daß es klatscht und man doch etwas zu tun scheint, wenn man nichts tun möchte: heißt das nicht, sich verdächtig machen, als sehe man dem Aufruhr mit Vergnügen zu, den man nicht erregen, wohl aber hegen möchte!

EGMONT, im Begriff aufzufahren, nimmt sich zusammen, und spricht nach einer kleinen Pause gesetzt. Nicht jede Absicht ist offenbar, und manches Mannes Absicht ist zu mißdeuten. Muß man doch auch von allen Seiten hören: es sei des Königs Absicht weniger, die Provinzen nach einförmigen und klaren Gesetzen zu regieren, die Majestät der Religion zu sichern und einen allgemeinen Frieden seinem Volke zu geben, als vielmehr, sie unbedingt zu unterjochen, sie ihrer alten Rechte zu berauben, sich Meister von ihren Besitztümern zu machen, die schönen Rechte des Adels einzuschränken, um derentwillen der Edle allein ihm dienen, ihm Leib und Leben widmen mag. Die Religion, sagt man, sei nur ein prächtiger Teppich, hinter dem man jeden gefährlichen Anschlag nur desto leichter ausdenkt. Das Volk liegt auf den Knieen, betet die heiligen gewirkten Zeichen an, und hinten lauscht der Vogelsteller, der sie berücken will.

ALBA. Das muß ich von dir hören?

EGMONT. Nicht meine Gesinnungen! Nur was bald hier, bald da, von Großen und von Kleinen, Klugen und Toren gesprochen, laut verbreitet wird. Die Niederländer fürchten ein doppeltes Joch, und wer bürgt ihnen für ihre Freiheit?

ALBA. Freiheit? Ein schönes Wort, wer's recht verstände! Was wollen sie für Freiheit? Was ist des Freiesten Freiheit? – Recht zu tun! – und daran wird sie der König nicht hindern. Nein! nein! sie glauben sich nicht frei, wenn sie sich nicht selbst und andern schaden können. Wäre es nicht besser, abzudanken, als ein solches Volk zu regieren? Wenn auswärtige Feinde drängen, an die kein Bürger denkt, der mit dem Nächsten nur beschäftigt ist, und der König verlangt Beistand, dann werden sie uneins unter sich und verschwören sich gleichsam mit ihren Feinden. Weit besser ist's, sie einzuengen, daß man sie wie Kinder halten, wie Kinder zu ihrem Besten leiten kann. Glaube nur, ein Volk wird nicht alt, nicht klug; ein Volk bleibt immer kindisch.

EGMONT. Wie selten kommt ein König zu Verstand! Und sollen sich viele nicht lieber vielen vertrauen als einem? und nicht einmal dem Einen, sondern den Wenigen des Einen, dem Volke, das an den Blicken seines Herrn altert. Das hat wohl allein das Recht, klug zu werden.

ALBA. Vielleicht eben darum, weil es sich nicht selbst überlassen ist.

EGMONT. Und darum niemand gern sich selbst überlassen möchte. Man tue, was man will; ich habe auf deine Frage geantwortet und wiederhole: Es geht nicht! Es kann nicht gehen! Ich kenne meine Landsleute. Es sind Männer, wert, Gottes Boden zu betreten; ein jeder rund für sich, ein kleiner König, fest, rührig, fähig, treu, an alten Sitten hangend. Schwer ist's, ihr Zutrauen zu verdienen; leicht, zu erhalten. Starr und fest! Zu drücken sind sie; nicht zu unterdrücken.

ALBA, der sich indes einigemal umgesehen hat. Solltest du das alles in des Königs Gegenwart wiederholen?

EGMONT. Desto schlimmer, wenn mich seine Gegenwart abschreckte! Desto besser für ihn, für sein Volk, wenn er mir Mut machte, wenn er mir Zutrauen einflößte, noch weit mehr zu sagen.

ALBA. Was nützlich ist, kann ich hören wie er.

EGMONT. Ich würde ihm sagen: Leicht kann der Hirt eine ganze Herde Schafe vor sich hintreiben, der Stier zieht seinen Pflug ohne Widerstand; aber dem edeln Pferde, das du reiten willst, mußt du seine Gedanken ablernen, du mußt nichts Unkluges, nichts unklug von ihm verlangen. Darum wünscht der Bürger seine alte Verfassung zu behalten, von seinen Landsleuten regiert zu sein, weil er weiß, wie er geführt wird, weil er von ihnen Uneigennutz, Teilnehmung an seinem Schicksal hoffen kann.

ALBA. Und sollte der Regent nicht Macht haben, dieses alte Herkommen zu verändern? und sollte nicht eben dies sein schönstes Vorrecht sein? Was ist bleibend auf dieser Welt? und sollte eine Staatseinrichtung bleiben können? Muß nicht in einer Zeitfolge jedes Verhältnis sich verändern, und eben darum eine alte Verfassung die Ursache von tausend Übeln werden, weil sie den gegenwärtigen Zustand des Volkes nicht umfaßt? Ich fürchte, diese alten Rechte sind darum so angenehm, weil sie Schlupfwinkel bilden, in welchen der Kluge, der Mächtige, zum Schaden des Volks, zum Schaden des Ganzen, sich verbergen oder durchschleichen kann.

Egmont. Und diese willkürlichen Veränderungen, diese unbeschränkten Eingriffe der höchsten Gewalt, sind sie nicht Vorboten, daß Einer tun will, was Tausende nicht tun sollen? Er will sich allein frei machen, um jeden seiner Wünsche befriedigen, jeden seiner Gedanken ausführen zu können. Und wenn wir uns ihm, einem guten, weisen Könige, ganz vertrauten, sagt er uns für seine Nachkommen gut? daß keiner ohne Rücksicht, ohne Schonung regieren werde? Wer rettet uns alsdann von völliger Willkür, wenn er uns seine Diener, seine Nächsten sendet, die ohne Kenntnis des Landes und seiner Bedürfnisse nach Belieben schalten und walten, keinen Widerstand finden und sich von jeder Verantwortung frei wissen?

Alba, der sich indes wieder umgesehen hat. Es ist nichts natürlicher, als daß ein König durch sich zu herrschen gedenkt, und denen seine Befehle am liebsten aufträgt, die ihn am besten verstehen, verstehen wollen, die seinen Willen unbedingt ausrichten.

Egmont. Und ebenso natürlich ist's, daß der Bürger von dem regiert sein will, der mit ihm geboren und erzogen ist, der gleichen Begriff mit ihm von Recht und Unrecht gefaßt hat, den er als seinen Bruder ansehen kann.

Alba. Und doch hat der Adel mit diesen seinen Brüdern sehr ungleich geteilt.

Egmont. Das ist vor Jahrhunderten geschehen und wird jetzt ohne Neid geduldet. Würden aber neue Menschen ohne Not gesendet, die sich zum zweiten Male auf Unkosten der Nation bereichern wollten, sähe man sich einer strengen, kühnen, unbedingten Habsucht ausgesetzt: das würde eine Gärung machen, die sich nicht leicht in sich selbst auflöste.

Alba. Du sagst mir, was ich nicht hören sollte; auch ich bin fremd.

EGMONT. Daß ich dir's sage, zeigt dir, daß ich dich nicht meine.

ALBA. Und auch so wünscht' ich es nicht von dir zu hören. Der König sandte mich mit Hoffnung, daß ich hier den Beistand des Adels finden würde. Der König *will* seinen Willen. Der König hat nach tiefer Überlegung gesehen, was dem Volke frommt; es kann nicht bleiben und gehen wie bisher. Des Königs Absicht ist: sie selbst zu ihrem eignen Besten einzuschränken, ihr eigenes Heil, wenn's sein muß, ihnen aufzudringen, die schädlichen Bürger aufzuopfern, damit die übrigen Ruhe finden, des Glücks einer weisen Regierung genießen können. Dies ist sein Entschluß; diesen dem Adel kundzumachen, habe ich Befehl; und Rat verlang ich in seinem Namen, *wie* es zu tun sei, nicht *was*: denn das hat *er* beschlossen.

EGMONT. Leider rechtfertigen deine Worte die Furcht des Volks, die allgemeine Furcht! So hat er denn beschlossen, was kein Fürst beschließen sollte. Die Kraft seines Volks, ihr Gemüt, den Begriff, den sie von sich selbst haben, will er schwächen, niederdrücken, zerstören, um sie bequem regieren zu können. Er will den innern Kern ihrer Eigenheit verderben; gewiß in der Absicht, sie glücklicher zu machen. Er will sie vernichten, damit sie etwas werden, ein ander Etwas. O, wenn seine Absicht gut ist, so wird sie mißgeleitet! Nicht dem Könige widersetzt man sich; man stellt sich nur dem Könige entgegen, der einen falschen Weg zu wandeln die ersten unglücklichen Schritte macht.

ALBA. Wie du gesinnt bist, scheint es ein vergeblicher Versuch, uns vereinigen zu wollen. Du denkst gering vom Könige und verächtlich von seinen Räten, wenn du zweifelst, das alles sei nicht schon gedacht, geprüft, gewogen worden. Ich habe keinen Auftrag, jedes Für und Wider noch einmal durchzugehen. Gehorsam fordre ich von dem Volke – und von euch, ihr Ersten, Edelsten, Rat und Tat, als Bürgen dieser unbedingten Pflicht.

EGMONT. Fordre unsre Häupter, so ist es auf einmal getan. Ob sich der Nacken diesem Joche biegen, ob er sich vor dem Beile ducken soll, kann einer edeln Seele gleich sein.

Umsonst hab ich so viel gesprochen: die Luft hab ich erschüttert, weiter nichts gewonnen.

Ferdinand kommt.

FERDINAND. Verzeiht, daß ich euer Gespräch unterbreche. Hier ist ein Brief, dessen Überbringer die Antwort dringend macht.

ALBA. Erlaubt mir, daß ich sehe, was er enthält. Tritt an die Seite.

FERDINAND zu Egmont. Es ist ein schönes Pferd, das Eure Leute gebracht haben, Euch abzuholen.

EGMONT. Es ist nicht das schlimmste. Ich hab es schon eine Weile; ich denk es wegzugeben. Wenn es Euch gefällt, so werden wir vielleicht des Handels einig.

FERDINAND. Gut, wir wollen sehn.

ALBA winkt seinem Sohne, der sich in den Grund zurückzieht.

EGMONT. Lebt wohl! Entlaßt mich: denn ich wüßte, bei Gott! nicht mehr zu sagen.

ALBA. Glücklich hat dich der Zufall verhindert, deinen Sinn noch weiter zu verraten. Unvorsichtig entwickelst du die Falten deines Herzens, und klagst dich selbst weit strenger an, als ein Widersacher gehässig tun könnte.

EGMONT. Dieser Vorwurf rührt mich nicht; ich kenne mich selbst genug, und weiß, wie ich dem König angehöre; weit mehr als viele, die in seinem Dienst sich selber dienen. Ungern scheid ich aus diesem Streite, ohne ihn beigelegt zu sehen, und wünsche nur, daß uns der Dienst des Herrn, das Wohl des Landes bald vereinigen möge. Es wirkt vielleicht ein wiederholtes Gespräch, die Gegenwart der übrigen Fürsten, die heute fehlen, in einem glücklichern Augenblick, was heut unmöglich scheint. Mit dieser Hoffnung entfern ich mich.

ALBA, der zugleich seinem Sohn Ferdinand ein Zeichen gibt. Halt, Egmont! – Deinen Degen! – Die Mitteltür öffnet sich: man sieht die Galerie mit Wache besetzt, die unbeweglich bleibt.

EGMONT, der staunend eine Weile geschwiegen. Dies war die Absicht? Dazu hast du mich berufen? Nach dem Degen greifend, als wenn er sich verteidigen wollte. Bin ich denn wehrlos?

ALBA. Der König befiehlt's, du bist mein Gefangener. Zugleich treten von beiden Seiten Gewaffnete herein.

EGMONT *nach einer Stille.* Der König? – Oranien! Oranien! *Nach einer Pause, seinen Degen hingebend.* So nimm ihn! Er hat weit öfter des Königs Sache verteidigt, als diese Brust beschützt. *Er geht durch die Mitteltür ab: die Gewaffneten, die im Zimmer sind, folgen ihm; ingleichen Albas Sohn. Alba bleibt stehen. Der Vorhang fällt.*

## FÜNFTER AUFZUG

### STRASSE. DÄMMERUNG

Klärchen. Brackenburg. Bürger.

BRACKENBURG. Liebchen, um Gottes willen! was nimmst du vor?

KLÄRCHEN. Komm mit, Brackenburg! Du mußt die Menschen nicht kennen; wir befreien ihn gewiß. Denn was gleicht ihrer Liebe zu ihm? Jeder fühlt, ich schwör es, in sich die brennende Begier, ihn zu retten, die Gefahr von einem kostbaren Leben abzuwenden und dem Freiesten die Freiheit wiederzugeben. Komm! Es fehlt nur an der Stimme, die sie zusammenruft. In ihrer Seele lebt noch ganz frisch, was sie ihm schuldig sind! und daß sein mächtiger Arm allein von ihnen das Verderben abhält, wissen sie. Um seinet- und ihretwillen müssen sie alles wagen. Und was wagen wir? Zum höchsten unser Leben, das zu erhalten nicht der Mühe wert ist, wenn er umkommt.

BRACKENBURG. Unglückliche! Du siehst nicht die Gewalt, die uns mit ehernen Banden gefesselt hat.

KLÄRCHEN. Sie scheint mir nicht unüberwindlich. Laß uns nicht lange vergebliche Worte wechseln! Hier kommen von den alten, redlichen, wackern Männern! Hört, Freunde! Nachbarn, hört! – Sagt, wie ist es mit Egmont?

ZIMMERMEISTER. Was will das Kind? Laß sie schweigen!

KLÄRCHEN. Tretet näher, daß wir sachte reden, bis wir einig sind und stärker. Wir dürfen nicht einen Augenblick versäumen! Die freche Tyrannei, die es wagt, ihn zu fesseln, zuckt schon den Dolch, ihn zu ermorden. O Freunde! mit jedem Schritt der Dämmerung werd ich ängstlicher. Ich fürchte diese Nacht. Kommt! wir wollen uns teilen; mit schnellem Lauf von Quartier zu Quartier rufen wir die

Bürger heraus. Ein jeder greife zu seinen alten Waffen. Auf dem Markte treffen wir uns wieder, und unser Strom reißt einen jeden mit sich fort. Die Feinde sehen sich umringt und überschwemmt, und sind erdrückt. Was kann uns eine Handvoll Knechte widerstehen? Und er in unsrer Mitte kehrt zurück, sieht sich befreit und kann uns einmal danken, uns, die wir ihm so tief verschuldet worden. Er sieht vielleicht – gewiß, er sieht das Morgenrot am freien Himmel wieder.

ZIMMERMEISTER. Wie ist dir, Mädchen?

KLÄRCHEN. Könnt ihr mich mißverstehn? Vom Grafen sprech ich! Ich spreche von Egmont.

JETTER. Nennt den Namen nicht! Er ist tödlich.

KLÄRCHEN. Den Namen nicht! Wie? Nicht diesen Namen? Wer nennt ihn nicht bei jeder Gelegenheit? Wo steht er nicht geschrieben? In diesen Sternen hab ich oft mit allen seinen Lettern ihn gelesen. Nicht nennen? Was soll das? Freunde! Gute, teure Nachbarn, ihr träumt; besinnt euch! Seht mich nicht so starr und ängstlich an! Blickt nicht schüchtern hie und da beiseite! Ich ruf euch ja nur zu, was jeder wünscht. Ist meine Stimme nicht eures Herzens eigne Stimme? Wer würfe sich in dieser bangen Nacht, eh er sein unruhvolles Bette besteigt, nicht auf die Knie, ihn mit ernstlichem Gebet vom Himmel zu erringen? Fragt euch einander! frage jeder sich selbst! und wer spricht mir nicht nach: Egmonts Freiheit oder den Tod!

JETTER. Gott bewahr uns! da gibt's ein Unglück.

KLÄRCHEN. Bleibt! Bleibt und drückt euch nicht vor seinem Namen weg, dem ihr euch sonst so froh entgegen drängtet! – Wenn der Ruf ihn ankündigte, wenn es hieß: „Egmont kommt! Er kommt von Gent!“, da hielten die Bewohner der Straßen sich glücklich, durch die er reiten mußte. Und wenn ihr seine Pferde schallen hörtet, warf jeder seine Arbeit hin, und über die bekümmerten Gesichter, die ihr durchs Fenster stecktet, fuhr wie ein Sonnenstrahl von seinem Angesichte ein Blick der Freude und Hoffnung. Da hobt ihr eure Kinder auf der Türschwelle in die Höhe und deutetet ihnen: „Sieh, das ist Egmont, der Größte da! Er ist's! Er ist's, von dem ihr bessere Zeiten, als eure armen Väter lebten, einst zu erwarten habt." Laßt eure Kinder nicht dereinst euch fragen: „Wo ist er hin? Wo sind die Zeiten hin, die ihr verspracht?" – Und so wechseln wir Worte! sind müßig, verraten ihn.

SOEST. Schämt Euch, Brackenburg! Laßt sie nicht gewähren! Steuert dem Unheil!

BRACKENBURG. Liebes Klärchen! wir wollen gehen! Was wird die Mutter sagen? Vielleicht –

KLÄRCHEN. Meinst du, ich sei ein Kind, oder wahnsinnig? Was kann vielleicht –? Von dieser schrecklichen Gewißheit bringst du mich mit keiner Hoffnung weg. – Ihr sollt mich hören, und ihr werdet: denn ich seh's, ihr seid bestürzt und könnt euch selbst in euerm Busen nicht wiederfinden. Laßt durch die gegenwärtige Gefahr nur Einen Blick in das Vergangne dringen, das kurz Vergangne! Wendet eure Gedanken nach der Zukunft! Könnt ihr denn leben? werdet ihr, wenn er zugrunde geht? Mit seinem Atem flieht der letzte Hauch der Freiheit. Was war er euch? Für wen übergab er sich der dringendsten Gefahr? Seine Wunden flossen und heilten nur für euch. Die große Seele, die euch alle trug, beschränkt ein Kerker, und Schauer tückischen Mordes schweben um sie her. Er denkt vielleicht an euch, er hofft auf euch, er, der nur zu geben, nur zu erfüllen gewohnt war.

ZIMMERMEISTER. Gevatter, kommt!

KLÄRCHEN. Und ich habe nicht Arme, nicht Mark wie ihr; doch hab ich, was euch allen eben fehlt, Mut und Verachtung der Gefahr. Könnt euch mein Atem doch entzünden! könnt ich an meinen Busen drückend euch erwärmen und beleben! Kommt! In eurer Mitte will ich gehen! – Wie eine Fahne wehrlos ein edles Heer von Kriegern wehend anführt, so soll mein Geist um eure Häupter flammen, und Liebe und Mut das schwankende zerstreute Volk zu einem fürchterlichen Heer vereinigen.

JETTER. Schaff sie beiseite, sie dauert mich.

Bürger ab.

BRACKENBURG. Klärchen! siehst du nicht, wo wir sind?

KLÄRCHEN. Wo? Unter dem Himmel, der so oft sich herrlicher zu wölben schien, wenn der Edle unter ihm herging.

Aus diesen Fenstern haben sie herausgesehn, vier, fünf Köpfe übereinander; an diesen Türen haben sie gescharrt und genickt, wenn er auf die Memmen herabsah. O ich hatte sie so lieb, wie sie ihn ehrten! Wäre er Tyrann gewesen, möchten sie immer vor seinem Falle seitwärts gehn. Aber sie liebten ihn! – O ihr Hände, die ihr an die Mützen grifft, zum Schwert könnt ihr nicht greifen – Brackenburg, und wir? – Schelten wir sie? – Diese Arme, die ihn so oft fest hielten, was tun sie für ihn? – List hat in der Welt so viel erreicht – Du kennst Wege und Stege, kennst das alte Schloß. Es ist nichts unmöglich, gib mir einen Anschlag!

BRACKENBURG. Wenn wir nach Hause gingen!

KLÄRCHEN. Gut!

BRACKENBURG. Dort an der Ecke seh ich Albas Wache; laß doch die Stimme der Vernunft dir zu Herzen dringen! Hältst du mich für feig? Glaubst du nicht, daß ich um deinetwillen sterben könnte? Hier sind wir beide toll, ich so gut wie du. Siehst du nicht das Unmögliche? Wenn du dich faßtest! Du bist außer dir.

KLÄRCHEN. Außer mir! Abscheulich! Brackenburg, Ihr seid außer Euch. Da ihr laut den Helden verehrtet, ihn Freund und Schutz und Hoffnung nanntet, ihm Vivat rieft, wenn er kam: da stand ich in meinem Winkel, schob das Fenster halb auf, verbarg mich lauschend, und das Herz schlug mir höher als euch allen. Jetzt schlägt mir's wieder höher als euch allen! Ihr verbergt euch, da es not ist, verleugnet ihn und fühlt nicht, daß ihr untergeht, wenn er verdirbt.

BRACKENBURG. Komm nach Hause!

KLÄRCHEN. Nach Hause?

BRACKENBURG. Besinne dich nur! Sieh dich um! Dies sind die Straßen, die du nur sonntäglich betratst, durch die du sittsam nach der Kirche gingst, wo du übertrieben ehrbar zürntest, wenn ich mit einem freundlichen grüßenden Wort mich zu dir gesellte. Du stehst und redest, handelst vor den Augen der offnen Welt; besinne dich, Liebe! wozu hilft es uns?

KLÄRCHEN. Nach Hause! Ja, ich besinne mich. Komm, Brackenburg, nach Hause! Weißt du, wo meine Heimat ist? *Ab.*

## GEFÄNGNIS

durch eine Lampe erhellt, ein Ruhebett im Grunde

Egmont allein.

Alter Freund! immer getreuer Schlaf, fliehst du mich auch wie die übrigen Freunde? Wie willig senktest du dich auf mein freies Haupt herunter und kühltest, wie ein schöner Myrtenkranz der Liebe, meine Schläfe! Mitten unter Waffen, auf der Woge des Lebens, ruht ich leicht atmend, wie ein aufquellender Knabe, in deinen Armen. Wenn Stürme durch Zweige und Blätter sausten, Ast und Wipfel sich knirrend bewegten, blieb innerst doch der Kern des Herzens ungeregt. Was schüttelt dich nun? Was erschüttert den festen, treuen Sinn? Ich fühl's, es ist der Klang der Mordaxt, die an meiner Wurzel nascht. Noch steh ich aufrecht, und ein innrer Schauer durchfährt mich. Ja, sie überwindet, die verräterische Gewalt; sie untergräbt den festen hohen Stamm, und eh die Rinde dorrt, stürzt krachend und zerschmetternd deine Krone.

Warum denn jetzt, der du so oft gewalt'ge Sorgen gleich Seifenblasen dir vom Haupte weggewiesen, warum vermagst du nicht die Ahnung zu verscheuchen, die tausendfach in dir sich auf und nieder treibt? Seit wann begegnet der Tod dir fürchterlich, mit dessen wechselnden Bildern, wie mit den übrigen Gestalten der gewohnten Erde, du gelassen lebtest? – Auch ist e r's nicht, der rasche Feind, dem die gesunde Brust wetteifernd sich entgegen sehnt; der Kerker ist's, des Grabes Vorbild, dem Helden wie dem Feigen widerlich. Unleidlich ward mir's schon auf meinem gepolsterten Stuhle, wenn in stattlicher Versammlung die Fürsten, was leicht zu entscheiden war, mit wiederkehrenden Gesprächen überlegten, und zwischen düstern Wänden eines Saals die Balken der Decke mich erdrückten. Da eilt ich fort, sobald es möglich war, und rasch aufs Pferd mit tiefem Atemzuge! Und frisch hinaus, da wo wir hingehören! ins Feld, wo aus der Erde dampfend jede nächste Wohltat der Natur, und durch die Himmel wehend alle Segen der Gestirne einhüllend uns umwittern; wo wir, dem erdgebornen Riesen gleich, von der Berührung unsrer Mutter kräftiger uns in die Höhe reißen; wo wir die Menschheit ganz, und menschliche Begier in allen Adern fühlen; wo das Verlangen, vorzudringen, zu besiegen, zu erhaschen, seine Faust zu brauchen, zu besitzen, zu erobern, durch die Seele des jungen Jägers glüht; wo der Soldat sein angebornes Recht auf alle Welt mit raschem Schritt sich anmaßt, und in fürchterlicher Freiheit wie ein Hagelwetter durch Wiese, Feld und Wald verderbend streicht, und keine Grenzen kennt, die Menschenhand gezogen.

Du bist nur Bild, Erinnerungstraum des Glücks, das ich so lang besessen; wo hat dich das Geschick verräterisch hingeführt? Versagt es dir, den nie gescheuten Tod vorm Angesicht der Sonne rasch zu gönnen, um dir des Grabes Vorgeschmack im ekeln Moder zu bereiten? Wie haucht er mich aus diesen Steinen widrig an! Schon starrt das Leben; vor dem Ruhebette wie vor dem Grabe scheut der Fuß. –

O Sorge! Sorge! die du vor der Zeit den Mord beginnst, laß ab! – Seit wann ist Egmont denn allein, so ganz allein in dieser Welt? Dich macht der Zweifel hülflos, nicht das Glück. Ist die Gerechtigkeit des Königs, der du lebenslang vertrautest, ist der Regentin Freundschaft, die fast (du darfst es dir gestehn), fast Liebe war, sind sie auf einmal, wie ein glänzend Feuerbild der Nacht, verschwunden? und lassen dich allein auf dunkelm Pfad zurück? Wird an der Spitze deiner Freunde Oranien nicht wagend sinnen? Wird nicht ein Volk sich sammeln und mit anschwellender Gewalt den alten Freund erretten?

O haltet, Mauern, die ihr mich einschließt, so vieler Geister wohlgemeintes Drängen nicht von mir ab; und welcher Mut aus meinen Augen sonst sich über *sie* ergoß, der kehre nun aus *ihren* Herzen in meines wieder! O ja, sie rühren sich zu Tausenden! sie kommen! stehen mir zur Seite! Ihr frommer Wunsch eilt dringend zu dem Himmel, er bittet um ein Wunder. Und steigt zu meiner Rettung nicht ein Engel nieder, so seh ich sie nach Lanz' und Schwertern greifen. Die Tore spalten sich, die Gitter springen, die Mauer stürzt vor ihren Händen ein, und der Freiheit des einbrechenden Tages steigt Egmont fröhlich entgegen. Wie manch bekannt Gesicht empfängt mich jauchzend! Ach Klärchen, wärst du Mann, so säh ich dich gewiß auch hier zuerst und dankte dir, was einem Könige zu danken hart ist, Freiheit.

## KLÄRCHENS HAUS

Klärchen kommt mit einer Lampe und einem Glas Wasser aus der Kammer; sie setzt das Glas auf den Tisch und tritt ans Fenster.

Brackenburg? Seid Ihr's? Was hört' ich denn? noch niemand? Es war niemand! Ich will die Lampe ins Fenster setzen, daß er sieht, ich wache noch, ich warte noch auf ihn. Er hat mir Nachricht versprochen. Nachricht? entsetzliche Gewißheit! – Egmont verurteilt! – Welch Gericht darf ihn fordern? und sie verdammen ihn! Der König verdammt ihn? oder der Herzog? Und die Regentin entzieht sich! Oranien zaudert, und alle seine Freunde! – – Ist dies die Welt, von deren Wankelmut, Unzuverlässigkeit ich viel gehört und nichts empfunden habe? Ist dies die Welt? – Wer wäre bös genug, den Teuern anzufeinden? Wäre Bosheit mächtig genug, den allgemein Erkannten schnell zu stürzen? Doch ist es so – es ist. – O Egmont, sicher hielt ich dich vor Gott und Menschen, wie in meinen Armen! Was war ich dir? Du hast mich dein genannt, mein ganzes Leben widmete ich deinem Leben. – Was bin ich nun? Vergebens streck ich nach der Schlinge, die dich faßt, die Hand aus. Du hülflos, und ich frei! – Hier ist der Schlüssel zu meiner Türe. An meiner Willkür hängt mein Gehen und mein Kommen, und dir bin ich zu nichts! – – O bindet mich, damit ich nicht verzweifle; und werft mich in den tiefsten Kerker, daß ich das Haupt an feuchte Mauern schlage, nach Freiheit winsle, träume, wie ich ihm helfen wollte, wenn Fesseln mich nicht lähmten, wie ich ihm helfen würde! – Nun bin ich frei, und in der Freiheit liegt die Angst der Ohnmacht. – Mir selbst bewußt, nicht fähig, ein Glied nach seiner Hülfe zu rühren. Ach leider, auch der kleine Teil von deinem Wesen, dein Klärchen, ist wie du gefangen, und regt getrennt im Todeskrampfe nur die letzten Kräfte. – Ich höre schleichen, husten – Brackenburg – er ist's! – Elender guter Mann, dein Schicksal bleibt sich immer gleich: dein Liebchen öffnet dir die nächtliche Tür, und ach zu welch unseliger Zusammenkunft!

Brackenburg tritt auf.

KLÄRCHEN. Du kommst so bleich und schüchtern, Brackenburg! was ist's?

BRACKENBURG. Durch Umwege und Gefahren such ich dich auf. Die großen Straßen sind besetzt; durch Gäßchen und durch Winkel hab ich mich zu dir gestohlen.

KLÄRCHEN. Erzähl, wie ist's?

BRACKENBURG, indem er sich setzt. Ach Kläre, laß mich weinen. Ich liebt ihn nicht. Er war der reiche Mann und lockte des Armen einziges Schaf zur bessern Weide herüber. Ich hab ihn nie verflucht; Gott hat mich treu geschaffen und weich. In Schmerzen floß mein Leben von mir nieder, und zu verschmachten hofft ich jeden Tag.

KLÄRCHEN. Vergiß das, Brackenburg! Vergiß dich selbst! Sprich mir von ihm! Ist's wahr? Ist er verurteilt?

BRACKENBURG. Er ist's! Ich weiß es ganz genau.

KLÄRCHEN. Und lebt noch?

BRACKENBURG. Ja, er lebt noch.

KLÄRCHEN. Wie willst du das versichern? – Die Tyrannei ermordet in der Nacht den Herrlichen! vor allen Augen verborgen fließt sein Blut. Ängstlich im Schlafe liegt das betäubte Volk und träumt von Rettung, träumt ihres ohnmächtigen Wunsches Erfüllung; indes, unwillig über uns, sein Geist die Welt verläßt. Er ist dahin! – Täusche mich nicht! dich nicht!

BRACKENBURG. Nein gewiß, er lebt! – Und leider, es bereitet der Spanier dem Volke, das er zertreten will, ein fürchterliches Schauspiel, gewaltsam jedes Herz, das nach der Freiheit sich regt, auf ewig zu zerknirschen.

KLÄRCHEN. Fahre fort und sprich gelassen auch mein Todesurteil aus! Ich wandle den seligen Gefilden schon näher und näher, mir weht der Trost aus jenen Gegenden des Friedens schon herüber. Sag an!

BRACKENBURG. Ich konnt es an den Wachen merken, aus Reden, die bald da, bald dort fielen, daß auf dem Markte geheimnisvoll ein Schrecknis zubereitet werde. Ich schlich durch Seitenwege, durch bekannte Gänge nach meines Vettern Hause und sah aus einem Hinterfenster nach dem Markte. – Es wehten Fackeln in einem weiten Kreise spanischer Soldaten hin und wider. Ich schärfte mein ungewohntes Auge, und aus der Nacht stieg mir ein schwarzes Gerüst entgegen, geräumig, hoch; mir grauste vor dem Anblick. Geschäftig waren viele ringsumher bemüht, was noch von Holzwerk weiß und sichtbar war, mit schwarzem Tuch einhüllend zu verkleiden. Die Treppen deckten sie zuletzt auch schwarz, ich sah es wohl. Sie schienen die Weihe eines gräßlichen Opfers vorbereitend zu begehn. Ein weißes Kruzifix, das durch die Nacht wie Silber blinkte, ward an der einen Seite hoch aufgesteckt. Ich sah und sah die schreckliche Gewißheit immer gewisser. Noch wankten Fackeln hie und da herum; allmählich wichen sie und erloschen. Auf einmal war die scheußliche Geburt der Nacht in ihrer Mutter Schoß zurückgekehrt.

KLÄRCHEN. Still, Brackenburg! Nun still! Laß diese Hülle auf meiner Seele ruhn! Verschwunden sind die Gespenster, und du, holde Nacht, leih deinen Mantel der Erde, die in sich gärt; sie trägt nicht länger die abscheuliche Last, reißt ihre tiefen Spalten grausend auf und knirscht das Mordgerüst hinunter. Und irgendeinen Engel sendet der Gott, den sie zum Zeugen ihrer Wut geschändet; vor des Boten heiliger Berührung lösen sich Riegel und Bande, und er umgießt den Freund mit mildem Schimmer; er führt ihn durch die Nacht zur Freiheit sanft und still. Und auch mein Weg geht heimlich in dieser Dunkelheit, ihm zu begegnen.

BRACKENBURG, sie aufhaltend. Mein Kind, wohin? was wagst du?

KLÄRCHEN. Leise, Lieber, daß niemand erwache! daß wir uns selbst nicht wecken! Kennst du dies Fläschchen, Brackenburg? Ich nahm dir's scherzend, als du mit übereiltem Tod oft ungeduldig drohtest. – Und nun, mein Freund –

BRACKENBURG. In aller Heiligen Namen!

KLÄRCHEN. Du hinderst nichts. Tod ist mein Teil! und gönne mir den sanften schnellen Tod, den du dir selbst bereitetest. Gib mir deine Hand! – Im Augenblick, da ich die dunkle Pforte eröffne, aus der kein Rückweg ist, könnt ich mit diesem Händedruck dir sagen: wie sehr ich dich geliebt, wie sehr ich dich bejammert! Mein Bruder starb mir jung; dich wählt ich, seine Stelle zu ersetzen. Es widersprach dein Herz und quälte sich und mich, verlangtest heiß und immer heißer, was dir nicht beschieden war. Vergib mir und leb wohl! Laß mich dich Bruder nennen! Es ist ein Name, der viel Namen in sich faßt. Nimm die letzte schöne Blume der Scheidenden mit treuem Herzen ab – nimm diesen Kuß – Der Tod vereinigt alles, Brackenburg, uns denn auch.

Brackenburg. So laß mich mit dir sterben! Teile! Teile! Es ist genug, zwei Leben auszulöschen.

Klärchen. Bleib! du sollst leben, du kannst leben. – Steh meiner Mutter bei, die ohne dich in Armut sich verzehren würde. Sei ihr, was ich ihr nicht mehr sein kann; lebt zusammen, und beweint mich! Beweint das Vaterland und den, der es allein erhalten konnte! Das heutige Geschlecht wird diesen Jammer nicht los; die Wut der Rache selbst vermag ihn nicht zu tilgen. Lebt, ihr Armen, die Zeit noch hin, die keine Zeit mehr ist. Heut steht die Welt auf einmal still; es stockt ihr Kreislauf, und mein Puls schlägt kaum noch wenige Minuten! Leb wohl!

Brackenburg. O lebe du mit uns, wie wir für dich allein! Du tötest uns in dir, o leb und leide! Wir wollen unzertrennlich dir zu beiden Seiten stehn, und immer achtsam soll die Liebe den schönsten Trost in ihren lebendigen Armen dir bereiten. Sei unser! Unser! Ich darf nicht sagen: mein.

Klärchen. Leise, Brackenburg, du fühlst nicht, was du rührst. Wo Hoffnung dir erscheint, ist mir Verzweiflung.

Brackenburg. Teile mit den Lebendigen die Hoffnung! Verweil am Rande des Abgrunds, schau hinab und sieh auf uns zurück!

Klärchen. Ich hab überwunden, ruf mich nicht wieder zum Streit!

Brackenburg. Du bist betäubt; gehüllt in Nacht suchst du die Tiefe. Noch ist nicht jedes Licht erloschen, noch mancher Tag! –

Klärchen. Weh! über dich weh! weh! Grausam zerreißest du den Vorhang vor meinem Auge. Ja, er wird grauen, der Tag! vergebens alle Nebel um sich ziehn und wider Willen grauen! Furchtsam schaut der Bürger aus seinem Fenster, die Nacht läßt einen schwarzen Flecken zurück; er schaut, und fürchterlich wächst im Lichte das Mordgerüst. Neu leidend wendet das entweihte Gottesbild sein flehend Auge zum Vater auf. Die Sonne wagt sich nicht hervor; sie will die Stunde nicht bezeichnen, in der er sterben soll. Träge gehn die Zeiger ihren Weg, und eine Stunde nach der andern schlägt. Halt! halt! Nun ist es Zeit! mich scheucht des Morgens Ahndung in das Grab. Sie tritt ans Fenster, als sähe sie sich um, und trinkt heimlich.

Brackenburg. Kläre! Kläre!

Klärchen geht nach dem Tisch und trinkt das Wasser. Hier ist der Rest! Ich locke dich nicht nach. Tu, was du darfst, leb wohl! Lösche diese Lampe still und ohne Zaudern, ich geh zur Ruhe. Schleiche dich sachte weg, ziehe die Tür nach dir zu! Still! Wecke meine Mutter nicht! Geh, rette dich! Rette dich! wenn du nicht mein Mörder scheinen willst. Ab.

Brackenburg. Sie läßt mich zum letzten Male wie immer. O könnte eine Menschenseele fühlen, wie sie ein liebend Herz zerreißen kann! Sie läßt mich stehn, mir selber überlassen; und Tod und Leben ist mir gleich verhaßt. – Allein zu sterben! – Weint, ihr Liebenden! Kein härter Schicksal ist als meins! Sie teilt mit mir den Todestropfen, und schickt mich weg! von ihrer Seite weg! Sie zieht mich nach, und stößt ins Leben mich zurück. O Egmont, welch preiswürdig Los fällt dir! Sie geht voran; der Kranz des Siegs aus ihrer Hand ist dein, sie bringt den ganzen Himmel dir entgegen! – Und soll ich folgen? wieder seitwärts stehn? den unauslöschlichen Neid in jene Wohnungen hinübertragen? – Auf Erden ist kein Bleiben mehr für mich, und Höll und Himmel bieten gleiche Qual. Wie wäre der Vernichtung Schreckenshand dem Unglückseligen willkommen!

Brackenburg geht ab, das Theater bleibt einige Zeit unverändert. Eine Musik, Klärchens Tod bezeichnend, beginnt; die Lampe, welche Brackenburg auszulöschen vergessen, flammt noch einigemal auf, dann verlischt sie. Bald verwandelt sich der Schauplatz in das

## GEFÄNGNIS

Egmont liegt schlafend auf dem Ruhebette. Es entsteht ein Gerassel mit Schlüsseln, und die Tür tut sich auf. Diener mit Fackeln treten herein; ihnen folgt Ferdinand, Albas Sohn, und Silva, begleitet von Gewaffneten. Egmont fährt aus dem Schlaf auf.

EGMONT. Wer seid ihr, die ihr mir unfreundlich den Schlaf von den Augen schüttelt? Was künden eure trotzigen, unsichern Blicke mir an? Warum diesen fürchterlichen Aufzug? Welchen Schreckenstraum kommt ihr der halberwachten Seele vorzulügen?

SILVA. Uns schickt der Herzog, dir dein Urteil anzukündigen.

EGMONT. Bringst du den Henker auch mit, es zu vollziehen?

SILVA. Vernimm es, so wirst du wissen, was deiner wartet.

EGMONT. So ziemt es euch und euerm schändlichen Beginnen! In Nacht gebrütet und in Nacht vollführt. So mag diese freche Tat der Ungerechtigkeit sich verbergen! – Tritt kühn hervor, der du das Schwert verhüllt unter dem Mantel trägst; hier ist mein Haupt, das freieste, das je die Tyrannei vom Rumpf gerissen.

SILVA. Du irrst! Was gerechte Richter beschließen, werden sie vorm Angesicht des Tages nicht verbergen.

EGMONT. So übersteigt die Frechheit jeden Begriff und Gedanken.

SILVA nimmt einem Dabeistehenden das Urteil ab, entfaltet's und liest. „Im Namen des Königs, und kraft besonderer von Seiner Majestät uns übertragenen Gewalt, alle seine Untertanen, wes Standes sie seien, zugleich die Ritter des Goldnen Vlieses zu richten, erkennen wir –"

EGMONT. Kann die der König übertragen?

SILVA. „Erkennen wir, nach vorgängiger genauer, gesetzlicher Untersuchung, dich Heinrich Grafen Egmont, Prinzen von Gaure, des Hochverrates schuldig, und sprechen das Urteil: daß du mit der Frühe des einbrechenden Mor-

gens aus dem Kerker auf den Markt geführt, und dort vorm Angesicht des Volks zur Warnung aller Verräter mit dem Schwerte vom Leben zum Tode gebracht werden sollest. Gegeben Brüssel am“ Datum und Jahrzahl werden undeutlich gelesen, so daß sie der Zuhörer nicht versteht. „Ferdinand, Herzog von Alba, Vorsitzer des Gerichts der Zwölfe.“
Du weißt nun dein Schicksal; es bleibt dir wenige Zeit, dich drein zu ergeben, dein Haus zu bestellen und von den Deinigen Abschied zu nehmen.

Silva mit dem Gefolge geht ab. Es bleibt Ferdinand und zwei Fackeln; das Theater ist mäßig erleuchtet.

EGMONT hat eine Weile in sich versenkt stille gestanden und Silva, ohne sich umzusehen, abgehen lassen. Er glaubt sich allein, und da er die Augen aufhebt, erblickt er Albas Sohn. Du stehst und bleibst? Willst du mein Erstaunen, mein Entsetzen noch durch deine Gegenwart vermehren? Willst du noch etwa die willkommne Botschaft deinem Vater bringen, daß ich unmännlich verzweifle? Geh! Sag ihm! Sag ihm, daß er weder mich noch die Welt belügt. Ihm, dem Ruhmsüchtigen, wird man es erst hinter den Schultern leise lispeln, dann laut und lauter sagen, und wenn er einst von diesem Gipfel herabsteigt, werden tausend Stimmen es ihm entgegenrufen! Nicht das Wohl des Staats, nicht die Würde des Königs, nicht die Ruhe der Provinzen haben ihn hierher gebracht. Um sein selbst willen hat er Krieg geraten, daß der Krieger im Kriege gelte. Er hat diese ungeheure Verwirrung erregt, damit man seiner bedürfe. Und ich falle, ein Opfer seines niedrigen Hasses, seines kleinlichen Neides. Ja, ich weiß es, und ich darf es sagen; der Sterbende, der tödlich Verwundete kann es sagen: mich hat der Eingebildete beneidet; mich wegzutilgen hat er lange gesonnen und gedacht. Schon damals, als wir, noch jünger, mit Würfeln spielten, und die Haufen Goldes, einer nach dem andern, von seiner Seite zu mir herübereilten, da stand er grimmig, log Gelassenheit, und innerlich verzehrt ihn die Ärgernis, mehr über mein Glück als über seinen Verlust. Noch erinnere ich mich des funkelnden Blicks, der verräterischen Blässe, als wir an einem öffentlichen Feste vor vielen tausend Menschen um die Wette schossen. Er forderte mich auf, und beide Nationen standen, die Spanier, die Niederländer, wetteten und wünschten. Ich überwand ihn; seine Kugel irrte, die meine traf; ein lauter Freudenschrei der Meinigen durchbrach die Luft. Nun trifft mich sein Geschoß. Sag ihm, daß ich's weiß, daß ich ihn kenne, daß die Welt jede Siegszeichen verachtet, die ein kleiner Geist erschleichend sich aufrichtet. Und du! wenn einem Sohne möglich ist, von der Sitte des Vaters zu weichen, übe beizeiten die Scham, indem du dich für den schämst, den du gerne von ganzem Herzen verehren möchtest.

FERDINAND. Ich höre dich an, ohne dich zu unterbrechen! Deine Vorwürfe lasten wie Keulschläge auf einen Helm; ich fühle die Erschütterung, aber ich bin bewaffnet. Du triffst mich, du verwundest mich nicht; fühlbar ist mir allein der Schmerz, der mir den Busen zerreißt. Wehe mir! Wehe! Zu einem solchen Anblick bin ich aufgewachsen, zu einem solchen Schauspiele bin ich gesendet!

EGMONT. Du brichst in Klagen aus? Was rührt, was bekümmert dich? Ist es eine späte Reue, daß du der schändlichen Verschwörung deinen Dienst geliehen? Du bist so jung und hast ein glückliches Ansehn. Du warst so zutraulich, so freundlich gegen mich. Solang ich dich sah, war ich mit deinem Vater versöhnt. Und ebenso verstellt, verstellter als er, lockst du mich in das Netz. Du bist der Abscheuliche! Wer ihm traut, mag er es auf seine Gefahr tun; aber wer fürchtete Gefahr, dir zu vertrauen? Geh! Geh! Raube mir nicht die wenigen Augenblicke! Geh, daß ich mich sammle, die Welt und dich zuerst vergesse! –

FERDINAND. Was soll ich dir sagen? Ich stehe und sehe dich an, und sehe dich nicht, und fühle mich nicht. Soll ich mich entschuldigen? Soll ich dich versichern, daß ich erst spät, erst ganz zuletzt des Vaters Absichten erfuhr, daß ich als ein gezwungenes, ein lebloses Werkzeug seines Willens handelte? Was fruchtet's, welche Meinung du von mir haben magst? Du bist verloren; und ich Unglücklicher stehe nur da, um dich's zu versichern, um dich zu bejammern.

EGMONT. Welche sonderbare Stimme, welch ein unerwarteter Trost begegnet mir auf dem Wege zum Grabe? Du,

Sohn meines ersten, meines fast einzigen Feindes, du bedauerst mich, du bist nicht unter meinen Mördern? Sage, rede! Für wen soll ich dich halten?

FERDINAND. Grausamer Vater! Ja, ich erkenne dich in diesem Befehle. Du kanntest mein Herz, meine Gesinnung, die du so oft als Erbteil einer zärtlichen Mutter schaltest. Mich dir gleich zu bilden, sandtest du mich hierher. Diesen Mann am Rande des gähnenden Grabes, in der Gewalt eines willkürlichen Todes zu sehen, zwingst du mich; daß ich den tiefsten Schmerz empfinde, daß ich taub gegen alles Schicksal, daß ich unempfindlich werde, es geschehe mir, was wolle.

EGMONT. Ich erstaune! Fasse dich! Stehe, rede wie ein Mann!

FERDINAND. O daß ich ein Weib wäre! daß man mir sagen könnte: was rührt dich? was ficht dich an? Sage mir ein größeres, ein ungeheureres Übel, mache mich zum Zeugen einer schrecklichern Tat; ich will dir danken, ich will sagen: es war nichts.

EGMONT. Du verlierst dich. Wo bist du?

FERDINAND. Laß diese Leidenschaft rasen, laß mich losgebunden klagen! Ich will nicht standhaft scheinen, wenn alles in mir zusammenbricht. Dich soll ich hier sehn? – Dich? – Es ist entsetzlich! Du verstehst mich nicht! Und sollst du mich verstehen? Egmont! Egmont! *Ihm um den Hals fallend.*

EGMONT. Löse mir das Geheimnis!

FERDINAND. Kein Geheimnis.

EGMONT. Wie bewegt dich so tief das Schicksal eines fremden Mannes?

FERDINAND. Nicht fremd! Du bist mir nicht fremd. Dein Name war's, der mir in meiner ersten Jugend gleich einem Stern des Himmels entgegenleuchtete. Wie oft hab ich nach dir gehorcht, gefragt! Des Kindes Hoffnung ist der Jüngling, des Jünglings der Mann. So bist du vor mir her geschritten; immer vor, und ohne Neid sah ich dich vor, und schritt dir nach, und fort und fort. Nun hofft ich endlich dich zu sehen, und sah dich, und mein Herz flog dir entgegen. Dich hatt ich mir bestimmt, und wählte dich aufs neue, da ich dich sah. Nun hofft ich erst, mit dir zu sein, mit dir zu leben, dich zu fassen, dich – Das ist nun alles weggeschnitten, und ich sehe dich hier!

Egmont. Mein Freund, wenn es dir wohltun kann, so nimm die Versicherung, daß im ersten Augenblicke mein Gemüt dir entgegenkam. Und höre mich. Laß uns ein ruhiges Wort untereinander wechseln. Sage mir: ist es der strenge, ernste Wille deines Vaters, mich zu töten?

Ferdinand. Er ist's.

Egmont. Dieses Urteil wäre nicht ein leeres Schreckbild, mich zu ängstigen, durch Furcht und Drohung zu strafen, mich zu erniedrigen und dann mit königlicher Gnade mich wieder aufzuheben?

Ferdinand. Nein, ach leider nein! Anfangs schmeichelte ich mir mit dieser ausweichenden Hoffnung; und schon da empfand ich Angst und Schmerz, dich in diesem Zustande zu sehen. Nun ist es wirklich, ist gewiß. Nein, ich regiere mich nicht. Wer gibt mir eine Hülfe, wer einen Rat, dem Unvermeidlichen zu entgehen?

Egmont. So höre mich! Wenn deine Seele so gewaltsam dringt, mich zu retten, wenn du die Übermacht verabscheust, die mich gefesselt hält, so rette mich! Die Augenblicke sind kostbar. Du bist des Allgewaltigen Sohn, und selbst gewaltig – Laß uns entfliehen! Ich kenne die Wege; die Mittel können dir nicht unbekannt sein. Nur diese Mauern, nur wenige Meilen entfernen mich von meinen Freunden. Löse diese Bande, bringe mich zu ihnen und sei unser! Gewiß, der König dankt dir dereinst meine Rettung. Jetzt ist er überrascht, und vielleicht ist ihm alles unbekannt. Dein Vater wagt; und die Majestät muß das Geschehene billigen, wenn sie sich auch davor entsetzet. Du denkst? O denke mir den Weg der Freiheit aus! Sprich, und nähre die Hoffnung der lebendigen Seele!

Ferdinand. Schweig! o schweige! Du vermehrst mit jedem Worte meine Verzweiflung. Hier ist kein Ausweg, kein Rat, keine Flucht. – Das quält mich, das greift und faßt mir wie mit Klauen die Brust. Ich habe selbst das Netz zusammengezogen; ich kenne die strengen festen Knoten; ich weiß, wie jeder Kühnheit, jeder List die Wege verrennt sind; ich fühle mich mit dir und mit allen andern gefesselt. Würde ich klagen, hätte ich nicht alles versucht? Zu seinen Füßen habe ich gelegen, geredet und gebeten. Er schickte mich hierher, um alles, was von Lebenslust und -freude mit mir lebt, in diesem Augenblicke zu zerstören.

EGMONT. Und keine Rettung?

FERDINAND. Keine!

EGMONT, mit dem Fuße stampfend. Keine Rettung! – – Süßes Leben! schöne freundliche Gewohnheit des Daseins und Wirkens! von dir soll ich scheiden! So gelassen scheiden! Nicht im Tumulte der Schlacht, unter dem Geräusch der Waffen, in der Zerstreuung des Getümmels gibst du mir ein flüchtiges Lebewohl; du nimmst keinen eiligen Abschied, verkürzest nicht den Augenblick der Trennung. Ich soll deine Hand fassen, dir noch einmal in die Augen sehn, deine Schöne, deinen Wert recht lebhaft fühlen und dann mich entschlossen losreißen und sagen: Fahre hin!

FERDINAND. Und ich soll daneben stehn, zusehn, dich nicht halten, nicht hindern können! O welche Stimme reichte zur Klage! Welches Herz flösse nicht aus seinen Banden vor diesem Jammer!

EGMONT. Fasse dich!

FERDINAND. Du kannst dich fassen, du kannst entsagen, den schweren Schritt an der Hand der Notwendigkeit heldenmäßig gehn. Was kann ich? Was soll ich? Du überwindest dich selbst und uns; du überstehst; ich überlebe dich und mich selbst. Bei der Freude des Mahls hab ich mein Licht, im Getümmel der Schlacht meine Fahne verloren. Schal, verworren, trüb scheint mir die Zukunft.

EGMONT. Junger Freund, den ich durch ein sonderbares Schicksal zugleich gewinne und verliere, der für mich die Todesschmerzen empfindet, für mich leidet, sieh mich in diesen Augenblicken an; du verlierst mich nicht. War dir mein Leben ein Spiegel, in welchem du dich gerne betrachtetest, so sei es auch mein Tod. Die Menschen sind nicht nur zusammen, wenn sie beisammen sind; auch der Entfernte, der Abgeschiedne lebt uns. Ich lebe dir, und habe mir genug gelebt. Eines jeden Tages hab ich mich gefreut, an jedem Tage mit rascher Wirkung meine Pflicht getan, wie mein Gewissen mir sie zeigte. Nun endigt sich das Leben, wie es sich früher, früher, schon auf dem Sande von Gravelingen hätte endigen können. Ich höre auf zu leben; aber ich habe gelebt. So leb auch du, mein Freund, gern und mit Lust, und scheue den Tod nicht!

FERDINAND. Du hättest dich für uns erhalten können, erhalten sollen. Du hast dich selber getötet. Oft hört ich, wenn kluge Männer über dich sprachen, feindselige, wohlwollende, sie stritten lang über deinen Wert; doch endlich vereinigten sie sich, keiner wagt' es zu leugnen, jeder gestand: ja, er wandelt einen gefährlichen Weg. Wie oft wünscht ich, dich warnen zu können! Hattest du denn keine Freunde?

EGMONT. Ich war gewarnt.

FERDINAND. Und wie ich punktweise alle diese Beschuldigungen wieder in der Anklage fand, und deine Antworten! Gut genug, dich zu entschuldigen; nicht triftig genug, dich von der Schuld zu befreien –

EGMONT. Dies sei beiseitegelegt. Es glaubt der Mensch, sein Leben zu leiten, sich selbst zu führen; und sein Innerstes wird unwiderstehlich nach seinem Schicksale gezogen. Laß uns darüber nicht sinnen; dieser Gedanken entschlag ich mich leicht – schwerer der Sorge für dieses Land! doch auch dafür wird gesorgt sein. Kann mein Blut für viele fließen, meinem Volk Friede bringen, so fließt es willig. Leider wird's nicht so werden. Doch es ziemt dem Menschen, nicht mehr zu grübeln, wo er nicht mehr wirken soll. Kannst du die verderbende Gewalt deines Vaters aufhalten, lenken, so tu's! Wer wird das können? – Leb wohl!

FERDINAND. Ich kann nicht gehn.

EGMONT. Laß meine Leute dir aufs beste empfohlen sein! Ich habe gute Menschen zu Dienern; daß sie nicht zerstreut, nicht unglücklich werden! Wie steht es um Richard, meinen Schreiber?

FERDINAND. Er ist dir vorangegangen. Sie haben ihn als Mitschuldigen des Hochverrats enthauptet.

EGMONT. Arme Seele! – Noch eins, und dann leb wohl, ich kann nicht mehr. Was auch den Geist gewaltsam beschäftigt, fordert die Natur zuletzt doch unwiderstehlich ihre Rechte; und wie ein Kind, umwunden von der Schlange, des erquickenden Schlafs genießt, so legt der Müde sich noch einmal vor der Pforte des Todes nieder und ruht tief aus, als ob er einen weiten Weg zu wandern hätte. – Noch eins – Ich kenne ein Mädchen; du wirst sie nicht verachten, weil sie mein war. Nun ich sie dir empfehle, sterb ich ruhig. Du bist ein edler Mann; ein Weib, das den findet, ist geborgen. Lebt mein alter Adolf? ist er frei?

FERDINAND. Der muntre Greis, der Euch zu Pferde immer begleitete?

EGMONT. Derselbe.

FERDINAND. Er lebt, er ist frei.

EGMONT. Er weiß ihre Wohnung; laß dich von ihm führen und lohn ihm bis an sein Ende, daß er dir den Weg zu diesem Kleinode zeigt. – Leb wohl!

FERDINAND. Ich gehe nicht.

EGMONT, ihn nach der Tür drängend. Leb wohl!

FERDINAND. O laß mich noch!

EGMONT. Freund, keinen Abschied!

Er begleitet Ferdinanden bis an die Tür und reißt sich dort von ihm los. Ferdinand, betäubt, entfernt sich eilend.

EGMONT allein. Feindseliger Mann! Du glaubtest nicht, mir diese Wohltat durch deinen Sohn zu erzeigen. Durch ihn bin ich der Sorgen los und der Schmerzen, der Furcht und jedes ängstlichen Gefühls. Sanft und dringend fordert die Natur ihren letzten Zoll. Es ist vorbei, es ist beschlossen! und was die letzte Nacht mich ungewiß auf meinem Lager wachend hielt, das schläfert nun mit unbezwinglicher Gewißheit meine Sinnen ein.

Er setzt sich aufs Ruhebett. Musik.

Süßer Schlaf! Du kommst wie ein reines Glück ungebeten, unerfleht am willigsten. Du lösest die Knoten der strengen Gedanken, vermischest alle Bilder der Freude und des Schmerzes; ungehindert fließt der Kreis innerer Harmonien, und eingehüllt in gefälligen Wahnsinn, versinken wir und hören auf zu sein.

Er entschläft; die Musik begleitet seinen Schlummer. Hinter seinem Lager scheint sich die Mauer zu eröffnen, eine glänzende Erscheinung zeigt sich. Die Freiheit in himmlischem Gewande, von einer Klarheit umflossen, ruht auf einer Wolke. Sie hat die Züge von Klärchen und neigt sich gegen den schlafenden Helden. Sie drückt eine bedauernde Empfindung aus, sie scheint ihn zu beklagen. Bald faßt sie sich, und mit aufmunternder Gebärde zeigt sie ihm das Bündel Pfeile, dann den Stab mit dem Hute. Sie heißt ihn froh sein, und indem sie ihm andeutet, daß sein Tod den Provinzen die Freiheit verschaffen werde, erkennt sie ihn als Sieger und reicht ihm einen Lorbeerkranz. Wie sie sich mit dem Kranze dem Haupte nahet, macht Egmont eine Bewegung, wie einer, der sich im Schlafe regt, dergestalt daß er mit dem Gesicht aufwärts gegen sie liegt. Sie hält den Kranz über seinem Haupte schwebend; man hört ganz von weitem eine kriegerische Musik von Trommeln und Pfeifen: bei dem leisesten Laut derselben verschwindet die Erscheinung, Der Schall wird stärker. Egmont erwacht; das Gefängnis wird vom Morgen mäßig erhellt. Seine erste Bewegung ist, nach dem Haupte zu greifen: er steht auf und sieht sich um, indem er die Hand auf dem Haupte behält.

Verschwunden ist der Kranz! Du schönes Bild, das Licht des Tages hat dich verscheuchet! Ja, sie waren's, sie waren vereint, die beiden süßesten Freuden meines Herzens. Die göttliche Freiheit, von meiner Geliebten borgte sie die Gestalt; das reizende Mädchen kleidete sich in der Freundin himmlisches Gewand. In einem ernsten Augenblick erscheinen sie vereinigt, ernster als lieblich. Mit blutbefleckten Sohlen trat sie vor mir auf, die wehenden Falten des Saumes mit Blut befleckt. Es war mein Blut und vieler Edeln Blut. Nein, es ward nicht umsonst vergossen. Schreitet durch! Braves Volk! Die Siegesgöttin führt dich an! Und wie das Meer durch eure Dämme bricht, so brecht, so reißt den Wall der Tyrannei zusammen und schwemmt ersäufend sie von ihrem Grunde, den sie sich anmaßt, weg!

Trommeln näher.

Horch! Horch! Wie oft rief mich dieser Schall zum freien Schritt nach dem Felde des Streits und des Siegs! Wie munter traten die Gefährten auf der gefährlichen rühmlichen Bahn! Auch ich schreite einem ehrenvollen Tode aus diesem Kerker entgegen; ich sterbe für die Freiheit, für die ich lebte und focht, und der ich mich jetzt leidend opfre.

Der Hintergrund wird mit einer Reihe spanischer Soldaten besetzt, welche Hellebarden tragen.

Ja, führt sie nur zusammen! Schließt eure Reihen, ihr schreckt mich nicht. Ich bin gewohnt, vor Speeren gegen Speere zu stehn und, rings umgeben von dem drohenden Tod, das mutige Leben nur doppelt rasch zu fühlen.

Trommeln.

Dich schließt der Feind von allen Seiten ein! Es blinken Schwerter – Freunde, höhren Mut! Im Rücken habt ihr Eltern, Weiber, Kinder!

Auf die Wache zeigend.

Und diese treibt ein hohles Wort des Herrschers, nicht ihr Gemüt. Schützt eure Güter! Und euer Liebstes zu erretten, fallt freudig, wie ich euch ein Beispiel gebe.

Trommeln. Wie er auf die Wache los und auf die Hintertür zu geht, fällt der Vorhang: die Musik fällt ein und schließt mit einer Siegessymphonie das Stück.

# PROSERPINA

## EIN MONODRAMA

Eine öde felsigte Gegend, Höhle im Grund, auf der einen Seite ein Granatbaum mit Früchten.

PROSERPINA. Halte! halt einmal, Unselige! Vergebens
Irrst du in diesen rauhen Wüsten hin und her!
Endlos liegen vor dir die Trauergefilde,
Und was du suchst, liegt immer hinter dir.

Nicht vorwärts,
Aufwärts auch soll dieser Blick nicht steigen!
Die schwarze Höhle des Tartarus
Verwölbt die lieben Gegenden des Himmels,
In die ich sonst
Nach meines Ahnherrn froher Wohnung
Mit Liebesblick hinaufsah!
Ach! Tochter du des Jupiters,
Wie tief bist du verloren! –

Gespielinnen!
Als jene blumenreiche Täler
Für uns gesamt noch blühten,
Als an dem himmelklaren Strom des Alpheus
Wir plätschernd noch im Abendstrahle scherzten,
Einander Kränze wanden
Und heimlich an den Jüngling dachten,
Dessen Haupt unser Herz sie widmete,
Da war uns keine Nacht zu tief zum Schwätzen,
Keine Zeit zu lang,
Um freundliche Geschichten zu wiederholen,
Und die Sonne
Riß leichter nicht aus ihrem Silberbette
Sich auf, als wir, voll Lust zu leben,
Früh im Tau die Rosenfüße badeten. –

O Mädchen! Mädchen!
Die ihr, einsam nun,
Zerstreut an jenen Quellen schleicht,
Die Blumen auflest,
Die ich, ach, Entführte!
Aus meinem Schoße fallen ließ,
Ihr steht und seht mir nach, wohin ich verschwand!

Weggerissen haben sie mich,
Die raschen Pferde des Orkus;
Mit festen Armen
Hielt mich der unerbittliche Gott!
Amor! ach Amor floh lachend auf zum Olymp –
Hast du nicht, Mutwilliger,
Genug an Himmel und Erde?
Mußt du die Flammen der Hölle
Durch deine Flammen vermehren? –

Heruntergerissen
In diese endlosen Tiefen!
Königin hier!
Königin?
Vor der nur Schatten sich neigen!

Hoffnungslos ist ihr Schmerz!
Hoffnungslos der Abgeschiedenen Glück,
Und ich wend es nicht.
Den ernsten Gerichten
Hat das Schicksal sie übergeben;
Und unter ihnen wandl' ich umher,
Göttin! Königin!
Selbst Sklavin des Schicksals!

Ach, das fliehende Wasser
Möcht ich dem Tantalus schöpfen,
Mit lieblichen Früchten ihn sättigen!
Armer Alter!
Für gereiztes Verlangen gestraft! –
In Ixions Rad möcht ich greifen,

Einhalten seinen Schmerz!
Aber was vermögen wir Götter
Über die ewigen Qualen!
Trostlos für mich und für sie,
Wohn ich unter ihnen und schaue
Der armen Danaiden Geschäftigkeit!
Leer und immer leer!
Wie sie schöpfen und füllen!
Leer und immer leer!
Nicht einen Tropfen Wassers zum Munde,
Nicht einen Tropfen Wassers in ihre Wannen!
Leer und immer leer!
Ach, so ist's mit dir auch, mein Herz!
Woher willst du schöpfen? – und wohin? –

Euer ruhiges Wandeln, Selige,
Streicht nur vor mir vorüber;
Mein Weg ist nicht mit euch!
In euren leichten Tänzen,
In euren tiefen Hainen,
In eurer lispelnden Wohnung
Rauscht's nicht von Leben wie droben,
Schwankt nicht von Schmerz zu Lust
Der Seligkeit Fülle. –

Ist's auf seinen düstern Augenbraunen,
Im verschlossenen Blicke?
Magst du ihn Gemahl nennen?
Und darfst du ihn anders nennen?
Liebe! Liebe!
Warum öffnetest du sein Herz
Auf einen Augenblick?
Und warum nach mir,
Da du wußtest,
Es werde sich wieder auf ewig verschließen?
Warum ergriff er nicht eine meiner Nymphen
Und setzte sie neben sich
Auf seinen kläglichen Thron?
Warum mich, die Tochter der Ceres?

O Mutter! Mutter!
Wie dich deine Gottheit verläßt
Im Verlust deiner Tochter,
Die du glücklich glaubtest,
Hinspielend, hintändelnd ihre Jugend!

Ach, du kamst gewiß
Und fragtest nach mir,
Was ich bedürfte,
Etwa ein neues Kleid
Oder goldene Schuhe?
Und du fandest die Mädchen
An ihre Weiden gefesselt,
Wo sie mich verloren,
Nicht wieder fanden,
Ihre Locken zerrauften,
Erbärmlich klagten,
Meine lieben Mädchen! –

„Wohin ist sie? Wohin?“ rufst du.
„Welchen Weg nahm der Verruchte?
Soll er ungestraft Jupiters Stamm entweihen?
Wohin geht der Pfad seiner Rosse?
Fackeln her!
Durch die Nacht will ich ihn verfolgen!
Will keine Stunde ruhen, bis ich sie finde,
Will keinen Gang scheuen
Hierhin und dorthin.“

Dir blinken deine Drachen mit klugen Augen zu,
Aller Pfade gewohnt, folgen sie deinem Lenken:
In der unbewohnten Wüste treibt dich's irre –

Ach, nur hierher, hierher nicht!
Nicht in die Tiefe der Nacht,
Unbetreten den Ewiglebenden,
Wo, bedeckt von beschwerendem Graus,
Deine Tochter ermattet!

Wende aufwärts,
Aufwärts den geflügelten Schlangenpfad,
Aufwärts nach Jupiters Wohnung!
Der weiß es,
Der weiß es allein, der Erhabene,
Wo deine Tochter ist! –

Vater der Götter und Menschen!
Ruhst du noch oben auf deinem goldenen Stuhle,
Zu dem du mich Kleine
So oft mit Freundlichkeit aufhobst,
In deinen Händen mich scherzend
Gegen den endlosen Himmel schwenktest,
Daß ich kindisch droben zu verschweben bebte?
Bist du's noch, Vater? –

Nicht zu deinem Haupte
In dem ewigen Blau
Des feuerdurchwebten Himmels,
Hier! Hier! – –

Leite sie her!
Daß ich auf mit ihr
Aus diesem Kerker fahre!
Daß mir Phöbus wieder
Seine lieben Strahlen bringe,
Luna wieder
Aus den Silberlocken lächle!

O, du hörst mich,
Freundlichlieber Vater,
Wirst mich wieder,
Wieder aufwärts heben;
Daß, befreit von langer, schwerer Plage,
Ich an deinem Himmel wieder mich ergetze!

Letze dich, verzagtes Herz!
Ach! Hoffnung!
Hoffnung gießt
In Sturmnacht Morgenröte!

Dieser Boden
Ist nicht Fels, nicht Moos mehr;
Diese Berge
Nicht voll schwarzen Grauses!
Ach, hier find ich wieder eine Blume!
Dieses welke Blatt,
Es lebt noch,
Harrt noch,
Daß ich seiner mich erfreue!

Seltsam! seltsam!
Find ich diese Frucht hier?
Die mir in den Gärten droben,
Ach! so lieb war –

Sie bricht den Granatapfel ab.

Laß dich genießen,
Freundliche Frucht!
Laß mich vergessen
Alle den Harm!
Wieder mich wähnen
Droben in Jugend,
In der vertaumelten
Lieblichen Zeit,
In den umduftenden
Himmlischen Blüten,
In den Gerüchen
Seliger Wonne,
Die der Entzückten,
Der Schmachtenden ward!

Sie ißt einige Körner.

Labend! labend!

Wie greift's auf einmal
Durch diese Freuden,
Durch diese offne Wonne
Mit entsetzlichen Schmerzen,
Mit eisernen Händen
Der Hölle durch! – –
Was hab ich verbrochen,

Daß ich genoß?
Ach, warum schafft
Die erste Freude hier mir Qual?
Was ist's? was ist's? –
Ihr Felsen scheint hier schrecklicher herabzuwinken,
Mich fester zu umfassen!
Ihr Wolken tiefer mich zu drücken!
Im fernen Schoße des Abgrunds
Dumpfe Gewitter tosend sich zu erzeugen!
Und ihr weiten Reiche der Parzen
Mir zuzurufen:
Du bist unser!

Die Parzen unsichtbar. Du bist unser!
Ist der Ratschluß deines Ahnherrn:
Nüchtern solltest wiederkehren;
Und der Biß des Apfels macht dich unser!
Königin, wir ehren dich!

Proserpina. Hast du's gesprochen, Vater?
Warum? warum?
Was tat ich, daß du mich verstößest?
Warum rufst du mich nicht
Zu deinem lichten Thron auf!
Warum den Apfel?
O verflucht die Früchte!
Warum sind Früchte schön,
Wenn sie verdammen?

Parzen. Bist nun unser!
Warum trauerst du?
Sieh, wir ehren dich,
Unsre Königin!

Proserpina. O wäre der Tartarus nicht eure Wohnung,
Daß ich euch hin verwünschen könnte!
O wäre der Cocyt nicht euer ewig Bad,
Daß ich für euch
Noch Flammen übrig hätte!
Ich Königin,
Und kann euch nicht vernichten!
In ewigem Haß sei ich mit euch verbunden! –

So schöpfet, Danaiden!
Spinnt, Parzen! wütet, Furien!
In ewig gleich elendem Schicksal.
Ich beherrsche euch
Und bin darum elender als ihr alle.

PARZEN. Du bist unser!
Wir neigen uns dir!
Bist unser! unser!
Hohe Königin!

PROSERPINA. Fern! weg von mir
Sei eure Treu und eure Herrlichkeit!
Wie haß ich euch!
Und dich, wie zehnfach haß ich dich –
Weh mir! ich fühle schon
Die verhaßten Umarmungen!

PARZEN. Unser! Unsre Königin!

PROSERPINA. Warum reckst du sie nach mir?
Recke sie nach dem Avernus!
Rufe die Qualen aus stygischen Nächten empor!
Sie steigen deinem Wink entgegen,
Nicht meine Liebe.
Wie haß ich dich,
Abscheu und Gemahl,
O Pluto! Pluto!
Gib mir das Schicksal deiner Verdammten!
Nenn es nicht Liebe! –
Wirf mich mit diesen Armen
In die zerstörende Qual!

PARZEN. Unser! unser! hohe Königin!

# KOMMENTARTEIL

# NACHWORT

## GOETHES JUGENDDRAMEN

Der vorliegende Band vereinigt die Dramen des jungen Goethe, d.h. die Dramen der Leipziger Zeit, der Frankfurter Jahre und der ersten Weimarer Jahre. Der *Egmont* wurde dem Bande zugeteilt, weil er, obwohl erst in Italien vollendet, der Anlage und zum großen Teil auch dem Wortlaut nach diesen Jahren zugehört. Von den Fragmenten wurde nur das Umfangreichste, der *Prometheus,* aufgenommen; von den zahlreichen Satiren und Farcen konnten aus Raumgründen nur die beiden bedeutendsten, *Satyros* und *Götter, Helden und Wieland,* berücksichtigt werden, ebenso konnte nur *Claudine von Villa Bella* als wichtigste Vertreterin des Singspiels wiedergegeben werden. Aber auch so gibt der Band noch einen Eindruck von der Fülle und Vielfältigkeit des dramatischen Schaffens in dieser Lebenszeit Goethes; kein anderer Abschnitt seines Lebens kann sich an Umfang und Verschiedenartigkeit damit vergleichen.

Es wirkte vieles zusammen, um den jungen Goethe zu dramatischer Gestaltung zu drängen. Von der Stärke des Dranges bekannte er selber einmal: *Wenn ich jetzt nicht Dramas schriebe, ich ging' zugrund* (an Auguste zu Stolberg 7. März 1775, Briefe Bd. 1, S. 179,13f.). Aber der Hinweis auf einen unbändigen Schaffensdrang überhaupt und eine starke mimische Begabung, die das innerlich Erschaute sofort leibhaftig als Spiel von Figuren vor sich sah, reicht zur Erklärung noch nicht aus. Die *Wut, alles zu dramatisieren* war damals *gewöhnlich* (Bd. 10, S. 58,29), war ein Kennzeichen der jungen Generation; ihrem Streben nach einer Kunst, in der die erfüllte Seele sich unmittelbar ausdrückte und ebenso unmittelbar auf Seele und Sinne des Aufnehmenden wirkte, mußte gerade das Drama entgegenkommen. Ihrem Trachten nach einer wahren, echten Kunst mußte sich weiterhin das Drama besonders empfehlen, von dem Herder am Beispiel Shakespeares lehrte, daß es das Leben am reinsten wiedergebe. „Der Wert des Schauspiels ist in unsern Zeiten zu entschieden, als daß ich nötig hätte, wegen dieser Wahl captationen benevolentiae vorauszuschicken", schrieb Lenz am Anfang seiner „Anmerkungen übers Theater". Wenn Goethe von dem bewunderten Shakespeare sagen konnte: *Seine Stücke drehen sich alle um den geheimen Punkt ..., in dem das Eigentümliche unsres Ichs, die prätendierte Freiheit unsres Wollens, mit dem notwendigen Gang des Ganzen zusammenstößt* (Bd. 12, S. 226,22–27), so drückte er damit etwas von dem Lebensgefühl der Stürmer und Dränger aus, das sie aus größeren Tiefen zum Dramatischen drängte: sie alle fühlten die Eigentümlichkeit ihres Ichs, die unverlierbare Eigenart des Individuums stand im Mittelpunkt ihres Weltbildes, und sie fühlten den Gegensatz mit einem Größeren, mochte es als Umwelt, Zeit, Macht der Tradition oder Schicksal erscheinen. Auch Goethe setzte, nachdem er sich mit der *Laune des Verliebten* und den *Mitschuldigen* noch innerhalb der überlieferten Formen bewegt hatte, mit seiner neuen Dramatik an dieser Stelle ein: Götz war ihm der große Einzelne im Kampf gegen eine Welt, die solchen Naturen keinen Platz mehr zugestehen wollte. Aber mit dem allen wäre noch immer die Fülle und Vielfältigkeit seines dramatischen Schaffens nicht voll verständlich. Es kam zunächst ein Mangel förderlich hinzu: Goethe machte sich ans Schreiben, ohne zuvor einen festen Plan, eine dramatische Handlung geformt zu haben. Die Entstehungsgeschichte des *Götz* und der Fragmente bezeugt es für die ersten Jahre seines Sturms und Drangs, und die Unfestigkeit der Schlüsse noch für die Dramen des Jahres 1775. Erst im Jahre 1776 begegnen wir in den ersten Äußerungen Goethes über ein neues dramatisches Vorhaben dem Wort *erfinden*, das nun geradezu als terminus technicus bei ihm die Erfassung nicht nur der Hauptfiguren und der allgemeinen Spannung, sondern gerade des Verlaufes der Handlung meint (vgl. Nachwort zu *Die Geschwister*).

Über ein anderes Mittel freilich verfügte Goethe, wenn er zu schreiben begann, ja dieser Besitz war Voraussetzung und Anreiz zum Schreiben und mußte zu der Schau der Gestalten und ihrer Problematik hinzukommen: über die Sprache, genauer gesagt über den ganz bestimmten Ton, der dem neuen Drama eigen sein sollte. Man kann vielleicht bezweifeln, ob Goethe die Situation des vierzehnjährigen Knaben getreu nachzeichnet, wenn er im *4. Buch* von *Dichtung und Wahrheit* erzählt: *Die Geschichte Josephs zu bearbeiten, war mir lange schon wünschenswert gewesen; allein ich konnte mit der Form nicht zurechtkommen, besonders da mir keine Versart geläufig war, die zu einer solchen Arbeit gepaßt hätte. Aber nun* (unter dem Eindruck von Mosers „Daniel in der Löwengrube") *fand ich eine prosaische Behandlung sehr bequem und legte mich mit aller Gewalt auf die Bearbeitung* (Bd. 9, S. 141,23–28). Die Situation des Dramatikers in den frühen siebziger Jahren ist damit aber genau getroffen: das Zögern vor dem Beginn, solange nicht der Ton gefunden ist (und Ton meint nicht nur Wortschatz und die Entscheidung, ob Prosa oder Vers, sondern zugleich die Gliederung, den Tonfall und gegebenenfalls die besondere Versart, die ihn trägt), und danach die erstaunlich rasche Niederschrift.

So sind die Gruppen, die sich innerhalb der so reichen Dramatik des jungen Goethe bilden, zugleich durch die Problematik der zentralen Figuren (und damit eine noch ziemlich vage strukturelle Spannung) wie durch den Ton bestimmt. Zu der Gruppe der Dramen von den großen

Naturen mit ihrem „Naturton" gehören *Götz* und *Egmont,* während sich der strukturähnliche *Prometheus* mit dem ihn bestimmenden dionysischen Ton (freie Rhythmen als Grundlage wie in den entsprechenden Gedichten!) deutlich davon abhebt.

Die zweite Gruppe bilden die intimeren Dramen um den „bestimmbaren" Helden mit ihrem „Herzton"; sie würde *Clavigo,* die tonreine *Stella* und *Die Geschwister* umfassen. Zu der dritten Gruppe gehören dann die Farcen und Fastnachtsspiele, und hier darf man vermuten, daß die Begegnung mit einem neuen Versmaß im Jahre 1773, dem Knittel (wenn ihn auch Goethe in Leipzig schon kennen gelernt hatte), ein wichtiger Antrieb für diesen ganzen Zweig geworden ist; Hans Sachsens Fastnachtsspiele halfen den Ton bilden. Freilich war der Boden bereitet, und die Begegnung mit dem Knittel und seinem Ton wurde so fruchtbar, weil Goethe nun das Instrument für eine Schaffensart bekam, zu der es ihn drängte: zu Dichtungen, in denen er die Distanzierung von sich selber und die ironische Einstellung zu allem, was sich in der Welt als groß und wichtig gab, ausdrücken konnte. Die Spiele vom Erdentreiben im Knittelvers sind keine Nebentriebe seiner Dramatik, sondern der dritte, gleich berechtigte und gleich bedeutsame Zweig seines dramatischen Jugendschaffens (beim *Satyros* wird einiges von den Bezügen zu den anderen Zweigen zur Sprache kommen). Und schließlich erwuchs von hier aus das in Knittelversen begonnene Werk, das Goethes umfassendstes Spiel vom Erdentreiben werden und ihn durch sein Leben begleiten sollte.

Die Verschiedenartigkeit der Werke wird es begreiflich machen, daß die Bemerkungen, die im folgenden in die Werke einführen sollen, nicht nach dem gleichen Schema angelegt und gegliedert sind, sondern sich der Besonderheit in den Anforderungen, die jedes Drama stellt, anzupassen suchen. – Literatur zu den einzelnen Werken ist in der Bibliographie genannt.

# DIE LAUNE DES VERLIEBTEN

## NACHWORT

### Das Schäferspiel

Zwei eigene dichterische Welten hat die Renaissanceliteratur aufgebaut: die Welt des Ritterlichen, die unter dem Gesetz des Abenteuers steht, und die des Schäferlichen, die unter dem Gesetz der Liebe steht. In Lyrik, Epik und Dramatik prägte sich die Schäferwelt jeweils verschieden aus, und es waren im 16. und 17. Jhdt. jeweils umfangreiche Formen, in denen es geschah: in der Lyrik als Ekloge, die beträchtlichen Umfang annahm und durch die Mehrzahl der auftretenden Hirten eine Fülle von Stimmungen ausdrücken konnte, in der Epik als Roman, der wie etwa bei dem berühmtesten Vertreter, d'Urfées „Astrée", mehrere Bände füllen konnte, in der Dramatik als Schäferdrama, das etwa in Guarinis vielbewundertem „Pastor fido" weite Dimensionen mit spannungsvoller Bewegtheit füllte. Im 18. Jhdt. wird die schäferliche Welt friedvoller, arkadischer, intimer. Hatte die deutsche Literatur des 17. Jhdts. an dem Ausbau der großen Formen kaum teilgenommen, so bemühte sie sich nun um so eifriger an den entstehenden oder wiederbelebten Kleinformen. Ja, sie brachte in den Idyllen des Schweizers Geßner Muster einer Kleinform hervor, die ihr Weltruhm eintrugen und mit denen sie die ausklingende Schäferdichtung des Auslands noch einmal belebte. Die Schäferwelt ist jetzt, wie es Ramler in seiner „Einleitung in die Schönen Wissenschaften" ausdrückt, „ein Gemälde vom goldenen Weltalter ... Es ist das Reich der Freiheit, des Friedens, der unschuldigen Ergötzlichkeit." Noch immer waltet die Liebe als Weltgesetz, aber es ist keine aufwühlende, Leidenschaft entfesselnde Liebe, sondern eine seelenvolle Zärtlichkeit, die den Grundton bildet. Nur „sanfte Leidenschaften", wie Ramler sagt, werden in dieser Welt geduldet, und so reichen denn auch die Trübungen, durch Abweisungen, vermeintliche Untreue, Eifersucht, nicht an die Grenzen der Verzweiflung. Das Fluidum der seelenvollen Zärtlichkeit und Unschuld umfaßt gleichermaßen die dingliche Umwelt, die Landschaft, die immer friedvoll ist und über der, mag auch einmal ein Gewitterschauer vorüberziehen, bald wieder die Gestirne leuchten, die Tiere, die sich in ihr tummeln, und die Gegenstände, die schon zum Träger seelischen Ausdrucksgehaltes werden. Gottsched hatte noch das Schäferdrama empfohlen, mit dem er die ihm verhaßte Gattung der Oper beseitigen zu können hoffte. Er selbst gab das Muster für ein fünfaktiges Drama; sein Schüler Rost aber, wie sein

Meister von der französischen Literatur angeregt, gab dann das Vorbild für das kleine Schäferspiel, dem die Gellert, Gleim, Gärtner u.a.m. bereitwillig nachfolgten. Die Struktur dieser einaktigen Form war gekennzeichnet durch das Nebeneinander zweier Schäferpaare, von denen eines in ungetrübter Harmonie lebte, während das andere sich erst zu finden hatte, indem er oder sie von der „Blödigkeit" oder der Sprödigkeit oder übertriebener Eifersucht geheilt werden mußte. Ein Kuß war dann oft das Zeichen für die mit Hilfe des anderen Paares glücklich erreichte Harmonie. So hatte Gellert in seiner „Sylvia" eine spröde Schäferin, die ihren Liebhaber zunächst abweist, durch das andere Paar zuerst zur Eifersucht und dann zum friedenschließenden Kuß mit ihrem Anbeter gebracht. Mit seinem „Band" gab er Goethe ein Vorbild für die Handhabung des Alexandriners.

*Die Laune des Verliebten*

Goethe hatte in Leipzig zunächst ein Schäferspiel *Amine* begonnen. Im Februar 1767 ließ er es liegen und übernahm nur den Namen der weiblichen Hauptfigur in das neue Spiel, an dem er bis zum April des nächsten Jahres gearbeitet und immer wieder verbessert hat. Im Oktober 1767 schrieb er an seine Schwester: *Ich arbeite nun schon acht Monate daran, aber es will noch nicht parieren; ich lasse mich nicht dauern, ganze Situationen zwei-, dreimal zu bearbeiten, weil ich hoffen kann, daß es ein gutes Stückchen mit der Zeit werden kann, da es sorgfältig nach der Natur kopiert ist.* (Briefe Bd. 1, S. 51,34–38)

In *Dichtung und Wahrheit* bekannte er später, daß er die ihn liebende Kätchen Schönkopf durch gesuchten Ärger und durch grundlose Eifersüchteleien gequält und sie und sich selber um das Glück dieser jugendlichen Liebe gebracht habe (Bd. 9 S. 284,37ff.). Die Tendenz Goethes, schon seine Leizigerer Dichtungen als Befreiung von dem Druck des Erlebten hinzustellen, findet in der Eridon-Gestalt mit ihrer Darstellung eines etwas selbstbewußten jugendlichen Liebhabers ihre sachliche Rechtfertigung. Dennoch gibt es Zeugnisse, die auch schon für *Die Laune des Verliebten* den Vorrang eines wachen Kunstverstandes beweisen. So schreibt Goethe in dem gleichen Brief an die Schwester, daß sie die Schwäche der Amine, *trop tendre* zu sein, richtig erkannt und daß er diesem Hauptfehler in dem Charakter der Amine abgeholfen habe, *da ich ihr bei ihrer Zärtlichkeit ein gewisses Feuer, eine Liebe zur Lust gab, die sie interessanter macht, und doch nicht mit Eglens Charakter vermischt, denn zwischen beiden bleibt noch eine merkliche Nüance.*

Man wird nur bewundern, wie Goethe die Forderungen der Form, denen er sich gehorsam unterwarf, erfüllt hat: das Werk des Achtzehnjährigen ist der Gipfel des ganzen deutschen Schäferspiels geworden.

Die vier Gestalten sind deutlich voneinander abgehoben. Amine ist gewiß noch die Naive, aber man spürt in ihr im Gegensatz zu Egle eine feine, ihrer Tiefe und Kraft noch ahnungslose seelische Differenzierung. Egle, die kluge, gewandte, erfahrene Freundin und Intrigantin, hat ein besonderes mimisches Talent, das sich in der ersten Szene, da sie den eifersüchtigen Eridon nachspielt, und dann vor allem in der Verführungsszene erfolgreich äußern kann. Eridon, Aminens Partner, ist ebenso reich instrumentiert wie sie. Zwar formt ihn die Rolle des Eifersüchtigen – am Schluß erscheint er als Geheilter –, aber wie es gelegentlich aus ihm herausbricht, Aminen und sich und den anderen zur Qual, das scheint aus größeren Tiefen zu kommen als denen des eifersüchtigen Liebhabers. Auch in der Verführungsszene läßt er sich ja hinreißen, weil er die bedenkliche Gabe besitzt, die Wirklichkeit durch seine Kraft der Illusion umzuformen. In voller Schwere hat Goethe das Motiv, in der einen die andere zu umarmen, in den *Wahlverwandtschaften* entfaltet; hier wird es schnell überdeckt, Eridon muß für seine Tat einstehen und nimmt die Lehre daraus willig an.

Die Handlungsführung ist klar und wirksam gegliedert. Nach der Exposition des disharmonischen Zustandes zwischen dem Paar gibt Egle am Ende der 2. Szene ihren Rat zur Heilung: Amine soll die Kalte spielen. Das Mittel schlägt fehl, und wir erleben in der 3. Szene einen der für Eridon typischen Eifersuchtsausbrüche; Egle kann die Disharmonie für den Augenblick auflösen. Sie erneuert ihren Rat, aber die Szene, jetzt nur zwischen Amine und Eridon spielend, endet mit der völligen Unterwerfung unter den *Tyrannen*. Nun beginnt Egle in der 7. Szene ihre Intrige, die sie in der 8. Szene erfolgreich durchführt und im *letzten Auftritt* ebenso erfolgreich in Belehrung verwandelt. Zwischen den Handlungsphasen liegen deutliche Ruhepunkte: in der 4. Szene die Harmonie des anderen Paares, in der 6. Szene ein Monolog Aminens.

Noch stärker als durch die Handlungsführung wird die den Rahmen zu sprengen drohende seelische Dynamik durch die gemeinsame Sprechweise und – sie tragend – durch den gleichbleibenden Vers in die Einheit eingeformt. Die Sprechweise der Gestalten ist individuell kaum abgetönt. Auch die naive Amine kann in gehaltvollen Sentenzen sprechen; den Vers 318 hat Goethe in einem Brief an Behrisch (24. Okt. 1767) ironisch als Weisheit eines großen Dichters angeführt. Die Gemeinsamkeit des Sprechens ist vor allem durch die dem gereimten Alexandriner eigene Kraft bedingt. Als langer, in zwei Halbzeilen unterteilter Vers dämpft er alle Erregung, verlangt ausgewogenen Satzbau, fördert die Antithese und drängt damit zu einer bewußten Haltung des Sprechenden. Vgl. z.B. die 5 Verse, die Amine spricht (331–335):

*Der Liebe leichtes Band machst du zum schweren Joch,*
*Du quälst mich als Tyrann, und ich? ich lieb dich noch!*
*Mit aller Zärtlichkeit antwort ich auf dein Wüten,*
*In allem geb ich nach; doch bist du nicht zufrieden.*
*Was opfert ich nicht auf! Ach! dir genügt es nie.*

Dabei hat Goethe den Alexandriner abwechslungsreich gebraucht. Er legt starke Pausen an andere Stellen des Verses, um die Gleichtönigkeit der Zäsur zu verschleiern, macht vom Enjambement Gebrauch, um den Halt des zweiten Reimwortes zu beseitigen, läßt bis auf V. 1–4 regelmäßig klingende und stumpfe Reimendungen wechseln, um Monotonie der Verspaare zu vermeiden, und verändert die Lage der Hauptakzente in aufeinanderfolgenden Zeilen, um bewegteren rhythmischen Fluß zu gewinnen. Vgl. z.B. Amines Monolog V. 351–356:

*Ich trag's nicht lange mehr. Still! Ha! ich höre dort*
*Schon die Musik. Es hüpft mein Herz, mein Fuß will fort.*
*Ich will! Was drückt mir so die bange Brust zusammen!*
*Wie ängstlich wird es mir! Es zehren heftge Flammen*
*Am Herzen. Fort, zum Fest! Ach, er hält mich zurück!*
*Armselges Mädchen! Sieh, das ist der Liebe Glück!*

Die Wechselreden werden überwiegend so geführt, daß der Partner in den von dem andern begonnenen Vers einfällt; gelegentlich teilt Goethe einen Alexandriner auf drei Reden oder sogar Redner, in V. 490 sogar vier Reden auf. So hat Goethe den Alexandriner beweglich zu machen gewußt; seine im Verhältnis zu anderen Versen beträchtlich starke Prägekraft hat er nicht mindern können. Im Schäferspiel, so wird man sagen dürfen, war sie dem Geist des Ganzen nicht hinderlich: der Alexandriner mit seinen Festlegungen hat wesentlichen Anteil an der Einheit und an dem Rang von Goethes dramatischem Erstling.

## Zum Text

Erster Druck in Bd. 4 der Ausgabe A von 1806, danach der Abdruck in Bd. 5 der Ausgabe B von 1816 und in Bd. 7 der Ausgabe C *letzter Hand* von 1827.

Die dem Druck A zugrunde liegende Handschrift H ist eine dazu angefertigte Abschrift des (verlorenen) Originals, die man als „leidliche Kopie" ansieht. Zum Druck ist von Goethe nur wenig geändert worden.

Unser Text folgt wie die Jubiläumsausgabe (Bd. 7 hsg. v. A. Köster) bei Abweichungen zwischen H, A und B, C der älteren Lesart von H, A; über die Jubiläumsausgabe hinaus auch in V. 196 und 345.

Gespielt wurde das Stück am 20. Mai 1779 auf dem Herzoglichen Liebhabertheater mit Goethe als Eridon, von 1805 ab auf dem Hoftheater (bis 1810 neun Aufführungen). In Berlin gab es von 1813 bis 1858 vierundfünfzig Aufführungen (Köster).

Goethe über *Die Laune des Verliebten:* Bd. 9, S. 284f., 350. Bd. 10, S. 429. – Briefe HA Bd. 1, S. 48, 51, 65, 66. Bd. 3, S. 49, 261.

## ANMERKUNGEN

*Ein Schäferspiel* nennt Goethe das Werk schon in der ersten Handschrift und so noch in der *Ausgabe letzter Hand.* Gottsched hatte in seine repräsentative Sammlung „Die deutsche Schaubühne" zwei „Schäferspiele" aufgenommen, sein eigenes Spiel „Atalanta" und von Adam Gottfried Uhlich „Elisie". Von Gellert gab es zwei Schäferspiele, „Das Band" 1744 und „Sylvia" 1745. Auch Joh. Chr. Rost, Karl Christian Gärtner und andere veröffentlichten Schäferspiele. Der Leser wußte durch die Bezeichnung *Ein Schäferspiel* also sogleich das Werk in einen Zusammenhang zu stellen.

34. *sieht* = blickt.

36. *aufgedrückt* = aufeinandergepreßt. GWb. 1, Sp. 919.

53. *sich kräuselt* = sich dreht.

71 ff. Etwas ungeschickte Art, eine Person von der Bühne zu entfernen. Ähnlich 201.

77. *Tändeleien* hier konkret gemeint, Gaben der Liebe.

153. *Was hilft's dich* = der Akkusativ der Person bei *helfen* im 18. Jahrhundert noch häufig. Dt. Wb. 4,2 Sp. 956f.

159. *wenn* = wann.

215. *fühlbar* = gefühlvoll, empfindsam; frz. „sentimental".

229. *bisher* = bis jetzt, bis heute, GWb. 2, Sp. 733.

373. *Bosheit* = Wut, Grimm, Ärger. Ähnlich in Vers 446 und 451. – GWb. 2, Sp. 842.

Nach 425 standen in H die Verse, die für den Druck gestrichen wurden:

*Wenn eines Mädchens Brust von ganzem Herzen lodert,*
*Ach, da ergibt es sich, wenn man es halbweg fodert.*
*O Männer, wüßtet ihr's, ihr könntet wartend ruhn.*
*Uns ist's so viel um euch, als euch um uns zu tun.*

479. *keifen* = schelten, zanken.

489. *erst* = soeben.

525 f. Ins Publikum gesprochen.

# DIE MITSCHULDIGEN

## NACHWORT

### *Die Mitschuldigen* als Farce

Mit der *Laune des Verliebten* hat Goethe den Formtypus des Schäferspiels erfüllt und so erfolgreich erfüllt, daß sein Werk der einzige noch lebendige Vertreter seiner Art ist. Die *Mitschuldigen* stellen sich in die Tradition eines bestimmten Typus von Lustspiel, der im 17. und 18. Jahrhundert vor allem in den romanischen Literaturen gepflegt wurde. Er ist durch Werke Molières oder Goldonis dem 20. Jahrhundert noch unmittelbar vertraut; gleichwohl sind uns Goethes *Mitschuldige* heute fremd, ja es ist uns wohl das fremdeste seiner Dramen, obwohl es gewiß sein bühnensicherstes, handfestestes Theaterstück ist. Der Grund dafür liegt in zweierlei: Einmal hat sich die Form der dem Grotesken zuneigenden Typenkomödie bei uns niemals entfalten können. Mit Lessings „Minna von Barnhelm" beginnt die Tradition des deutschen dichterischen Lustspiels mit seinem tiefen, oft das Tragische berührenden Gehalt; daneben fließt der seichtere Strom einer realistischen Charakter- und Gesellschaftskomödie, während der stileigenere Typus des Märchenlustspiels im Grunde auf Wien und die 1. Hälfte des 19. Jahrhunderts beschränkt bleibt. Der zweite Grund liegt in dem scheinbar ungoetheschen Charakter der *Mitschuldigen*. Der Eindruck ist richtig, solange man nur biographisch oder problemgeschichtlich sieht. Der Bezug auf Erlebtes (Kätchen Schönkopf) ist zu dürftig und versteckt, um Interesse erregen zu können. Und er endet schon bei Alcest; denn wenn Eridon in der *Laune des Verliebten* noch Goethesches mitbekommen zu haben scheint, so hat der Liebhaber in den *Mitschuldigen* so gut wie nichts von seinem Autor an sich. Das gilt in weiterem Sinne für alle Gestalten des Stückes. Sie stehen als Charaktere in keinem geistigen Zusammenhang mit dem Dichter, und ebensowenig wollen sich die Situationen, Konflikte und Geschehnisse des Stückes als Echo aus der Lebensproblematik des jungen Goethe abhören lassen.

Dennoch handelt es sich um mehr als einen Versuch des zwanzigjährigen Autors, seine Kräfte an einem traditionellen Formtypus zu erproben, um mehr als eine Schreibübung, die schnell vergessen worden sei, nachdem Goethe bald darauf durch Shakespeare den Weg zu einer echteren Dramatik gefunden habe. Denn Goethe hat seinen *Mitschuldigen* zeitlebens eine besondere Neigung bewahrt. Als er nach Straßburg aufbrach, blieben von dem Feuer, zu dem er die meisten seiner Arbeiten verdammte, *Die Laune des Verliebten* und *Die Mitschuldigen* verschont; *an welchem letzteren ich immerfort mit besonderer Liebe besserte, und, da das Stück schon fertig war, die Exposition nochmals durcharbeitete, um sie zugleich bewegter und klarer zu machen,* schreibt Goethe im *8. Buch* von *Dichtung und Wahrheit* (Bd. 9, S. 350). *Meine „Mitschuldigen", auf die ich etwas hielt,* lesen wir im *13. Buch* (Bd. 9, S. 572); bei Beginn der italienischen Reise fand er die Hauptgestalt in Innsbruck im Leben wieder: *Kurze Zeit ergetzte ich mich an dem Sohne des Wirts, einem leibhaftigen Söller* (Bd. 11, S. 16, 20f.). Und hatte Goethe schon im *7. Buch* von *Dichtung und Wahrheit* über die Gründe reflektiert, warum *das Stück auf dem deutschen Theater keinen Eingang gewinnen konnte* (Bd. 9, S. 286), so benutzte er 1825 die Besprechung eines ähnlich gearteten Lustspiels („Die Hofdame" von F. v. Elsholtz), um sich noch einmal das Ausbleiben des Theatererfolges bei den *Mitschuldigen* verständlich zu machen. Der eigentliche Grund liege in der *Art der Deutschen, worüber viel zu sagen wäre;* sie fänden keine Einstellung zu diesen *aus heterogenen Elementen* gemischten Stücken, sondern ließen sich die Freude am Lächerlichen durch eine gemütvolle Entrüstung über die dargestellten Vergehen beeinträchtigen. Auch an dieser Stelle spricht Goethe seine Mahnung an den Zuschauer aus, daß er sich einem Drama *ganz hingibt und sich in der eigenen Welt, die es darstellt, behagt ... und die Menschen nimmt, wie sie ihm der Dichter vorführt.*

Die deutschen Leser und Zuschauer der Gegenwart sind mit der Eigenheit der Welt in dem durch *Die Mitschuldigen* vertretenen Typus des Lustspiels noch weniger vertraut als die des ausgehenden 18. Jahrhunderts. Sie empfinden die Leichtfertigkeit, mit der hier Vergehen dargestellt und belacht werden, die Ergebnislosigkeit des Endes, das nach Auflösung der Verwirrung eigentlich alles beim alten bleiben läßt, den Mangel an seelischer Perspektive, indem der Zuschauer mit keiner Person innerlich mitfühlen, sich an keiner erwärmen soll, als Kälte und Herzlosigkeit. Die Menschen nehmen, wie sie der Dichter vorführt, verlangt Goethe; tatsächlich ist wohl bei den Personen die stärkste Befremdung zu überwinden. Der Wirt, Sophie, Söller, Alcest: das sind keine individuellen Gestalten, in deren Seele das geheimnisvolle Zentrum ihres Wesens liegt. Es sind Typen, bei denen ein Grundzug mit einer gewissen Mechanik ihr Agieren und Reagieren bestimmt. Am eindeutigsten bei dem ganz auf Neugier gestellten Wirt und beim skrupellosen, feigen, frechen Söller. Goethe nennt ihn in seiner Rezension der „Hofdame" den *Buffo;* in historischer Sicht gelangen wir freilich nicht zu der komischen Figur des Singspiels als dem Stammvater dieser Figur, sondern über den Sganarell in Molières nah verwandtem „Cocu imaginaire" zum Arlequino der italienischen Commedia dell'arte. Damit ist in der Tat der historische Zusammenhang und Lustspieltypus erfaßt, dem sich *Die Mitschuldigen* zuordnen: es handelt sich um die Typenkomödie, das freilich nicht mehr extremporierende, sondern literarisch gewordene leichte Spiel, in dem sich die stehenden Rollen des verschmähten Liebhabers, der Liebhaberin, des Wirtes, des liebetollen Alten, des bramarbasierenden Soldaten und vor allem des in mancherlei Verkleidung auftretenden respektlosen Harlekins in unerwarteten Begegnungen gegenüberstehen. Die Welt, die sie zusammen aufbauen, ist eine Welt der steten Überraschungen, der tollen Umschläge; Geschehen wie Verhalten der Figuren geben ihr als Stilgesetz nicht nur starke Bewegtheit, sondern etwas Übersteigertes, Maßloses, Exzentrisches. J. Möser suchte diese dem klassizistischen Ideal so anstößige Welt zu verteidigen und erfaßte ihr Zentrum mit einem Begriff, den er der bildenden Kunst entlehnte, der aber fortan zu einem ästhetischen Grundbegriff werden sollte. Es geschah in der Schrift „Harlekin oder Verteidigung des Groteske-Komischen". Die Commedia dell'arte, an der Möser das Grotesk-Komische nachwies, ist abgestorben. Aber sie ist uns noch zugänglich in den Zeichnungen eines Callot, sie schlägt auch in manchen Stücken Molières durch, und sie liegt spürbar auch unter den *Mitschuldigen.* Goethe hat sein Stück als burlesk bezeichnet oder auch als Farce; nur für den Druck wollte er den unanstößigen Titel Lustspiel wählen: *denn die Farcen sind itzt auf allen Parnassen contrabande, wie alles aus der Zeit Ludwigs XIV.* (an Friederike Oeser 13. Febr. 1769). In Goethes Stück steckt sogar mehr von dem Grotesk-Komischen der Commedia dell'arte als in den deutschen Lustspielen Schiebelers, Weißes und anderer Schriftsteller des 18. Jahrhunderts. Sie waren einem Zuge der Zeit gefolgt, indem sie die räumliche Atmosphäre stärker verdichtet hatten. Das war eine gemeinsame Tendenz des 18. Jahrhunderts: die Typen der bisherigen Komödie an einen bestimmten Raum zu binden und damit dem Lustspiel mehr Hintergrund zu geben. Der Italiener Goldoni hatte das in seinem Kampf gegen die Commedia dell'arte zum Programm erhoben, und seine neuartigen Komödien waren dem jungen Goethe vertraut. Diese festere Verankerung der Figuren in einer bestimmten Umwelt – man denke etwa an die Bedeutung, die die Atmosphäre des Preußischen und Sächsischen in Lessings „Minna von Barnhelm" besitzen – löste das Stilgesetz der übertriebenen, exzentrischen Beweglichkeit der alten Commedia dell'arte völlig auf. Wie die Gestalten erdenschwerer wurden, so wurde diese ganze Dramatik „realistischer". Es ist nun wieder die Eigenart der *Mitschuldigen,* daß Goethe zwar einerseits die szenische Atmosphäre verdichtet und daraus Effekte zu holen weiß. Die Szenenanweisung gleich zum ersten Auftritt verlangt eine Reihe von Requisiten zur Ausstattung der Wirtsstube, die alle in die Handlung einbezogen werden. Die Atmosphäre am Anfang des *3. Aufzuges* ist durch *Kaffeezeug, Pfeifen* und *Zeitungen* bestimmt. Aber Goethe läßt sich nicht zu weit herabziehen, er wahrt im Vollzug der Geschehnisse und dem Verhalten seiner Figuren jene Leichtigkeit, Exzentrik, jene künstliche Mechanik im Bewegungsstil, die noch etwas vom Geist der Commedia dell'arte atmet. Waren deren Schauspieler zugleich wahre Artisten, so wird auch von dem Darsteller des Söller einige Akrobatik verlangt. Überhaupt sind die szenischen Anweisungen in *II,5* der klarste Hinweis auf den Darstellungsstil der *Mitschuldigen*, wenn Söller vorgeschrieben wird: *Er wagt sich langsam an die große Türe ... Er meint, es käme jemand, und fährt wie ein Blitz in den Alkoven ... Er will wieder heraus ... Er traut nicht ... In der äußersten Karikatur von Verlegenheit ... Er rennt mit dem Kopf wider die Wand ...*

Eine Farce also: bei der der Zuschauer keine Hauptfigur findet, mit der er innerlich mitempfinden und der er seine besondere Sympathie schenken darf. Ebensowenig findet er eine Handlung, deren Probleme seinen Geist in Spannung setzen. Er sieht sich vielmehr einer Welt gegenüber, die ihr eigenes Bewegungsgesetz hat. Damit hat sich von der Form her dieses Stück denn doch als echt Goethisch enthüllt: es weist unmittelbar auf die späteren ironischen Spiele vom Erdentreiben wie das *Jahrmarktsfest, Satyros* u.a. voraus. Der Gehalt all dieser Farcen erschöpft sich ja nicht in dem Lachen, das sie erregen. Es ist, wie alles Lachen in der Nähe des Grotesken, gar kein reines, befreiendes Lachen. Ein leichtes Erschauern mischt sich ein – angesichts einer Welt, in der durch einen unheimlichen Mechanismus in den Gestalten und Geschehnissen unsere vertraute Welt als aus den Fugen und dem Zentrum gerückt, als exzentrisch geworden erscheint. Denn so eigengesetzlich die Welt auf der Bühne sich darbietet, sie ist es ja nur durch den steten Bezug auf die Gesetzlichkeit und Ordnung unserer Welt. Ausdrücklich hat Goethe durch den Titel den uns angehenden Gehalt seiner Farce bezeichnet: es ist ein Spiel vom Erdentreiben, in dem sich enthüllt, daß wir alle stets in Schuld fallen und keiner das Recht hat, den ersten Stein wider einen vermeintlichen Sünder aufzuheben. Goethe selber nennt den Gehalt dieses Bibelwortes als den *höheren Gesichtspunkt* (Bd. 9, S. 286), unter dem das Stück geschrieben sei. Darüber hinaus hat er den Bezug der Bühnenwelt zum Zuschauerraum sinnfällig gemacht, indem er die Grenzen zwischen den beiden Bereichen an mehreren Stellen niederriß und zum Parterre sprechen ließ (etwa 445 f., 466 f., 648). Das Bühnengeschehen wird damit zu einem Spiel des Irdischen. In den späten Farcen hat er das Spiel im Spiel der Bühne benutzt, das für das alte spanische und das alte englische Theater so kennzeichnend ist: immer werden dabei die Illusionsgrenzen durchbrochen, und immer wird damit die Bühnenwelt unmittelbar auf die „reale" Welt des Lebens bezogen. Das Spiel des Theaters gehört auf das engste zum Spiel der Welt. In diesem Paradoxon liegt der dichterische Gehalt der echten Farcen und ebenso auch der *Mitschuldigen:* daß sie eine offensichtlich so eigene, so deutlich silisierte Welt darbieten und doch so ganz auf uns und unsere Welt bezogen sind.

## Die drei Fassungen

In den Bemerkungen zum Formtypus der *Mitschuldigen* liegt die Begründung, weshalb für den vorliegenden Band von den drei erhaltenen Fassungen die zweite Fassung von 1769 zum Abdruck gewählt wurde.

Die 1. Fassung ist in Frankfurt Anfang 1769 geschrieben worden. Ob Goethe schon in Leipzig an unser Stück gedacht hat, wie man auf Grund der Briefstelle an Behrisch von Ende 1767 vermutet hat (*Ehstens sollst Du ... vielleicht noch ein anderes Lustspiel kriegen*), erscheint unwahrscheinlich. Diese 1. Fassung ist einaktig; sie beginnt da, wo jetzt der *1. Auftritt* des *2. Aufzuges* einsetzt. Die 2. Fassung hat in den weiteren Szenen verhältnismäßig wenig geändert; außer metrischen und stilistischen Verbesserungen sind anzuführen V. 520 (1. Fassung: *Zuletzt verließ sie mich.* Gemäß der neuen Exposition in dem zugesetzten 1. Akt ist es jetzt Alcest, der sie verlassen hat); V. 562 ff.: die *Türken* der 1. Fassung werden durch den *Russen* ersetzt (der ganze Monolog wird in der 2. Fassung ausführlicher); V. 705 ff.: die Zeitanspielungen sind z.T. geändert; den in der 2. Fassung genannten *Kometen* bezieht man auf die Kometenerscheinung des Jahres 1769 (8. August bis 1. Dezember sichtbar), womit zugleich ein Zeitpunkt für ihre Abfassung gegeben wäre. Einige neue Zusätze, die einen nochmaligen Umschwung im Gespräch Söller-Alcest bringen, finden sich V. 943–959. Schließlich sind gegen Schluß (V. 1001 ff.) einige Verse hinzugekommen, die Söllers Tat mit der Notlage mildern, in die ihn der Spielkumpan gebracht hat.

So ist denn in der 2. Fassung die Gestalt Söllers als „Buffo" eindeutiger geworden, indem die Mißdeutung, ihn als Charakterbösewicht zu nehmen, beseitigt wurde. Goethe fügte das neue Motiv der dringenden Notlage – der Herr von Tirinette verlangt Bezahlung der Spielschulden – in den zugesetzten 1. Akt. Er erreichte damit vor allem eine ausgewogenere Struktur: der handlungsmäßige Höhenzug des Ganzen, auf dem sich alle Verwicklungen knüpfen – der in das Zimmer Alcests eingedrungene Söller belauscht vom Alkoven aus nacheinander den Wirt, Sophie, Sophie und Alcest –, wird nun nicht steil erklommen: der Auflösung der Wirren im 3. Akt entspricht die Vorbereitung in einem 1. Akt, der die Exposition bringt. Goethe hat selber in *Dichtung und Wahrheit* Lessings Minna als *ein unerreichbares Muster* genannt, *wie ein Drama zu exponieren sei,* und er meint gerade *Die Mitschuldigen,* wenn er fortfährt: *es war mir nichts angelegner, als in seinen Sinn und seine Absichten einzudringen* (Bd. 9, S. 350). An der Gestalt Sophies ändert Goethe den Zug, daß nun nicht mehr sie den Alcest verlassen hat, sondern er sie; damit ist ihre Verbindung mit dem leichtfertigen Söller wahrscheinlicher geworden. Aber schließlich macht die Exposition auch Sophiens Rolle eindeutiger, die nicht eine tief Liebende, sondern ein echtes *Frauenzimmer* ist und sein will. Erst in der zweiten Fassung hat das Werk die volle, einheitliche Gestalt bekommen, der es zustrebte. Es ist in dieser Fassung am 30. November 1776, am 9. Januar und 30. Dezember 1777 auf dem herzoglichen Liebhaber-Theater zu Weimar gespielt worden, wobei Goethe selber die Rolle des Alcest, Corona Schröter die der Sophie, Bertuch die des Söller übernahm.

Die 3. Fassung, die zuerst in den *Schriften* (S) von 1787 erschien, geht auf Änderungen der Jahre 1780–83 zurück. Sie betrafen zunächst Einzelheiten, die nicht mehr recht aktuell waren. So wurden jetzt die Verse des Wirts 561–568 gestrichen, die Zeilen 703–710 geändert in:

*Wirt: Nichts aus Amerika?*
*Alcest: Ich sag', ich darf's nicht sagen.*
*Wirt: Ist Friedrich wieder krank?*
*Alcest: Sie werden's nicht erfragen.*
*Wirt: Aus Hessen, bleibt's dabei? gehn wieder Leute –*
*Alcest: Nein!*
*Wirt: Der Kaiser hat was vor?*
*Alcest: Ja, das kann möglich sein.*
*Wirt: In Norden ist's nicht just!*
*Alcest: Ich wollte nicht drauf schwören.*
*Wirt: Es gärt so heimlich nach.*
*Alcest: Wir werden manches hören.*
*Wirt: Kein Unglück irgendwo?*
*Alcest: Nur zu! Bald sind Sie da!*
*Wirt: Gab's wohl beim letzten Frost –*
*Alcest: Erfrorne Hasen? – Ja!*

Aber damit ist ein recht tiefgehender Eingriff vollzogen. Denn 702–710 stand ja im deutlichsten Bezug zu 682–690. Beide Male ist jeder Alexandriner aufgeteilt: die erste Hälfte dient als Frage (zuerst Alcests, an zweiter Stelle des Wirts), die zweite Hälfte als Antwort. Die Antworten nun sind jeweils völlig gleich. Es liegt eine besondere Komik darin, daß an der zweiten Stelle Alcest den Wirt mit den gleichen Antworten abspeist, die der ihm kurz vorher gegeben hat. Wenn Goethe das hier so wirksame Formprinzip der Wiederholung aufgibt, so waren nicht die Aktualitäten der 2. Fassung schuld; die hätten sich ersetzen lassen, ohne das Gefüge der Antworten anzutasten. Es siegte hier vielmehr die psychologische Wahrscheinlichkeit über das Formprinzip, das realistische Lustspiel über die Farce. Diese grundsätzliche Verschiebung der inneren Form zeigt sich noch an anderen Stellen.

Im 2. Akt wurde Söllers Monolog über seine Hahnreischaft (*5. Auftritt*) gestrichen. Damit war gerade die Szene beseitigt, in der am deutlichsten das grotesk-komische Stilgesetz der 2. Fassung ausgeprägt war. In die gleiche Richtung, d.h. Milderung des Burlesken, auch des Indezenten, wirken eine Reihe kleiner Änderungen. Das in unserer Fassung häufig gebrauchte Wort *Hahnrei* bleibt nur ein einziges Mal erhalten (in der Zeile, die der Zeile 788 unserer Fassung entspricht); die Schlußpointe unserer Fassung wird abgeschwächt zu: *Söller: So! – Diesmal blieben wir wohl alle ungehangen.* Auch die ihr vorangehende szenische Anweisung wird gestrichen. Söllers deutliche Anspielung in 77f. wird so beseitigt, daß geradezu eine leere Stelle im Vers entsteht:

*Daß dich Alcest geliebt, daß er für dich gebrannt,*
*Daß du ihn auch geliebt, daß du ihn lang gekannt.*

759 (Wirt) wird gemildert zu: *Verfluchter Ochsenkopf! Bist du so alt geworden!* In 854 (Sophie) heißt es statt *Der Teufel! Wollen Sie*: *Mein Herr, ich scherze nicht!* Alcests grobe Anspielungen werden beseitigt. 828 lautet in S: *Mit etwas Offenheit war alles zu vermeiden*, 894: *Er läßt die junge Frau zur Winterzeit allein.* Bei allen Gestalten werden also Übertreibungen gedämpft. Wenn aber in 429 die Worte Sophies: *Du weißt es, was mein Herz um deinetwillen litt*, ersetzt werden durch: *Du fühltest, was dies Herz ...*, so wird neben Zurückhaltung und Wahrscheinlichkeit eine dritte Kraft spürbar, die die Umarbeitung bestimmt: eine Tendenz zu seelischer Vertiefung, die jetzt die beiden Liebenden über die anderen hinaushebt. Am stärksten wirkt sie sich in Alcests Monolog *II,6* aus, der ganz neu geformt wird. Mit den Worten von der unvergänglichen Erinnerung an die *goldnen Stunden des ersten Liebesglücks*, mit der Offenbarung als *Fühlender* und dem Bekenntnis zur *Heiligkeit* in den Liebesempfindungen zu Sophie spricht er das Vokabular, das zu dem Herzton der bestimmbaren Helden der Empfindsamkeit gehört. Die neuen Verse, die die Zeilen 501–553 der 2. Fassung ersetzen, lauten nun:

*Alcest: (Zurückkommend):*
*Was willst du nun, mein Herz! – es ist doch wunderbar!*
*Dir bleibt das liebe Weib noch immer, was sie war.*
*Hier ist die Dankbarkeit für jene goldnen Stunden*
*Des ersten Liebesglücks nicht ganz hinweggeschwunden.*
*Was hab ich nicht gedacht! Was hab ich nicht gefühlt!*
*Und jenes Bild ist hier noch nicht herausgespült,*

*Wie mir die Liebe sie vollkommen herrlich zeigte,*
*Das Bild, dem sich mein Herz in tiefer Ehrfurcht neigte.*
*Wie anders ist mir's nicht? wie heller seit der Zeit?*
*Und doch bleibt ihr ein Rest von jener Heiligkeit.*
*Bekenn es ehrlich nur, was dich hieher getrieben;*
*Nun wendet sich das Blatt, fängst wieder an zu lieben,*
*Und die Freigeisterei, und was du fern gedacht,*
*Der Hohn, den du ihr sprachst, der Plan, den du gemacht –*
*Wie anders sieht das aus! Wird dir nicht heimlich bange?*
*Gewiß, eh du sie fängst, so hat sie dich schon lange!*
*Nun, das ist Menschenlos! Man rennt wohl öfters an,*
*Und wer viel drüber sinnt, ist noch weit übler dran.*
*Nur jetzt das Nötigste! Ich muß die Art erdenken,*
*Um ihr gleich morgen früh was bares Geld zu schenken.*
*Im Grund ist's doch verflucht – Ihr Schicksal drückt mich sehr.*
*Ihr Mann, der Lumpenhund, macht ihr das Leben schwer.*
*Ich hab just noch so viel. Laß sehn! Ja, es wird reichen.*
*Wär ich auch völlig fremd, sie müßte mich erweichen:*
*Allein, es liegt mir nur zu tief in Herz und Sinn,*
*Daß ich gar vieles schuld an ihrem Elend bin. –*
*Das Schicksal wollt es so! Ich konnt's einmal nicht hindern;*
*Was ich nicht ändern kann, das will ich immer lindern.*

Neben Dezenz, Wahrscheinlichkeit, seelischer Vertiefung des Liebespaares wirkt noch eine Kraft. Sie äußert sich darin, daß die Illusionsbrechungen, d. h. die unmittelbaren Reden Söllers oder des Wirts ins Parterre beseitigt werden. Hier wirkt also schon klassische Ästhetik, die die Welt des Kunstwerks streng von der Realität abgegrenzt wissen will. *Die Mitschuldigen* wandeln sich vom Theaterspiel zum Bühnenstück. Durch diese Änderungen, die in sich homogen sind, ist aber in *Die Mitschuldigen* etwas Unpassendes hineingekommen, das die 3. Fassung zu einem Zwittergebilde macht. Es wirkt nun geradezu peinlich, daß Alcest und vor allem Sophie, die, seelisch vertieft, sich jetzt von den andern abheben, dennoch an diese anderen und an diese ganze leichtfertige, bis zum Verbrecherischen leichtfertige Wirtshauswelt gebunden bleiben. Die ganze Struktur des Stückes blieb erhalten, ebenso wie der nivellierende Schluß. Indem diese Welt ihr Stilgesetz des Farcenhaften verlor, indem sie wahrscheinlicher wurde, wurden die Rollen von Alcest und Sophie nur um so unwahrscheinlicher. Man begreift allerdings, daß die Weimarer Hofwelt den Dichter, der hier seinem Jugendwerk untreu wurde, nicht zurückhielt; immerhin verdient es angemerkt zu werden, daß Karl August, der ein besonderer Freund unserer Farce war, dem Dichter in den schlimmbessernden Arm fiel. Im Juli 1780 schreibt Goethe an Lavater mit Bezug auf *Die Mitschuldigen*: *Mir ists neulich so gegangen, daß ich habe aus einem Stück ein Dutzend Verse herauskorrigiert, die ich, da es der Herzog zu sehen kriegte, wieder restituieren mußte* (Briefe Bd. 1, S. 311).

Goethe selber hat später empfunden, daß er auf halbem Wege stehengeblieben war. Nach einer Aufführung der *Mitschuldigen* (sie sind auf dem Hoftheater unter Goethes Leitung zwischen 1805 und 1816 siebenundzwanzigmal gespielt worden, 1795 erschien in Leipzig eine Prosabearbeitung von J. F. E. Albrecht) schreibt er am 17. Januar 1805 an Schiller: *Da das Stück günstig aufgenommen worden, so läßt sich noch manches dafür tun, wie schon jetzt geschehen ist: denn es ist verschiedenes geändert. Mich dünkt, die Hauptsache kommt darauf an, daß man das, was allenfalls noch zu direkt gegen die Dezenz geht, mildere und vertusche, und daß man noch etwas Heiteres, Angenehmes, Herzliches hineinretouchiere. Bei den paar Proben, die ich im Zimmer hatte, ist mir manches eingefallen. Ich schicke Ihnen gelegentlich das Theaterexemplar, wo Sie die Veränderungen, die ich in diesem Sinne gemacht, schon beurteilen können und mir Rat geben werden zu ferneren.* Dieses Theaterexemplar, in dem sich also eine neue Fassung abzuzeichnen begann, ist offensichtlich nicht erhalten.

## Zum Text

$H^1$: ein Goethesches Autograph mit der Jahresangabe 1769, im Goethe-Schiller-Archiv. Abdruck bei Morris, Bd. 6; Weim. Ausg. I, Bd. 53; FL Bd. 1.

$H^2$: ein Goethesches Autograph aus dem Besitz der Familie Brion zu Sesenheim, in der Universitätsbibliothek Leipzig. Abdruck bei Morris, Bd. 1; FL Bd. 1.

S: im 2. Bd. der *Sämtlichen Schriften*, Göschen, Leipzig 1787; danach der Abdruck im 4. Bd. der Ausgabe A von 1806, im 5. Bd. der Ausgabe B von 1816 und im 7. Bd. der Ausgabe C *letzter Hand* von 1827. Die Druckvorlage für S ($H^4$), eine Abschrift von Schreiberhand (etwa 1783), von Herder und Goethe korrigiert, befindet sich im Goethe-Schiller-Archiv.

Der gebotene Text folgt dem Abdruck bei Morris, Bd. 1. Modernisiert wurden die Interpunktion, die Orthographie sowie einige Schreibungen: durchweg *kommt* statt einiger *kömmt* neben *kommt*, *geschreckt* statt *geschröckt*, *trotz* statt *trutz*, *standen* für *stunden*, durchweg *vor* statt einiger *für*. In 878 wurde (wie in 5) *Dem Tanz* aus *Den Tanz* verbessert. Aus metrischen Gründen wurden geändert:

355. Hier fehlt in $H^2$ eine Silbe:
*Wenn es nicht Angst ist. Still! Nein! Ihr feigen Glieder!*

Die Verbesserung nach S.

495. Das fehlende *e* bei Morris *(Stirn)* ist ein Druckfehler.

996. In H[2] fehlt ein Takt. Die Vervollständigung durch hinzugefügtes *gewiß* nach S.

Goethe über *Die Mitschuldigen:*

Bd. 9, S. 286, 350, 414, 572. Bd. 10 S. 429. Bd. 13, S. 103f. – Briefe Bd. 1, S. 79, 89, 311. Bd. 3, S. 49.

## ANMERKUNGEN

vor 1. *Domino* = Maskenkostüm, Karnevalsgewand.

2. *Rasen*: „vernunftlos sich gebaren, unsinnig handeln" Dt. Wb. 8, Sp. 132.

13. *Ebenteur*: Nebenform zu „Abenteuer". Dt. Wb. 1, Sp. 27f. und 3, Sp. 16f.: „seltsames, ungewöhnliches Wesen". GWb 1, Sp. 41: „Faschingsnarr".

14. *Hasenfuß*: in der älteren Bedeutung von Narr.

16. *Fiekchen*: Koseform von „Sophie", speziell in Sachsen. Dt. Wb. 3, Sp. 1627.

23. *povern* = arm, kümmerlich (aus frz. „pauvre").

50. *Paoli*: Pasquale Paoli, korsischer Freiheitskämpfer, der die Insel gegen die Franzosen verteidigte, aber 1769 vor ihnen fliehen mußte. Vgl. Vers 54, 59, 707 und Bd. 10, S. 113,37–114,4.

51. *Proficiat* (lat.) „es möge nützen"; der Wirt hat das Wort wohl aus der Studentensprache.

64. *Beim Kuckuck*: beim Teufel (Dt. Wb. 5, Sp. 2526f.). *Beim St. Velten*: dazu Dt. Wb. 12,1 Sp. 8: „Oft wird St. Velten an Stelle des Teufels angerufen. ‚beim Velten', ‚bei St. Velten' usw." – *Die Mitschuldigen* spielen in protestantischer Umwelt, von dem heiligen Valentin weiß Söller vermutlich nichts, aber die Redewendung beim Schimpfen und Fluchen kennt er. – Ähnlich S. 103,39 (u. Anm.).

66. *locker* = „ohne sittlichen Halt" (Dt. Wb. 6, Sp. 1112); *Passagier* = Ankömmling, Gast, Bursche (Dt. Wb. 7, Sp. 1484).

85f. Komisch wirkende, weil bejahende Wiederholung von Söllers Worten 77f., deren Anspielung sie nicht verstanden hat. Mit der Änderung von 78 in S verliert sich bei der Wiederholung die Komik.

101. *vierthalb* = drei und ein halbes Jahr (das vierte halb). Dt. Wb. 12,2 Sp. 312f.

114f. In S:

*Söller: Es ist doch nur ein Ton, und Ton, den wird man satt.*

*Sophie: Ja Ton! Nun gut, ihr Ton! Doch ist der deine besser?*
mit dem die Lessingsche Dialogtechnik kennzeichnenden Insistieren auf einem Wort des Gesprächspartners.

166. *kamst du zurück:* kamst du in einen schlechteren Zustand.

184. *verpassen* = absichtlich vorbeigehen lassen.

185. *kam mir vor* = begegnete mir, trat vor mich. Dt. Wb. 12,3 Sp. 1238.

215. *die schönsten Flammen.* Aus dem Französischen stammende Wendung für Liebe.

273. *schlimme Zeit* = schlechtes Wetter.

301. *Fastnacht!* Der Wirt personifiziert Söller in spöttischer Absicht.

311. *so geben's schlimme Sachen.* Die Frankfurter Wendung in S geändert in: *da gäb's dir schlimme Sachen.*

324. *Volten*: bestimmte schnelle Bewegungen beim Reiten, Fechten, Kartenspielen, hier auch in betrügerischer Absicht. Dt. Wb. 12,2 Sp. 736f.

351f. Der frankfurterische Reim in S geändert.

359. Die Pointe (Beziehung auf den Wirt) kommt erst in S heraus:

*Ist's eine Katze? Nein! Das wär ein schwerer Kater.*

374. *Diebs- und Zeitungsgott*: Merkur, weil manche Zeitungen Merkur im Titel hatten.

380. *mit Karikatur,* ebenso vor 494 und vor 783: mit den Bewegungen und Grimassen eines „Buffo" der komischen Oper. In der *Italienischen Reise* spricht Goethe von dem *Buffo caricato* (Bd. 11, S. 492,12).

381. *Adieu du armer Kopf!* Anspielung auf die Hörner des betrogenen Ehemanns. In S geändert: *Gibt das ein Rendezvous!* Damit ist die komische Antithese zu 382 verlorengegangen.

400. *Beichte stehen:* komische Antithese zum Beichte-Sitzen des Priesters.

404. Diese recht derben Worte sind ebenso wie 421ff. in S erhalten geblieben, obwohl Goethe sonst die Sprechweise gerade Sophies gehoben hat. Man möchte fast vermuten, sie gehören zu dem *Dutzend Verse,* die Goethe auf Wunsch Karl Augustus *wieder restituieren* mußte.

415. *seltnem* = seltsamem.

428. *Präliminaren* = Vorläufigkeiten. Von lat. prae = vor und limen = Schwelle.

443–451. Diese Verse wurden in S abgeschwächt.

Nach 486 folgt in S Szenenabschluß:

*Söller: Für diesmal nimm fürlieb! Hier ist nicht viel zu sinnen,*
*Der Augenblick macht Luft, nur frisch mit dir von hinnen.*
*(Aus dem Alkoven und schnell durch die Seitentür ab.)*

Die 5. Szene enthält dann den Monolog des zurückkommenden Alcest.

499. *bösten* = bösesten. Wie Briefe Bd. 1, S. 263,28. – GWb 2, Sp. 839.

500. Vgl. Molière, Sganarelle ou Le cocu imaginaire, 17. Auftritt: „Qu'il vaut mieux être encore cocu que trépassé."

501. *Ihr großen Geister.* Gedacht ist vermutlich an Schriftsteller der französischen Aufklärung und vielleicht auch an gewisse Werke Wielands.

510. *Fibernspiel.* Im 18. Jahrhundert üblicher Ausdruck für Nervenkitzel, prikkelnden Reiz.

520. *Zuletzt verschlug es sich.* In H[1]: *Zuletzt verließ sie mich.*

528. *vom großen Orden*: „der betrogenen, gehörnten Ehemänner" (Fischer-Lamberg 1, S. 506).

534. Wie Söller und der Wirt gelegentlich, so spricht hier auch Alcest ins Parterre. In S wie an den andern Stellen geändert.

554. *Spezies* = Speziestaler. Dt. Wb. 10,1 Sp. 2203 f. – Adelung.

562 u. 564. In H[1] waren in den Versen Russen und Türken vertauscht. Inzwischen hatte sich gezeigt, daß die türkische Kriegserklärung für Rußland keine ernsthafte Gefahr darstellte.

595. *Königs Pharao:* ein Glücksspiel mit Karten.

616. *Bärenhäuter* = Nichtsnutz, in diesem Fall also: Dummkopf.

644. *geschossen* = närrisch, töricht. Dt. Wb. 9, Sp. 44. – Adelung Bd. 3, 1808, Sp. 1450.

705. *Vom armen König*: gemeint ist wohl Stanislaus II. August, König von Polen 1764–1795.

706. *Türkenmarsch*: Im Oktober 1768 begann die Türkei einen Krieg gegen Rußland, um in die polnischen Wirren einzugreifen.

708. *Vom Fünfundvierziger.* Gemeint ist der englische Publizist John Wilkes, der wegen eines in Nr. 45 seiner Zeitschrift „North Briton" gegen den englischen König gerichteten Angriffs ins Gefängnis kam. Die Zeitschrift wurde verboten.

709. Der erwähnte *Komet* war vom 8. August bis zum 1. Dezember 1769 sichtbar.

710. *sächsisches Gespenst.* Bezieht sich auf die Geistererscheinung des sächsischen Cafébesitzers J. G. Schrepfer, der mit den Jesuiten in Verbindung stand.

716. *konfundiert* = verwirrt. Von lat. „confundo", wie „konfus".

723. *gebeizter*: „Fleisch in Essig einlegen zur Konservierung und Geschmacksverbesserung" (GWb Bd. 2, Sp. 318).

756. *zitieren* = vor Gericht laden. Dt. Wb. 15, Sp. 1664.

759 ff. Der komisch wirkende Verzweiflungsausbruch des Wirts steht in einer Tradition, die über Molières „L'Avare" (Verzweiflungsausbruch Harpagons in IV,7) auf Plautus' „Aulularia" zurückgeht.

765. *eins* = einer, jemand. Wie *Faust* 2336. – Dt. Wb. 3, Sp. 256.

770. *Emploi* = Beschäftigung. *Substitut* = Stellvertreter.

775. *Mosje*: im Deutschen im 18. Jahrhundert umgangssprachlich von frz. „monsieur".

781. *geholt* = vom Teufel geholt.

786. *Doktor Faust*: Erste Anspielung Goethes auf die Faustsage.

787. *Richard der Dritte*: Gemeint ist weniger Shakespeares als Weißes gleichnamiges Drama.

797. *Gottheit, Mädchen, Freund.* Ähnlich in dem Gedicht *An Annetten* 1767: *Die du mir Gottheit, Muse / Und Freund mir bist und alles.* (Bd. 1, S. 14.)

809. *Débauché* = Verführer. GWb 2, Sp. 1108.

872. *Hirschapotheksproviser.* Provisor: Verwalter. Anspielung darauf, daß er die Frau eines anderen verführt, was man damals als diesem „Hörner aufsetzen“ bezeichnete. Im Zusammenhang damit das Stirnreiben nach 874 und 881ff.

883. *konnte gar nicht wehren* = konnte nichts dagegen tun. Dt. Wb. 14,1,1 Sp. 237f.

900. *Exempli gratia* = zum Beispiel.

920. *Champion* = Beschützer. GWb 2, Sp. 978.

926. *Spicilegium* = Nachlese der Ähren. Hier wahrscheinlich aus der Studentensprache, die viel Lateinisches enthielt.

941. *übertreiben mich* = treiben mich zu weit. Fischer, Goethe-Wortschatz S. 649.

974. *ein gewiß Gesetz*: Ehebruch war strafbar, im 18. Jahrhundert zum Teil noch mit schweren Strafen.

1000. *Die Länge bringt die Ferne*: Die Länge der Zeit bringt die Sache in Vergessenheit, mit der Zeit wächst Gras darüber.

# GÖTZ VON BERLICHINGEN

## GOETHE UND SEINE ZEITGENOSSEN ÜBER „GÖTZ VON BERLICHINGEN“

*Goethe in Frankfurt an Johann Daniel Salzmann in Straßburg, 28. November 1771. (Briefe Bd. 1, S. 128.)*

Sie kennen mich so gut, und doch wett' ich, Sie raten nicht, warum ich nicht schreibe. Es ist eine Leidenschaft, eine ganz unerwartete Leidenschaft, Sie wissen, wie mich dergleichen in ein Zirkelchen werfen kann, daß ich Sonne, Mond und die lieben Sterne darüber vergesse. Ich kann nicht ohne das sein, Sie wissen's lang, und koste, was es wolle, ich stürze mich drein. Diesmal sind keine Folgen zu befürchten. Mein ganzer Genius liegt auf einem Unternehmen, worüber Homer und Shakespeare und alles vergessen worden. Ich dramatisiere die Geschichte eines der edelsten Deutschen, rette das Andenken eines braven Mannes, und die viele Arbeit, die mich's kostet, macht mir einen wahren Zeitvertreib, den ich hier so nötig habe.

*Goethe in Frankfurt an J. G. Herder in Bückeburg. Winter 1771/72. (Briefe Bd., 1, S. 129f.)*

Das Resultat meiner hiesigen Einsiedelei kriegen sie hier in einem Skizzo, das zwar mit dem Pinsel auf Leinewand geworfen, an einigen Orten sogar einigermaßen ausgemalt, und doch weiter nichts als Skizzo ist. Keine Rechenschaft geb' ich Ihnen, lieber Mann, von meiner Arbeit, noch sag' ich meine jetzige Empfindungen darüber, da ich aufgestanden und in die Ferne getreten bin; es würde aussehn, als wollt' ich Ihr Urteil leiten, weil ich fürchtet', es wandelte an einen Platz, wo ich's nicht wünschte. Das aber darf ich sagen, daß ich recht mit Zuversicht arbeite, die beste Kraft meiner Seele dran wendete, weil ich's tat, um Sie drüber zu fragen ... Auch unternehm' ich keine Veränderung, bis ich Ihre Stimme höre; denn ich weiß doch, daß alsdann radikale Wiedergeburt geschehen muß, wenn es zum Leben eingehn soll.

*J. G. Herder in Bückeburg an Caroline Flachsland in Darmstadt. Mitte Juli 1772.*

Ich schicke nächstens Goethens „Berlichingen“ zurück; da wird er ihn wohl Mercken schicken, und dann werden auch Sie einige himmlische Freudenstunden haben, wenn Sie ihn lesen. Es ist ungemein viel deutsche Stärke, Tiefe und Wahrheit drin, obgleich hin und wieder es auch *(„auch" mit Bezug auf die im Vorhergehenden erwähnte „Emilia Galotti" Lessings)* nur gedacht ist.

*Goethe in Wetzlar an J. G. Herder in Bückeburg. Etwa 10. Juli 1772. (Briefe Bd. 1, S. 133,29ff.)*

Von „Berlichingen" ein Wort. Euer Brief war Trostschreiben; ich setzte ihn weiter schon herunter als Ihr. Die Definitiv, „daß Euch Shakespeare ganz verdorben etc." erkannt' ich gleich in ihrer ganzen Stärke; genug, es muß eingeschmolzen, von Schlacken gereinigt, mit neuem edlerem Stoff versetzt und umgegossen werden. Dann soll's wieder vor Euch erscheinen. Es ist alles nur gedacht. Das ärgert mich genug. „Emilia Galotti" ist auch nur gedacht, und nicht einmal Zufall oder Caprice spinnen irgend drein. Mit halbweg Menschenverstand kann man das Warum von jeder Szene, von jedem Wort, möcht' ich sagen, auffinden. Drum bin ich dem Stück nicht gut, so ein Meisterstück es sonst ist, und meinem eben so wenig. Wenn mir im Grunde der Seele nicht noch so vieles ahndete, manchmal nur aufschwebte, daß ich hoffen könnte: „wenn Schönheit und Größe sich mehr in dein Gefühl webt, wirst du Gutes und Schönes tun, reden und schreiben, ohne daß du's weißt, warum."

*Goethe in Frankfurt an Friedrich Wilhelm Gotter in Gotha. Mitte Juni 1773. (Bd. 1, S. 88.)*

Schicke dir hier den alten Götzen,
Magst ihn zu deinen Heilgen setzen
Oder magst ihn in die Zahl
Der Ungeblätterten stellen zumal.
Hab's geschrieben in guter Zeit,
Tags, Abends und Nachts Herrlichkeit,
Und find' nicht halb die Freud' so mehr,
Da nun gedruckt ist ein großes Heer.
Find', daß es wie mit den Kindern ist,
Da doch wohl immer die schönste Frist
Bleibt, wenn man in der schönen Nacht
Sie hat der lieben Frau gemacht;
Das andre geht dann seinen Gang
Und Rechnen, Wehn und Tauf' und Sang.
Mögt euch nun auch ergötzen dran,
So habt ihr doppelt wohlgetan.
Magst, wie ich höre, dann allda
Agieren, tragieren Komödia
Vor Stadt und Land und Hof und Herrn;
Die sähn das Schattenspiel wohl gern.

So such' dir denn in deinem Haus
Einen recht tüchtigen Bengel aus,
Und gib ihm die Roll' von meinem Götz,
In Panzer, Blechhaub' und Geschwätz.
Dann nimm den Weisling vor dich hin,
In Pumphos', Kragen und stolzem Kinn,
Mit Spada wohl nach Spanier Art,
Mit Weitnaslöchern, Stützleinbart,
Und sei ein Falscher an den Frauen,
Laß dich zuletzt vergiftet schauen.
Und bring', da hast du meinen Dank,
Mich vor die Weiblein ohn' Gestank!
Mußt alle garstgen Worte lindern,
Aus Scheißkerl Schurken, aus Arsch mach Hintern,
Und gleich' das alles so fortan,
Wie du's wohl ehmals schon getan.

*Gotter antwortete in einem langen Brief-Gedicht – ebenfalls im Hans-Sachs-Stil –, er könne mit den Mitteln der kleinen Gothaer Bühne das Drama nicht aufführen. (Abgedr. in: Fischer-Lamberg. Bd. 3. S. 420–422.)*

*G. A. Bürger in Gelliehausen an H. Chr. Boie in Göttingen. 8. Juli 1773.*

Boie! Boie! Der Ritter mit der eisernen Hand, welch ein Stück! Ich weiß mich vor Enthusiasmus kaum zu lassen. Womit soll ich dem Verfasser mein Entzücken verdanken? Den kann man doch noch den deutschen Shakespeare nennen, wenn man einen so nennen will. Brechen möcht' ich mich vor Ekel, wenn man Weißen so nennt. Welch ein durchaus deutscher Stoff! Welche kühne Verarbeitung! Edel und frei wie sein Held tritt der Verfasser den elenden Regelkodex unter die Füße und stellt uns ein ganzes événement (conf. Herder) mit Leben und Odem bis in seine kleinsten Adern beseelt vor Augen. Erschütterung, wie sie Shakespeare nur immer hervorbringen kann, habe ich in meinem innersten Mark gefühlt. Mitleid! Schrecken! – Grausen, kaltes Grausen, wie wenn ein kalter Nordwind anweht! Götzens kleiner Junge! Die Zigeunerszene, die auf dem Rathause, der sterbende Weisling, das heimliche Gericht! Gott, Gott, wie lebendig, wie shakespearisch! O, ich kann selbst nicht sagen, wie vortrefflich! ... O Boie, wissen Sie nicht, wer er ist? Sagen Sie, sagen Sie mir's, daß ihm meine Ehrfurcht einen Altar baue! Ich behalte das Stück, will's gern bezahlen, und wenn es auch noch soviel kostete und wenn ich alle Werke Corneilles und Voltaires drum verkaufen sollte.

*Nach dem Manuskript im Goethe- und Schiller-Archiv. – „conf." = confer (lat.): vergleiche.*

*Goethe in Frankfurt an J. Chr. Kestner in Hannover. Mitte August 1773. (Briefe Bd. 1, S. 150,17ff.).*

Und nun meinen lieben Götz! Auf seine gute Natur verlass' ich mich, er wird fortkommen und dauern. Er ist ein Menschen-Kind mit viel Gebrechen und doch immer der besten einer. Viele werden sich am Kleid stoßen und einigen rauhen Ecken. Doch hab' ich schon so viel Beifall, daß ich erstaune. Ich glaube nicht, daß ich so bald was machen werde, das wieder das Publikum findet.

*Chr. H. Schmid. Rezension über „Götz von Berlichingen". In: Der Teutsche Merkur. September 1773.*

Wir zeigen unsern Lesern jetzo ein Drama an, bei dem unsere kritischen Linnés staunen und ungewiß sein werden, in welche Klasse sie es setzen sollen: ein Stück, worin alle drei Einheiten auf das grausamste gemißhandelt werden, das weder Lust- noch Trauerspiel ist: und doch das schönste interessanteste Monstrum, gegen welches wir hundert von unsern komisch-weinerlichen Schauspielen austauschen möchten, deren Verf. dafür sorgen, daß der Puls ihrer Leser nicht aus seinem gewöhnlichen Gange gebracht und ihre Nerven von keinem fieberhaften Anfalle schauernder Empfindung ergriffen werden ...

Wahrhaftig denjenigen würden wir sehr bedauern, der Muße genug gehabt hätte, während der ersten Durchlesung dieses interessanten Stücks zu bemerken, daß der Verf. fast auf allen Seiten gegen die Vorschriften der Kritik gesündiget: uns war dies das sicherste Kriterium des Genies, daß der unbekannte Verf. uns in einer so fortdauernden Täuschung, und in einem so ununterbrochenen Genusse erhalten hatte, die uns nicht erlaubten, an Urteil und Vergleichung zu denken. Doch wir wollen diese allgemeine Bemerkungen abbrechen, weil man sonsten glauben könnte, daß wir die Absicht hätten, der gegenwärtigen Schrift eine Lobrede zu halten ...

Erstlich verdient der Verf. für die Wahl seines Sujets den lebhaftesten Dank aller teutschen Patrioten, die es lang gewünscht haben, nicht daß man griechische Schauspiele nachahmen, sondern daß man wie die Griechen Gegenstände wählen, und sie alsdenn nach Art der Griechen bearbeiten möchte ...

Der Verfasser hat die Geschichte seines Dramas aus dem Zeitpunkte hergenommen, wo Teutschland an tragischen Begebenheiten, heldenmütigen Unternehmungen, Original-Charakteren, und echten National-Gesinnungen, vielleicht zu seinem Unglück sehr reich war.

*Goethe in Frankfurt an Ernst Theodor Langer in Braunschweig. 27. Oktober 1773. (Briefe Bd. 1, S. 154.)*

Als ich meinen „Götz" herausgab, war das eine meiner angenehmsten Hoffnungen, meine Freunde, deren ich doch manchen in der weiten Welt habe, würden sich nach mir umsehen, und angenehmer sich mein erinnern, als wenn ich eine lange unbedeutende Verbindung mit ihnen unterhalten hätte.

Und es ist eingetroffen. Ihr Brief, lieber Langer, hat mir eine außerordentliche Freude gemacht. Ich habe ... nicht ehe geruht, bis ich glaubte, mich darstellen zu dürfen. Ich habe sogleich an die Herzen des Volks angefragt, ohne erst am Stapel der Kritik anzufahren. Doch gesteh ich gern, der Beifall, der mir worden ist, überstieg meine Hoffnungen. Auch soll, so lang Kraft in mir ist, sie nicht lässig werden, um mehr zu leisten.

*Goethe in Frankfurt an H. Chr. Boie in Göttingen. 8. Juni 1774.*

Ich lache manchmal drüber, wie gut das Stück aufgenommen, wie schnell verkauft, nachgedruckt worden, und ich die Druckerkosten noch nicht einmal wieder habe.

*Chr. M. Wieland, Über das Schauspiel „Götz von Berlichingen". In: Der Teutsche Merkur. Juni 1774.*

Ich habe versprochen, das bekannte Schaupiel „Götz von Berlichingen mit der eisernen Hand" gegen einige Vorwürfe, die ihm von dem Rezensenten desselben – übrigens einem Mann von Geschmack und philosophischem Geiste, und einem großen Bewunderer des schönen Ungeheuers, wie er es nennt – im 3. Bande des „Teuschen Merkurs" gemacht worden sind, zu rechtfertigen ...

Immerhin sei dies Schauspiel – das man nicht aufführen kann – bis uns irgend eine wohltätige Fee ein eigen Theater und eigene Schauspieler dazu herzaubert – immerhin sei es ein „schönes Ungeheuer". Möchten wir viele solche Ungeheuer haben! Der Fortschritt zu wahren Meisterstücken würde dann sehr leicht sein. Wer hat es gelesen, ohne zu fühlen (wenn er auch nicht sagen konnte, wie und warum), daß ihn nicht leicht eine andre Lektüre (immer nehme ich „Emilia Galotti" aus) mit solcher Gewalt ergriffen, so stark interessiert, so mächtig erschüttert, so durchaus vom ersten Zug bis zum letzten in die Begeisterung des Dichters hineingezogen, und ans ununterbrochene Anschaun der lebendigen Gemälde, die er, ut Magus, vor unsern Augen vorbeiführt, angeheftet habe? – Welche Wunder sollte der Genie, der dies getan hat, nicht auf unsere Schaubühne würken können, wenn es ihm einfiele, Schauspiele zu schreiben, die man aufführen könnte?

Es ist augenscheinlich, daß er in dem Augenblick, da er den Entschluß faßte, aus Götzens von ihm selbst beschriebener Geschichte, ein Schauspiel zu machen, sich vorsetzte, alle Regeln des Aristoteles, als Fesseln, mit denen sein noch ungebändigter Genie sich nicht schleppen wollte, von sich zu werfen. Es kann also zu nichts helfen, ihm die Übertretung dieser Regeln zum Vorwurf zu machen, oder ihm zu zeigen, was für Nachteile aus dieser Empörung gegen jenen alten Gesetzgeber der Dichter entstehen mußten. Unfehlbar wußte der Verfasser dies alles so gut als wir; aber er wollte nun einmal allen dreien Einheiten auf den Kopf treten, und er glaubte, so viel dadurch zu gewinnen, oder gewann vielmehr würklich so viel dadurch, daß er sich das, was er dabei verlor, nichts anfechten ließ. Vermutlich wird die Zeit wohl kommen, da er, durch tiefere Betrachtungen über die Natur der menschlichen Seele, auf die Überzeugung geleitet werden wird, daß Aristoteles am Ende doch recht habe, daß seine Regeln sich vielmehr auf Gesetze der Natur, als auf Willkür, Konvenienz und Beispiele gründen, und mit einem Worte, daß sich ein sehr triftiger Grund angeben läßt, warum ein Schauspiel – kein Guckkasten sein soll.

Die beste Antwort auf alles was man ihm wegen Nichtbeobachtung der Einheiten vorgeworfen hat, ist, daß er bloß ein Drama zum Lesen schreiben wollte. Ihn zu beschuldigen, daß er sich würklich eingebildet habe, sein Drama könnte und sollte auf unsern Schaubühnen aufgeführt werden, würde eben so viel sein, als ihm, der so viel Genie zeigt, den allgemeinen Menschenverstand abzusprechen.

*K. L. v. Knebel in Mainz an Fr. J. Bertuch in Weimar. 23. Dezember 1774.*

An den „Leiden des jungen Werthers" hat er zwei Monate gearbeitet und er hat mir versichert, daß er keine ganze Zeile darin ausgestrichen habe. An „Götz von Berlichingen" 6 Wochen. Er macht wieder so eines, und noch ein Dutzend andre –.

*Goethe in Frankfurt an Sophie v. La Roche in Ehrenbreitstein. 23. Dezember 1774.*

Mir hat meine Autorschaft die Suppen noch nicht fett gemacht, und wird's und soll's auch nicht tun.

Zu einer Zeit, da sich so ein großes Publikum mit „Berlichingen" beschäftigte und ich so viel Lob und Zufriedenheit von allen Enden einnahm, sah ich mich genötigt Geld zu borgen, um das Papier zu bezahlen, worauf ich ihn hatte drucken lassen.

*J. J. Eschenburg, Anzeige der 2. Auflage des „Götz von Berlichingen". In: Allgemeine Bibliothek. 1776.*

Eine frühere Anzeige dieses Schauspiels in unsrer „Bibliothek" hätte das Publikum zu keiner günstigern Aufnahme, zu keiner allgemeinern Bewunderung desselben ermuntern können, als es beides dem Verf. und dem Meisterstücke seines Genies mit so vielem Recht bereits geschenkt hat. Alle Zergliederung der mannigfaltigen einzelnen Schönheiten dieses Schauspiels würde nunmehr zu spät und überflüssig sein, da jedermann es schon gelesen und wieder gelesen, auch ein Teil des Publikums die theatralische Vorstellung desselben mit angesehen hat, die manche Leser ihm vorher kaum zu weissagen sich getraut hätten. Auch uns ist dieser Umstand mehr ein Beweis von dem sehr zu entschuldigendem Eifer unserer Theateraufseher für ihren Vorteil, als von der Schicklichkeit des Stücks zur Aufführung, die wir demselben, der würklich geschehenen Aufführung ungeachtet, dennoch nicht zugestehen können. Vielmehr scheint der Verf. diesem Zwecke, oder wenigstens dem dazu notwendig erforderlichen Zusammenhange der Szenen gerade entgegengearbeitet zu haben; und die äußerst häufige Veränderung des Schauplatzes war gewiß bei ihm kein Behelf, sondern vorsetzliche Losmachung von Regeln, nach denen er nun einmal nicht arbeiten wollte .. Wir verkennen nicht den Unterschied der wesentlichen und der mechanischen Regeln der dramatischen Kunst: aber wer beide, und ihre Quellen und Gründe, richtig untersucht hat, wird doch wohl nicht behaupten, daß in der Ökonomie des „Götz von Berlichingen" bloß die letztern hintangesetzt werden. Demungeachtet sehen wir es völlig ein, und erkennen es mit der dankbarsten Empfindung, daß unsre Nation an diesem Schauspiele ein Werk erhalten hat, worauf sie stolz sein darf; jene Erinnerung haben wir nur deswegen gemacht, um, womöglich, die geistlosen Nachahmer zurückzuhalten, und den Verdacht abzulehnen, als stimmten wir den eingenommenen Kunstrichtern bei, welche dies Schauspiel für sieghaften Trotz der Kunst und Triumph über die Regeln derselben ausgeben.

*Friedrich II. von Preußen, aus: De la Littérature allemande. 1780.*

Pour vous convaincre du peu de goût qui jusqu'à nos jours règne en Allemagne, vous n'avez qu'à vous rendre aux spectacles publics. Vous y verrez représenter les abominables pièces de Shakespeare traduites en notre langue, et tout l'auditoire se pâmer d'aise en entendant ces farces ridicules et dignes des sauvages du Canada. Je les appelle telles, parce qu'elles pèchent contre toutes les règles du théâtre. Ces règles ne sont point arbitraires, vous les trouverez dans la Poétique d'Aristote, où l'unité de lieu, l'unité de temps et l'unité d'interérêt sont prescrites comme les seuls moyens de rendre les tragédies intéressantes; au lieu que dans ces pièces anglaises la scène dure l'espace de quelques années. Où est la vraisemblance? Voilà des crocheteurs et des fossoyeurs qui paraissent et qui tiennent des propos dignes d'eux; ensuite viennent des princes et des reines. Comment ce mélange bizarre de bassesse et de grandeur, de bouffonnerie et de tragique peut-il toucher et plaire? On peut pardonner à Shakespeare ces écarts bizarres; car la naissance des arts n'est jamais le point de leur maturité. Mais voilà encore un Goetz de Berlichingen, qui paraît sur la scène, imitation détestable de ces mauvaises pièces anglaises, et le parterre applaudit et demande avec enthousiasme la répétition de ces dégoûtantes platitudes.

*J. Möser, aus: Über die deutsche Sprache und Literatur. 1781.*

Edler lieber Freund!

Es liegt völlig in dem großen Plane Ihres Königs, daß er nun auch einen Blick auf unsre deutsche Literatur geworfen hat. Nachdem er sich an die vierzig Jahre damit beschäftiget, seinem Staatskörper Stärke und Fertigkeiten zu geben ... Er aber, ohnerachtet er früh die Musen liebte und von ihnen wieder geliebt wurde, hat sich als ein weiser Hausvater lange bei dem Notwendigen und Nützlichen verweilet, und den Putz nicht eher seiner Aufmerksamkeit wert geschätzt, als es die natürliche Ordnung erforderte.

Allein dieses scheint mir nicht in seinem Plane zu liegen, daß wir bei den Griechen, Lateinern und Franzosen zu Markte gehen und dasjenige von Fremden borgen oder kaufen sollen, was wir selbst daheim können. Hier vermisse ich den Hausvater, und Sie haben, meiner Meinung nach, Recht zu fragen, ob wir nicht selbst unsre Eichen also ziehen können, daß sie den härtesten, höchsten und reinsten Stamm geben ... Mit andern Worten – ob wir nicht besser tun unsre Götze von Berlichingen, so wie es die Zeit bringen wird, zu der ihrer Natur eignen Vollkommenheit aufzuziehen als ganz zu verwerfen, oder sie mit allen Schönheiten einer fremden Nation zu verzieren? ... Immer vorausgesetzt, daß unser Klima so gut als andre seine eignen Früchte habe, die zu unsern Bedürfnissen wie zu unserm Vergnügen vorzüglich bestimmet sind: so deucht mich, daß wir allemal am sichersten handeln, solche so gut als möglich zu erzielen, und wenn wir diesen Zweck erhalten: so müssen sie auch in ihrer Art schön und groß werden; denn alles in der Welt ist doch nur relativ schön und groß, und die Eichel geht in ihrem Rechte vor der Olive. Das von dem Könige so sehr heruntergesetzte Stück: „Götz von Berlichingen" ist immer ein edles und schönes Produkt unsers Bodens, es hat recht vielen geschmeckt, und ich sehe nicht ab, warum wir dergleichen nicht ferner ziehen sollen; die höchste Vollkommenheit wird vielleicht durch längere Kultur kommen. Alles was der König daran auszusetzen hat, besteht darin, daß es eine Frucht sei, die ihm den

Gaumen zusammengezogen habe, und welche er auf seiner Tafel nicht verlange. Aber das entscheidet ihren Wert noch nicht.

*Goethe in Weimar an Jenny v. Voigts (die Tochter J. Mösers) in Osnabrück. 21. Juni 1781. (Briefe Bd. 1, S. 362f.)*

Was er (*Möser*) von meinen Sachen sagt, dafür bleib' ich ihm verbunden ... Gewiß ist mir nie in den Sinn gekommen, irgend ein Stück als Muster aufzustellen, oder eine Manier ausschließlich zu begünstigen, so wenig als individuelle Gesinnungen und Empfindungen zu lehren und auszubreiten. Sagen Sie ihrem Herrn Vater ja, er soll versichert sein, daß ich mich noch täglich nach den besten Überlieferungen und nach der immer lebendigen Naturwahrheit zu bilden strebe, und daß ich mich von Versuch zu Versuch leiten lasse, demjenigen, was vor allen unsern Seelen als das Höchste schwebt, ob wir es gleich nie gesehen haben und nicht nennen können, handelnd und schreibend und lesend immer näher zu kommen. Wenn der König meines Stücks in Unehren erwähnt, ist es mir nichts Befremdendes. Ein Vielgewaltiger, der Menschen zu Tausenden mit einem eisernen Szepter führt, muß die Produktion eines freien und ungezogenen Knaben unerträglich finden. Überdies möchte ein billiger und toleranter Geschmack wohl keine auszeichnende Eigenschaft eines Königes sein, sowenig sie ihm, wenn er sie auch hätte, einen großen Namen erwerben würde, vielmehr, dünkt mich, das Ausschließende zieme sich für das Große und Vornehme. Lassen Sie uns darüber ruhig sein, mit einander dem mannigfaltigen Wahren treu bleiben und allein das Schöne und Erhabene verehren, das auf dessen Gipfel steht.

*Goethe, aus dem Gedicht „Ilmenau". 1783. (Bd. 1, S. 110.)*

Und wenn ich unklug Mut und Freiheit sang
Und Redlichkeit und Freiheit sonder Zwang,
Stolz auf sich selbst und herzliches Behagen,
Erwarb ich mir der Menschen schöne Gunst;
Doch ach! ein Gott versagte mir die Kunst,
Die arme Kunst, mich künstlich zu betragen.
Nun sitz' ich hier zugleich erhoben und gedrückt,
Unschuldig und gestraft, und schuldig und beglückt.

*Chr. M. Wieland, aus: Briefe an einen jungen Dichter. In: Der Teutsche Merkur. 1784.*

Aber ich leugne schlechterdings, daß der Verfasser „Götzens" die Absicht gehabt habe, ein gangbares Stück für unsere meistens herumziehenden Schauspielertruppen zu verfertigen ... Seine Absicht war wohl hauptsächlich, seine Kräfte an einem großen dramatischen Zeit- und

Sitten-Gemälde zu versuchen: wozu er den Stoff aus der Geschichte unsers eigenen Vaterlandes nahm, teils um sich selbst desto lebendiger hineindenken zu können, teils es der Nation desto interessanter zu machen. Vermutlich fühlte er sich damals stark versucht, dem Ruf seines Genius, der ihn in die dramatische Laufbahn zog, nachzugeben ... Das Publikum erstaunte über das Wunderding, wurde anfangs von der Menge und Mannigfaltigkeit so ganz ungewohnter Schönheiten geblendet, aber bald durch die Wahrheit der Natur und den lebendigen Geist, der in so vielen, so ungleichartigen Personen von allen Ständen, vom Kaiser Max bis zum Reitersjungen, und vom Reitersjungen bis zum Zigeunerbuben herab, atmet, hingerissen und überwältigt. ...

Wenn „Götz von Berlichingen" und seine wohl oder übel geratenen Nachahmungen kein anderes Verdienst hätten, als daß sie uns durch die Erfahrung die man von ihrer Wirkung gemacht hat, den Weg gezeigt hätten, auf welchem wir eine wahre National-Schaubühne erhalten können: so wäre es schon Verdiensts genug. Männer von Genie, aber Männer, nicht rohe, ungebändigte, von Natur-, Kunst- und Weltkenntnis gleichstark entblößte Jünglinge, die ohne es zu merken alle Augenblicke von einer halbwahnsinnigen Phantasie über die Grenzen der Natur und des Schicklichen hinausgerissen werden – Männer von wahrem Genie und Talent, sage ich, werden (wie uns das Beispiel des Verfassers von „Götz" und von „Iphigenia" schon gezeigt hat) auf diesem Wege zuletzt unfehlbar selbst mit einem Äschylus und Sophokles zusammentreffen, und man wird alsdann finden, daß die Formen der Griechen nicht alle andern Formen ausschließen; daß unter den Regeln, die von ihren Werken abgezogen werden können, verschiedene bloß angenommen, und lokal waren; und daß die Dichtkunst keine andere indispensable Gesetze kennt, als diejenigen, ohne welche sie nicht imstande wäre, ihre Allgewalt über Einbildungskraft und Herz der Menschen, auf diejenige Weise, die zu gleicher Zeit die angenehmste und dem Zweck der menschlichen Gesellschaft die zuträglichste ist, auszuüben. Denn dieser letzte Punkt soll und darf freilich bei keiner Kunst, die in der bürgerlichen Gesellschaft getrieben wird, aus den Augen gesetzt werden.

*Eine französische Übersetzung des „Götz" erscheint in: Théâtre nouveau allemand. Bd. 9, 1784.*

*Frans Hemsterhuis in Den Haag an Amalia v. Gallitzin in Münster. 7. März 1788.*

Ma Chère Diotime Vous ne devinerez pas aisément l'une des raisons du petit volume de cette Lettre. Je vien de lire d'un bout à l'autre Gotz vom Berlichingen qui me remplit d'admiration et d'étonnement. D'admiration par les grandes beautés qui s'y trouvent; d'étonnement par son originalité. Ce n'est ni Schakspear, ni notre Vondel, ni Lopez de Vega. Pour ce qui est du pur dramatique on peut comparer Goethe à Diderot, que je crois le premier de tous depuis Ménandre dans cette partie. Pour une connoissance profonde de coeur humain ce sont tous les deux de grands maîtres s'il y en eût jamais. A mon avis Diderot s'exprime avec plus de simplicité et d'une façon plus intelligible pour tout le monde. Goethe emploje un grand nombre de touches qui ne sont proprement bien sensibles que pour ses Pairs. La façon dont il peint la Nation et le Siècle de Gotz me paroit sans exemple.

*J. G. Herder, aus: Briefe zur Beförderung der Humanität. 8. Sammlung. 1796. 104. Brief.*

„Berlichingen" ist ein deutsches Stück, groß und unregelmäßig, wie das Deutsche Reich ist, aber voll Charakteren, voll Kraft und Bewegungen.

*Im Jahre 1799 erscheint Walter Scotts Übersetzung des „Götz" ins Englische. Scott gesteht später, durch diese Arbeit dazu angeregt zu sein, mit Vorliebe historische Stoffe zu wählen.*

*Jean Paul, aus: Vorschule der Ästhetik (§ 57). 1804.*

Jedes Leben, wie viel mehr das helleste, das geistige, wird, wie sein Dichter, geboren, nicht gemacht. Alle Welt- und Menschenkenntnis allein erschafft keinen Charakter, der sich lebendig fortführte ... Große Dichter sind im Leben eben nicht als große Menschenkenner, noch weniger sind diese als jene bekannt. Gleichwohl machte Goethe seinen Götz von Berlichingen als ein Jüngling; und Goethe der Mann könnte jetzo die Wahrheit der Charaktere auf dem anatomischen Theater beweisen, welche der anschauende Jüngling auf das dramatische lebendig treten hieß.

*Goethe an K. F. Zelter 27. Februar 1804. (Briefe Bd. 2, S. 465.)*

Im Februar nahm ich den „Götz von Berlichingen" vor, um ihn zu einem Bissen zusammen zu kneten, den unser deutsches Publikum allenfalls auf einmal hinunterschluckt. Das ist denn eine böse Operation, wobei man, wie beim Umändern eines alten Hauses, mit kleinen Teilen anfängt und am Ende das Ganze mit schweren Kosten umgekehrt hat, ohne deshalb ein neues Gebäude zu haben.

*Goethe in Weimar an W. v. Humboldt in Rom. 30. Juli 1804.*

Ich habe mich zu einem Versuch verführen lassen, meinen „Götz von Berlichingen" aufführbar zu machen. Dies war ein fast unmögliches

Unternehmen, indem seine Grundrichtung antitheatralisch ist, auch habe ich, wie Penelope, nun ein Jahr immer dran gewoben und aufgedröselt, wobei ich viel gelernt, ich fürchte aber, zu dem vorliegenden Zweck, nicht alles geleistet habe. In ohngefähr sechs Wochen denke ich ihn zu geben, und Schiller wird Ihnen wohl ein Wort darüber sagen.

*Am 30. Juli 1804 bittet Goethe Zelter, zwei Kompositionen für die Weimarer Inszenierung des „Götz" zu schreiben. Zelter antwortet am 4. August, Goethe schreibt am 8. August über Einzelheiten. Am 24. September berichtet Goethe, das Stück sei aufgeführt. Die Briefe Zelters vom 12., 18., 21.–24. August enthalten seine Ideen zu Liedern, Chören und Einleitungsmusik. Der Meinungsaustausch über „Götz" erstreckt sich noch durch mehrere Briefe bis zum 5. November.*

*Goethe an Nicolaus Meyer in Bremen. 10. Oktober 1804.*

„Götz von Berlichingen" ist nun auch gegeben, und ich kann hoffen, daß er in seiner jetzigen Gestalt sich auf dem deutschen Theater ausbreiten werde.

*Goethe sendet seine neue Bühnenbearbeitung des „Götz" am 2. Dezember 1804 an Iffland in Berlin. Daraufhin bereitet dieser im Jahre 1805 eine Inszenierung vor, über deren Erstaufführung Zelter in Briefen an Goethe vom 7. und 8. September 1805 berichtet. Er schreibt unter anderem:*

Das Gemisch einer so großen Menge von Charakteren, an Personen und Dingen, die aus einer realen Zeit in eine künstliche ideale übertragen sind, und sich jedes nach seiner Art, wie von selbst gewachsen, durcheinander bewegen, ist sehr erfreulich. Man erkennt leicht und gern ihr Zeitalter, und ihre Sitten gefallen, selbst in der Rauhheit. Das Tragische ist nicht lastbar, vielmehr leicht hinschreitend und gleichsam elektrisch wirkend. Wie das Gemeine und Hohe kontrapunktisch durcheinanderfährt, sich überall anknüpft und wieder ablöst, so betrübt man sich und erfreut sich an nichts länger als man soll. Die Kunst bleibt oben, das Kunstwerk in der Mitte, und das Publikum, das sich gern in alles hineinlegen und darin wälzen mag, an seinem Orte. So mag ich es denn gerne haben und bin in diesem Sinne mit der neuen Bearbeitung des Stücks zufrieden.

*A. W. Schlegel, aus: „Vorlesungen über dramatische Kunst und Literatur". 1811.*

Kaum hatte Goethe im „Werther" gleichsam eine Erklärung der Rechte des Gefühls gegen den Zwang der gesellschaftlichen Verhältnisse aufgestellt, so protestierte er in „Götz von Berlichingen" durch die Tat gegen allen willkürlichen Regelnzwang, wodurch die dramatische Poesie eingeengt worden war. Man sieht in diesem Schauspiele nicht Nachahmung Shakespeares, sondern die durch einen genialischen Schöpfer in einem verwandten Geiste angeregte Begeisterung. Im Dialog setzte er Lessings Grundsätze der Natürlichkeit nur mit größerer Kühnheit durch, denn außer dem Versbau und allem erhöhenden Schmuck, verwarf er auch die Gesetze der schriftlich aufgefaßten Sprache in einem Grade, wie es vor ihm niemand gewagt hatte. Er wollte durchaus keine dichterische Umschreibung, die Darstellung sollte die Sache selbst sein, und so ließ er täuschend genug, wenigstens für diejenigen, welche die geschichtlichen Denkmäler nicht kennen, worin unsre Altvordern selbst reden, den Ton eines entfernten Zeitalters hören. Die altdeutsche Treuherzigkeit hat er auf das rührendste ausgedrückt, die mit wenigen Strichen angedeuteten Situationen wirken unwiderstehlich, das Ganze hat einen großen historischen Sinn, es stellt nämlich den Kampf einer abscheidenden und einer beginnenden Zeit vor, des Jahrhunderts der rauhen aber kräftigen Unabhängigkeit, und des folgenden der politischen Zahmheit. Die Vorstellung auf der Bühne berücksichtigte der Dichter dabei gar nicht, schien ihrer Unzulänglichkeit vielmehr in jugendlichem Übermute zu trotzen.

*Madame de Staël, aus: De l'Allemagne. 1813.*

Comme il n'y a pas en Allemagne une capitale où l'on trouve réuni tout ce qu'il faut pour avoir un bon théâtre, les ouvrages dramatiques sont beaucoup plus souvent lus que joués: et de là vient que les auteurs composent leurs ouvrages d'après le point de vue de la lecture, et non pas d'après celui de la scène ...

Goethe étoit fatigué de l'imitation des pièces françaises en Allemagne, et il avoit raison; car un Français même le seroit aussi. En conséquence il composa un drame historique à la manière de Shakespear, Goetz de Berlichingen. Cette pièce n'étoit pas destinée au théâtre, mais on pouvoit cependant la représenter comme toutes celles de Shakespear du même genre ...

Goetz de Berlichingen ...: c'étoit un chevalier célèbre dans son temps par son courage et sa loyauté. Ce modèle est heureusement choisi pour représenter quelle étoit l'indépendance des nobles avant que l'autorité du gouvernement pesât sur tous. Dans le moyen âge, chaque château étoit une forteresse; chaque seigneur un souverain ...

L'esprit militaire a toujours été plus rude en Allemagne que partout ailleurs ... Néanmoins la simplicité des mœurs chevaleresques est peinte dans la pièce de Goethe avec beaucoup de charmes. Ce vieux Goetz, vivant dans les combats, dormant avec son armure, sans cesse à cheval, ne se reposant que quand il est assiégé, employant tout pour la guerre, ne voyant qu'elle; ce vieux Goetz, dis-je, donne la plus haute idée de l'intérêt et de l'activité que la vie avoit alors. Ses qualités comme ses défauts sont fortement prononcés; rien n'est plus généreux que son amitié pour Weislingen, autrefois son ami, depuis son adversaire, et souvent même traître envers lui. La sensibilité que montre un intrépide guerrier remue l'âme d'une façon toute nouvelle; nous avons du temps pour aimer dans notre vie oisive; mais ces éclairs d'émotion qui font lire au fond du cœur à travers une exitence orageuse causent un attendrissement profond...

On aime beaucoup cette pièce en Allemagne; les mœurs et les costumes nationaux de l'ancien temps y sont fidèlement représentés, et tout ce qui tient à la chevalerie ancienne remue le cœur des Allemands.

*Goethe, Dichtung und Wahrheit, Buch 13. 1813.*

*Das* 13. Buch *von* Dichtung und Wahrheit *wurde im Frühjahr 1813 geschrieben. Am 19. Mai verzeichnet das Tagebuch als Tagesarbeit für die Autobiographie:* Götz von Berlichingen. *Der Band erschien im Herbst desselben Jahres, Goethe berichtet darin ausführlich über die Entstehung des Werks, über die Kritik Mercks und Herders und über seine eigenen Überlegungen, ob in der 1. Fassung die Einheit der Handlung genügend gewahrt sei. Er schildert dann die Gründe für die Umarbeitung und nennt deren Prinzipien. Anschließend wird über den ersten Druck berichtet und über die unerwartet lebhafte Aufnahme des Werks bei den Lesern.*

*Da diese Schilderungen etwa 7 Seiten füllen, werden sie hier nicht wiederholt. Sie stehen in Bd. 9, S. 570, 13–576, 14.*

*Aus: Maskenzug 1818.*

*Im Winter 1818/19 besuchte Maria Feodorowna, die Witwe Kaiser Paul I. von Rußland, Weimar, um ihre Tochter Maria Paulowna, die mit dem Erbprinzen Carl Friedrich verheiratet war, wiederzusehn. Die Großherzogin Luise regte an, einen Maskenzug vorzuführen, in welchem die geistigen Erzeugnisse Weimars auftraten. So erschienen also Wielands Oberon, Herders Cid, Schillers Wallenstein usw. Natürlich durfte Götz von Berlichingen nicht fehlen. Er tritt auf und spricht:*

Doch dieses Bild führt uns heran die Zeit,
Wo Deutschland, in und mit sich selbst entzweit,
Verworren wogte, Scepter, Krummstab, Schwert
Feindselig eins dem andern zugekehrt;
Der Bürger still sich hinter Mauern hielt,
Des Landmanns Kräfte kriegerisch aufgewühlt;

Wo auf der schönen Erde nur Gewalt,
Verschmitzte Habsucht, kühne Wagnis galt.
Ein deutsches Ritterherz empfand mit Pein
In diesem Wust den Trieb, gerecht zu sein.
Bei manchen Zügen, die er unternahm,
Er half und schadete, so wie es kam;
Bald gab er selbst, bald brach er das Geleit,
Tat Recht und Unrecht in Verworrenheit,
So daß zuletzt die Woge, die ihn trug,
Auf seinem Haupt verschlingend überschlug;
Er, würdig-kräft'ger Mann, als Macht gering,
Im Zeitensturm unwillig unterging.

*Gespräch mit Eckermann, 26. Februar 1824.*

So hatte er mir vor einiger Zeit gesagt, daß dem echten Dichter die Kenntnis der Welt angeboren sei, und daß er zu ihrer Darstellung keineswegs vieler Erfahrungen und einer großen Empirie bedürfe. „Ich schrieb meinen ‚Götz von Berlichingen'", sagte er, „als junger Mensch von zweiundzwanzig und erstaunte zehn Jahre später über die Wahrheit meiner Darstellung. Erlebt und gesehen hatte ich bekanntlich dergleichen nicht, und ich mußte also die Kenntnis mannigfaltiger menschlicher Zustände durch Antizipation besitzen".

*In Paris erscheinen 1821–1825 „Oeuvres dramatiques de J. W. Goethe" in 4 Bänden. Zunächst kommt 1821 Band 3 heraus, der unter anderem eine Übersetzung des „Götz" von Albert Stapfer enthält. In Band 4 (1825) folgt eine „Notice sur la vie et les ouvrages de Goethe". Diese vierbändige Ausgabe wird 1826 von J. J. A. Ampère ausführlich und verständnisvoll in „Le Globe" besprochen. Goethe lobt diese Rezension (Eckermann 3. Mai 1827) und überträgt sie ins Deutsche. Diese Übertragung druckt er – teilweise und mit einleitenden Worten – in seiner Zeitschrift „Über Kunst und Altertum", Bd. 5, 1826. (Neudruck: Weimarer Ausgabe Bd. 41, 2, S. 177–200 und 489–500). Ampère sagt unter anderem (in Goethes Übersetzung):*

Wer genau hinsehen will, findet, daß im „Götz" kein Wort sei, das nicht treffe; alles geht auf die Hauptwirkung los, alles trägt dazu bei, die große Gestalt des hinsterbenden Mittelalters zu zeigen. Denn man kann sagen: das Mittelalter sei eigentlich der Held dieses wunderlichen Dramas, man sieht es leben und handeln, und dafür interessiert man sich. Das Mittelalter atmet ganz und gar in diesem Götz mit der eisernen Hand; hier ist die Kraft, die Rechtlichkeit, die Unabhängigkeit dieser Epoche, sie spricht durch den Mund dieses Individuums, verteidigt sich durch seinen Arm, unterliegt und stirbt mit ihm.

*Eine russische Übersetzung des „Götz" erscheint 1828 in Moskau.*

*Ludwig Tieck, aus: Goethe und seine Zeit. (Einleitung zu der Tieckschen Lenz-Ausgabe.) 1828.*

Die Gesellschaft war versammelt, und nachdem man den „Götz von Berlichingen" gelesen hatte, sagte der Paradoxe: „Wie schön, daß wir uns diese Freude wieder erneuet haben, diesen Genuß, der mir nie veraltet. In der wiederholten Betrachtung unsers Lieblings und verehrten Meisters kommt uns immer wieder frische Jugend entgegen, und wenn ich bedenke, wie viel wir ihm zu verdanken haben, zum Teil die Erkenntnis unsers Lebens und Wesens, so wünsche ich, jene dichterischen, ewigen, alle Welt durchklingenden Worte zu finden, um der Zeit und den Nachkommen auf eine würdige Art meinen Dank, die Verehrung unsers größten Genius aussprechen zu können."

Der Rechtgläubige stimmte in diesen Hymnus um so lieber ein, weil jener Ketzerische nur zu oft durch Widerspruch den Enthusiasmus verdunkelte, in welchem die übrigen am liebsten ihre Meinung über den Dichter vernehmen ließen.

„Nur", fuhr der Paradoxe fort, „sollten wir uns doch etwas mehr um jene Frühlingszeit der deutschen Literatur bekümmern, als dieser hochbegabte Jüngling wie ein Apoll, zürnend und siegend, scherzend und ernst, aber immer mit heiter verklärtem Angesicht unter seine staunenden Zeitgenossen trat. Ich kann an diese Zeit nicht ohne Bewegung denken, als Lessing, schon verfinstert und gekränkt, dem Schlusse seiner Lebensbahn nahe war, und Goethe frische Naturkraft, Lust, Leben und Poesie um sich her ausströmte, so viele Gemüter entzündete und selbst das Alter zu neuer Begeisterung erweckte ...

Goethe nun zeigt sich in seinem „Götz" sogleich als echten Dichter, wenn auch nicht historischen Poeten. Die Begebenheit, die er wählte, lag fern genug, um den richtigen poetischen Augenpunkt fassen zu lassen. Der Hinblick auf die neuere, als geringere Zeit, ist nicht bitter polemisch, wenn auch nicht im Geist des dramatischen Gedichtes ...

Und so ist dieser treffliche „Götz" auch, wie gesagt, kein historisches, vaterländisches Schauspiel, denn die Reformation, die die Welt anders stellte, der ungeheure Bauernkrieg, Maximilian und die neuere Zeit Karls des Fünften, ja selbst Sickingens merkwürdige Händel erscheinen nicht als große wichtige Momente, sondern werden nur angedeutet oder kurz vorübergeführt, die Hauptgruppen stellen sich um einen glücklichen und ehrenwerten Freibeuter und um jenen ganz ersonnenen Charakter, dessen Schwanken und zu weiches Gemüt das eigentliche Interesse dem Kunstwerke gibt. Hier schon offenbarte sich kein historisches Genie, das die wichtigen Epochen aus der vaterländischen Geschichte zu seinem Gewebe brauchen konnte. Wie trefflich diese vorüberziehenden Episoden gearbeitet, mit welcher Menschenkenntnis alle Charaktere gezeichnet, in welcher dramatischen und herrlichen Sprache das Ganze geschrieben ist, braucht nicht erörtert zu werden. Das Werk ist meisterhaft als dramatischer Roman oder szenische Novelle, oder man nenne es, wie man will, nur kein Schauspiel für die deutsche oder irgendeine wahre Bühne. Darum konnte es auch nur vermittelst gewaltsamer und zerstörender Verkürzungen und Änderungen gegeben werden, die den Verehrer des Dichters schmerzen müssen, am meisten wohl die, die in spätern Jahren Goethe selbst mit diesem seinem lebensfrischen Jugendgedichte unternommen hat, die eigentlich das Werk ganz zerstören und ein anderes mit ganz andern Elementen an dessen Stelle schieben.

*Goethe, Tag- und Jahreshefte. Geschrieben 1830. Aus dem Abschnitt „1804".*

Der Verabredung mit Schiller gemäß ein Repertorium unsers deutschen Theaters nach und nach zu bilden, versuchte ich mich an „Götz von Berlichingen", ohne dem Zweck genug tun zu können. Das Stück blieb immer zu lang, in zwei Teile geteilt war es unbequem, und der fließende historische Gang hinderte durchaus ein stationäres Interesse der Szenen, wie es auf dem Theater gefordert wird. Indessen war die Arbeit angefangen und vollendet, nicht ohne Zeitverlust und sonstige Unbilden.

*Goethe, Dichtung und Wahrheit, Buch 17. Geschrieben 1831, gedruckt 1833.*

*Im* 17. Buch *kommt Goethe nochmals auf* Götz *zurück. Er wiederholt nichts von dem im 13. Buch Gesagten. Er spricht jetzt darüber, inwiefern sein Drama den Zustand von Staat und Gesellschaft im 16. Jahrhundert sachgemäß darstelle und inwiefern die Leser von 1773 ihre Zustände in denen jener Zeit spiegeln konnten. Das Deutsche Reich von 1773 war in seiner Verfassung immer noch der Lehensstaat von damals, manches hatte sich erhalten, manches verändert.*

*Dieser Abschnitt (Bd. 10, S. 116, 16–117, 10) endet mit den Worten:*

Es entsteht ein eigenes allgemeines Behagen, wenn man einer Nation ihre Geschichte auf eine geistreiche Weise wieder zur Erinnerung bringt; sie erfreut sich der Tugenden ihrer Vorfahren und belächelt die Mängel derselben, welche sie längst überwunden zu haben glaubt. Teilnahme und Beifall kann daher einer solchen Darstellung nicht fehlen, und ich hatte mich in diesem Sinne einer vielfachen Wirkung zu erfreuen.

# NACHWORT ZU „GÖTZ VON BERLICHINGEN“

## Entstehungsgeschichte

Mit den rechtlichen Zuständen Deutschlands im ausgehenden Mittelalter, mit Faustrecht und Fehde, hat Goethe sich schon in Straßburg beschäftigt, das zeigen kurze Notizen aus dieser Zeit (die sogenannten *Ephemerides*). Erst in der Frankfurter Zeit trat dann die Gestalt des Götz von Berlichingen in den Kreis seiner Interessen. Die Hauptquelle dafür war die von Gottfried von Berlichingen (1480–1562) am Ende seines Lebens geschriebene Autobiographie, die unter dem Titel „Lebensbeschreibung des Herrn Götz von Berlichingen“ 1731 gedruckt worden war. Mit der Welt des 16. Jahrhunderts war Goethe schon während seiner Frankfurter Rekonvaleszentenzeit vertraut geworden. Ein weiter zurückliegender Eindruck förderte den Plan einer Dramatisierung: Das neuerbaute Leipziger Theater war im Jahre 1766 mit J. E. Schlegels „Hermann“ eröffnet worden. Goethe *glaubte einzusehen, daß solche Stücke in Zeit und Gesinnung zu weit von uns ablägen, und suchte nach bedeutenden Gegenständen in der späteren Zeit, und so war dieses der Weg, auf dem ich einige Jahre später zu Götz von Berlichingen gelangte (Biographische Einzelheiten, Leipziger Theater)*. Die rechtsgeschichtlichen Studien, die der Straßburger Jurist betreiben mußte, erweiterten seine Kenntnis des 16. Jahrhunderts, darüber hinaus las er an Quellenschriften J. Ph. Datt, Volumen rerum Germanicarum novum sive de pace imperii publica libri V, Ulm 1698 (besonders über das Fehdewesen), Pütters „Grundriß der Staatsveränderungen des teutschen Reichs“ von 1764 und Lersners „Chronica der Reichsstadt Frankfurt“.

Im Herbst 1771, nach der Rückkehr nach Frankfurt, begann die Niederschrift, und zwar unter dem Drängen der Schwester, die *zuletzt ungeduldig und wohlwollend dringend bat, mich nur nicht immer mit Worten in die Luft zu ergehn, sondern endlich einmal das, was mir so gegenwärtig wäre, auf das Papier festzubringen* (Bd. 9, S. 570). Die Niederschrift begann, ohne daß Goethe *einen Entwurf oder Plan vorher aufgesetzt hätte. Ich schrieb die ersten Szenen, und abends wurden sie Cornelien vorgelesen* (Ebd.). Nach sechs Wochen war das Manuskript beendet. Als Goethe es im Alter Kanzler v. Müller zeigte, wunderte dieser sich, daß dieses „erste Manuskript sehr reinlich, fast ohne alle Korrekturen geschrieben“ war (27. Okt. 1824). Schon gleich nach der Niederschrift empfand Goethe, daß diese Fassung erst eine *Skizze* sei und daß eine *radikale Wiedergeburt geschehen* müsse (an Herder, Ende 1771). Das Urteil Herders bestärkte ihn darin. Dessen Brief ist freilich nicht erhalten, aber aus dem Antwortschreiben Goethes lassen sich einige Einwände fassen: daß vieles nur *gedacht* sei und *daß Euch Shakespeare ganz verdorben* habe (an Herder, Juli 1772. Briefe Bd. 1, S. 133), d.h. daß über der lockeren Aneinanderreihung der Szenen die Einheit des dramatischen Gefüges verlorengegangen und über der Verlebendigung durch die Sprache das zu wahrende Maß überschritten sei. Wieder war in wenigen Wochen (im März 1773) die neue Fassung beendet, die, wie gleichzeitige Zeugnisse gegen die Meinung des alten Goethe belegen, wohl gleich für den Druck gedacht war. Er erschien im Juni 1773 im Selbstverlage von Goethe und Merck, unter dem Titel: *Götz von Berlichingen mit der eisernen Hand. Ein Schauspiel. 1773*, während der Titel der ersten Fassung *Geschichte Gottfriedens von Berlichingen mit der eisernen Hand dramatisiert* gelautet hatte. Ein Nachdruck desselben Jahres veranlaßte die Herausgabe einer *Zwoten Auflage* durch Goethe und Merck im Jahre 1774. Ihr folgten wieder verschiedene Nachdrucke, von denen der Himburgsche die Textgrundlage für den *Götz* in den *Schriften* von 1787 bildete.

## Die Figur

An der Figur Götzens hatte sich der Dramatiker begeistert: *Ich dramatisiere die Geschichte eines der edelsten Deutschen, rette das Andenken eines braven Mannes* (an Salzmann 28. Nov. 1771. Briefe Bd. 1, S. 128). Die Figur Götzens bildet die tragende Schicht des Dramas. Er ist herausgehoben über alle Zeitgenossen; der Bruder Martin dankt Gott, *daß du mich ihn hast sehen lassen, diesen Mann, den die Fürsten hassen und zu dem die Bedrängten sich wenden* (81,27f.), und am Schluß der Szene nennt er ihn *einen großen Mann* (82,16). Die Größe Götzens liegt darin, daß er eine mächtige Persönlichkeit ist: Kraft, Mut und unbändiger Tätigkeitsdrang sind ihm eigen. Aber diese dauernd nach außen gerichtete Tatkraft ist von ihrem Ursprung an bestimmt: Götz ist der Kämpfer für das Recht, er ist der Redliche, der die Sache der Bedrängten vertritt. Er verströmt nicht, wie so mancher Held späterer Sturm- und Drangdramen, seine eingeborene Energie nach allen Seiten, kleinste Anlässe unbesonnen ergreifend, sondern wird stets in die gleiche Richtung gelenkt. Er ist sich dieser Richtung bewußt; als ständische Form des Ritters verkündet und lebt er solche Haltung. Aber die Größe Götzens beruht vor allem darin – und das geht in seine Vorstellung vom Ritter mit ein –, daß er seine Entelechie rein und ungehindert lebt: er ist eine *Natur*. Frei von allem Zwang und allen Gelübden zu sein, als wahrer Mensch zu leben, das ist, wie es Götz und auch der Bruder Martin (80,21ff.) meinen, nur noch dem Ritter möglich (so wie später Wilhelm Meister der Ansicht ist, nur dem Adligen und dem Schauspieler sei die Freiheit gegeben, ganz seine *Persönlichkeit* zu entfalten).

So verkündet es Götz immer wieder: *Verkennst den Wert eines freien Rittersmanns, der nur abhängt von Gott, seinem Kaiser und sich selbst* (90,31f.). Die Abhängigkeit von Gott wird in dem Drama nur bekannt; sie wirkt sich für Götz nicht als Beschränkung aus, sondern als Bestätigung seines freien, redlichen Handelns. Die Abhängigkeit vom Kaiser erscheint für Götz ebenfalls nicht als Untertänigkeit, sondern als Bindung an eine in ihm verkörperte Ordnung, die das ganze Reich umfaßt und durchwaltet; vom Oberhaupt geht der Ruf aus, diese Ordnung gegen äußere Gegner zu schützen (142,37ff.). Die Bindung an den Kaiser gehört zu den Kräften, aus denen Götz lebt; sie wird von ihm durch das ganze Drama ausgesprochen und vereint sich mit dem Leitwort *Freiheit*; der Einklang klingt am strahlendsten aus der Rede Götzens vor der Kapitulation (141,19). Es handelt sich dabei um eine tiefe Bindung an die Person des alten Kaisers, die von diesem erwidert wird (vgl. 122,39ff.; 152,22f.); mit seinem Tode ist eine der Wurzeln, aus denen Götz lebt, abgehauen (175,27).

So ist denn Götz durch das Drama der Redliche, der Ritter, die große Natur, die sich selbst lebt. Das alles liegt in dem Wort *Freiheit* mit dem Götz die Bühne betritt (76,29) und mit dem er stirbt.

Daß Goethe eine solche Haltung unbegrenzter individueller Freiheit und auf das Redliche gerichteter Betätigung mit dem ständischen Begriff des Ritters verschmolz, war eine Auswirkung der neuen Einsichten Justus Mösers, mit dem ihn Herder in Straßburg bekannt gemacht hatte. In seinem Aufsatz „Von dem Faustrechte“ (erschienen April 1770, später im 1. Bd. der „Patriotischen Phantasien“ wiedergedruckt) heißt es: „Die Zeiten des Faustrechts in Deutschland scheinen mir allemal diejenigen gewesen zu sein, worin unsre Nation das größte Gefühl der Ehre, die mehrste körperliche Tugend und eine eigne Nationalgröße gezeigt hat.“ Er nennt das Faustrecht „ein Kunstwerk des höchsten Stils“ und stellt es hoch über die nivellierende Rechtsverfassung und Kriegsführung der eigenen Zeit, die „alle individuelle Mannigfaltigkeit und Vollkommenheit ... unterdrücken“ muß. Eine ähnliche Umwertung des ausgehenden Mittelalters klang auch aus Mösers Einleitung in die Osnabrückische Geschichte, die 1773 in die *Blätter von deutscher Art und Kunst* aufgenommen wurde. An der gleichen Stelle verwendete Möser auch den Begriff des Stils in einem umfassenden Sinne, d.h. als Gemeinsamkeit nicht nur der Künste einer Zeit, sondern ebenso der staatlichen und gesellschaftlichen Formen wie noch der privatesten Äußerungen. Die Bedeutung Mösers für die historische Anschauung wie für die alle Lebensäußerungen einer Zeit zusammenfassende Sicht des Dichters kann gar nicht groß genug eingeschätzt werden.

Möser hatte vom Faustrecht als kennzeichnendem Stilzug des 14. Jahrhunderts gesprochen. Wenn Goethe seinen Götz zum Vertreter solchen Rittertums macht, so erscheint er auch damit als Besonderer, Einsamer: er ist der Letzte seiner Art. Wohl wird noch von manchen wahrhaften Rittern und ritterlichen Herren gesprochen; die auftretenden aber, Weislingen und Sickingen, können nicht mehr als Vertreter jenes Rittertums gelten; der einzige Selbitz stirbt noch vor Götz.

## Struktur und Handlung

Damit ist die dramatische, ja tragische Spannung berührt, in die Götz als große Natur gestellt ist. Von Beginn an hat Goethe seinen Helden als untergehenden konzipiert – im Gegensatz zu dem geschichtlichen Götz, der aus vierzigjährigem Abstand auf die Fehden seiner Mannesjahre und die Teilnahme am Bauernkrieg zurückschauen konnte. Götz ist der Redliche, der Ritter, die große Natur in *wilder, anarchischer Zeit* (Bd. 9, S. 413,37): sie ist der eigentliche Gegenspieler, der mächtige, der schließlich triumphierende. Den Kern des Dramas bildet also jener Punkt, den Goethe in der Shakespeare-Rede (1771) als geheimes Zentrum von dessen Dramen erfaßte. *Seine Stücke drehen sich alle um den geheimen Punkt (den noch kein Philosoph gesehen und bestimmt hat), in dem das Eigentümliche unsres Ichs, die prätendierte Freiheit unsres Wollens, mit dem notwendigen Gang des Ganzen zusammenstößt* (Bd. 12, S. 226). Aus der Sicht von Götz erscheint das Ganze als die kommende Zeit, und sie erscheint ihm zugleich als Verfallszeit: *Es kommen die Zeiten des Betrugs, es ist ihm Freiheit gegeben. Die Nichtswürdigen werden regieren mit List, und der Edle wird in ihre Netze fallen.* (S. 175, 22 ff.) In dieser negativen Deutung und Darstellung des 16. Jahrhunderts wirkt sich die Stellung des Stürmers und Drängers zu seiner eigenen Zeit aus. Man kann als Anreger den Zeitendeuter Herder nennen, obwohl dessen schärfste Kritik am 18. Jahrhundert erst in die Schriften der Bückeburger Zeit fällt; aber der Umgang mit ihm mußte Goethe wie in der Auffassung und Bewertung der zeitgenössischen Kunst so auch in der Beurteilung der ganzen kulturellen Situation grundsätzliche Spannungen bewußt machen und einer bisher eher als individuell empfundenen Opposition den Charakter eines Generations- oder Epochengegensatzes geben. Mit der Gestalt des Götz war die Perspektive auf die ständisch-politischen Verhältnisse des 16. Jahrhunderts gegeben, nicht aber die auf die religiösen und künstlerischen Strömungen (Reformation und Humanismus). Goethe nannte später einmal als seine ursprüngliche Idee, *das damalige Hof- und Ritterleben zu schildern* (Gespräch mit Eduard Genast 29. August 1830).

Nun zeigt freilich die Gestalt des fertigen Dramas, daß diese Struktur – die große redliche Natur zum Untergang gebracht durch die unredliche, dekadente Zeit – nicht rein ausgeprägt, ja nur mühsam zu erkennen ist. Die Darstellung der Zeit geht weit über das hinaus, was eine Handlung vom tragischen Untergang einer Gestalt erlaubte. Schon die noch unmittelbar mit Götz zusammenhängenden Gegner werden in einer Breite vorgeführt, die sich gewöhnlich erst an den Szenenenden in der Richtung auf das Geschehen um Götz verengt: so die Bamberger Hofwelt im *1.* und *2. Akt,* sodann die Szenen um Weislingen; die ausführliche Darstellung der Exekutionskämpfe im *3. Akt* ist von der Struktur her gar nicht zu erfassen, ebensowenig die Reichstagsszene der 1. Fassung und nur zum geringen Teil die dortigen Bauern- und Zigeunerszenen des *5. Aufzugs;* schließlich hat sich Adelheid da zur Heldin eines eigenen Spiels entfalten können. Das bedeutet, daß die Welt jener Zeit, daß der Raum selbstherrlich geworden ist und als fast eigenwertige Strukturschicht sich neben die der Konzeption nach tragende gelagert hat; sie überschneiden sich nur zum Teil. Und diese so füllig und lebendig dargestellte Welt ist nun keineswegs aus der Perspektive der „Dekadenz" gesehen. Schon die in das Geschehen einbezogenen Gestalten wie Liebetraut oder der Bischof von Bamberg oder der Abt erfreuen uns durch ihre runde und anschauliche Verkörperung, Weislingen und Adelheid fesseln uns mit der Frage nach ihrem eigenen Geschick, und auch Nebenfiguren, seien es Bauern, Zigeuner oder Soldaten (vgl. die wirksamste dieser Episoden: der Deserteur, der bei der Flucht im Moor ertrinkt), bewegen sich vor uns mit einer Lebendigkeit, erscheinen uns als so wahr, daß wir von einem Vertrauen in die unendliche Schöpferkraft der Natur getragen werden und die Geschichtlichkeit des Dramas auf Strecken hin vergessen. Am nachhaltigsten geschieht das bei den beiden von Goethe hineingedichteten Figuren Weislingens und Adelheids, dem erotisch bestimmbaren Mann, dem Bruder der Clavigo und Fernando, und der dämonischen Frau, die wohl in die Ahnenreihe der Shakespearischen Cleopatra und Lady Macbeth sowie der Millwood und Marwood aus Lillos „London Merchant" und Lessings „Miß Sarah Sampson" gehört, aber doch als Verkörperung dämonischer Schönheit und Erotik die geniale Neuschöpfung des jungen Dichters darstellt. In der ersten Fassung verfallen ihr außer Weislingen und Franz von Sickingen, der Zigeunerbube und der Rächer der Feme. Wo aber die Welt des 16. Jahrhunderts der zentralen Figur Götzens zugeordnet wird, da hat Goethe für einheitliche Perspektive gesorgt: alles, was Götz geschieht, geschieht aus Unredlichkeit. Aus seiner Quelle übernahm er dabei folgende Geschehniskreise: das verräterische *Niederwerfen* eines Buben durch den Bamberger Hof, den Verrat durch die Nürnberger, deren Bestrafung die Exekution heraufbeschwört, die ihrerseits mit der verräterischen Gefangennahme endet, und den Verrat der Bauern, der vor der Welt Götzens Wortbruch seiner ethischen Begründung berauben mußte. Goethe hat den Treubruch Weislingens dazugefügt, er hat sogar die ersten beiden Akte handlungsmäßig durch das Verhältnis Weislingen-Götz bestimmt und durch einzelne Szenen (Weislingen rät dem Kaiser zur Exekution; Weislingen steht hinter dem Heilbronner Verfahren; Weislingen ist bei den Truppen gegen die Bauern, er will Götz fangen und heimlich hinrichten, 164,28ff.; Weislingen hat die Gewalt über Götzens Leben und Tod, 170,19) für eine durchgängige Bezogenheit zu sorgen gesucht. Aber dieses Wiederauftauchen Weislingens dient eher der Darstellung seines Geschickes; es ist nicht so, daß er die Gegenmacht verkörpert, die Götzens Untergang herbeiführt, und die Szenenfolge des Dramas zwingt zu der Feststellung, daß sich hier keine geschlossene Handlung bildet. Die Geschehenskreise überlagern sich, und die jeweilige szenische Gegenwart ist so stark, daß der Zuschauer mitunter schon Mühe hat, den Geschehenskreis als solchen zu erfassen. Die Szenen des *dritten Aktes* etwa lassen uns zahlreiche Augenblicke des schwankenden Kriegsglücks um ihrer selbst willen miterleben – Götzens Mut und Umsicht verhindern nicht die Kapitulation und verräterische Gefangennahme. Goethe schafft am Ende des *dritten Aktes* dadurch Spannung, daß er uns um das Leben seines Helden fürchten läßt: eine falsche Befürchtung hält uns in Atem, nicht aber eine auf Zukunft gerichtete Handlung. Der *4. Akt* muß von neuem Spannung schaffen, und gewiß sind seine Szenen bis hin zu dem als Befreiung wirkenden Eingreifen Sickingens überaus bühnenwirksam, zugleich „Zeit" und „Natur" offenbarend. Nur fehlt es wieder an Handlung; die Befreiung ist keine echte Befreiung, und wenn Götz Urfehde schwört, wie wir aus dem Folgenden erfahren, so hat das ganze Geschehen eigentlich nur an den Anfang des Aktes zurückgeführt und einen endgültigen Abschluß des Exekutionsgeschehens gebracht. Am Ende des *4. Aktes* waltet nicht der leiseste Ansatz zu einer aus der Vergangenheit der ersten vier Akte in die Zukunft weisenden Handlung. Mit dem Bauernkrieg setzt im *5. Akt* ein völlig neuer Geschehenskreis ein. Was hinüberwirkt, ist nur die Erwartung Weislingens, daß Götz in dem Ruhestand (den er an sich in der Abschiedsrede des *3. Aktes* verherrlicht hatte) nicht verharren werde, und es ist sein Wille, Götz zu verderben.

Götzens wortbrüchige Teilnahme am Bauernkrieg scheint ihm dazu Gelegenheit zu geben. Aber selbst hierbei zeigt sich der Mangel an jeglicher Handlung. An sich könnte das Eingreifen als tragisches, den Untergang bedingendes Verschulden angesehen werden. Goethe hatte es in der 1. Fassung als erzwungen hingestellt und war, indem er den entscheidenden Augenblick hinter die Bühne verlegte, der Frage eigentlich ausgewichen. In der entsprechenden Szene der 2. Fassung wirken Drohung, Zureden und Götzens Redlichkeit zusammen zum Entschluß (160). In dem Dialog Elisabeth-Lerse (162) spricht Elisabeth in aller Schärfe aus, was sich objektiv über Götzens Wortbruch sagen läßt – aber wie sie hier ohne Antwort bleibt, so wird das ganze Problem fallen gelassen: wenn der gefangene Götz auftritt, so kann er den andern bzw. der Zeit die Schuld an seinem Ende geben: *Sie haben mich nach und nach verstümmelt, meine Hand, meine Freiheit, Güter und guten Namen* (173,18ff.). Und in der letzten Szene sehen wir ihn im Sinne der Dichtung ganz und rein als den edlen Mann, den sein Jahrhundert von sich stieß. Aber der Untergang ist ebensowenig eine Folge tragischer Verschuldung wie Erfolg von Weislingens Gegenspiel. Wenn Marie den Sterbenden dazu bewegt, das Todesurteil zu zerreißen, so ist die Bedrohung von dieser Seite aufgehoben: die Bündigkeit des Geschehens zerreißt in diesen letzten Szenen, da sich die Tiefe der Naturen öffnet. Keine Handlung, kein Geschehen macht Götzens Untergang notwendig. Wenn wir ihn dennoch als notwendig empfinden, so weiß der Dichter das aus anderen Bereichen zu gestalten: die Zeit, die Götz vertritt, ist Natur geworden und in ihren Herbst getreten: *Selbitz starb, und der gute Kaiser, und mein Georg* (175,27f.). Was in den Verlauf des Dramas – gegen die Absicht des Dichters – eingedrungen war und von uns als Natur in ihrer Schöpferfülle erlebt war, das bedingt nun als welkende Natur die Notwendigkeit von Götzens Untergang. So aber, durch den Rhythmus der Natur bestimmt, hat dieser Tod nichts Tragisches, und nicht von daher kommt ihm die besondere Wirkung, die wir empfinden. Es häufen sich vielmehr zum Schluß die biblischen Bezüge, die uns schon am Beginn, besonders in den verkündenden Worten des Bruder Martin (81,26ff.) aufhorchen lassen. Es entsteht durch die biblischen Anklänge wie durch das Bühnenbild *(Gärtchen am Turn, knospentreibende Bäume, heitrer Himmel, reine Luft)* eine besondere Atmosphäre, die den Blick fortzieht.

Durch die ersten vier Akte war alles Bühnengeschehen ganz Gegenwart. Das mehrfach begegnende Wort *Schicksal* meint fast immer Geschick, künftigen Lauf, oder erscheint gar ironisch (119,3), es schafft aber keine irrationale Atmosphäre. Andeutung bleiben auch die Träume (Götzens Traum 99,37, aufgenommen 151,26) und nur das Omen des scheuenden Pferdes (108,2, aufgenommen 114,20) wirkt stärker; es bleibt aber dennoch zu isoliert, um über der Dramenwelt eine Schicht des Fatums spinnen zu können. Erst mit dem Beginn des *5. Aufzugs* (nach Vorklängen im *4.*) ändert sich das in der 1. Fassung wesentlich. Die Welt der Zigeuner öffnet den Zugang zu Prophezeiungen, Zauber und Dämonie, und Adelheids Erscheinen in dieser Umgebung wirkt, so überraschend es sein mag, als innerlich zugehörig. In ähnliche Richtung weisen dann die zahlreichen ominösen Vorzeichen in den Bauernkriegen, mögen sie auch zunächst als charakteristisch für diese Umwelt erscheinen. Die Unheimlichkeit steigert sich jetzt auch szenisch mit dem heimlichen Gericht, der Feme, und führt dann bis zu der Geistererscheinung in Adelheids Zimmer – fast alle Szenen des *5. Aufzugs* spielen in der Nacht. So ist denn die letzte Szene mit ihrer eigenen „himmlischen“ Atmosphäre als der letzten Raum- und Sinnschicht aufs genaueste vorbereitet. Schon in Goethes erstem Drama kündigt sich jene Weitung und Wandlung der Wirklichkeit an, wie sie das Ende späterer Dramen kennzeichnet (vgl. *Clavigo, Stella, Egmont*).

## Die äußere Form

Die Darstellung der „großen Natur“ wurde strukturell durch die Tendenz durchkreuzt, Raum zu gestalten; die gleiche Tendenz verhinderte das Zustandekommen einer dramatischen Handlung. Sie führte nun zu jener Darstellungsweise, die das dramaturgisch Sinnfälligste am *Götz* war und nachhaltig auf das Sturm-und-Drang-Drama gewirkt hat: der Reihung von kurzen, ja kürzesten, den Ort wechselnden Szenen. Der theoretisch in der Shakespear-Rede angesagte Kampf gegen die drei Einheiten – *Ich zweifelte keinen Augenblick, dem regelmäßigen Theater zu entsagen. Es schien mir die Einheit des Orts so kerkermäßig ängstlich, die Einheiten der Handlung und der Zeit lästige Fesseln unsrer Einbildungskraft. Ich sprang in die freie Luft und fühlte erst, daß ich Hände und Füße hatte* (Bd. 12, S. 225) – wurde nun mit der dichterischen Tat weitergeführt, wobei die Shakespearische Freiheit noch gesteigert wurde. Die Höchstzahl von 26 Szenenwechseln in dessen „Heinrich VI.“ wird im *Götz* durch mehr als das Doppelte überboten. Die 59 Wechsel der 1. Fassung verteilen sich folgendermaßen: *I*: 5; *II*: 10; *III*: 22; *IV*: 6; *V*: 16. Eigenartig ist die Zeitstruktur. Wenn wir den tatenfrohen Götz der ersten Szenen mit dem grauhaarigen und lebensmüden der letzten (162,33 und 170,8f.) vergleichen, scheinen viele Jahre dazwischenzuliegen. Betrachtet man den Gang der Handlung, so erscheint die Zeit viel kürzer. Solches Nachrechnen führt aber von dem Künstlerischen ab. Das dichterische Kunstwerk hat seine innere Wahrheit der Entwicklung und braucht deswegen keine nachprüfbare Chronologie. Das gilt z.B. von den beiden Wilhelm-Meister-Romanen, die in ihrer geistigen Entwicklung schlüssig ein Element ans andere reihen, deren Chronologie aber, mathematisch betrachtet, unklar oder fehlerhaft ist. Im *Götz* ist es ähnlich, doch das bedeutet für die künstlerische Kraft und Logik des Werkes nichts. Die Befriedigung des Zuschauers über die rasche Folge des Geschehens gerät somit nicht in Widerspruch zu der zugleich auf ihn wirkenden inneren Zeitgestaltung, die ihm das Empfinden aufzwingt, einem längeren Lebensverlauf beizuwohnen: ein nicht geringer Beweis für die dichterische Kraft des einundzwanzigjährigen Dramatikers, d.h. für seine Kraft, die eigene Welt seiner Dichtung überzeugend zu gestalten.

### Die Sprache

Diese Kraft offenbarte sich am reinsten in der Sprachgebung. Auch auf den heutigen Leser bzw. Hörer wirkt sie; aber erst der historische Blick kann ermessen, wie neu und zukunftweisend sie war. Man versteht den Mangel an tragischem Gehalt und die Schwäche der dramatischen Handlung im *Götz* überhaupt erst richtig, wenn man begreift, daß neben der Begeisterung an diesem Helden als entscheidender Antrieb der Drang wirkte, eine bestimmte Sprache, einen Ton, als das für Goethe wichtigste dichterische Ausdrucksmittel sich gestaltend entfalten zu lassen.

Diesen besonderen Prosaton (als Ausdrucksrede eines „natürlichen" Individuums in einem bestimmten Augenblick) hatte Goethe fest in der Gewalt, als er den *Götz* begann. Es ist wohl ebenso richtig, zu sagen: Er begann den *Götz,* als er sich seines Darstellungsmittels sicher fühlte. Man wird schwer nachrechnen können, wieweit im einzelnen Luthers Bibelsprache, der Stil der in Frankfurt gelesenen Bücher aus dem 16. und 17. Jahrhundert, darunter die Autobiographie des Götz, die heimische süddeutsche Mundart und dazu Anregungen aus Herder und Justus Möser eingewirkt haben. Im einzelnen ist die Sprache leicht abgetönt: Am Bamberger Hof wird geschliffener, fügungsreicher und zugleich fremdwortreicher gesprochen als auf Jaxthausen; hier fällt noch das Frankfurtische des kleinen Karl auf *(Wart e bis,* 83,7). Altertümliche Formen der Rechts- und Kanzleisprache bestimmen die Reden der Räte in der Heilbronner Szene (*Urfehde abschwören, Gnade und Huld, Bescheidenheit geben, unsere Kommission, die Gerechtsame vergehen,* 146 ff.). Eine besondere Sprache legt Goethe den Zigeunern, besonders der alten Zigeunerin, in den Mund. Nicht Ausdrücke des „Rotwelsch", sondern Wiederholungen, Parallelismen, Anaphern, Bilderfülle, artikelloser Gebrauch der Substantive, Formelhaftigkeit tragen zu der magischen Sprache und Atmosphäre bei. Aber all das sind nur Abtönungen eines letztlich einheitlichen Sprachstils, dessen Kennzeichen Unmittelbarkeit, Lebendigkeit, Sprechcharakter und Eigenklang sind. Dieser Eigenklang kommt weniger zustande durch Archaisierungen als durch Aufnahme mundartlicher Lautungen, Wendungen und Fügungen (Abfall des tonlosen e: *Knab, Aug, wollt;* Synkopierungen: *findt, redt, reit', ungrisch, Liebs und Guts;* unflektierte Adjektiva; *ritterlich Gefängnis, ein tugendsam Weib* usf.). Norddeutsche Kritiker, die das nicht erkannten, haben Tendenzen in den *Götz* hineingehört, die nicht darin waren. So äußerte der Kritiker aus dem „Teutschen Merkur" (Juni 1774): „Es ist freilich außer unserm Dichter, noch keinem in Europa eingefallen, daß ein dramatischer Autor, der seine Personen aus dem 13. oder 15. Jahrhundert nimmt, sie auch die Sprache dieser Zeiten reden lassen müsse." Goethe hat nicht die Sprache des 16. Jahrhunderts nachzubilden gesucht, sondern sich einen eigenen altertümlich-volkstümlichen Ton geschaffen.

### Die Umarbeitung

An manchen Stellen, und nicht nur im Gebrauch der Derbheiten, die meist erst für den Druck in den *Schriften* von 1787 geändert wurden, war er zu weit gegangen, wie er selber nach der Vollendung der 1. Fassung eingestand. In dem Antwortbrief an Herder rügte er nicht nur die *Schlacken*, sondern auch das *Gedachte* (Juli 1772). Er verhieß da eine gänzliche Umarbeitung. Die Druckfassung von 1773 hat das weder in sprachlicher noch in anderer Hinsicht gebracht. Eine glückliche Verbesserung von *Gedachtem* findet sich in der Moorszene (130,25f.). Der erste Knecht sagte da zunächst sentenziös: *er hört mich nicht, er ist erstickt. So lauert der Tod auf den Feigen und reißt ihn in ein unrühmlich Grab.* Daraus wurde: *Er hört mich nicht, er ist erstickt. Bist doch krepiert, du Memme.* An der äußeren Form hat Goethe wenig verschoben. Wenn sich Herders Vorwurf der Shakespeareübertreibung auf die Szenenfülle bezog, so traf er auch die Umarbeitung. Die Zahl der Szenen in den ersten drei Akten blieb erhalten, im *4.* und *5. Akt* unmerklich eingeschränkt (in *IV*: 5 statt 6; in *V*: 14 statt 16). Auch die Umarbeitung wurde nicht für die damalige Bühne geschrieben. Am Inhalt der ersten Akte änderte Goethe nicht viel: Die erste Szene des *1. Aktes* wurde neu geschrieben, ebenso die Adelheidszene des *3. Aktes* (S. 126f.). Im *2. Akt* überarbeitete er einen Dialog zwischen Marie und Elisabeth und ließ im *3. Akt* die Reichstagsszene, im *4.* einen Dialog zwischen Adelheid und Franz fort. Dagegen wurde der *5. Akt* völlig umgestaltet. Die zu eigenwertig gewordenen Zigeuner- und Bauernszenen wurden eingeschränkt; jetzt tritt nicht mehr Adelheid zu den Zigeunern, sondern Götz selber. Weiterhin wurden die melodramatischen Szenen um Adelheid gestrichen oder gekürzt, die sich völlig selbstherrlich entfaltet hatten. In *Dichtung und Wahrheit* bekannte Goethe: *Ich hatte mich, indem ich Adelheid liebenswürdig zu schildern trachtete, selbst in sie verliebt, unwillkürlich war meine Feder nur ihr gewidmet, das Interesse an ihrem Schicksal nahm überhand, und wie ohnehin gegen das Ende Götz außer Tätigkeit gesetzt ist und dann nur zu einer unglücklichen Teilnahme am Bauernkrieg zurückkehrt, so war nichts natürlicher, als daß eine reizende Frau ihn bei dem Autor ausstach, der, die Kunstfesseln abschüttelnd, in einem neuen Felde sich zu versuchen dachte. Diesen Mangel, oder vielmehr diesen tadelhaften Überfluß, erkannte ich gar bald, da die Natur meiner Poesie mich immer zur Einheit hindrängte. Ich hegte nun ... mein eignes Werk im Sinne und suchte ihm immer mehr historischen und nationalen Gehalt zu geben und das, was daran fabelhaft oder bloß leidenschaftlich war, auszulöschen.* Die Umarbeitung suchte die Szenen des *5. Aktes* stärker auf Götz zu beziehen; die zu mächtig gewordene Raumstruktur wurde zugunsten der ursprünglichen Ein-Figuren-Struktur zurückgedrängt. Mehr als eine Verknüpfung mancher Geschehnisse mit Götz (und dabei nur mancher, die Szenen *Adelheidens Schlafzimmer* und *In einem finstern engen Gewölbe* bleiben weiterhin unverbunden) ließ sich auch jetzt nicht erreichen, eine geschlossene dramatische Handlung konnte nicht zustande kommen. Zugleich schwand mit dem *Überfluß* viel von seiner in andere Bereiche sich erstreckenden Atmosphäre; was davon an Aberglauben der Bauern und Praktiken und Gesinnungen der Zigeuner erhalten blieb, dient stärker der Charakterisierung der jeweiligen Umwelt, baut aber nicht mehr an der Gesamtatmosphäre des *Götz*. Goethe hat an der zitierten Stelle selber die Empfindung geäußert, manches Dichterische aufgeopfert zu haben. Der Gewinn war nur begrenzt und kann nicht ganz für die Einbußen entschädigen. Denn wenn Goethe in *Dichtung und Wahrheit* hinzufügte, er habe die Umarbeitung so gründlich betrieben, *daß in wenigen Wochen ein ganz erneutes Stück vor mir lag* (Bd. 9, S. 572, 14f.), so erwartet der Leser vielleicht mehr als in der Tat geschehen ist.

## Die Aufnahme des *Götz*

Die Kritiken in den zeitgenössischen Zeitschriften lassen wenig von der Begeisterung erkennen, mit der die junge Generation den *Götz* aufnahm, und begreiflicherweise noch weniger von der Bedeutung, die dem *Götz* in der Geschichte des deutschen Dramas zukommt. Am verständnisvollsten war die Würdigung des „schönen Ungeheuers" durch Wieland im Juliheft des „Teutschen Merkur" von 1774, nachdem das Septemberheft von 1773 die recht unzulängliche Besprechung durch C.H. Schmid gebracht hatte. Zu den schönsten öffentlichen Anerkennungen gehören Herders Worte am Schluß seines Shakespeare-Aufsatzes und Mösers Bemerkungen in seinem Aufsatz „Über die deutsche Sprache und Literatur", in dem er die gerade gegen den *Götz* gerichtete Kritik Friedrichs des Großen zurückwies („imitation détestable de ces mauvaises pièces anglaises ... dégoûtantes platitudes"), die an ein „Volksstück" und nationales Drama falsche Maßstäbe angelegt habe. (Vgl. die Zusammenstellung „Goethe und seine Zeitgenossen über *Götz von Berlichingen*".)

Die Dichtung der Stürmer und Dränger bezeugt, welche historische Bedeutung dem *Götz* für das deutsche Drama zukommt. Seine Vorbildlichkeit in der Sprachgebung wird man uneingeschränkt positiv bewerten; durch die Nachahmung seiner äußeren Form aber, die von keiner geschlossenen inneren Form bestimmt war, wurden die immanenten formsprengenden Tendenzen des Sturms und Drangs bedenklich gefördert. Als ein spezieller, durch geschichtliche Stoffe, nationale oder biedermännische Tendenz und lockere Form gekennzeichneter Dramentypus schloß sich das modische „Ritterdrama" an den *Götz* an: Klingers „Otto", Jacob Maiers „Sturm auf Boxberg" und die vielgespielte „Agnes Bernauerinn" des Grafen Törring gehören zu diesem Strom, von dem auch Maler Müllers „Golo und Genoveva" und noch Kleists „Käthchen" gespeist wurden.

Friedrichs des Großen Kritik beruhte auf der Berliner Aufführung. Als erster Theaterleiter hatte der Prinzipal Koch den *Götz* am 14. April 1774 auf die Bühne gebracht. Der Theaterzettel pries besonders die zeitechten Dekorationen und Kostüme an. Gekürzt und zusammengefaßt waren vor allem der *3.* und *5. Akt.* Weitere Aufführungen folgten in Hamburg durch Schröder (1774; Reduzierung auf insgesamt 25 Szenen), in Breslau, Leipzig, Frankfurt a. M. und anderen Städten. In Mannheim und Frankfurt a. M. wurde dann eine (vermutlich von dem Regisseur Rennschüb herrührende) auf 14 Szenen herabgedrückte und auch sonst stark eingreifende Bearbeitung aufgeführt.

Goethe selber ließ den *Götz* erst 1804 in Weimar aufführen (Fassung C); die sechsstündige Dauer der Vorstellung bewog ihn, bei den Wiederholungen das Drama an zwei Abenden spielen zu lassen (Akt *I–III*, *III–V*; der *3. Akt* also zweimal gespielt (als E bezeichnet). Im gleichen Jahr stellte Goethe eine stark gekürzte Fassung (D) her, die mehrfach gespielt wurde und auf die er wieder zurückgriff, nachdem er die Aufteilung in zwei „Ritterschauspiele" (Adelbert von Weislingen; Götz von Berlichingen) hatte fassen lassen. Über das Mißliche auch der kürzeren Fassung war sich Goethe klar. *Eigentlich kann diese Umarbeitung nur durch den theatralischen Zweck entschuldigt werden, und kann auch nur insofern gelten, als durch die sinnliche Gegenwart der Bühne und des Schauspiels dasjenige ersetzt wird, was dem Stücke von einer andern Seite entzogen werden mußte* (Brief an Rochlitz, 11. September 1811; den Druck von D erlaubte Goethe erst für die nachgelassenen Werke, dort im 2. Bd.). Die Fassung D ist keineswegs auf stärkere Handlungseinheit aus. Sie bringt jetzt sogar den Überfall auf die Nürnberger Kaufleute, erlaubt Franz eine größere Entfaltung, während Adelheid aus den ersten beiden Akten verschwindet und später eine gewandelte, z. T. allegorische Rolle spielt. Die Zigeuner erscheinen jetzt schon in den ersten Akten; vom stummen Spiel macht Goethe häufig Gebrauch. Es steht eine eigene Konzeption hinter dieser Bearbeitung, und die Interpretation müßte auf das Interesse des späten Goethe für Allegorien und Aufzüge (Maskenzüge) achten. Die ausgedehnte Rolle des Narren (Liebetraut) fällt in einer weiteren Theaterauffassung von 1819 (F) auf. Die Aufführungen des 20. Jahrhunderts gehen freilich nicht auf Goethes Theaterfassung (D), sondern meist auf den Druck von 1773, gelegentlich auf die erste Fassung von 1771 zurück.

Die Begeisterung der Zeitgenossen für *Götz* wird verständlich, wenn man den Zustand des deutschen Dramas zu dieser Zeit betrachtet. 1767–1769 war Lessings „Hamburgische Dramaturgie“ erschienen. Die meisten darin besprochenen Werke sind Übersetzungen: Diderot, Destouches, Voltaire u. a. Die deutschen Dramen waren künstlerisch schwach, Johann Elias Schlegel, Gellert, Löwen und andere hatten wenig Gelungenes geschaffen. Auf der Bühne bevorzugte man die Singspiele von Christian Felix Weiße, der auch Trauerspiele, steif und unbedeutend, geschrieben hatte. Die Dramen von Johann Jacob Engel, Johann Christian Brandes und Gottlieb Stephanie konnten zwar für die Bühnen benutzt werden, brachten aber die Literatur nicht weiter. Der einzige deutsche Dramatiker von Rang war Lessing, von dem „Miss Sara Sampson“, 1755, und neuerdings „Minna von Barnhelm“, 1767, vorlagen. In diesem Werk waren nicht nur die Charaktere bedeutsam, sondern auch die Beziehungen zu der einmaligen Zeitsituation. In den Jahren 1762–1766 erschien die Shakespeare-Übersetzung von Wieland, 22 Dramen, in Prosa, nur der „Sommernachtstraum“ in Versen. Hier war nun ein ganz anderer Dramentyp als der übliche gegeben. Die Wirkung auf den jungen Goethe ist deutlich. Er hat in den Mittelpunkt seines Dramas die Gestalt des Götz gestellt, die er fast nur aus der Autobiographie kannte, in welcher Götz sich natürlich möglichst vorteilhaft dargestellt hatte. Goethe wußte als Jurist manches von der Verfassung des Reiches und den Rechtsverhältnissen zu Beginn des 16. Jahrhunderts, doch einzelnes wie das Femgericht hat er durchaus unhistorisch gestaltet. In seinem *Götz* gibt es nicht wie in den Dramen früherer Autoren eine Handlung zwischen Fürsten und Adligen und dazwischen Volksszenen, sondern Götz steht mitten im Volk, spricht mit allen in ihrer Sprache, wird von vielen geliebt. Gegen Götz, den biederen, schlichten, steht Weislingen, der Politiker, der Höfling, der selbst nicht den Säbel führt. Hier sieht man nicht nur verschiedene Charaktere, sondern auch verschiedene Epochen. Es gab seit 1495 den „Ewigen Landfrieden“ und das neue Reichskammergericht, das Streitigkeiten des Adels schlichten sollte. Doch zunächst funktionierte die neue Ordnung noch sehr wenig, und die reichsunmittelbaren Adligen sahen darin ein Instrument der Fürsten zur Unterdrückung der ritterlichen Freiheit (142,11); und in der Tat ist der Adel dann im 17. Jahrhundert zum Hofadel geworden. Das Drama schildert eine ganz bestimmte Zeit, nur damals lagen die Verhältnisse so, nur damals konnte eine Gestalt wie Götz sich so ausbilden, und nur damals konnte der Gegensatz der Gruppen diese besonderen Formen annehmen (90,26–91,31). Der innere Friede des Reichs ist eine gute Sache, das sagt auch Götz (S. 141–143). Das Alte hat sich überlebt. Aber nun sehen wir auf der Seite des Neuen Gestalten wie Weislingen und Adelheid und den Bischof und Liebetraut. Die Tragik besteht in der Verbindung der Charaktere mit der Zeitwende. Als Weislingen Götz verspricht, nicht wieder nach Bamberg zu gehn, glaubt dieser ihm. Dann aber bricht Weislingen sein Wort. Als später der kaiserliche Feldhauptmann Götz freien Abzug zusichert, glaubt dieser ihm – und wird treulos überfallen. Die Männer, die so handeln, sind Vertreter der kaiserlichen Gewalt und der neuen Zeit. Die unredlichen Gestalten verfechten die bessere Sache. Götz aber hält seine *Ritterpflicht* (87,25 f.) ein. Der bessere Mann steht bei einer Sache, die sich dann als die schlechtere herausstellt. Der Gegensatz Götz-Weislingen lebt in abgestufter Form auch in ihrer Umgebung. Alles gehört also zusammen; die Gestalt des Götz und das 16. Jahrhundert und die breite Ausmalung der Volksszenen. Der Gegensatz alte und neue Zeit geht durch das ganze

Drama und hält alle Szenen zusammen. Im Hintergrund steht auch die Verdrängung des alten deutschen Rechts durch das römische Recht (94,2; 94,10; 94,29–39). Es ist nicht so, daß die eine Seite Recht hat und die andere Unrecht, sondern menschliche Unzulänglichkeit ist auf beiden Seiten, Recht und Schuld sind auf beiden Seiten. Deswegen kein tragischer Schluß, in welchem der Held untergeht, kein versöhnlicher Schluß, der einen Ausblick öffnet, sondern der Tod des frühzeitig gealterten (162,33 f.) Ritters in einer ihm fremd gewordenen Welt. – Goethe hat schon in seiner Jugend in Götz nicht nur einen *braven Mann* gesehn (an Salzmann 28. Nov. 1771), sondern ihn auch aus Abstand betrachtet (85,1 f.). Als er 1818 Götz in einem Maskenzug auftreten ließ, war dieser Abstand noch größer, er galt der Gestalt des Helden, nicht dem Drama, das er als künstlerischen Wurf immer geschätzt und in diesem Sinne in *Dichtung und Wahrheit* dargestellt hat.

## Zum Text

$H^1$: Handschrift der 1. Fassung von 1771 *(Geschichte Gottfriedens von Berlichingen)*; sie befindet sich im Goethe-Schiller-Archiv in Weimar. Gedruckt in Bd. 42 der *Ausgabe letzter Hand* (1833): Neudruck in Weim. Ausg. Bd. 39 und Jubiläums-Ausg. Bd. 10.

$E^1$: *Götz von Berlichingen mit der eisernen Hand. Ein Schauspiel. Gedruckt 1773* (ohne Angabe von Verfasser und Druckort).

$E^b$: Nachdruck von 1773.

$E^2$: Authentische *Zwote Auflage*, in Frankfurt a. M. 1774 erschienen. Auf ihr beruht der Himburgische Nachdruck (1775 u. ö.), auf den dann der Abdruck im zweiten Band der *Schriften* von 1787 (S) zurückgeht. Auf einem unberechtigten Abdruck $S^2$ von 1787 beruhen dann die Abdrucke in Bd. 5 der Ausgabe A von 1807, in Bd. 6 der Ausgabe B von 1816 und in Bd. 8 der *Ausgabe letzter Hand* (C) von 1827.

Unser Text folgt im allgemeinen der Jubiläums-Ausg., die im Gegensatz zur Weimarer Ausgabe und zur Festausgabe bei der Textgestaltung E und S stärker berücksichtigt. So setzen wir mit E, S und der Jubiläums-Ausg. *euren, eurem* in den Text, während dort mit den Drucken von $S^2$ an *euern, euerm* zu finden ist. In einzelnen Fällen gehen wir über die Jubiläums-Ausg. hinaus.

Die von der Umarbeitung am stärksten betroffenen Szenen der 1. Fassung von 1771 folgen unten nach dem Kommentar.

## ANMERKUNGEN

### *Erster Akt*

74,13. *Gleit* = Geleit, bewaffnete Begleitung zum Schutz gegen feindliche Überfälle. – Götz-Wb. Sp. 286. – Handwb. zur dt. Rechtsgesch. 1, 1971, Sp. 1481–1489.

74,18 *auf'n Dienst lauert* = das Tun genau beobachtet. GWb. 2, Sp. 1196. – Wb. zu *Götz* Sp. 135 f.

74,22. *vertragen* = aussöhnen, zum Austrag bringen. Dt. Wb. 12,1 Sp. 1934.

74,26. *unerhört* = ohne daß die anderen seine Wünsche angehört und berücksichtigt hätten.

75,1 f. *niederwerfen* = „gewaltsam – mit Zubodenwerfung – aufhalten und in Haft nehmen, gefangen fortführen" (Dt. Wb. 7, Sp. 814) – *Buben* = Reitbursche, Knecht, Bedienter. Dt. Wb. 2, Sp. 459. – GWb. 2, Sp. 923. – Wb. zu *Götz* 98 f.

75,10. *das Bad gesegnet*: ironisch. GWb. 2, Sp. 11. – Wb. zu *Götz* Sp. 57. – *ausreiben*: ebenfalls ironisch; nach dem Bad abtrocknen, abreiben (prügeln). GWb. 1, Sp. 1201 f. – Wb. zu *Götz* Sp. 53. – Aus dem Wortschatz der Autobiographie Gottfrieds von Berlichingen.

75,12. *räsoniert*: hier im Sinne von „klug reden" ironisch, also: überheblich reden, tadeln.

75,19. *Fratzen*. Von „der Fratz", jemand mit einem häßlichen, verzogenen Gesicht. Hier mundartlich-umgangssprachlich. Auch 157,24 und 158,14 f. Bei Goethe auch sonst, in der Bedeutung von Zerrbild. *Faust* 1739, 4241, 4739, 5672, 5692, 6546.

75,26. Anknüpfend an 1. Kor. 14,40 „Laßt's alles ehrlich und ordentlich zugehen".

75,31. *bleuen*: mittelhochdeutsch „bliuwen" = schlagen.

76,12. *passen* = auf etwas warten, aufpassen, lauern. Dt. Wb. 7, Sp. 1485.

76,22. *Bengel* = Keule, im ausgehenden Mittelalter eine Waffe, oft mit kurzer Eisenkette an der Spitze. – GWb. 2, Sp. 376.

77,32. *Bolzen*. Es ist die Zeit, in welcher die Feuerwaffen beginnen, aber noch selten und schwerfällig sind. Man gebraucht also auch noch die Armbrust. Deren Geschosse sind die *Bolzen*. – GWb. 2, Sp. 832.

78,21 f. *Augustin ... Martin*. Die Namen erinnern an Martin Luther, der Augustinermönch war. Dazu paßt 79,30 *Erfurt*. Dennoch dürfen wir die dramatische Gestalt nicht mit ihm identifizieren. Die Reformation ist in das Drama nicht hineingenommen, vermutlich aus künstlerischen Gründen, um es nicht noch breiter werden zu lassen und den Blick nicht von Götz abzulenken. Der kleine Hinweis auf den religiösen Zeithintergrund mußte genügen.

78,38. *Der Wein erfreut* ...: wörtlich nach Psalm 104,15.

79,7. *Dachsbach*: bei Neustadt an der Aisch, ebenso *Halslach* 82,10.

79,17. *Bringt's ihm* = trinkt ihm zu. – Wb. zu *Götz* Sp. 97.

79,17. *Alle Streiter!* Beim Trinkspruch denkt Götz an alle, die gleich ihm wakkere und ehrliche *Streiter* sind. Da aber in der Bibel das Wort *Streiter* auch für denjenigen gebraucht wird, der für Christus streitet und bereit ist, dafür zu leiden (2. Timotheus 2,3), paßt das Wort auch zu dem Mönch.

79,28 f. *Laborant* = Sammler heilkräftiger Kräuter.

80,1f. *Mensch sein dürfen*: deutlicher Klang aus dem 18. Jahrhundert.

81,7. *Wohl dem* ... Wörtlich nach Jesus Sirach 26,1 (Luthers Übers.).

81,16. *Raum geben.* Biblisch 1. Buch Samuelis 27,5 „Laß uns geben einen Raum" und ähnlich 1. Buch Mose 26,22 „Nun hat uns der Herr Raum gemacht". – Dt. Wb. 8 Sp. 278.

82,8f. *zwölf Händ* ... Ähnlich ein Satz in Gottfrieds Autobiographie S. 80f.

82,16. *unterscheiden* = in seiner Besonderheit erkennen. Dt. Wb. 11,3 Sp. 1752.

83,7. *e bis* = ein bissel (bißchen). GWb 2, Sp. 735. – Wb. zu *Götz* Sp. 86.

84,19. *Weck* = Brötchen. Ebenso Bd. 6, S. 16,28.

85,20. *Türner* = Türmer. Zu *Turn.* Bd. 1, S. 86 Vers 2; Bd. 12, S. 225,19.

85,36f. *in Haslacher Wald*: nach der Autobiographie.

86,7. *nistelten uns an ihn* = machten uns dicht an ihn. Dt. Wb. 7, Sp. 857.

86,10. *nahmen sie in Pflicht* = erwirkten von ihnen die Verpflichtung, sich als Gefangene ruhig zu verhalten. Dt. Wb. 7, Sp. 1755.

87,1. *Pfalzgrafen.* Götz von Berlichingen diente in seiner Jugend zeitweilig dem Pfalzgrafen Ludwig in Heidelberg. Die S. 87,1–19 erzählte Geschichte ist bis in die Einzelheiten aus der Autobiographie S. 117–119 entnommen.

87,4. *niedergeworfen* = gefangen. Vgl. 75,1 u. Anm.

87,30. *wegpfeifen* = durch Pfeifen vertreiben. Dt. Wb. 13, Sp. 3007.

87,37. *geschickt.* Hier: geschickt im Lernen, eifrig im Lernen. Ähnlich 93,21f. Das Wort kann auch die Bedeutung „fügsam, artig" haben, wie eine Stelle in *Werther* zeigt (Bd. 6, S. 102,9f.).

89,19. *Bringt's ihm* = trinkt ihm zu. Wie 79,17 und 89,34.

89,26. *Polacken*: Polen. Nach der Autobiographie S. 25f.

89,31. *schlug ich ... aus.* Hierzu GWb. 1, Sp. 1212 = „jemanden scharf zurückweisen, hart abfertigen".

89,39. *leutselig* = freundlich, von angenehmem Betragen gegenüber den niedriger Gestellten.

90,17. *Schlenzen* = „sich herumtreiben, liederliche Wege gehn" (Dt. Wb. 9, Sp. 639).

90,29. *necken* = reizen, beunruhigen, „auf dem Nacken sitzen" (Dt. Wb. 7, Sp. 515).

91,30. *der Türk.* Die Türkei dehnte zu Beginn des 16. Jahrhunderts ihre Macht bedeutend aus. 1529 standen die Türken zum ersten Mal vor Wien. – Das Motiv wird wiederholt 118,36 un 143,1.

91,37. *Landfrieden.* 1495 wurde zu Worms der „Ewige Landfriede" beschlossen und das Reichskammergericht eingesetzt, das hinfort Streitigkeiten zwischen reichsunmittelbaren Adligen, die früher durch Fehde ausgetragen wurden, schlichten sollte. Der *Reichstag*, von dem Götz spricht (91,36) ist der zu Worms 1495. Es war für den jungen Götz eine große Sache, daß er von seinem Onkel Conrad von Berlichingen zu diesem Reichstag mitgenommen wurde. Er erzählt in der Autobiographie aber nichts von den wichtigen Themen des Reichstags, sondern vor allem davon, welche Leistung für Menschen und Pferde der Ritt von Ansbach nach Worms in drei Tagen war. – Autobiographie S. 7–11. – Helgard Ulmschneider, Götz von Berlichingen. Sigmaringen 1974. S. 34f.

92,3f. *wirft nieder*: vgl. 75,1 u. Anm.

92,5. *vertragen*: vgl. 74,22 u. Anm.

92,11f. *Kundschaft* = das, was jemandem „kund" ist; Wissen, Kenntnis. Wie Bd. 7, S. 162,6. – Dt. Wb. 5, Sp. 2637.

92,23. *wie's wäre* = auf welche Weise auch immer; egal wie.

92,29f. *Explikationen* = Auslegungen, Erklärungen. Dasselbe Wort 94,15f.

93,6f. *Bologna*: eine der ältesten Universitäten, besonders für Juristen wichtig.

94,2. *Corpus Juris*: Die Sammlung der Römischen Gesetze, die Kaiser Justinian veranlaßt hatte. Zu ihr verfaßten die Juristen in Bologna Erläuterungen, *die Glossen* (94,10), welche von den Gerichten ebenso wie die Quelle selbst als verbindlich angesehen wurden. – HandWb. zur dt. Rechtsgeschichte. 1, Sp. 1708–1712 „Glossatoren".

94,14. *Implicite* = „eingewickelt", darin enthalten dem Geiste nach; *explicite* = ausdrücklich, wörtlich.

94,32. *Schöppenstuhl* = ein juristisches Collegium, dessen Beisitzer die Schöffen sind. Meist in der Form „Schöffenstuhl". Dt. Wb. 9, Sp. 1446f.

95,21. *Bräutigams was vorgeschmaust*: den Bräutigams im Schmausen zuvorgekommen. In Liebetrauts Sprache sind solche Ausdrücke zweideutig.

95,39. *Unschlitt* = Talg, Fett für Kerzen. Dt. Wb. 11,3 Sp. 1337.

96,12. *promoviert* = den Doktor-Grad erworben.

96,16. *breit* = weitschweifig, kraftlos, überflüssig. Hier im Gegensatz zu *verwegen* im Sinne von „scharf, geradezu". – *Faust* 2392 *Wir kochen breite Bettelsuppen.* – GWb 2, Sp. 879f. – Götz-Wb. Sp. 95.

96,25. *Fehde*. Das im 15. und 16. Jahrhundert übliche, damals klar umrissene Wort war in späterer Zeit abgekommen, weil es keine Fehden alten Stils mehr gab. Goethe greift das alte Wort auf, um Lebens- und Denkweise der Zeit des Götz von Berlichingen deutlich zu machen. Vgl. 148,17; ferner 123,24 und 147,8. – Götz-Wb. 218f. – HandWb. zur dt. Rechtsgesch. 1, 1971, Sp. 1083–1093.

96,29. *ein vierzig* = etwa vierzig, ungefähr vierzig. Ähnlich *ein* in 126,5 und 131,4f. – Dt. Wb. 3, Sp. 139. – Wb. zu *Götz* Sp. 170.

97,13. *Das wissen wir*: knüpft an die Worte des Olearius an; der Bischof überhört die spitze Bemerkung Liebetrauts.

97,33f. *Post coenam stabis* ... Für die Bühnenfassung übertrug Goethe den lateinischen Hexameter in deutsche Reimverse: *Nach der Tafel sollst du stehn oder tausend Schritte gehn.* (WA Bd. 13,2 S. 279.)

97,39. *Exerzitium*: im antiken Latein „Übung", im Neulatein des 16.–18. Jahrhunderts auch Prüfung, Übung der Kräfte, Bußübung, Arbeit. Wie fast alles in Liebetrauts Sprache zweideutig, körperlich und geistig.

98,9. *Gottspfennig* = „das beim Abschluß von Kauf- und Dienstverträgen zu zahlende den Vertragspartner zur Vertragserfüllung verpflichtende Angeld, Handgeld" (Dt. Wb. 4,1,5 Sp. 1291). – HandWb. zur dt. Rechtsgesch. 1, Sp. 1766–1769.

98,16. *Verwandtschaft.* Hier im Sinne von: Verbindung, bindende Kraft.

98,17. *Simson*: Buch der Richter 16,17ff.

99,17f. *die Sache ... verglichen* = die Streitsache durch Vergleich beendet.

100,23. *schaffen* = anordnen, befehlen, wünschen. Ähnlich *Faust* 2518.

100,31f. *unter diesem Titel*: nach der lat. Wendung „sub titulo". In der Rechtssprache Paragraph, der die Voraussetzung eines Vertragsabschlusses aufführt. – *Faust* 11613. – Dt. Wb. 11,1,1 Sp. 524f.

102,6. *vertagen* = zur gerichtlichen Verhandlung vorladen. Dt. Wb. 12,1 Sp. 1858.

103,90. *Sankt Veit*: „Wie aus St. Valentin in St. Velten ein böser Geist wurde, so aus Sankt Veit ebenfalls, dessen Name dem des Teufels gleich gebraucht wird." (Dt. Wb. 12,1 Sp. 46). Vgl. *Die Mitschuldigen* 64 u. Anm.

## *Zweiter Akt*

104,17f. *mutilich ... männilich* ... statt „mutiglich" und „männlich". Spielerische Verniedlichung, denn Liebetraut spielt in der ganzen Szene die Rolle eines Shakespeareschen Narren. – Dt. Wb. 6, Sp. 2799.

105,3. *Auskunft* = Entkommen, Ausweg aus der Gefangenschaft. GWb. 1, Sp. 1176.

105,21. *minorenn* = minderjährig, nicht mündig.

105,29. *in usum Delphini* = zum Gebrauch des Kronprinzen. Sprachlich ein Anachronismus, denn erst im 17. Jahrhundert wurde diese Wendung bekannt, nachdem in Frankreich für den „Dauphin" (Delphinus) Klassikerausgaben „in usum Delphini" hergestellt waren.

106,13. *Kommission* = Auftrag. Ebenso 115,38. – Briefe Bd. 1, S. 69,19 (1. 10. 68).

106,17. *Wachtelpfeife* = „Lockpfeife, womit man den Ton der Wachtelweibchen nachahmt, um die Männchen herbeizulocken" (Dt. Wb. 13, Sp. 180).

106,24. *Sympathie.* Hier: geheimnisvolle Wirkung, Zauber. Ähnlich Briefe Bd. 1, S. 138,31 (an Kestner 25. 12. 72). – Dt. Wb. 10,4 Sp. 1401f.

106,30. *Weisling.* Spiel mit dem gleichen Namen des Fisches. In der Handschrift gebrauchte Goethe die Namensform *Weisling* häufiger, im Erstdruck verwendet er sie nur hier.

107,3f. *denen von Nürnberg Fehd* ... Nach der Lebensbeschreibung S. 122ff.

107,16f. *der Burgemeister von Nürnberg, mit der güldenen Kett um den Hals.* Fast wörtlich so in der Autobiographie S. 126.

107,18. *Witz* = Klugheit, Scharfsinn. Ähnlich Bd. 3, S. 416,17.

108,2. *Das Pferd scheute* ... Diese Szene wird 114,20f. noch einmal in anderem Zusammenhang erwähnt.

110,2. *Knabe*: anders als im 20. Jahrhundert hat im 16. Jahrhundert und auch noch bei Goethe das Wort die Bedeutung: junger Mann. So z.B. *Faust* 79, 832, 1844, 3019 u.ö.

112,3. *Chamäleon.* Bei Goethe mehrfach „Metapher für Mehrdeutigkeit des Erscheinungsbildes" (GWb. 2, Sp. 977f.).

112,10. *zum höchsten* = höchstens, äußerstenfalls. Fischer, Goethe-Wortschatz S. 349.

112,27. *Theuerdank*: der von Kaiser Maximilian inspirierte und z.T. von ihm selbst geschriebene, in Nürnberg 1517 erschienene Ritterroman.

113,2. *du, Weislingen* ... In vielen Dialogen des *Götz* gehen die Gesprächspartner vom *Ihr* zum *Du* über. Der Wechsel ist Symptom einer persönlicheren Art des Sprechens, nicht aber ohne weiteres Bekenntnis persönlicher Zuneigung.

113,38. *Ich hasse Euch.* Der junge Goethe gebraucht *hassen* oft nur im Sinne von: Abneigung oder Gleichgültigkeit empfinden. *Die Laune des Verliebten* 381, 382, 423f., 491.

114,7. *dafür sein* = es verhüten, verhindern; noch ohne scharfe Unterscheidung von *davor sein.* GWb. 2, Sp. 1037 und 1104.

115,3. *Reineckisch* = aus Rieneck, Grafschaft mit gleichnamiger Stadt in Unterfranken.

115,38f. *feindlich böse.* In dieser Form mehrfach in Götzens Autobiographie, z.B. S. 124. Von Goethe in seinen ausdruckskräftigen Stil der Jugend übernommen, jedes Adjektiv fügt dem anderen etwas hinzu. – Jacob Grimm in Dt. Wb. 3, Sp. 1461. – Götz-Wb. Sp. 222.

117,2. *Antistrophe* = gleich gebaute Gegenstrophe im Chorgesang der griechischen Tragödie; hier im Sinne von gleich getönt.

117,5. *zahnarztmäßig*: Auf Jahrmärkten priesen die Zahnärzte ihre Künste an, deswegen: marktschreierisch. Dt. Wb. 15, Sp. 151f.

117,8. *Phönix* hier in der allgemeinen Bedeutung = Wundervogel; Gegensatz zu 117,11 *Haushahn.* Der *Phönix* der antiken Literatur (Ovid, Metamorphosen 15,391–407) war im 16. Jahrhundert als Fabelwesen bekannt und wurde auch zum Motiv der Emblematik. 99,35 ist Weislingen *Paradiesvogel* genannt, 123,36 *Vogel.*

117,32. *einem andern* = einem erträumten Weislingen.

118,16. *ersehen* = sehend wahrnehmen, seinen Vorteil nutzen. Bd. 8, S. 275,36. Bd. 10, S. 109,2.

118,24. *Zeichen und Wunder.* Anklingend an Ev. Johannis 4,48 = „Wenn ihr nicht Zeichen und Wunder sehet, so glaubet ihr nicht."

118,30f. *ungeneckt* = ungestört, unangegriffen. Vgl. 90,29 *necken* u. Anm.

119,1. *aufs Kissen zu bringen* = zur Ruhe zu bringen. Dt. Wb. 5 S. 854.

119,20. *Backfisch* = junges Mädchen. – Herm. Paul, Dt. Wb. 6. Aufl.

119,27. *Sapupi.* Italianisierendes Anagramm (Buchstabenvertauschung) aus Papius, dem Namen eines von Joseph II. wegen Bestechlichkeit entlassenen Assessors am Reichskammergericht.

119,32f. *Maulaffen* = „Affe mit großem oder offenem Maule, Bild für einen glotzenden Menschen" (Dt. Wb. 6, Sp. 1796).

119,37f. *Geldspiel*: Haufen Geld. Dt. Wb. 4,1,2 Sp. 2922. – *Reverenz* = Ehrerweisung, Verbeugung. – *Prokurator* = Anwalt.

120,20. *'s Wasser an die Seele ging.* Nach Psalm 69,2 (Luther). Anklänge an die Bibelsprache sind im 16. Jahrhundert selbstverständlich, darum an vielen Stellen des Dramas.

120,28. *scheel* = schief. Dt. Wb. 8, Sp. 2485.

120,31. *Speyer*: damals Sitz des Reichskammergerichts.

121,11. *Ims*: seltene Form für „Imbiß". Dt. Wb. 4B, Sp. 2064. Diese Form kommt in Götzens Lebensbeschreibung in einer Anmerkung des Herausgebers S. 11 vor.

## *Dritter Akt*

122,4. *Geleite.* Das Geleite gibt ein Landesherr durch seine Sodaten einem Zug von Kaufleuten mit ihren Waren. Sie zahlen ihm das Geleitsgeld, er garantiert für ihre Sicherheit. Gelegentlich wird auch das Gebiet, für welches der Landesherr garantiert, *Geleite* genannt. – Dt. Wb. 4,1,2 Sp. 2982ff. – Handwörterbuch zur dt. Rechtsgeschichte, hrsg. von Erler u. Kaufmann. Bd. 1, Sp. 1481–1489.

122,8ff. *der eine hat nur eine Hand* ... In Berlichingens Autobiographie wird von dem Fußfall der Kaufleute berichtet, und dann heißt es: „Darauf ihnen der fromm Kaiser Maximilian geantwort und gesagt: Heiliger Gott, heiliger Gott, was ist das? der eine hat ein Hand, so hat der ander ein Bein, wann sie dann erst zwo Händ hätten und zwei Bein, wie wollt Ihr dann tun?" (S. 130)

122,15. *aufmahnen.* In der Autobiographie: „Wie gehet's zu, wann (wenn) ein Kaufmann einen Pfeffer-Sack verleuret (verliert), so soll man das ganz Reich ufmahnen." (S. 131) Dazu GWb. 1, Sp. 968:= „zum Kampf aufbieten, zu einer Handlung aufrufen".

122,28. *tunlich* = notwendig zu tun, ausführbar, ratsam. Dt. Wb. 11,1,1 Sp. 456f.

122,39ff. *sie sind tapfer und edel*... Die Neigung des Kaisers zu Götz spricht sich auch 152,22f. aus.

123,24. *Urfehde schwören*: das Ende der Fehde beschwören. Dt. Wb. 11,3 Sp. 2409f.

123,25. *Bann.* Soweit ihre Gerichtsbarkeit reicht, also aus ihrem Besitz. Ähnlich 159,26 u. 162,18. Im gleichen Sinne 151,2 das Wort *Terminei.* – GWb. 2, Sp. 52.

124,32. *Lappen* = Stück Stoff, Kleidungsstück. Daher *beim Lappen haben* wie „beim Rockschoß haben", festhalten.

125,1. *Brief*: Urkunde der Achtserklärung. Vgl. 125,22.

125,14. *stellen.* Dazu Fischer, Goethewortschatz S. 597: „seinen Mann stellen, sich mit anderen messen".

125,17. *gebeizt* = verletzt, affiziert (GWb. 2, Sp. 319); *wird* = verwirklicht sich.

125,23ff. *mein Fleisch den Vögeln*... Fast wörtlich so in der Autobiographie. Der Herausgeber von 1731 zitiert in einer Anmerkung dazu die alte Bann-Formel (S. 125).

125,33f. *Vorwort* = „Fürsprache, Fürbitte" (Adelung).

126,5. *ein zwanzig Reiter* = etwa zwanzig. Vgl. 96,29 u. Anm. und 131,4f.

126,15. *Mietlinge* = Söldner. Weil vorher von Wolf, Schafen und Hirt die Rede ist, ist der Anklang an Johannes 10,12 deutlich. In Luthers Übersetzung: „Ein guter Hirte lässet sein Leben für die Schafe. Ein Mietling, der nicht Hirte ist, des die Schafe nicht eigen sind, siehet den Wolf kommen und verlässet die Schafe und fleucht." Dazu Dt. Wb. 6, Sp. 2181: „Durch diese Bibelstelle erlangte „Mietling" den verächtlichen Nebensinn des eigennützigen Bediensteten, dem es um den Lohn, nicht um treue Arbeit zu tun ist."

126,18. *Konrad Schott.* Die Fehde gegen Konrad Schott ist in der Biographie S. 183ff. beschrieben. 126,19–24 in engem Anschluß an Biographie S. 186 und S. 128,8–32 an Biographie S. 192–195.

127,30. *Lerse,* in Goethes Handschrift *Lersee,* nach Goethes Straßburger Jugendfreund Lersé.

129,21. *Reichsvölker.* Das Wort *Volk* in der Bedeutung = Mannschaft, Truppe.

131,2. *Ritter.* Die beiden *Ritter* hier (131,2 und 7) sind die beiden *Offiziere* von 124,21ff.

131,9. *Zinken abgerennet.* Der kampflustige Hirsch stößt seinen Gegner mit dem Geweih und kann dabei dessen Verzweigungen, die *Zinken,* abbrechen; *abrennen* hier = durch Hinrennen verlieren.

132,27. *patschen* = schlagen. Dt. Wb. 7, Sp. 1508f.

135,15. *Strauß* = Gefecht, Kampf.

137,3. *zärtlicher als vorsehend* = mehr zärtlich als das Kommende voraussehend.

137,25. *Biet* = gebiete, richte aus. – Vgl. 166,28 u. Anm.

137,33. *Extremität* = äußerste Notlage.

139,11. *er kann mich* ... In Götzens Autobiographie, aber bei einer anderen Gelegenheit, heißt es: „da schrie ich wieder zu ihme hinauf, er sollte mich hinten lecken." In der Handschrift des „Ur-Götz" (im Weimarer Goethe-Archiv) und in dem ersten Druck von 1773 steht: *er kann mich im Arsch lecken.* In den späteren Drucken wurden die drei Striche oder Punkte eingesetzt. (Fischer-Lamberg Bd. 2, S. 170 und Bd. 3, S. 253.)

140,16. *Löffel.* Das Blei wird in einem Eisenlöffel über der Flamme flüssig gemacht und wird dann in die *Kugelform* (139,33) gegossen.

140,18. *uns verschossen* = alle unsere Kugeln verbraucht.

141,24. *inzwischen* = während, indessen. *Inzwischen* als Konjunktion auch Bd. 7, S. 122,19 und Bd. 8, S. 185,13.

142,3. *viel anders* = ganz anders; *viel* Adverb zu *anders.*

143,3. *ausgesetzte* = exponierte, gefährdete. GWb. 1, Sp. 1240f.

143,27. *traun.* Dasselbe Wort *Faust* 6169. Von mittelhochdeutsch „entriuwen" = fürwahr. – Dt. Wb. 11,1,1 Sp. 1526–1532.

## *Vierter Akt*

144,27f. *Geist, den der Kapuziner in einen Sack beschwor.* Der Volkskundler Johannes Bolte, berühmt durch seine 5 Bände „Anmerkungen zu den Märchen der Brüder Grimm", wies darauf hin, daß es sich um ein elsässisches Sagenmotiv handelt, das Goethe vermutlich in Straßburg kennen gelernt hatte. GJb. 19, 1898, S. 304–305.

145,2f. *Auf daß dir's wohl gehe* ... Wörtlich nach dem Katechismus, wie er Goethe seit seiner Jugend bekannt war. Die entsprechende Stelle aus den 10 Geboten (2. Buch Mose 20,12 und 5. Buch Mose 5,16) ist hier etwas umgeformt durch Hinzunahme der Formulierung aus dem Brief an die Epheser 6,3.

145,10. *geschlossen* = in Ketten geschlossen. Vgl. 145,14f.

145,19. *gestellt* = aufgelegt, in der Verfassung, im rechten Zustand.

147,8. *die Urfehde abschwören* = den Urfehde-Eid wörtlich nachsprechen. GWb. 1, Sp. 156.

147,20. *Kommission* = Aufgabe, Auftrag.

148,1f. *gemessene Ordre* = vorgeschriebenen genauen Auftrag; *im Entstehungsfall*: im fehlschlagenden Fall; von „entstehen" in der alten Bedeutung von „entgegenstehen, mangeln". Dt. Wb. 3, Sp. 631–635.

148,28. *Wehren* = Waffen. Dt. Wb. 14,1,1 Sp. 175.

149,25. *Schlag* = Schlagbaum vor dem Tor. Dt. Wb. 9, Sp. 330ff.

149,36. *die Gerechtsame* = „die in einem Recht oder Gesetz gegründete Befugnis" (Adelung). Auch in *Egmont* 389,17 und *Dichtung und Wahrheit* Bd. 9, S. 184,34. – Dt. Wb. 4,1,2 Sp. 3615.

152,2. *Terminei* = Bezirk, abgegrenztes Gebiet. Hier: das Götz gehörende Land. Dt. Wb. 11,1,1 Sp. 260. – Ähnlich 123,25 *Bann*.

151,24. *Schwager eines Kurfürsten*. Sickingens ehrgeizige Pläne – ein geschichtliches Motiv – werden hier nur kurz erwähnt. In der ersten Fassung des Dramas sind sie ausführlicher behandelt.

151,26. *der Traum*. Das Motiv von 99,36ff.

152,6. *Adelheidens Schloß*. Die falsche Ortsangabe ist aus der handschriftlichen ersten Fassung stehengeblieben. Vgl. 153,20ff. und 161,30f.

153,1. *Karl*: Kaiser Maximilians Enkel, der 1519 als Karl V. die Kaiserkrone erhielt.

155,13. *schreib ... aus*: schreibe zuende. Es ist nicht gesagt, wieviel Zeit vergangen ist. In der Szene davor ist von dem *alten Götz* (152,22) die Rede. Der historische Götz begann 1557 mit der Niederschrift der Autobiographie.

155,16. *Nachkommenschaft* = Nachwelt.

155,24ff. *Da waren selbst einige* ... Anklingend an die Autobiographie S. 250, aber keineswegs wörtlich; dort sehr lange und umständliche Sätze.

156,26f. *Die Bauern* ... Goethe läßt den Tod des Kaisers und den Beginn des Bauernkrieges hier zusammenfallen. In Wirklichkeit lagen zwischen dem Tod Maximilians (1519) und dem Ausbruch des Bauernkrieges mehr als 6 Jahre.

*Fünfter Akt*

157,15. *Metzler* ist schon ganz zu Beginn 74,3ff. aufgetreten.

157,31. *haudern und trenteln* = zögern und langsam gehen. – Bd. 1, S. 47 und Briefe 1, S. 156,29. – Dt. Wb. 11,1,2 Sp. 109.

158,26. *schwürig* = aufrührerisch, unzufrieden. Das Wort hängt sprachlich zusammen mit „Geschwür". Dt. Wb. 9 Sp. 2621.

158,29. *Schein* = Glanz, Leuchtkraft (nicht bloßer Anschein, trügerisch).

158,34ff. *Kometen*. In der Beschreibung des Kometen von 1527 in Sebastian Francks „Chronica", 1531, heißt es: „Sein Häupt oder anfang ist gewesen ein gebogener Arm, der hett in seiner Hand ein überaus groß Schwert ... An dieses Schwerts spitzen und seyten drey fast große Sternen ..."

159,8f. *rauch*: alte Form von „rauh", oft in der Bedeutung „behaart". *zwitzern* = flimmern, unruhig glänzen. Dasselbe Wort *Pandora* 620. Dt. Wb. 16, Sp. 1429f.

160,7. *Sattelhenken.* Das Wort stammt aus der Autobiographie: „Nun es war nit lang Sattelhenckens da." (S. 170) Dt. Wb. 8, Sp. 1825: „Abhängen des Sattels während einer Rast, Verweilen bei einem Ritte".

160,9. *sieh zu* = gib acht auf ... Dt. Wb. 16, Sp. 821.

161,11. *euch zustehn* = zu euch stehn, zu euch halten. Dt. Wb. 16, Sp. 848.

161,36. *umziehen* = einen Umweg machen (ziehen). Dt. Wb. 11,2 Sp. 1289.

162,25. *Tathandlung* = gewalttätige Handlung. Dt. Wb. 11,1,1 Sp. 318.

163,18f. *fahr ihnen ... durch den Sinn* = kommen ihnen in die Quere, widerspreche ihnen. Dt. Wb. 3, Sp. 1250.

163,20. *erlassen*: freilassen, entlassen. Dt. Wb. 3 Sp. 889.

163,26. *Euer Kopf in Gefahr.* Von solch einer Warnung durch einen Unbekannten berichtet die Autobiographie S. 211f.

165,4. *hint* = diese Nacht (aus: hienacht). Das folgende *nacht* ist pleonastisch. – Dt. Wb. 4B, Sp. 887f. und 1482.

165,13. *geheischen* = gebettelt, durch Betteln erlangt. Dt. Wb. 4B, Sp. 899.

165,26. *des Teufels* ist ein redensartlicher Einschub in den Satz *Bringt ja sein Gepäck.*

165,27. *im Trüben gefischt* = Vorteil aus der Verwirrung gezogen.

166,15. *Blutwurzel* = blutstillende Wurzel. GWb. 2, Sp. 819.

166,28. *Biete* = gebiete, befiehl; wie 137,25. – GWb. 2, Sp. 652. – Götz-Wb. Sp. 83.

166,32. *starr* = ausharrend, nicht wankend. – Dt. Wb. 10,2,1 Sp. 914.

168,3. *Eh alles* = Lieber als alles andere; das ist für mich wichtiger als alles. – Ähnlich *eh* 92,18. Auch in *Werther* kommt *eher* in der Bedeutung von „lieber" vor Bd. 6, S. 70,9. – Dt. Wb. 3, Sp. 37. – Götz-Wb. 160.

168,28. *Exekution* = Strafvollzug. Wie 125,22.

169,24. *Die Gestalt fehlte noch.* Nach dem Volksglauben, daß Sterbende in der Todesstunde fernen Angehörigen oder den an ihrem Tode Schuldigen erscheinen. – Handwörterbuch des dt. Aberglaubens 6, 1935, Sp. 1227f.

169,37. *Adelbert.* Weislingen wird nur selten mit seinem Vornamen genannt. Götz redete ihn so an 99,19 u. 35 u.ö.

170,7. *verkranket* = geht durch Krankheit zu Grunde. Dt. Wb. 12,1 Sp. 684.

171,26. *ersterben* = rasch den Tod finden. Fischer, Goethe-Wortschatz S. 214.

171,34. *Richter des heimlichen Gerichts.* Goethe las über das Fem-Gericht in dem Werk von Joh. Phil. Datt, Volumen rerum Germanicarum ... Vlmae 1698, das sagt er in *Dichtung und Wahrheit* (Bd. 9, S. 524,5 u. Anm.). Als Jurist kannte er auch andere Werke, zumal sein Vater mehrere in seiner Bibliothek hatte. Das Verzeichnis der Bibliothek des Herrn Rat (Nassauische Annalen 64, 1953, S. 23–69) enthält zahlreiche Werke zur Reichsgeschichte (S. 45f.) und zu Rechtswissenschaft und Rechtsgeschichte (S. 58–62). Mehrere Motive der Feme-Szene (171,35–172,40) sind unhistorisch und von Goethe wohl frei erfunden, z.B. verurteilte die Feme keine Frauen. – HandWb. z. dt. Rechtsgesch. 1, Sp. 1099–1103 „Feme".

172,21. *beutst* = bietest; 172,26. *bezüchtigt* = bezichtigt.

173,24. *Wen Gott niederschlägt* ... Da Götz weiß, daß er dem Tod entgegengeht, richten sich seine Gedanken auf die großen Zusammenhänge des Lebens, und da man diese im Sinne der christlichen Lehre mit kirchlichen Worten aussprach, gibt es von hier an viele Anklänge an Bibelworte. Man kannte im 16. Jahrhundert solche Worte und Sätze meist aus dem Gottesdienst, von wo sie in die gehobene Umgangssprache eingegangen waren. Deswegen sind es keine genauen Zitate, sondern Anklänge. Zu 173,24: „Der Herr richtet auf, die niedergeschlagen sind." Psalm 146,8 (also dem Sinn nach anders, aber in der Wortwahl ganz ähnlich). – Zu 173,29: „Die Stunde ist kommen" (Markus 14,41). – Zu 173,30: „Dein Wille geschehe" (Matthäus 6,10; ähnlich 26,42). – Zu 174,18: „Denn deine Hand war Tag und Nacht schwer auf mir" (Psalm 32,4). – Zu 174,36f.: „Es ist schon die Axt den Bäumen an die Wurzel gelegt. Darum, welcher Baum nicht gute Frucht bringet, wird abgehauen" (Matthäus 3,10).

175,7. *Du hast* ... Anrede an Gott, anknüpfend an das Wort *Gebet*, das „Bitte an Gott" bedeutet und insofern diese grammatische Inkonsequenz möglich macht.

175,23. *die Zeiten des Betrugs*. Zwar nicht wörtlich nach dem Neuen Testament, aber dem Sinne nach. Matthäus 24,10–12: „Dann werden sich viele ärgern und werden sich unter einander verraten und werden sich unter einander hassen, und es werden sich viel falsche Propheten erheben und werden viele verführen. Und dieweil die Ungerechtigkeit wird überhand nehmen, wird die Liebe in vielen erkalten." Ähnlich Markus 13,5–23; 2. Tessalonicher-Brief 2,7–12 und andere über die Endzeit handelnde Stellen. Deutungen dieser biblischen Voraussagungen auf die Gegenwart waren im 16. Jahrhundert etwas Häufiges. Götz, der Untreue und Niedergang erlebt hat, bezieht die Voraussagungen also auf seine und die nun anschließende Zeit. Später, im 30jährigen Krieg, bezog man dann ebenfalls die Voraussagungen von Krieg, Hunger, Seuchen und Ketzereien auf die Gegenwart. – Über die Endzeit-Vorstellungen des 16. und 17. Jahrhunderts: E. Trunz, J.M. Meyfart. 1987. S. 133–135 u. 445.

## Aus der ersten Fassung von 1771

(*Aufzug I*, Szene I)
*Eine Herberge.*

*Zwei Reiterknechte an einem Tisch. Ein Bauer und ein Fuhrmann am andern beim Bier.*

*Erster Reiter: Trink aus, daß wir fortkommen, unser Herr wird auf uns warten. Die Nacht bricht herein; und es ist besser eine schlimme Nachricht als keine, so weiß er doch, woran er ist.*

*Zweiter Reiter: Ich kann nicht begreifen, wo der von Weisling hingekommen ist. Es ist, als wenn er in die Erd geschlupft wäre. Zu Nershem hat er gestern übernachtet, da sollt er heute auf Crailsheim gangen sein, das ist seine Straß, und da wär er morgen früh durch den Winsdorfer Wald gekommen, wo wir ihm wollten aufgepaßt und fürs weitere Nacht-Quartier gesorgt haben; unser Herr wird wild sein, und ich bins selbst, daß er uns entgangen ist, just da wir glaubten, wir hätten ihn schon.*

*Erster Reiter. Vielleicht hat er den Braten gerochen, denn selten daß er mit Schuppen behafft ist. Und ist einen andern Weg gezogen.*

*Zweiter Reiter. Es ärgert mich!*

*Erster Reiter. Du schickst dich fürtrefflich zu deinem Herrn. Ich kenn euch wohl. Ihr fahrt den Leuten gern durch den Sinn und könnt nicht wohl leiden, daß euch was durchfährt.*

*Bauer am andern Tisch. Ich sag dir's, wenn sie einen brauchen, und haben einem nichts zu befehlen, da sind die vornehmsten Leut just die artigsten.*

*Fuhrmann. Nein geh! Es war hübsch von ihm und hat mich von Herzen gefreut, wie er geritten kam und sagte: liebe Freund, seid so gut, spannt eure Pferd aus und helft mir meinen Wagen von der Stell bringen. Liebe Freund, sagt er, wahrhaftig es ist das erste Mal, daß mich so ein vornehmer Herr lieber Freund geheißen hat.*

*Bauer. Danks ihm ein spitz Holz; wir mit unsern Pferden waren ihm willkommner als wenn ihm der Kaiser begegnet wär. Stak sein Wagen nicht im Hohlweg zwischen Tür und Angel eingeklemmt? Das Vorderrad bis über die Achse im Loch, und's hintere zwischen ein paar Steinen gefangen; er wußt wohl, was er tat, wie er sagte: liebe Freund. Wir haben auch was gearbeitet bis wir'n heraus brachten.*

*Fuhrmann. Dafür war auch's Trinkgeld gut. Gab er nit jedem drei Albus? He!*

*Bauer. Das lassen wir uns freilich jetzt schmecken. Aber ein großer Herr könnt mir geben die Meng und die Füll, ich könnt ihn doch nicht leiden; ich bin ihnen allen von Herzen gram, und wo ich sie scheren kann, so tu ich's. Wenn du mir heut nit so zugeredt hättst, von meinetwegen säß er noch.*

*Fuhrmann. Narr! Er hatte drei Knechte bei sich, und wenn wir nicht gewollt hätten, würd er uns haben wollen machen. Wer er nur sein mag, und warum er den seltsamen Weg zieht? Kann nirgends hinkommen als nach Rotbach und von da nach Mardorf, und dahin wär doch der nächst und best Weg nach Crailsheim durch den Winsdorfer Wald gangen.*

*Erster Reiter. Horch!*

*Zweiter Reiter. Das wär!*

*Bauer. Ich weiß wohl. Ob er schon den Hut so ins Gesicht geschoben hatte, kannt ich ihn doch an der Nasen. Es war Adelbert von Weislingen.*

*Fuhrmann. Der Weislingen, das ist ein schöner ansehnlicher Herr.*

*Bauer. Mir gefällt er nich, er ist nit breitschultrig und robust genug für einen Ritter, ist auch nur fürn Hof. Ich möcht selbst wissen, was er vorhat, daß er den schlimmen Weg geht. Seine Ursachen hat er, denn er ist für einen pfiffigen Kerl bekannt.*

*Fuhrmann. Heut Nacht muß er in Rotbach bleiben, denn im Dunkeln über die Furt ist gefährlich.*

*Bauer. Da kommt er morgen zum Mittagessen nach Mardorf.*

*Fuhrmann. Wenn der Weg durch'en Wald nit so schlimm ist.*

*Zweiter Reiter. Fort, geschwind zu Pferde. Gute Nacht, ihr Herren.*

*Erster Reiter. Gute Nacht.*

*Die andern Beide. Gleichfalls.*

*Bauer. Ihr erinnert uns an das, was wir nötig haben. Glück auf'en Weg.*
*Die Knechte ab.*

*Fuhrmann. Wer sind die?*

*Bauer. Ich kenn sie nicht. Reutersmänner vom Ansehn; dergleichen Volk schnorrt das ganze Jahr im Land herum, und schiert die Leut was Tüchtigs. Und doch will ich lieber von ihnen gebrandtschatzt und ausgebrennt werden, es kommt auf ein bissel Zeit und Schweiß an, so erholt man sich wieder. Aber wie's jetzt unsre gnädige Herren anfangen, uns bis auf den letzten Blutstropfen auszukeltern, und daß wir doch nicht sagen sollen: ihr machts zu arg! nach und nach zu schrauben. Seht, das ist eine Wirtschaft, daß man sichs Leben nicht wünschen sollte, wenn nicht Wein und Bier gäb, sich manchmal die Grillen wegzuschwemmen und in tiefen Schlaf zu versenken.*

*Fuhrmann. Ihr habt Recht. Wir wollen uns legen.*

*Bauer. Ich muß doch morgen bei Zeiten wieder auf.*

*Fuhrmann. Ihr fahrt also nach Ballenberg?*

*Bauer. Ja nach Haus.*

*Fuhrmann. Es ist mir leid, daß wir nit weiter miteinander gehn.*

*Bauer.* Weiß Gott, wo wir einmal wieder zusammenkommen.
*Fuhrmann.* Euern Name, guter Freund.
*Bauer.* Georg Metzler. Den eurigen.
*Fuhrmann.* Hans Sivers von Wangen.
*Bauer.* Eure Hand! und noch einen Trunk auf glückliche Reise.
*Fuhrmann.* Horch! Der Nachtwächter ruft schon ab. Kommt! kommt!

(*Aufzug III*, Szene 1)
*Der Reichstag zu Augsburg.*
*Kaiser Maximilian, Mainz, Bamberg, Anhalt, Nassau, Weislingen, andre Herren.*

*Maximilian.* Ich will euch die Köpfe zurechtsetzen! Wofür bin ich Kaiser? Soll ich nur Strohmann sein, und die Vögel von euern Gärten scheuchen, keinen Willen haben, bildets euch nicht ein. Ich will eine Contribution von Geld und Mannschaft wider den Türken, das will ich, sag ich euch, und keiner unterstehe sich darwider zu reden.

*Mainz.* Es müßte der kühnste Rebell sein, der einer geheiligten Majestät ins Angesicht widersprechen und in die Flammen ihres Grimms treten wollte. Auch weichen wir vor eurer Stimme wie Israel vor dem Donner auf Sinai. Seht wie die Fürsten umherstehen, getroffen wie von einem unvermuteten Strafgerichte. Sie stehen, und gehn in sich selbst zurück und suchen, wie sie es verdient haben, und verdient müssen wir's haben, obgleich unwissend. Ew. Majestät verlangen einen Türkenzug. Und so lang ich hier sitze, erinner ich mich keinen, der nein gesagt hätte. Waren nicht alle willig, alle! – Es ist Jahr und Tag, wie Ihro Majestät es zum erstenmal vortrugen, sie stimmten all ein, die Fürsten, und in ihren Augen leuchtete ein Feuer, denen Feinden ein schröckliches Meteor. Ihr Geist flog mutig schon nach den Ungrischen Grenzen, als er auf einmal durch ein jämmerliches Wehklagen zurückgehalten wurde. Es waren die Stimmen ihrer Weiber, ihrer unmündigen Söhne, die gleich Schafen in der Wüste mörderischen Wölfen Preis gegeben waren. Würde nicht Elias selbst auf dem feurigen Wagen, da ihn feurige Rosse zur Herrlichkeit des Herren führten, in diesem Falle sich zurück nach der Erde gesehnt haben? Sie baten flehentlich um die Sicherheit ihrer Häuser, ihrer Familien, um mit freiem und ganzem Herzen dem Fluge des Reichsadlers folgen zu können. Es ist Eure Majestät nicht unbekannt, inwiefern der Landfriede, die Achtserklärungen, das Kammergericht bisher diesem Übel abgeholfen hat. Wir sind noch, wo wir waren, und vielleicht übler dran. Wohldenkende Ritter gehorchen Ew. Majestät Befehlen, begeben sich zur Ruhe, und dadurch wird unruhigen Seelen der Kampfplatz überlassen, die sich auf eine ausgelaßne Weise herumtummeln und die hoffnungsvollsten Saaten zertreten. Doch ich weiß, Ew. Majestät zu gehorchen, wird jeder gern sein Liebstes hintansetzen. Auf, *meine Freunde. Auf, gegen die Feinde des Reichs und der Christenheit. Ihr seht, wie nötig unser großer Kaiser es findet, einem größern Verlust mit einem kleinern vorzubeugen. Auf, verlaßt eure Besitztümer, eure Weiber, eure Kinder, und zeigt in einem unerhörten Beispiel die Stärke der deutschen Lehnspflicht und eure Ergebenheit für euern erhabnen Monarchen. Kommt ihr zurück und findet eure Schlösser verheert, euer Geschlecht vertrieben, eure Besitztümer öde, o so denkt, der Krieg, den ihr an den Grenzen führtet, habe in dem Herzen des Reichs gebrannt, und ihr habet der allgemeinen Ruh und Glückseligkeit die eurige aufgeopfert, die Ruinen eurer Schlösser werden künftigen Zeiten herrliche Denkmale sein und laut ausrufen: so gehorchten sie ihrer Pflicht. Und so geschah ihres Kaisers Wille.*

*Kaiser. Ich gehe, euch euern Entschließungen zu überlassen. Und wenn ihr dann sagt: ich hab euch gezwungen, so lügt ihr.*

(*Aufzug V,* Szene 1)
*Nacht. Wilder Wald.*
*Zigeunerinnen beim Feuer kochen.*

*Ältste Zigeunerin.*

*Im Nebelgeriesel, im tiefen Schnee,*
*Im wilden Wald, in der Winternacht,*
*Ich hör der Wölfe Hungergeheul,*
*Ich hör der Eule Schrein.*

*Alle.*

*Wille wau wau wau*
*Wille wo wo wo.*

*Eine.*

*Withe hu.*

*Ältste Zigeunerin.*

*Mein Mann, der schoß ein' Katz am Zaun.*
*War Anne der Nachbarin schwarze liebe Katz.*
*Da kamen des Nachts sieben Werwölf zu mir,*
*Warn sieben sieben Weiber vom Dorf.*

*Alle.*

*Wille wau pp.*

*Alte Zigeunerin.*

*Ich kannt sie all, ich kannt sie wohl,*
*S war Anne mit Ursel und Kett*
*Und Reupel und Bärbel und Lies und Gret,*
*Sie heulten im Kreis mich an.*

*Alle.*

*Wille wau.*

*Alte Zigeunerin.*

*Da nannt ich sie all beim Namen laut:*
*Was willst du Anne, was willst du Kett?*
*Da rüttelten sie sich. Da schüttelten sie sich.*
*Und liefen und heulten davon.*

*Alle.*

*Wille wau pp.*

*Erste. Brauner Sohn, schwarzer Sohn, kommst du, was bringst du?*

*Sohn. Einen Hasen, Mutter, da! – Einen Hamster. Ich bin naß durch und durch.*

*Mutter. Wärm dich am Feuer, trocken dich.*

*Sohn. S'is Tauwetter. Zwischen die Felsen klettert ich. Da kam der Strom, der Schneestrom schoß mir um die Bein, ich watet und stieg und watet.*

*Mutter. Die Nacht is finster.*

*Sohn. Ich kam herab ins tiefe Tal, sprang auf das Trockne, längst am Bach schlich ich her, das Irrlicht saß im Sumpfgebüsch, ich schwieg und schaudert nicht und ging vorbei.*

*Mutter. Du wirst dein Vater, Junge, ich fand dich hinterm dürren Zaun im tiefen November im Harz.*

Hauptmann. Vier Zigeuner.

*Hauptmann. Hört ihr den wilden Jäger?*

*Erster Zigeuner. Er zieht grad über uns hin.*

*Hauptmann. Das Hundegebell, wau! wau!*

*Zweiter Zigeuner. Das Peitschengeknall!*

*Dritter Zigeuner. Das Jagdgeheul holla ho! holla ho!*

*Zigeunerin. Wo habt ihr den kleinen Jungen, meinen Wolf?*

*Hauptmann. Der Jäger gestern lernt ihn ein fein Waidmanns Stückgen, Reuter zu verführen, daß sie meinen, sie wären beisammen und sind weit auseinander. Er lag die halb Nacht auf der Erd, bis er Pferde hörte, er ist auf die Straß hinaus. Gebt was zu essen.*

Sie sitzen ums Feuer und essen.

*Zigeuner. Horch ein Pferd.*

*Adelheid* allein zu Pferd. *Hilf, heilige Mutter Gottes, wo bin ich, wo sind meine Reuter! Das geht nicht mit rechten Dingen zu. Ein Feuer. Heilige Mutter Gottes, walte, walte!*

*Ein Zigeuner und die Alte* gehn auf sie los. *Sei gegrüßt, blanke Mueter! Wo kommst du her? Komm an unsern Herd, komm an unsern Tisch, nimm vorlieb, wie dus findst.*

*Adelheid. Habt Barmherzigkeit. Ich bin verirrt, meine Reuter sind verschwunden.*

*Hauptmann* zu'n andern. *Wolf hat sein Probstück brav gemacht.* laut *Komm komm und fürcht nichts. Ich bin der Hauptmann des armen*

*Völkleins. Wir tun niemanden Leids; wir säuberns Land vom Ungeziefer, essen Hamster, Wieseln und Feldmäus. Wir wohnen an der Erd und schlafen auf der Erd, und verlangen nichts von euern Fürsten als den dürren Boden auf eine Nacht, darauf wir geboren sind, nicht sie.*

*Zigeunerin. Setz dich, blanke Mueter, auf den dürren Stamm ans Feuer. Ein harter Sitz. Da hast du die Deck, in die ich wickle, setz dich drauf.*

*Adelheid. Behaltet euer Kleid.*

*Zigeunerin. Es friert uns nicht, gingen wir nackend und bloß. Es schauert uns nicht vorm Schneegestöber, wenn die Wölfe heulen und Spenster krächzen, wenns Irrlicht kommt und der feurige Mann. Blanke Mueter, schöne Mueter, sei ruhig, du bist in guter Hand.*

*Adelheid. Wolltet ihr nicht ein Paar ausschicken, meinen Knaben zu suchen und meine Knechte? Ich will euch reichlich belohnen.*

*Hauptmann. Gern! Gern!* heimlich *Geht hin und sagt Wolfen, ich biet ihm, er soll den Zauber auftun.*

*Zigeunerin. Gib mir deine Hand, seh mich an, blanke Mueter, schöne Mueter, daß ich dir sage die Wahrheit, die gute Wahrheit.*

*Adelheid* reicht ihr die Hand.

*Zigeunerin. Ihr seid vom Hof – geht an Hof! Es ehren und lieben euch Fürsten und Herrn. Blanke Mueter, schöne Mueter, ich sag dir die Wahrheit, die gute Wahrheit.*

*Adelheid. Ihr lügt nicht.*

*Zigeunerin. Drei Männer kriegt ihr. Den ersten habt ihr – Habt ihr den zweiten, so kriegt ihr den Dritten auch. Blanke Mueter p.p.*

*Adelheid. Ich hoff's nicht.*

*Zigeunerin. Kinder, Kinder! Schöne Kinder seh ich, wie die Mueter, wie der Vater. Edel. Schön. Blanke Mueter pp.*

*Adelheid. Diesmal verfehlt ihr sie, ich hab keine Kinder.*

*Zigeunerin. Kinder seh ich, schöne Kinder mit dem letzten Mann, dem schönsten Mann. Blanke Mueter pp.*
*Viel Feind habt ihr, viel Feind kriegt ihr. Eins steht euch im Weg, jetzt liebt ihr's. Blanke Mueter pp.*

*Adelheid. Schlimme Wahrheit.*

Sohn setzt sich nah zur Adelheid, sie rückt.

*Zigeunerin. Das ist mein Sohn! Seh ihn an! Haare wie ein Dornstrauch, Augen wies Irrlicht auf der Heide. Meine Seel freut sich, wenn ich ihn seh. Seine Zähn wie Helfenbein. Da ich ihn gebar, druckt ich ihm das Nasbein ein. Wie er stolz und wild sieht. Du gefällst ihm, blanke Mueter.*

*Adelheid. Ihr macht mir bang.*

*Zigeunerin. Er tut dir nichts. Bei Weibern ist er mild wie ein Lamm, und reißend wie ein Wolf in der Gefahr. Künste kann er wie der ältste. Er macht, daß dem Jäger die Büchs versagt, daß's Wasser nicht löscht, daß Feuer nit brennt. Sieh ihn an, blanke Mueter, du gefallst ihm. Laß ab, Sohn, du ängstest sie – Schenk uns was, blanke Mueter, wir sind arm. Schenk uns was.*

*Adelheid. Da habt ihr meinen Beutel.*

*Hauptmann. Ich mag ihn nicht, wir sind keine Räuber. Gib ihr was aus dem Beutel für die gute Wahrheit. Gib mir was für die andern, die gegangen sind, und behalt den Beutel.*

*Adelheid gibt.*

*Zigeunerin. Ich will dich was lernen. Sie redet heimlich. Sohn nähert sich der Adelheid. – Und wirf's in fließend Wasser. Wer dir im Weg steht, Mann oder Weib, er muß sich verzehren, und verzehren und sterben.*

*Adelheid. Mir graust.*

*Sohn rückt näher. Adelheid will aufstehn, er hält sie.*

*Adelheid. Um Gottes Willen. Laßt mich.*

*Sohn beißt die Zähne zusammen und hält sie. Du bist schön.*

*Adelheid. Wehrt eurem Sohn, Mutter.*

*Zigeunerin. Er tut dir kein Leids.*

*Adelheid will los, Zigeuner faßt sie mit beiden Armen und will sie küssen.*

*Adelheid schreit. Ai!*

*Franz, Sickingen, Reuter.*

*Zigeuner läßt los.*

*Franz springt vom Pferd. Sie ists! Sie ists! Er läuft zu ihr, fällt vor ihr nieder und küßt ihr die Hände.*

*Adelheid. Willkommen, Franz.*

*Franz fällt in Ohnmacht, ohne daß sie's merkt.*

*Sickingen. Sehr edle Frau, ich find euch in fürchterlicher Gesellschaft.*

*Adelheid. Sie ist menschenfreundlicher als sie aussieht. Und doch, edler Ritter, erscheint ihr mir wie ein Heiliger des Himmels, erwünscht wie unverhofft.*

*Sickingen. Und ich find euch wie einen Engel, der sich in eine Gesellschaft verdammter Geister herabließ, sie zu trösten.*

*Adelheid. Franz! Wehe! Helft ihm! er stirbt.*

*Zigeuner eilen hinzu.*

*Alte Zigeunerin. Laßt mich.*

*Sickingen. Eine gleiche Angst hab ich nie gesehen als der Knab um euch hatte! Der Schmerz war mit seiner Seele so vereinigt, daß plötzliche Freude, die ihn vertreiben wollte, den Geist sogleich mit ausjagte.*

*Franz. Wo ist sie? Sie bringen sie um! ihr garstigen Leute! Wo ist sie?*

*Adelheid. Sei ruhig, ich bin da.*

*Franz nimmt ihre Hand. Seid ihr's? Liebe gnädge Frau, ihr seht noch einmal so schön in der schröcklichen Nacht, bei dem ängstlichen Feuer. Ach wie lieb hab ich euch.*

*Sickingen zum Hauptmann: Wer seid ihr?*

*Hauptmann. Ich bin Johann von Löwenstain aus klein Egypten, Hauptmann des armen Volkes der Zigeuner. Fragt die edle Frau, wie wir Verirrten begegnen. Wir selbst irren in der Welt herum, verlangen nichts von euch als wüste Heide, dürres Gesträuch zum Aufenthalt auf eine Nacht, und Luft und Wasser.*

*Sickingen. Das begehrt ihr, und das andre nehmt ihr.*

*Hauptmann. Wer uns was schenkt, dem nehmen wir nichts. Dem geizigen Bauern holen wir die Enten, er schickt uns fort, da wir um ein Stück Brot bettelten. Wir säuberns Land vom Ungeziefer und löschen den Brand im Dorf, wir geben der Kuh die Milch wieder, vertreiben Warzen und Hühneraugen, unsre Weiber sagen die Wahrheit, die gute Wahrheit.*

*Sickingen. Will einer um ein Trinkgeld den Weg nach dem nächsten Dorfe zeigen? Ihr werdet der Ruhe nötig haben, gnädge Frau, und Euer Knab einiger Verpflegung. Darf ich euch bis in die Herberge begleiten?*

*Adelheid. Ihr kommt meiner Bitte zuvor. Darf ich fragen, wohin euer Weg geht?*

*Sickingen. Nach Augsburg.*

*Adelheid. Das ist der meinige.*

*Sickingen. Ihr mögt also wollen oder nicht, so habt ihr einen Knecht mehr in eurem Gefolge.*

*Adelheid. Einen erwünschten Gesellschafter an meiner Seite.*

*Franz* vor sich. *Was will nun der!*

*Adelheid. Wir wollen aufsitzen, Franz. Lebt wohl, ihr fürchterliche Wandrer, ich dank euch für freundliche Bewirtung.*

*Hauptmann. Wenn man uns Unrecht tut, führt unser Wort, ihr seid groß bei Hofe.*

*Alte. Alle gute Geister geleiten dich, blanke Mueter, denk an mich, wenn dirs geht, wie ich gesprochen hab.*

*Sickingen* hält Adelheid den Steigbügel.

*Franz* drängt ihn weg. *Das ist meine Sache, Herr Ritter.*

*Sickingen* lächelt. *Du machst Prätensionen.*

er hilft Adelheiden aufs Pferd.

*Franz* heimlich. *Der ist unausstehlich.*

*Adelheid. Adieu.* Vice Versa. *Lebt wohl. Gott geleit euch. Adieu. Ab.*

(Szene 2.)

*Nacht. Eine halbverfallne Kapelle auf einem Kirchhof.*

*Anführer der Bauern-Rebellion.*

*Georg Metzler von Ballenberg kommt. Wir haben sie! Ich hab sie!*

*Hans Linck. Brav! Brav! Wen alles?*

*Georg Metzler. Otten von Helfenstein, Nagel von Eltershofen – laßt mich die übrigen vergessen. Ich hab Otten von Helfenstein!*

*Jakob Köhl. Wo hast du sie?*

*Metzler. Ich sperrt sie ins Beinhäusel nahe hierbei und stellt meine Leute davor. Sie mögen sich mit den Schädeln besprechen. Es sind gewiß von den Unglückseligen drunter, die ihre Tyrannei zu Tode gequält hat. Brüder, wie ich den Helfenstein in meinen Händen hatte, ich kann euch nicht sagen, wie mir war! Als hätt ich die Sonn in meiner Hand und könnte Ball mit spielen.*

*Link. Bist du noch der Meinung, daß man sie morgen ermorden soll?*

*Metzler. Morgen? heute noch! es ist schon über Mitternacht. Seht wie die Gebürge von der widerscheinenden Glut ihrer Schlösser in glühendes Blut getaucht daherum liegen. Sonne komm, Sonne komm! Wenn dein erster gebrochner Strahl rot dämmert und sich mit dem fürchterlichen Schein der Flamme vereinigt, dann wollen wir sie hinausführen, mit blutroten Gesichtern wollen wir dastehn, und unsre Spieße sollen, sollen aus hundert Wunden ihr Blut zapfen. Nicht ihr Blut! Unser Blut. Sie gebens nur wieder wie Blutigel. Ha! Keiner ziele nach dem Herzen. Sie sollen verbluten, wenn ich sie ein Jahrhundert bluten sähe, meine Rache würde nicht gesättigt. O mein Bruder! mein Bruder! Er ließ dich in der Verzweiflung sterben! Armer Unglücklicher, die Flammen des Fegfeuers quälen dich rings um. Aber du sollst Tropfen der Linderung haben, alle seine Blutstropfen. Ich will meine Hände drein tauchen. Und wenn die Sonne heraufgeht, soll sie zugleich sehen mich mit seinem Blute und die Felsen durch die Flamme seiner Besitztümer gefärbt.*

*Wache. Ein Weib ist draus, mit einem Kind auf dem Arme. Sie jammert und will zu den Hauptleuten.*

*Linck. Schickt sie fort.*

*Metzler. Nein, Brüder, laßt sie herein. Wer sie auch ist, ihr Jammern soll wie ein Käutzgen den schnellen Tod ihres Mannes verkünden.*

*Gemahlin. Sohn.*

*Gemahlin. Gebt mir meinen Mann. Laßt mich ihn sehen. Der Knabe schreit. Sei ruhig, Junge. Das was dir fürchterlich scheint, ist ein Himmel gegen meiner Qual. Gebt mir meinen Mann, ihr Männer. Um Gottes Barmherzigkeit willen.*

*Metzler. Barmherzigkeit. Nenne das Wort nicht. Wer ist dein Mann?*

*Gemahlin. Otto –*

*Metzler.* Nenn ihn nicht aus, den verruchten Namen. Ich möchte von Sinnen kommen, und deinen Knaben hier wider den geheiligten Altar schmettern.

*Gemahlin* zu den andern. Sind eure Eingeweide auch eisern wie eure Kleider? Rührt euch mein Jammer nicht?

*Metzler.* Barmherzigkeit. Das soll das Losungswort sein, wenn wir sie morden.

*Gemahlin.* Wehe! Wehe!

*Metzler.* Wie der giftige Drache, dein Mann, meinen armen Bruder, und noch drei Unglückliche in den tiefsten Turn warf, weil sie mit hungriger Seele seinen Wald eines Hirsches beraubt hatten, ihre armen Kinder und Weiber zu speisen – Wir jammerten und baten. So kniete die arme Frau, wie du kniest, und so stund der Wütrich, wie ich stehe – Ich wollte diesen Platz nicht um einen Stuhl im Himmel tauschen – Da flehten wir auch Barmherzigkeit, und mehr als ein Knabe jammerte drein. – Damals lernt ich, was ich übe – Er stund, der Abscheu, wie ein ehrener Teufel stund er und grinste uns an. Verfaulen sollen sie lebendig und verhungern im Turn knirscht er. Damal war kein Gott für uns im Himmel, jetzt soll auch keiner für ihn sein.

*Gemahlin.* Ich umfaß eure Knie, gebt mir ihn wieder.

*Metzler.* Top! Wenn ihr mir meinen Bruder wiederschafft. Er stößt sie weg, knirscht und hält die Stirne mit beiden Händen. Halt es aus, o mein Gehirn, diese wütende Freude. Bis ich sein Blut habe fließen sehen, dann reiß. An der Erde seine geliebte Frau – Weh! Bruder, das ist tausend Seelmessen wert.

*Gemahlin.* Laßt mich sie sehn. Mein Jammer wird mich verzehren.

*Metzler.* Komm. Er nimmt sie bei der Hand und führt sie an die Mauer. Lege dein Ohr hier wider, du wirst sie ächzen hören, in dem Gewölbe hierbei auf Totengebein ist ihre Ruhstätt. – Du hörst nichts. Ihr Jammer ist ein Frühlingslüftgen – – – Er lag im tiefen Turn und seine Gesellen bei ihm. Ich kam des Nachts, und lehnt mein Ohr an. Da hört ich sie heulen, ich rief und sie hörten mich nicht. Drei Nächt kam ich, ich zerkratzte die Mauer mit Nägeln und zerbiß sie mit Zähnen. – Die vierte hört' ich nichts mehr, nicht mehr. Keinen Schrei, kein Ächzen. Ich horchte auf das Ächzen, das Schreien wie ein Mädgen auf die Stimme ihres Geliebten – Der Tod war stumm – Ich wälzte mich an der Erde und riß sie auf, und warf mich in Dornsträucher, und fluchte, bis der Morgen kam. Heiße, höllenheiße Flüche – über das Mördergeschlecht.

*Gemahlin* wirft sich vor ihm an die Erden. Gib mir meinen Mann.

*Metzler* tritt nach ihr.

*Köhl.* Steh auf und geht. Es ist Raserei, sich in den Pfad seines Grimms zu werfen.

*Gemahlin.* Es hört kein Gott mehr.

*Metzler.* Wohl wohl. Hätte er damals gehört, ein schneller Blitz hätte deine Türne niedergebrannt und hätte mir die Wonne geraubt, selbst in deinen Gemächern herumzusengen. Sieh da hinaus, wies glüht. Kleiner Junge, sieh das schöne Feuergen – Ah.

*Köhl.* Geht! geht! Eure Gegenwart nährt seine Rache.

*Gemahlin ab.*

*Linck.* Ich sinne drauf, Bruder, wenn sie tot sind, was wir weitern vornehmen.

*Köhl.* Wir müssen suchen, der Sache einen Schein zu geben.

*Linck.* Ich dachte, ob wir nicht Gottfrieden von Berlichingen zum Hauptmann machen sollten. Es fehlt uns ein Anführer, von Kriegserfahrenheit und Ansehn.

*Köhl.* Er wirds nicht tun.

*Metzler.* Wir wollens ihn lernen. Bring ihm den Dolch an die Haut und den Feuerbrand ans Dach, er wird sich geschwind entschließen.

*Linck.* Er würde uns von großem Nutzen sein.

*Metzler.* Er soll. Wir sind einmal im Metzeln, es kommt mir auf einen mehr nicht an. Sieh! Sieh! Es dämmert. Der Osten färbt sich bleich. *Er nimmt seinen Spieß.* Auf! Ihre Seelen sollen mit dem Morgennebel steigen. Und dann. Stürm, stürm, Winterwind, und zerreiß sie, und heul sie tausend Jahr um den Erdkreis herum und noch tausend, bis die Welt in Flammen aufgeht, und dann mitten mitten mit ihnen ins Feuer. *ab.*

(Szene 3.)

*Adelheidens Vorzimmer.*

*Franz mit einem Briefe.* Sie liebt mich nicht mehr, der verdammte Sickingen hat mich verdrängt. Ich haß ihn und soll ihm den Brief bringen, o daß ich das Papier vergiften könnte. Ich soll ihn heute nacht heimlich zu ihr führen. In die Hölle! – Wenn sie mir liebkost, weiß ich voraus, sie will mich zahm machen, dann sagt sie hinten drein, lieber Franz, tu dies, tu das. Ich kanns ihr nicht abschlagen, und rasend mögt ich werden, indem ich ihr folge – Ich will nicht gehen. Soll ich meinen Herren, meinen guten Herrn verraten, der mich liebt wie seinen jüngern Bruder, um eines wankelmütigen Weibes willen?

*Adelheid kommt.* Du bist noch nicht weg.

*Franz.* Werd auch nicht gehen. Da habt ihr euern Brief wieder.

*Adelheid.* Was kommt dir ein?

*Franz.* Soll ich ein Verräter an meinem guten Herrn sein?

*Adelheid.* Wo bist du das Gewissen so geschwind begegnet? Deinen Herrn verraten! Welche Grille. Du tust ihm einen wahren Dienst. Indem Sicking und er öffentlich getrennt sind, und er doch von gro-

*ßem Gewicht ist, bleibt keine Communikationsart mit ihm übrig als die, ihm heimlich zu schreiben und heimlich mit ihm zu reden.*

*Franz. Um Mitternacht in eurem Schlafzimmer. Es mag ein recht politischer Communikationspunkt sein, der euch zusammenbringt.*

*Adelheid* imponierend. *Franz.*

*Franz. Und mich zum Unterhändler zu machen.*

*Adelheid. Gib mir den Brief wieder. Ich hielt dich für was anders.*

*Franz. Gnädge Frau.*

*Adelheid. Gib! gib! Du wirst unnütz. Und kannst gehn, und nach Belieben meine Geheimnisse verraten. Deinem guten Herrn, und wem du willst. Ich war die Närrin, dich für was zu halten, was du nicht bist. Gib mir den Brief und geh.*

*Franz. Liebe gnädge Frau, zürnt nicht. Ihr wißt, daß ich euch liebe.*

*Adelheid. Und ich hielt dich – du weißt's! das hat dich übermütig gemacht. Du warst mein Freund, meinem Herzen so nah. Geh nur, geh, gib mir den Brief, und belohne mein Vertrauen mit Verrat.*

*Franz. Laßt mich, ich will euch gehorchen, eh wollt ich mir das Herz aus dem Leibe reißen als den ersten Buchstaben Eures Geheimnisses verschwätzen. Liebe Frau. – Wenn diese Ergebenheit nichts mehr verdient als andre sich vorgezogen zu sehen –*

*Adelheid. Du weißt nicht, was du willst, noch weniger, was du redst. Wanke nicht von deiner Lieb und Treu – und der schönste Lohn soll dir werden.* ab.

*Franz. Der schönste Lohn. Ich fliege! Wenn sie Wort hält! Das würd ein Jahrtausend vergangner Höllenqualen in einem Augenwink aus meiner Seele verdrängen.* ab.

(Szene 5.)

*Bei einem Dorf.*

*Gottfried. Georg.*

*Gottfried. Geschwind zu Pferde, Görg, ich sehe Miltenberg brennen. Das ist wider den Vertrag. Die Mordbrenner! Sagt ich ihnen nicht zu, ihnen zu ihren Rechten und Freiheiten behülflich zu sein, wenn sie von allen Tätlichkeiten abstehen und ihre grundlose unnütze Wut in zweckmäßigen Zorn verkehren wollen? Reit hin und sag ihnen die Meinung, sag, ich sei nicht an mein Versprechen gebunden, wenn sie das ihrige so scheußlich vernachlässigen.* Georg ab. *Wollt, ich wär tausend Meil davon. Wer sich in die Gesellschaft des Teufels begibt, ist so gut als versengt; sein Element ist das Feuer. Könnt ich mit Ehren von ihnen kommen! Ich sag ihnen alle Tage die bittersten Wahrheiten und fahr ihnen durch den Sinn, daß sie meiner satt werden sollen. Aus dem Fegfeuer würd keiner mehr nach Rettung seufzen als ich aus dieser Schlinge.*

*Ein Unbekannter* tritt auf. *Gott grüß euch, sehr edler Herr.*
*Gottfried. Gott dank euch. Was bringt ihr? Euren Namen.*
*Unbekannter. Der tut nichts zur Sache. Ich komm euch zu sagen, daß euer Kopf in Gefahr ist. Die Anführer müde, sich von euch so harte Worte geben zu lassen, haben beschlossen, euch aus dem Wege zu räumen. Denn ihr steht ihnen im Weg. Mäßigt euch, oder seht zu entwischen, und Gott geleit euch.* ab.
*Gottfried. Hört! Noch ein Wort – Auf diese Art mein Leben zu lassen – Gottfried, Gottfried, du wolltest dem jämmerlichen Tod entgehen, die Flamme löschen, die deine Burg zu verzehren drohte. Du hast dich in ein abscheuliches Feuer gestürzt, das zugleich dich und deinen Namen verzehren wird – Wollte Gott, verzehren.*

Einige Bauern.

*Erster Bauer. Herr! Herr! sie sind geschlagen, sie sind gefangen.*
*Gottfried. Wer?*
*Zweiter Bauer. Die Miltenberg verbrannt haben; es zog sich ein bündischer Trupp hinter dem Berg her und überfiel sie auf einmal.*
*Gottfried. Sie erwartet ihr Lohn. – O Georg, Georg! – Sie haben ihn mit den Bösewichtern gefangen. – – Mein Görg! Mein Görg –!*

Anführer treten auf.

*Linck. Auf, Herr Hauptmann, auf. Es ist nicht Säumens Zeit. Der Feind ist in der Nähe und mächtig.*
*Gottfried. Wer verbrannte Miltenberg?*
*Metzler. Wenn ihr Umstände machen wollt, so werden wir euch weisen, wie man keine macht.*
*Köhl. Sorgt für unsre Haut und eure. Auf! Auf!*
*Gottfried* zu Metzler. *Droht ihr mir? Du Nichtswürdiger, glaubst du, daß du mir fürchterlicher bist, weil noch des Grafen von Helfenstein Blut an deinen Kleidern klebt? Es ekelt mir vor dir, ich verabscheue dich wie eine gefleckte Kröte.*
*Metzler. Berlichingen.*
*Gottfried. Du darfst mich beim Namen nennen. Und meine Kinder werden sich dessen nicht schämen, wenn deiner, du Bösewicht, wie der Name des Teufels, nur zu Flüchen und zu Verwünschungen tönen wird.*
*Köhl. Verderbt eure Zeit nicht mit unglücklichem Streit. Ihr arbeitet dem Feinde vor.*
*Gottfried. Er mir drohen. Der bellende Hund! Das schlechtste Weib würde seinen Zorn aushöhnen. Der Feige, dessen Galle wie ein bösartiges Geschwür innerlich herumfrißt, weil seine Natur nicht Kraft genug hat, sie auf einmal von sich zu stoßen. Pfui über dich! Es stinkt, es stinkt um dich von faulen, aufgebrochnen Beulen, daß die himmlische Luft sich die Nase zuhalten möchte.*

*Köhl.* Geht, Metzler, zu euerm Trupp. Unsre halten schon hinterm Dorf. Wir müssen auf- und abziehen, um es zu keiner Schlacht kommen zu lassen.

*Berlichingen.* Wenn der Teufel ihn zu holen kommt, nehmt euch in acht, daß er nicht einen von euch im Dunkeln erwischt. Und ihr seid wert, seine Gebrüder in der Hölle zu sein, da ihr euch zu Gesellen seiner scheußlichen Taten macht. Was! eure Freiheiten, eure Gerechtigkeiten wieder zu erlangen, begeht ihr Taten, die der Gerechtigkeit so laut in die Ohren brüllen, daß sie vor euerm Flehen taub werden muß. Meine Zeit geht zu Ende. Und ich will meines Wegs.

*Linck.* Du sollst. Denn wir sind deiner herzlich müd, wir hielten dich für einen edlern freiern Mann, für einen Feind der Unterdrückung. Nun sehen wir, daß du ein Sclave der Fürsten bist und kein Mann für uns. Wenn deine Zeit um ist, sollst du fort.

*Gottfried.* In Gottes Namen, und der mag richten und alles zum besten kehren. Und wenn ihr durchschlupft, so darf der Teufel Erlösung hoffen.

(Szene 6.)

*Nacht. Adelheidens Vorzimmer.*

*Franz in einem Sessel auf den Tisch gelehnt, schlafend. Das Licht brennt dunkel. Im Schlaf.* Nein! Nein! *Er fährt auf.* Ah! – Sie sind noch beisammen. – Für Wut möcht ich mich selbst auffressen. Du konntest schlafen. Sieh! Deine Missetat verfolgt dich in den tiefsten Schlummer. Elender Nichtswürdiger, du machst den Wächter zu ihren Verbrechen. Ein Geräusch. Auf auf, daß die Sonne eure ehbrecherische Stirnen nicht beleuchtet.

*Adelheid. Sickingen.*

*Adelheid.* Du gehst! Ein harter Stand für mich; denn ich verlor noch nichts, was ich so liebte.

*Sickingen.* Und ich nahm noch von keiner Adelheid Abschied.

*Adelheid.* Wenn ich wüßte, das sollte das letzte Mal sein, ich wollte dich trotz dem verräterischen Tage in meinen Armen festhalten. Sicking, vergiß mich nicht. Meine Liebe tat zu viel für dich, rechen's ihr nicht zum Fehler an. Und wenns ein Fehler war so laß mich in der Folge Entschuldigung für ihn finden.

*Sickingen.* Ein Fehler, der mich zu einem Gott machte. Leb wohl, du wohnst hier mitten unter den stolzesten Unternehmungen!

*Adelheid.* Ein edler Platz.

*Sickingen.* Du wärst einen Thron wert.

*Adelheid.* Ich würde nicht schöner ruhen als hier. *Sie legt ihre Hand auf seine Brust, er küßt sie.*

*Sickingen.* Wende deine Augen, sonst kann ich nicht von der Stelle.

*Adelheid.* Geht! möge jeder von meinen Gedanken, die ich euch nachsende, ein Engel sein und euch geleiten und beistehn.

*Sickingen.* Lebt wohl. *ab.*

*Adelheid.* Das ist ein Mann. Weisling ist ein Schatten gegen ihn. Schicksal, Schicksal, warum hast du mich an einen Elenden geschmiedet? – Schicksal! – Sind wirs nicht selbst? Und weissagte mir die Zigeunerin nicht den dritten Mann den schönsten Mann! – Es steht euch eins im Weg, ihr liebts noch! – Und lehrte sie mich nicht durch geheime Künste meinen Feind vom Erdboden weghauchen? Er ist mein Feind, er stellt sich zwischen mich und mein Glück. Du mußt nieder in Boden hinein, mein Weg geht über dich weg.

*Weislingen. Adelheid.*

*Adelheid.* So früh?

*Weislingen.* Seit drei Tagen und Nächten kenn ich keinen Unterschied von früh und spat. Diesen Augenblick stirbt unser Kaiser, und große Veränderungen drohen herein. Eben krieg ich einen Brief mit der Nachricht, daß der bäurische Aufruhr durch eine entscheidende Schlacht gedämpft sei, die Rädelsführer sind gefangen und Götz von Berlichingen unter ihnen.

*Adelheid.* Ah.

*Weislingen.* Der Bund ersucht mich, die Stelle des ersten Commissarius in dieser Sache zu übernehmen, damit er nicht scheine, sein eigener Richter sein zu wollen.

*Adelheid.* Und du übernimmst?

*Weislingen.* Nicht gern, ich wollte den reichlich belohnen, der mir die Nachricht von Gottfrieds Tode brächte, – ihn selbst zu verdammen –

*Adelheid.* Hast du nicht das Herz?

*Weislingen.* Ich habs nicht so bös.

*Adelheid.* Du bist von jeher der Elenden einer gewesen, die weder zum Bösen noch zum Guten einige Kraft haben.

*Weislingen.* Und wie du gemacht wurdest, wetteten Gott und der Teufel ums Meisterstück. (Die himmlische Weisheit bildete diesen englischen Körper und beschenkte ihn mit einem übermenschlichen Genius. Da kam der Teufel mit einem Tröpfgen höllischen Feuers, das wir mit einem schwachen Wort Haß nennen – Aus jedem Tropfgen quillt ein Meer von Glut, – Und warfs in dein Herz – und gewann.) *ab.*

*Adelheid.* Geh nur. Das fehlte noch, daß er sich zu überheben anfängt. Wir wollens ihm wehren. Gottfried soll aus der Welt, da befrei ich Sickingen von einem leidigen Bande. Und dann, Weislingen, mach dich zur Ruhe gefaßt! du bist zu ein fauler Geselle, als daß ich auf der Reise länger dich fortschleppen solle. Lieg! Lieg! Versteck dich unter den Boden, du Feiger. Es dürfen tausend Herolde, drei Schritte von *dir, tausend Herausforderungen herabtrompeten, und du kannst in Ehren außenbleiben. ab.*

(Szene 11.)

*Adelheidens Schloß.*

*Adelheid. Franz in ihren Armen.*

*Adelheid. Verlaß mich, Franz! Der Wächter singt auf dem Turn, heimlich schleicht der Tag heran. Daß niemand erwache und in den Busen unsers Geheimnisses verrate.*

*Franz. Soll ich fort? O das geht über alle Höllenstrafen, die Glückseligkeit des Himmels nur einen kleinen Augenblick zu genießen. Tausend Jahre sind nur eine halbe Nacht. Wie haß ich den Tag. Lägen wir in einer uranfänglichen Nacht, eh das Licht geboren ward. Oh, ich würde an deinem Busen der ewigen Götter einer sein, die in brütender Liebeswärme in sich selbst wohnten, und in einem Punkte die Keime von tausend Welten gebaren, und die Glut der Seligkeiten von tausend Welten auf einen Punkt fühlten.*

*Adelheid. Verlaß mich, kleiner Schwärmer.*

*Franz. Der schwärmt, wer nichts fühlt, und schlägt mit seinen Flügeln den leeren Raum. Ich bin so in Freude versunken, daß sich keine Nerve rühren kann.*

*Adelheid. Geh. Die Knechte stehen früh auf.*

*Franz. Laßt mich! Reißt mich nicht so auf einmal aus der Hitze in den Frost. Die leere Erinnerung würde mich rasend machen.*

*Adelheid. Wenn sich nicht Hoffnung zu ihr gesellte.*

*Franz. Hoffnung – Du schön Wort. Ich hatt sie ganz vergessen. Die Fülle des Genusses ließ keiner Hoffnung Platz. – Das ist das erste Mal in meinem Leben, daß ich hoffe. Das andere waren Maulwurfs Ahndungen. – Es tagt. – Ich will fort! – Er umarmt sie. So ist kein Ort der Seligkeit im Himmel. Ich wollte meinen Vater ermorden, wenn er mir diesen Platz streitig machte. ab.*

*Adelheid. Ich habe mich hoch ins Meer gewagt, und der Sturm fängt an, fürchterlich zu brausen. Zurück ist kein Weg! Weh weh! Ich muß eines den Wellen preisgeben, um das andre zu retten. Die Leidenschaft dieses Knaben droht meinen Hoffnungen. – Könnte er mich in Sickingens Armen sehen, er, der glaubt, ich habe alles in ihm vergessen, weil ich ihm eine Gunst schenkte, in der er sich ganz vergaß? – Du mußt fort – du würdest deinen Vater ermorden – du mußt fort. Eben der Zaubergift, der deinen Herren zum Grab führt, soll dich ihm hinterdrein bringen. Er soll. – Wenn's nicht fürchterlicher ist zu sterben als einem dazu zu verhelfen, so tu ich euch kein Leids. Es war eine Zeit, wo mir graute. So sind alle Sachen, wenn sie in die Nähe treten, alltäglich. ab*

(Szene 13.)

*Ein kleines unterirdisches Gewölb. Das heimliche Gericht.*

*Sieben Richter um einen schwarzbedeckten Tisch, worauf ein Schwert und Strang, sitzend, auf jeder Seite sieben Unterrichter stehend, alle in weißen langen Kleidern vermummt.*

*Erster Oberrichter. Ihr Richter des heimlichen Gerichts, die ihr schwurt auf Strang und Schwert unsträflich zu sein, und zu richten im Verborgnen, und zu strafen im Verborgnen, Gott gleich! Sind eure Herzen rein und eure Hände, so hebt die Arme empor, und ruft über die Missetäter Wehe! Wehe!*

*Alle mit emporgehobnen Armen. Wehe! Wehe!*

*Erster Oberrichter. Rufer, beginne das Gericht.*

*Erster Unterrichter tritt vor. Ich Rufer rufe die Klag gegen den Missetäter. Wessen Herz rein ist, und dessen Hände rein sind zu schwören auf Strang und Schwert, der klage bei Strang und Schwert, klage! klage!*

*Ein zweiter Unterrichter tritt auf. Mein Herz ist rein von Missetat und meine Hände von unschuldigem Blut. Verzeih mir Gott böse Gedanken, und hemm den Weg zum Willen. Ich hebe meine Hand auf, und klage! klage! klage!*

*Erster Oberrichter. Wen klagst du an?*

*Kläger. Ich klag an auf Strang und Schwert Adelheiden von Weislingen. Sie hat Ehebruchs sich schuldig gemacht, und ihren Mann samt seinem Knaben durch geheime verzehrende Mittel zum Tode gesaugt. Der Mann ist tot, der Knab stirbt.*

*Erster Oberrichter. Schwörst du zu dem Gott der Wahrheit, daß du Wahrheit klagst?*

*Kläger. Ich schwöre.*

*Erster Oberrichter. Würde es falsch befunden, beutst du deinen Hals der Strafe des Mords und des Ehbruchs?*

*Kläger. Ich biete!*

*Erster Oberrichter. Eure Stimmen. Er steht auf.*

*Erst treten die sechs Oberrichter, darauf die sieben Unterrichter der rechten, dann die sieben der linken zu ihm und reden heimlich. Er setzt sich.*

*Kläger. Richter des heimlichen Gerichts, was ist euer Urteil über Adelheiden von Weislingen bezichtiget des Ehebruchs und Mords?*

*Oberrichter. Sterben soll sie! Sterben des bittern Tods. Mit Strang und Dolch. Büßen doppelt doppelte Missetat. Streckt eure Hände empor, und ruft weh über sie, wehe, weh, und übergebt sie den Händen des Rächers.*

*Alle. Weh Weh Weh.*

*Oberrichter. Rächer, Rächer, tritt auf.*

*Der letzte links.*

*Faß hier Strang und Schwert. Sie zu tilgen von dem Angesichte des Himmels, binnen acht Tage Zeit. Wo du sie findest, nieder mit ihr in Staub, du oder deine Gehülfen. Richter, die ihr richtet im Verborgnen, Gott gleich, bewahrt euer Herz für Missetat und eure Hände vor unschuldigem Blut.*

(Szene 15.)

*Adelheidens Schlafzimmer.*

*Daß es Morgen wäre! Mein Blut wird wie von seltsamen Ahndungen herumgetrieben, und der Sturm vertreibt den ruhigen Wandrer Schlaf. Ich bin müd, daß ich weinen möchte, und meine Begierde nach Ruhe zählt jeden Augenblick der ewigen Nacht, und sie wird im Fortschreiten länger. Es ist alles so dunkel. Kein Stern am Himmel! Düster, stürmisch! In einer solchen Mitternacht fand ich dich, Sickingen. In einer solchen Nacht hatt ich dich in meinen Armen. Meine Lampe mangelt Öls. Es ist ängstlich, in der Finsternis zu wachen.* Sie zieht die Schelle. *Mag ein Knecht seinen Schlaf verlassen! Ich bin so allein. Die mächtigsten Leidenschaften waren meiner Seele Gesellschaft genug! Daß ich in der fürchterlichsten Hölle nicht allein gewesen wäre! Sie schlafen auf einmal, und ich stehe nackend, wie ein Missetäter vor Gericht. – Ich ließ mein Mädgen – Ob Weislingen tot ist? –* Sie zieht die Schelle. *Es hört niemand, der Schlaf hält ihnen die Ohren zu! Ob Franz tot ist? – Es war ein lieber Junge –* sie setzt sich an Tisch. *Sicking, Sickingen.* Sie schläft ein.

*Franz* zeigt sich an. *Adelheid!*

*Mörder* kommt unterm Bett hervor. *Endlich schläft sie. Sie hat mir die Zeit lang gemacht.*

*Geist. Adelheid!* verschwindet.

*Adelheid* erwacht. *Ich sah ihn! Er rang mit der Todesangst! Er rief mir! rief mir! Seine Blicke waren hohl und liebevoll – Mörder! Mörder!*

*Mörder. Rufe nicht! Du rufst dem Tod! Rachegeister halten der Hülfe die Ohren zu (und summen ihr Gewissen mit einem dumpfen Schlaflied nieder).*

*Adelheid. Willst du mein Gold? Meine Juwelen? Nimm sie, laß mir das Leben.*

*Mörder. Ich bin kein Räuber. Finsternis hat Finsternis gerichtet, und du mußt sterben!*

*Adelheid. Wehe! Wehe!*

*Mörder. Über deinen Kopf. Wenn die scheußliche Gestalten deiner Taten dich nicht zur Hölle hinabschröcken, so blick auf, blick auf zum Rächer im Himmel, und bitt mit dem Opfer genug zu haben, das ich ihm bringe.*

*Adelheid. Laß mich leben! Was hab ich dir getan? ich umfaß deine Füße.*

*Mörder* vor sich. *Ein königliches Weib. Welcher Blick, welche Stimme. In ihren Armen würd ich Elender ein Gott sein. – Wenn ich sie täuschte! – Und sie bleibt doch in meiner Gewalt! –*

*Adelheid. Er scheint bewegt.*

*Mörder. Adelheid. Du erweichst mich. Willst du mir zugestehn?*

*Adelheid. Was?*

*Mörder. Was ein Mann verlangen kann, von einer schönen Frau! in tiefer Nacht.*

*Adelheid* vor sich. *Mein Maß ist voll. Laster und Schande haben mich wie Flammen der Hölle mit teuflischen Armen umfaßt. Ich büße, büße. Umsonst suchst du Laster mit Laster, Schande mit Schande zu tilgen. Die scheußlichste Entehrung und der schmählichste Tod, in einem Höllenbild vor meinen Augen.*

*Mörder. Entschließe dich.*

*Adelheid* steht auf. *Ein Strahl von Rettung.* Sie geht nach dem Bette, er folgt ihr, sie zieht einen Dolch von Häupten und sticht ihn.

*Mörder. Bis ans Ende Verräterin.* Er fällt über sie her und erdrosselt sie. *Die Schlange.* Er gibt ihr mit dem Dolch Stiche. *Auch ich blute. So bezahlt sich dein blutig Gelüst – Du bist nicht der erste – Gott, machtest du sie so schön, und konntest du sie nicht gut machen?* ab.

# PROMETHEUS

## GOETHE ÜBER „PROMETHEUS" UND QUELLEN ZUR ENTSTEHUNGSGESCHICHTE

*Goethe an Kestner. Frankfurt, Mitte Juli 1773.*

Ich bin recht fleißig, und wenn's Glück gut ist, kriegt Ihr bald wieder was, auf eine andre Manier. Ich wollt, Lotte wäre nicht gleichgültig gegen mein Drama. Ich hab schon vielerlei Beifalls-Kränzlein von allerlei Laub und Blumen, Italienischen Blumen sogar, die ich wechselsweise aufprobieret und mich vorm Spiegel ausgelacht habe. Die Götter haben mir einen Bildhauer hergesendet, und wenn er hier Arbeit findet, wie wir hoffen, so will ich viel vergessen. Heilige Musen, reicht mir das Aurum potabile, Elixir Vitae aus euren Schalen, ich verschmachte. Was das kostet, in Wüsten Brunnen zu graben und eine Hütte zu zimmern.

*G. F. E. Schönborn auf der Durchreise in Frankfurt an H. W. v. Gerstenberg in Kopenhagen, 12. Okt. 1773.*

Gleich des Abends nach meiner Ankunft hab ich auch Herrn Göde, den Verfasser des Götze, gesprochen ... Wir wurden gleich Freunde. Er ist ein magerer junger Mann ohngefähr von meiner Größe. Er sieht blaß aus ... Seine Miene ist ernsthaft und traurig ... Er ist sehr beredt und strömt von Einfällen ... Alles verwandelt sich gleich bei ihm ins Dramatische ... Er scheint mit ausnehmender Leichtigkeit zu arbeiten. Jetzo arbeitet er an einem Drama, Prometheus genannt, wovon er mir zwei Akte vorgelesen hat, worin ganz vortreffliche, aus der tiefen Natur gehobene Stellen sind. (Ich urteile, wie es mir beim ersten Vorlesen vorkam).

*F. H. Jacobi in Düsseldorf an Goethe. 6. Nov. 1774.*

Lieber Goethe, da hast Du Deinen Prometheus zurück, und meinen besten Dank dabei. Kaum mag ich Dir sagen, daß dies Drama mich gefreut hat, weil es mir unmöglich ist, Dir zu sagen, wie sehr.

*Dichtung und Wahrheit, 15. Buch. Geschrieben 1813. (Bd. 10, S. 47–49.)*

Das gemeine Menschenschicksal, an welchem wir alle zu tragen haben, muß denjenigen am schwersten aufliegen, deren Geisteskräfte sich früher und breiter entwickeln. Wir mögen unter dem Schutz von Eltern und Verwandten emporkommen, wir mögen uns an Geschwister und

Freunde anlehnen, durch Bekannte unterhalten, durch geliebte Personen beglückt werden; so ist doch immer das Final, daß der Mensch auf sich zurückgewiesen wird, und es scheint, es habe sogar die Gottheit sich so zu dem Menschen gestellt, daß sie dessen Ehrfurcht, Zutrauen und Liebe nicht immer, wenigstens nicht grade im dringenden Augenblick, erwidern kann. Ich hatte jung genug gar oft erfahren, daß in den hülfsbedürftigsten Momenten uns zugerufen wird: Arzt, hilf dir selber! und wie oft hatte ich nicht schmerzlich ausseufzen müssen: Ich trete die Kelter allein. Indem ich mich also nach Bestätigung der Selbständigkeit umsah, fand ich als die sicherste Base derselben mein produktives Talent. Es verließ mich seit einigen Jahren keinen Augenblick; was ich wachend am Tage gewahr wurde, bildete sich sogar öfters nachts in regelmäßige Träume, und wie ich die Augen auftat, erschien mir entweder ein wunderliches neues Ganze oder der Teil eines schon Vorhandenen. Gewöhnlich schrieb ich alles zur frühesten Tageszeit; aber auch abends, ja tief in die Nacht, wenn Wein und Geselligkeit die Lebensgeister erhöhten, konnte man von mir fordern, was man wollte; es kam nur auf eine Gelegenheit an, die einigen Charakter hatte, so war ich bereit und fertig. Wie ich nun über diese Naturgabe nachdachte und fand, daß sie mir ganz eigen angehöre und durch nichts Fremdes weder begünstigt noch gehindert werden könne, so mochte ich gern hierauf mein ganzes Dasein in Gedanken gründen. Diese Vorstellung verwandelte sich in ein Bild, die alte mythologische Figur des Prometheus fiel mir auf, der, abgesondert von den Göttern, von seiner Werkstätte aus eine Welt bevölkerte. Ich fühlte recht gut, daß sich etwas Bedeutendes nur produzieren lasse, wenn man sich isoliere. Meine Sachen, die so viel Beifall gefunden hatten, waren Kinder der Einsamkeit, und seitdem ich zu der Welt in einem breitern Verhältnis stand, fehlte es nicht an Kraft und Lust der Erfindung, aber die Ausführung stockte, weil ich weder in Prosa noch in Versen eigentlich einen Stil hatte, und bei einer jeden neuen Arbeit, je nachdem der Gegenstand war, immer wieder von vorne tasten und versuchen mußte. Indem ich nun hierbei die Hülfe der Menschen abzulehnen, ja auszuschließen hatte, so sonderte ich mich, nach Prometheischer Weise, auch von den Göttern ab, um so natürlicher, als bei meinem Charakter und meiner Denkweise Eine Gesinnung jederzeit die übrigen verschlang und abstieß.

Die Fabel des Prometheus ward in mir lebendig. Das alte Titanengewand schnitt ich mir nach meinem Wuchse zu und fing, ohne weiter nachgedacht zu haben, ein Stück zu schreiben an, worin das Mißverhältnis dargestellt ist, in welches Prometheus zu dem Zeus und den neuen Göttern gerät, indem er auf eigne Hand Menschen bildet, sie durch Gunst der Minerva belebt, und eine dritte Dynastie stiftet. Und wirklich hatten die jetzt regierenden Götter sich zu beschweren völlig

Ursache, weil man sie als unrechtmäßig zwischen die Titanen und Menschen eingeschobene Wesen betrachten konnte. Zu dieser seltsamen Komposition gehört als Monolog jenes Gedicht, das in der deutschen Literatur bedeutend geworden, weil, dadurch veranlaßt, Lessing über wichtige Punkte des Denkens und Empfindens sich gegen Jacobi erklärte. Es diente zum Zündkraut einer Explosion, welche die geheimsten Verhältnisse würdiger Männer aufdeckte und zur Sprache brachte: Verhältnisse, die, ihnen selbst unbewußt, in einer sonst höchst aufgeklärten Gesellschaft schlummerten. Der Riß war so gewaltsam, daß wir darüber, bei eintretenden Zufälligkeiten, einen unserer würdigsten Männer, Mendelssohn, verloren.

Ob man nun wohl, wie auch geschehn, bei diesem Gegenstand philosophische, ja religiöse Betrachtungen anstellen kann, so gehört er doch ganz eigentlich der Poesie. Die Titanen sind die Folie des Polytheismus, so wie man als Folie des Monotheismus den Teufel betrachten kann; doch ist dieser, so wie der einzige Gott, dem er entgegensteht, keine poetische Figur. Der Satan Miltons, brav genug gezeichnet, bleibt immer in dem Nachteil der Subalternität, indem er die herrliche Schöpfung eines oberen Wesens zu zerstören sucht, Prometheus hingegen im Vorteil, der, zum Trutz höherer Wesen, zu schaffen und zu bilden vermag. Auch ist es ein schöner, der Poesie zusagender Gedanke, die Menschen nicht durch den obersten Weltherrscher, sondern durch eine Mittelfigur hervorbringen zu lassen, die aber doch, als Abkömmling der ältesten Dynastie, hierzu würdig und wichtig genug ist; wie denn überhaupt die griechische Mythologie einen unerschöpflichen Reichtum göttlicher und menschlicher Symbole darbietet.

Der titanisch-gigantische, himmelstürmende Sinn jedoch verlieh meiner Dichtungsart keinen Stoff. Eher ziemte sich mir, darzustellen jenes friedliche, plastische, allenfalls duldende Widerstreben, das die Obergewalt anerkannt, aber sich ihr gleichzusetzen möchte.

*Thomas Johann Seebeck in Berlin an Goethe. 1. Juni 1819.*

Euer Exzellenz übersende ich beiliegend einen Brief, welchen ich vor kurzem von einem Freunde in Livland, Herrn Dr. Wetterstrand, erhalten habe. Er hat unter dem Nachlaß des verstorbenen Dichters Lenz ein dramatisches Gedicht, Prometheus betitelt, gefunden, welches er für ein verloren gegangenes Gedicht von Ihnen hält, und hat eine Abschrift vom Anfang desselben mitgeteilt, welche beiliegt. Sollte seine Vermutung gegründet sein und wünschen Sie eine Abschrift des ganzen zu erhalten, so werde ich diese mit größtem Vergnügen besorgen.

*Goethe an Th. J. Seebeck in Berlin. 5. Juni 1819.*

Es ist sehr freundlich von Herrn Dr. Wetterstrand, daß er von dem verirrten Dichtwerke Nachricht gibt. Allerdings ist dieses Drama von mir, unvollendet wie so vieles andere. Nur zwei Akte können es sein, der Monolog Prometheus, der durch Jacobi's Unvorsichtigkeit so vielen Lärm machte, gehörte eigentlich hierher, kann aber nicht in dem Manuskript stehen, welches sich bei Lenz gefunden. Will der livländische Freund mir das Dokument übersenden, so werd ich es dankbar erkennen und unter die Paralipomena legen, deren Erscheinung künftigen Tagen vorbehalten ist.

*Th. J. Seebeck in Berlin an Goethe. 11. Dez. 1819.*

*Seebeck sendet eine Abschrift des Dramas, die Bernhard Gottlob Wetterstrand aus Reval geschickt hat. Er fügt hinzu:*

Ob auch das Originalmanuskript, worum ich gebeten hatte, überliefert werden wird, steht nun zu erwarten.

*Er meint damit die Abschrift, welche Lenz gemacht hatte.*

*Goethe an Th. J. Seebeck in Berlin. 30. Dez. 1819.*

Der Prometheus nimmt sich wunderlich genug aus; ich getraute mir kaum, ihn drucken zu lassen, so modern-sansculottisch sind seine Gesinnungen; wie wunderlich dies alles seit so vielen Jahren in den Geistern hin- und widerwogt!

*Zelter in Berlin an Goethe. 19. April 1820.*

Den „Prometheus" habe ich mir abgeschrieben; das ist ein Kerl!

*Wahrscheinlich hatte Zelter das Werk durch Seebeck kennen gelernt, zu dem er persönliche Beziehungen hatte.*

*Goethe an Zelter. Karlsbad, 11. Mai 1820. (Briefe Bd. 3, S. 477.)*

Wunderlich genug, daß jener von mir selbst aufgegebene und vergessene „Prometheus" grade jetzt wieder auftau[ch]t. Der bekannte Monolog, der in meinen Gedichten steht, sollte den dritten Akt eröffnen. Du erinnerst Dich wohl kaum, daß der gute Mendelssohn an den Folgen einer voreiligen Publikation desselben gestorben ist. Lasset ja das Manuskript nicht zu offenbar werden, damit es nicht im Druck erscheine. Es käme unserer revolutionären Jugend als Evangelium recht willkommen, und die hohen Kommissionen zu Berlin und Mainz möchten zu meinen Jünglingsgrillen ein sträflich Gesicht machen. Merkwürdig ist es jedoch, daß dieses widerspenstige Feuer schon funfzig Jahre unter poetischer Asche fortglimmt, bis es zuletzt, real entzündliche Materialien ergreifend, in verderbliche Flammen auszubrechen droht.

*Tagebuch. 10. Okt. 1820.*

Briefe von Ansbach und Reval.

*Der Brief aus Reval ist von B. G. Wetterstrand, der die Übersendung aus dem Lenz-Nachlaß ankündigt.*

Tagebuch. 19. Nov. 1820.

Gegen Abend Sendung von Reval.

*Die Sendung bestand in der Abschrift des Prometheus, die Lenz angefertigt hatte. Beigefügt war das „Pandaemonium Germanicum“ von Lenz.*

*Inhaltsverzeichnis von Band 33 der Ausgabe letzter Hand, im Frühsommer 1830 von Goethe und Riemer formuliert.*

Rezensionen in die Frankfurter gelehrten Anzeigen. – Rezensionen in die Jenaische allgemeine Literaturzeitung. – Prometheus. Dramatisches Fragment. 1775. – Götter, Helden und Wieland. 1774.

*Der Band enthält also größtenteils Jugendwerke. Damit der Leser das sogleich wisse, sind die beiden Dramen datiert. Weil Goethe das Datum nach seiner Erinnerung setzte, versah er sich dabei um 2 Jahre. – Im Juni sah er mit Riemer das Druckmanuskript durch.*

*Tagebuch. 30. Juni 1830.*

Jugendliche Fragmente, gestern durch Riemer zur Sprache gebracht. Das Wahre, aber unentwickelt, so daß man es für Irrtum ansprechen könnte.

## NACHWORT ZU „PROMETHEUS“

Das *Prometheus*-Fragment ist im Sommer 1773 geschrieben. Am 12. Oktober berichtet G. F. E. Schönborn, daß Goethe ihm zwei Akte vorgelesen habe. Die Prometheus-Geschichte gehörte zu denjenigen antiken Mythen, die im 18. Jahrhundert oft genannt und oft literarisch verwendet wurden. Goethes Fragment enthält stellenweise Anklänge an Wielands „Traumgespräch mit Prometheus“, das dieser 1770 in „Beiträge zur geheimen Geschichte des menschlichen Verstandes und Herzens“ veröffentlicht hatte. Goethe hat, um sich die Fabel zu vergegenwärtigen, vermutlich ein oder mehrere Nachschlagwerke herangezogen; welche es waren, wissen wir nicht.

In *Dichtung und Wahrheit* schreibt er: *Das alte Titanengewand schnitt ich mir nach meinem Wuchse zu.* Goethe deutet hier die Beziehung des Themas zu seinem Zustand innerer Einsamkeit, äußerer Konflikte und zugleich höchster Produktivität zwar zurückhaltend, aber eindrucksvoll an. Er sagt auch, daß er bei jeder neuen Arbeit sich neu *nach vorne tasten* mußte. Bei den Anfangs-Dramen hatte er Molière im Hintergrund gehabt, bei *Götz* war es Shakespeare. Diesmal setzte er noch einmal neu an, ohne bestimmtes Vorbild. Das Werk steht unter den Dichtungen der Zeit wie unter den Jugendwerken Goethes vereinzelt da, ähnlich wie unter den Gedichten *Der Wandrer* (Bd. 1, S. 36–42 und Anmerkung).

Beide Werke eint z. T. schon das Versmaß: wie dort der Fremdling in freien Rhythmen spricht (die Frau durchgehend in freien Iamben), so sprechen hier alle Gestalten (und es ist darin das einzige Drama Goethes) in jenem Versmaß des hohen Tons. Wir befinden uns in mythischen Landschaften (genannt werden Kaukasus und Olymp) und in einer mythischen Welt. Die kurzen Szenen atmen alle den gleichen strengen Geist; die meisten Personen, die auftreten und sprechen, haben etwas Flächiges, sie sprechen nicht aus der Tiefe einer Individualität. Geschehen auf der Bühne gibt es fast nicht. Bedeutsame Begebnisse wie Merkurs Groll über des Prometheus Ablehnung, überhaupt der Inhalt seines Angebots, weiterhin die Belebung der Menschen, das Erlebnis Pandoras – sie werden berichtet. Die Szenen sind deutlich gegeneinander abgesetzt, sie stehen fast unverbunden nebeneinander, es fehlt das Band einer Handlung. In ihrer Geschlossenheit und sparsamen, stilisierten Strenge weist jede von ihnen über sich hinaus. Was Goethe zum ersten Mal in dem Gedicht *Ein zärtlich-jugendlicher Kummer* (Bd. 1, S. 32) versucht hatte: die Reihung symbolischer Situationen, das scheint sich hier als Reihung dramatischer Szenen zu wiederholen. Dort waren die drei Strophen als Bilder des Hoffens aufeinander bezogen. Die Frage der inneren Beziehung zwischen den Szenen des Dramas stellt sich, die durch den Titel angedeutet und äußerlich schon in der fast durchgängigen Anwesenheit des Prometheus auf der Bühne gegeben ist.

Das Werk ist äußerlich in zwei Akte gegliedert: die drei Szenen des *ersten Aktes* bilden eine verhältnismäßig enge Gruppe; in jeder führt Prometheus mit einer anderen Gestalt ein Gespräch, bei dem der Partner nur wenige Wort einwirft, meist nur ein neues Stichwort reichend. Die Gestalt des Prometheus wird aufgebaut. In der Szene mit Merkur ist er ganz der Trotzige: *Ich will nicht* sind seine ersten Worte. Sein Trotz beruht auf der Erfahrung (8–15), daß erst das Ich-Bewußtsein einem Sachverhalt Sinn gibt und ihn damit zugleich zu unserm eigenen macht (*die Welt, sie war nicht, eh' ich sie erschuf*, so drückt es später der Baccalaureus im *Faust* aus; der revolutionären Jugend, die Goethe damit meinte, wäre der *Prometheus* als Evangelium recht willkommen, äußerte er 1820). Er beruht weiterhin auf dem Bewußtsein, nur durch die eigene Erfahrung zum Manne geschmiedet worden zu sein (22–30), und schließlich auf dem Wissen, daß keine Göttermacht seine Individualität umformen könne. In der Szene mit Epimetheus erweitert sich das Bild des Trotzigen: der Bezirk seines Ich, den er nicht antasten lassen will, umfaßt den Kreis seiner Wirksamkeit, seiner Geschöpfe, die er in den beiden überleitenden Monologen anspricht.

Um so überraschender ist das Bild von Prometheus, das wir aus dem Gespräch mit Minerva gewinnen. Dieser Sprechende wurzelt gar nicht in seiner Individualität, auf die er als Sinn der Welt so pochte. Er empfindet, daß die tiefste Sprache seiner Seele aus der Verbundenheit mit Göttlichem stammt. Er erlebt auch in der Natur die Entgrenzung des Ich (118ff.), das Durchströmtwerden vom Göttlichen. Er redet Minerva ausdrücklich als Göttin an (135), und nun wirkt es als Verblendung, wenn er im gleichen Atemzug die Götter als fremde Wesen, die falschen Anspruch erheben, von seiner Sphäre abgrenzt. Denn könnte es nicht sein, daß auch sie durch Prometheus und durch die Welt hindurchwirken? Epimetheus hat es angedeutet (86). Prometheus aber wird wieder ganz zum Trotzigen, der nicht bereit ist, den von Minerva betonten Wesensunterschied zu den Göttern anzuerkennen. Wenn Minerva neben der Dauer und der Macht Weisheit und Liebe nennt, so spricht sie ganz zur Situation, d.h. um Prometheus sich in seinem Trotz weiter aufbauen und verstärken zu lassen. Denn daß er sich an Macht und Liebe den Göttern gleich fühlt, hat er bereits bekannt (35, 116, 136, 148), er weist nun auf die Auswirkungen solcher Fähigkeiten in seinen Geschöpfen. So lehnt er, aus dem Gefühl der Gleichheit und dem Drang zur Freiheit, das Angebot Jupiters ab, die Statuen zu beleben. Wenn Minerva unter Berufung auf das Schicksal ihren Liebling an den Quell des Lebens führt, damit er selbst ihnen das Leben verleiht, dann hat sich das Spannungsfeld erweitert. Denn die Menschen, an sich schon Geschöpfe des Prometheus und Träger seines Geistes, werden nun auch als Lebende sich wie ihr Schöpfer verblendet den Göttern gleich dünken und ihre Macht nicht anerkennen.

Jupiter spricht es in der 1. Szene des *2. Aktes* aus, die in dem höheren Raum der Götter spielt. Aber er will, *so weis' als gütig,* die Menschen ihrem Leben überlassen, vorauswissend, daß sie der Götter bedürfen werden. Die Tat der Belebung, das einzige, freilich auch noch verdeckt bleibende Geschehen bisher, wird nicht zum Einsatz der tragischen Handlung.

Der *erste Akt* führt nicht so weit. Er hat lediglich die Gestalt des Prometheus aufgebaut (der sich des Widerspruchs zwischen der Erfahrung des Entgrenztwerdens und der Erfahrung der Individualität nicht bewußt wird), und er hat zum Schluß das Spannungsfeld erweitert, indem die Geschöpfe sich lebend an die Seite des Prometheus stellen. Damit die Möglichkeit zu einer neuen Spannung gegeben und eine neue Richtung für eine neue Handlung gewiesen: werden sie an seiner Seite bleiben? sind sie wirklich so sehr Teil seiner selbst, wie er wähnt?

Die Szenen des *zweiten Aktes* entfalten eine solche Spannung nicht. Wir schauen symbolische Bilder vom Urzustand der Menschheit. Das Thema erregte die Zeit, nachdem es Rousseau erfaßt und mit dem Problem der geschichtlichen Dekadenz verbunden hatte. Nicht nur theoretisch: die Suggestivkraft der dichterischen Bilder Rousseaus hatte gerade der dicherischen Phantasie ein neues Feld eröffnet. Es macht im 18. Jahrhundert die Eigenart der geistigen Auseinandersetzung mit Rousseau aus, daß sie sich zum großen Teile auf dem Felde der Dichtung vollzog. Goethe wählt drei prägnante Augenblicke zur szenischen Darstellung. Der erste ist der Bau der ersten Hütte, der das Phänomen Eigentum in die Welt bringt. Die erste Hütte, das war eines der großen Motive des 18. Jahrhunderts (Goethe hatte es schon in dem Aufsatz *Von deutscher Baukunst* behandelt; Bd. 12, S. 9, 10–22 u. Anm.). Die Aufrichtung der ersten „hutte" war bei Rousseau ein dramatischer Augenblick gewesen, eine „première révolution", und noch dramatischer wirkte seine Darstellung am Anfang des zweiten Teiles des „Discours sur l'inégalité", wenn da zum ersten Male etwas als Eigentum eines Menschen erklärt wurde. Bei Goethe verliert die Szene alle Dramatik. Der Bau vollzieht sich als Unterweisung durch Prometheus, und fast unbemerkt erfolgt die Nennung der Ordnung, die in der Tätigkeit gewirkt hat: *Du hast sie dir gebaut und sie ist dein.* Den Streit um die Ziegen endet Prometheus mit Zureden und im Vertrauen auf eine waltende Ordnung unter den Menschen: *Ist seine Hand wider jedermann, wird jedermanns Hand sein wider ihn.*

Der dritte Vorgang ist eine Heilung. Wiederum erscheint Prometheus nicht als Zauberer und Magier oder als Täter aus eigener Kraft, sondern verweist auf eine Ordnung: in der Natur wächst das Heilende. Als symbolische Bilder des Naturzustandes sind die Vorgänge also Bilder von der Menschheit, die in waltende Ordnungen hineinwächst. Diese Menschheit selber ist in ihrem Urzustand nicht „frei, gesund, gut und glücklich“, wie Rousseau verkündet hatte, sondern *arbeitsam und faul, und grausam, mild, freigebig, geizig,* sie gleicht all ihren *Schicksalsbrüdern,* wie es Prometheus am Ende dieser Bilder zusammenfaßt. Sie ist nicht besser und nicht schlechter als die späteren. Es ist für ihre *Art* kennzeichnend, daß sie Gegensätze in sich beherbergt; die Antithesen der Schlußworte sind ein Echo auf die Antithesen der Eingangsworte dieser Szene: *zu leiden, weinen, zu genießen und zu freuen sich,* mit denen Prometheus zugleich sich selber deutet (245). Prometheus ist also nicht etwa enttäuscht über seine nun lebenden Geschöpfe; die Möglichkeit, daß sich zwischen ihnen und ihrem Schöpfer ein Gegensatz auftun könne, hat sich im *2. Akt* nicht verwirklicht. Trotzdem haben sich diese Szenen nicht völlig verselbständigt. Neben ihrer Bedeutung als Bilder von der Artung der Menschheit und ihrem Hineinwachsen in Ordnungen leisten sie ein drittes: sie bauen die Gestalt des Prometheus weiter auf. Er unterrichtet seine Geschöpfe und hilft ihnen, er nennt ihnen die Ordnungen. Das Bild des Demiurgen vertieft sich, und gerade der Demiurg erschien Goethe ja als Beweis für den *Reichtum göttlicher und menschlicher Symbole* in der griechischen Mythologie. (Das sagt er auch in dem Abschnitt über *Prometheus* in *Dichtung und Wahrheit.*)

Als Deuter und Verkünder des Seienden erscheint Prometheus auch in der letzten Szene. Sie ist wieder dreifach und noch kunstvoller gegliedert: nach jedem Abschnitt erklingt das geheimnisvolle, dunkle Wort *Tod.* Der erste Abschnitt birgt in zarter Deutlichkeit die Beschreibung dessen, was Pandora gesehen hat. Daß sie selber nicht weiß, was sie erlebt hat, schafft eine ähnliche Untergründigkeit, wie Goethe sie später auch dem Liebesbekenntnis der Marianne in den *Geschwistern* verleihen wird. Es folgt die Deutung des Seelenzustandes des Mädchens selbst, das sich unbewußt nach Liebe sehnt (Goethe hat die gleiche Situation, z.T. mit den gleichen Wendungen, einige Monate danach noch einmal im *Satyros* wiederholt (S. 192ff.), das Sehnen nach Selbsthingabe mit den gleichen Bildern auch im *Egmont.* Ähnlich auch in *Hans Sachsens poetische Sendung* (Bd. 1, S. 138f. Vers 145–170). Wieder gebrauchte Prometheus das Wort *Tod:* als das Wesen des Augenblicks, da sich die Sehnsucht nach Hingabe erfüllt. Und nun folgt in einem der so Goetheschen *Wenn*-Sätzen die Darstellung dieses Augenblicks der Entgrenzung, des Sterbens. Ein Gleichklang zum *ersten Akt* wird spürbar. Da hatten wir nach dem trotzigen Prometheus einen Prometheus kennen gelernt, der die Entgrenzung erfahren hatte. Nach dem umsichtigen, weisen Prometheus in der Szene mit seinen Geschöpfen offenbart er sich nun wieder als einer, der des dionysischen Erlebens fähig ist: es ist eine der schönsten Gestaltungen des dionysischen Versinkens beim jungen Goethe. Der Urgrund aber, in dem das Ich versinkt, ist die Liebe, die als Liebe zu Minerva und Liebe zu Pandora schon zweimal aufklang. Aber es folgt ein Abschluß (und ein für Goethes Verhältnis zum Dionysischen bedeutsamer Abschluß): das Sich-Entgrenzen, der *Tod* sind nicht das Ziel, auf das die Geschöpfe des Prometheus hin leben sollen. Dem Sterben folgt ein neues Werden, erquickt, erweitert, gestärkt wenden sich die Menschen dem Leben zu. Damit endet das Fragment. Denn daß die wiederholte Versicherung des alten Goethe, die Ode hätte den dritten Akt eröffnet, nicht zutreffen kann, ist heute allgemein anerkannt (vgl. Bd. 1, Anm. zu *Prometheus* S. 44f.); Goethe besaß damals (1813) keine Handschrift dieses Fragments.

Wie sich die Handlung entwickeln sollte, läßt sich aus dem Fragment nicht entnehmen. Goethe bekannte 1813, er habe mit Schreiben begonnen, *ohne weiter nachgedacht zu haben.* Der Schaffensvorgang entspricht also noch dem des *Götz,* erst von 1774 an verläuft er anders. Der Fragmentcharakter scheint uns deutlich. So blieb das Drama liegen, nachdem das erste Ziel erreicht war, den Demiurgen zur vollen Gestalt aufzubauen und in symbolischen Bildern Menschheit bedeutsam zu verkörpern. Zur Weiterführung hätte es einer neuen und nun wirklich dramatischen Konzeption bedurft. Eine Rückkehr zu dem überlieferten Prometheusstoff und seiner Zeusgestalt, selbst wenn Goethe dazu Neigung verspürt hätte, war nach dem Geschriebenen nicht mehr möglich.

Das *Prometheus*-Fragment zeigt einerseits das Selbstbewußtsein und den Göttertrotz, andererseits bringt es das Motiv der Liebe, der Entgrenzung (83–86, 109–116, 395–406), am deutlichsten in der Gestalt der Pandora. Goethe hat später für diese Haltungen die Wörter geprägt: *verselbsten* und *entselbstigen.* Er benutzt sie am Ende des *8. Buchs* von *Dichtung und Wahrheit,* als er seine religiösen Gedanken aus der Zeit, als *Prometheus* entstand, schildert. Er deutet dabei an, daß jene Gedanken ihm, dem Rückblickenden, noch geläufig sind, daß sie seinem Wesen entsprechen und später weiterhin lebendig geblieben sind. Er entwickelt hier das neuplatonische Bild des Ausströmens der Gottheit in die Welt und der Rückkehr in Gott. Der Mensch ist der Gottferne, von Gott Gelöste, aber letztlich aus ihm Kommende und zu ihm Zurückkehrende. Es wird hier gesagt, es sei unsere Aufgabe, *indem wir von einer Seite uns zu verselbsten genötiget sind, von der andern in regelmäßigen Pulsen uns zu entselbstigen.* (Bd. 9, S. 353,17–24.) In den Gedichten der Jugend entspricht *Prometheus* (Bd. 1, S. 44–46) der einen Haltung, *Ganymed* (Bd. 1, S. 46f.) der anderen. Goethe hat, als er zum ersten mal seine Gedichte zusammenstellte, in der handschriftlichen Sammlung für Frau v. Stein, 1777, beide Gedichte neben einander gestellt, ebenso in der Göschenschen Ausgabe, 1790, und sie blieben hinfort immer verbunden, bis zur *Ausgabe letzter Hand,* so viel er sonst auch in der Gedichtsammlung umordnete. Sie gehörten zusammen. Das

Dramenfragmet *Prometheus* unternimmt es, beide Haltungen in einem Werk darzustellen. Wesentlich ist dabei, wie das *Entselbstigen* aufgefaßt wird. Es ist die Liebe, aber nicht nur die irdische Liebe, sondern auch das Aufgehen in einem Unendlichen, die Steigerung einer Sehnsucht, die nur als Eingehen in den Kosmos, im Tode, ihr Ziel findet. Viel später hat Goethe dieses Mysterium noch einmal gestaltet in dem Gedicht *Selige Sehnsucht* im *Westöstlichen Divan* (Bd. 2, S. 18f.), wobei *selig* einen göttlichen Bereich bezeichnet. Das Besondere des Dramen-Fragments besteht darin, daß Prometheus, der anfangs so starr das *Verselbsten* betont, am Ende selbst Pandora eine Deutung des *Entselbstigen* gibt. Goethe hat später mehrfach von dem Aufgeben der Vereinzelung im Tode gesprochen:

> *Im Grenzenlosen sich zu finden,*
> *Wird gern der einzelne verschwinden ...*
> *Weltseele, komm, uns zu durchdringen ...* (Bd. 1, S. 368f.)

Er verbindet diese Vorstellung im Alter gern mit den Bildern von Zusammenziehung und Ausdehnung, die er griechisch *Systole* und *Diastole* nennt und die er als Grundprinzip des Lebens ansieht. Das Jugend-Fragment hat dies alles in einem großartigen Entwurf vorausgenommen. Die Schwierigkeit bestand darin, daß dieses Werk Weltanschauungs-Dichtung war. Früher hatten die Dichter auf dem Hintergrund einer christlichen Weltschau gedichtet, noch Klopstock hatte es getan. Hier aber gibt der Dichter von sich aus ein Weltbild, alte Mythen sich anverwandelnd. Er spricht so selbständig wie später in den weltanschaulichen Gedichten des Alters (Bd. 1, S. 357–370) und im *Faust*-Schluß (Bd. 3, S. 356–364).

In dem Fragment ist also ein großes Thema, das Schicksal des Menschen zwischen *Verselbsten* und *Entselbstigen* (Bd. 9, S. 353, 22f.) dichterische Gestalt geworden. Hart gegeneinander stehen die Gegensätze nur in einigen Worten des Prometheus, sonst aber nicht, denn der göttliche Bereich nähert sich Prometheus durch Minerva und durch die Zustimmung des Zeus zu den Menschen, und Prometheus nähert sich dem göttlichen Bereich durch Pandora und durch das, was er ihr deutend sagt. In ihm selbst ist also die innere Möglichkeit, aus seiner *Verselbstung* hinauszugelangen. Das Werk schließt mit dem Mysterium von Liebe und Tod. Da, wo es abbricht, führt viele Jahre später das Gedicht *Selige Sehnsucht* weiter. Auch hier werden Liebe und Tod als Entgrenzung in ihrer geheimnisvollen Beziehung gesehen. Und im *Faust*-Schluß ist es ähnlich, denn mit dem Tod setzt hier auf eine neue Weise die Liebe ein und ermöglicht das Eingehen in eine höhere Welt. Indem das *Prometheus*-Fragment diese zwei Haltungen lebendig macht, hat es für die weltanschauliche Aussage das Wesentliche getan. Eine Weiterführung der dramatischen Handlung hätte daran nichts ändern können. – So schloß mit dem *2. Akt* ein Werk ab, das trotz der fragmentarischen Form durch seinen Charakter wie durch die Reinheit und die Bedeutungsfülle seiner Gestaltung unter der Jugenddramatik Goethes herausragt.

Bd. 14, Sachregister: Begrenztheit, Diastole, Entselbstung, Gott und Mensch, Götter und Mensch, Liebe (ewig-göttliche), Liebe und Religiosität, Mensch und Gott, Sehnsucht ins Unendliche, Systole, Verselbstigung.

Nach antiker Überlieferung ist Prometheus der Sohn des Iapetus und der Clymene. Bei Goethe wird in Vers 6f. von *Vater Zeus* gesprochen und von Hera als *Mutter*. Es bleibt offen, ob Prometheus hier als Sohn von beiden aufgefaßt ist oder ob die alte Formel *Vater Zeus* dahintersteht. Goethe hatte sich mit Homer beschäftigt. Bei Homer hat Zeus weit häufiger als andere Beiwörter das Beiwort „Vater" (Ilias 1,503 u.ö.).

Welche Werke Goethe nachgelesen hat, als er *Prometheus* dichtete, wissen wir nicht. Aber brauchte er überhaupt etwas nachzulesen? Das Werk, so wie es vorliegt, erforderte keine Spezialkenntnisse der antiken Überlieferung. Die Grundzüge der Mythologie waren Goethe geläufig. In *Dichtung und Wahrheit* erzählt er, daß er in der Jugend Laurembergs „Acerra philologica" (Bd. 9, S. 35,9) und Pomeys „Pantheon mythicum" (Bd. 9, S. 107,19) kennen gelernt habe. Bekannte Nachschlagewerke waren Zedlers „Universal-Lexicon" und Hederichs „Mythologisches Lexicon". Es gibt ein Verzeichnis der Bibliothek von Goethes Vater (Bd. 9, Anm. zu 27,27ff.), Zedler und Hederich sind nicht darunter. Doch das Bibliotheks-Verzeichnis wurde 1793 angefertigt. Goethes Mutter kann Hederichs Buch an ihre Enkelkinder Schlosser oder an andere verschenkt haben. Von Aischylos gibt es dort nur eine 12 Jahre später erschienene Übersetzung „Prometheus in Fesseln. Übers. von Joh. Georg Schlosser. Basel 1784". Um 1773 war noch keine deutsche Aischylos-Übersetzung vorhanden. Goethe hatte sich mit Homer und mit Pindar beschäftigt, aber Aischylos trat erst in der Weimarer Zeit in seinen Gesichtskreis. Zedler kann Goethe auf der Frankfurter Stadtbibliothek nachgeschlagen haben, die er mitunter aufsuchte, wie wir durch Björnsthals Tagebuch (9. u. 13. April 1774) wissen. Es ist zweifelhaft, ob Goethe 1773 die Prometheus-Dialoge des Lukian gekannt hat, welche später Wieland so geschickt übersetzte (Prometheus oder der Kaukasus; Göttergespräche: Befreiung des Prometheus; An jemanden, der ihn einen Prometheus in seinen Schriften genannt hatte). Sie konnten ihm für das, was er in seinem Drama anstrebte, nichts nützen. Prometheus kam häufig bei neueren Schriftstellern vor, bei Shaftesbury, in Sulzers „Allgemeiner Theorie der schönen Künste" im Artikel „Aeschylus", bei Herder (Ausg. Suphan Bd. 1, S. 256; Bd. 3, S. 103) und anderen. Goethe erwähnte Prometheus bereits in der Rede *Zum Shakespeares-Tag* (Bd. 12, S. 227,3) und in der Schrift *Von deutscher Baukunst* (Bd. 12, S. 15,16). – O. Walzel, Das Prometheus-Symbol von Shaftesbury zu Goethe. München 1932. – Hanna Fischer-Lamberg in: Der junge Goethe. Bd. 3, 1966, S. 465 ff. – Elisabeth Frenzel, Stoffe der Weltliteratur. Stuttg. 1970 u.ö. – Vgl. ferner die in der Bibliographie genannten Werke.

## Zum Text

Das Fragment ist in folgenden Handschriften erhalten:

1) Goethes Handschrift, die in den Besitz von Frau v. Stein kam. Sie gelangte dann später in die Univ.-Bibl. Straßburg. Diese Handschrift zeigt zwei Korrekturschichten. (Jb. Goethe 14/15, 1952/53, S. 136–142).
2) die Abschrift von Lenz, welche Goethe 1820 aus Reval erhielt. Sie ist gemacht, bevor Goethe die Korrekturen in seine Handschrift eintrug.
3) eine Abschrift des Fräuleins v. Göchhausen.
4) eine zweite Abschrift des Fräuleins v. Göchhausen.

Unser Text gibt Goethes Original-Handschrift wieder, die unter den Papieren von Frau v. Stein war. Sie wurde abgedruckt bei Morris, Bd. 3. Hiernach unser Text.

Als Goethes 1830 das Fragment zum ersten Mal zum Druck gab, folgte zum Schluß mit der Überschrift *Dritter Akt* das Gedicht *Prometheus* (Bd. 1, S. 44–46) und danach die Bemerkung: *Minerva tritt auf, nochmals eine Vermittlung einleitend.* Das Gedicht ist an mehreren Stellen textgleich mit dem Drama (28–30, 243–247), es ist eine Art Zusammenziehung der Äußerungen des Prometheus im Drama; es ist ein in sich geschlossenes Werk. Darum kann es ursprünglich nicht der Beginn eines *3. Akts* gewesen sein. Es ist deswegen in den neueren Drukken und auch in unserem Text an dieser Stelle weggelassen.

## ANMERKUNGEN

6. *Zeus,* so hier und 217, sonst *Jupiter,* z.B. 187, 202, auch als Personenname vor 207.

17. *note* = notwenige, nötige.

25. *neidschten*: von *neidschen* = beunruhigen, kränken, quälen. Ebenso S. 203,31. – Dt. Wb. 7, Sp. 564.

60. *ungeklagt* = ohne sich beklagt zu haben.

91. *fühl ich mich* = erlebe ich meine Individualität (als Mikrokosmos). Dazu Dt. Wb. 4,1 Sp. 414: „ein lebhaftes Gefühl von sich haben, seinen Wert, seine Geltung vor andern in sich wahrnehmen und davon lebhaft erfüllt sein" (mit mehreren Beispielen aus dem 18. Jahrhundert).

127. *ergeizen* = gierig beanspruchen. Dt. Wb. 3, Sp. 819.

134. *so wähnt die Macht* = so wähnt, wer die Macht hat. – Dazu Dt. Wb. 13, Sp. 663: „wähnen: sich in kühnen Plänen wiegen, schwärmen (auch ohne die Nebenbedeutung des Irrigen und Verkehrten)".

138. *In selbst erwählter Knechtschaft.* Es wird in dem Fragment nicht ausgeführt, worin dieses *Tagwerk, auf ihr Geheiß* (142) bestand. Es ist aber wesentlich, daß es als Motiv neben dem Trotz vorkommt.

151. *Donnervogel*: der Adler des Zeus (Ilias 8,247 u.ö.). Vgl. 193 *Donnrer.*

163. *Beruf* = Aufgabe, Verpflichtung. GWb. 2, Sp. 429.

211. *lettnen Hof* = tönernen Hofstaat. Von „Lett, Letten" = Lehm, Ton. Wie *Faust* 7540. – Dt. Wb. 6, Sp. 791f.

215. *weben* = sich bewegen, sich wirksam zeigen. – *Faust* 395, 506, 1119, 2715, 3449, 3845, 4399.

255. *hier rammle diesen* ... In dem Aufsatz *Von deutscher Baukunst* hat Goethe in ganz ähnlicher Weise die Anfänge der Baukunst dargestellt (Bd. 12, S. 9,10–22 u. Anm.). In der Literatur des 18. Jahrhunderts über den Urzustand des Menschen kam mehrfach das Thema der „ersten Hütte" vor, so bei Rousseau, „Discours sur l'origine et les fondements de l'inégalité parmi les hommes" und in Laugier, „Observations sur l'Architecture", 1765, ein Werk, das in der Bibliothek von Goethes Vater im Original und der deutschen Übersetzung von 1768 vorhanden war.

290. *gezeitigt* = genießbar gemacht. Dt. Wb. 15, Sp. 587.

303. *leg ihn auf die Wunde.* Der Sage nach ist Prometheus der Erfinder der Heilkunst.

309f. *Ist seine Hand wider jedermann* ... Die Ausdrucksweise anklingend an 1. Buch Mose 16,12: „Er wird ein wilder Mensch sein; seine Hand wider jedermann, und jedermanns Hand wider ihn."

311. *ausgeartet* = entartet, aus der Art geschlagen; also: nicht anders, als ihr ursprünglich sein solltet. Dazu Elke Umbach im GWb. 1, Sp. 1097: „im engen Anschluß an eine moralisch wertfreie Naturnorm als Ausdruck der Sturm-und-Drang-Ethik".

412. *in Wonneschlaf.* Da Goethes Komposita in 2 Wörtern schreibt, steht in der Handschrift *Wonne Schlaff,* wobei das zweite Wort einen undeutlichen Schluß hat, ähnlich einem *t.* Was gemeint ist, ist klar, ein Kompositum wie in 125, 153, 226, 227, 236, 315. – WA 39, S. 439.

# SATYROS

## GOETHE ÜBER „SATYROS"

*Goethe an Professor Johann Lorenz Böckmann in Karlsruhe, 15. Nov. 1774.*

Schicken Sie mir doch den „Satyros".

*Vermutlich hatte Goethe das Manuskript an Klopstock ausgeliehen, als dieser in Frankfurt war (Bd. 10, S. 61,32 ff.), dieser hatte es auf seine Reise nach Karlsruhe mitgenommen und dort Böckmann zur Rücksendung gegeben.*

*Goethes Tagebuch, Weimar 30. Oktober 1777.*

Herzog Carl August aß im Garten bei mir. Kamen Krone *(Corona Schröter)* und Mine *(Wilhelmine Probst)*. „Satyros" gelesen.

*Tagebuch, Weimar 3. November 1807.*

Waren Savignys angekommen und brachten ein Paket von Jacobi, worin der „Satyros" befindlich.

*Goethe in Weimar an Jacobi in München, 11. Januar 1808.*

Mit dem „Satyros" hast Du mir viel Freude gemacht. Dieses Dokument der göttlichen Frechheit unserer Jugend hielt ich für ganz verloren. Ich wollte es einmal aus dem Gedächtnis wieder herstellen, aber ich brachte es nicht mehr zusammen. *(Briefe Bd. 3, S. 62.)*

*Dichtung und Wahrheit, Buch 13. – Geschrieben 1813.*

Wir nährten von jener Zeit an eine gewisse unruhige, ja neidische Aufmerksamkeit auf dergleichen Leute, die auf ihre eigene Hand hin und wider zogen, sich in jeder Stadt vor Anker legten und wenigstens in einigen Familien Einfluß zu gewinnen suchten. Einen zarten und weichen dieser Zunftgenossen habe ich im „Pater Brey", einen andern, tüchtigern und derbern, in einem künftig mitzuteilenden Fastnachtsspiele, das den Titel führt „Sartyros oder der vergötterte Waldteufel", wo nicht mit Billigkeit, doch wenigstens mit gutem Humor dargestellt. *(Bd. 9, S. 562,35 ff.)*

*1817. Erster Druck des* Satyros *in der neuen Ausgabe der Werke bei Cotta, Band 9.*

*Goethe in Karlsbad an Zelter in Berlin, 11. Mai 1820.*

Wunderlich genug, daß jener von mir selbst aufgegebene und vergessene „Prometheus“ gerade jetzt wieder auftaucht ... Da wir aber einmal von alten, obgleich nicht veralteten Dingen sprechen, so will ich die Frage tun, ob Du den „Satyros“, wie er in meinen Werken steht, mit Aufmerksamkeit gelesen hast? Er fällt mir ein, da er eben ganz gleichzeitig mit diesem „Prometheus“, in der Erinnerung vor mir aufsteht, wie Du gleich fühlen wirst, sobald Du ihn mit Intention betrachtest. Ich enthalte mich aller Vergleichung; nur bemerke, daß auch ein wichtiger Teil des „Faust“ in diese Zeit fällt. *(Briefe Bd. 3, S. 477f.)*

*1828.* Satyros *erscheint in der* Ausgabe letzter Hand, Band 13.

## NACHWORT ZU „SATYROS“

Der *Satyros*, zu Ende August oder Anfang September 1773 entstanden, ist die künstlerisch wertvollste und zugleich bedeutendste der zahlreichen Farcen und Satiren jener Jahre. Eine scharfe Trennung zwischen den beiden Gruppen ist nicht möglich. Auch bei den Satiren wird ja eine Tendenz merklich, alles Persönliche zu überhöhen und auszuweiten, so daß der eigentliche Anlaß verschwimmt. Der *Satyros* gelangt darin am weitesten. Goethe hat in *Dichtung und Wahrheit* (Bd. 9, S. 563) darüber gesprochen, daß es in seiner Jugend herumziehende Männer gab, die mit einem gewissen Talent und Geschick, aber ohne Tiefe und ohne Verantwortungsgefühl sich persönlichen Einfluß verschafften und behaupteten, geheime Weisheiten zu besitzen. Eine Zeit, in welcher die christlich-kirchlichen Bindungen lockerer wurden, die aufklärerischen Lehren aber das Gemüt nicht erfüllen konnten, war solchen Schwarmgeistern und Sektengründern günstig, um Anhang zu finden. Goethe hat sie immer abgelehnt. Als er 1779 in der Schweiz war, hatte er von Christoph Kaufmann einen so schlechten Eindruck, daß er ihn in einem Brief an Lavater *Lügenpropheten* nannte (Briefe Bd. 1, S. 298,4) und in einem Vierzeiler scharf verspottete (Bd. 1 S. 113). Mit ähnlich kritischem Blick sah er später Cagliostro. Er ging dessen Spuren in Italien nach, *damit über diesen Nichtswürdigen gar kein Zweifel übrig bleibe ... Es ist erbärmlich anzusehen, wie die Menschen nach Wundern schnappen, um nur in ihrem Unsinn und Albernheit beharren zu dürfen und um sich gegen die Obermacht des Menschenverstandes und der Vernunft wehren zu können.* (an Jacobi, 1. Juni 1791. Briefe Bd. 2, S. 140). Als Goethe die Verse gegen Kaufmann machte, nannte er dessen Namen, und als er Cagliostro in dem Drama *Der Groß-Cophta* darstellte, brachte er in das Drama so viel bekannte Einzelheiten über ihn, z. B. die Pariser Halsband-Geschichte, daß jeder sah, wer gemeint war. (Bd. 10, S. 356,36ff., 433,24ff.) Anders ist es bei dem Jugendwerk *Satyros* schon dadurch, daß es in eine ferne Zeit gesetzt ist: das Volk glaubt noch an *Jupiter* (280), anderseits gibt es schon Christentum mit dem Einsiedler. Satyros ist, wie die Überschrift sagt, *der vergötterte Waldteufel*, also eine Gestalt wie aus der antiken Sage, mit *langen Ohren* (149). Wegen dieser Stilisierung kann man bei diesem kleinen Drama nicht in der Weise wie später bei dem *Groß-Cophta* auf ein bestimmtes Vorbild im 18. Jahrhundert schließen, wohl aber auf allgemeine Motive, die hier zur Groteske gesteigert werden. Goethe hat das Werk in *Dichtung und Wahrheit* ein *Fastnachtsspiel* genannt (Bd. 9, S. 563,3).

Literarische Anregungen gab es mehrfach. Goethe kannte Wielands „Beiträge zur geheimen Geschichte des menschlichen Verstandes und Herzens“ 1770. Darin steht die Geschichte von einem ägyptischen Priester, der zu den Negern reist und religiöse Mysterien mißbraucht, um eine Schöne zu verführen. Darin sind ferner Wielands kritische Äußerungen über Rousseau, und zwar vorwiegend über dessen Jugendschriften. Rousseau knüpfte an Reiseberichte an, nach denen es am Äquator eine Art Waldmenschen gibt, „welche von den Alten unter dem Namen Satyrn und Faunen für Götter gehalten wurden“ (Wieland, Betrachtungen über Rousseaus ursprünglichen Zustand des Menschen, Kap. 9). Wieland leuchtet es nicht ein, daß die Menschen glücklicher würden, wenn sie sich von den Früchten des Waldes ernährten und sexuell ohne alle Schranken lebten. Goethe spricht später im Rückblick auf seine Jugendzeit von den *mißverstandenen Anregungen Rousseaus* (Bd. 9, S. 330,18f.) und von seinem *Naturevangelium* (Bd. 10, S. 13,9f.), das *von dem geselligen Leben einen Ekelbegriff verbreitete* (Bd. 9, S. 488,5f.).

Für die Form des kleinen Spiels kamen manche Anregungen von Hans Sachs. Die altdeutsche Spielform des Fastnachtsspiels regte an zu kurzen scherzhaften Stücken. Auf Hans Sachs geht zurück, daß die Szenen des kurzen Spiels als *Akt* bezeichnet werden. Der Eingangsmonolog des Waldbruders klingt an den Eingangsmonolog des Waldbruders in Hans Sachsens Fastnachtsspiel „Dot im Stock“ an, während seine Fabel von dem „Waldbruder mit dem Satyrus“ für einzelne Züge, aber auch für den Ton anregend war. Zu gleicher Zeit finden wir Einflüsse des Hans Sachs in Goethes Lyrik (Bd. 1, S. 87 *Wenn dem Papa ...*, S. 88 *Schicke dir hier ...*). Der Knittelvers war für das, was Goethe scherzhaft darstellen wollte, die geeignete Form. Goethe benutzt ihn aber nicht ganz so wie Hans Sachs, der die 8 bzw. 9 Silben zählt. Goethe zählt die vier Hebungen und gestaltet die Senkungen frei, wie es ihm angemessen scheint. Dadurch erhält er einen variablen, ausdrucksfähigen Vers. Goethe hat diesem von ihm gleichsam erst wiedergefundenen Versmaß eine beträchtliche Spannweite zuerkannt. Derbe, saftige Komik sollte sich ebenso in ihm aussprechen wie sich aufreckende Größe: immer aber lag in dem mit ihm geschaffenen Ton neben dem Altertümlichen und mithin Distanzierenden das Treuherzige, das Echte, das Unmittelbare. So schien es Goethe das geeignete Versmaß für den Gehalt dieser Spiele. Der junge Goethe, der so leidenschaftlich dem Augenblick hingegeben ist, besitzt zugleich die Fähigkeit, sich zu distanzieren und die ernstesten, gewichtigsten Probleme und Phänomene des Lebens, auch seines eigenen, aus weitem Abstand und ganz anderer Perspektive zu sehen. Durch sein ganzes Leben hat er eine Neigung zu diesem Vers und dieser Spielform behalten, und deswegen konnte er *Faust*, das umfassendste Spiel vom Erdetreiben, das er damals begann, im Alter zu Ende führen.

Der *Satyros* ist ein kleines Fastnachtsspiel geblieben, aber er weitet sich von der persönlichen Satire aus und nimmt einige der großen Themen auf, sie nun von ihrer anderen, komischen Seite her heiter-ernst vorführend: das Thema des Propheten, der so mit irdischer Schwachheit behaftet ist, das Thema des naturhaften Urzustandes der Menschheit, der in Goethes Augen so wenig vom goldenen Zeitalter hat: die Geschichte hat weder hinauf- noch hinabgeführt; weiterhin das Thema der Menge, die der Suggestionskraft eines Wortgewaltigen erliegt, ihm aber ebenso schnell wieder absagt, und schließlich das Thema der geheimnisvollen Magie von Mensch zu Mensch, die ein zartes, seelenvolles Geschöpf ergreift und aus seinen Bindungen löst. Wir sehen Satyros zunächst in seinen schlechten Eigenschaften bei dem Einsiedler. Dann aber singt er. Und er kann singen. Das ist seine andere Seite: die Begabung, die spielend zur Verfügung stehende Kraft des Wortes. Er ist eine Naturkraft, aber nicht zum Edlen geläutert. Den Mädchen und dem Volke verkündet er sein Natur-Evangelium:

*Fernt euch von Wahrheit und Natur,*
*Drin doch alleine Seligkeit*
*Besteht, und Lebens-Liebens-Freud.* (235–237)

Das steigert sich bis ins Religiöse. Er sagt schöne Dinge, bildhaft, ausdrucksstark, aber alles bleibt unklar und vermischt sich mit Unsinn. Die Menge ist begeistert, und der Einsiedler faßt zusammen:

*Wer sein Herz bedürftig fühlt,*
*Find't überall einen Propheten.* (374 f.)

Bedürftige Herzen gab es im 18. Jahrhundert zahlreich. Und die kleine Dichtung zeigt: Satyros ist nicht einfach ein Schwindler, er hat eine wundersame Begabung, seine Naturverbundenheit ist die andere Seite seiner Sinnlichkeit, die dämonisch-rücksichtslos und schlau-listig vorgeht. Anderseits: Er ist kein wahrer Lehrer, denn ein Prophet ist nur um seines Werkes willen da und nutzt seine Stellung nicht aus. Das Spiel spricht in heiterer und grotesker Form von tiefen und ernsten Dingen. Poesie, Liebe und religiöse Verkündigung haben etwas Dämonisches. Die Ordnungen, an die das 18. Jahrhundert glaubt, daß zur Dichtung der göttliche Sänger oder der witzige Kopf gehöre, zur Liebe die gleichgestimmte Seele und zur Verkündigung der Heilige, werden in diesem Spiel aufgelöst; die drei Bezirke enthüllen ihre Unheimlichkeit. Ein Satyr, ein Unhold, ein Mißgeschöpf kann sie offenbaren: unter dem äußerlich so heiteren Spiel läuft nicht nur ein ernster Sinn, sondern öffnet sich Abgründigkeit, Goethe deckt sie freilich mit dem Verführungsversuch, der Entlarvung und ihren Folgen schnell wieder zu.

Zu Goethe und Rousseau: Namen-Register in Bd. 14 und in Briefe Bd. 4 mit zahlreichen Belegen. Vielleicht war Goethe durch Herder beeinflußt, der in seinem Reisetagebuch – also vor dem Zusammentreffen mit Goethe in Straßburg – schreibt: „Bei Rousseau muß alles die Wendung des Paradoxen annehmen, die ihn verdirbt, die ihn verführt, die ihn gemeine Sachen neu, kleine groß, wahre unwahr, unwahre wahr machen lehrt ... Und wird nicht also Rousseau durch seinen Geist unbrauchbar oder schädlich bei aller seiner Größe?" (Werke, hrsg. von Suphan, Bd. 4, 1878, S. 416f.; ähnlich S. 369 und 425.) Und wie viel mehr galt das bald darauf dann von den deutschen Rousseau-Nachahmern der Sturm- und Drang-Generation! – Die Goethe-Forschung um 1900 hat in Fortführung des Biographismus des 19. Jahrhunderts ein Modell für die Gestaltung des Satyros gesucht. Wenn aber 7 Literaturhistoriker 7 verschiedene Vorbilder nennen, ist das ein Zeichen, daß die Beziehung anders ist als bei dem *Groß-Cophta,* wo ganz deutlich Cagliostro gemeint ist. Goethe zielt auf einen Typ und auf den Sachverhalt der Verbindung von Begabung, Egoismus und Wirkung. Die Literarhistoriker begründeten ihre Modell-Suche mit Goethes Sätzen aus *Dichtung und Wahrheit,* er habe *einen zarten und weichen dieser Zunftgenossen im „Pater Brey", einen andern, tüchtigern und derbern in „Satyros" ... dargestellt* (Bd. 9, S. 563). Doch muß das zweimalige Wort *einen* auf ein Modell zielen? Kann es nicht auf die Dichtungen zielen, auf die dargestellten Typen, den einen hier, den anderen dort? – Zur Form: Bd. 14, Namen-Register „Hans Sachs" und Sach-Register „Knittelvers".

## Zum Text

Der *Satyors* ist erhalten in einer Abschrift, die Luise von Göchhausen (1752–1807) gemacht hat, und in einer Abschrift, welche Goethe 1807 von Jacobi bekam. In den ersten Weimarer Jahren besaß Goethe eine Handschrift, denn er las 1777 Carl August und Corona Schröter den *Satyros* vor und gab das Werk an Luise v. Göchhausen. Später aber war ihm diese Handschrift abhanden gekommen, so daß er 1807 erfreut war, von Jacobi eine Abschrift zu erhalten. Sie diente als Grundlage für die Drucke in den Cottaschen Ausgaben der *Werke* 1817 (sogenannte Ausgabe B) und 1829 (Ausgabe C). Unser Text folgt im allgemeinen dem Druck von 1817 im Anschluß an die Jubiläums-Ausgabe, Bd. 7, hrsg. von Albert Köster, 1905.

## ANMERKUNGEN

1. *ihr Herrn.* Das in volkstümlichem Ton in Knittelversen geschriebene Werk beginnt mit einer Anrede an die Zuschauer. Aus dem Stil des Monologs, der nun folgt, geht hervor, daß Goethe von Hans Sachs angeregt war. Anreden zu Beginn sind bei Hans Sachs häufig: „ihr Herrn" (z.B. in „Der bös Rauch", „Der gstohlen Faßnachthohn" u.a.) oder „ihr ehrbarn Leut", „ihr Biederleut" usw. – Es gibt auch eine Urkunde, aus welcher Goethes damalige Bekanntschaft mit Hans Sachs

hervorgeht. Er hat in einer Stammbuch-Eintragung für J.J. Heß vom 26. April 1773 Hans Sachs zitiert.

10. *be-*. Die Abschrift von Luise v. Göchhausen hat: *bescheißen.*

11. *Reverenzen* = Ehrerweisungen, Bezeugungen der Hochachtung. *Egmont* S. 371,11. Das Wort kommt schon bei Hans Sachs vor. – Dt.Wb. 8 Sp. 850f.

19. *Pläcklein*: Diminuitiv zu „Plack" = Fleck, Stelle, ein Stück Ackerland oder Wiese. – Dt.Wb. 7 Sp. 1872f. und 1876.

34. *Begehn sich*: die Bedeutung geht aus 37 *Eh-bettlein* hervor. – GWb. 2, Sp. 211. – Dt.Wb. 1, Sp. 1287.

50. *Kieselschlag* = Hagelschlag. – Dt.Wb. 5, Sp. 689 u. 691.

51. *furaschiert*: von frz. „fourrager", was sowohl „Futter holen" als auch „plündern" bedeuten kann.

54. *Werwolf.* In den Handschriften steht *Bärwolf,* was eine seltene Nebenform zu *Werwolf* ist. GWb. 2, Sp. 73. Hier wohl in der Bedeutung „gefräßiger Mensch".

63. *Hockt auf* = steigt mir auf den Rücken. GWb. 1, Sp. 952.

66. *Fratz*: einer, der wie ein Zerrbild aussieht. Ebenso Vers 218. Auch *Götz* S. 75,19 (u. Anm.).

67. *schindeln* = hölzerne Schienen anlegen. Dt.Wb. 9, Sp. 189.

74. *ein ä Geschmack* = ein schlechter Geschmack. GWb. 1, Sp. 2.

96. *Aufliegen* = wundliegen. GWb. 1, Sp. 964. *tan* = getan.

106. *Zwiebel anbeten*: Wieland schreibt in seinen „Beiträgen zur geheimen Geschichte des menschlichen Verstandes und Herzens", 1770, die Goethe gelesen hat, in „Bekenntnisse des Abulfauaris, Erstes und zweites Palmenblatt" über die alten Ägypter, daß man bei ihnen „einer Meerzwiebel göttliche Ehre erweisen sollte". Gedacht ist an die Pflanze Scilla maritima (Dt.Wb. 6, Sp. 1863).

186. *schwind* = schnell, geschwind. Mehrfach bei Hans Sachs. Dt.Wb. 9 Sp. 2651f.

198. *bereit't'* = bereitete. Es ist also eine Bezeichnung des Gewesenen.

203. *ängstlich* = deprimiert, quälend. Ähnlich *Die Laune des Verliebten* 354, *Iphigenie* 656, *Lehrjahre* Bd. 7, S. 136,19f. – GWb. 1, Sp. 573–575.

231. *entgegenrümpfen* = naserümpfend entgegenhalten.

242. *Habt eures Ursprungs ...* Von hier an kommen neben dem Knittelvers auch andere Versarten vor, Kurzverse, wie sie im Singspiel gebräuchlich waren, passend zu der Szene, in welcher Satyros singend spricht und das Volk nicht denkt, sondern nur den Klang und Rhythmus aufnimmt.

258. *Siechlinge*: Schwächlinge. Dt.Wb. 10,1 Sp. 851. – *verbannet nur*: die ihr nur Verbannte seid.

271. *Bereiten*: gemeint ist das Zubereiten von Nahrung, Behausung usw., wie aus dem Folgenden hervorgeht. – GWb. 2, Sp. 397.

274. *rohe Kastanien.* Wieland in seiner Abhandlung „Über die von J.J. Rousseau vorgeschlagenen Versuche, den wahren Stand der Natur des Menschen zu entdecken", 1770, schreibt in Abschnitt 8: „Rousseau

läßt seinen natürlichen Menschen seine Speise unter einer Eiche suchen ... Die ältesten Griechen nährten sich auch von Eicheln, aber ... eine sehr wohlschmeckende Art, welche noch auf diesen Tag unter den Namen Kastanien in ganz Europa gegessen werden."

287. *Indigestion*: von lat. „indigestio", frz. „indigestion" = verdorbener Magen, Verdauungsstörung.

293. *widrig* = gegensätzlich, feindlich. Dt. Wb. 14,1,2 Sp. 1436–1446.

308. *Ebengesang* = Zusammenklang, Harmonie. Das Dt. Wb. kennt kein anderes Beispiel, also wohl Neubildung an dieser Stelle.

366. *männiglich*. Hier im Sinne von „männlich", ähnlich *Götz* S. 104,18. – Dt. Wb. 6 Sp. 1591.

380. *Um eines armen Lappens willen*. Vgl. Vers 114ff.

480. *bekleiben* = kleben bleiben. Ähnlich „Urfaust" 317. – GWb. 2, Sp. 332.

484. *Es geht doch wohl* ... Der Schlußvers ist von den Literaturhistorikern verschieden aufgefaßt. Meist ist einfach von Psyches Fortgehen mit Satyros die Rede. Wenn Goethe es so gemeint hätte, würde die Regieanweisung aber nicht lauten *Satyros ab*, sondern „Satyros und Psyche ab" oder „Satyros ab. Psyche folgt ihm". Davon ist aber nicht die Rede. Nur Satyros geht. Den Schlußsatz spricht der Einsiedler. Er sagt, was er vermutet, nicht was er sieht. Das *wohl* bedeutet: vielleicht, vermutlich, aber nicht: gewiß. Es bleibt also alles offen. Das eben ist Goethes Art bei einem Frauencharakter wie Psyche, auch in diesem Stück, das sonst schwankhaft-derb ist. Zu beachten bleibt, daß Psyche von sich sagt, das Herz habe ihr schon bevor sie Satyros sah, viel Weh bereitet (198). Sie lebte in einer Phantasiewelt, die sie dann auf Satyros übertrug. Ob sie erst später oder schon jetzt zur Besinnung kommt, bleibt fraglich. Sie sagt kein Wort, daß sie mitgehen wolle, keine Regieanweisung deutet es an, nur der Einsiedler spricht seine Vermutung aus.

# GÖTTER, HELDEN UND WIELAND

## GOETHE ÜBER „GÖTTER, HELDEN UND WIELAND"

*G. F. E. Schönborn auf der Durchreise in Frankfurt an H. W. v. Gerstenberg in Kopenhagen. 12. Okt. 1773.*

Alles verwandelt sich gleich bei ihm ins Dramatische ... Er scheint mit ausnehmener Leichtigkeit zu arbeiten ... Er ist ein fürchterlicher Feind von Wieland und Consorten. Er las mir ein paar Farcen, die er auf ihn und Jacobi gemacht, wo beide ihre volle Ladung von Lächerlichem bekommen. Das will er aber nicht drucken lassen.

*Goethe an Johanna Fahlmer. Frankfurt, März 1774.*

Ich muß Ihnen melden, gute Tante, daß ein gewisses Schand- und Frevelstück, „Götter, Helden und Wieland", durch öffentlichen Druck vor kurzem bekannt gemacht worden. Ich habe der erste sein wollen, Sie davon zu benachrichtigen, daß, wenn Sie etwa darüber mit dem Verfasser zu brechen Willens wären, Sie's de bonne grace täten und ohne weiter zu brummen und zu mutzen ihm einen Tritt vorn Hintern gäben und sagten: Schert Euch zum Teufel, ich habe nichts Gemeines mehr mit Euch!

*Goethe in Frankfurt an Joh. Chr. Kestner in Hannover, Anfang Juni 1774.*

Mein garstig Zeug gegen Wieland macht mehr Lärm als ich dachte. Er führt sich gut dabei auf, wie ich höre, und so bin ich im Tort.

*Johanna Fahlmer in Frankfurt an Fr. H. Jacobi in Düsseldorf, Anfang Mai 1774.*

(Bericht über ein Gespräch mit Goethe. Goethe sagt:) Und ich bin wie der Herodes: In gewissen Augenblicken kann man alles von mir erhalten. Schon lange haben mir die Kerls vorgeschwätzt: „Laß's drukken! Laß drucken!" – „Nä, ihr sollt nicht!" – Da kommen sie mir aber auf's neu: „O mein! Laß es uns drucken!" Und ich hatte, Gott weiß, weder neue Bosheit noch Ärger gegen Wieland. „Nun so druckt's und schert Euch!" ... (Johanna Fahlmer zeigt Goethe das neue Heft des „Teutschen Merkur" mit Wielands Rezension von Goethes Stück. Daraufhin Goethe:) Besser hätt' er es nicht machen können. Sehr gut! Ich sag's ja, nun muß ich ihn auf immer gehen lassen. Wieland gewinnt viel bei dem Publico dadurch, und ich verliere ...

*Goethe in Frankfurt an G. F. E. Schönborn in Algier. 1. Juni 1774.*

Auf Wielanden hab' ich ein schändlich Ding drucken lassen unterm Titel „Götter, Helden und Wieland, eine Farce." Ich turlupiniere ihn auf eine garstige Weise über seine Mattherzigkeit in Darstellung jener Riesengestalten der markigen Fabelwelt.

*Goethe in Frankfurt an Heinr. Chr. Boie in Göttingen. 4. Juni 1774.*

Ich begreife nicht, wie Wieland sich über die Farce so ungebärdig stellen konnte. – Daß ich eine Schandschrift auf die Jacobis gefertigt habe, ist wahr, allein gedruckt ist sie nicht, soll auch nie aus meinen Händen kommen. Wie denn die Farce nie gedruckt worden wäre, wenn ich sie nicht Freunden kommuniziert hätte.

*Goethe in Frankfurt an Sophie v. La Roche in Ehrenbreitstein. 23. Dezember 1774.*

Ich war in Mainz! Dahin nachgereist Wielands Prinzen, das ein trefflicher Mensch ist. Ich hab von da aus Wielanden geschrieben, es fiel mir so ein, hab auch eine Antwort, wie ich sie vorfühlte. Das ist was Verfluchtes, daß ich anfange, mich mit niemand mehr mißzuverstehen ...

*J. M. R. Lenz in St. Petersburg an Wieland in Weimar. 1781.*

Ich ließ „Götter, Helden und Wieland" drucken, und ohne mich hätten sie das Tageslicht nimmer gesehen. Ich hätte Dir's in Weimar gesagt, ich fürchtete aber, es würde zu viel auf einmal geben. Einmal aber muß es vom Herzen ab.

*(Gräf, Goethe über seine Dichtungen, 2. Teil, 3. Band S. 2.)*

*Dichtung und Wahrheit, Buch 15. Geschrieben im Frühling 1813.*

Ich gelangte also ... zur bestimmten Stunde nach Mainz und wurde von den jungen Herrschaften und ihren Begleitern, der Einladung gemäß, gar freundlich aufgenommen ... Als von der neuesten deutschen Literatur und von ihren Kühnheiten die Rede war, fügte es sich ganz natürlich, daß auch jenes famose Stück „Götter, Helden und Wieland" zur Sprache kam; wobei ich gleich anfangs mit Vergnügen bemerkte, daß man die Sache heiter und lustig betrachtete ...

*Diese kurzen Sätze gehören in einen größeren Zusammenhang. Goethe berichtet in* Dichtung und Wahrheit *ausführlich über den Beginn seiner Beziehungen zu dem Weimarer Hofkreis: Bd. 10, S. 51,4–53,31* *und insbesondere über Wielands „Alceste", Wielands Briefe im „Merkur", die Kritik der jungen Generation, die Entstehung von „*Götter, Helden und Wieland *und die Drucklegung durch Lenz: S. 57,25–59,25. Da dieser mehrere Seiten umfassende Text in Bd. 10 abgedruckt ist, wird er hier nicht wiederholt.*

*Aus Goethes Alter gibt es autobiographische Einzelheiten, die nicht in die autobiographischen Schriften aufgenommen wurden, unter anderem weil die Jahre 1775–1786 dort fehlen. So gibt es eine kurze Schilderung des Besuchs in Sesenheim 1779. (Abgedruckt: Bd. 10, S. 537.) Darin schildert Goethe ein Gespräch mit Friederike Brion, in welchem unter anderem davon die Rede ist, daß Lenz* Götter, Helden und Wieland *zum Druck brachte.*

*1830.* Götter, Helden und Wieland *erscheint in Bd. 33 der* Ausgabe letzter Hand.

# NACHWORT ZU „GÖTTER, HELDEN UND WIELAND“

In einem Brief an den Verleger Ph. E. Reich vom 20. Februar 1770 schreibt Goethe: *Nach ihm* (Oeser) *und Schäkespearen, ist Wieland noch der einzige, den ich für meinen ächten Lehrer erkennen kann.* (Briefe Bd. 1, S. 104.) „Agathon“ (1766/67) und „Musarion oder die Philosophie der Grazien“ (1768) sind die Werke, die Goethe besonders rühmt und auf die er damals oft anspielt. Durch sie eröffnet sich Goethe ein Blick auf die Antike, der nicht von Homer und Pindar ausgeht, die er bisher gelesen hatte, sondern von späteren Autoren wie Lukian und Horaz, welche Wieland liebte und im Sinne einer lebensnahen Philosophie sich eigen gemacht hatte. In den folgenden Jahren mit ihren neuen Ideen und Idealen wird Wieland nicht mehr als Lehrer anerkannt. Gleichwohl bewahrt ihm Goethe seine Verehrung, und die Ankündigung des „Teutschen Merkur“, der von Wieland seit dem 1. Januar 1773 herausgegeben wurde, weckte hochgespannte Erwartungen. Als Goethe freilich die Nummern las, war er enttäuscht, ebenso wie seine Freunde es waren. Hinzu kam das nicht ganz unbegründete Gerücht von dem Bündnis zwischen Wieland und Nicolai. Nachdem Herder und Klopstock (in seiner „Gelehrtenrepublik“) Wielands Rang als Schriftsteller und Denker bestritten hatten, warf die junge Generation ihre Steine nach ihm. Goethes Satire richtet sich gegen Wielands „Alceste“ und wurde vor allem durch die fünf im „Merkur“ 1773 erschienenen „Briefe an einen Freund über das Singspiel“ ausgelöst, in denen Wieland sein Werk auf Kosten der „Alcestis“ des Euripides herausstrich.

Wielands „Alceste“, die er auf Veranlassung Anna Amalias geschrieben hatte, nimmt in der Geschichte der Oper eine besondere Stellung ein. Das große Problem des 18. Jahrhunderts, dramatisches Wort und Musik miteinander zu verbinden, war in dem fünfaktigen, auf Durchkomposition angelegten Spiel auf besondere Art gelöst. Als Kunstwerk steht es mit seiner klassischen Formstrenge unter Wielands Versdichtungen recht hoch. Nachklänge der so flüssigen Verse (wechselnde Verse unter Bevorzugung des Blankverses) sind in der *Iphigenie* unüberhörbar. Als Gestaltung eines griechischen Stoffes in Rivalität mit Euripides folgt es dem Prinzip, dem Wielands Dichtungen über die Antike und seine Übersetzungen gehorchten: nicht seine Zeitgenossen in die genau erfaßte Welt des Griechentums einzuführen, sondern das Griechentum für seine Zeit lebendig zu machen – nach dem Wertmaßstab, den Wieland als gültig anerkannte. Dabei zeigt sich nun der Gegensatz zu dem Wertmaßstab der jungen Generation. Als offene Provokationen aber wirkten die selbstgefälligen, geringschätzigen Bemerkungen, zu denen sich Wieland in den an Jacobi gerichteten Merkurbriefen hinreißen ließ: „abgeschmackt“, „Albernheiten“ und immer wieder „plattes Zeug“, so bezeichnete er wiederholt Stellen des Euripides. Die Änderungen, zu denen sich Wieland seinem Prinzip gemäß als berechtigt ansah, stellte er als dichterische und kulturelle Überlegenheiten hin. Sie bezogen sich vor allem auf das Verhältnis der Ehegatten Admet und Alceste, das er inniger, zärtlicher gestaltete, und auf die Gestalt des Herkules, der nicht mehr aus Scham über sein lärmendes Zechen im trauernden Königshause den Gang in die Unterwelt unternimmt, sondern aus empfindsamer Freundschaft. Wieland steigerte ihn darüber hinaus zum entflammten Lobredner der Tugend und rühmte ihn dementsprechend in den Briefen. Gerade dieses Rühmen von Änderungen, die Goethe als Verweichlichung antiker Größe, Kraft und Hoheit erschienen, regte ihn zu seiner Farce an, die, wie es nun dem Sturm und Drang gemäß war, in einer Einseitigkeit der Haltung geschrieben wurde, wie sie die gewählte Form verlangte.

### Form und Verlauf

Es war die Form des Lucianischen Totengesprächs, um die sich Wieland selber zeit seines Lebens bemühte und die schon im frühen 18. Jahrhundert in der deutschen Literatur nachgebildet worden war, nachdem sie Hutten als erster in deutsche Sprache erprobt hatte: abgeschiedene Heroen unterhalten sich über Themen der Gegenwart. Die sinnfällige Verkörperung hoher Maßstäbe durch die Gesprächspartner steigert den Eindruck von der Geringwertigkeit der Gegenwart und mithin die satirische Wirkung. Zur literarischen Satire hatte schon J. E. Schlegel die Form in seinem gegen des Franzosen Reynard „Démocrite“ gerichteten „Demokrit, ein Totengespräch“ benutzt. Goethe verengte sie nun freilich nicht zur Parodie auf sein Werk, sondern erweiterte sie zur Satire auf Wieland überhaupt. Er legte seinen Gestalten – und zu den Gestalten des „echten“ Admet und der „echten“ Alkestis läßt er Euripides treten – Anspielungen auf zahlreiche andere Werke Wielands in den Mund, die nun auch ganz in die verkleinernde Perspektive rükken. Und er will in Wieland eine Gesinnung überhaupt treffen, die in ihrer Sentimentalität und Kleinheit sich an der Größe der Antike wie des Lebens vergreift.

Die Farce ist nicht auf den Fortgang einer Handlung gestellt, sondern gibt sich als Dialog über bestimmte Themen, wobei der Gegensatz zwischen Wieland und Euripides bzw. den Urbildern scharf herausgearbeitet wird. Die Gliederung ist einfach: Nach einer Einleitung (bis 205,14) wird zunächst das Thema Merkur behandelt (bis 206,25); nach einem Gespräch zwischen Euripides und Wieland über die Epochen ihres Schaffens (bis 207,17) werden die beiden Auffassungen von Alceste und Admet gegenübergestellt (bis 210,16), sodann Wielands äußere Technik und der innere Geist des Euripides (wobei Goethe die Satire vergißt und sich an der griechischen Dichtung begeistert, bis 211,38); der letzte Abschnitt läßt Wieland dann dem wirklichen Herkules begegnen.

Entstehungsgeschichte

Die Geschichte der Entstehung (im Herbst 1773) und Veröffentlichung (im März 1774) seiner Farce hat Goethe in *Dichtung und Wahrheit* dargestellt. Nach einer Erörterung dessen, was seine Freunde und er an Wielands Alceste und den Merkurbriefen auszusetzen hatten, heißt es: *Diese Beschwerden hatten wir kaum in unserer kleinen Sozietät leidenschaftlich durchgesprochen, als die gewöhnliche Wut, alles zu dramatisieren, mich eines Sonntags nachmittags anwandelte, und ich bei einer Flasche guten Burgunders das ganze Stück, wie es jetzt daliegt, in Einer Sitzung niederschrieb. Es war nicht so bald meinen gegenwärtigen Mitgenossen vorgelesen und von ihnen mit großem Jubel aufgenommen worden, als ich die Handschrift an Lenz nach Straßburg schickte, welcher gleichfalls davon entzückt schien und behauptete, es müsse auf der Stelle gedruckt werden. Nach einigem Hin- und Widerschreiben gestand ich es zu, und er gab es in Straßburg eilig unter die Presse.* (Bd. 10, S. 58,27–37) Goethe hat es im Alter stets so dargestellt, als habe Lenz ihm mit der Veröffentlichung schaden wollen. Der in dieser kaum gerechtfertigten Beschuldigung liegende Wunsch, die Veröffentlichung der Schrift wäre besser unterblieben, regte sich in Goethe unmittelbar nach ihrem Erscheinen. Er hat damals andere, zu persönlich zugespitzte Satiren nur im kleinsten Kreis bekannt werden lassen und z.T. vernichtet. Das Unbehagen entstammte der Einsicht, daß die einseitige Satire seiner wirklichen Einstellung zu Wieland und Wielands Werken nicht entspräche, weiterhin der peinlichen Situation, in die er sich vor den gemeinsamen Freunden wie Sophie la Roche, Johanna Fahlmer u.a. gebracht hatte, und endlich dem Gefühl, daß Wielands Reaktion sehr viel reifer sei als seine eigene jugendliche Polemik. Wieland empfahl im Merkur „diese kleine Schrift allen Liebhabern der pasquinischen Manier als ein Meisterstück von Persiflage und sophistischem Witze, der sich aus allen möglichen Standpunkten sorgfältig denjenigen auswählt, aus dem ihm der Gegenstand schief vorkommen muß, und sich dann recht herzlich lustig darüber macht, daß das Ding so schief ist!“ Johanna Fahlmer, bei der Goethe die neue Nummer des „Merkur“ las, hat als eine Reaktion darauf berichtet: *Besser hätt er es nicht machen können. Sehr gut! Ich sag's ja, nun muß ich ihn auf immer gehen lassen. Wieland gewinnt viel bei dem Publikum dadurch, und ich verliere.*

Solche Äußerungen, von denen Wieland erfuhr, bereiteten die Versöhnung vor, für die besonders Knebel tätig war; er veranlaßte Goethe zu einem Brief an Wieland. Die persönliche Begegnung in Weimar führte dann zu einer Freundschaft, die besonders in den ersten Jahren tief und für Goethe sehr bedeutsam war. Er schreibt am 9. Juli 1776 an Charlotte v. Stein: *Mit Wielanden hab ich göttlich reine Stunden.* (Briefe Bd. 1, S. 220.) Viele Jahre danach, in seiner Gedächtnisrede auf Wieland, 1813, und in einem Gespräch mit Falk (25. Jan. 1813), das an Vorstellungen aus Wielands Agathodämon anknüpft, hat Goethe sein zusammenfassendes Bild von Wieland gegeben: eine vierzigjährige Freundschaft hat jenen ersten Eindruck nur vertieft, in Wieland einem der größten Menschen der Zeit begegnet zu sein.

Was Goethe, als er die kleine Satire schrieb, von Euripides kannte, läßt sich nicht genau ausmachen. Eine deutsche Übersetzung der „Alkestis" gab es um 1773 noch nicht. Im Jahre 1763 war Steinbrüchels „Tragisches Theater der Griechen" erschienen mit Übersetzungen von 4 Dramen des Euripides, doch „Alkestis" ist nicht darunter. Wer Euripides lesen wollte, pflegte eine lateinische Übersetzung zu benutzen, welcher der griechische Text beigegeben war. Oder man benutzte die französische Übertragung von Pierre Brumoy, Théâtre des Grecs, Paris 1730. Hier ist auch „Alkestis" (Alceste) übertragen, doch es sind verdünnte Prosaübersetzungen. Brumoys Werk war um 1770 auch in Deutschland bekannt, weil es keine anderen modernen Übersetzungen gab. – H. Morsch, Goethe und die griechischen Bühnendichter, Programm Berlin 1888, macht S. 5 ff. auf Übereinstimmungen zwischen Brumoys „Alceste"-Übersetzung und Goethes *Götter, Helden und Wieland* aufmerksam.

Wielands „Alceste", vertont von Anton Schweitzer, war die erste durchkomponierte deutsche Oper. Das Werk wurde in Weimar in einem Jahr 25 mal gespielt und war ein Jahrzehnt hindurch auch auf anderen Bühnen erfolgreich, so in Leipzig, Dresden, Frankfurt, Mannheim, München, Prag, Berlin und Hamburg. Über Wielands „Alceste": Friedrich Sengle, Wieland. Stuttg. 1949. S. 286–291 u. ö. – F. Martini in: Gero v. Wilpert, Lexikon der Weltliteratur, Bd. 2. Hauptwerke. 1968 u. ö. – Die Musik in Geschichte u. Gegenwart, Art. „Oper", „Anton Schweitzer", „Weimar", „Wieland". – Wolfram Huschke, Musik im klassischen und nachklassischen Weimar, Weimar 1982. S. 16–20.

## Zum Text

Goethes eigenhändige Reinschrift ist erhalten.

Der 1. Druck erschien 1774 unter dem Titel *Götter, Helden und Wieland. Eine Farce;* ihm folgten im gleichen Jahr noch drei andere.

In seine Werke hat Goethe die Schrift erst für die *Ausgabe letzter Hand* (Bd. 33, 1830) aufgenommen.

## ANMERKUNGEN

203,1. *Charon* ... Die Eingangssituation (Überfahrt in Charons Barke) findet sich in J. G. Jacobis „Elysium" von 1770; als Bild in Wielands „Alceste" IV, 2 erwähnt. Die *Schatten* sind ein Kritiker und ein Schauspieler.

203,11. *Megäre,* eine der Furien; hier als Bezeichnung für eine unleidliche Frau.

203,13. *sie haben dir's geschworen* = Haben sich gegen dich verschworen.

203,21. *Du hast in Deutschland* ... Hier und im Folgenden Spiel mit der Gleichsetzung: Merkur als Gott und als Wielands Zeitschrift.

204,6. *Aristarch.* Berühmter alexandrinischer Grammatiker des 2. Jahrhunderts v. Chr. Von den „deutschen Aristarchen" (= Philologen), deren Briefe der „Merkur" neben denen der Dichter dem Publikum vermitteln würde, hatte Wieland im 5. Brief über die „Alceste" gesprochen. *Aoiden* = Sänger, Dichter.

204,25. *die Gestalten der Träume*: Nach homerischer Vorstellung (Odyssee XXIV, 12) wohnen die Träume nahe beim Hades, hier auch die Dichterträume.

204,32. *Geklingele mit ihren Stimmen.* Anspielung auf den Singspielcharakter der „Alceste".

204,39. *prostituieren* = öffentlich darstellen oder bloßstellen, meist im Sinne von: eine schlechte Figur machen.

205,16. Wieland redet im Traum wie in den Briefen Friedrich Jacobi an. Vgl. 215,9 *Wieland erwachend.*

205,22. Im 2. Band des „Merkur" hatte Wieland von einem Nachdruck gesprochen.

205,32. Wieland verwundert sich, daß die griechische Alceste nicht geschnürt ist.

206,7. *Recueil, Portefeuille*: Übliche Bezeichnungen für Anthologien, Sammlungen von Schriften.

206,17. *Jobs* = Joppe, Jacke. Dt. Wb. 4, Sp. 2336.

206,20. Die erste Nummer des „Merkur" trug eine Merkur-Vignette.

206,21 f. *die Florenz aufbewahrt*: berühmtes Standbild des Merkur von Giovanni da Bologna.

207,12 f. *Wenn Eure Stücke* ... Nach Plutarch (Nikias, Kap. 29) erlangten gefangene Athener von den sizilianischen Siegern dadurch die Freiheit wieder, daß sie Verse des Euripides vortrugen.

207,25. *Meine Fürstin!* Wielands schmeichelnde Anrede spielt auf die Anrede an die Fürstin Anna Amalia an, mit der die Alcestebriefe begonnen hatten.

208,16. *ähnlich wie die Eier* ... Ähnliche Vorwürfe gegen die monotone Psychologie der bisherigen Dramen erhebt Lenz in den „Anmerkungen übers Theater".

208,21. *Parthenia:* Wieland hatte sich in den Briefen der Veredlung gerühmt, die er der technischen Figur des Bedienten durch die Erfindung der Parthenia als Schwester Alcestis' habe angedeihen lassen.

208,21f. *Widder aus'm Busche*: 1. Mos. 22,13.

208,30. *Klopstock*. In der Ode Daphnis und Daphne (später Selmar und Selma) will freilich jeder dem andern den Schmerz des Überlebens abnehmen.

209,12. *Sekte*. Goethe legt Euripides eine scharfe Beurteilung der christlichen Todessehnsucht in den Mund, wie sie Wieland in den „Briefen von Verstorbenen" verherrlicht hatte.

210,3. *kein* = nicht einmal ein.

210,11ff. *Die Eurige wäre denn für Kinder* ... Das Gemeinte kommt nicht deutlich heraus. Das Mädchen, das aus Schmerz, also aus sich heraus, unfreiwillig stirbt, ist Wielands für Kinder berechnete Alceste; die sich nur ehrenden Eltern, die in voller Bewußtheit für den andern sterben wollen, repräsentieren die Haltung von Euripides' Alceste.

210,13. *sympathisiert*. Anspielung auf Wielands „Sympathien" von 1755.

210,24ff. *Du hast ja* ... Euripides springt aus Erregung (vgl. Zeile 32) aus dem *Ihr* ins *Du*. Seine Worte *genug davon vorgeprahlt* beziehen sich darauf, daß Wieland in den „Briefen an einen Freund über das Singspiel" im „Merkur" ausführlich über die technischen Probleme des Textes und seine Versuche einer Lösung gesprochen hatte.

210,35. *Noten zum Shakespeare*: Wieland hatte seiner Übersetzung Anmerkungen beigegeben, in denen er Shakespeare oft vom Standpunkt der klassischen Tragödie aus kritisierte.

211,11. *Königin der Toten*. Goethe schließt hier an Brumoy, Théâtre des Grecs, 1730, an. Dort heißt es „reine des ombres". Bei Euripides nennt Herakles aber „den Herrn der Toten" (anakta nekron).

211,14ff. *mit dem verlassenen Chor*. Gedacht ist an das Chorlied in Euripides, „Alkestis" 122ff., in welchem der Chor beklagt, daß Alkestis im Sterben liegt. Goethe benutzt, um den Charakter des Chorliedes anzudeuten, hier freie Wortstellung und Rhythmen, die dem Griechischen verwandt sind. Die 2. Strophe des Chorliedes, an welche diese Stelle anknüpft, lautet in der Übersetzung von Wilamowitz-Moellendorff: „Nur einer vermöchte sie wieder empor / vom Hades zu führen / Asklepios, wenn er noch lebte! / Zu erwecken die Toten verstand er, / bis Zeus mit vernichtendem Blitze / strafte den Künstler. Wo könnt' ich / Hilfe noch hoffen?"

211,31. *abgeweihet*: Abgeschnittene Haare des zu opfernden Menschen wurden unmittelbar vor der Tötung weihend in die Flamme geworfen. Die Stelle bei Euripides, auf welche hier angespielt wird, ist wohl „Alkestis" 76; der Tod spricht: „Jetzt tret' ich ein und schneid' ihr eine Locke. / Verfallen ist den höllischen Gewalten, / wes Stirne dieses Schwert gezeichnet hat." (Übers. von Wilamowitz-Moellendorff) Dasselbe Motiv *Iphigenie* 605ff. Dasselbe Wort Bd. 10, S. 81,30. – GWb. 1, Sp. 223.

212,26. *Noten übern Homer:* Anspielung auf Wielands Bemerkung über die Homerischen Helden im „Neuen Amadis".

212,32 f. *Für die Tugend!* Wieland läßt Herkules III,1 sagen: „Du, deren Namen ich an meiner Stirne trage, / Für die ich alles tu, für die ich alles wage, / O Tugend!“ Und vor seinem Aufbruch in die Unterwelt sagt Herkules zu Admet (III,3): „Ruf deinen Mut zurück! Die Götter walten! Ihr Beifall ist der Tugend Sold!“

213,5 f. *meine Gedichte.* Anspielung auf „Komische Erzählungen“, „Idris“, „Musarion“ u. a.

214,16. *Prodikus.* Xenophon berichtet in seinen Memorabilien von einer Allegorie des Sophisten Prodikus, nach der die Wollust und die Tugend um die Seele des Herkules stritten. Wieland hatte das als Quelle für seine Kantate „Die Wahl des Herkules“ benutzt, die 1773 im „Merkur“ erschien.

214,18. *Sylvio.* Don Sylvio, der Held von Wielands erstem Roman (1764).

214,21. *dein Amadis*: Wielands „Neuer Amadis“, erschienen 1771.

214,39 ff. *ein Maidel.* In die zweite Ausgabe seines „Agathon“ von 1773 hatte Wieland die „Geschichte der Danae“ eingefügt. Er war damals genau *in seinem vierzigsten Jahr*, wie Herkules hier sagt.

215,9 f. *Sie reden, was sie wollen* ... Übersetzung einer antiken Inschrift, über welche Wieland einen Aufsatz geschrieben hatte. Auf diese Inschrift verweist Wieland dann im fünften seiner Briefe im „Teutschen Merkur“ 1773.

# CLAUDINE VON VILLA BELLA

## NACHWORT

Mit *Claudine von Villa Bella* und dem etwas älteren *Erwin und Elmire* wandte sich Goethe der letzten dramatischen Form zu, die er noch nicht erprobt hatte: dem Singspiel. In der *Italienischen Reise* wies er auf französische Operetten als Vorbild für die Form (Bd. 11, S. 436,3–437,33). Daneben ist die deutsche Singspieltradition des 18. Jahrhunderts zu nennen, die mit Christian Felix Weiße begann. Weiße war in Paris mit der französischen Form vertraut geworden; nach einer Übersetzung gab er dann mit „Lottchen am Hofe" (1766) ein Original, das der neuen Form überall Zugang verschaffte. In Johann Adam Hiller hatte er den geeigneten Musiker gefunden, dessen Kompositionen auch der „Liebe auf dem Lande", der „Jagd", dem „Dorfbarbier" u.a. zum Erfolg verhalfen. Zu den nun zahlreichen Singspielverfassern und -komponisten der Zeit gehörte Johann André in Offenbach, mit dem Goethe bekannt war. Bei diesen Singspielen handelte es sich um gesprochenen Prosadialog, in den Lieder (meist Sologesänge, auch Duette, Terzette und kleine Chöre) eingestreut waren. Weiße hatte besonders die ländliche oder handwerkliche Welt zum Spielplatz gewählt und ihre Genügsamkeit, Tugendhaftigkeit und Gefühlsseligkeit nicht selten in dem Gegensatz zum ruhelosen, leeren Leben der Großen und der Glücksjäger verherrlicht. Das Ganze war also stimmungsmäßig von ziemlich einheitlicher Tönung. Goethe war dem mit dem Spiel *Erwin und Elmire,* das er 1773 begonnen, dann aber liegen gelassen hatte, noch gefolgt. Auch *Claudine von Villa Bella,* 1774 begonnen, blieb zunächst liegen. Im April 1775 schreibt Goethe an Johanna Fahlmer: *Ein gut Wort findt eine gute Statt. Bin doch gleich nach Haus gangen, habe „Claudinen" ausgegraben. Das zur Nachricht.* Am 4. Juni sandte er das fertige Werk an Knebel nach Weimar, 1776 wurde das *Schauspiel mit Gesang* gedruckt. *Claudine* weicht nun nicht in der äußeren Form, wohl aber in der ganzen Anlage vom Weißeschen Typus ab. In den Schemata zu *Dichtung und Wahrheit* wies Goethe selber auf den Gegensatz zu den *Handwerks-Opern*: *romantische Gegenstände, Verknüpfung edler Gesinnungen mit vagabundischen Handlungen* (WA 29, S. 217) seien ihm als neue Möglichkeit erschienen, wie es sie in der spanischen Literatur gebe. Schon Nicolai vermutete eine spanische Novelle als Vorlage; aber es hat sich nichts finden lassen. Auch andere Indizien wie die italienischen Namen, die Nachbarschaft der beiden

Orte Sarossa und Salanka (doch wohl aus Saragossa und Salamanca verkürzt) machen es wahrscheinlich, daß Goethe die Fabel selber gewebt hat. Dafür spricht schließlich auch die Zeitnähe so mancher Motive und Züge. Ein Reiz des kleinen Werkes besteht darin, wie Goethe hier so vieles aus der Problematik jener Jahre in leichter Form sich darstellen läßt und in ein heiteres dichterisches Spiel zusammenfügt. Wir begegnen dem rivalisierenden Paar von Brüdern, die das gleiche Mädchen lieben, jenem bevorzugten Motiv des Sturm-und-Drang-Dramas. Goethe macht seinen Pedro zum deutlichen Vertreter des sentimentalen Typus, Crugantino zum leidenschaftlichen, nach Freiheit dürstenden Kraftmenschen (besonders 256,18ff.). Der Drang zu natürlichem Leben kommt zur Sprache (239, freilich wohl zugleich mit ironischer Anspielung auf die *Handwerks-Opern*) und ebenso die neuerwachte Begeisterung für Volkslieder und -balladen. Goethe legt seinem Helden gleich eine selbstgedichtete Geisterballade in den Mund, um deren Ende uns der Aufschrei Claudinens bringt. Wenn Crugantino sich zu dem edlen Anführer einer Räuberbande gemacht hat, so gab es dafür gewiß Entsprechungen in der spanischen Literatur; Goethe aber wirkte mit seiner Gestaltung nun auf die deutsche Literatur. Als er am 23. Januar 1786 an den Musiker Philipp Christoph Kayser über *Claudine* schrieb, sprach er von den *Vagabunden, die man durch Nachahmung so ekelhaft gemacht hat* (Briefe Bd. 1, S. 502). Vermutlich zielt diese Äußerung auf Schillers „Räuber", 1781, und andere Werke, die im Räuber-Milieu spielen.

Von der Tradition wich aber auch die dramatische Bewegtheit und Stimmungsfülle ab. Die Skala der Empfindungen, die sich in Liedern und Gesängen entlädt, ist außerordentlich reich. Vom Festlichen geht es zum Naiv-Gefühlvollen, zum Schmachtenden, zum Heiter-Volkstümlichen, zum Trotzig-Forschen, die Geisterballade erzeugt Schauerstimmung, über das Elegische geht es dann schließlich zu einem fast hymnischen Preisgesang. Aber die Führung hatte doch das Bühnengeschehen, das Wort besaß den Vorrang vor der Musik.

Diese Grundlage mußte sich verschieben, als Goethe sich dem italienischen Singspiel als Vorbild zuwandte. Die Eindrücke auf der italienischen Reise vollendeten diese Wandlung, die seit 1784 (*Scherz, List und Rache*) begonnen hatte. In enger Gemeinschaft mit dem Musiker Kayser ging er in Italien an die Umarbeitung von *Erwin und Elmire* und *Claudine von Villa Bella*. Die Poesie mußte sich jetzt der Musik *subordinieren* (an Kayser 14. August 87), und so entschloß sich Goethe, *vielen poetischen Stoff wegzuwerfen und der Möglichkeit des Gesanges aufzuopfern* (an Frau v. Stein 26. Jan. 88). Der prosaische Dialog wurde durch Verse ersetzt, die jetzt als Rezitativ vorgetragen wurden. Zugleich aber verlor er viel von seiner Fügung: die Gesangpartien dehnen sich aus, jede Figur bekommt, in wohlbedachter Verteilung, ihre Arien. Die Zahl der Personen wurde dabei vermindert: Sebastian und der Kerkermeister verschwinden, die beiden Nichten werden zu einer Rolle verschmolzen, die nun zu der von Rugantino (so lautet jetzt sein Name) Geliebten wird. Mit diesem Eingriff war Wesentliches von der alten Struktur zerstört. Grund dafür sind wieder die Formgesetze der Opera buffa, die aus musikalischen Gründen zwei Liebespaare verlangt, und so kann zum Schluß Pedro seine Claudine und Crugantino seine Lucinde umarmen. Das *Schauspiel mit Gesang* ist zum Libretto geworden, das wenig von der poetischen Schönheit und Gelöstheit der ersten Fassung bewahrt.

Die erste Fassung war u.a. von dem Weimarer Kammerherrn Siegmund Freiherrn v. Seckendorf vertont worden; die zweite wurde in der Vertonung durch Johann Friedrich Reichardt im Jahre 1789 in Berlin und 1795 in Weimar aufgeführt, freilich ohne Erfolg. Zu den späteren Komponisten gehörte auch Franz Schubert, dessen Vertonung aber nur zum kleinen Teil erhalten ist.

Vertonungen sind ediert und kommentiert in: Gedichte von Goethe in Kompositionen. Hrsg. von Max Friedlaender. Weimar 1896 u. 1916 (Schr. G. Ges., 11 u. 31). Bd. 1, Nr. 35; Bd. 2 Nr. 9, 15, 33, 39, 85. – Bibliographien der Vertonungen: Goethe, Gedenk-Ausgabe Bd. 2, S. 663–760. – Fest-Ausgabe Bd. 2, S. 515–536. – Vgl. Bd. 1, Bibliographie, Abschnitt „Vertonungen".

Goethe über *Claudine von Villa Bella*:

Bd. 10, S. 430,8; 433,12f.
Bd. 11, S. 419,14; 432,36ff.; 434,30; 436,3–437,33; 475,33ff.; 516,9ff. u. 30ff.
Briefe Bd. 1, S. 495,21ff.; 501,38ff.
Bd. 2, S. 76,30ff.; 79,37; 83,17f.; 118,15ff.; 137,9; 148,13f.

## Zum Text

Zum Abdruck in einem Band mit den Jugenddramen konnte nur die 1. Fassung gewählt werden. Der Abdruck folgt der Jubiläumsausgabe (Bd. 11), geht freilich an folgenden Stellen auf die Wiedergabe des 1. Druckes von 1776 (mit Verbesserungen nach der jetzt verschollenen Darmstädter Handschrift) durch Morris (Bd. 5) zurück: 249,1 *nächtgen* statt *mächtgen; 254,35 könntest* statt *kannst; 256,12 Turm* statt *Turn.*

## ANMERKUNGEN

217,5 f. *Binden ... dich an* = beschenken dich. Nach dem alten Gebrauch, jemanden ein Geschenk (Angebinde) an den Arm zu binden. Dt. Wb. 1, Sp. 295 f. – GWb. 1, Sp. 481.

220,3. *kein Pfötchen mehr machen kann*: alle Erziehung (Dressur) vergessen hat. – Dt. Wb. 7, Sp. 1791.

221,13. *herumschwadroniert* = sich herumtreibt. – Dt. Wb. 9, Sp. 2176.

221,32. *notifizieren* = kundtun, bekannt machen (von lat. „notificare").

223,3. *Sind nicht dieser Blumen wert* = sind nicht so wertvoll wie diese Blumen. – Fischer, Goethe-Wortschatz S. 738.

223,19. *englischen* = engelhaften.

225,23. *'en* = ihnen. Im Gesang waren solche mundartlichen Verkürzungen erlaubt.

225,31. *zu viel* = zu oft, in zu vielen Fällen.

226,4. *Sträckst*: von „strack" = gerade, aufrecht, straff. Wie Bd. 1, S. 285, Vers 33; *Faust* 11870; Bd. 8, S. 150,1 u. 155,24 u. ö.

227,17. *vexierte* = neckte, foppte, aufzog. – Dt. Wb. 12,2 Sp. 37–42.

228,16. *stickt* = steckt. Ebenso S. 77,4; Briefe Bd. 2, S. 60,8 u. ö. – Fischer, Goethe-Wortschatz S. 593.

229,12. *Halt eins!*: Halte ein Spiel, halte im Spiel mit. – Dt. Wb. 4, 2 Sp. 289. – Fischer S. 318.

229,15. *Servitor* = „Diener". Entsprechend der damals üblichen Wendung „Gehorsamster Diener", die bedeutet, daß man mitmacht; hier ironisch gebraucht wie „ich danke dafür".

229,26. *Leber*: im Anschluß an antike Autoren mitunter als Sitz der Liebe genannt. – Dt. Wb. 6, Sp. 460.

229,35. *Unter ein paaren* = unter Gleichen.

230,3. *hunten* = unten, hier unten. – Dt. Wb. 4,2 Sp. 1953.

230,14. *Moses*: Mose wurde mit Hörnern abgebildet, wegen eines Fehlers im Vulgata-Text (2. Buch Mose 34,29) „Facies cornuta" (gehörntes Antlitz) statt „facies coronata" (strahlengekröntes Antlitz).

230,32. *Scheniert euch* = geniert euch.

230,36. *kirre* = zutraulich, zahm. – Dt. Wb. 5, Sp. 837–839.

231,21. *plane*: nach französisch „planer" von Raubvögeln, die in der Luft schweben, um auf Beute niederzustoßen. – Dt. Wb. 7, Sp. 1887.

235,20 f. *Amoroso* = Liebhaber. (Ital.).

235,22. *Resolution* = Entschlossenheit, Entschlußkraft (frz. résolution).

237,24. *Nichtchen*. Hier in der Bedeutung Base, Cousine. Wie Bd. 9, S. 469,28. – Dt. Wb. 7, Sp. 712 u. 713.

238,34. *spüren* = aufmerken, eine Spur aufnehmen. – Dt. Wb. 10,2,1 Sp. 243–248.

240,4 ff. *Balladen, Romanzen ...* Hinweis auf die Zeitströmung, aus der Percy seine „Reliques of ancient English poetry", 1765, herausgab und Herder seine Abhandlung über Ossian in dem Band „Von deutscher Art und Kunst", 1773, schrieb. Herder sammelte bereits zu dieser Zeit Volkslieder, die er dann 1778/79 herausgab. Goethe hatte während seiner Straßburger Studienzeit im Elsaß Volksballaden gesammelt. – Bd. 1, Kommentar zu „Sturm und Drang, Balladen".

240,28ff. *Es war ein Buhle* ... Vgl. Bd. 1, S. 81 u. Anm.

241,19. *Schwank* = „dünn und biegsam, schlank" (Dt. Wb. 9, Sp. 2246–2249).

241,33. *Diener*: wie 229,15 *Servitor*, die übliche Höflichkeitsphrase.

242,16. *hauß* = haußen, draußen. – *Faust* 1260. – Dt. Wb. 4,2 Sp. 699.

242,19. *Sich ... erwühlt* = Sich aufreißt, sich öffnet. Dasselbe Wort *Faust* 479. – Dt. Wb. 3, Sp. 1071.

242,23. *krapelt*. Die späteren Drucke haben: *krabbelt*.

243,20. *vergeistert* = wie ein Geist, wie eine Spukgestalt. – Dt. Wb. 12,1 Sp. 405.

245,6. *sieht*: ihre Augen blicken wie ... Dt. Wb. 10,1 Sp. 135.

245,19. *sprengen* = eilends fortsenden (springen machen). – Dt. Wb. 10,2,1 Sp. 29.

251,17. *ungefähr* = unversehens, zufällig, aus Versehen. – Fischer, Goethewortschatz S. 662.

253,20. *Rencontre* = (frz.) Begegnung, Zusammenstoß, Zweikampf.

253,26. *Item* = (lat.) ebenso, also.

254,9. *Geckchen* = Närrchen. – Dt. Wb. 4,1,1 Sp. 1921.

254,29f. *Point d'honneur* = Ehrenpunkt, Gesichtspunkt der Ehre. Hier zweideutig, denn Sebastian soll nicht nur die Ehrbegriffe weglassen, sondern auch deren Verteidigungsmittel, den Degen, *stecken lassen*.

255,11. *Kuriosität* = Neugier.

256,5f. *ohngefähr* = wie *ungefähr* S. 251,17 u. Anm.

259,12f. *Brüllt nicht der Donner mehr* ... Konditionalsätze = Wenn der Donner nicht mehr brüllt, wenn der Sturm ...

# CLAVIGO

## GOETHE ÜBER „CLAVIGO“

*Goethe an G. F. E. Schönborn. 1. Juni 1774. (Briefe Bd. 1, S. 161.)*

Dann hab ich ein Trauerspiel gearbeitet, „Clavigo“, moderne Anekdote dramatisiert mit möglichster Simplizität und Herzenswahrheit; mein Held, ein unbestimmter, halb groß, halb kleiner Mensch, der Pendant zum Weislingen im „Götz“, vielmehr Weislingen selbst in der ganzen Rundheit einer Hauptperson; auch finden sich hier Szenen, die ich im „Götz“, um das Hauptinteresse nicht zu schwächen, nur andeuten konnte.

*Goethe an F. H. Jacobi. 21. August 1774. (Briefe Bd. 1, S. 166.)*

Daß mich nun die Mémoires des Beaumarchais, de cet aventurier français, freuten, romantische Jugendkraft in mir weckten, sich sein Charakter, seine Tat mit Charakteren und Taten in mir amalgamierten, und so mein „Clavigo“ ward, das ist Glück; denn ich hab Freude gehabt drüber, und, was mehr ist, ich fordre das kritischste Messer auf, die bloß übersetzten Stellen abzutrennen vom Ganzen, ohn es zu zerfleischen, ohne tödliche Wunde (nicht zu sagen der Historie, sondern) der Struktur, Lebensorganisation des Stücks zu versetzen!

*Zu „Dichtung und Wahrheit“, Buch 7. Zweite Hälfte Mai oder erste Hälfte Juni 1812. (WA 27, S. 395.)*

Diese Aufmerksamkeit aufs Bedeutende in einer größern Welt- und Erfahrungsbreite setzte mich in den Stand, nach einigen Jahren mannigfaltigen Lebens die größern Arbeiten aufzustellen ... In diesem Sinne entstanden „Werther“, „Götz von Berlichingen“ und „Egmont“ ... Systole zu kleineren faßlichen Produktionen besonders fürs Theater. „Clavigo“, „Stella“. Tendenz zur Oper. „Claudine“ und „Elmire“. *Zu* Systole *(Zusammenziehung) vgl. das Sachregister in Bd. 14.*

*Dichtung und Wahrheit, Buch 12. Zwischen Oktober 1812 und Mai 1813. (Bd. 9, S. 521,36–522,5.)*

... zu der Zeit, als der Schmerz über Friedrikens Lage mich beängstigte, suchte ich, nach meiner alten Art, abermals Hülfe bei der Dichtkunst. Ich setzte die hergebrachte poetische Beichte wieder fort, um durch diese selbstquälerische Büßung einer innern Absolution würdig zu werden. Die beiden Marien in „Götz von Berlichingen“ und „Clavigo“ und die beiden schlechten Figuren, die ihre Liebhaber spielen, möchten wohl Resultate solcher reuigen Betrachtungen gewesen sein.

*Dichtung und Wahrheit, Buch 15. Zwischen 7. und 23. September 1813. (Bd. 10, S. 71,7–72,36.)*

Weil nun bei jeder unserer geselligen Zusammenkünfte etwas Neues vorgelesen werden mußte, so brachte ich eines Abends, als ganz frische Neuigkeit, das Memoire des Beaumarchais gegen Clavigo im Original mit. Es erwarb sich sehr vielen Beifall; die Bemerkungen, zu denen es auffordert, blieben nicht aus, und nachdem man viel darüber hin und wider gesprochen hatte, sagte mein lieber Partner: Wenn ich deine Gebieterin und nicht deine Frau wäre, so würde ich dich ersuchen, dieses Memoire in ein Schauspiel zu verwandeln, es scheint mir ganz dazu geeignet zu sein. – Damit du siehst, meine Liebe, antwortete ich, daß Gebieterin und Frau auch in einer Person vereinigt sein können, so verspreche ich, heute über acht Tage den Gegenstand dieses Heftes als Theaterstück vorzulesen, wie es jetzt mit diesen Blättern geschehen. Man verwunderte sich über ein so kühnes Versprechen, und ich säumte nicht, es zu erfüllen. Denn was man in solchen Fällen Erfindung nennt, war bei mir augenblicklich; und gleich, als ich meine Titulargattin nach Hause führte, war ich still; sie fragte, was mir sei? – Ich sinne, versetzte ich, schon das Stück aus und bin mitten drin; ich wünsche dir zu zeigen, daß ich dir gerne etwas zu Liebe tue. Sie drückte mir die Hand, und als ich sie dagegen eifrig küßte, sagte sie: Du mußt nicht aus der Rolle fallen! Zärtlich zu sein, meinen die Leute, schicke sich nicht für Ehegatten. – Laß sie meinen, versetzte ich, wir wollen es auf unsere Weise halten.

Ehe ich, freilich durch einen großen Umweg, nach Hause kam, war das Stück schon ziemlich herangedacht; damit dies aber nicht gar zu großsprecherisch scheine, so will ich gestehen, daß schon beim ersten und zweiten Lesen der Gegenstand mir dramatisch, ja theatralisch vorgekommen, aber ohne eine solche Anregung wäre das Stück, wie so viele andere, auch bloß unter den möglichen Geburten geblieben. Wie ich dabei verfahren, ist bekannt genug. Der Bösewichter müde, die aus Rache, Haß oder kleinlichen Absichten sich einer edlen Natur entgegensetzen und sie zugrunde richten, wollt' ich in Carlos den reinen Weltverstand mit wahrer Freundschaft gegen Leidenschaft, Neigung und äußere Bedrängnis wirken lassen, um auch einmal auf diese Weise eine Tragödie zu motivieren. Berechtigt durch unsern Altvater Shakespeare, nahm ich nicht einen Augenblick Anstand, die Hauptszene und die eigentlich theatralische Darstellung wörtlich zu übersetzen. Um zuletzt abzuschließen, entlehnt' ich den Schluß einer englischen Ballade, und so war ich immer noch eher fertig, als der Freitag herankam. Meine gebietende Gattin erfreute sich nicht wenig daran...

Mephistopheles Merck aber tat mir zum ersten Mal hier einen großen Schaden. Denn als ich ihm das Stück mitteilte, erwiderte er: Solch einen Quark mußt du mir künftig nicht mehr schreiben; das können die andern auch. Und doch hatt' er hierin unrecht. Muß ja doch nicht alles über alle Begriffe hinausgehen, die man nun einmal gefaßt hat; es ist auch gut, wenn manches sich an den gewöhnlichen Sinn anschließt. Hätte ich damals ein Dutzend Stücke der Art geschrieben, welches mir bei einiger Aufmunterung ein leichtes gewesen wäre, so hätten sich vielleicht drei oder vier davon auf dem Theater erhalten. Jede Direktion, die ihr Repertorium zu schätzen weiß, kann sagen, was das für ein Vorteil wäre.

Durch solche und andere geistreiche Scherze ward unser wunderliches Mariagespiel, wo nicht zum Stadt-, doch zum Familienmärchen, das den Müttern unserer Schönen gar nicht unangenehm in die Ohren klang. Auch meiner Mutter war ein solcher Zufall nicht zuwider...

*Gespräch mit Eckermann. 26. Juli 1826.*

In der Zeit meines „Clavigo" wäre es mir ein leichtes gewesen, ein Dutzend Theaterstücke zu schreiben; an Gegenständen fehlte es nicht, und die Produktion ward mir leicht; ich hätte immer in acht Tagen ein Stück machen können, und es ärgert mich noch, daß ich es nicht getan habe.

*Eckermann, 9. Oktober 1828.*

Zu Ehren Tiecks war diesen Abend in den Zimmern der Frau von Goethe ein sehr unterhaltender Tee... Man hatte uns Hoffnung gemacht, daß Tieck etwas lesen würde, und so geschah es auch. Die Gesellschaft begab sich sehr bald in ein entfernteres Zimmer, und nachdem jeder es sich in einem weiten Kreis auf Stühlen und Sofas zum Anhören bequem gemacht, las Tieck den „Clavigo". – Ich hatte das Stück oft gelesen und empfunden, doch jetzt erschien es mir durchaus neu und tat eine Wirkung wie fast nie zuvor. Es war mir, als hörte ich es vom Theater herunter, allein besser; die einzelnen Charaktere und Situationen waren vollkommener gefühlt; es machte den Eindruck einer Vorstellung, in der jede Rolle ganz vortrefflich besetzt worden. – Man könnte kaum sagen, welche Partien des Stücks Tieck besser gelesen, ob solche, in denen sich Kraft und Leidenschaft der Männer entwickelte, ob ruhig klare Verstandesszenen oder ob Momente gequälter Liebe. Zu dem Vortrag letzterer Art standen ihm jedoch ganz besondere Mittel zu Gebot. Die Szene zwischen Marie und Clavigo tönet mir noch immer vor den Ohren; die gepreßte Brust, das Stocken und Zittern der Stimme, abgebrochene, halberstickte Worte und Laute, das Hauchen und Seufzen eines in Begleitung von Tränen heißen Atems, alles dieses ist mir noch vollkommen gegenwärtig und wird mir unvergeßlich sein. Jedermann war im Anhören versunken und davon hingerissen … Tränen in den Augen der Frauen, die immer wieder hervorquollen, zeugten von des Stückes tiefer Wirkung und waren wohl der gefühlteste Tribut, der dem Vorleser wie dem Dichter gezollt werden konnte … Goethe selbst war diesen Abend nicht gegenwärtig; aber sein Geist und sein Andenken war unter uns allen lebendig.

*Goethe hatte in diesen Tagen viele Besucher – fürstliche, adelige, gelehrte –, am 8. Oktober nennt das Tagebuch zehn, am 9. Oktober sechs. Er war dadurch in seinen Arbeiten so aufgehalten, daß er den Abend dringend für die Vorbereitung der nächsten Bände der Ausgabe letzter Hand brauchte, die Termin-Arbeit waren, vor allem für die neue Fassung der „Wanderjahre“. Er war mit Tieck ausführlich am 8. und 10. Oktober zusammen.*

# NACHWORT ZU „CLAVIGO“

Die äußere Anregung zu einem Clavigo-Drama kam aus der Lektüre des 4. Bandes von Beaumarchais' Erinnerungen, die unter dem Titel „Quatrième mémoire à consulter pour Pierre Augustin Baron de Beaumarchais“ im Februar 1774 erschienen und Goethe kurz nach der Veröffentlichung in die Hände gefallen waren. Daß Goethe sich zur Dramatisierung von Ereignissen angeregt fühlte, die der französische Autor auf seiner spanischen Reise erlebt hatte, ist wohl nur wenig auf die Erfahrung des eigenen Lebens, d.h. seine Untreue gegenüber Friederike zurückzuführen. Die so deutende Bemerkung in *Dichtung und Wahrheit* erklärt sich aus der durchgängigen Tendenz der Selbstdarstellung, das Entstehen aller Dichtungen aus dem eigenen Erleben abzuleiten. Wirksam war eher ein künstlerischer Anreiz: die Problematik des schuldig-unschuldigen Treulosen, die den *Götz* hatte aufquellen lassen, ohne doch wirklich ausgeformt zu werden, nun einmal als organisierendes Zentrum eines Dramas zu benutzen. Und zugleich wirkte der Antrieb, nach dem bedenklichen und nur zum Teil geglückten Abenteuer des *Götz* und dem Farcenwerk von 1773 sich als Meister der dramatischen Form und Beherrscher des Theaters zu erweisen – ein Theaterstück also zu schreiben, das durch die Problematik eines Individuums zugleich als Repräsentant eines neuen Dramas gelten konnte.

Die leitende Schicht war die Gestalt des Treulosen; wie im *Götz,* im *Faust,* im *Cäsar* also das Drama von dem einen Helden. Aber das war nun keine *große Seele,* keine mächtige Substanz, die ins Leben drängte und mit dem *notwendigen Gang des Ganzen* (Bd. 12, S. 226,26) zusammenstieß, sondern wie Weislingen, Werther gerade der unbestimmte, der beeinflußbare, der aus Schwäche in persönliche Konflikte geratende Mann. Die Aufgabe war, die von Beaumarchais erzählten Geschehnisse, wie er den treulosen Verlobten seiner Schwester gestellt hatte, umzustrukturieren und bündig zu machen von der tragenden Strukturschicht des Treulosen her.

Bestimmbarkeit des Helden bedeutete gegensätzliche Anlagen im Innern, die von außen angesprochen und zur Wirksamkeit gebracht wurden. Die Tragik konnte jetzt nicht mehr im Zusammenstoß mit dem *Ganzen,* mit dem Schicksal liegen. Dieser hohe Raum blieb verschlossen, in ihn ragte der Bestimmbare nicht hinein. Was von außen auf ihn wirkte, waren Personen, mit denen er in Berührung kam, die ihn suchten, eher als daß er sie suchte. In einer intimen Welt vollzog sich die Tragik, die ganz in der gespaltenen Seele des Helden ihren Grund hatte und in die er das Wesen, dem er in innerer Übereinstimmung der Seelen verbunden war, hineinzog. Als *Systole* (vgl. Sachregister in Bd. 14) bezeichnete der alte Goethe solche intimen Dramen im Gegensatz zur

*Diastole* der Tragödien vom großen Helden (Schema zu *Dichtung und Wahrheit, Buch 7,* WA 27, S. 395).

Clavigo, der Bestimmbare, ist zunächst der Liebende, der in Marie Beaumarchais die zu ihm gehörende Geliebte findet. Sie lebt in kleinen Verhältnissen, ein herzliches, aber unbedeutendes Mädchen, das sich seiner nicht würdig findet, noch als er ohne Rang und Namen lebt. Goethe steigert ihre Anspruchslosigkeit, indem er das Eigene der spanischen Welt stark betont, in der sie nur die Rolle der Landfremden spielen kann. Clavigo liebt sie; der sprachliche Ausdruck der Schichten, in denen er von ihr angesprochen wird, ist immer wieder *Herz, Seele* und vor allem die *Verwandtschaft der Seelen,* die *innere Übereinstimmung* (266,2; 284,7f.; 285,15; 287,18f.). Zu dieser Schicht gehört zugleich Clavigos feines Gewissen, sein Gefühl für Unehrenhaftigkeit: seine Rückkehr zu Marie ist eine Rückkehr zur *Tugend* (285,3). Aber Clavigo hat Anlagen, die ihn auf höhere Ziele lenken als auf das Glück in der bürgerlichen Beschränktheit. Er ist Schriftsteller, begabt, feurig, er wirkt auf die Menschen, besitzt schon etwas von jener *attrattiva* (*Dichtung und Wahrheit, Buch 20.* Bd. 10, S. 176,23f.), deren mächtiger Träger Egmont sein wird, er hat Anlage und Hang zur Größe. Und wenn Beaumarchais, der als rächender Bruder aufgebaut ist, die Gestalt ist, die in Clavigo alle Schichten der einen Anlage zum Schwingen bringt, freilich zugleich mit seiner *Bedrängnis* wirkend, so ist es auf dieser Seite Carlos, der als *reiner Weltverstand mit wahrer Freundschaft* (*Dichtung und Wahrheit, Buch 15.* Bd. 10, S. 72,4ff.) die vorhandenen Anlagen sich entfalten lassen will. Es ist wieder kennzeichnend, daß Goethe keinen Bösewicht in den Verlauf der tragischen Handlung wirken läßt: Carlos ist wahrer Freund, und er hat ebensoviel Recht wie Beaumarchais und Marie, auf Clavigo einzuwirken: ihr Recht liegt in den Anlagen Clavigos selber, die Tragik ist ganz im Innern der Individualität angelegt, im Wesen des *Unbestimmten* (an Schönborn 1. Juni 1774) begründet. Die Funktion der übrigen Gestalten ist ebenso deutlich festgelegt. Goethe weicht mit erstaunlicher Konsequenz allen Versuchungen aus, Raum darzustellen, wie es Shakespeare getan hatte. Wir stellen hier nur fest, daß er in keiner Szene ein Bild der großen Welt gibt, zu der doch Carlos und der gefeierte Archivar des Königs gehören. Nur die intime Welt wird sinnfällig, und Guilbert, Sophie und Buenco repräsentieren eben diesen Raum der Herzlichkeit, Zuneigung, Freundschaft, Treue – aller Werte bürgerlicher Tugendhaftigkeit und des Glükkes in der Beschränkung (Buenco, wie später Brackenburg ein „zweiter" Liebhaber, darf sich als solcher nicht entfalten).

So klar wie der Raum und die Figuren auf die Hauptgestalt bezogen sind, so klar ist die Entfaltung der Handlung. Der *erste Akt* führt uns auf die beiden Schauplätze: zu Clavigo, der an Carlos' Seite die Richtung in die große Welt nimmt und dem Marie *verschwunden* ist – sodann zu der Welt Maries. Die Ankunft des rächenden Bruders treibt das Geschehen voran. Der *zweite Akt* bringt mit der Begegnung Beaumarchais-Clavigo die Umstimmung; freilich wecken die Worte des allein gebliebenen Clavigo und dann die des Carlos Zweifel an ihrer Vollständigkeit. Der *dritte Akt* scheint sie mit der vollen Aussöhnung zu beschwichtigen, aber es bleiben die dunklen Untertöne (Guilberts Furcht 282,39; Buencos Absage und Beaumarchais' Reue über die Übereilung: wie im *zweiten Akt* schafft das Ende eine Spannung). Der *vierte Akt* bringt in kunstvoller Steigerung der Argumentation die Umstimmung durch Carlos, der schließlich in klaren Formeln Herz, stilles Glück, ruhige Beschränkung und großes Gefühl, Glück und Größe gegenüberstellt (denen die Regungen des Herzens nur als verwirrende Leidenschaften gelten). Im strengen Wechsel der Schauplätze führt die zweite Szene auf die Gegenseite und offenbart die Auswirkung von Clavigos Verrat. Der *fünfte Akt* spielt auf einem neuen Schauplatz, und eine ganz eigene Atmosphäre umgibt uns: Nachtstimmung, Fackelträger, bald setzt Musik ein: wie im *Egmont* ein Sprung in die Opernwelt oder doch ins Melodrama. Goethe hat selber auf eine englische Ballade als Anregung hingewiesen („Lucy and Collin", von Herder unter dem Titel „Röschen und Kolin" in die Volksliedersammlung aufgenommen); man hat weiterhin den Schluß der von Goethe selbst aufgezeichneten Ballade „Vom Herrn und der Magd" herangezogen. Das Woher ist nebensächlich angesichts der Feststellung, daß Goethe diesen Wandel vollzog, der sich ja bis in die nun auffällig bilderreiche Sprache erstreckt. Und alles ist anders: Beaumarchais erfüllt seine Rache, aber sein Opfer dankt ihm für den Todesstoß; Clavigo geht unter, aber sein Tod ist ihm willkommen und erscheint als Weg zur Vereinigung mit der Geliebten, die ihn erwartet. Tiefere Schichten öffnen sich als die, auf denen das Drama bisher spielte. Die Bindung an die Geliebte ist nun keine Frage der Treue, der Ehrbarkeit, der Tugend mehr, sondern eine magische Bindung. Der Bereich der bürgerlichen Gemeinsamkeit und der bürgerlichen Liebe bleibt ebenso zurück wie der der großen Welt: der Bereich einer höheren Liebe öffnet sich, an dem nur diese beiden besonderen Seelen, füreinander bestimmt und zueinander findend, teilhaben. Die Welt verwandelt sich, und die Untergangstragik des bestimmten Individuums wird überhöht durch die Verklärung der Liebenden.

Die Interpretation hat dadurch, daß sie zeigt, woraufhin der Schluß angelegt ist, überbelichtet. Denn offensichtlich kommt diese Anlage in der sprachlichen Gestaltung nicht ganz heraus. Goethe war dabei wohl auch gehemmt und durch die Anlage des Ganzen, das als Tragödie des halb großen, halb kleinen, des gar nicht ungewöhnlichen Menschen eine schwache Grundlage für das Gewicht einer Verklärung bot. Es mag überhaupt fraglich erscheinen, ob die gewählte tragende Schicht ausreicht, um dem Werk den Charakter der Tragödie zuzuerkennen, oder ob es in solcher Eigenschaft nicht zu deutlich an eine geschichtlich eng begrenzte Auffassung gebunden bleibt. Deutlich ist weiterhin, daß das Werk zwar von klarster Einheitlichkeit, Straffheit und Konsequenz ist, aber dichterisch etwas trocken und kalt wirkt. Es ist sprachlich zu sehr auf die Sukzession gestellt, und ist schon bei der klaren Fügung der Handlung der Vorwurf des Rechenexempels nicht unberechtigt, so drückt der Mangel an Atmosphäre das Werk im Vergleich mit anderen Werken Goethes stark herab. Fast alle Worte erschöpfen sich in ihrem Beitrag zur Situation oder doch zur Handlung. Es fehlt an innewohnenden Sprachleistungen, fehlt an der Bedeutungsfülle sich entsprechender Bilder, fehlt an zusammenklingenden Ober- und Untertönen. Wie diffus sind die Wort Clavigos in seinem kurzen Monolog (279,1–4); selbst die Sprache der Individuen ist in diesem Drama, in dem sie ganz für sich stehen, zu wenig individualisiert. Die schnelle Niederschrift verrät sich deutlich.

Goethe hat selbst gesagt (an Jacobi 21. August 1774), daß er in dem Drama einige Stellen aus Beaumarchais übernommen habe. Das gilt zumal für die große Rede des Beaumarchais 270,17–274,25. Doch in vielem anderen weicht er völlig von der Vorlage ab. Der historische Clavijo (so schrieb er sich) lebte als angesehener Mann in Madrid bis 1806. Die unverheiratete Schwester von Beaumarchais kehrte aus Spanien nach Frankreich zurück. – Einen Vergleich der Vorlage und des Dramas geben Wolfgang Leppmann in seiner Abhandlung, 1980, und Dieter Borchmeyer in seiner Ausgabe, 1985.

Als das Drama *Clavigo* 1774 erschien, stand es für die Leser im Schatten des fast gleichzeitig erschienenen *Werther*. Für die Theater aber war das Werk spielbar und anziehend, und es wurde seit seiner Veröffentlichung von vielen Bühnen aufgeführt. Carl Philipp Moritz schildert in „Anton Reiser", wie reizvoll die Rolle des Clavigo auf der Bühne war. (3. Teil. In der Ausgabe von E.-P. Wieckenberg, München 1987, S. 269ff.)

## Zum Text

Eine Handschrift zum *Clavigo* ist nicht erhalten. Der 1. Druck (E) erschien bei Weygand in Leipzig (1774). Ein Himburgischer Nachdruck (h) bildete die Vorlage für den Abdruck in Bd. 3 der *Schriften* von 1787 (S); danach in Bd. 5 der Ausgabe A von 1807, in Bd. 6 der Ausgabe B von 1816 und in Bd. 10 der *Ausgabe letzter Hand* (C) von 1827.

Während der Weimarer Ausgabe C zugrunde liegt, geht die Jubiläums-Ausg. der wir im allgemeinen folgen, stärker auf die früheren Drucke zurück. Bei Abweichungen zwischen A, B, C und E, h, S setzen wir also die frühere Fassung ein (konsequenter als die Jubiläums-Ausg. z.B. 270,26 *jüngern*; 170,31 *denn*; 270,33 *unterdessen* u.ö.). Dagegen folgen wir der Jubiläums-Ausg. im allgemeinen nicht, wenn sie eine gegen die übrige Überlieferung nur in E vorkommende Fassung einsetzt.

## ANMERKUNGEN

261,21. *Wissenschaften.* Im Sinne des 18. Jahrhunderts: Kenntnisse verschiedenster Art, insbesondere in Literatur; oft entsprechend dem französischen „belles lettres". Aus 268,29ff. geht hervor, daß Clavigo ein allgemeinbildendes Journal herausgibt. – Dt.Wb. 14,2 Sp. 793.

261,21f. *Archivarius.* Im 18. Jahrhundert enthielten die Archive nicht nur zeitlich zurückliegende Urkunden, sondern neue und neueste im Sinne einer Staatskanzlei. Dazu über Clavigos Tätigkeit S. 289,2ff. Er kann vom *Archivarius* zum *Minister* aufsteigen; das zeigt, welche Stellung ein *Archivarius* im 18. Jahrhundert hat. – Joh. Hübner, Staats- und Zeitungs-Lexicon. Lpz. 1706 u. ö. Viele Auflagen das ganze 18. Jahrhundert hindurch. – Zedler, Universal-Lexicon.

261,31f. *Ausgeredt hat man bald* = Man hat sich bald nichts mehr zu sagen. – GWb. 1, Sp. 1201.

262,37. *Whal ... Grimaldi.* Beide Namen stammen aus Goethes Quelle, dem „Mémoire" von Beaumarchais.

265,5. *Vaudevilles* = volkstümliche Lieder (frz.).

265,5. *Fächer.* Gedacht ist an einen symbolischen Schlag mit dem Fächer als Strafe.

265,23. *ängstlich*: einengend, beschränkend. – GWb. 1, Sp. 575.

268,9. *Humor*: in der alten Bedeutung „Stimmung, Laune". Ähnlich 287,10.

268,28. *distinguieren*: auszeichnen, charakterisieren (frz. distinguer).

268,33. *Wissenschaften*: wie 261,21. Dazu passend ist 269,13f. von den *Gelehrten* die Rede im Sinne von allen am literarischen Leben Teilnehmenden.

269,10. *„Der Denker"*. Die von Clavijo (so schrieb er sich) herausgegebene Zeitschrift hieß „El Pensador".

269,32. *Kolporteur* = Nachrichten-Vermittler (frz. colporteur).

271,13f. *eine Wochenschrift im Geschmack des englischen „Zuschauers"*. Der berühmte, oft übersetzte und nachgeahmte „Spectator", hrsg. von Addison und Steele, erschien 1711–1712 und wurde dann von Addison fortgesetzt. In der Folge erschienen „moralische Wochenschriften" nach und nach in verschiedenen Ländern Europas, in Deutschland u. a. „Der Patriot" in Hamburg und Gottscheds „Vernünftige Tadlerinnen" in Leipzig. – G. v. Wilpert, Sachwörterbuch der Literatur. 1955 u. ö. – Reallexikon der dt. Literaturgesch. (Beide mit Lit.-Angaben.)

272,18f. *Insolenz* = Anmaßung, Unverschämtheit (frz. insolence).

272,22. *er biete sie auf* = er fordere sie trotzig heraus, im Sinne einer Drohung, Warnung (bei Beaumarchais: défier). – GWb. 1, Sp. 912.

273,18f. *hattest du* ... Der Übergang von *Sie* zu *du* (wie schon 272,39) bezeichnet in der Sprache des 18. Jahrhunderts das Ende konventioneller Sprache, harte Feindlichkeit.

273,33. *Konvenienz*: Rücksicht auf die Umstände, Schicklichkeit (von lat. „convenientia").

274,6. *Aranjuez*: Sommerresidenz des Königs.

274,18f. *Buenretiro*: berühmter Park bei Madrid. Beaumarchais deutet auf ein Duell.

274,33. *greift nach dem Degen*: Gedanke an Selbstmord.

276,28. *Vorwort*: Empfehlung, Fürsprache. Wie 125,33f.

277,19. *Sie überlassen mir* ... Clavigo hat zugestimmt, *die Erklärung* zu schreiben, erwartet aber, daß Beaumarchais ihm die Formulierung *überläßt*. Doch dieser will auch die Formulierung auf eine bestimmte Weise und also ein Diktat. – Dt.Wb. 11,2 Sp. 365f.

278,26. *gestellt*: ausgestellt, verfaßt; 279,20 *ausgestellt*. – Dt.Wb. 10,2,2 Sp. 2204ff.

279,16. *Ausforderung*: Herausforderung zum Duell. Wie Bd. 9, S. 381,27.

279,25. *romantisch* = romanhaft. Wie 281,20. Vergleiche mit literarischen Formen und Figuren auch 273,35; 280,1; 291,23.

279,32. *Indien:* Westindien, das im 18. Jahrhundert spanisch war.

287,35. *verschneiden*: durch Klatsch schlecht machen, durchhecheln. – Dt.Wb. 12,1 Sp. 1133.

289,7ff. *So gewiß ich den Turm erreiche* ... Kunstvolle Steigerung der im (keineswegs falschen) Ton besorgter Freundschaft vorgebrachten Argumente: Wirkung der Nachricht auf die spanische Weiblichkeit und verscherzte Verbindung mit *stolzen* (289,19) Häusern; Wirkung der Nachricht auf Hof und Gönner (Gefahr, die Möglichkeit zu weiterem Aufstieg verscherzt zu haben). Auf der Gegenseite Maries *Qualitäten* (290,20) und ihre Krankheit (Betonung, als Clavigo einzustimmen beginnt). Das schwerste Argument: Feigheit vor Beaumarchais wird als Grund zur Heirat gelten. Als Clavigo darauf umgestimmt ist, stellt ihn Carlos vor die scheinbar freie, in Wahrheit bereits gefallene Entscheidung zwischen den beiden Trieben, die Bilder ihrer Erfüllung jetzt ohne Verzeichnung malend.

289,20. *das* ... *zugeblinkt hätte* = das die Augen geschlossen hätte. – Dt.Wb. 16, Sp. 49.

289,28. *Herz*. Dasselbe Bild Bd. 9, S. 240,3f. – Dt.Wb. 4,2 Sp. 1222f.

290,38. *produzieren* (von lat. „producere" vorführen): in der Öffentlichkeit auftreten lassen, vorführen.

291,4. *glühenden*. So im Erstdruck, 1774, alle späteren Drucke aus Goethes Zeit haben *blühenden*. Die Spanierin wird auf das Feurige hin geschildert. Dagegen die *bleiche* Marie 291,20.

291,15. *quästionieren*: fragen, ausforschen (von lat. quaestio: Frage; neulat. quaestionari: fragen, untersuchen).

292,7. *ausknirschen.* Hierzu GWb. 1, Sp. 1174: „sein weiteres Leben zähneknirschend vor Zorn verbringen. Bildung Goethes im Stil des Sturm und Drang".

293,6. *gemein*: alltäglich, gewöhnlich. Ebenso 294,11. – Sachregister in Bd. 14.

296,13. *bedutzt*: verdutzt, aus der Fassung gebracht. – GWb. 2, Sp. 174.

296,24. *Hermandad*: eine fromme Bruderschaft; im 15. Jahrhundert Organisation der Städte gegen den Adel. Hier spöttisch für Polizei.

297,1. *Pailleband* (von frz. „paille": Stroh). Dazu Adelung: „Man gebraucht es im Deutschen nur, eine Art blaßgelber Farbe zu bezeichnen" (Ausg. 1808, Bd. 3, Sp. 640).

297,4. *Nation.* In dem ursprünglichen Sinne: eine Gruppe, der man von Geburt (natio) her angehört.

297,15. *Du siehst blaß*: du siehst blaß aus. Ähnlich 111,21; 245,6; 297,15; *Faust* 3654; Briefe Bd. 1, S. 439,21 und auch sonst oft.

299,21f. *Ich weiß ein Mittel* ... Marie meint den Tod, Beaumarchais versteht unter dem *Mittel* die Rache. Tragische Ironie, da sein maßloser Rachedurst zu ihrem Tode beiträgt (vgl. 301,32ff.).

301,15. *Fliehe, mein Bruder!* Im Erstdruck folgt hier: *Beaumarchais: Nein, hab ich ihn, ich muß ihn haben! O hätt ich ihn drüben über dem Meere! Fangen wollt ich ihn lebendig, und an einen Pfahl gebunden stückweise seine Glieder ablösen, vor seinem Angesichte braten und mir's schmecken lassen, und euch auftischen, Weiber!*

305,37. *Ihr letztes Wort* ... Anknüpfend an 301,26.

# STELLA

## GOETHE ÜBER „STELLA“

*An Johanna Fahlmer, Frankfurt 5. März 1775.*

Morgen oder übermorgen gewiß kommt „Stella“ ...

*An Johanna Fahlmer, Frankfurt 6. März 1775.*

Hier sind die ersten Bogen der „Stella“. Wenn es Sie unterhält, so schreiben Sie sie ab, Fritzen *(Jacobi)* wird dies Stück von Ihrer Hand gewiß zehnmal lieber.

*An Johanna Fahlmer, Offenbach, Mitte März 1775. (Briefe Bd. 1, S. 180.)*

Liebe Tante, ich wußte, was „Stella“ Ihrem Herzen sein würde. Ich bin müde, über das Schicksal unsres Geschlechts von Menschen zu klagen; aber ich will sie darstellen, sie sollen sich erkennen, wo möglich, wie ich sie erkannt habe, und sollen wo nicht beruhigter, doch stärker in der Unruhe sein.

*An Friedrich Heinrich Jacobi, Frankfurt 21. März 1775.*

... Daß Du meine „Stella“ so lieb hast, tut mir sehr wohl ...

*An Sophie v. La Roche, Frankfurt 1. August 1775.*

Daß Sie meine „Stella“ so lieb haben, ist mir unendlich wert, lassen Sie sich sie von Fritz *(Jacobi)* geben. Es ist nicht ein Stück für jedermann.

*1776 erscheint:* Stella. Ein Schauspiel für Liebende in fünf Akten von J. W. Göthe. Berlin 1776, bei August Mylius. – *Bald danach erscheinen unberechtigte Neudrucke. Es folgen auch Aufführungen an verschiedenen Orten.*

*1805. Goethe arbeitet den Schluß des Dramas um, jetzt wird eine Tragödie daraus. In dieser Fassung kommt* Stella *am 15. Januar 1806 in Weimar auf die Bühne, und dann bis 1815 in Weimar und Lauchstädt 14 mal.*

*1815. Goethe schreibt einen Aufsatz* Über das deutsche Theater, *der in Cottas „Morgenblatt" erscheint (10. u. 11. April 1815). Er berichtet darin über das Weimarer Theater und das, was von den dortigen Erfahrungen auch für andere Bühnen beachtenswert sein könnte. Der Aufsatz wurde erst nach Goethes Tode wieder gedruckt, in Bd. 15 der „Nachgelassenen Werke", 1833. – In diesem Aufsatz heißt es unter anderem:*

... wenden wir uns zu „Stella", welche Schillern gleichfalls ihre Erscheinung auf dem Theater verdankt. Da das Stück an sich selbst schon einen regelmäßigen ruhigen Gang hat, so ließ er es in allen seinen Teilen bestehen, verkürzte nur hier und da den Dialog, besonders wo er aus dem Dramatischen ins Idyllische und Elegische überzugehen schien ... Sehr gut besetzt ward das Stück den 15. Januar 1806 zum ersten Mal gegeben und sodann wiederholt. Allein bei aufmerksamer Betrachtung kam zur Sprache, daß nach unsern Sitten, die ganz eigentlich auf Monogamie gegründet sind, das Verhältnis eines Mannes zu zwei Frauen, besonders wie es hier zur Erscheinung kommt, nicht zu vermitteln sei und sich daher vollkommen zur Tragödie qualifiziere ... Das Stück nahm eine tragische Wendung und endigte auf eine Weise, die das Gefühl befriedigt und die Rührung erhöht ... Die Rolle des Fernando wird jeder nicht gar zu junge Mann, der Helden- und erste Liebhaberrollen zu spielen berufen ist, gern übernehmen und die leidenschaftliche Verlegenheit, in die er sich gesetzt sieht, mit mannigfaltiger Steigerung auszudrücken suchen. Die Besetzung der Frauenzimmerrollen ist schon schwieriger; es sind deren fünf, von abgestuften, sorgfältig unterschiedenen Charakteren. Die Schauspielerin, welche die Rolle der Stella übernimmt, muß uns eine unzerstörliche Neigung, ihre heiße Liebe, ihren glühenden Enthusiasmus nicht allein darstellen, sie muß uns ihre Gefühle mitteilen, uns mit sich fortreißen. Cäcilie wird das anfänglich schwach und gedrückt Scheinende bald hinter sich lassen und als eine freie Gemüts- und Verstandesheldin vor uns im größten Glanz erscheinen. Lucie soll einen Charakter vorstellen, der sich in einem behaglichen Leben frei gebildet hat und den äußern Druck, der auf sie eindringt, nicht empfindet, ja abstößt. Keine Spur von Naseweisheit oder Dünkel darf erscheinen. Die Postmeisterin ist keine zänkische Alte, sie ist eine junge, heitere, tätige Witwe, die nur wieder heiraten möchte, um besser gehorcht zu sein. Ännchen: es ist zu wünschen, daß dieses ein kleines Kind sei; in dem Munde eines solchen, wenn es deutlich spricht, nimmt sich die Entschiedenheit dessen, was es zu sagen hat, sehr gut aus ...

*1816. Die 2. Fassung der* Stella *wird gedruckt in* Werke, Cotta, Band 6. *unter dem Titel* Stella, ein Trauerspiel. – *Diese Fassung wird 1827 unverändert übernommen in die* Ausgabe letzter Hand, Band 10.

# NACHWORT ZU „STELLA“

Goethe hat in einem Schema zu *Dichtung und Wahrheit, Buch 7,* das Drama *Stella* neben *Clavigo* und dann beide als *Systole* (Zusammenziehung) gegen die *Diastole* (Ausweitung) des *Götz* und *Egmont* gestellt. (Vgl. die Zusammenstellung „Goethe über Clavigo“.) Beide gehören zusammen als bühnengerechte, festgefügte Theaterstücke, als Dramen der intimen Welt der Individuen. Schon die Entstehungszeit rückt sie aneinander. Den *ersten Akt* der *Stella* schrieb Goethe im Anfang des Jahres 1775; das Ganze wurde freilich erst im Laufe des Jahres fertig. Gedruckt erschien es mit dem Untertitel *Ein Schauspiel für Liebende* im Jahre 1776. Die Übereinstimmung reicht aber tiefer, und zwar bis in die strukturtragende Schicht und ihren Gehalt: auch hier wird die Problematik des „unbestimmten“ Mannes dargestellt. Wie im *Clavigo* wird der Held nach zwei Seiten gezogen, aber jetzt sind es zwei Frauen, die ihn beanspruchen und denen er sich zuneigt, und indem es Liebe ist, die ihn mit jeder verbunden hat, kann sich der Kreis auf der gleichen Ebene schließen; indem die beiden liebenden Frauen sich begegnen, erweitert sich die Grundlage des Ganzen zu der Konstellation zu dritt.

Fernando ist der fühlende, phantasievolle Mann, dem es an Anlage und Kraft der eigenen Bestimmung fehlt. Wir hören wohl, daß er Offizier gewesen ist, eine Beschäftigung, über deren Sinnlosigkeit er selbst spottet (333, 29f.); aber dargestellt wird er nur mit den Erlebnisbereichen zu den beiden Frauen. Er hat das Glück zunächst in der Liebe zu Cäcilie erfahren; aber es ist ihm schal geworden. Freiheitsdrang und Suche nach neuem Glück haben ihn fortgetrieben, das er dann doch nur in der Bindung an eine neue Liebe finden konnte. Aber auch sie hat er verlassen; der Verwalter läßt es offen, *ob so ganz aus reinem Verlangen, Ihre Gemahlin und Ihre Tochter wiederzufinden, oder auch mit aus einer heimlichen Unruhe* (329,9ff.). Als er seine Frau und Tochter wiedergefunden hat, da empfindet er freilich die Verpflichtung als Gatte und Vater als unlösliche Bande, ebenso unlöslich wie die des Geliebten, die ihn an Stella ketten (343,19f.). Er kann von sich aus diesem Konflikt keinen Ausweg finden und greift zur Pistole.

Während die beiden Gestalten, die auf Clavigo einwirkten, aus wenigen Zügen aufgebaut und gleichsam nur von einer Seite beleuchtet waren, stellen sich die beiden Frauen in der *Stella* als volle Individuen dar. Das bleibt ganz in den Grenzen der Struktur; denn volle Individuen sind sie durch die Liebe geworden und beide durch die Begegnung mit Fernando. Cäcilie, die verlassene, hat mit dem Geliebten *alle Freude* (309,35f.) ihres Lebens verloren. Sie lebt in der Vergangenheit, alle Annehmlichkeit der Gegenwart wird ihr zum Hinweis auf die einzig vollen Freuden der früheren Zeit. Die anfängliche Verzweiflung (*Ich mangelte mir selbst; ein Gott mangelte mir,* 309,37) hat sie überwunden durch die Tätigkeit für den Lebenserwerb und die Tochter. Nichts kann die Leere zwar ausfüllen, aber sie hat Abstand gewonnen. Sie sieht in der Flucht des Gatten nicht die persönliche Schuld Fernandos, sondern den Freiheitsdrang des Mannes (332,17). Sie ist durch das Leiden gereift und kann den Entschluß zum Entsagen fassen. In einer Anweisung für die Darstellerin der Cäcilie sagt Goethe *(Über das Theater): Cäcilie wird das anfänglich schwach und gedrückt Scheinende bald hinter sich lassen und als eine freie Gemüts- und Verstandesheldin vor uns im größten Glanz erscheinen.* Von der Darstellerin der Stella verlangt Goethe: Sie *muß uns eine unzerstörliche Neigung, ihre heiße Liebe, ihren glühenden Enthusiasmus nicht allein darstellen, sie muß uns ihre Gefühle mitteilen, uns mit sich fortreißen.* Stella ist ganz die Liebende; in der Liebe ist sie, die die Welt noch nicht kannte, aufgeblüht (das Bild der Blume, des Aufblühens und Zerpflückens kehrt häufig wieder). Sie kennt auch jetzt die Welt noch nicht und würde sich ohne Fernando nicht in sie finden können. Alle Beschäftigung mit dem Haushalt und den Mädchen des Dorfes geschieht ohne innere Anteilnahme. Ihr empfindendes Herz regt sich allein im Einklang mit der Natur und am Grabe ihres Kindes; aber solche Erlebnisse lassen sie die Einsamkeit nur um so schmerzlicher fühlen.

Die Liebe hat in beiden Frauen den innersten Kern erweckt und zur Entfaltung gebracht. Sie stehen mit dieser tieferen Menschlichkeit (*reinsten Menschheit* 320,14) nebeneinander, und indem sie sich schnell als Schicksalsgenossinnen erkennen und sich zu einander gezogen fühlen, steigert sich der Konflikt, sobald sie ihr Verhältnis zu Fernando erkennen. Beide Frauen haben als von der Liebe Erweckte und Bestimmte ein tieferes Glück empfunden als andere, beide stürzen auch in tiefere seelische Not, *Elend* ist der sprachliche Ausdruck im Drama (332,36; 334,24; 340,16 und 29; 343,1; 343,8f.; 343,18f.; 343,25 u.ö.). Goethe verdeutlicht es durch die Gestalt der Postmeisterin, die als tätige Frau in den Anforderungen des Tages lebt und nicht das tiefe Glück der Liebe, aber auch nicht die Verzweiflung der Einsamkeit erlebt hat. Schon der junge Goethe schildert sie mit deutlicher Sympathie, er hat später solche Lebenstüchtigkeit und Wirksamkeit für den Tag immer höher geschätzt: als eine Heilkraft, aber auch Notwendigkeit des Lebens. Es ist ja überhaupt für die *Stella* kennzeichnend, wie im *1. Akt* die Welt der drei liebenden Herzen als ein Sonderbezirk gegen die tüchtige Welt abgegrenzt wird.

Was sich auf ihm aber abspielt, scheint bei der gewählten Konstellation zu dritt und der gewählten Bestimmbarkeit Fernandos in einen ausweglosen Konflikt führen zu müssen. Wie im *Clavigo* handelt es sich also um eine Problematik des als Individuum Lebenden, und man wird darin die stärksten Antriebe aus dem Leben und die stärkste Bindung an die Zeit sehen. Unmittelbare biographische Parallelen – wie bei *Werther* – lassen sich nicht feststellen. Einen wörtlichen Anklang an Goethes Briefe gibt es in Cäcilies Satz *Du hast ihn von ihm selbst gerettet* (347,8), der an Goethes Satz im Brief an Auguste v. Stolberg vom 19.–25. März 1775 anklingt: *Rette mich von mir selbst.* Man hat auf die Konstellation im Hause Fr. Jacobis und auf Swift hingewiesen, dessen Liebe zu Stella und Vanessa in der Zeit bekannt war; mit dem Namen der Titelheldin weist Goethe selber dahin. Aber wichtiger war wohl noch die künstlerische Rivalität mit anderen Dramen, in denen die Situation des Mannes zwischen zwei Frauen gestaltet war: aus der deutschen Literatur vor allem Lessings „Miß Sarah Sampson" und Chr. F. Weißes „Amalia". Lessing hatte sie, von Lillos „London Merchant" angeregt, zur Tragödie entfaltet, in der freilich der Untergang durch die verlassene, nun zum Theaterbösewicht gewordene Geliebte herbeigeführt wurde. Weiße hatte ein rührendes Schauspiel geschaffen (die Bezeichnung als Lustspiel darf nicht im heutigen Sinne genommen werden): Das verlassene, aber noch immer liebende und geliebte Mädchen stellt, als Mann verkleidet, die etwas leichtsinnige und in drängendste Geldnot geratene Nachfolgerin auf die Tugendprobe. Als diese besteht, verzichtet sie großmütig, führt dem Paar das von ihr erzogene Kind zu und reicht aus Edelmut einem anderen Würdigen die Hand. Es mußte Goethe reizen, die beiden Dramen, in denen Theaterkonventionen so stark wirksam waren, durch ein Werk zu übertreffen, das wie der *Clavigo* spielbares Theaterstück war, aber zugleich, indem es lebenswahr die Handlung ganz aus dem Wesen der drei Individuen als Liebender entfaltete, als Drama der neuen Kunstauffassung bestehen konnte und den neuen Geist der Empfindsamkeit verkörperte.

Der *erste Akt* ist als Exposition wie in der Gestaltung ein Meisterstück. Er spielt in dem weiten *äußeren Leben*; der Bühnenraum wird ständig entgrenzt: Ankunft neuer Fremder, Posthornklänge hinter der Szene, Aussicht auf Schloß und Park. Goethe mahnte den Regisseur: *der 1. Akt, der das äußere Leben vorstellt, muß außerordentlich gut eingelernt sein, und selbst die unbedeutendsten Handlungen sollen ein gewisses ästhetisches Geschick verraten, wie denn auch das zweimal ertönende Posthorn kunstmäßig eine angenehme Wirkung tun sollte (Über das deutsche Theater).* Die Kunst der kleinen Züge gibt ihm das Gepräge, die dabei nicht nur *kunstmäßig* angenehmer Wirkung sind, sondern immer zugleich etwas besagen und zusammen ein fülliges, lebendiges Bild des äußeren Lebens geben – fünf Nebenpersonen setzt Goethe ein.

Die Kunst der kleinen Spielzüge setzt sich nicht fort; nur weniges findet sich, und dann meist im Gespräch berichtet (322,15 ff.; 326,15 szenisch; 336,27ff.). An Gegenständlichem, sich leitmotivisch wiederholend, spielen mit: Fernandos Bild (als Erkennungsmittel und Gegenspieler im Monolog Stellas *V,1*), Minas Grab, Blumen (in Stellas Monolog *IV,1* szenisch, häufig als sprachliches Bild, persönliche Sphäre um Stella schaffend). Der Handlungsgehalt ist gering: Das Geschehen hat zunächst als Ziel, die drei Hauptgestalten zur Erkenntnis der Situation zu führen. Der *2. Akt* enthält als vorwärtsdrängendes Element am Schluß die Einsicht Cäciliens in die Lage, sie beschließt zu fliehen. Der *3. Akt* schafft, wieder gegen Ende, Fernando Gewißheit. Er entscheidet sich für Cäcilie und entschließt sich zur Flucht mit ihr und der Tochter. Der *4. Akt* stimmt Fernando in der Begegnung mit Stella um, die als letzte die Lage erkennt. Von ihr gehen keine Handlungsimpulse aus, und so endet der *4. Akt* ganz in der *Verwirrung* (340,37; 341,5), im *Elend* (340,16; 340,29; 340,32; 341,6).

Bis gegen Ende des *2. Aktes* geschieht also wenig; Goethe verzichtet auf die Entfaltung des Raumes und auf szenische Belebung mittels kleiner Vorgänge; nur die Mitte des *3. Aktes* ist etwas lebhafter gestaltet: Spiel mit den Haaren, Meldung des Bedienten, Zwischenkunft des Verwalters. Aber auch er trägt weder zur Raumgestaltung noch zur Handlung bei, sondern einzig zur Charakterisierung Fernandos, so daß wir dem Vorwurf der *Geschwätzigkeit* zustimmen (329,6). Goethe nutzt also als Gestaltungsmittel fast einzig das Wort, und er nutzt es, um die drei Gestalten als Individuen plastisch zu machen. Wie hier nun aus dem Innern der Person gesprochen wird, wie sich die Tiefenschichten vor allem der beiden Frauen enthüllen, das ist von höchster Kunst und bedeutet in der Geschichte des deutschen Dramas einen stürmischen Fortschritt, der den des *Götz* in einer andern Richtung ergänzt. Aber es wird auch eine Schwäche des Stückes deutlich; die Gestalten sprechen im Grunde aus sich und für sich, es kommt bei oder vielleicht wegen aller Tiefe der Worte kein dramatischer Dialog zustande. (In diesem Sinne stehen die langen Gespräche des Verwalters und Cäcilies im *3. Akt* wohl stilvoll in dem Ganzen, sind aber eben wenig dramatisch.)

Über die Selbstdarstellung eines Individuums hinaus leisten die Worte aber noch ein anderes, was im *Clavigo* fehlte: sie stiften Beziehungen, sie schaffen vor allem als wiederkehrende, bedeutsame Bilder eine dichte Atmosphäre um das Ganze, wobei nun alles im Phänomen der Liebe zusammenklingt und ihr Wesen in andeutenden Bildern offenbart. In Stellas persönlicher Sphäre (als *Erblühende* und *Zerpflückte*) wird diese umspannende Atmosphäre am sinnfälligsten und rechtfertigt den Titel. Die Bilderpaare von *Wärme* und *Kälte, aufquellender Fülle* und *Leere* bzw. *Wüste*, von *Todesschlaf* und *ins Leben Erwachen*, von *Dunkelheit, Nacht*, und *Licht, Tag* (335,15; 339,13; 341,14; 342,14; dazu die szenische Angabe für *V,1 : Im Mondenschein*) weben durch das ganze Drama an der Atmosphäre und wirken Einheitlichkeit, die auf der Ebene des Dialogs bzw. der Situation durch Leitwörter wie *Freiheit, Glück, Elend* gesteigert wird.

Der *fünfte Akt* fügt sich zunächst an die vorigen: Stella hat nun den Entschluß gefaßt zu fliehen. (Daß Cäcilie sie daran hindert, wird nur am Ende kurz angedeutet 347,14f.) Fernando, wie Stella keinen Ausweg sehend, greift zur Pistole (343,27). Beide wollen für sich handeln; erst Cäcilie als *freie Gemüts- und Verstandesheldin (Über das Theater)* kann mit dem Vorschlag ihres Entsagens eine Lösung aus der Verworrenheit andeuten. Fernando weist ihn ab, er will seinem Schicksal überlassen bleiben, d.h. in den Tod gehen. Und da geschieht es wieder. Was wir ansatzweise im *Götz,* deutlicher im *Clavigo* fanden und im *Egmont* finden werden (452,38ff.), es ereignet sich auch hier am Schluß: die Welt verwandelt sich, ein neuer Bereich tut sich auf. Der Dialog verstummt, die Situation wird verdeckt, in eigener Redeform stellt sich eine in sich bündige Erzählung dar. Wir kennen sie als Sage vom Grafen von Gleichen, hier erscheint sie als Legende der Liebe. In sich bündig, und zugleich deutlich bezogen. Goethe traut ihr zu, daß sie seinen Menschen, denen er sich nun wieder zuwendet, die *Kraft* gibt, *diese gewaltigen Erscheinungen zu ertragen* (347,1f.). Der Schluß gibt nicht die Lösung des Konfliktes für die Zukunft, sondern stellt die Vereinigung der drei Gestalten dar, unabhängig von Raum und Zeit. Es hat sich gleichsam ein Schleier niedergesenkt. Goethe verzichtet auch hier auf alle darstellerischen Mittel außer dem Wort. Er läßt nur kurze Ausrufe sprechen. (Ein Wandel im Sprechen ist schon in den Worten Cäciliens vor ihrer Erzählung spürbar. Die Worte kommen nicht mehr aus dem Innersten der Individualität.) Freilich muß zugestanden werden, daß die kurzen Reden am Ende, auch wenn sie durch ihren Zitatcharakter z.T. beschwert sind und die Gestalten entindividualisieren (347,7f. = 346,30f.; 347,19 = 346,34), als einziges Gestaltungsmittel zu schwach sind, um die eigentliche Intention des Schlusses zum Ausdruck zu bringen. Auch im *Egmont* wird es noch nicht ganz gelingen, erst in den Spätwerken, den *Wahlverwandtschaften,* der *Novelle,* dem *Faust.*

Goethe hat den Schluß für die erste Weimarer Aufführung von 1806 geändert. Er versucht nicht, die alte Intention reiner durchzuführen. Nach der klassischen Kunstauffassung muß das Kunstwerk in sich geschlossen sein, muß sich *ründen,* darf nicht zum Schluß in andere Bereiche umschlagen. Die Erzählung des Grafen von Gleichen darf bleiben, aber nur als dramaturgisches Mittel des retardierenden Momentes. Die Situation entfaltet sich aus sich selbst zum Untergang. War die Aufnahme der 1. Fassung um ihres Schlusses willen (aus moralischen Gründen kam es z.B. in Hamburg zu Aufführungsverboten) geteilt gewesen, so hat auch die tragische 2. Fassung nicht einhellige Zustimmung gefunden. Immerhin erscheint *Stella* auch heute noch auf der Bühne. Dabei das Werk des jungen Goethe zugrunde zu legen, ist ein berechtigter Wunsch.

Über Nachdrucke, Übersetzungen, Beurteilungen: Goedeke, Grundriß, Bd. 4,3. 1912. (Neudruck 1975.) S. 131–134. – Zeitgenössische Urteile verzeichnet: Oscar Fambach, Goethe und seine Kritiker, Berlin 1955. S. 439. – Abdruck zeitgenössischer Urteile: Julius W. Braun, Goethe im Urteil seiner Zeitgenossen. Bd. 1. Bln. 1883. S. 228ff. – Und: Goethe im Urteil seiner Kritiker. Hrsg. von K.R. Mandelkow. Bd. 1. 1975. – Dazu: Hippolyte Loiseau, Stella et l'opinion de son temps. In: Revue de l'Enseignement des Langues Vivantes 44, 1927, S. 341–347.

Allgemein zur Interpretation, zur geistesgeschichtlichen Einordnung und auch zur Wirkungsgeschichte: Lothar Pikulik, Stella. In: Goethes Dramen. Neue Interpretationen: Hrsg. von W. Hinderer. Stuttg. 1980. S. 89–103. Dort heißt es unter anderem: „Es wäre allzu beschränkt, Absicht und Ausführung des Dramas nur biographisch zu verstehen. Goethe schreibt ein *Schauspiel für Liebende,* wie der Untertitel lautet. Er schreibt nicht nur für sich, sondern für die junge Generation. Und gemessen an der damaligen sozialen und sozialpsychologischen Wirklichkeit bedeuten die dargestellten Probleme eine überindividuell gemeinte Auseinandersetzung mit traditionellen Anschauungen der Zeit und einen Versuch, in Neuland vorzudringen. – Es handelt sich insbesondere um eine Auseinandersetzung mit der bürgerlichen Moral. Der bürgerliche Normenkodex hatte das Verhältnis der Geschlechter mit engen Vorschriften und ängstlichen Vorkehrungen im Zaume gehalten. Intimität war nur im Rahmen der Ehe erlaubt, vor und außerhalb der Ehe dagegen streng verpönt. Geheiratet wurde nur nach Maßgabe der ständischen und ökonomischen Verhältnisse, und der Sinn der Ehe wurde vornehmlich in der Fortplanzung gesehen. Liebe, als selbständige Form der Partnerbeziehung oder als Voraussetzung der Ehe, hatte noch keine Geltung. Da der Bürger Liebe nur als sinnliche, nicht als seelische Beziehung zu begreifen vermochte, witterte er in ihr nach diesem Begriff eine Gefahr für die bürgerliche Ordnung. Er hat denn auch die erotische Annäherung vor und außerhalb der Ehe mit schweren Sanktionen belegt. Wie unerbittlich sexuelle Fehltritte bestraft wurden, wenn auch nur bei der Frau, nicht beim Mann, dafür haben wir noch aus der Literatur des Sturm und Drang drastische Beispiele. – Teils mit dem Aufkommen der neuen Gefühlskultur, teils auch im Zuge des Rokoko, erwachsen dieser Auffassung im Laufe des 18. Jahrhunderts Kritiker und Abtrünnige. Wenn die empfindsame Entdeckung der seelischen Liebe als einer Quelle nicht nur neuen Lebensgefühls, sondern auch menschlicher Veredelung den vor- und außerehelichen Umgang legitimiert, wenn anderseits auf die bürgerliche Ehemoral der begründete Verdacht fällt, allzusehr den ökonomischen Interessen zu dienen, so verlangt das Verhältnis der Geschlechter nach einer neuen Definition, ja so stellt sich die Frage, ob der Wert des Gefühls nicht sogar ausreicht, einen aus Liebe begangenen Fehltritt zu entschuldigen. – In Goethes *Stella* ist nun diese neue Definition bereits gegeben, ja die erotische Freizügigkeit, die hier waltet, wird als Selbstverständlichkeit ausgelegt. Die Liebenden sind allein durch die Liebe gerechtfertigt, und was immer sie im Namen der Liebe tun, das erheischt Anerkennung und Nachsicht. Dabei macht Goethe keinen Wertunterschied zwischen der ehelichen und der nichtehelichen Liebe ... Ein solches Experiment wäre unter den Bedingungen der traditionellen bürgerlichen Gesellschaft nicht denkbar. Goethe schafft sich für sein Spiel daher einen Rahmen, der die Bewegungsmöglichkeit nicht zu sehr einengt. So ist er umsichtig genug, Stella und Fernando, die jahrelang zusammen in freier Liebe gelebt haben, ihrem Stande nach nicht im Bürgertum anzusiedeln (310,23; 316,18f.) ... Das Besondere des Stückes besteht gerade darin, daß es die Liebenden in einem Raume zusammenführt, der überhaupt außerhalb der Gesellschaft zu liegen scheint ..." (S. 95f.) – Daselbst auch S. 98ff. über den religiösen Wert der Liebe in einer nicht mehr christlich-jenseitig gerichteten Denkweise und die dadurch gegebene innere Beziehung zu *Werther*. Ferner über den Charakter der empfindsamen Sprache: „Das Abgebrochene und Sprunghafte in den Dialogen der Liebenden, die Pausen und Gedankenstriche erscheinen genau bedacht und eines Autors würdig, der dem Rausch der Empfindung bei Gelegenheit vielleicht im Leben, aber nicht beim Dichten erlag und der selbst während seiner Sturm- und-Drang-Zeit stets mit größter Besonnenheit und Ökonomie zu schreiben wußte." (S. 97)

## Zum Text

Erhalten ist eine Handschrift (von Ph. Seidel geschrieben) mit Verbesserungen von Goethes Hand (H). Der erste Druck erschien 1776 bei Mylius in Berlin (E). Himburgische Nachdrucke (h) bildeten die Grundlage für den von neuem durchgesehenen Text in Bd. 4 der *Schriften* von 1787 (S), danach in Bd. 5 der Ausgabe A von 1807, in Bd. 6 der Ausgabe B von 1816 und in Bd. 16 der *Ausgabe letzter Hand* von 1827. Unser Text folgt im allgemeinen den Drucken S, A; bei den wenigen Abweichungen beider untereinander wurde A der Vorzug gegeben bis auf folgende Stellen: 314,15 *deinen Armen;* 317,5 *worden*; 317,27 *Wie*; 320,31 *vom*; 321,1 *zusammen*; 326,3 *kleine*; 334,30 *nicht*.

307,12. *alert* = flink, aufgeweckt (frz. alerte). – GWb.1, Sp. 337.

307,17. *Mantelsack* = Reisetasche. – Dt.Wb. 6, Sp. 1614.

308,2. *Schwager* = Postillion, Kutscher. Die Anrede *Schwager* war üblich, darum auch in dem Gedicht *An Schwager Kronos* Bd. 1, S. 47. – Dt.Wb. 9, Sp. 2178.

309,25. *schlimmen Weg.* So die Handschrift und alle Drucke bis C, da es von *einem* abhängt. Manche neueren Ausgaben setzen die ungerechtfertigte Form *schlimmem* ein.

310,19. *manchmal* nach Handschrift und Erstdruck. Von der Göschenschen Ausgabe an *einmal.*

310,19. *auf den Text* = darauf zu sprechen kommt, d.h. auf den Tod.

311,20. *Kondition* (frz. condition): Dienst, Stellung.

312,10. *Einsiedelei.* Über die *Einsiedelei* Stellas bringt der *4. Akt* dann einige Einzelheiten. In den Parkanlagen des 18. Jahrhunderts gab es Stellen, die möglichst versteckt und einsam waren, meist mit einer einfachen Hütte oder Laube. Man nannte sie *Einsiedelei* oder Eremitage. Der berühmteste Theoretiker der Gartenbaukunst, Christian Cai Lorenz Hirschfeld, berichtet darüber in seiner „Theorie der Gartenkunst“, Bd. 3, 1780, Kapitel 3, S. 96–103. Dort auch Verweise im Register von Bd. 5.

314,38. *die Zeit*: solange. Dieser konjunktionale Gebrauch ist bezeichnend für die volkstümliche Sprache. – Dt.Wb. 15, Sp. 543.

315,5. *invitieren*: einladen (lat. invitare).

316,8. *Ihre Dienerin!* Dazu Adelung: „nur ein bloßer Ausdruck der modischen Höflichkeit, wobei man nichts denkt“. So noch in der Auflage von 1808 (die 1. Aufl. erschien 1774–86). Danach kam diese Wendung ab. – Dt.Wb. 2, Sp. 1111. – Daß Lucie die konventionelle Sprache spricht, zeigt sich auch darin, daß sie ihre Mutter immer mit *Sie* anredet.

316,25. *Auf Ihr ehrlich Gesicht?* Zu ergänzen ist: Soll ich das glauben?

316,28. *Auf den Punkt*: der Ton liegt auf *den.*

317,30f. *Er scheint aber gut zu sein* : anknüpfend an 315,28.

318,25. *abgelernt*: dazu GWb. 1, Sp. 106: „durch genaue Beobachtung erkennen, erspüren, abmerken“.

319,20. *Es*: das Herz (Zeile 13).

319,35f. *blinkend* = funkelnd, glänzend. Wie Bd.1,S.31 im Gedicht *Maifest* Vers 23. – GWb. 2, Sp. 785f.

320,14. *Menschheit* = Menschlichkeit, menschliches Wesen. Ähnlich 346,9 und *Egmont* 439,1.

322,39. *er*: der Maler.

326,21f. *Rinaldo*: Anspielung auf einen der Hauptheldcn in Tassos „Befreitem Jerusalem“ XXI, 18,23; die Zauberin Armida ordnet vor ihm ihr Haar. – In der Bibliothek von Goethes Vater befand sich „La

Gerusalemme liberata", Venezia 1705, und die deutsche Übersetzung von Joh. Friedrich Kopp, Lpz. 1744. (Nassauische Annalen 64, 1953, S. 56.) – Bd. 14. Namenregister.

327,11. *Boskett* (frz. bosquet): dichtes Gebüsch im Park, wie 337,8. – GWb. 2, Sp. 842.

328,2–329,14. Diese Partie hat Goethe für die *Schriften* 1787 weitgehend umgeschrieben. Unser Text bringt die Fassung von 1787, da diese auch für die späteren Drucke und Aufführungen maßgeblich war. Den Text von 1776 findet man bei Fischer-Lamberg Bd. 5, S. 92–93. Dort zitiert der Verwalter die einstigen Worte Fernandos: *Franz, ich muß fort! – ich wär ein Tor, mich fesseln zu lassen! Dieser Zustand erstickt alle meine Kräfte, dieser Zustand raubt mir allen Mut der Seele, er engt mich ein! – Was liegt nicht alles in mir? Was könnte sich nicht alles entwickeln? – Ich muß fort – in die freie Welt!*

328,22. *ist*: im vollen Sinne, d.h. „besteht".

333,30. *Freiheit der edeln Korsen*: Frankreichs Kampf gegen die Korsen, die unter Pasquale Paoli für ihre Freiheit kämpften. Da dieses Ereignis die Gemüter viel beschäftigte, kommt es auch in den *Mitschuldigen* Vers 50 und 707 vor. Als Frankreich Korsika eroberte, mußte Paoli 1769 fliehen, er war zeitweilig in Frankfurt, wo Goethe ihn persönlich kennen lernte. Er berichtet darüber in *Dichtung und Wahrheit* Bd. 10, S. 113,35 ff.

334,9. *Chaise* = Wagen, Fahrzeug (frz. chaise de poste: Postwagen).

334,25 f. *gegen den ... standst, der ...* d.h. den Selbstmord verurteiltest.

334,29. *ich war geborgen* = ich wäre geborgen gewesen. Der Irrealis durch das Imperfekt (Indikativ) ausgedrückt, Sprachgebrauch der Zeit. Ebenso Bd. 1, S. 77, Vers 226; Bd. 2, S. 59, Vers 54; S. 278, Vers 251; S. 458, Vers 77; *Faust* 10063; Briefe Bd. 2 S. 104,6 *konnte* = hätte können. – Hermann Paul, Kurze dt. Grammatik. 3. Aufl. 1962. § 257,9. Entsprechend H. Paul, Dt. Grammatik. 5. Aufl. 1959. Bd. 4, § 463.

335,4 f. *liebe, liebe Stätte.* Die Wiederholungen sind ein Kennzeichen von Stellas Sprache: 317,34 *hinüber ... hinüber*; 335,24 *Hier, Hier*; 335,25 *Wohl, wohl*; 336,4 *kaum! kaum!* ; 341,27 *verbannt sein? – Verbannt sein.* Auch in der Form der Verteilung auf mehrere Sätze wie 336,9 ff. *aussprechen hörte – spricht ihn aus – aussprechen hörte* u. a. m.

336,35 f. *sich zertrat* = beim Taktieren mit dem Fuß aus der Ordnung kam. – Dt. Wb. 15, Sp. 797.

338,26. *die Hand drückten.* Mit Bezug auf 317,23.

340,30 ff. *Schwester! meine Schwester! erhole dich* ... Hierzu Lothar Pikulik S. 93: „Hier zeigt sich, daß Cäcilie in ihrem Element ist, wenn sie Schutz und Beruhigung gewähren kann, und daß Goethe in ihr eine ganz andere Art von Liebe darstellen wollte als in der Gestalt Stellas, ja daß Stellas Ausstrahlung in diesem Teil des Dramas gegenüber Cäcilies Seelenstärke verblaßt. So erfährt auch Fernando, was er in diesem Juwel einer Frau eigentlich besitzt, einer Frau, die, in der Krise gewachsen, zur Abwendung der Katastrophe sogar zu einem Verzicht bereit ist (344,14–19). Goethes Drama ist wahrscheinlich das erste Zeugnis der deutschen Literatur der Neuzeit, in dem die Institution der Ehe, vormals nur eine bürgerliche Zweckeinrichtung, in ein so edles Licht gesetzt wird. Erstaunlich ist dabei, daß es ausgerechnet der Sturm-und-Drang-Goethe war, der unmittelbar im Anschluß an den *Werther* dieses Hohelied der Gattenliebe sang. Vom späteren und reiferen Klassiker wäre es weniger verwunderlich gewesen, wie denn auch der klassische Goethe, als er 1815 in seinem Aufsatz *Über das deutsche Theater* einige Inszenierungsmaßstäbe für sein Jugendwerk entwickelte, gerade die Figur der Cäcilie mit einem Glorienschein versah: *Cäcilie wird das anfänglich schwach und gedrückt Scheinende bald hinter sich lassen und als eine freie Gemüts- und Verstandesheldin vor uns im größten Glanz erscheinen.*“

340,36. *wild wegfahrend* = mit einer heftigen Körperbewegung. – Dt.Wb. 13, Sp. 2963.

342,29. *Aber warum?* Zu ergänzen: das alles.

342,36. *graß* = grauenvoll, Widerwillen erregend. – Dt.Wb. 4,1,5 Sp. 2017.

343,5. *Wo's zuletzt widerstößt*: In jeder Richtung nur Widerstand, kein Ausweg; Bild der Gefängniszelle. – Dt.Wb. 14,1,2 Sp. 1296.

344,7. *hinter der Tür Abschied nehmen* = heimlich davongehen. – Dt.Wb. 11,1,1, Sp. 460.

345,36. *Ein deutscher Graf.* Gedacht ist an den Grafen von Gleichen, der in Thüringen verheiratet war, auf einen Kreuzzug ging und in die Hand der Sarazenen fiel. Er wurde durch eine Sarazenin befreit und nahm diese auf der Flucht mit, da sie ihre Existenz in der Heimat nun verloren hatte. Der Papst gab den Konsens zu einer Doppelehe. Diese Sage war durch zahlreiche literarische Darstellungen seit dem 16. Jahrhundert bekannt. – Elisabeth Frenzel, Stoffe der Weltliteratur. Stuttg. 1970 u. ö. Art. „Gleichen, Graf von“.

346,1. *Biedermann* = „rechtschaffener, achtbarer, vertrauenswürdiger Mann“ (Dt.Wb. 2, Sp. 647).

346,3. *kriegte* = nahm am Kriege teil.

347,7. *nimm die Hälfte* = wie 346,30f.

347,19. *Wir sind dein!* Wie 346,34.

350,22. *sprenge* = sende eilig. Wie 245,19.

# DIE GESCHWISTER

## GOETHE ÜBER „DIE GESCHWISTER"

*Goethes Tagebuch, Oktober 1776.*

*26. Okt.* Jagd. Nach Tische zurück über Jena. „Die Geschwister" erfunden. – *28. Okt.* An den „Geschwistern" geschrieben ... Meist allein im Garten. – *29. Okt.* Allein und geendigt das Dram. – *30. Okt.* Im Garten frühe. Diktiert an den „Geschwistern" *(Abschrift).* – *31. Okt.* Abschrift der „Geschwister" geendigt.

*November 1776. Proben und Aufführung der* Geschwister.

*Das kleine Stück sollte sogleich auf dem Weimarer Liebhabertheater für den Hofkreis gespielt werden. Goethe übernahm die Rolle des Wilhelm, Registrator Johannes Schmidt (1749–1811) die des Fabrice, die 17jährige Amalie Kotzebue (1759–1844) spielte die Marianne, ihr Bruder August, damals 15 Jahre alt, der spätere Schriftsteller, den Briefträger. Die Mutter von Amalie Kotzebue war eine Schwägerin von Musäus (vgl. Bd. 10, S. 174,19f. u. Anm.). Goethe hatte Amalie bald nach seiner Ankunft in Weimar kennen gelernt. Im Tagebuch steht z.B.:* 12. Oktober 1776. Zu Musäus. Getanzt, gemieselt *(geflirtet)* bis 3 Uhr morgens. – *Nun mußte also geprobt werden. Das Tagebuch notiert:* 16. November. Zu Schmidt. Probe. Zum Miesel. Probe. – 17. November. Zum Miesel. Probe. – *Und dann:* 21. November. „Die Geschwister" gespielt.

*1787. Erster Druck des Schauspiels* Die Geschwister *in:* Goethes Werke, Band 3, 1787. *Im Verlag Göschen.*

*21. Januar 1805. Erste Aufführung der* Geschwister *am Weimarer Hoftheater unter Goethes Leitung. Es folgten bis 1816 31 Aufführungen in Weimar, Lauchstädt, Erfurt und Rudolstadt.*

*Tagebuch des Kanzlers v. Müller, 15. Dezember 1823.*

*Eine Stunde bei Goethe, der ziemlich munter. (Er war kurz vorher krank gewesen.) „Die Geschwister" entwarf Goethe auf einer kleinen Reise nach Thalbürgel zum Großherzog. In wenigen Tagen waren sie fertig. Es reut ihn, daß er nicht damals ein Dutzend ähnlicher Stücke hinwarf, aber er geriet bald an die Iphigenie und ward viel ernster. „Die Geschwister" führte er dann auf einem kleinen Privattheater mit*

*Demoiselle Kotzebue selbst auf, nicht ohne wechselseitige Neigung. Sie sei sehr anmutig und naiv gewesen, weit mehr als ihre jetzige Tochter, die etwas kurz Angebundnes habe. Der nachmalige Staatsrat Kotzebue machte den Postillion.*

*1827.* Die Geschwister *erscheinen in der* Ausgabe letzter Hand, Bd. 7.

# NACHWORT ZU „DIE GESCHWISTER“

Am 26. Oktober 1776 verzeichnet Goethes Tagebuch: *Jagd. Nach Tische zurück über Jena. „Die Geschwister“ erfunden.* Das Wort *erfunden* ist hier der Ausdruck für die erste Konzeption. Erfinden, das ist das Geschäft des Dichters. Das Wort ist gerade für den Goethe jener Jahre ein Fachausdruck für den Beginn einer Dichtung. So heißt es an Frau v. Stein am 12. September 1777: *Eine Tollheit hab ich erfunden, eine Oper, „Die Empfindsamen“, so toll und grob als möglich. Wenn Seckendorff sie komponieren will, kann sie den Winter gespielt werden.* Zum 30. März 1780 steht im Tagebuch: ... *hatt ich den erfindenden Tag ... zu Mittag nach Tiefurt zu Fuß. Gute Erfindung „Tasso“ ... Abends wenig Momente sinkender Kraft; darauf achtzugeben, woher.* Ende Juli, in einem Brief an Frau v. Stein: *Gestern ging ich so zeitig weg, weil ich ein neu Drama im Kopf hatte, davon ich den Plan zusammen trieb (Elpenor).* (Vgl. ebenso das Tagebuch zur italienischen Reise, 18. Oktober 1786, über *Iphigenie auf Delphos,* den Brief an Herder vom 7. Juni 1793 und den Bericht in *Dichtung und Wahrheit* über die *Erfindung des Clavigo,* Bd. 10, S. 71,23.) Diese Stellen, durchweg die ersten Bemerkungen über das jeweilige Drama, zeigen, daß in diesen Jahren Erfinden für Goethe etwas Besonderes bedeutet: mit der ersten Idee drängt sich zugleich eine Vorstellung von der Gestalt des Werkes mit Figuren und Verlauf auf. Der Schaffensvorgang verläuft also nicht so, daß eine Situation des Lebens oder ein gefundener Stoff allmählich zu einem dichterischen Plan umgeformt wird. Das Werk als Ganzes steht plötzlich vor der Seele. Damit erweist sich jeder Versuch, in den Werken jener Jahre für einzelne Figuren Urbilder im Leben zu suchen und in ihnen gar den Anlaß zu sehen, als verfehlt. Erst bei der Ausarbeitung mochte wohl die Realität einige Züge liefern. Daß die *Erfindung* zu den *Geschwistern* damals kam, hat als einzigen Bezug zum Leben die Rätselhaftigkeit des Phänomens Geschwister, die sich Goethe in jenem Jahre in neuer Tiefe erschlossen hatte. Es kam wohl noch etwas hinzu. Diese Rätselhaftigkeit brachte – wohl im Frühjahr des gleichen Jahres – den Gedanken an eine Iphigenie-Dichtung. Der schon bei dem jungen Goethe so starke Zwang, die großen Phänomene des Lebens von verschiedenen Seiten zu sehen, sie sich in verschiedenen Gestaltungen spiegeln zu lassen, mochte die *Erfindung* der *Geschwister* vorbereiten, die Goethe auf dem Ritt von Jena nach Weimar überkam. (Auch *Tasso, Elpenor, Iphigenie auf Delphos* wurden „unterwegs“ erfunden.)

Am 28. und 29. Oktober, nach einem Tag Zwischenraum also, ist das kleine Werk niedergeschrieben und *geendigt* worden. In ihm drängt alles auf den Augenblick hin, da das Mädchen dem Bruder das Geständnis einer Liebe macht, die, ihr unwissend, die tiefste Liebe zu einem

Geliebten ausdrückt, so daß er sich nun auch als Liebender zu erkennen geben und sie in die Arme schließen kann. Den Anlaß, daß die Empfindungen in ihrer ganzen Tiefe bewußt werden und zum Geständnis drängen, schafft die Werbung eines Dritten, die das Mädchen in ihrer Verwirrung anzunehmen scheint. Eine innere Entwicklung, die in Wilhelm und Marianne ohnehin vorhanden ist, wird durch das Eingreifen des Freundes Fabrice zu einer raschen Entscheidung gebracht.

Goethe läßt die psychischen Vorgänge, die in dem kleinen Werk dargestellt werden, in einer engen bürgerlichen Welt spielen. Das ist in Anbetracht dessen, daß das Stück vor der Weimarer Hofgesellschaft aufgeführt werden sollte, keineswegs naheliegend. Die Sphäre des Kaufmannsstandes sorgt aber andererseits für eine gewisse Offenheit, Wilhelm hat mancherlei in der Welt kennen gelernt, und seine Sprache zeigt einen geistigen Reichtum, der vom Berufsleben bis in die Feinheiten des Seelischen reicht. Im Gegensatz dazu ist Fabrice in seiner Sprache ärmer, und seine Berufssprache klingt auch ins Private hinein. Marianne wiederum spricht eine schlichte, innige Gefühlssprache.

Wilhelm und Fabrice äußern sich in Dialogen und auch in Monologen. Nur Marianne führt keine Monologe, wir lernen sie auch ohne diese in ihrem Wesen kennen. Die beiden Männergestalten sprechen ihre Gedanken in Monologen aus, Wilhelm dreimal (352, 354, 365), Fabrice zweimal (357, 361). Hierdurch lernen wir ihr Innenleben kennen. Im Dialog dagegen sprechen sie absichtlich verhalten und reden oft aneinander vorbei. Wilhelms Sprache ist vielseitig, er kann Vergangenes lebendig machen, kann sein Gefühl aussprechen und kann den realen Augenblick mit religiösen Gedanken verbinden. Wenn sein Gefühl besonders stark ist, vermeidet er es aber, weiter zu sprechen, er kennt seine Grenzen (364,4; 365,19; 367,9). Eine Reihe kleiner Züge dient zur näheren Charakterisierung der Gestalten; Wortwahl, der Satzbau mit seinen Unterbrechungen, Rhythmik, Bewegung, stummes Spiel wirken vielsagend dabei mit.

Am Ende spricht Marianne aus ihrem übervollen Herzen. Sie spricht – wie Gretchen und Klärchen – als einfaches *Naturmädchen* (Bd. 10, S. 176,25), in dem sich die Ganzheit, Fülle und Tiefe liebenden menschlichen Wesens (*Menschheit* S. 320,14) offenbart. Der Höhepunkt des kleinen Dramas ist also die Echtheit und Unmittelbarkeit dieses Herztons. Wie Goethe Mariannes Herzensoffenbarung so ganz als Aussprache dieses Mädchens zu gestalten weiß, mit den ihr gemäßen Worten und Vorstellungen (bei denen wir leider die zeitgebundenen, aber eben ganz echten Hinweise auf Lieblingsromane jener Jahre in Kauf nehmen müssen), wie er ihren Redestrom durch das kleine *Für-sich-Lachen* (367,25) unterbricht, das dann gleich in Weinen umschlägt und in die letzten, heißesten, gestammelten Ausrufe (368,5f.), das ist von hoher dichterischer Schönheit und Kraft.

Da das Werk als Einakter ohne Pausen nur einen kleinen Zeitraum umfaßt, ist es bemerkenswert, wie viele Ausblicke es eröffnet, auf Wilhelms Jugend, seine Entwicklung, seinen Charakter. Doch das Besondere ist: der Zuschauer hat nicht nur das Gefühl, zu wissen, wie es gewesen ist, sondern auch, wie es kommen wird. Man hat das Vertrauen, daß zwischen Marianne und Wilhelm alles gut gehen wird. Die Dialoge und Monologe haben diesen Eindruck vermittelt. Dafür war freilich jedes Wort des kleinen Dramas nötig. Es hat kein Wort zu wenig, aber auch keins zu viel. Hier zeigt sich die schon in *Werther* bewiesene dichterische Sicherheit, die sich nun auch hier in dem bescheidenen kleinen Drama bewährt. Wie Goethe die beiden Hauptgestalten sich darstellen läßt und das Geschehen auf das Ende hin fügt, das ist von künstlerischer Meisterschaft. Das Werk hat später keinerlei Umarbeitung erfahren.

Das Motiv der Liebe in dem kleinen Einakter hat seine Besonderheit dadurch, daß es zunächst scheinbar eine geschwisterliche Liebe ist, die sich dann aber als eine gesunde Liebe anderer Art, die zur Ehe führt, herausstellt. Daß Liebesbeziehungen nicht feste Typen sind, sondern offene Grenzen haben, ist von Goethe in seiner Jugend mehrfach ausgesprochen. Der erste Brief an Auguste zu Stolberg, im Januar 1775, beginnt: *Ich will Ihnen keinen Namen geben, denn was sind die Namen Freundin, Schwester, Geliebte, Braut, Gattin oder ein Wort, das einen Komplex von all denen Namen begriffe, gegen das unmittelbare Gefühl ...* (Briefe, Bd. 1, S. 176.) Das Briefgedicht *Warum gabst du uns die tiefen Blicke* an Frau v. Stein spricht von dem Gefühl, daß er schon in einer früheren Existenz mit ihr verbunden gewesen sei, *meine Schwester oder meine Frau* (Bd. 1, S. 123). Über seine Schwester Cornelia berichtet Goethe in *Dichtung und Wahrheit*, daß sie und er *Hand in Hand* alle Krisen der Jugend überwanden (Bd. 9, S. 228,19f.), daß Cornelia das von dem Bruder geliebte Mädchen als *Nebenbuhlerin* empfand (S. 230,26f.), daß sie aber beide wußten, daß *die Vertrauenden sich nicht in Liebende umwandeln durften* (S. 230,38f.)

Die motivische Verwandtschaft solcher Äußerungen mit den *Geschwistern* besteht lediglich in dem Thema des Gestaltenreichtums der Liebe. Die Figuren sind ganz verschieden. Die Marianne des kleinen Dramas, die eifrig für den Haushalt sorgt, hat, wenn man eine Gestalt aus Goethes Leben zum Vergleich sucht, Züge von Christiane, die 1788 in sein Leben trat, nicht aber Züge seiner intellektuellen Schwester, von der er sagt: *In ihrem Wesen lag nicht die mindeste Sinnlichkeit* (Bd. 10, S. 132,13) und: *Aufrichtig habe ich zu gestehen, daß ich mir, wenn ich manchmal über ihr Schicksal phantasierte, sie nicht gern als Hausfrau, wohl aber als Äbtissin, als Vorsteherin einer edlen Gemeine gar gern denken mochte* (Bd. 10, S. 132,30–33). Ebenso ist Charlotte von Stein als Persönlichkeit völlig verschieden von der Gestalt der Marianne in den *Geschwistern*.

## Zum Text

Es liegen drei Handschriften vor: H[1] ist die am 30./31. Oktober 1776 diktierte. Für den 1. Druck in Bd. 3 der *Schriften* (S) von 1787 hat Goethe einige Verbesserungen vorgenommen. Danach in Bd. 4 der Ausgabe A von 1806, in Bd. 5 der Ausgabe B von 1816, in Bd. 7 der Ausgabe C von 1827.

Unser Text geht häufiger, als es die Abdrucke in der Weimarer Ausgabe, der Jubiläumsausgabe und der Festausgabe tun, auf die handschriftliche Fassung zurück, vor allem in der Streichung der *e* (z.B. 352, 14 *grad* für *gerade*; 355,35 *Tür* für *Türe*; 361,29 *Käsfrau* für *Käsefrau* u.ö.), weiterhin 364,10 *ahndet's* für *ahnt es* u.a.m.

## ANMERKUNGEN

352,8. *Einen beschwerten Brief* = eine Geldsendung.

352,9. *franko halb*: durch den Absender ist das Porto zur Hälfte bezahlt, die andere Hälfte zahlt der Empfänger. – Der Briefträger notiert (352,10) solche kleinen Beträge, die dann von Zeit zu Zeit summiert bezahlt werden.

353,15. *hereinvexierst* = hereinrufend zum besten hast.

353,23. *darfst*...: du brauchst es nachher nur zu sagen.

354,6. *heilige Frau*: Anrede an die verstorbene Charlotte, *heilig* im Sinne von „selig, einer höheren Welt angehörig".

355,13. *zurück*: das Verbum *sah* gehört sowohl zu dem Wort *zurück* wie auch zu *verschwendet*.

355,31f. *Sie ist auch noch da.* Der Ton liegt auf *ist*. Gemeint ist Marianne als Tochter Charlottes. Für Fabrice ein unverständlicher Satz. Beide sprechen mit Untertönen, die der andre nicht versteht.

358,34. *hab eine Wirtschaft* = bin geschäftig, bin fleißig.

361,11. *Reden Sie*... Die Aufforderung, sich an eine „Autorität" zu wenden – in den meisten Fällen war es der Vater – enthält nach den Sitten der Zeit unausgesprochen das Einverständnis der Gefragten.

361,35. *nachts*: nach süddeutschem Sprachgebrauch der Zeit = abends.

365,10f. *vergeltendes Schicksal*: Vergeltung für seine Untreue an anderen Mädchen, die er im folgenden anspricht.

366,8. *bedeut ihn* = mach ihm deutlich, erkläre ihm. – GWb. 2, Sp. 153.

367,18f. *Julie Mandeville*: Moderoman der Zeit, „Die Geschichte der Lady Julia Mandeville, aus dem Englischen, Leipzig 1764". Die Verfasserin war Frances Brooke (1724–1789). – Auch Lotte in *Werther* liest empfindsame Moderomane und nennt *Miss Jenny* von M.-J. Riccoboni und Goldsmith (Bd. 6, S. 23,9 und 20f.).

367,27. *ebenso mehr* = ebenso gern. – Dt.Wb. 3, Sp. 13.

367,39. *Miss Fanny*: Heldin des Romans „Geschichte der Miss Fanny Wilkes" von Johann Timotheus Hermes, Leipzig 1766. 2. Aufl. 1770.

# EGMONT

## GOETHE ÜBER „EGMONT"

*In* Dichtung und Wahrheit *schildert Goethe, daß er sich 1775 mit dem Egmont-Stoff beschäftigte und dann begann, das Stück niederzuschreiben, und zwar zunächst* die Hauptszenen *(Bd. 10, S. 171,2). Er datiert diese Niederschrift auf die Zeit nach der Trennung von Lili Schönemann und vor der Reise nach Weimar, das wäre also der Oktober 1775. Goethe hat in dieser Zeit nicht Tagebuch geführt. Die wenigen Briefe dieser Wochen sagen nichts über* Egmont. *An Bürger schreibt er am 18. Oktober* Ich hab allerlei geschrieben, das Dir eine gute Stunde machen soll *(Briefe Bd. 1, S. 198), doch ob man dies auf* Egmont *beziehen darf, ist fraglich. Erst in der Weimarer Zeit wird* Egmont *in Briefen und im Tagebuch genannt.*

*An Charlotte v. Stein. Weimar, 29. Januar 1776.*

Wir haben heute viel Guts gehandelt über der Vergangenheit und Zukunft. Geht mir auch wie Margareten von Parma: ich sehe viel voraus, das ich nicht ändern kann.

*Anschließend an ein Gespräch mit dem Herzog und Oberhofmeister v. Wedel. Die Anspielung auf Margarete von Parma setzt voraus, daß Frau v. Stein über Goethes* Egmont *Bescheid weiß.*

*Goethes Tagebuch. 1778.*

12. April: „Egmont" war mir wieder in Sinn gekommen. – Anfang Dezember: Schrieb einige Szenen an „Egmont". – 5. Dezember: Alba und Sohn. – 13. Dezember: Früh Monolog Albas.

*An Charlotte v. Stein, 26. Mai 1779.*

Mein „Egmont" rückt doch, ob ich gleich an 1. Juni nicht fertig werde.

*Goethes Tagebuch. 15. Juni 1779.*

*(Nachmittags)* ... An „Egmont" geschrieben.

*An Charlotte v. Stein, 24. Juni 1779.*

Gestern abend hab ich noch eine Szene in „Egmont" geschrieben, die ich kaum wieder dechiffrieren kann.

*An Charlotte v. Stein, 7. September 1779.*

Ich schicke Ihnen, was von „Egmont“ fertig ist, und alle meine andre Sachen, heben Sie mir sie auf.

*Goethe reiste kurz darauf mit dem Herzog in die Schweiz.*

*Goethes Tagebuch, 16. März 1780.*

An „Egmont“ geschrieben.

*An Charlotte v. Stein, Wilhelmsthal 12. Dezember 1781. (Briefe Bd. 1, S. 379,37 ff.)*

... es geht mir wohl, ich mag die Menschen leiden, und sie mich, ich bekümmere mich um nichts und schreibe Dramas. Mein „Egmont“ ist bald fertig, und wenn der fatale vierte Akt nicht wäre, den ich hasse und notwendig umschreiben muß, würde ich mit diesem Jahr auch dieses lang vertrödelte Stück beschließen.

*An Charlotte v. Stein. Dornburg, 16. März 1782.*

Nun will ich über den „Egmont“ und hoff' ihn endlich zu zwingen.

*An Charlotte v. Stein. Dornburg, 17. März 1782.*

Ich bin ganz leise fleißig, ich möchte nun „Egmont“ so gar gerne endigen, und seh' es möglich.

*An Charlotte v. Stein. Buttstädt, 20. März 1782. (Briefe Bd. 1, S. 384,34 ff.)*

*(Nachmittags.)* Nun will ich mich hinsetzen und einen alten Geschichtschreiber durchlesen, damit „Egmont“ endlich lebendig werde, oder auch, wenn Du willst, daß er zu Grabe komme ...

Abends. Ich habe gelesen, ausgezogen und geschrieben. Den ersten Tag, daß ich von Dir weg bin, will es nie recht gehen ...

Zum „Egmont“ habe ich Hoffnung, doch wird's langsamer gehn, als ich dachte. Es ist ein wunderbares Stück. Wenn ich's noch zu schreiben hätte, schrieb' ich es anders, und vielleicht gar nicht. Da es nun aber da steht, so mag es stehen, ich will nur das Allzuaufgeknöpfte, Studentenhafte der Manier zu tilgen suchen, das der Würde des Gegenstands widerspricht.

*An Charlotte v. Stein. Kalbsried, 22. März 1782.*

Im Strada, der den alten Niederländischen Krieg geschrieben hat, finden sich gar treffliche Schilderungen von Personen, die ich Dir übersetzen will.

*An Charlotte v. Stein. Gerstungen, 6. April 1782.*

Am „Egmont“ ist nichts geschrieben, die Zerstreuung läßt's nicht zu.

*Goethe war zu dieser Zeit im Auftrag des Herzogs auf einer Reise durch verschiedene Orte zur Aushebung von Rekruten.*

*An Charlotte v. Stein. Weimar, 23. Januar 1786.*

Hast Du etwa meinen „Egmont“ die „Vögel“ oder sonst etwas von meinen dramatischen Schriften? Die benannten Sachen fehlen mir und noch mehr.

*Goethe an den Verleger Göschen. Weimar, 28. Juni 1786.*

*Goethe schreibt über den Plan seiner gesammelten Schriften und nennt unter andrem:*

Band 6: Egmont, unvollendet.

... Wie sehr wünsche ich mir aber noch so viel Raum und Ruhe, um die angefangenen Arbeiten, die dem 6. und 7. Bande zugeteilt sind, wo nicht sämtlich, doch zum Teil vollendet zu liefern.

*3. September 1786.*

*Goethe begibt sich auf die Reise nach Italien. Der Herzog hat ihn für längere Zeit beurlaubt. Er hat das Manuskript des* Egmont *im Reisegepäck.*

*An Herzog Carl August. Rom, 12. Dezember 1786.*

Da ich mir vornahm, meine Fragmente drucken zu lassen, hielt ich mich für tot; wie froh will ich sein, wenn ich mich durch Vollendung des Angefangenen wieder als lebendig legitimieren kann.

*Goethe an Philipp Seidel. Rom, 13. Januar 1787.*

Nun geht's an „Egmont“ und die anderen Sachen, ich will nichts in Stücken geben.

*An Charlotte v. Stein. Rom, 20. Januar 1787.*

Ich habe Hoffnung, „Egmont“, „Tasso“, „Faust“ zu endigen.

*Italienische Reise. Rom, 5. Juli 1787. (Bd. 11, S. 366.)*

*Die meisten Briefe Goethes aus Rom haben wir nur in der Fassung, wie er sie in seiner* Italienischen Reise *abdruckt. Sie müssen deswegen danach zitiert werden.*

„Egmont“ ist in der Arbeit, und ich hoffe, er wird geraten. Wenigstens hab' ich immer unter dem Machen Symptome gehabt, die mich nicht betrogen haben. Es ist recht sonderbar, daß ich so oft bin abgehalten worden, das Stück zu endigen, und daß es nun in Rom fertig werden soll. Der erste Akt ist ins Reine und zur Reife, es sind ganze Szenen im Stücke, an die ich nicht zu rühren brauche.

*Italienische Reise. Rom, 9. Juli 1787. (Bd. 11, S. 367,36–39.)*

Ich bin fleißig, mein „Egmont" rückt sehr vor. Sonderbar ist's, daß sie eben jetzt in Brüssel die Szene spielen, wie ich sie vor zwölf Jahren aufschrieb, man wird vieles jetzt für Pasquill halten.

*In den österreichischen Niederlanden wollte Kaiser Joseph II. gutgemeinte, aber überstürzte Reformen durchführen. Die Brabanter pochten auf ihre alten Rechte. Es kam zu Blutvergießen. Vor dem Palast in Brüssel scharte sich das Volk zusammen, um die Regentin Marie Christine zur Zurücknahme der Reformedikte zu bewegen.*

*Italienische Reise. Rom, 30. Juli 1787. (Bd. 11, S. 373,1–8.)*

Montag den 30sten, blieb ich den ganzen Tag zu Hause und war fleißig. „Egmont" ruckt zum Ende, der vierte Akt ist so gut wie fertig. Sobald er abgeschrieben ist, schick' ich ihn mit der reitenden Post. Welche Freude wird mir's sein, von Euch zu hören, daß Ihr dieser Produktion einigen Beifall gebt! Ich fühle mich recht jung wieder, da ich das Stück schreibe; möchte es auch auf den Leser einen frischen Eindruck machen!

*Italienische Reise. Rom, 1. August 1787. (Bd. 11, S. 382,15f.)*

Der vierte Akt von „Egmont" ist fertig, im nächsten Brief hoff' ich Dir den Schluß des Stückes anzukündigen.

*Italienische Reise. Rom, 11. August 1787. (Bd. 11, S. 382,25–27.)*

„Egmont" ist fertig und wird zu Ende dieses Monats abgehen können. Alsdann erwarte ich mit Schmerzen Euer Urteil.

*An Philipp Christoph Kayser in Zürich. Rom, 14. August 1787.*

Unterdes, bis wir uns sprechen ... will ich Ihnen etwas zusenden, womit Sie sich vielleicht beschäftigen. Ich meine den „Egmont" im Manuskripte. Er kann auf dem Wege nach Deutschland bei Ihnen durchgehn. Wollten Sie alsdann etwa die Symphonie, die Zwischenakte, die Lieder und einige Stellen des fünften Akts, die Musik verlangen, komponieren, so könnte man es gleich mit der Ausgabe anzeigen, man gewöhnte sich, Ihren Namen mit dem meinigen zu sehen ... Es würde die Frage sein, wie bald Sie so eine Arbeit zu liefern getrauten und ob man sie gleich mit dem fünften Bande ins Publikum schicken könnte, daß Ihre Komposition gleich auf allen Theatern Fuß faßte, denn ich glaube, „Egmont“ wird gleich gespielt werden, wenigstens hie und da. Ich hoffe, in 14 Tagen kann das Stück von hier abgehn.

*Der Brief an den Komponisten zeigt, daß Goethe schon bei der Fertigstellung des Werkes an Musik dachte, und zwar an Ouverture (*Symphonie), *Zwischenakt-Musik, Lieder und an Musik zum Dramenschluß; das ist genau das, was später Beethoven komponiert hat. (Dazu auch: Bd. 11, S. 392,35ff.; 419,8ff.; 435,10–436,2; 518, 4–7. Ferner Briefe, Bd. 4, Register.)*

*Italienische Reise. Rom, 5. September 1787. (Bd. 11, S. 394,7–12.)*

Ich muß an einem Morgen schreiben, der ein festlicher Morgen für mich wird. Denn heute ist „Egmont“ eigentlich recht völlig fertig geworden. Der Titel und die Personen sind geschrieben und einige Lükken, die ich gelassen hatte, ausgefüllt worden; nun freu' ich mich schon zum voraus auf die Stunde, in welcher Ihr ihn erhalten und lesen werdet.

*Italienische Reise. Rom, 3. Nov. 1787. (Bd. 11, S. 431,27–432,30.)*

Die Aufnahme meines „Egmont“ macht mich glücklich; und ich hoffe, er soll beim Wiederlesen nicht verlieren, denn ich weiß, was ich hineingearbeitet habe, und daß sich das nicht auf einmal herauslesen läßt. Das, was Ihr daran lobt, habe ich machen wollen; wenn Ihr sagt, daß es gemacht ist, so habe ich meinen Endzweck erreicht. Es war eine unsäglich schwere Aufgabe, die ich ohne eine angemessene Freiheit des Lebens und des Gemüts nie zustande gebracht hätte. Man denke, was das sagen will: ein Werk vornehmen, was zwölf Jahre früher geschrieben ist, es vollenden, ohne es umzuschreiben. Die besondern Umstände der Zeit haben mir die Arbeit erschwert und erleichtert …

Was Du von Klärchen sagst, verstehe ich nicht ganz und erwarte Deinen nächsten Brief. Ich sehe wohl, daß Dir eine Nuance zwischen der Dirne und der Göttin zu fehlen scheint. Da ich aber ihr Verhältnis zu Egmont so ausschließlich gehalten habe; da ich ihre Liebe mehr in den Begriff der Vollkommenheit des Geliebten, ihr Entzücken mehr in den Genuß des Unbegreiflichen, daß d i e s e r Mann ihr gehört, als in die Sinnlichkeit setze; da ich sie als Heldin auftreten lasse; da sie im innigsten Gefühl der Ewigkeit der Liebe ihrem Geliebten nachgeht und endlich vor seiner Seele durch einen verklärenden Traum verherrlicht wird: so weiß ich nicht, wo ich die Zwischennuance hinsetzen soll, ob ich gleich gestehe, daß aus Notdurft des dramatischen Pappen- und Lattenwerks die Schattierungen, die ich oben hererzähle, vielleicht zu abgesetzt und unverbunden oder vielmehr durch zu leise Andeutungen verbunden sind; vielleicht hilft ein zweites Lesen, vielleicht sagt mir Dein folgender Brief etwas Näheres.

Angelika hat ein Titelkupfer zum „Egmont" gezeichnet, Lips gestochen, das wenigstens in Deutschland nicht gezeichnet, nicht gestochen worden wäre.

*Italienische Reise. Rom, 10. November 1787. (Bd. 11, S. 433,27–31.)*

Daß mein „Egmont" Beifall erhält, freut mich herzlich. Kein Stück hab' ich mit mehr Freiheit des Gemüts und mit mehr Gewissenhaftigkeit vollbracht als dieses; doch fällt es schwer, wenn man schon anderes gemacht hat, dem Leser genugzutun; er verlangt immer etwas, wie das vorige war.

*An Herzog Carl August. Rom, 17. November 1787. (Briefe Bd. 2, S. 70, 11–16.)*

„Egmont" ist nun in Weimar. Ich habe große Freude an der Art, wie ihn die Freunde aufgenommen haben. Auch Ihnen und Ihresgleichen darf er sich, hoffe ich, präsentieren, denn ich möchte nun nichts mehr schreiben, was nicht Menschen, die ein großes und bewegtes Leben führen und geführt haben, nicht auch lesen dürften und möchten.

*Italienische Reise. Rom, Dez. 1787. (Bd. 11, S. 458,21–459,36.)*

Schon die ersten Briefe aus Weimar über „Egmont" enthielten einige Ausstellungen über dieses und jenes; hiebei erneute sich die alte Bemerkung, daß der unpoetische, in seinem bürgerlichen Behagen bequeme Kunstfreund gewöhnlich da einen Anstoß nimmt, wo der Dichter ein Problem aufzulösen, zu beschönigen oder zu verstecken gesucht hat. Alles soll, so will es der behagliche Leser, im natürlichen Gange fortgehen; aber auch das Ungewöhnliche kann natürlich sein, scheint es aber demjenigen nicht, der auf seinen eigenen Ansichten verharrt ... Was aber am meisten den Freundinnen tadelnswert schien, war das lakonische Vermächtnis, womit Egmont sein Klärchen an Ferdinand empfiehlt.

Ein Auszug aus meinem damaligen Antwortschreiben wird über meine Gesinnung und Zustände den besten Aufschluß geben.

„Wie sehr wünscht' ich nun, auch Euren Wunsch erfüllen und dem Vermächtnis Egmonts einige Modifikation geben zu können! Ich eilte an einem herrlichen Morgen mit Eurem Briefe gleich in die Villa Borghese, dachte zwei Stunden den Gang des Stücks, die Charaktere, die Verhältnisse durch und konnte nichts finden, das ich abzukürzen hätte. Wie gern möcht' ich Euch alle meine Überlegungen, mein Pro und

Contra schreiben, sie würden ein Buch Papier füllen und eine Dissertation über die Ökonomie meines Stücks enthalten. Sonntags kam ich zu Angelika und legte ihr die Frage vor. Sie hat das Stück studiert und besitzt eine Abschrift davon. Möchtest Du doch gegenwärtig gewesen sein, wie weiblich zart sie alles auseinander legte, und es darauf hinausging: daß das, was Ihr noch mündlich von dem Helden erklärt wünschtet, in der Erscheinung implicite enthalten sei. Angelika sagte: da die Erscheinung nur vorstelle, was in dem Gemüte des schlafenden Helden vorgehe, so könne er mit keinen Worten stärker ausdrücken, wie sehr er sie liebe und schätze, als es dieser Traum tue, der das liebenswürdige Geschöpf nicht zu ihm herauf, sondern über ihn hinauf hebe. Ja, es wolle ihr wohl gefallen, daß der, welcher durch sein ganzes Leben gleichsam wachend geträumt, Leben und Liebe mehr als geschätzt, oder vielmehr nur durch den Genuß geschätzt, daß dieser zuletzt noch gleichsam träumend wache und uns still gesagt werde, wie tief die Geliebte in seinem Herzen wohne und welche vornehme und hohe Stelle sie darin einnehme. – Es kamen noch mehr Betrachtungen dazu, daß in der Szene mit Ferdinand Klärchens nur auf eine subordinierte Weise gedacht werden konnte, um das Interesse des Abschieds von dem jungen Freunde nicht zu schmälern, der ohnehin in diesem Augenblicke nichts zu hören noch zu erkennen imstande war.“

*An Herzog Carl August. Rom, 28. März 1788. (Briefe Bd. 2, S. 90.)*

Ihr Brief, mein bester Fürst und Herr, in welchem Sie mir Ihre Gedanken über „Egmont“ eröffnen, hat das Verlangen nur vermehrt, mich mit Ihnen über solche und andre Gegenstände mündlich zu unterhalten. Bemerkungen wie die, welche Sie mir schreiben, sind zwar für den Autor nicht sehr tröstlich, bleiben aber doch dem Menschen äußerst wichtig, und wer beide in sich nie getrennt hat, weiß solche Erinnerungen zu schätzen und zu nutzen. Einiges, was Ihnen nicht behagte, liegt in der Form und Konstitution des Stücks und war nicht zu ändern, ohne es aufzuheben. Andres, zum Beispiel die Bearbeitung des ersten Akts, hätte mit Zeit und Muße wohl nach Ihren Wünschen geschehen können. Noch andres, wie zum Beispiel die Äußerung Machiavellens, war mit einem Federstrich ausgelöscht. Es war ein schweres Unternehmen, ich hätte nie geglaubt, es zu vollenden, nun steht das Stück da, mehr, wie es sein konnte, als wie es sein sollte.

Gewiß auch konnte kein gefährlicherer Leser für das Stück sein als Sie. Wer selbst auf dem Punkte der Existenz steht, um welchen der Dichter sich spielend dreht, dem können die Gaukeleien der Poesie, welche aus dem Gebiet der Wahrheit ins Gebiet der Lüge schwankt, weder genugtun, weil er es besser weiß, noch können sie ihn ergötzen, weil er zu nah steht und es vor seinem Auge kein Ganzes wird. Doch alles sei auf die guten Stunden aufgespart, die ich mir neben Ihnen verspreche.

*Anzeige Göschens im „Journal des Luxus und der Moden", Juni 1788.*

Bei dem Buchhändler Georg Joachim Göschen zu Leipzig sind folgende Bücher neu fertig geworden und zu haben: ... Göthe's sämtliche Schriften, 5. Teil, mit einem Titelkupfer von Angelika Kaufmann und einer Vignette von Oeser. Egmont, ein Trauerspiel in Prosa, in 5 Aufzügen. – Claudine von Villa Bella, ein Singspiel. – Erwin und Elmire, ein Singspiel.

*Jenaer „Allgemeine Literatur-Zeitung", 20. September 1788.*

*Es erscheint eine Rezension des* „Egmont", *anonym wie alle Rezensionen dort. Der Verfasser ist Schiller. Er sieht* Egmont *als Charakter- und Geschichtsdrama, etwa so wie seinen „Wallenstein". Er tadelt, daß Egmont zu wenig tue, um Held des Volkes zu sein. Er nennt Egmont „einen Liebhaber von ganz gewöhnlichem Schlag, der die Ruhe eines liebenswürdigen Mädchens zu Grunde richtet". Dann aber die Volksszenen: „Man wird nicht aufhören können, das schöpferische Genie zu bewundern, das uns ... in diese Welt gezaubert hat ... nichts ist vergessen, nichts ohne die höchste Natur und Wahrheit." Die einzelnen Charaktere, Oranien, Brackenburg, Klärchen, werden gelobt; der Schluß des Dramas aber energisch getadelt. Schiller nennt ihn „einen Salto mortale in eine Opernwelt": „Je höher die Illusion in dem Stück getrieben ist, desto unbegreiflicher wird man es finden, daß der Verfasser selbst sie mutwillig zerstört ... Lächerlich würde es sein, dem Verfasser dartun zu wollen, wie sehr er sich dadurch an Natur und Wahrheit versündigt habe."*

*Goethe in Weimar an Carl August in Dresden, 1. Oktober 1788.*

In der „Litteratur-Zeitung" steht eine Rezension meines „Egmonts", welche den sittlichen Teil des Stücks gar gut zergliedert. Was den poetischen Teil betrifft, möchte Rezensent andern noch etwas zurückgelassen haben.

*Caroline Herder an ihren Mann. 23. November 1788.*

Die Litteratur-Zeitungen habe ich ... durchgeblättert und darin eine Rezension über Goethes „Egmont" gefunden, die zur Hälfte gut, zur Hälfte aber schief ist.

*Herder war zu dieser Zeit auf einer Reise in Italien.*

*Caroline Herder an ihren Mann. 25. Dezember 1788.*

... wir kamen auf Goethes Werke; da sagte er *(Karl Philipp Moritz)* mir, wie er durch das Studium der Perspektive darauf gekommen sei, den Mittelpunkt in einem Stück aufzusuchen; den müsse man nun nicht am Ende des Stücks, sondern in der Mitte suchen, so wie alle Radien vom Mittelpunkt ausgehen und sich in den Anfang und Ende verlieren. So ist in „Egmont“ der Mittelpunkt die Szene, da Klärchen vor Egmont kniet und fragt: „Bist du der Egmont pp.“, und er antwortet: „Nein, der Egmont bin ich nicht pp., dein Egmont bin ich“, und Klärchen: „So laß mich sterben! Die Welt hat keine Freuden auf diese.“ Hier sei der höchste Punkt des Stücks. Er und Klärchen. Politik ist ihm nichts gegen dieses Verhältnis; an dieser Szene hängt nun sein Tod und Klärchens freiwilliger Tod.

*Anton Genast über eine Leseprobe mit den Darstellern des* Egmont, *März oder April 1796.*

*Iffland aus Berlin kam am 25. März 1796 zu Gastspielen nach Weimar. Vom 28. März bis zum 25. April gab er 14 Vorstellungen. Die letzte sollte* Egmont *sein. Das Drama hatte 1791 bei den Aufführungen in Mainz, Frankfurt und Weimar keinen Erfolg gehabt. Um es für die Bühne zu retten, hielt Goethe eine Bühnenbearbeitung für nötig, Schiller übernahm sie. Über die Vorbereitung berichtet Anton Genast (1765–1831), der damals als Schauspieler, Sänger und Regisseur in Weimar tätig war.*

Vor Beginn des Gastspiels war eine Leseprobe des Egmont, welche fünf Stunden dauerte ... Goethe las jedem Schauspieler einige Stellen der darzustellenden Rolle vor, um durch Ton und Haltung den Charakter anzudeuten, wie er ihn aufgefaßt wünschte. Die Becker-Neumann und Vohs als Klärchen und Brackenburg trafen schon im Lesen das Richtige und waren in der Darstellung selbst ausgezeichnet. Beck als Vansen war trefflich. Goethe las den Egmont, und abgesehen davon, daß sein Vortrag etwas zu markiert war, habe ich nie den Egmont so darstellen sehen, wie er ihn las; Iffland stand weit hinter der Auffassung Goethes zurück.

*Schiller in Weimar an Körner in Leipzig. 10. April 1796.*

Wenn Du Deine Reise um fünf oder sechs Tage früher antreten kannst, so kommst Du gerade noch recht zu der letzten Vorstellung von Iffland, und zwar zur Vorstellung des „Egmont“, den ich für das Theater bearbeitet habe und der gewissermaßen Goethens und mein gemeinschaftliches Werk ist. Ich mußte verschiedene neue Szenen darin machen und mit den alten mir manche Freiheit herausnehmen. Es würde Euch also in jedem Betracht eine rechte Kuriosität sein.

*Am 25. April 1796 wurde* Egmont *in Weimar aufgeführt, mit Iffland als Gast, der den Egmont spielte, und Christiane Becker-Neumann als Klärchen – Oranien: Malcolmi; Alba: Graff –, also in hervorragender Besetzung. Die Bühnenbearbeitung hatte Schiller gemacht. Das Drama mußte gekürzt werden und weniger Verwandlungen des Bühnenbildes erhalten. Schiller griff rigoros ein. Er ließ die Figur der Margarete von Parma weg und änderte den Schluß. (Briefe Bd. 2, S. 219,19ff.; 221,9ff. u. Anm. – Briefe an Goethe Bd. 1, S. 221,18ff. u. Anm.)*

*31. Mai 1806. Aufführung des* Egmont *in Weimar in neuer Überarbeitung.*

*Die von Schiller gestrichene Traumerscheinung am Schluß war wieder hergestellt, auch manches andere war dem ursprünglichen Text wieder näher. Die Weimarer Schauspieler spielten diese Fassung auch in Lauchstädt. Hier sah sie Eichendorff, der damals als Student in Halle war.*

*Joseph v. Eichendorff, Tagebuch. 17. Juli 1806.*

Nach Lauchstädt ... wo heute „Egmont" von Goethe gegeben wurde ... Das Trauerspiel wurde durchaus herrlich gegeben, besonders die Volksszenen und Klärchen durch Madame Wolf (sonst Madame Bekker) unbeschreiblich schön. Klärchens Erscheinung als Freiheit durch Rosenwolken und Regenbogen war wahrhaft himmlisch. Göttlicher Genuß.

*Gespräch im Kreise von Johanna Schopenhauer, aufgezeichnet von Johann Stephan Schütze (1771–1839).*

Die Gesellschaft nahm, den 12. November 1806, einen ganz kleinen Anfang. Wie Fernow, der schon früher die Bekanntschaft der Frau Schopenhauer gemacht hatte, mich gegen Abend dazu abholte, fand ich Goethe, Meyer und den Kammerrat Ridel ... Fünf Personen saßen denn also um die Schopenhauer her, während ganz gemächlich wissenschaftliche Gespräche geführt wurden ... Um endlich doch auch etwas zu sagen, faßte ich mir ein Herz und äußerte gegen Goethe, da man seines „Egmonts" erwähnte, daß die Lichterscheinung Klärchens zuletzt dem Stück erst eine höhere Bedeutung gäbe, indem sie das Verdienst Egmonts um die ganze Nation der Niederländer in seinen Folgen ausspräche. Schiller hatte sich, wie bekannt, gegen die Erscheinung erklärt. Goethe lobte mich über mein Lob und sagte, daß er das Stück auch nicht ohne die Erscheinung sehen möchte.

*Bettina Brentano in Frankfurt an Goethe in Weimar, 30. Januar 1808. (Briefe an Goethe, Bd. 1, S. 499.)*

Wir lesen im „Egmont“ und sagen: Herrlich, und unter tausenden versteht einer, daß Du die Liebe erkanntest, wie sie selbst selten den Menschen erkennt ...

*Gespräch mit Riemer. 1. November 1810.*

Im „Egmont“ sei die Partie des griechischen Chors unter die zwei Liebenden, unter Klärchen und Albas Sohn verteilt. Diese stellten denselben vor; das eigentliche Volk sei, wie gewöhnlich, ohne Teilnahme.

*Ludwig van Beethoven in Wien an Goethe. 12. April 1811. (Briefe an Goethe, Bd. 2, S. 84.)*

Euer Exzellenz! Nur einen Augenblick Zeit gewährt mir die dringende Gelegenheit, indem sich ein Freund von mir, ein großer Verehrer von Ihnen (wie auch ich) von hier so schnell entfernt, Ihnen für die lange Zeit, daß ich Sie kenne (denn seit meiner Kindheit kenne ich Sie) zu danken – das ist so wenig für so viel – Bettine Brentano hat mich versichert, daß Sie mich gütig ja sogar freundschaftlich aufnehmen würden, wie könnte ich aber an eine solche Aufnahme denken, indem ich nur imstande bin, Ihnen mit der größten Ehrerbietung, mit einem unaussprechlichen tiefen Gefühl für Ihre herrlichen Schöpfungen zu nahen – Sie werden nächstens die Musik zu „Egmont“ von Leipzig durch Breitkopf und Härtel erhalten, diesen herrlichen „Egmont“, den ich, indem ich ihn ebenso warm als ich ihn gelesen, wieder durch Sie gedacht, gefühlt und in Musik gegeben habe – ich wünsche sehr Ihr Urteil darüber zu wissen, auch der Tadel wird mir für mich und meine Kunst ersprießlich sein, und so gern wie das größte Lob aufgenommen werden – Euer Exzellenz Großer Verehrer Ludwig van Beethoven.

*Bettina v. Arnim-Brentano in Berlin an Goethe. 11. Mai 1811. (Briefe an Goethe, Bd. 2, S. 85f.)*

Beethoven hat mir geschrieben, viel von Dir: „wenn Sie ihm schreiben, so sagen Sie doch alles von mir, was machen kann, daß er mir gut wird, denn ich ringe nach nichts als nach dieses Mannes Liebe; seit ich eine Vorstellung von ihm habe, bin ich nicht mehr so unglücklich als sonst, und ich denke nicht mehr, daß die Welt wüste ist“ – seine Ouverture aus „Egmont“ ist so herrlich, daß ich sie das Beste möchte nennen. Du wirst die ganze Musik schon haben, denn er schrieb mir: „ich schikke sie nächstens an Goethe, die ich aus Liebe, aus reiner Liebe zu ihm gemacht habe“.

*An Beethoven. Karlsbad, 25. Juni 1811. (Briefe Bd. 3, S. 158.)*

Ihr freundliches Schreiben, mein wertgeschätztester Herr, habe ich durch Herrn von Oliva zu meinem großen Vergnügen erhalten. Für die darin ausgedrückten Gesinnungen bin ich von Herzen dankbar ... Die gute Bettine Brentano verdient wohl die Teilnahme, welche Sie ihr bewiesen haben. Sie spricht mit Entzücken und der lebhaftesten Neigung von Ihnen und rechnet die Stunden, die sie mit Ihnen zugebracht, unter die glücklichsten ihres Lebens.

Die mir zugedachte Musik zu „Egmont" werde ich wohl finden, wenn ich nach Hause komme, und bin schon im voraus dankbar: denn ich habe derselben bereits von mehrern rühmlich erwähnen hören; und gedenke sie auf unserm Theater zu Begleitung des gedachten Stückes diesen Winter geben zu können, wodurch ich sowohl mir selbst, als Ihren zahlreichen Verehrern in unserer Gegend einen großen Genuß zu bereiten hoffe.

*Notiz zu* Dichtung und Wahrheit, Buch 20. *Undatiert.* (WA 29, S. 247.)

Dämonisches, Egmont – Weimar – Fremde in Frankfurt und Schluß.

*Aus einem Schema zu* Dichtung und Wahrheit, 20. Buch. – *Undatiert.*

Krause. Nähere Bekanntschaft und unmittelbarer Bezug mit den Weimarischen Verhältnissen. Ausführliche Schilderung. Konzeption des Dämonischen. Konzeption Egmonts. Entschiedene Trennung von Lili ...

*Tagebuch. 4. April 1812.*

Biographisches. Konzeption des Dämonischen und Egmonts.

*Die Notiz besagt, daß Goethe an diesem Tag ein Stück der Darstellung seines Lebens diktiert, und zwar den Abschnitt über das Dämonische (Bd. 10, S. 175,11–177,35), das er in seiner Jugend nur als* ein Bild *(176,4f.) fassen konnte, und den über* Egmont *(181,1–182,1). Beide stehen in einem inneren Zusammenhang. – Bd. 10, S. 176,34 u. Anm.*

*Dichtung und Wahrheit, 20. Buch. 4. April 1813 und später (Bd. 10, S. 175,37–177,39; 181,1–9).*

Dieses Wesen, das zwischen alle übrigen hineinzutreten, sie zu sondern, sie zu verbinden schien, nannte ich dämonisch, nach dem Beispiel der Alten und derer, die etwas Ähnliches gewahrt hatten. Ich suchte mich vor diesem furchtbaren Wesen zu retten, indem ich mich nach meiner Gewohnheit hinter ein Bild flüchtete.

Unter die einzelnen Teile der Weltgeschichte, die ich sorgfältiger studierte, gehörten auch die Ereignisse, welche die nachher vereinigten

Niederlande so berühmt gemacht. Ich hatte die Quellen fleißig erforscht und mich möglichst unmittelbar zu unterrichten und mir alles lebendig zu vergegenwärtigen gesucht. Höchst dramatisch waren mir die Situationen erschienen, und als Hauptfigur, um welche sich die übrigen am glücklichsten versammeln ließen, war mir Graf Egmont aufgefallen, dessen menschlich ritterliche Größe mir am meisten behagte. Allein zu meinem Gebrauche mußte ich ihn in einen solchen Charakter umwandeln, der solche Eigenschaften besaß, die einen Jüngling besser zieren als einen Mann in Jahren, einen Unbeweibten besser als einen Hausvater, einen Unabhängigen mehr als einen, der, noch so frei gesinnt, durch mancherlei Verhältnisse begrenzt ist. Als ich ihn nun so in meinen Gedanken verjüngt und von allen Bedingungen losgebunden hatte, gab ich ihm die ungemeßne Lebenslust, das grenzenlose Zutrauen zu sich selbst, die Gabe, alle Menschen an sich zu ziehn (attrattiva) und so die Gunst des Volks, die stille Neigung einer Fürstin, die ausgesprochene eines Naturmädchens, die Teilnahme eines Staatsklugen zu gewinnen, ja selbst den Sohn seines größten Widersachers für sich einzunehmen.

Die persönliche Tapferkeit, die den Helden auszeichnet, ist die Base, auf der sein ganzes Wesen ruht, der Grund und Boden, aus dem es hervorsproßt. Er kennt keine Gefahr, und verblendet sich über die größte, die sich ihm nähert. Durch Feinde, die uns umzingeln, schlagen wir uns allenfalls durch; die Netze der Staatsklugheit sind schwerer zu durchbrechen. Das Dämonische, was von beiden Seiten im Spiel ist, in welchem Konflikt das Liebenswürdige untergeht und das Gehaßte triumphiert, sodann die Aussicht, daß hieraus ein Drittes hervorgehe, das dem Wunsch aller Menschen entsprechen werde, dieses ist es wohl, was dem Stücke, freilich nicht gleich bei seiner Erscheinung, aber doch später und zur rechten Zeit, die Gunst verschafft hat, deren es noch jetzt genießt. Und so will ich denn auch hier, um mancher geliebten Leser willen, mir selbst vorgreifen und, weil ich nicht weiß, ob ich so bald wieder zur Rede gelange, etwas aussprechen, wovon ich mich erst viel später überzeugte.

Obgleich jenes Dämonische sich in allem Körperlichen und Unkörperlichen manifestieren kann, ja bei den Tieren sich aufs merkwürdigste ausspricht; so steht es vorzüglich mit dem Menschen im wunderbarsten Zusammenhang und bildet eine der moralischen Weltordnung, wo nicht entgegengesetzte, doch sie durchkreuzende Macht, so daß man die eine für den Zettel, die andere für den Einschlag könnte gelten lassen. Für die Phänomene, welche hiedurch hervorgebracht werden, gibt es unzählige Namen: denn alle Philosophien und Religionen haben prosaisch und poetisch dieses Rätsel zu lösen und die Sache schließlich abzutun gesucht, welches ihnen noch fernerhin unbenommen bleibe. Am furchtbarsten aber erscheint dieses Dämonische, wenn es in irgendeinem

Menschen überwiegend hervortritt. Während meines Lebensganges habe ich mehrere teils in der Nähe, teils in der Ferne beobachten können. Es sind nicht immer die vorzüglichsten Menschen, weder an Geist noch an Talenten, selten durch Herzensgüte sich empfehlend; aber eine ungeheure Kraft geht von ihnen aus, und sie üben eine unglaubliche Gewalt über alle Geschöpfe, ja sogar über die Elemente, und wer kann sagen, wie weit sich eine solche Wirkung erstrecken wird? Alle vereinten sittlichen Kräfte vermögen nichts gegen sie; vergebens, daß der hellere Teil der Menschen sie als Betrogene oder als Betrüger verdächtig machen will, die Masse wird von ihnen angezogen. Selten oder nie finden sich Gleichzeitige ihresgleichen, und sie sind durch nichts zu überwinden, als durch das Universum selbst, mit dem sie den Kampf begonnen; und aus solchen Bemerkungen mag wohl jener sonderbare, aber ungeheure Spruch entstanden sein: Nemo contra deum nisi deus ipse.

Von diesen höheren Betrachtungen kehre ich wieder in mein kleines Leben zurück, dem aber doch auch seltsame Ereignisse, wenigstens mit einem dämonischen Schein bekleidet, bevorstanden ...

Weil aber die Einsamkeit und Enge jederzeit für mich etwas sehr Günstiges hatte, indem ich solche Stunden zu nutzen gedrängt war, so schrieb ich an meinem „Egmont" fort und brachte ihn beinahe zustande. Ich las ihn meinem Vater vor, der eine ganz eigne Neigung zu diesem Stück gewann, und nichts mehr wünschte, als es fertig und gedruckt zu sehn, weil er hoffte, daß der gute Ruf seines Sohns dadurch sollte vermehrt werden.

*Allgemeine musikalische Zeitung. Jahrgang 15, Nr. 29. Leipzig, 21. Juli 1813.*

*E.T.A. Hoffmanns Rezension von Beethovens Musik zu Goethes „Egmont".*

*Friedrich de la Motte-Fouqué über ein Gespräch am 3. Dez. 1813.*

Zwei Tage darauf traf ich mit Goethe bei Johanna Schopenhauer zusammen, im heiter erlesenen Kreise zum Abendessen eingeladen. Tags vorher hatte ich einer Aufführung des „Egmont" beigewohnt ... Bald kam das Gespräch auf die gestrige Aufführung ... Indem ich nun während des heitern Gesprächs ... vorzüglich auch die letzte Erscheinung Clärchens als tröstende Freiheits-Göttin hervorgehoben hatte, sagte Goethe lächelnd: „Ja, und stellen Sie sich vor, just das wollte man mir früherhin abdisputieren, wenigstens für die theatralische Darstellung. Und sogar mein lieber Schiller war mit dabei und ließ als damaliger Lenker der hiesigen Schauspiele die Erscheinung bei der Aufführung auch wirklich fort."

*Weimarischer Theaterzettel, 29. Januar 1814.*

Egmont. Trauerspiel in fünf Aufzügen von Goethe. Die Ouverture und die Musik zu den Zwischenakten von Beethoven.

*Notizzettel Goethes. (WA, Tgb. Bd. 5 S. 305.)*

Expedienda den 23. Dezember 1814 ... Beethoven, Egmont ...

*Der Zettel enthält eine Liste von 26 Personen, an welche Briefe zu schreiben sind, z. B.* Stolberg, Boisserée, Gmelin *u. a. In dieser Liste steht auch* Beethoven, Egmont. *Das bedeutet, daß Goethe an Beethoven schreiben will und in dem Brief* Egmont *berühren will.* Einige Namen der Liste sind gestrichen, d. h. die Briefe sind geschrieben, der Beethovens nicht.

*„Über das deutsche Theater“. Zwischen 3. und 21. Februar 1815.*

Die Gegenwart des vortrefflichen Iffland (1796) gab Gelegenheit zu Abkürzung „Egmonts“, wie das Stück noch bei uns und an einigen Orten gegeben wird.

Daß auch Schiller bei seiner Redaktion grausam verfahren, davon überzeugt man sich bei Vergleichung nachstehender Szenenfolge mit dem gedruckten Stücke selbst. Die persönliche Gegenwart der Regentin zum Exempel vermißt unser Publikum ungern; und doch ist in Schillers Arbeit eine solche Konsequenz, daß man nicht gewagt hat, sie wieder einzulegen, weil andre Mißverhältnisse in die gegenwärtige Form sich einschleichen würden ...

Wegen der letzten Erscheinung Klärchens sind die Meinungen geteilt; Schiller war dagegen, der Autor dafür; nach dem Wunsche des hiesigen Publikums darf sie nicht fehlen.

*An Knebel in Jena. 29. Dezember 1819.*

Herr Konsistorialrat Mosengeil sendet mir Beikommendes, um es auch Dir mitzuteilen. Der Gedanke ist ganz gut, eine Musik wie die Beethovische, die bei allem ihrem großen Wert doch nur ein sehr langes Stück noch mehr verlängert, einem ruhig aufmerksamen Auditorium genießbar zu machen.

Egmont *war als Drama abendfüllend und bedurfte einer Kürzung. Wenn Beethovens Musik hinzukam, war die Aufführung zu lang. Deswegen kam man auf den Gedanken, die Musik im Konzertsaal zu spielen und einige kurze Texte hinzuzufügen, um den Zusammenhang mit den Akten und Szenen des Dramas zu sichern. Eine solche Bearbeitung hatte Friedrich Mosengeil, Konsistorialrat und Schriftsteller in Meiningen, hergestellt.*

*An Friedrich Mosengeil in Meiningen. Weimar, 30. Dezember 1819.*

Euer Wohlgeboren danke verpflichtet für die angenehme Sendung. Ich bin mit Ihnen völlig überzeugt, daß auf diesem Weg ein höchst erfreulicher Genuß bereitet wird. Wenn unsere Theater mit Dekorationen und Kostümen nach und nach die Stücke belasten und sie fast erdrücken, so wird hier die Einbildungskraft des Hörers aufgeregt und der eigentlichste Inhalt zur Empfindung gebracht.

*Marianne v. Willemer in Frankfurt an Goethe. Juni 1821.*

Wenn ich aufrichtig sein soll, so möchte ich wohl, Beethoven schriebe Melodien zu jenen herrlichen Liedern, er würde Sie ganz verstehen, sonst niemand; ich habe dies lebhaft empfunden, als ich diesen Winter die Musik zu „Egmont“ hörte, die ist himmlisch – er hat Sie ganz verstanden, ja man darf fast sagen: derselbe Geist, der Ihre Worte beseelt, belebt seine Töne.

*An Marianne v. Willemer in Frankfurt. 12. Juli 1821.*

Ihre Frömmigkeit in Bezug auf Musik weiß ich zu ehren und gebe gerne zu, daß die Kompositionen von Liedern und sonst, genau besehen, oft nur ein qui pro quo geben; selten ist der Dichter durchdrungen, und man lernt dabei nur etwa den Kunstcharakter und die Stimmung des Komponisten kennen. Doch hab ich auch da manches Schätzenswerte gefunden, indem man sich vielmal abgespiegelt sieht, zusammengezogen, erweitert, selten ganz rein. Beethoven hat darin Wunder getan, und es war ein glücklicher Einfall, die Musik zu „Egmont“ durch kurze Zwischenreden dergestalt zu exponieren, daß sie als Oratorium aufgeführt werden kann, wie Sie solche wahrscheinlich gehört haben.

*Das Wort* Frömmigkeit *bezeichnet hier die Vertiefung in das Wesen, den Glauben an das Richtig-Handeln des Komponisten.* – qui pro quo: *der eine für den andern.* – als Oratorium: *vermutlich die Bearbeitung von Mosengeil.*

*Marianne und Jakob v. Willemer in Frankfurt an Goethe. April 1823.*

... Wollen Sie das Gefühl des wiederkehrenden Frühlings noch verstärken, so lassen Sie sich von einer schönen weichen Stimme Beethovens Lieder an die Entfernte singen; die Musik scheint mir unübertrefflich und nur mit der zu „Egmont“ vergleichbar.

*Beethoven, An die ferne Geliebte. Opus 98. Erschienen 1816.*

*Gespräch mit Eckermann und dem Engländer Hutton. 10. Januar 1825.*

Das Gespräch lenkte sich auf den „Egmont“, und Goethe sagte darüber folgendes: „Ich schrieb den ‚Egmont‘ im Jahre 1775, also vor funfzig Jahren. Ich hielt mich sehr treu an die Geschichte und strebte nach möglichster Wahrheit. Als ich darauf zehn Jahre später in Rom war, las ich in den Zeitungen, daß die geschilderten revolutionären Szenen in den Niederlanden sich buchstäblich wiederholten. Ich sah daraus, daß die Welt immer dieselbige bleibt, und daß meine Darstellung einiges Leben haben mußte.“

*Gespräch mit Eckermann. 18. Januar 1825.*

„Schillers Talent war recht fürs Theater geschaffen. Mit jedem Stücke schritt er vor und ward er vollendeter; doch war es wunderlich, daß ihm noch von den ‚Räubern‘ her ein gewisser Sinn für das Grausame anklebte, der selbst in seiner schönsten Zeit ihn nie ganz verlassen wollte. So erinnere ich mich noch recht wohl, daß er im ‚Egmont‘ in der Gefängnisszene, wo diesem das Urteil vorgelesen wird, den Alba in einer Maske und in einen Mantel gehüllt im Hintergrunde erscheinen ließ, um sich an dem Effekt zu weiden, den das Todesurteil auf Egmont haben würde. Hiedurch sollte sich der Alba als unersättlich in Rache und Schadenfreude darstellen. Ich protestierte jedoch, und die Figur blieb weg.“

*Gespräch mit Eckermann. 31. Januar 1827.*

„... Kein Dichter hat je die historischen Charaktere gekannt, die er darstellte, hätte er sie aber gekannt, so hätte er sie schwerlich so gebrauchen können. Der Dichter muß wissen, welche Wirkungen er hervorbringen will, und danach die Natur seiner Charaktere einrichten. Hätte ich den Egmont so machen wollen, wie ihn die Geschichte meldet, als Vater von einem Dutzend Kinder, so würde sein leichtsinniges Handeln sehr absurd erschienen sein. Ich mußte also einen anderen Egmont haben, wie er besser mit seinen Handlungen und meinen dichterischen Absichten in Harmonie stände; und dies ist, wie Klärchen sagt, mein Egmont ...“

*Jean Jacques Antoine Ampère über Goethes Dramen.*

*Übersetzung der Rezension, die 1826 in „Le Globe“ erschienen war, in Goethes Zeitschrift „Über Kunst und Altertum“ Bd. 6, Heft 1, 1827. Die Übersetzung stammt von Goethe, wie aus seinem Tagebuch vom 31. März 1826 hervorgeht.*

Egmont scheint mir der Gipfel der theatralischen Laufbahn unsers Dichters; es ist nicht mehr das historische Drama wie „Götz“, es ist nicht mehr die antike Tragödie wie „Iphigenie“, es ist die wahrhaft neuere Tragödie, ein Gemälde der Lebensszenen, das mit der Wahrheit des erstern das Einfach-Grandiose der zweiten verbindet. In diesem

Werke, geschrieben in der Kraft der Jahre und der Fülle des Talents, hat er vielleicht mehr als irgendwo das Ideal des menschlichen Lebens dargestellt, wie ihm solches aufzufassen gefallen hat. Egmont, glücklich, heiter, verliebt ohne entschiedene Leidenschaft, der Süßigkeit des Daseins edel genießend, mit Lebenslust dem Tode entgegengehend: dies ist Egmont, der Held des Dichters.

*Gespräch mit Eckermann. 19. Februar 1829.*

Wir sprachen ... viel über „Egmont", der am Abend vorher, nach der Bearbeitung von Schiller, gegeben worden, und es kamen die Nachteile zur Erwähnung, die das Stück durch diese Redaktion zu leiden hat.

Es ist in vielfacher Hinsicht nicht gut, sagte ich *(Eckermann)*, daß die Regentin fehlt; sie ist vielmehr dem Stücke durchaus notwendig. Denn nicht allein, daß das Ganze durch diese Fürstin einen höheren, vornehmeren Charakter erhält, sondern es treten auch die politischen Verhältnisse, besonders in bezug auf den spanischen Hof, durch ihre Dialoge mit Machiavell durchaus reiner und entschiedener hervor.

„Ganz ohne Frage", sagte Goethe. „Und dann gewinnt auch Egmont an Bedeutung durch den Glanz, den die Neigung der Fürstin auf ihn wirft, so wie auch Klärchen gehoben erscheint, wenn wir sehen, daß sie, selbst über Fürstinnen siegend, Egmonts ganze Liebe allein besitzt. Dieses sind alles sehr delikate Wirkungen, die man freilich ohne Gefahr für das Ganze nicht verletzen darf."

Auch will mir scheinen, sagte ich, daß bei den vielen bedeutenden Männerrollen eine einzige weibliche Figur, wie Klärchen, zu schwach und etwas gedrückt erscheint. Durch die Regentin aber erhält das ganze Gemälde mehr Gleichgewicht. Daß von ihr im Stücke gesprochen wird, will nicht viel sagen; das persönliche Auftreten macht den Eindruck.

„Sie empfinden das Verhältnis sehr richtig", sagte Goethe. „Als ich das Stück schrieb, habe ich, wie Sie denken können, alles sehr wohl abgewogen, und es ist daher nicht zu verwundern, daß ein Ganzes sehr empfindlich leiden muß, wenn man eine Hauptfigur herausreißt, die ins Ganze gedacht worden und wodurch das Ganze besteht. Aber Schiller hatte in seiner Natur etwas Gewaltsames; er handelte oft zu sehr nach einer vorgefaßten Idee, ohne hinlängliche Achtung vor dem Gegenstande, der zu behandeln war."

Man möchte auf Sie schelten, sagte ich, daß Sie es gelitten und daß Sie in einem so wichtigen Fall ihm so unbedingte Freiheit gegeben.

„Man ist oft gleichgültiger als billig", antwortete Goethe. „Und dann war ich in jener Zeit mit anderen Dingen tief beschäftigt. Ich hatte so wenig ein Interesse für ‚Egmont' wie für das Theater; ich ließ ihn gewähren. Jetzt ist es wenigstens ein Trost für mich, daß das Stück gedruckt dasteht, und daß es Bühnen gibt, die verständig genug sind, es treu und ohne Verkürzung ganz so aufzuführen, wie ich es geschrieben.“

*Frédéric Soret an Goethe. Weimar, 19. Februar 1829.*

*Soret spricht in diesem Brief unter anderem von der „Egmont“-Aufführung vom 18. Februar, die er gesehen hat. Er findet, daß die Regentin nicht fehlen dürfe, und betont, daß er Eckermanns Kritik an Schillers Bearbeitung gut heiße. (Frédéric Soret, Zehn Jahre bei Goethe. Zusammengestellt von H. H. Houbon. Lpz. 1929. S. 298.)*

*Dichtung und Wahrheit, 19. Buch. (Bd. 10, S. 170,19–171,7.)*

*(Zu 1773 bis Oktober 1775.)* Nachdem ich im „Götz von Berlichingen“ das Symbol einer bedeutenden Weltepoche nach meiner Art abgespiegelt hatte, sah ich mich nach einem ähnlichen Wendepunkt der Staatengeschichte sorgfältig um. Der Aufstand der Niederlande gewann meine Aufmerksamkeit; in „Götz“ war es ein tüchtiger Mann, der untergeht in dem Wahn: zu Zeiten der Anarchie sei der wohlwollende Kräftige von einiger Bedeutung. Im „Egmont“ waren es festgegründete Zustände, die sich vor strenger, gut berechneter Despotie nicht halten können. Meinen Vater hatte ich davon auf das lebhafteste unterhalten, was zu tun sei, was ich tun wolle, daß ihm dies so unüberwindliches Verlangen gab, dieses in meinem Kopf schon fertige Stück auf dem Papiere, es gedruckt, es bewundert zu sehen.

Hatt' ich in den frühern Zeiten, da ich noch hoffte, Lili mir zuzueignen, meine ganze Tätigkeit auf Einsicht und Ausübung bürgerlicher Geschäfte gewendet, so traf es gerade jetzt, daß ich die fürchterliche Lücke, die mich von ihr trennte, durch Geistreiches und Seelenvolles auszufüllen hatte. Ich fing also wirklich „Egmont“ zu schreiben an, und zwar nicht wie den ersten „Götz von Berlichingen“ in Reih' und Folge, sondern ich griff nach der ersten Einleitung gleich die Hauptszenen an, ohne mich um die allenfallsigen Verbindungen zu bekümmern. Damit gelangte ich weit, indem ich bei meiner läßlichen Art zu arbeiten von meinem Vater, es ist nicht übertrieben, Tag und Nacht angespornt wurde, da er das so leicht Entstehende auch leicht vollendet zu sehen glaubte.

# NACHWORT ZU „EGMONT“

## Entstehungsgeschichte

Die Niederschrift des *Egmont* beginnt im Herbst 1775; aber die innere Beschäftigung mit dem Drama reicht weiter zurück. In *Dichtung und Wahrheit* sagt Goethe, nachdem er über den Erfolg des *Götz von Berlichingen* gesprochen hat: *Man wußte, daß ich noch andere Punkte jener Zeitgeschichte mir in den Sinn genommen hatte* (Bd. 10, S. 116,37f.). An Schönborn schreibt Goethe am 1. Juni 1774: *Noch einige Plane zu großen Dramas hab ich erfunden* (Briefe Bd. 1, S. 162,12f.). Daß *Egmont* im Herbst 1775 begonnen wurde, wissen wir aus *Dichtung und Wahrheit.* Goethe datiert dort: nach der Trennung von Lili (Anfang Oktober 1775), vor der Abreise nach Weimar (Anfang November 1775). Auch wenn Goethe dies im Alter schrieb: dergleichen vergißt man nicht. Und er schreibt auch, daß er es anders machte als bei *Götz.* Dort hatte er von Anfang an der Reihe nach geschrieben, hier griff er die *Hauptszenen* an und ließ die Verbindungen noch offen (Bd. 10, S. 170,11–171,7; S. 181,1–28). Dann hören wir über *Egmont* wieder etwas in den Briefen an Frau v. Stein und in den Tagebüchern der ersten elf Weimarer Jahre. (Einzelheiten dazu in der Zusammenstellung „Goethe über *Egmont*“.) Doch fertig wurde das Werk erst 1787 in Rom. Dort fand der Dichter die nötige Ruhe zur Arbeit, um dieses Werk fertigzustellen für die gesammelten *Schriften,* die bei Göschen gedruckt werden sollten. *Egmont* erschien dann 1788 in Band 5 der *Schriften* und auch als Einzeldruck.

Goethes Hauptquellen waren zwei alte zeitgeschichtliche Werke. Zunächst das des aus Rom stammenden Jesuiten Strada (1572–1649), das von katholischem Standpunkt aus tatsachenreich und fast pedantisch genau berichtet; sodann das des Emanuel van Meteren (1535–1612), der aus Antwerpen stammt und aus protestantischer Sicht schrieb.

Famianus Strada, „De bello Belgico“, ist seit 1632 in zahlreichen Auflagen erschienen. Die Universitäts-Bibliothek Jena besaß mehrere Ausgaben. Aus Goethes Brief an den Jenaer Bibliothekar Johann Gottfried Müller vom 5. Dez. 1785 geht hervor, daß er mehr als eine Auflage in der Hand gehabt hat. (Bulling, Goethe als Benutzer der jenaischen Bibliotheken. 1932. S. 17f.) Das Werk des Van Meteren erschien zunächst niederländisch „Belgise ogte Nederlandse historie van onse tyden“, dann deutsch „Eygentliche vnd vollkommene historische Beschreibung des Niderländischen Krieges“, 1604 u.ö. Beide Fassungen erlebten seit 1598 viele Auflagen. Goethe hat nach einem Exemplar der deutschen Übersetzung gearbeitet. In der ersten Zeit der Arbeit an *Egmont* war Goethe noch im Hause seines Vaters. Dieser besaß vier alte Werke über die Niederlande, von Boxhorn und anderen (Franz Götting, Die Bibliothek von Goethes Vater. Nassauische Annalen 64, 1953, S. 46). Vermutlich hat Goethe damals auch in diese hineingesehen. Das große Nachschlagewerk des 18. Jahrhunderts, Zedlers „Universal-Lexicon“, befand sich nicht in der Bibliothek des Herrn Rat, war aber anderswo leicht einzusehen, in den Bibliotheken in Frankfurt, Weimar und Jena. Der Artikel über Egmont ist ausführlich und sachlich und hat Literaturangaben (Bd. 8, 1734, Sp. 321–323).

Goethe hat aus Stradas lebendiger Darstellung manches unmittelbar verwendet, so z. B. dessen ausführlichen Bericht über eine Unterredung zwischen Egmont und Oranien sowie die spannende Beschreibung von Egmonts Verhaftung. In vielem hält das Drama die historischen Ereignisse fest. Egmont war Befehlshaber der spanischen Reiterei im Krieg gegen Frankreich, kämpfte siegreich in den Schlachten bei St. Quentin und bei Gravelingen und wurde dann zum Statthalter von Flandern und Artois ernannt. Schon Strada stellt Egmont und Oranien als Gegensätze dar. Er schildert Egmont als den heiteren, sorglosen, selbstsicheren, und betont bei Oranien die Bedachtsamkeit und Schweigsamkeit. Bei Egmont spricht er von Stattlichkeit, Schönheit, Gewinnendem im Auftreten, während er Oranien mager, kahlköpfig, aber auch respekteinflößend nennt. Dieses Bild Stradas hat Goethe weiter ausgeführt.

In anderen Zügen weicht er aber von den Geschichtsquellen ab. Der historische Egmont hatte jung eine deutsche Prinzessin geheiratet und war zu der Zeit, als Alba erschien, Vater von mehreren Kindern. Seine Familienbindungen erschwerten seine politische Tätigkeit. Goethe brauchte für seine Dichtung einen Egmont, der keine Familienbindungen hat. Der historische Egmont wurde zusammen mit dem Admiral Graf Hoorn enthauptet. Goethe läßt die Gestalt des Grafen Hoorn ganz weg und konzentriert dadurch das Interesse des Lesers (oder Zuschauers) auf die Gestalt Egmonts und sein tragisches Ende. Goethes eigener Erfindung entspringt die Beziehung Egmonts zu Albas Sohn, durch welche die tragische Konstellation besonders deutlich wird. Und Goethe änderte noch auf einem anderen Gebiet: in der Darstellung der Zeit. Der Bildersturm in Flandern ereignete sich im August 1566, Alba erschien im August 1567, am 9. September 1567 wurden Egmont und Hoorn verhaftet und etwa 9 Monate später am 5. Juni 1568 in Brüssel enthauptet. Goethe nennt in seinem Drama keine Daten, doch man hat den Eindruck, daß die Ereignisse sich nicht in zwei Jahren, sondern in kürzerer Zeit abspielen, so daß die Geschehnisse und ihre Wirkung auf die Personen in knappem klarem Zusammenhang anschaulich werden.

Vom Beginn der Arbeit an gab es sowohl Volksszenen als auch Szenen um Egmont und im Hause der Statthalterin. Jede Arbeitsphase, die von 1775, die von 1778/79, die von 1782 und die in Rom 1787 umfaßte immer das Ganze des Dramas und ging aus von einer Vorstellung seiner Gesamtgestalt. Der frühere Text wurde dabei je nach Notwendigkeit überarbeitet, und wenn Goethe in Rom an manche Szenen *nicht zu rühren braucht* (5. Juli 1787), so geschah das in wachem Bewußtsein, daß sie in das Ganze passen.

## Tragik und Handlungsführung

Alle Teile des Bühnengeschehens, d.h. alle Szenen und Akte sind auf die Gestalt Egmonts und ihr Schicksal bezogen. Es gibt nicht wie im *Götz* eigenwillige Darstellungen des Raumes, und es gibt keine Nebenhandlung mit eigenem Schwerpunkt, die der Weislingen-Handlung vergleichbar wäre. Alles weist auf Egmont als die strukturbestimmende Schicht des einheitlichen Ganzen. Goethe sagt in *Dichtung und Wahrheit,* daß ihn die *menschlich ritterliche Größe* der historischen Gestalt Egmonts angezogen habe und daß er sie in der dichterischen Gestaltung gesteigert habe (Bd. 10, S. 176, 13 f.). Es geht etwas Strahlendes von dieser Gestalt aus, die so tief in sich ruht, in so ungestörtem Einklang mit den verschiedenen Schichten ihrer Umwelt lebt, mit so tiefer Freiheit durchs Leben schreitet, daß sie als dichterische Figur eigenes Dasein gewonnen hat, das heißt: zu einer anerkannten Offenbarung menschlicher Seinsmöglichkeit geworden ist. Die Egmont-Gestalt ist wie die Gestalten Werther und Iphigenie die Goethesche Verkörperung eines menschlichen Urphänomens.

Die *menschlich ritterliche Größe* hebt Egmont hoch über alle Gestalten des Dramas hinaus. Goethe hat bei der Gestaltung der Figur zwei dingliche Attribute benutzt, die die *ritterliche* Sphäre um sie schaffen: den Orden des goldenen Vlieses, von dem an bedeutsamen Stellen gesprochen wird (382,24; 404,4; 412,34; 420,13; 445,32f.; in 439,21 klingt es mit), und Egmont ist Reiter. Mehrfach erscheint das Pferd als sein Attribut, als ihn Tragendes und über die Menge Hebendes, als ihn Auszeichnendes, als Elementarisches, das sich seinem Reiterinstinkt fügt (424,11; 426,25; 430,26; 438,34; eine aufschlußreiche Stelle ist 433,9ff.: Goethe muß für die kurze Unterhaltung Egmont-Ferdinand ein Gesprächsthema erfinden und wählt Egmonts Pferd, von dem er sich zu trennen bereit ist).

Die Sicherheit, aus der heraus Egmont lebt, die Freiheit, in der er sich bewegt, die Kraft, mit der er auf Elemente und Menschen wirkt, sind so ungewöhnlich, daß Goethe im Alter, als er *Egmont* in *Dichtung und Wahrheit* behandelt, den bedeutsamen Begriff des *Dämonischen* auf die Gestalt Egmonts anwandte. Er hat diesen Begriff in der Jugend nicht benutzt, doch er hatte eine Ahnung davon, und er sagt im Alter, daß er sich damals nach seiner Gewohnheit *hinter ein Bild flüchtete* (Bd. 10, S. 176,3 f.). Dieses *Bild* war das *Egmont*-Drama. Begrifflich hat Goethe das *Dämonische* erst im Alter gefaßt. Das Tagebuch notiert am 4. April 1813: *Conception des Dämonischen und Egmonts,* d.h. an diesem Tag diktierte er für *Dichtung und Wahrheit* die Abschnitte über das *Dämo-*

*nische* (Bd. 10, S. 175,11 ff.) und über *Egmont* (S. 176,5 ff.). Beide hängen eng miteinander zusammen. Goethe erläutert hier die ungeheure Kraft des Dämonischen und bringt es bei Egmont in Verbindung mit der *Gabe, alle Menschen an sich zu ziehn* (S. 176,23 f.), für die er das italienische Wort *attrattiva* heranzieht. Eine gesteigerte Attrattiva ist das Kennzeichen der Menschen, in denen das Dämonische *überwiegend hervortritt.* Der mit der Egmont-Gestalt gegebene Gehalt umfaßt also mehr als den eines Individuums an sich. Egmont ist von besonderer, ihn über alle hinaushebender dämonischer Größe. Er unterscheidet sich wesentlich von der des Götz: Dessen Größe war die Redlichkeit, die ehrliche Gesinnung. Er ist als Figur einfacher, geschlossener; nur über die gewollte Tat kommt er in den Bezug zum Leben. Egmont besitzt die Treue zum Dämon als Kern der Persönlichkeit; aber zugleich muß er, um als Gestalt voll dazusein und seine Größe zu offenbaren, im Leben stehen, er muß in vielerlei Schichten dasein. Nicht erst über die Tat findet er Zugang; ein planendes Tun würde vielmehr das Eigene seines In-der-Welt-Seins verdunkeln.

So verlangte denn die Strukturierung seiner Gestalt die Entfaltung des Bühnengeschehens in mehrere Bereiche. Goethe hat sie im Monolog (439,21 ff.) und fast gleichlautend in *Dichtung und Wahrheit* (Bd. 10, S. 176,23 ff.) im Anschluß an den Begriff der Attrattiva aufgezählt: *die Gunst des Volks, die stille Neigung einer Fürstin, die ausgesprochene eines Naturmädchens, die Teilnahme eines Staatsklugen.* In dieser Reihenfolge führen die Szenen der ersten beiden Akte die Bereiche vor. Als engsten Kreis um Egmont nannten wir schon die durch ein Ding (Vlies) und ein Tier (Pferd) beschworene persönliche Sphäre. Alle diese Bereiche sind keine eigenwertigen Bezirke, sondern zunächst einmal notwendig als Teile Egmonts, es sind konzentrische Kreise, in denen er lebt. So nennt sich Klärchen (440,35) einen *kleinen Teil von deinem Wesen,* der wie Egmont gefangen und dem Tode verfallen sei. Bezeichnend für Egmonts Stellung zum Volk ist das Bild, das er in der Unterredung mit Alba (430,26 f.) gebraucht: das Bild von Pferd und Reiter. Er verwendet also das Bild jenes lebenden Wesens, das durch das Drama in symbolischem Bezug zu ihm selber steht, als Teil seiner selbst erscheint.

Der Untergang einer so großen Seele, wie es Egmont ist, wäre allein schon tragisch. Aber das Besondere der Tragik in Egmont liegt darin, daß es eben das gleiche Dämonische ist, was seinen Untergang herbeiführt. Die Deutung dieser Tragik ist auch in dem Drama selbst ausgesprochen; sie liegt in den Worten Egmonts: *Es glaubt der Mensch, sein Leben zu leiten, sich selbst zu führen; und sein Innerstes wird unwiderstehlich nach seinem Schicksale gezogen* (451,19–21).

Egmont hat bis zu dem Zeitpunkt, an welchem das Drama beginnt, sein Leben ohne große Konflikte führen können. Jetzt aber gerät er in den Zwiespalt zwischen dem König und den Niederländern. Egmont stammt aus Verhältnissen, in welchen der Kaiser in Deutschland die alten Rechte des Adels und der Stände achtete. Dieses alte Reich als ein vielfältig abgestuftes Gefüge hatte Goethe in *Götz von Berlichingen* geschildert. Philip II. achtet diese alten Rechte aber nicht. Dazu kommt noch etwas: Egmont hat von dem König den Orden des Goldenen Vlieses erhalten und darf, falls man ihm etwas vorwirft, nur von dem Konvent der Ordensträger verurteilt werden. (Was Jetter darüber sagt, ist sachlich richtig: 420,13–15.) Er vertraut darauf und spricht das vor Klärchen deutlich aus (412,38–413,2). Philipp achtet auch diese Rechte nicht. Er ist der Vertreter des Absolutismus, der Alleinherrschaft des Fürsten, und insofern der Politiker einer Epoche, die damals erst begann und in Spanien früher ausgeprägt war als im Norden. Egmont kann sich nicht vorstellen, daß der König gegen die alten Rechte und Gebräuche und gegen die Ordensregeln des von ihm selbst verliehenen Goldenen Vlieses verstoßen werde. Darum fällt er in seiner Gutgläubigkeit in das klug gespannte Netz des Gegners.

Damit gehört also der Gegenspieler in die Struktur der Tragödie. Er ist nicht nur der Listige, der Egmont auf seinem Lebenslauf straucheln läßt. Er greift vielmehr die Wesensfülle Egmonts an. Alle Bereiche, die wir als Teile Egmonts erkannten, werden von Alba so ergriffen, daß Egmont sie verliert: die Regentin räumt ihren Platz, das Volk wird mit der Zerstörung der Ordnung aufgelöst. Dem äußeren Untergang Egmonts entspricht also der äußere Sieg des Gegenspielers, der nicht nur als Zerstörender erscheint, sondern auch ein Phänomen des staatlich-politischen Lebens repräsentiert. Alba ist seelenloser Politiker, der alle Emotionen in sich zum Schweigen gebracht hat und als Erzieher in seinem Sohn zum Schweigen bringen will (424,26f.). Und er ist zugleich Repräsentant einer politischen Idee, des unbedingten Absolutismus. Das große Gespräch zwischen ihm und Egmont stellt beider Auffassungen als solche nebeneinander. Die Szene ist meisterhaft geführt, jede Rede ist Antwort, und jeder der beiden Partner bringt Argumente, die schlechthin gelten und die die Paradoxie des geschichtlichen Lebens enthüllen. Man spürt in der seelenlosen Kälte, zu der Alba sich erzogen hat, in der eisernen Konsequenz, mit der er seine Ziele verfolgt, in der unwiderstehlichen Kraft, mit der die von ihm vertretene Sache triumphiert, gleichfalls etwas Dämonisches. Goethes Wort aus *Dichtung und Wahrheit* scheint es zu bestätigen, daß das Dämonische *von beiden Seiten im Spiel ist, in welchem Konflikt das Liebenswürdige untergeht und das Gehaßte triumphiert.* (Bd. 10, S. 176,34–36.)

Doch der 4. Akt zeigt, daß die aus dem Innern kommende Sicherheit der Entscheidung, die für Egmont bezeichnend ist, dem Gegenspieler Alba fehlt. Er handelt als Vollstrecker eines aus Madrid kommenden

Willens. Dieser Geist des Absolutismus hat in seiner Weise ebenfalls etwas Dämonisches, das aber ganz anders ist als die persönliche innere Sicherheit Egmonts. Szenisch ist die Gefangennahme Egmonts am Ende des vierten Aktes ein Höhepunkt; handlungsmäßig ist es die Entscheidung darüber, im Monolog Albas vor Beginn der Szene (426). Alba hat sein Netz gesponnen, es ist alles bis aufs Letzte von ihm berechnet und angelegt. Wir bewundern seine Klugheit (425); da muß er erfahren, daß Oranien nicht kommen wird. Es ist eine Ironie, die Alba in unsern Augen herabdrückt zum irdischen Politiker, eine Ironie des Schicksals, und Albas Worte (426,2ff.) beschwören eindringlich den Schicksalsraum, der über ihm waltet, ähnlich wie ihn seine spanische Vorgängerin, die Regentin schon im ersten Akt beschworen hatte: *O was sind wir Großen auf der Woge der Menschheit? Wir glauben sie zu beherrschen, und sie treibt uns auf und nieder, hin und her* (377,35–37). Goethe schrieb am 14. Mai 1778 aus Wörlitz bei Dessau an Frau v. Stein: *Ich scheine dem Ziele dramatischen Wesens immer näher zu kommen, da michs nun immer näher angeht, wie die Großen mit den Menschen, und die Götter mit den Großen spielen* (Briefe Bd. 1, S. 249). Es kam ihm darauf an, diesen Fragenkreis zu gestalten. Alba empfängt die Botschaft, daß Oranien nicht kommt, und sagt: *Mein böser Genius.* Und dann: *Es rückt die Uhr! Noch einen kleinen Weg des Seigers, und ein großes Werk ist getan oder versäumt* (426,6f.). Er hat auch diesen Fall früher bedacht (426,10f.); aber jetzt, wo er eintritt, schwankt er, ist er zunächst unentschieden. *So zwingt dich das Geschick denn auch, du Unbezwinglicher!* sagt er zu sich selbst (426,17f.). Die Schicksalsmacht ist da, sie wird entscheiden; was er auch tun wird, es ist ein Griff *in einen Lostopf ... in die dunkle Zukunft.* Alba, der Unentschlossene, *wird aufmerksam, wie einer, der etwas hört, und tritt ans Fenster.* Er verläßt den Platz in der Mitte seines Raumes, den Platz, an dem er Befehle gibt, und geht, bestimmbar jetzt, ans Fenster, wird Zuschauer des Draußen. Seine Worte begleiten nur den Vorgang dort. *Er ist es! Egmont!* Es ist Egmont, Egmont auf seinem Pferde, Egmont der Reiter. Und nun nicht ein Imperativ Albas, sondern eine Sprachgeste der Einstimmung in die Bewegung Egmonts: *Steig ab!* Und dann, den schicksalhaften Vorgang in menschliche Rede übersetzend: *So bist du mit dem einen Fuß im Grab! und so mit beiden!* Die Entscheidung ist gefallen. Jetzt spricht Alba wieder als er selbst: *Und mir bleibt keine Wahl. In der Verblendung, wie hier Egmont naht, kann er dir nicht zum zweiten Mal sich liefern!* Diese letzten Worte besagen deutlich, daß es Egmonts Dämon ist, der ihn zum Untergang geführt hat.

Egmont ist gefangen. Er ist von seinen Bereichen getrennt, ganz auf sich selbst gestellt. Der fünfte Akt zeigt die Reaktion Egmonts und verflicht in die tragische Handlung vom Untergang Egmonts noch eine innere Handlung. Bevor sie sich entfalten kann, muß erst der Verlust der äußeren Bereiche vollständig sein. Klärchens vergeblicher Aufruf zeigt, wie das seiner Ordnung und seines Führers beraubte Volk in eine scheue, gestaltlose Menge verwandelt ist; Klärchen selber geht ihrem Geliebten in den Untergang voran. In Egmonts erstem Monolog im Gefängnis spricht sich das neue, hellwache Bewußtsein seiner Situation aus, das Bewußtsein, vor einem ihm ungemäßen Tode zu stehen. Der Verlust der nachtwandlerischen Sicherheit, der ihn nun zur Reflexion treibt, wird dichterisch angedeutet durch die einleitende Frage an den Schlaf, ob er ihn jetzt *wie die übrigen Freunde* fliehe. (438,4ff.) Diese Personifizierung ist ein Vorklang der späteren Stelle, in welcher der Schlaf nun wieder ganz als freundliche Macht kommt und den mit sich einigen Egmont umhüllt (452,32ff.). In den ersten der Gefängnis-Szenen beginnt Egmont zu reflektieren (438f.). Nur einmal haben wir ihn bisher in einem Monolog gehört: nach dem Fortgang Oraniens, der seine *Sorglichkeit* (407,3) auf ihn übertragen wollte. Als fremden Tropfen in seinem Blut schüttelte sie Egmont ab, wie er die Ratschläge des alten Oliva, des *Sorglichen* (399,7), abgeschüttelt hatte (vgl. Sekretär: *Es ziemt Euch, nicht zu sorgen,* 399,38). Jetzt kann er es nicht mehr, die fremde Macht ist eingedrungen: es ist die Sorge, der auch Faust vor dem Tode begegnen wird. *O Sorge! Sorge! die du vor der Zeit den Mord beginnst, laß ab!* (439,18f.) Sorge bedeutet Bedenken der Zukunft, dessen, was kommen wird, und bestimmt damit das Verhalten. Egmont kann nicht mehr aus seinem Zeitgefühl leben, kann nicht mehr den Augenblick ergreifen und gestalten.

Wenn Silva am Anfang der nächsten Gefängnisszene das Todesurteil verliest, wird Egmont zunächst auch noch seines letzten Haltes beraubt, des Vertrauens in das Goldene Vlies. Aber der völlig auf sein Innerstes zurückgewiesene Egmont erlebt, daß er nicht allein steht, er findet einen Freund. Sein dem Leben zugewandtes Sein hat im innersten Lager des Gegners, in dessen einzig geliebtem Sohn seine Macht offenbart. Die aufblitzende Hoffnung auf Rettung vom Untergang wird sofort zurückgedämmt: die äußere Handlung ist abgeschlossen, ein retardierendes Moment kann Goethe nicht mehr gebrauchen, er konzentriert alles auf die innere Handlung in Egmont. Das Weiterleben in diesem eben gefundenen Freunde, die Gewißheit, damit überhaupt weiterzuleben, läßt den Henkertod seine Ungemäßheit verlieren. Ja, er erscheint Egmont jetzt als sinnvoll, weil er von dem Dämon bestimmt ist, der sein Leben und Sein bestimmt hat.

Indem Egmont das erfaßt und sich zu seinem Dämon bekennt (451,19–21), braucht er nicht mehr zu *sinnen,* da fallen die Sorgen von ihm ab, auch die um sein Volk, um seine Nächsten und selbst die um den geliebtesten Teil seiner selbst, um Klärchen. So endet die innere

Handlung nicht in Auflösung und Selbstverlust, sondern in Bejahung seines Selbst und des leitenden Dämons. In dem Augenblick, da Egmont aus allen Bereichen seines Wesens verdrängt und ganz auf den Kern seiner Individualität beschränkt ist, offenbart sich die unbesiegbare Kraft seiner Entelechie. Er ist nun wieder ganz Egmont. Die innere Handlung schließt mit dem Wort Egmonts: *Durch ihn* (Ferdinand) *bin ich der Sorgen los und der Schmerzen, der Furcht und jedes ängstlichen Gefühls.* (452,24ff.) Weil er die Sorge los ist, ist er entspannt. Und er gibt sich dem reinen Glück des Schlafes hin, der zu ihm getreten ist.

### Der Schluß

An dieser Stelle (452,31) ist die innere Handlung zu einem gewissen Abschluß gelangt. Goethe bringt aber auch die äußere Handlung zu Ende. Egmont wird von den Soldaten zur Hinrichtung geholt (454,1–17). Doch vorher wird eine symbolische Szene eingeschoben. Sie ist ein Traum Egmonts, spielt also in einer anderen Ebene als die vorigen Szenen. Zugleich ist sie für den Zuschauer ein Hinweis auf die Zukunft. Jetzt erhält die Musik, die von Anfang an dem Drama angehörte, erhöhte Funktion. Das Wort verstummt. Wir sehen bedeutungsvolle Gesten und allegorische Gegenstände, die zur Zeit Egmonts und noch im 18. Jahrhundert allgemein bekannt waren: der *Lorbeerkranz* krönt den Sieger, das *Bündel Pfeile* bezeichnet die vereinten sieben niederländischen Provinzen, der *Stab* die Herrschaft, der *Hut* die Freiheit. Dadurch, daß dies alles mit der Gestalt Klärchens und mit Musik verbunden ist, erhält es seine Gefühlskraft und Stimmung.

Die Musik hat an dieser Stelle eine besondere Aufgabe. Es gab sie schon in der Ouverture, in den Liedern Klärchens und in den Sätzen zwischen den Akten. Das Drama *Egmont* ist also ein Versuch, eine Verbindung von dramatischem Wort und Musik zu schaffen. Dieser Fragenkreis hat im 18. Jahrhundert viele Dichter und Komponisten und gerade auch Goethe beschäftigt. Er stellte *Egmont* in seinen *Schriften* 1788 in Band 5 neben *Claudine von Villa Bella* und *Erwin und Elmire.* Er hat sich in Briefen jener Zeit über die Verbindung von Wort und Musik geäußert (Bd. 11, S. 476,30–477,20).

In der Schlußvision gibt es außerdem die Sprache der Ausdrucksbewegungen und der symbolischen oder allegorischen Gegenstände. Auch dies kommt in dem Drama schon an früheren Stellen vor, etwa in dem Aufflackern und Verlöschen der Lampe, das in der vorangehenden Szene Klärchens Tod andeutet (445,1–4). Zu den symbolischen Bewegungen gehört auch Egmonts Einreiten in Albas Schloß und sein Vom-Pferd-Steigen (426,25–31). Das *Bündel Pfeile* als Sinnbild der freien vereinigten Provinzen hat Egmont in dem Gespräch mit seinem Sekretär bereits erwähnt (400,8). Die Schlußvision (452,38–453,31) ist sodann vorbereitet durch Egmonts Hoffnungsvision in der ersten Gefängnisszene (439,29–440,4), deren Sprache bereits traumhaften Charakter hat. Auch Klärchens Worte von dem *Engel,* der den Freund *durch die Nacht zur Freiheit* führt (442,23–29) sind eine Vorbereitung des Schlusses. Und sogar bei Brackenburg gibt es den Satz, daß Klärchen dem Geliebten den *Kranz des Siegs* reichen werde (444,30f.), genau wie es dann später die Regieanweisung sagt (453,8f.). Durch alles, was vorangegangen ist, hat die Verschmelzung der *Freiheit* mit Klärchen (453,1f.) nichts Befremdliches. In allen Bereichen frei zu leben, das war Egmonts Lebensform, Klärchen aber der beglückendste Teil seiner Lebensbereiche. Und doch – trotz aller Vorbereitung, an der Goethe es nicht hat fehlen lassen – bringt der Schluß etwas Neues. Er bringt ein symbolisches Bild und bringt es als voll ausgespielte Pantomime, zu der noch die Musik als wichtiges Ausdrucksmittel kommt.

Das Überraschende verliert sich etwas, wenn wir diesen Umschlag am Ende des *Egmont* neben andere Schlüsse Goethescher Werke stellen. Der Aufstieg in höheren Raum am Ende von *Faust II,* die Legende am Ende der *Wahlverwandtschaften* (Bd. 6, S. 486,7ff.), die Auflösung in Lyrik und Musik am Ende der *Novelle* (Bd. 6, S. 507,16ff.) scheinen verwandte Vorgänge zu sein. Und es läßt sich etwas Ähnliches schon beim jungen Goethe und gerade in den Dramen beobachten: der fünfte Akt in der 1. Fassung des *Götz* hebt sich recht merklich ab, *Clavigo* endet als Melodrama, in *Stella* hebt mit der Parabel vom Grafen von Gleichen etwas Neues an. Gewiß ist die Verbindung im einzelnen Falle recht verschieden; aber der Umblick bestätigt, daß Goethe, und zwar schon der junge Goethe, in den Schlüssen seiner Werke bis dahin verdeckte Räume öffnet, aus denen ein besonderes Licht erstrahlt. Goethe spricht im Alter, um den Schluß der *Novelle* zu erklären, von dem *grünen Blätterwerk der realen Exposition,* das da sei, um die *Blume* des Schlusses hervorzubringen (zu Eckermann 18. Januar 1827). *Blume* bedeutet in seiner Sprache: Blüte. Dieses Bild, in bezug auf die *Novelle* gesagt, läßt sich auch auf verwandte Schlüsse anwenden. Die Traumvision ist die Blüte, die aus der inneren Handlung des Stückes aufbricht. Sie ist ihrem Charakter nach rein bildhaft. Als Egmont dann erwacht ist und spricht, ist die Realität wieder da. Die Soldaten erscheinen, um Egmont zu holen. In dieser kurzen Schlußszene klingt aber für Egmont und für den Leser das visionäre Erlebnis nach. Egmont ist wieder ganz er selbst geworden, er hat seine Freiheit wiedergefunden, die den Kern seines Wesens ausmacht, und er hat das Gefühl, daß sein Tod ein Schritt auf dem Wege zu einer glücklicheren Zukunft seines Landes sei. Über diesen Schluß des Dramas schreibt Albert Fuchs in seinem *Egmont*-Aufsatz: „Goethe liebt seinen Egmont und führt ihn doch aufs Schafott. Der Dichter ist hier der geschichtlichen Tatsache treugeblieben, weil sie

Gefäß für einen besonders hohen Gehalt werden konnte. Sterbend erweist Egmont seine Fähigkeit zur Hingabe an überpersönliche Werte; mehr: er erweist, wie eine große Seele, die sich ausleben, auswirken, entfalten will, selbst aus dem widrigsten, scheinbar absolut zerstörenden äußeren Ereignis Nahrung saugt und Triumphe münzt. Egmonts Tod ist der Sieg einer Ausnahmepersönlichkeit über das Schicksal. In dieser Überlegenheit der eigenen inneren Kräfte über die äußeren Verhältnisse, in der Gewalt, mit welcher der Mensch sein Geschick an- und aufnimmt und dadurch zwingt, ihm dienstbar zu sein, begegnet der Goethesche Individualismus seiner Apotheose. Dies siegreiche, jubelnde Verschmelzen von Individuum und Fatum hat, nebenbei bemerkt, Beethovens Ouverture auch für halbtaube Ohren als Ziel-, Schluß- und Höhepunkt fühlbar werden lassen." (A. Fuchs, Goethe-Studien. Bln. 1968. S. 21 f.)

## Die Geschlossenheit des Dramas

Obgleich das Drama in verschiedene Bereiche führt – Realistisches und Traumvision, Politisches und Privates –, hat es als Ganzes eine übersichtliche Einheitlichkeit. Goethes Charakterisierungskunst zeigt sich schon gleich zu Beginn in der Volksszene: der solide, etwas würdevolle Krämer Soest, der bewegliche, etwas vorwitzige Jetter, der brave Soldat Buyck, später dann vor allem der fremde, halbgebildete, gewissenlose Aufwiegler Vansen – sie haben als Gestalten ihren Mittelpunkt und ihre klaren Konturen. Auch auf spanischer Seite sind Nebenfiguren wie Silva und Gomez scharf profiliert. Für die Hauptgestalt dabei wendet Goethe die gleiche Technik wie für seinen Haupthelden an: wie wir Egmont zunächst nur in dem dreifachen Spiegel seiner Bereiche kennenlernen (Volk, Regentin, Klärchen), bis er dann im 2. Akt selber auftritt, so wird Alba erst ausführlich durch andere charakterisiert (durch die Regentin, durch Vansen, die spanischen Offiziere), bis wir dann den knappe Befehle Erteilenden vor uns sehen. Auf der Seite Klärchens wird die Mutter nur mit ein paar Strichen angedeutet; als die stets sich Sorgende, immer die Zukunft Bedenkende gibt sie Gelegenheit, Klärchens mit Egmont innerlich übereinstimmendes Lebensgefühl zu enthüllen. Ausführlicher ist Brackenburg dargestellt; er darf sich als sentimentale Figur entwickeln. Er ist der einzige Niederländer, der nicht zu der Welt Egmonts gehört. Zugleich nutzt ihn Goethe als technische Figur, durch die etwas gesagt wird, was aus vorgangsmäßigen und atmosphärischen Gründen gesagt werden soll. Glänzend dagegen ist wieder die Charakterisierung Oraniens (wobei Goethe viel von Strada verwertet). Nach seinen knappen und präzisen Reden, deren Sprachform schon auf den Charakter weist, wirkt der Gefühlsausdruck im Verstummen (406,31) um so stärker. Wenn Albas Sprechweise in der großen Dialogszene mit

Egmont nicht in gleichem Maße charakterisierend wirkt, so scheint uns das kein Mangel, sondern gehorcht einer Dynamik des Ganzen. Die Entscheidung ist gefallen, das Dämonische hat sinnfällig eingegriffen: der Gegensatz der beiden Gestalten ist mehr als ein Gespräch zweier Charaktere, wie ja auch Egmonts Redeweise in dieser Szene nicht durchaus charakteristisch ist. Die Szene leitet sprachlich vielmehr glücklich über zu der Sprechweise Klärchens und Egmonts im 5. Akt, die jetzt gehobener, unüberhörbar rhythmisch durchströmt ist. Selbst Brackenburgs Rede ist so getönt (vgl. seine Schlußrede 444,22–37). Es vollzieht sich ein organischer Wandel des gesamten Stiles von dem Realismus im Anfang (auch ihn hat Goethe schon gedämpft und auf das Spätere bezogen, als er in den ersten Weimarer Jahren *das Allzuaufgeknöpfte, Studentenhafte der Manier* tilgte, *das der Würde des Gegenstandes widerspricht,* wie er am 20. 3. 1782 an Frau v. Stein schreibt) zu der Verklärung des Schlusses. Gerade in der Figurengestaltung zeigt sich im Unterschied zum *Götz* die Einheitlichkeit des *Egmont.* Dort gab es eine Fülle geschlossener Charaktere, die die Weite des Raumes repräsentierten. Hier stehen alle Figuren an dem von der Struktur bestimmten Platz und somit in einer festen Konstellation, die sich nur an den Rändern etwas lockert (Brackenburg, Mutter; dagegen sind Vansen als Repräsentant des politischen Aufrührers und selbst die spanischen Offiziere ganz dem Zentrum zugekehrt). Der *Egmont* liegt auf der Linie vom *Götz von Berlichingen* zu der strengen Symmetrie der klassischen Dramen. Und sie alle haben an der Verwandlung teil, die sich an der tragenden Schicht der Egmont-Gestalt vollzieht.

Über Handlungsführung, Bühnengeschehen, Anordnung der Figuren und Sprechweise hinaus prägt sich die Geschlossenheit des *Egmont* nun aber durch jene sprachlichen Mittel aus, die Goethe in der *Stella* so reich benutzt hatte (wobei die Frage nach der Bewußtheit völlig offen bleibt). Es gibt wiederkehrende Gegenstände und Bilder, die eine persönliche Sphäre um die Hauptgestalten legen, und es gibt Wendungen und sprachliche Bilder, die eine dichte einheitliche Atmosphäre um das Ganze schaffen.

Für das erste nannten wir bereits Goldenes Vlies und Pferd als Symbole der Egmontsphäre, für Klärchen sind es die Lust am Soldatischen und das Bild der Fahne. Das Nahen und Wirken Albas und seiner zerstörenden Ordnung wird als einheitliche Atmosphäre beschworen durch die zahlreichen im eigentlichen Sinne atmosphärischen Bilder (Sturm, Nebel, verdüsterte Sonne, nahendes Gewitter usf., 403,4; 416,14ff.; 417,13f.,32; 422,37; 424,5f.: ein sehr wichtiges, fast apokalyptisches Bild; 434,35; 442,5,16). Eine noch umfassendere Schicht der Atmosphäre wird spürbar in Jetters Bemerkung *Sein Hals wär ein rechtes Fressen für einen Scharfrichter* (395,19f.). In einer Welt, in welcher ungerecht verurteilt und hingerichtet wird, bilden sich unbewußt solche Vorstellungen. Diese Schicht des Schicksalhaften verdichtet sich durch Bemerkungen der Regentin, Albas, Klärchens und Egmonts. Es gibt auch sonst noch Bildschichten und Wortfelder, an denen alle Figuren teilhaben und durch die sie in ihrem Wesen charakterisiert werden. Dazu gehört z.B. die Bewegung im Raume. Für die Regentin ist das *Zurücktreten* kennzeichnend (402,27; vgl. ihre ersten Worte 377,11f.), Oranien *richtet* seine Schritte (414,5f.), die ganze unheimliche Seelenlosigkeit der Spanier offenbart sich darin, daß sie in *einem Tritt* marschieren (416,22), und am Hofe herrscht eine *Kadenz* (399,22). Bei Albas erstem Erscheinen heißt es: *Wie er herein und hervortritt, treten die andern zurück.* Egmont aber ist immer wieder der frei Schreitende (381,12f.; 399,21f.; 448,35f.; 453,36f.). In dieser Weise gibt es einen Bereich der Bilder und der Sprache, der das ganze Werk in seiner Vielfalt zusammenhält, ähnlich wie die straffe Handlung es tut.

Das Drama als Ganzes gehört um seiner Anlage und um der Vollendung willen, mit der es sich erfüllt und darstellt, zu den bedeutendsten Werken Goethes. An Einheitlichkeit und Geschlossenheit ist es dem *Götz* überlegen, an Spannungsfülle und ideellem Gehalt den anderen Frühdramen und an Reichtum und Einklang der dichterischen Formmittel allem, was Goethe bis dahin geschaffen hatte.

## Zur Bühnengeschichte

Nachdem das Werk 1788 im Druck erschienen war, wurde es 1789 in Mainz und in Frankfurt gespielt, 1791 in Weimar und in Wien, hatte aber wenig Erfolg. Als 1796 Iffland zum Gastspiel nach Weimar kam, wollte man unter anderem auch *Egmont* spielen. Schiller übernahm es, das Werk für die Bühne zu bearbeiten. In der kurzen Zeit vom 26. März bis 7. April schuf er eine stark umgearbeitete Fassung. Kurz vorher hatte er sich an „Wallenstein" gemacht (Briefe an Goethe 18. 3.; an Körner 21. 3.; an Humboldt 21. 3.). Am 10. April schreibt er dann an Körner: „Der *Egmont* hat mich doch interessiert und ist mir für meinen „Wallenstein" keine unnützliche Vorbereitung gewesen." Diese Einstellung war nun freilich nicht geeignet, um der Besonderheit des *Egmont*-Dramas gerecht zu werden. Egmont wird bei Schiller ein Volksführer. Die Klärchenszenen werden eingeschränkt. Die Rolle der Regentin fällt ganz weg, die Volksszenen dagegen werden erweitert. Im letzten Akt erscheint Alba vermummt (III, 5) in Egmonts Gefängnis und hört, wie das Todesurteil verlesen wird. Egmont reißt ihm die Vermummung vom Gesicht (III, 6). Die Erscheinung am Schluß wird gestrichen und von Egmont knapp als Traum berichtet. Aus den 5 Akten sind 3 Akte geworden. Diese Fassung wurde am 25. April 1796 in Weimar aufgeführt, dann aber nicht mehr.

Im Jahre 1806 – nach Schillers Tode – setzte man in Weimar *Egmont* wieder auf den Spielplan. Schillers Bearbeitung wurde weitgehend zurückgeändert in Goethes Fassung. Das Drama hatte wieder 5 Akte und zeigte zum Schluß die Erscheinung Klärchens als Genius der Freiheit. Als der junge Eichendorff diese Inszenierung der Weimarer Truppe in Lauchstädt sah, notierte er in seinem Tagebuch, daß die Erscheinung am Schluß ihn besonders beeindruckt habe. Als Beethoven dann 1811 seine Musik zu *Egmont* schuf, verstand er es, gerade an dieser Stelle den Sinn des Textes durch die Musik zu entfalten. Das also, was Schiller gestrichen hatte, wurde von der Generation der Romantik verstanden und geliebt. Im Jahre 1814 spielte man in Weimar *Egmont* zum ersten Mal mit Beethovens Musik. Diese Musik paßte nicht zu Schillers Bühnenfassung, und so trat Schillers Bearbeitung im Laufe der Zeit allmählich zurück. Doch da sie bühnensicher war, blieb sie noch weit ins 19. Jahrhundert lebendig und bewirkte, daß *Egmont* bei zahlreichen Bühnen im Spielplan blieb.

Einen philologischen Abdruck der Schillerschen Bühnenbearbeitung (mit Nachwort und Anmerkungen) findet man in: Schillers Werke. Hrsg. von O. Güntter und G. Witkowski. Lpz. (o.J., 1910) Bd. 12. Hrsg. von Conrad Höfer. S. 7–98. – Ferner in: Schillers Werke. National-Ausgabe. Bd. 13. Bühnenbearbeitungen. Hrsg. von H. H. Borcherdt. Weimar 1949. S. 1–7, 291–306, 321–361. Dort auch S. 361 eine Bibliographie der einschlägigen Werke von A. Köster, J. Petersen, C. Höfer u.a.

## Zum Text

Grundlage für den Text des *Egmont* sind:

- $H^1$: Goethes eigenhändige Handschrift, die er am 6. September 1787 von Rom nach Weimar sandte.
- $H^2$: Eine Abschrift von $H^1$ durch Vogel mit Korrekturen von Herders Hand.
- S: 1. Druck des *Egmont* in Bd. 5 der *Schriften* von 1788, Verlag Göschen. Dem Druck diente $H^2$ als Grundlage; doch wurde $H^1$ herangezogen. Der gleiche Satz wurde für Einzelausgaben benutzt.
- E, $E^1$: Auf einem neuen Satz beruhende Einzelausgaben von 1788, ebenfalls bei Göschen.
- $S^2$: Auf E beruhender Druck in Bd. 3 der *Schriften,* Göschen 1791. Danach die späteren Drucke in Bd. 5 der Ausgabe A von 1807, in Bd. 6 der Ausgabe B von 1816, in Bd. 8 der *Ausgabe letzter Hand* (C) von 1827.

Die Weimarer Ausgabe und die Festausgabe legen C bzw. $S^2$ zugrunde, die Jubiläumsausgabe geht auf $H^1$ zurück.

Da für den Druck von S die Fassungen $H^1$ und $H^2$ benutzt wurden, die (nicht zahlreichen und durchweg geringfügigen) Abweichungen der Handschrift H[2] von H[1] fast durchweg Verbesserungen darstellen, folgen wir im allgemeinen der Gruppe H[2], S. Bei Abweichungen zwischen H[1], H[2] einerseits, S andrerseits folgt unser Text den Handschriften (z. B. 384,6: *hinterdrein* gegen *darein* bzw. *da drein* in den Drucken; 439,12f.: *vorm Angesicht* gegen *im Angesicht* der meisten Drucke).

399,6f. folgen wir H[1] (gegen die übrige Überlieferung: *der treue Sorgliche*); 405,18 dagegen den spätern Drucken (gegen H S: *mit einemmale*).

## ANMERKUNGEN

370. *Personen.* – *Gaure* (Gavre) ist ein kleines Fürstentum an der Schelde nordöstlich von Brüssel. – *Soest*: sprich „Soost". – *Buyck*: sprich „Beuk". – *Ruysum*: sprich „Reußüm".

371,6. *traktiere* = bewirte, halte frei.

371,11. *Pritschmeister*: der Ordner des Preisschießens. Dt.Wb., Art. „Pritschmeister" und „Pritschmeisterei". – *Reverenz!*: „meine Hochachtung". Ebenso 394,5.

371,15. *Wäre Meister zu viel!*: Schon „Meister" wäre zuviel!

371,32. *Ich bin fremd und König* ... Als Einwand in sich bündig, durch die Formulierung aber in die politische Atmosphäre weisend; deswegen Jetters Antwort.

371,37. *gastieren* = bewirten, freihalten.

371,39. *Präjudiz*: Vorentscheidung. Dasselbe Wort Bd. 9, S. 184,39. Also: ohne solche Großzügigkeit zum Brauch zu machen.

372,4. *Versteht sich: Eure Majestät.* Der König des Schützenfests soll gefeiert werden. Die Formulierung vorher *Ihro Majestät* war nicht eindeutig, gemeint war der Schützenkönig, dem offiziell klingenden Wortlaut nach konnte man aber auch an den König von Spanien denken.

372,27. *gedruckt.* Goethe benutzt öfters die Form ohne Umlaut wie hier, an anderen Stellen aber die Form mit Umlaut. – *Tasso* 707. – Bd. 7, S. 230,9; 325,35. – GWb. 2, Sp. 1277.

372,31. *Gemüt.* Dasselbe Wort 432,19; 454,13.

373,17. *Linien zuckten*: feste Schlachtlinien zurückwichen. Dt.Wb. 16, Sp. 292.

373,32. *beidlebig*: für amphibisch, d.h. auf dem Lande und im Wasser lebend. Das GWb. nennt diese Stelle als einzigen Beleg.

374,13f. *die vierzehn neuen Bischofsmützen.* Das Motiv wird 380,26ff. näher ausgeführt. Zur Zeit Karls IV. gab es in den Niederlanden vier Bischöfe. Papst Paul IV. richtete auf Wunsch Philipps II. vierzehn weitere Bistümer ein, ohne daß man die niederländischen Stände vorher befragt hätte.

374,17f. *es hat sich.* Etwa in der Bedeutung: Da haben wir's nun, wir werden die Folgen zu spüren bekommen.

374,25. *die neuen Psalmen.* Calvin hatte für seine Anhänger gewünscht, daß sie in der Kirche nur das Wort Gottes sangen, also die Psalmen, nicht irgend welche neueren Kirchenlieder. Clément Marot und Théodore de Bèze (Beza) brachten alle 150 Psalmen in französische Reimverse, wobei sie mit Geschick die verschiedensten Strophenformen benutzten. Bedeutende Komponisten wie Louis Bourgeois, Claude Goudimel, Claude le Jeune schrieben Singweisen dazu, die sie mehrstimmig setzten. Diese Liederpsalmen wurden das Gesangbuch der französischen Calvinisten, der Hugenotten, und hatten einen ungeahnten Erfolg, man sang sie überall gern. Niederländische calvinistische Dichter übersetzten nun die französischen Psalmenlieder so, daß die Singweisen beibehalten werden konnten, Petrus Dathenus 1566 und Philips van Marnix 1580. Diese Psalmenlieder waren in den Niederlanden bald beliebt. Obgleich sie inhaltlich nur die biblischen Texte wiedergeben, galten sie der spanisch-katholischen Regierung als calvinistisch und wurden also von ihr bekämpft. Nach der Unabhängigkeitserklärung der nördlichen Niederlande wurde die Übersetzung des Dathenus offiziell zum Gesangbuch der niederländischen Calvinisten und blieb es bis zum Jahre 1733. – RGG Art. „Dathenus". – T. Ruys, Petrus Dathenus. Utrecht 1919. – S. J. Lenselink, De Nederlandse Psalmberijmingen van de Souterliedekens tot Datheen. 1959.

375,17f. *Prediger ... aus Deutschland* = lutherische Prediger. Aus Frankreich kamen die Calvinisten. Beide von der spanisch-katholischen Regierung als Ketzer gehaßt.

376,31. *Vexier Er sich.* Dasselbe Wort Bd. 11, S. 399,17. – Adelung: „Vexieren: unnötige Beschwerde, Mühe oder Unlust verursachen; necken, foppen".

377,5. *eine Art Kanon.* Indem die Bürger sich zum Chor zusammenschließen, werden sie als Gemeinschaft gezeigt, zugleich wird deutlich, daß hier nicht nur ein realistisches Expositionsbild der Lage in Brüssel zu einem bestimmten Zeitpunkt gegeben wird, sondern das Bild einer bürgerlichen Ordnung überhaupt. Sie steht im Hintergrund des ganzen Dramas und wird zum besonderen Thema in Egmonts Worten zu Alba 430,11ff.; 432,18ff.

377,11. *stellt ... ab* = bestellt ab, sagt ab. GWb. 1, Sp. 181.

377,12. *Machiavell.* Strada führt unter dem Personal Margaretes einen Macchiavell an, über den aber wenig gesagt wird. Goethe griff den Namen auf und charakterisierte die Gestalt wohl ein wenig im Hinblick auf den großen Florentiner. Es gibt in Macchiavellis Buch „Il principe" Betrachtungen über die Beherrschung fremder Gebiete und darüber, daß man den Bewohnern ihre eigenen Gesetze lassen sollte, weil es sonst nur Streit gibt; z.B. Kap. 5 „Wie man Städte oder Herrschaften regieren muß, die vor der Eroberung nach eigenen Gesetzen gelebt haben". Der historische Macchiavelli betrachtete mit Nüchternheit und Kritik, wie die italienischen Gewaltherrscher es machten; der Machiavell im Drama betrachtet in ähnlicher Weise, wie es die spanische Gewaltherrschaft macht. – In der Bibliothek von Goethes Vater befand sich: Nicolo Macchiavelli, Opere. Parte 1–4. Haya 1726. Goethe übernahm diesen Band 1793 aus dem Vaterhaus. Das Verzeichnis von Goethes Büchern aus dem Jahre 1788 nennt: Macchiavelli, Disputationum de republica ... libri III. Lugd. Bat. 1649. Und: Macchiavelli Historiae Florentinae libri octo. Hagae Comitis 1658. Außer diesen drei Werken befinden sich in Goethes Bibliothek, wie sie überliefert ist: Macchiavelli Princeps. Helmstadij 1686. – Ruppert Nr. 1686, 2874f., 3458. – Goethe (Jb.) 24, 1962, S. 269 u. 275. – Heinrich Clairmont, Die Figur des Machiavell in Goethes „Egmont". Poetica Bd. 15, 1983, S. 289–313.

377,35. *O was sind wir Großen* ... Das Ende des Monologs weist über die Situation hinaus und schafft an der Atmosphäre des Schicksalhaften. Goethe schreibt am 14. Mai 1778 an Ch. v. Stein: *Ich scheine dem Ziele dramatischen Wesens immer näher zu kommen, da mich's nun immer näher angeht, wie die Großen mit den Menschen und die Götter mit den Großen spielen.* (Briefe Bd. 1, S. 249.)

378,21. *Verwich* = Wervick, Wervik.

379,28. *anständiger ist* = besser ansteht; schicklich, angemessen ist. – GWb. 1, Sp. 697–699.

381,18. *Nie hat er einen Schein vermieden.* Das Wort *Schein* hat bei Goethe die ursprüngliche Bedeutung „Leuchten, Augenfällig-Sein". Daneben gibt es auch die moderne Bedeutung des trügerischen Aussehens. In dem *Märchen* steht der Satz *Drei sind, die da herrschen auf Erden: die Weisheit, der Schein und die Gewalt* (Bd. 6, S. 236,30f.). Wendet man diesen Satz auf *Egmont* an, so ist bei Philipp II. und Alba *die Gewalt*, bei Egmont *der Schein,* d.h. das In-Erscheinung-Treten durch das Licht. Egmont hat sich nie zurückgehalten aus politischer Vorsicht oder aus Bescheidenheit, er hat seine Ausstrahlung nicht *vermieden.* Er ist niemals „unscheinbar" gewesen. Will man die Beziehung zu dem Satz aus dem *Märchen* noch weiterführen, so fügt sich Oranien zu der *Weisheit.* Er weiß sich zu retten, hält sich dann zurück, tritt wieder hervor, als der Kampf des niederländischen Volkes erfolgreich zu werden verspricht und übernimmt die Führung bis zum Siege. – Bd. 6, S. 212,14 u. Anm. – Bd. 7, S. 291,21 u. Anm. – Adelung, Art. „Schein".

381,20ff. *„Graf Egmont"* ... *Prinz von Gaure.* Egmont ist durch Erbschaft Fürst von Gaure (Gavre), einem Fürstentum an der Schelde bei Gent. Er hat von seinen Vorfahren her aber das Recht, den Titel eines Grafen von Egmont zu führen. Der kleine Ort Egmond liegt in Nord-Holland, in der Nähe von Alkmaar, an der See. Die dortigen Grafen waren lange Zeit Herzöge von Geldern gewesen. Sie führten ihre Familie auf ein friesisches Königsgeschlecht der altgermanischen Zeit zurück und betonten auch den Kaisern gegenüber immer ihren alten hohen Rang.

381,33. *Gesundheiten:* Bei Gastmählern wurde „auf die Gesundheit" von jemand getrunken. Deswegen wurde das Wort *Gesundheit* zur Bezeichnung für „Gesundheitstrunk, Zutrinken". – Bd. 9, S. 460,21. – Dt.Wb. 4, 1, 2 Sp. 4330f., insbes. 4334.

381,37. *die neuen Livreen.* Einige niederländische Adlige führten Livreen mit einer aufgestickten Narrenkappe ein, welche das Volk als Verspottung des Kardinalshutes und besonders des verhaßten Kardinals Granvella deutete. – Dasselbe Motiv S. 400,5–19.

382, 8. *ihm ... alles gedenkt:* ihm alles anrechnet, ihm nachträgt. – *Reineke Fuchs* III, 178f.

382,24. *Golden Vlies.* Egmont hatte für seine großen Leistungen im Kampfe Philipps II. gegen Frankreich den Orden des Goldenen Vlieses verliehen bekommen, die höchste Auszeichnung, welche der König zu vergeben hatte. Die Träger dieses Ordens bildeten ein „Ordenskapitel". Der einzelne unterstand gerichtlich nur diesem Kapitel. Darauf beziehen sich Egmonts Worte 404,3f. und 412,38ff. Über das *Goldene Vlies* auch 420,13–15, ferner 445,32f. – Für die Leser des 18. Jahrhunderts war das *Goldene Vlies* ein bekannter Begriff. In Zedlers „Universal-Lexicon" ist das „Vlüß" sehr ausführlich behandelt, Bd. 49, 1746, Sp. 901–932. Außerdem ist im Artikel „Egmont" davon die Rede: „Wiewohl Egmont nun vermöge derer Privilegien des goldenen Vließes Ordens-Ritter von dem Capitel seines Ordens gerichtet zu werden verlangte, so ward ihm solches abgeschlagen und ungeachtet seiner Unschuld ... das Todesurteil gesprochen." (Bd. 8, 1734, Sp. 322.)

383,5f. *daß der Ruf ihn nicht übereile* = damit das Gerücht nicht schneller dort sei als der Brief.

383,9. *Bürgerhaus.* Die Szene zwischen Klärchen, ihrer Mutter und Brackenburg ist interpretiert von H. A. Korff, Geist der Goethezeit, Bd. 1, 1923, S. 244–246, im Zusammenhang der strengen sittlichen Anschauungen der Zeit und der neuen Ideen der Dichter des Sturm und Drang (S. 240–272). – Die psychische Konstellation zwischen der Mutter, Klärchen und Brackenburg und andrerseits Klärchen und Egmont ist besonders feinfühlig dargestellt von Marie Luise Kaschnitz, Zwischen Immer und Nie. Frankf. a. M., 1971, in dem Aufsatz „Egmont und Klärchen" S. 99–109.

383,10. *Klare.* Später immer die Form *Klärchen.*

384,6. *hinterdrein* in Goethes eigenhändiger Handschrift und in der Abschrift seines Schreibers Vogel. *darein* in der Göschenschen Ausgabe 1788 – vielleicht

Goethesche Korrektur – und in der Werk-Ausgabe 1807. *dadrein* in der Ausgabe von 1816 und in der *Ausg. l. Hd.* 1827.

385,10. *darf.* In der alten Bedeutung: dann bedarf es nur einer Gelegenheit, daß ich...; dann brauche ich nur... – *Die Laune des Verliebten* 86; *Faust* 2590; *Reineke Fuchs* III, 192 u. ö.

387,6ff. *Es war die Schlacht bei Gravelingen*.. In jede der drei Expositionsszenen ist eine Schilderung von Vergangenem eingelegt, aber jede ganz anders getönt und dadurch stark charakterisierend: Buyck 373,12ff.; Machiavell 378,8ff.

388,21. *ich sterbe ... ab:* meine Gefühle, meine Interessen hören auf. – GWb. 1, Sp. 183.

## *Zweiter Aufzug*

389,17. *Gerechtsame* = Berechtigungen, rechtmäßige Ansprüche, rechtliche Befugnisse verschiedenster Art. – Dt.Wb. 4, 1, 2 Sp. 3615. – Deutsches Rechtswörterbuch Bd. 4, S. 284. – *Götz* S. 149,36.

390,26. *Branntweinzapf* = Branntweintrinker. – GWb. 2, Sp. 855.

391,2. *hielt auf die rarsten Bücher* = sorgte dafür, daß er die seltensten Bücher besaß. – Dt.Wb. 4,2 Sp. 277.

391,8. *Staaten* = ständische Vertretungen, Landstände, Landtag. – Dt.Wb. 10,2,1 Sp. 279f. – Während im Deutschen diese Bedeutung des Wortes abgekommen ist, hat sie sich im Niederländischen bis heute erhalten.

392,3. *Karl der Kühne* (1433–97) vollendete die Eingliederung der niederländischen Provinzen in das Herzogtum Burgund. Das aufrührerische Lüttich wurde von ihm zerstört. Durch seine Tochter Maria, vermählt mit Maximilian, kamen die niederländischen Provinzen an Habsburg.

392,3f. *Friedrich der Krieger.* Vansen zählt hier nur Namen auf. Wieweit er, der Großsprecher, historische Kenntnisse hat, bleibt dunkel, jedenfalls ist er ungenau. *Friedrich der Krieger* ist keine eindeutige historische Bezeichnung. Die Kommentare vermuten, daß an Kaiser Friedrich III. gedacht ist, der seinen 1488 in Brügge gefangenen Sohn Maximilian mit Heeresmacht befreite.

392,8f. *fingen ... seinen Sohn und Erben weg.* Vansen bleibt seiner Art nach undeutlich, vermutlich weil er nicht genau Bescheid weiß. Vielleicht erinnert er sich an den Raub des jungen Philipp des Schönen, des Sohnes Maximilians I. und der Maria von Burgund.

392,30. *gestatten* = an seiner Statt walten lassen, an jemand anders abgeben.

393,13. *Staat:* hier in der Bedeutung von lat. „status", Zustand.

394,32. *Söffer* = Säufer. Dt.Wb. 10,1 Sp. 1403.

396,32. *Relation* = Bericht.

397,8. *von Bredas Kompanie:* Brink aus der Kompanie des Hauptmanns Breda (der schon 396,32 genannt ist).

397,34. *Einnehmer*: Amtmann, der die Einkünfte eines Gebietsherrn in Empfang nimmt. – Adelung. – Bd. 7, S. 54,21 u. Anm.

398,26. *Brief des Grafen Oliva.* Die Warnung durch einen spanischen Ratsherrn begegnet bei van Meteren; der Name von Goethe erfunden.

399,22. *Hofkadenz*: genau geregelte Bewegung nach spanischer Hofsitte.

399,23f. *den Augenblick ... genießen.* Das Wort *genießen* hat bei Goethe und in seiner Zeit die Bedeutung: aufnehmen, sich zu eigen machen (Gegensatz: „ungenießbar"); es kommt das Moment der Freude hinzu, das dann im Laufe des 19. Jahrhunderts in der Bedeutung überwiegend wurde. Im *Genießen* liegt das Ganzheitliche des Erlebens im Gegensatz zu jedem einseitigen Weltverhältnis: dem Spekulativen, dem bloßen Sinnengenuß, der religiösen Schwärmerei, dem dionysischen Rausch. Es liegt zugleich darin der Glaube an die der umfassenden Natur adäquate Organisation des ganzen Menschen. Die Egmont-Figur ist reine, strahlende Verkörperung dieser Lebensform, in bewußter Einseitigkeit. Sein Gegenbild ist Faust, der an das Erlebnis des Einklangs mit der (nun freilich tiefer als im *Egmont* gedeuteten) Natur nicht glaubt und in solcher Skepsis und doch zugleich Sehnsucht nach Erfüllung die Wette über den *Augenblick* schließt. (Vers 1699ff.)

Bd. 14, Sachregister „Augenblick (erfüllter)". – GWb. 1, Sp. 1068–1075. – Wolfgang Schadewald, Goethestudien. Zürich 1963. S. 433–446: Zu den Begriffen Augenblick, Moment, Stunde. – Wolfgang Binder, Aufschlüsse. Zürich 1976, S. 7–33: „Genuß" in Dichtung und Philosophie des 17. und 18. Jahrhunderts.

400,8. *Bündel Pfeile*: Symbol für die Verbundenheit und Freiheit der niederländischen Provinzen. Das Motiv taucht wieder 453,5 auf.

400,11. *gleich*: in der Handschrift, nicht in den Drucken; vermutlich von Goethe gestrichen.

400,12f. *edle Schar mit Bettelsäcken.* Im April 1566 überreichten die niederländischen Adligen der Regentin eine Bittschrift. Um dieser Handlung Gewicht zu verleihen, kamen etwa 300 bis 400 Adlige zusammen und zogen mit der Bittschrift zum Palast der Statthalterin. Als diese die große Zahl der Eintretenden sah, war sie beunruhigt. Ihr Berater Graf Barlaimont sagte leise in französischer Sprache zu ihr, sie solle sich vor einem Haufen Bettler (gueux) nicht fürchten. Er sagte es aber so, daß einige der Niederländer es hörten. Diese griffen das Wort auf und nannten sich hinfort mit dem *Unnamen* „Geusen", der später in den Niederlanden zu hohen Ehren kam. Diese Szene ist auf Grund der alten Darstellungen verhältnismäßig ausführlich geschildert in Schillers „Abfall der Niederlande", 3. Buch. (Nat.-Ausg. Bd. 17, 1970, S. 174f.). Die „Geusen" trugen eine Zeitlang in der Tat Kleider, die der Bettlertracht ähnlich waren (400,16).

400,36ff. *Kind! Kind! nicht weiter ...* Der große Ausbruch ist kunstvoll durch die ganze Szene vorbereitet. Egmont, zunächst kurz die sachlich notwendigen Entscheidungen fällend, hat immer ausführlicher und aus immer tieferen Schichten seines Ich sprechen müssen. (Zur Atmosphäre des Schicksalhaften vgl. auch 377,35–37 und 395,19f.). Es ist für Egmont bezeichnend, daß er hier, wo er allgemein von seinem Schicksal spricht, das Bild von Pferd und Wagenlenker benutzt. Goethe hat später mit diesen Worten Egmonts die Darstellung seiner Jugend in *Dichtung und Wahrheit* beschlossen (Bd. 10, S. 187,18–24). – L. A. Willoughby, The Image of the horse and charioteer in Goethe's Poetry. Publ. of the English Goethe Society, N.S. 15, 1946, S. 47–70.

401,10. *ein selbst verfehlter Schritt:* Der Ton liegt nicht auf *selbst,* sondern auf *verfehlt,* kleine Pause vor *selbst.* Die *Ausg. letzter Hand* beseitigt die Möglichkeit eines Mißverständnisses: *ja selbst ein verfehlter Schritt.*

402,8. *Kunkelhof*: von „Kunkel" = Spinnrocken, Spinnstube, also Stube, in der die Frauen herrschen. Dt.Wb. 5, Sp. 2653–2658, 2661. – *Herkules* mußte am Ende seiner Laufbahn sich (wegen seines Verbrechens an Iphilus) auf Befehl der Götter an die Königin Omphale verkaufen lassen, seine *Löwenhaut ablegen* und weibliche Arbeiten verrichten.

402,22. *glaubst du.* Das distanzierende *Ihr* wird bei sich steigernder Dynamik durch *du* ersetzt. Ähnlich in der Unterredung Regentin-Machiavell, wo sie 378,5 *Ihr* sagt, 379,6 *du,* und vor allem in der Szene Alba-Egmont 428,28. In dem ersten Gespräch Egmont-Ferdinand wird *Ihr* gebraucht (433,9ff.), in der Gefängnisszene *Du* (446,14ff.). – Ähnlich in *Götz* S. 113,2 u. Anm.

403,36f. *gewärtig* = dienstbar, dienstwillig. – Bd. 2, S. 115, Vers 13; *Reineke Fuchs* III, 356; *Faust* 8200. – Dt.Wb. 4, 1, 3 Sp. 5356.

403,38. *sich ... zuschriebe* = für sich in Anspruch nähme, als sein persönliches Recht erachte. – Dt.Wb. 16, Sp. 809f. – Oranien hat die Prinzipien des Absolutismus erkannt.

404,7. *Eine Ungerechtigkeit* ... Das Motiv kehrt 439,21 und 445,34 wieder.

405,23. *Handlung* = Handel. – Bd. 7, S. 37,19. – Dt.Wb. 4,2 Sp. 406f.

406,17. *Du wirst aufgebracht* ... Von 405,35 an hat es kurze Wechselrede (Stichomythie) gegeben, meist in Form von Sentenzen. Die persönliche Anrede hier leitet nun über zu der warmherzigen Freundschaftsbekundung Oraniens am Ende der Szene. – Über das Wort *aufgebracht,* das etwa „erregt" bedeutet (und auch 408,8 vorkommt), GWb. 1, Sp. 915f.

## *Dritter Aufzug*

407,17. *wie mein Vater es konnte.* Karl V. übertrug 1555 und 1556 seinen Söhnen Philipp und Ferdinand die Regierung. Er zog sich in das Kloster San Geronimo de Yuste in Estremadura zurück, wo er 1558 starb.

408,10f. *der gar keine Räson annimmt* = der rücksichtslos vorgeht. Von frz. „raison" = Vernunft, Gerechtigkeit, Begründung.

409,7f. *durchhören* = von Anfang bis zu Ende anhören.

409,16. *Kapitel* = Abschnitt eines Werkes, in diesem Falle des Strafgesetzbuchs.

409,38. *herumziehen* = hinhalten, verzögern; ursprünglich: im Kreise hin- und herziehen.

410,34ff. *Freudvoll ...* Goethe hat in seiner Handschrift die Versanfänge mit kleinen Buchstaben geschrieben, also *und leidvoll / gedankenvoll ...* usw. Die Großschreibung am Versbeginn war aber zu seiner Zeit so üblich, daß sie im Druck von den Verlegern durchgeführt wurde.

410,37. *Langen*: „im Sinne von Verlangen, von dem sinnlichen Begriffe des Armausstreckens, Greifens ausgehend" (Dt.Wb. 6, Sp. 171).

411,7. *Heiopopeio.* Dasselbe Wort in *Götz* S. 104,33. Zusammenhängend mit „heien" = Kinder wiegen. Hier abschätzig für Klärchens Singen. – Dt.Wb. 4,2 Sp. 793 u. 813.

412,10. *Wie seid Ihr heute ...* Klärchen wechselt vom *Du* zum *Ihr*, das sie bis 412,36 beibehält, dann noch einmal 413,8 und 414,9.

413,4f. *Passement-Arbeit*: von frz. „passement" = Borte. Adelung erläutert: „das Posament, Schnüre und andere künstliche Arbeiten von gesponnenem Gold und Silber, Seide, Wolle oder Kamelhaar, womit die Kleider besetzt werden".

413,10. *mit Müh und Fleiß.* Der Orden des Goldenen Vlieses trägt die Umschrift: Pretium laborum non vile (der Lohn der Mühen ist nicht leicht).

414,3. *Er hat sich in den Kredit gesetzt*: er hat den Glauben hervorgerufen. – Adelung, Art. „Credit".

## *Vierter Aufzug*

416,10. *einige* = irgendeine, irgendwelche. – Bd. 7, S. 291,6.

416,18. *Krebsen.* Das Bild hängt wohl damit zusammen, daß die Brustharnische *Krebs* genannt wurden (Dt.Wb. 5, Sp. 2130; Adelung), vielleicht auch mit dem Zupacken des Krebses mittels seiner Greiforgane.

416,32f. *anschlägt* = die Schußwaffe auf jemanden richtet (GWb 1, Sp. 665); *hielte* = machte Halt (Dt.Wb. 4,2 Sp. 279f.).

417,26f. *durchgeheilt* = ausgeheilt, vollkommen wiederhergestellt. – Dt.Wb. 2, Sp. 1627.

417,35. *Motion* = Bewegung (lat. „motio").

418,12, *durchgeht.* Dazu Dt.Wb. 2, Sp. 1619: „es geht ihm hin, wird übersehen, bleibt ungeahndet".

418,27. *denkst dich* = hältst dich für ...

419,1. *sich schneuzen.* Gedacht ist an Sternschnuppen, die rasch verlöschen. – Dt.Wb. 9, Sp. 1325.

419,16. *den Inquisiten*: den Angeklagten (von lat. inquisitus); 419,28 *Inquisitor*: Untersuchungsrichter, Strafrichter.

420,1. *Vogelscheu* = Vogelscheuche. – Dt.Wb. 12,2 Sp. 421.

420,2. *in effigie* = im Bilde. Es bestand die Sitte, Verurteilte, derer man nicht habhaft wurde, *in effigie* zu hängen, indem eine Strohpuppe gehängt wurde und der Name hinzugefügt wurde. – Zedler, Universal-

Lexicon 8, 1734, Sp. 285. – Handwörterbuch zur dt. Rechtsgesch. 1, 1971, Sp. 424–428 u. 806–808.

420,18ff. *Ein paar meiner guten Freunde* ... Das Motiv von 397,3f.

421,2. *Cordon* = frz. Gürtel, Kette; in der militärischen Sprache: Postenkette, Absperrungsmannschaft. Es ist davon noch weiterhin 422,19–23 und 425,17 die Rede.

421,21. *die Armee aus Italien hierher* ... Alba hatte eine Armee aus Spanien auf Schiffen nach Genua gebracht. Von da marschierte sie durch die Alpen und die Franche-Comté (Freigrafschaft Hochburgund) nach Norden, also durch Gebiete, in denen es Truppen der *Schweizer* gab und solche der *Franzosen,* die teils katholisch *(königlich),* teils hugenottisch *(Ketzer)* waren.

422,21. *Galerie* = langer, gedeckter, seitlich offener Gang. Hier also wohl im Hintergrund des Saaals ein durch Säulen abgetrennter Gang. Wieder genannt 423,31; 425,22 u. 27; 426,1.

422,35. *fahen* = fangen. – *Reineke Fuchs* IV, 88; VI, 38 u. ö. – Dt.Wb. 3, Sp. 1237.

423,12. *politisch*: in der alten Bedeutung „lebensklug, berechnend, diplomatisch". – Bd. 6, S. 103,4 u. Anm. – Bd. 7, S. 352,11 u. Anm. – Briefe Bd. 1, S. 112,38 u. 386,32.

423,22f. *Das Glück ist eigensinnig* ... Vorbereitung auf Albas Offenheit gegenüber dem Schicksalhaften, wie es für die Entscheidung 426,2ff. nötig ist. Die einheitliche Atmosphäre wird von Alba her noch verdichtet. Dazu passend die Worte Silvas 423,32ff. Der *Eigensinn des Schicksals* (423,38) entscheidet. – Das Wort *das Gemeine* bezeichnet in der Sprache der Goethezeit meist das Alltägliche, oft auch das Niedrige. In den *Maximen und Reflexionen* steht der Satz: *Das Zufällig-Wirkliche, an dem wir weder ein Gesetz der Natur noch der Freiheit für den Augenblick entdecken, nennen wir das Gemeine* (Bd. 12, S. 512 Nr. 1041). – Bd. 7, S. 30,37 u. 32,12.

424,22. *unbedingt*: in dem ursprünglichen Sinne „ohne eine Bedingung zu stellen", d.h. ohne das Versprechen der Ehe. Der Satz zeigt die Gefühlsrohheit Albas, zumal er zu seinem Sohn von dessen Mutter spricht, und zugleich die konventionelle Denkweise, daß nur die „Bedingung" der Ehe den Geschlechtsverkehr erlaube. Da das kurze Wort ein Licht wirft auf die Moralvorstellungen der Zeit (nicht nur in Spanien), gehört es auch zum Hintergrund der Egmont-Klärchen-Handlung. – Dt.Wb. 11,3 Sp. 266.

425,11. *dürfest* = zu schämen brauchst, schämen mußt; *deine Brüder*: die ehelichen Söhne Albas.

426,5f. *nicht klug zu sein.* Das Wort *klug* im Sinne von „sich der Situation anpassend", also: sich dem Gebot offen zu widersetzen.

426,7. *Seiger* = altes Wort für „Uhr". Mitunter umgangssprachlich statt „Zeiger" benutzt. – Dt.Wb. 10,1 Sp. 197f.

427,4ff. *Ich komme, die Befehle* ... Die hier beginnende Szene bringt die Meinungen Albas und Egmonts deutlich zur Sprache. H. A. Korff hat sie in seinem Buch „Geist der Goethezeit" Bd. 1, 1923, S. 220–224, interpretiert im Zusammenhang eines Kapitels „Der Kampf um die politische Freiheit" (S. 205–224), das auch „Emilia Galotti", „Fiesco", „Don Carlos" und andere Werke der Zeit behandelt.

428,21. *Gott gleich gehalten.* Zu der Sprache des Manierismus und Barock gehört die Wendung, die Fürsten als Götter dieser Welt zu bezeichnen. – Dt.Wb. 4, 1, 5 Sp. 1121f. – Simon Dach, Gedichte. Hrsg. von Ziesemer. Bd. 2, 1937, Nr. 107 u. 115. – Joh. Riemer, Schatzmeister aller Complimenten. Lpz. u. Frankf. 1681, S. 39. Zitiert bei M. Windfuhr, Die barocke Bildlichkeit. 1966, S. 160. – Joh. Chr. Günther, Gedichte. Hrsg. von W. Krämer. Bd. 4, 1935, S. 126.

428,25. *abzulehnen.* Das GWb. zitiert diese Stelle unter der Erläuterung „abwehren, abwenden, fernhalten" Bd. 1, Sp. 101.

428,37ff. *Einem großen Übel zusehen* ... Albas Äußerung 428,37–429,4 ist eine beleidigende Anspielung auf Egmonts Verhalten.

429,6ff. *Nicht jede Absicht* ... Das Gespräch wendet sich den allgemeinen Themen Freiheit, Volk, Staatsordnung zu. Die religiösen Beziehungen werden wenig erwähnt.

430,3f. *den Wenigen des Einen* = den Höflingen, den „Hofschranzen". Egmont gibt die beleidigende Anspielung von 428,37ff. zurück.

432,16ff. *Leider rechtfertigen* ... Egmont läßt sich das Geständnis seiner grundsätzlichen Gegnerschaft gegen die Pläne Philipps und Albas entlocken.

## *Fünfter Aufzug*

434,12ff. *Komm mit, Brackenburg* ... Klärchen spricht jetzt in gehobener Sprache, das zeigen Satzbau, Bilder, Eigenschaftswörter, und ihre Prosa ist zum Teil rhythmisch gegliedert.

434,16. *dem Freiesten.* Durch das ganze Drama werden zusammenfassende Bezeichnungen für Egmont ausgesprochen: *der Held* (373,5), *der große Egmont* (373,39; 414,33), *die große Seele* (436,20) und andere; hier die wesentlichste und unterscheidendste, die ihn als Einmaligen faßt.

437,2. *gescharrt*: sie haben eine Höflichkeitsbezeugung in Form eines „Kratzfußes" oder *Scharrfußes* (Bd. 5, S. 210,3) gemacht. – Bd. 9, S. 441,16. – Dt.Wb. 8, Sp. 2215 u. 2218.

437,11. *Anschlag* = Plan. – GWb. 1, Sp. 664. – Wilkinson-Willoughby, Goethe, Dichter und Denker. 1974. S. 81.

438,4ff. *Alter Freund! immer getreuer Schlaf* ... Egmont erscheint geweitet, sein Erlebnisraum größer. In der Sprache drückt sich die Wandlung aus; in starker Rhythmisierung fügen die einzelnen Perioden sich zueinander ähnlich wie freie Rhythmen (z.B. Zeile 4–18). Kennzeichnend ist auch die Bildlichkeit. Die Szene ist stark lyrisch. – Das Motiv des Schlafes kommt in ähnlicher Funktion auch in anderen Werken vor: Bd. 14, Sachregister „Schlaf".

438,9. *aufquellender Knabe.* Dazu GWb. 1, Sp. 987: „mit der Vorstellung des knospenhaften Aufschwellens und Erblühens".

438,11. *knirrend* = „knarrend, doch unter Hervorhebung des helleren Tons" (Fischer, Goethe-Wortschatz S. 380). – Dt.Wb. 5, Sp. 1440f.

438,19. *Sorgen.* Egmont hat bisher nicht unter Sorgen gelitten. Wie er jetzt die *Sorge* (439,18) behandelt, ist bezeichnend für seine Natur. Das Motiv der *Sorge* kommt auch in anderen Werken vor, und es ist für die einzelnen Gestalten charakteristisch, wie sie der Sorge begegnen. – Bd. 14, Sachregister „Sorge".

438,38. *dem erdgebornen Riesen*: der Riese Antäus (Antaios), Sohn des Poseidon und der Erde (Gäa), war im Kampfe unüberwindlich, sofern er Berührung mit seiner Mutter Erde hatte. – *Faust* 7077, 9611. – *Ital. Reise* Bd. 11, S. 110,2. – GWb. 1, Sp. 715f.

439,1. *die Menschheit* = das menschliche Wesen. Ähnlich in *Stella* S. 320,14; 346,9. *Faust* 1770, 1804, 4406, 6272.

439,12. *Versagt es dir* ... Versagt dir das Geschick den Tod draußen im Sonnenschein (einen Tod, den du nie gescheut hast) und bereitet dir statt dessen ein Gefängnisdasein?

439,15. *starrt* = erstarrt, wird starr. Ähnlich *Faust* 6574, 8987. – Dt.Wb. 10, 2, 1 Sp. 918.

439,34. *frommer Wunsch* = guter Wunsch, in die richtige Richtung zielender Wunsch. Durch die folgenden Worte noch näher bezeichnet. – In Goethes Jugend hatte das Wort *fromm* vielfach noch die Bedeutung „richtig handelnd" wie in dem barocken Kirchenlied „O Gott, du frommer Gott", in Goethes Alter meist die Bedeutung „von innerer Religiosität erfüllt". Bei Goethe kommt das Wort *fromm* 505 mal vor (Goethes Sprachschatz ist vollständig verzettelt im Archiv des Goethe-Wörterbuchs), die jeweilige Bedeutung ist genau erfaßt in dem Buch von Günter Niggl, „Fromm" bei Goethe. Tüb. 1967. Zu der vorliegenden Stelle S. 347. – Bd. 14, Sachregister „fromm".

440,19. *Erkannten* = Anerkannten, in seinem Wert Gewürdigten.

442,20. *holde Nacht* ... Wendung in die folgende visionäre Prophezeiung; Klärchen findet den Einklang mit einem geistigen höheren Bereich.

442,22f. *knirscht* ... *hinunter* = verschlingt knirschend. – Bd. 5, S. 366, Vers 12; Bd. 6, S. 86,27.

442,24. *zum Zeugen ihrer Wut geschändet*: durch das Aufrichten des Kruzifixes an der Seite des Hinrichtungsgerüsts. Dasselbe Motiv dann 444,7.

445,1f. *Eine Musik, Klärchens Tod bezeichnend* ... Es ist typisch für Goethes verhaltene Kunst, wie er den über sich hinausreichenden Gehalt des Verlöschens (Klärchens Ende) verschleiert. Von Beginn der Szene an ist die Lampe in einen in sich bündigen Zusammenhang gestellt. Ebenso ist auch das Giftfläschchen bereits früher eingeführt (388,39). Der Musik ist hier eine wesentliche Aufgabe zugedacht.

445,23. *das freieste* ... Ähnlich schon 434,16.

445,32f. *die Ritter des Goldnen Vlieses zu richten.* Der historische Egmont war Ritter des Goldenen Vlieses. Nach den Statuten des Ordens durfte er nur von dem Ordenskonvent gerichtet werden. Philipp II. setzte sich autoritär darüber hinweg, obgleich er ihn selbst in den Kreis dieses Ordens aufgenommen hatte. Goethe übernimmt diese Motive. Es ist mehrfach davon die Rede, daß Egmont nur von dem Ordenskonvent gerichtet werden darf (382,24; 404,3f., 412,34ff., 420,13ff.). Als Oranien sagt, daß er dem König auch anderes zutraue, antwortet Egmont: *Eine Ungerechtigkeit, der sich Philipp nie schuldig machen wird* (404,7f.). Goethe zeigt die Dämonie und Skrupellosigkeit der Macht darin, daß Philipp das Recht hier geradezu verachtet und bricht. Das Motiv des *Goldenen Vlieses* hat in dem Drama die Funktion, den Gegensatz zwischen Macht und Recht, Menschenverachtung und Vertrauen auf Königswort, neuspanischem Absolutismus und altem einheimischem Recht deutlich zu machen. Als Silva das Urteil verliest, unterbricht Egmont nur an einer Stelle, nur beim *Goldenen Vlies.* – 382,24 u. Anm.

449,17f. *Ich regiere mich nicht* = ich bin ratlos, habe keinen Willen. – Dt.Wb. 8, Sp. 531.

452,6. *Ich kenne ein Mädchen* ... Als Goethe das *Egmont*-Manuskript von Rom nach Weimar sandte, tadelte man dort, daß diese Stelle zu knapp, zu „lakonisch" sei. Seine Verteidigung dagegen steht in der *Italienischen Reise* (Bd. 11, S. 458,21–459,36. Auch in der Zusammenstellung „Goethe über *Egmont*").

452,38ff. *Er entschläft* ... Das Motiv des Schlafs kommt bei Goethe mehrfach in bedeutsamer Funktion vor (Bd. 14, Sachregister „Schlaf"). Die großartigste Darstellung des Schlafs gab Goethe am Beginn des *Faust II*, es ist ein Verschmelzen mit der Natur. Egmont spricht von dem *Kreis innerer Harmonien* (452,35f.). Er ist durch die Traumwelt auf den Vorstellungskreis seines eigenen Geistes konzentriert und also aus der düsteren Wirklichkeit herausgehoben, und diese holt ihn dann später gar nicht mehr ein. Wenn wir auch Egmonts Tod nicht miterleben, wir wissen: er bleibt bis zum Ende in dieser seiner geistigen Welt.

Den Sinn dieses Motivs, daß Egmont zum Schluß ganz aus seinem seelischen und geistigen Innern lebt, hat Beethoven großartig verstanden und in seiner Musik zu *Egmont* dargestellt. Und Beethovens Musik ist dann von E. T. A. Hoffmann in seiner Rezension gedeutet: „In der Schlußszene hat der Komponist von der Stelle an, wo der Dichter Musik vorschreibt (452,31), Egmonts Reden melodramatisch behandelt... Die musikalischen Phrasen, welche die Reden unterbrechen, sind mit Einsicht nicht im mindesten hervorstechend, sondern ganz den Worten sich anschmiegend behandelt; von irgendeiner bunten Malerei ist gar nicht die Rede. Im lichtvollen A-dur-Akkord, und zwar in Sechzehnteltriolen der Blasinstrumente, wird die himmlische, glänzende Erscheinung der Freiheit verkündigt. Die weitere Musik ist der vorgeschriebenen Pantomime angemessen, vorzüglich malerisch aber von da an, wo die Erscheinung dem schlafenden Helden andeutet, daß sein Tod den Provinzen die Freiheit verschaffen werde, und ihm den Lorbeerkranz des Siegers reicht. Die Trompete fällt ein, und eine Art kriegerischen Marsches, jedoch in einfachen, gehaltenen Akkorden, drückt mit hohem Pathos die Apotheose des siegreich für die Freiheit fallenden Helden aus. Man hört die Trommel; bei dem più allegro, in dem die Bläser Achteltriolen anschlagen, verschwindet die Erscheinung und der Satz zerfließt in einzelnen Noten. Ganz in dem Sinne des Dichters schließt der Komponist mit einer rauschenden Symphonie, die nur 55 Takte lang und beinahe ganz aus Schlußfiguren gewebt ist. – Man ist sonst in Beethovenscher Instrumentalmusik an eine reiche Ausbeute genialischer kontrapunktischer Wendungen, kühner Ausweichungen usw. gewöhnt; wie sehr der Meister aber mit seinem Reichtum hauszuhalten und ihn zu rechter Zeit zu spenden versteht, beweiset die hier in Rede stehende Komposition, die, ohne im mindesten für sich selbst glänzen zu wollen, ganz dem Sinne des Dichters folgt und sich seiner Tendenz anschmiegt." – E. T. A. Hoffmanns Rezension von Beethovens Egmont-Musik erschien erstmalig in der „Allgemeinen musikalischen Zeitung", 21. Juli 1813. Heute in allen vollständigen Hoffmann-Ausgaben.

452,39. *eine glänzende Erscheinung*. Die Traum-Szene ist besonders einsichtig interpretiert in dem *Egmont*-Aufsatz von Hartmut Reinhardt in: Goethes Dramen, Neue Interpretationen. 1980. S. 122–143.

453,5. *Bündel Pfeile*: das Zeichen der Einigkeit. Das Wappen der Vereinigten sieben Provinzen der Niederlande war später ein Löwe, der 7 Pfeile in der linken Pranke hält.

453,6. *Stab mit dem Hute*. Der *Stab* ist von alters her das Zeichen der Herrschaft (Dt.Wb. 10,2,1 Sp. 344ff.); der *Hut* ist das Zeichen des Adels und der Freiheit (Zedler, Universal-Lexicon 13, 1735, Sp. 1295; Dt.Wb. 4,2 Sp. 1979). In Harsdörffers „Poetischem Trichter", 3. Teil, 1653, steht beim Stichwort „Freiheit": „Die Freiheit wird gemalet in

Gestalt eines weißbekleideten Jünglings, in einer Hand einen Szepter, in der andern einen Hut tragend“ (S. 206).

453,8. *Lorbeerkranz.* Schon 444,30f. ist von dem *Kranz des Siegs* die Rede, eine leise Vordeutung; bedeutsam dadurch, daß nicht nur in Egmonts Traum, sondern auch aus Brackenburgs ganz anderer Sicht Egmont diese symbolische Gabe verdient und in den Augen der Nachwelt erhalten wird.

454,9. *höhren.* Die Handschrift und die ersten Drucke haben *höh'ren.* Die *Ausgabe letzter Hand* hat *höhern.*

# PROSERPINA

## GOETHE ÜBER „PROSERPINA"

*Tagebuch. 30. Jan. 1778.* Zur Herzogin Geburtstag das neue Stück. – *10. Februar.* Die „Empfindsamen" wieder gegeben. – *10. Juni 1779.* „Proserpina" in Ettersburg.

*Tagebuch. 2. Jan. 1815.* Madame Wolff. Eberwein. Proserpina. – *6. Jan.* Quartett Probe von „Proserpina" im Theaterzimmer. – *22. Jan.* Madame Wolff Probe der Proserpina. – *3. Febr.* Hauptprobe Proserpina. – *6. Febr.* Proserpina wiederholt.

*Aus Karl Eberweins Erinnerungen.*

Im Jahr 1814 bat ich auf Wolffs Anregung Goethe, mir zu erlauben, sein Monodram „Proserpina" zu komponieren ... Die Freundlichkeit, womit er mir mein Gesuch gewährte, überzeugte mich, daß es ihm erwünscht kam, „Proserpina" in jugendlicher Frische dem Publikum vorzuführen ... In wenig Wochen schon, am 4. April, schrieb ich die Ouverture als Schlußstein des Ganzen. Nach Vollendung derselben ritt ich nach Berka an der Ilm, wo eben Goethe sein Hauptquartier aufgeschlagen hatte ... Er führte mich in ein Gemach, wo ein Pianoforte mich erwartete. Einen Sessel, den ich ihm anbot, lehnte er ab. Groß und erhaben stellte er sich mir zur Seite, blickte in die Partitur und half mir während der Ouverture beim Umwenden der Blätter. Hierauf declamirte der vierundsechzigjährige Dichter ‚Proserpina' mit einer gewaltigen Tiefe der Empfindung, so daß es mir bald warm, bald kalt wurde. Wenn er an geeigneter Stelle in Leidenschaft geriet, mußte ich, noch nicht die Hälfte seiner Jahre zählend, mich zusammen nehmen, damit er mich, den Komponisten, nicht überflügele. Der Unterschied der Jahre hielt ihn nicht ab, mir entgegen zu kommen, nachzugeben und gefällig zu sein. Bei so inniger Vereinigung der Poesie mit der Musik konnte der Erfolg für mich nicht zweifelhaft sein. Am Schluß erklärte sich der Meister mit der Behandlung seines Gedichts sowie der Musik vollständig einverstanden. ‚Proserpina', fügte er hinzu, wolle er in einer Weise in Szene setzen, wie man noch nichts Ähnliches gesehen habe.

*Johann Diederich Gries in Jena an Bernhard Rudolf Abeken in Rudolstadt, 7. Februar 1815. – Gries sah die Weimarer Vorstellung am 4. Februar.*

Die ‚Proserpina' war eine ganz einzige Vorstellung. Ich habe gar nicht geglaubt, daß ein so verwerfliches Genre, wie das Melodram doch eigentlich ist, einen solchen Eindruck machen könnte. Aber die Wolff hat auch in dieser Rolle sich selbst übertroffen. Sie gab eine rein plastische Darstellung, wie man jetzt zu sagen pflegt. Anfangs mißfiel es mir, daß sie ihre ganze Garderobe mit in die Hölle gebracht hatte; aber ... – wie herrlich wußte sie diese Gewänder zu gebrauchen! Jede ihrer Stellungen war im höchsten Grade malerisch ... Die Musik, von dem Weimarischen Eberwein, ist höchst vortrefflich. Höchst erschütternd war die fast choralmäßige Begleitung zu dem furchtbaren Unser! der Parzen."

*Aus Goethes Aufsatz über „Proserpina" im „Morgenblatt", 8. Juni 1815.*

Daß dieses nun bald vierzigjährige, in den letzten Tagen wieder aufgefrischte Monodrama bei der Vorstellung günstig aufgenommen worden, haben schon einige Tagesblätter freundlichst angezeigt ...

Gegenwärtig aber ist die Absicht, auf die Grundsätze aufmerksam zu machen, nach denen man bei Wiederbelebung dieser abgeschiedenen Produktion verfahren ...

Proserpina tritt auf als Königin der Unterwelt, als Plutos geraubte Gattin, noch ganz im ersten Schrecken über das Begegnis; ermattet vom Umherirren in der wüsten Öde des Orkus, hält sie ihren Fuß an, den Zustand zu übersehen, in dem sie sich befindet. Ein Rückblick in den unlängst verlornen läßt sie noch einmal die unschuldige Wonne desselben fühlen. Sie entladet sich des lästigen Schmucks der ihr verhaßten Frauen- und Königswürde. Sie ist wieder das reizende, liebliche, mit Blumen spielende Götterkind, wie sie es unter ihren Gespielinnen war; der ganze idyllische Zustand tritt mit ihrer Nymphengestalt uns vor Augen, in welcher sie die Liebe des Gottes reizte und ihn zum Raube begeisterte. Unglücklich, seine Gattin zu sein, unglücklich, über Schatten zu herrschen, deren Leiden sie nicht abhelfen, deren Freuden sie nicht teilen kann, wendet sie ihr bedrängtes Herz zu ihrer göttlichen Mutter, zu Vater Zeus, der die Verhängnisse, wenn auch nicht aufhebt, doch zu lenken vermag; Hoffnung scheint sich zu ihr herabzuneigen und ihr den Ausgang zum Licht zu eröffnen. Ihr erheiterter Blick entdeckt zuerst die Spuren einer höhern Vegetation. Die Erscheinung ihrer Lieblingsfrucht, ein Granatbaum, versetzt ihren Geist wieder in jene glücklichen Regionen der Oberwelt, die sie verlassen. Die freundliche Frucht ist ihr ein Vorbote himmlischer Gärten. Sie kann sich nicht enthalten, von dieser Lieblingsfrucht zu genießen, die sie an alle verlass'ne Freuden erinnert. Weh der Getäuschten! Was ihr als Unterpfand der Befreiung erschien, urplötzlich wirkt es als magische Verschreibung, die sie unauflöslich dem Orkus verhaftet. Sie fühlt die plötzliche Entscheidung in ihrem Innersten. Angst, Verzweiflung, der Huldigungsgruß der Parzen, alles steigert sie wieder in den Zustand der Königin, den sie abgelegt glaubte: sie ist die Königin der Schatten, unwiderruflich ist sie es; sie ist die Gattin des Verhaßten, nicht in Liebe, in ewigem Haß mit ihm verbunden. Und in dieser Gesinnung nimmt sie von seinem Throne den unwilligen Besitz.

Die verschiedenen Elemente nun, aus welchen die erneute Darstellung auferbaut worden, sind folgende: 1. Dekoration, 2. Rezitation und Deklamation, 3. körperliche Bewegung, 4. Mitwirkung der Kleidung, 5. Musik, und zwar a. indem sie die Rede begleitet, b. indem sie zu malerischen Bewegungen auffordert, c. indem sie den Chor melodisch eintreten läßt. Alles dieses wird 6. durch ein Tableau geschlossen und vollendet.

1. Bei der Dekoration, welche immer dieselbe bleibt, war beabsichtigt, die Gegenden des Schattenreiches nicht sowohl öde als verödet darzustellen. In einer ernsten Landschaft Poussinischen Stils sah man Überreste alter Gebäude, zerstörte Burgen, zerbrochene Aquädukte, verfallene Brücken, Fels, Wald und Busch, völlig der Natur überlassen, alles Menschenwerk der Natur wiedergegeben ...

2. Daß nun auf einem solchen Schauplatz Rezitation und Deklamation sich musterhaft hervortun müsse, bedarf wohl keiner weitern Ausführung; wie denn bei uns deshalb nichts zu wünschen übrig bleibt. So wie denn auch

3. die körperliche Bewegung der Darstellenden in größter Mannigfaltigkeit sich einer jeden Stelle eigentümlich anschloß, und

4. die Kleidung entschieden mitwirkte; wobei wir folgende Bemerkung machen. Proserpina tritt auf als Königin der Unterwelt; prächtige übereinander gefaltete Mäntel, Schleier und Diadem bezeichnen sie; aber kaum findet sie sich allein, so kommt ihr das Nymphenleben wieder in den Sinn, in das Tal von Enna glaubt sie sich versetzt, sie entäußert sich alles Schmucks und steht auf einmal blumenbekränzt wieder als Nymphe da ...

5. Nunmehr aber ist es Zeit, der Musik zu gedenken, welche hier ganz eigentlich als der See anzusehen ist, worauf jener künstlerisch ausgeschmückte Nachen getragen wird, als die günstige Luft, welche die Segel gelind, aber genugsam erfüllt und der steuernden Schifferin bei allen Bewegungen nach jeder Richtung willig gehorcht.

Die Symphonie eröffnet eben diesen weiten musikalischen Raum, und die nahen und fernen Begrenzungen desselben sind lieblich ahnungsvoll ausgeschmückt. Die melodramatische Behandlung hat das große Verdienst, mit weiser Sparsamkeit ausgeführt zu sein, indem sie der Schauspielerin gerade so viel Zeit gewährt, um die Gebärden der mannigfaltigen Übergänge bedeutend auszudrücken, die Rede jedoch im schicklichen Moment ohne Aufenthalt wieder zu ergreifen, wodurch der eigentlich mimisch-tanzartige Teil mit dem poetisch-rhetorischen verschmolzen und einer durch den andern gesteigert wird.

Eine geforderte und um desto willkommenere Wirkung tut das Chor der Parzen, welches mit Gesang eintritt und das ganze rezitativartig gehaltne Melodram rhythmisch-melodisch abrundet: denn es ist nicht zu leugnen, daß die melodramatische Behandlung sich zuletzt in Gesang auflösen und dadurch erst volle Befriedigung gewähren muß.

6. Wie sich nun dieser Chorgesang zur Deklamation und melodramatischen Begleitung verhielt, ebenso verhielt sich zu der an einer einzelnen Gestalt in's Unendliche vermannigfaltigten Bewegung das unbewegte Tableau des Schlusses. Indem nämlich Proserpina in der wiederholten Huldigung der Parzen ihr unwiderrufliches Schicksal erkennt und, die Annäherung ihres Gemahls ahnend, unter den heftigsten Gebärden in Verwünschungen ausbricht, eröffnet sich der Hintergrund, wo man das Schattenreich erblickt, erstarrt zum Gemälde, und auch sie, die Königin, zugleich erstarrend als Teil des Bildes ...

Die löbliche Gewohnheit, das Bild nach einer kurzen Verdeckung zum zweiten Male zu zeigen, benutzte man zum Abschluß. Ein niederfallender Vorhang hatte auch Proserpina mit zugedeckt; sie benutzte die kurze Zwischenzeit, sich auf den Thronsitz zu begeben, und als der Vorhang wieder aufstieg, sah man sie neben ihrem Gemahl, einigermaßen abgewendet, sitzen und sie, die Bewegliche, unter den Schatten erstarrt. Chorgesang mit Musikbegleitung dauerte bis zu Ende.

*(Symphonie: Ouverture; Tableau: lebendes Bild.)*

*Aus: Tag- und Jahreshefte, Abschnitt „Bis 1780". Geschrieben 1819.*

Bei Gelegenheit eines Liebhabertheaters und festlicher Tage wurden gedichtet und aufgeführt: „Lila", „Die Geschwister", „Iphigenia", „Proserpina", letztere freventlich in den „Triumph der Empfindsamkeit" eingeschaltet und ihre Wirkung vernichtet ... (Bd. 10, S. 431.)

# NACHWORT ZU „PROSERPINA“

## Das Melodrama

*Clavigo, Egmont,* Singspiele wie *Erwin und Elmire* und *Claudine von Villa Bella* bezeugen, wie sehr sich Goethe mit dem großen Anliegen des 18. Jahrhunderts, dramatisches Wort und Musik miteinander zu verbinden, und mit den vielfachen Versuchen seiner Lösung beschäftigt hat. Erst verhältnismäßig spät entstand eine Form, in der die Verbindung enger als bisher war und die ganz eigene Wirkungen ermöglichte: das Melodrama. Rousseau hat in einer lyrischen Szene Pygmalions Schmerz über die Starre der von ihm geschaffenen Galathea sich aussprechen lassen; die Erhörung seines Flehens, die ersten Worte der belebten Statue hatte er als einziges Geschehnis an das Ende der Szene gesetzt, deren eigentlicher Gehalt aber der durch mancherlei Stimmungslagen geführte leidenschaftliche Seelenausdruck war. Den großen Leidenschaftsausbruch, meist als Monolog, kannte Drama wie Oper. Aber in der Vieltönigkeit des Ganzen wirkte er wie ein Ton, er war in sich einheitlich, d.h. ein Gefühl ausdrückend, oder doch in der Variationsmöglichkeit begrenzt. Die neue Kleinform war in sich geschlossen, ihr Wesen war gerade die reiche und nun ein Ganzes bildende Polyphonie im Ausdruck der Gefühle. Damit vollzog sich zugleich die Individualisierung der sprechenden Figur: sie war der Träger des Ganzen, während in den bisherigen Monologen die jeweilige Empfindung (Rache, Eifersucht, Liebe usf.) den Ton bestimmte. So versteht es sich, daß das 1770 erschienene *kleine, aber merkwürdig epochemachende Werk* (Bd. 9, S. 489,28f.) Rousseaus schnell nach Deutschland drang und eifrig Nachahmung fand, daß die ganze Form aber, als Melo- wie als Monodrama bezeichnet, schnell wieder welkte. Der „Pygmalion“ war übersetzt und mit neuer Musik versehen 1772 in Weimar aufgeführt worden. J.J.Chr. Brandes, aus Ekhofs Truppe, arbeitete Gerstenbergs „Ariadne“ zum Melodrama um, das dann in der Vertonung durch Benda den Sieg der neuen Form bedeutete. Benda schrieb auch für den andern großen Zeiterfolg, Gotters Melodrama „Medea“, die eindrucksvolle Musik. Die Leitmotivtechnik (bald auch bestimmend in der Balladenvertonung der Zumsteeg usf., die überhaupt das Erbe des Melodramas antrat) entwickelte sich von hier. Im übrigen wurde der Text nicht überall durchkomponiert: er wurde teils als freie Deklamation, dann wieder rezitativartig gesprochen, auch Gesangsstellen finden sich, und schließlich gab es Partien, in denen die Musik zum führenden Ausdrucksträger wurde, bzw. zur Begleiterin pantomimischer Ausdrucksgebärden des Schauspielers oder der bevorzugteren Schauspielerin. Die Kerkerszene in *Egmont* ist weitgehend melodramatisch gestaltet.

*Proserpina*

Goethe schreibt in seinen *Tag- und Jahresheften* in dem Abschnitt *Bis 1780*, daß er *Proserpina* für das Weimarer Liebhabertheater geschrieben habe, aber dann den Mißgriff getan habe, dieses Werk in den *Triumph der Empfindsamkeit* einzuschieben. Der *Triumph der Empfindsamkeit* wurde im Winter 1777/78 geschrieben und am 30. Januar 1778 in Weimar aufgeführt, Corona Schröter spielte in dem eingeschalteten Melodrama die Proserpina. Das Melodrama ist wohl 1777 entstanden. Der Anreiz dazu lag vermutlich in der bisher von Goethe nicht versuchten modernen Kunstform und in dem Wunsch, für Corona Schröter eine wirksame Rolle zu schaffen. Für die Weimarer Liebhaberbühne war auch wesentlich, daß man zur Aufführung nur wenige Personen und Requisiten brauchte. Auch als das Stück 1815 wieder in Goethes Interessenkreis trat, waren es das Theater und eine geeignete Schauspielerin, welche ihn zur erneuten Aufmerksamkeit reizten. Die Art der Aufführung war jetzt aber anders. 1778 war es ein Liebhabertheater, jetzt ein Berufstheater mit fester Bühne, damals arbeitete Goethe noch im Stil des Sturm und Drang, jetzt gab er der Aufführung den Stil des Klassizismus und schrieb darüber ausführlich in einem Aufsatz in Cottas „Morgenblatt".

Für das Melodrama wählte Goethe als prägnante Situation den Augenblick, da die von Pluto, dem Bruder Jupiters, geraubte Proserpina *noch ganz im ersten Schrecken über das Begegnis, ermattet vom Umherirren in der wüsten Öde des Orkus* (aus dem Aufsatz von 1815) anhält, um sich zu besinnen. Der Zuschauer hat zu ergänzen, daß ihre Mutter Ceres inzwischen suchend die Erde durchirrt und schließlich diese zur Unfruchtbarkeit verdammt. Als sie den Namen des Entführers erfährt, erreicht sie von Jupiter, daß ihre Tochter zurückkehren darf, unter der Voraussetzung, daß sie in der Unterwelt keine Speise genossen habe. Goethe läßt die Szene, nachdem Proserpina ahnungslos von dem Granatapfel gegessen hat, mit ihrer Verbannung in die Unterwelt an der Seite Plutos enden. Die weitere Sage, wie sie vor allem durch Ovid bekannt geworden ist, weiß von einem zweiten Richterspruch Jupiters, wonach Proserpina sechs Monate in der Unterwelt zu weilen hat und sechs Monate auf die Erde zurückkehren darf.

Ende Januar 1778 erschien *Proserpina* in einem kleinen Weimarer Einzeldruck. Da dieses kurze Werk, das dem Interesse der Zeit entgegenkam, außerordentlich geeignet war für Wielands „Teutschen Merkur", erschien es dort schon im Februar 1778. Diese beiden frühesten Drucke sind deswegen beachtenswert, weil sie das Melodrama für sich zeigen, ohne den *Triumph der Empfindsamkeit.*

Etwas anders war es bei den Aufführungen. *Proserpina* wurde am 30. Januar 1778 auf dem Weimarer Liebhaber-Theater im Rahmen des

*Triumphs der Empfindsamkeit* gegeben und im Februar wiederholt, im Juni aber spielte man dann *Proserpina* allein.

Als 9 Jahre später bei Göschen Goethes *Schriften* herauskamen, erschien dort in Band 4, 1787, das Melodrama im Zusammenhang des *Triumphs der Empfindsamkeit.* Es war durch diese satirische Umgebung in eine eigenartige Beleuchtung gerückt. Man braucht darin keine Absage Goethes an sein Werk zu erblicken, sowenig wie er dem *Werther* absagt, der im *Triumph der Empfindsamkeit,* Akt 5, scherzhaft unter den *Empfindsamkeiten* genannt wird neben Millers „Siegwart" und Rousseaus „Neuer Heloise". Bei seiner inneren Freiheit den eigenen Werken gegenüber kann Goethe diese im Zusammenhang der satirischen Haltung auch einmal von dieser Seite sehen und sehen lassen. Als Kunstwerke, als in sich bündige Gebilde existieren sie und erproben sich in solcher Belichtung.

Die Musik zu *Proserpina* hatte der als Goethe-Vertoner auch sonst bekannte Weimarer Kammerherr Siegmund Freiherr v. Seckendorf geschrieben. War diese Fassung der *Proserpina* als Prosa gedruckt, so hat Goethe den Text später in Freien Rhythmen angeordnet und in dieser Fassung in die *Schriften* von 1787 aufgenommen. Der vorangehende Band enthielt ein Gegenstück, eine ähnliche Situation, nun aus der klassischen Kunstgesinnung heraus gedichtet: Iphigeniens Eingangsmonolog.

Goethes Interesse an dem Werk erwachte von neuem im Jahre 1815. Der Zelterschüler und Weimarer Hofmusiker Franz Carl Eberwein, der zugleich der Leiter von Goethes Hauskapelle war, hatte nach Goethes Zustimmung eine neue Musik geschrieben, die des Dichters Beifall erhielt. Eberwein hat später selbst dargestellt, wie er am Klavier Goethe die Komposition vorspielte und wie dieser selbst die Dichtung mit „einer gewaltigen Tiefe der Empfindung" deklamierte. In Amalie Wolff war die geeignete Schauspielerin gefunden. Vor allem aber hatte sich Goethe als Theaterdirektor von neuem an dem Werk begeistert und setzte nun alle Mittel für die Aufführung ein. An Zelter schrieb er am 23. Januar 1815: *Wir haben diesem Werklein noch wunderlich eingeheizt, daß es als Luftballon steigen und zuletzt noch als Feuerwerk zerplatzen kann.* Nach der Aufführung aber, deren Erfolg mancherlei Anfragen anderer Bühnen hervorrief, schrieb Goethe einen Aufsatz (vgl. die Zusammenstellung „Goethe über *Proserpina*"), in dem er mit genauen Ratschlägen für den Spielleiter den Sinn des Ganzen entwickelte, wie er ihm jetzt aufgegangen war. Wir können diese Konzeption, die jahrzehntelange Bemühungen um die Verbindung von Wort, Musik und Theater zusammenschloß, mit einem Worte bezeichnen: *Proserpina* wird ihm zur Erscheinung des „Gesamtkunstwerks". Er zählt die *verschiedenen Elemente* auf, *aus welchen die erneute Darstellung auferbaut worden:* 1. Dekoration, 2. Rezitation und Deklamation, 3. körperliche Bewegung, 4. Mitwirkung der Kleidung, 5. Musik, die er als *See* bezeichnet, *worauf jener künstlerisch ausgeschmückte Nachen getragen wird.* Wir dürfen noch als 6. Element die Farbigkeit nennen: das Stück endete, indem sich die Hinterbühne öffnete, mit dem *Tableau* der Unterwelt, mit Parzen, Pluto und den Gruppen der Verdammten und Seligen. Goethe berichtet dazu: *den Farbenkreis hatte der Künstler über das Ganze verteilt, wie es den Gruppen und der Licht- und Schattenseite zukam.* Selbst noch die *Farbenlehre* schloß sich dem Zusammenwirken von Dichter, Musiker, Rezitator, Pantomime, Landschaftsmaler, Architekt und Chor an! Goethes Interesse an „lebenden Bildern" hatte sich schon in den *Wahlverwandtschaften* bekundet (Bd. 6, S. 392ff.). Die körperliche Ausdrucksbewegung im stummen Spiel hatte er in Italien in den Darbietungen Lady Hamiltons als selbständiges Kunstmittel kennen gelernt, an die er in dem Brief an Zelter vom 17. Mai 1815 ausdrücklich erinnerte. Besondere Bedeutung schrieb Goethe dabei noch dem *Kleiderspiel* zu: die Darstellerin der Proserpina erschien als Königin der Unterwelt, sie legte dann einige Schleier ab, so daß sie, der *heiteren* Stimmungslage der Worte gemäß, als Nymphe erschien, um, grausam aus der Täuschung gerissen, sich von neuem einzuhüllen. Das Werk ist damals in Weimar viermal gespielt worden; mit dem Fortgang von Amalie Wolff verschwand es wieder von dem Spielplan. Vielleicht aber wurden Goethe manche Anregungen und Einsichten, die ihm dabei gekommen waren, nützlich für den Helena-Akt von *Faust II.*

Einen antiken Stoff im Melodrama zu beleben, die Seele der Einsamen darzustellen, die aus den Bereichen des Lichts in das schreckenvolle Dunkel gerissen ist, war 1778 der Sinn der Dichtung gewesen. Carl Philipp Moritz hat dann 1791 in seiner „Götterlehre oder mythologische Dichtungen der Alten« das Mythische des Stoffes betont. Dieses Mythische interessierte noch mehr die Romantiker. Schelling schreibt am 29. Nov. 1802 an A. W. Schlegel, daß er „den Entwurf zu einer Ceres gemacht habe". Er hat die Ceres-Proserpina-Mythe damals auch im Schluß seines Aufsatzes „Über das Verhältnis der Naturphilosophie zur Philosophie überhaupt", 1802, gedeutet sowie später in seiner „Philosophie der Mythologie" (8. Vorlesung). Aus dem Romantikerkreis stammt das dreiaktige Drama von Wilhelm von Schütz (1776–1847) „Der Raub der Proserpina, eine Frühlingsfeier", das 1818 in Friedrich Försters Sammelband „Die Sängerfahrt" erschien. Der Symbolgehalt von Goethes *Proserpina* fand in Arthur Schopenhauer einen geistvollen Deuter (Die Welt als Wille und Vorstellung, 1819. 4. Buch, § 60). Der Proserpina-Mythos war dann auch beliebt im Symbolismus, wo er z. B. von Swinburne, D. G. Rosetti, Verwey, d'Annunzio und André Gide gestaltet wurde.

Die Sprache des Melodramas *Proserpina* ist deutlich rhythmisiert. Goethe hat den Text zunächst fortlaufend geschrieben und drucken lassen als rhythmische Prosa. Seit 1786 benutzt er in den Handschriften und in den Drucken die Gliederung in Verse, macht also deutlich, daß es freie Rhythmen sind. Sie haben Ähnlichkeit mit den freien Rhythmen des *Prometheus*-Dramas (S. 176–187), auch mit dem freirhythmischen Gedicht, das in der selben Zeit wie *Proserpina* entstand, der *Harzreise im Winter* (Bd. 1, S. 50–52). Doch der für das Theater gedachte Text der *Proserpina* ist länger und wandlungsreicher als die Gedichte. Rhythmisierte Prosa im Druckbild als fortlaufender Text erscheint auch in dem Monolog Egmonts im 5. Akt (S. 452,31–453,39) und in dem Chor zur Trauerfeier Mignons (Bd. 7, S. 574,35–576,8).

Zur Gattung Melodrama: Gero v. Wilpert, Sachwörterbuch der Literatur. Stuttg. 1969 u. ö. – Reallexikon der dt. Literaturgeschichte Bd. 2, 1965, Sp. 415–418. – Das dt. Drama. Hrsg. von Robert F. Arnold. München 1925. S. 373–375. – Die Musik in Geschichte und Gegenwart. Bd. 16, 1979, Sp. 1257–1263 der Artikel „Melodrama“ und dazu ergänzend die Artikel Goethe Bd. 5, 1956, Sp. 432–457, Eberwein Bd. 3, 1954, Sp. 1061–1065 und Seckendorf Bd. 12, 1965, Sp. 451 f.

Zur Stoffgeschichte: Elisabeth Frenzel, Stoffe der Weltliteratur. Stuttg. 1970 u. ö. Art. „Persephone“.

## ANMERKUNGEN

1. *Proserpina* ist der lateinische Name, der dem griechischen Namen Persephone (oder Persephoneia) entspricht. Sie ist die Tochter des Jupiter (Zeus) und der Ceres (Demeter). Die Geschichte vom Raub der Proserpina und den Versuchen ihrer Mutter Ceres, sie zurückzugewinnen, ist ausführlich erzählt in der Hymne an Demeter, die zu den „Homerischen Hymnen“ gehört, und bei Ovid, Metamorphosen V, 376–571.

7. *Tartarus* (gr. Tartaros): die Unterwelt, und zwar in ihr der Ort der Strafen, nicht die Gefilde der Seligen (Elysium). Andere Namen dafür waren Ais, Erebus, Orkus, Hades, die alle auch bei Goethe vorkommen (Bd. 14, Namen-Register).

10. *Ahnherrn*: Vorfahr (GWb. 1, Sp. 303): Jupiter im Olymp.

17. *Alpheus*: Fluß in Arkadien (Peloponnes).

37. *Orkus*: Bezeichnung der Unterwelt und auch des Gottes der Unterwelt.

43. *Hölle.* Das Wort, das seit dem Mittelalter für die christliche Vorstellung des Orts der Strafe üblich war, wurde gelegentlich auch für die antike Unterwelt angewandt. Das Dt. Wb. nennt Belege aus Hans Sachs, Schupp und Wieland. Das lat.-dt. Wörterbuch von Scheller, 1788, zu seiner Zeit ein Standard-Werk, übersetzt „tartarus“ mit „Hölle“. Goe-

the benutzt das Wort sogar in der so antik gehaltenen *Iphigenie* Vers 1143 und 1165.

50. *ihr*: der Schatten. Proserpina wendet sich im folgenden einigen berühmten Verdammten zu, die sie einzeln nennt. Die *Seligen* in Elysium (78–86) werden als Gesamtheit genannt, das Lebende Bild der Aufführung von 1815 ordnet sie in Gruppen an (Mutter mit Kindern, Liebende usw.).

59. *Tantalus*. Über ihn sagt Hyginus: „Zeus pflegte dem Tantalus seine Absichten anzuvertrauen und ihn zum Mahle der Götter zuzulassen, was er alles den Menschen hinterbrachte. Deswegen, so heißt es, steht er in der Unterwelt bis zum Leib im Wasser und leidet immer Durst, und wenn er trinken will, weicht das Wasser zurück. Desgleichen hängt Obst über seinem Haupte, und wenn er davon nehmen will, weichen die Äste, vom Wind bewegt, zurück." – Ovid, Metamorphosen IV, 458f.

63. *Ixion* wurde ebenfalls an die Tafel der Götter aufgenommen, verliebte sich ungebührlich in Juno und wurde in die Unterwelt geschleudert, wo er an ein Rad gefesselt ist, das sich immer dreht.

69. *Danaiden*. Die 50 Töchter des Danaus wurden von ihrem Vater beauftragt, alle in einer Nacht ihre Männer umzubringen. Bis auf eine taten sie es. Sie müssen in der Unterwelt mit durchlöcherten Gefäßen unaufhörlich Wasser schöpfen.

78. *Selige*. Anrede an diejenigen, welche in Elysium, d.h. im Reich der Toten im Bereich der Guten und Schuldlosen sind, im Gegensatz zum Tartarus, wo die Sünder bestraft werden.

87. *Ist's*: bezogen auf *Leben* in Vers 84.

127. *Drachen*. Der Ceres-Artikel in Zedlers „Universal-Lexicon" 5, 1733, Sp. 1878 sagt: „Sie wird auch abgebildet, daß sie auf einem Wagen fähret, welchen zweene Drachen ziehen." Ovid, Metamorphosen V, 642 spricht von Schlangen (angues). Vgl. 136.

132. *Unbetreten*: nicht betreten von ... Dt.Wb. 11,3 Sp. 373.

136. *geflügelten Schlangenpfad*: den Pfad, welchen die geflügelten Drachen (Schlangen) vor dem Wagen der Ceres nehmen. Vgl. 127 u. Anm.

153. *sie*: Ceres, die Mutter der Proserpina.

182. *Granatapfel*. Der Granatapfelbaum war in Griechenland und Süditalien eingebürgert. Seine Frucht wurde beim Opferritual und bei Mysterien verwendet, er war Ceres (Demeter) und Proserpina (Persephone) geweiht. Ovid, Metamorphosen, berichtet V,531ff. Jupiters Worte zu Ceres, daß er Proserpina aus dem Totenreich freigeben wolle, sofern sie dort nichts gegessen habe. Sie hat dort aber einen Granatapfel (puniceum pomum) zu essen begonnen (V, 536). Jupiter vermittelt dann: Proserpina muß ein halbes Jahr in der Unterwelt sein, das andere halbe Jahr darf sie zu ihrer Mutter auf die Oberwelt (V, 566–571).

Goethe spricht nur von dem Gefühl Proserpinas, nun ganz gefangen zu sein (198–216). Es ist gedacht an den Zeitpunkt bald nach der Entführung durch Pluto. Ceres ist hier noch nicht eingeschaltet.

224. *verstößest.* Goethe hat in einer Handschrift geändert in *verstießest;* in den Drucken blieb *verstößest.*

235. *Tartarus*: vgl. Vers 7.

237. *Cocyt*: der Fluß in der Unterwelt, Cocytus (gr. Kokytos = Jammerstrom).

244. *Furien*: die Rachegöttinnen (Eumeniden), mit Schlangenhaaren und mit Dolch und Fackeln in den Händen. Von Goethe oft genannt im Zusammenhang antiker Stoffe, zumal in *Iphigenie.* – Bd. 14, Namenregister.

255. *dich*: Pluto. Der Name wird erst in Vers 266 genannt.

260. *Avernus*: giftaushauchender See, über den kein Vogel fliegen kann, in der Nähe des Eingangs zur Unterwelt.

261. *stygisch*: zur Unterwelt gehörig. Auch *Achilleis* 153 und *Faust* 8653.

## Zum Text

Die Prosafassung liegt in 2 Handschriften vor, die in der Weimarer Ausgabe, Bd. 17, S. 317f. beschrieben sind, sie steht dort im *Triumph der Empfindsamkeit.* – Es gibt von dieser Fassung 2 Drucke: 1) ein kleiner Einzeldruck aus der Weimarer Druckerei Glüsing, vom Januar 1778, von dem nur ein einziges Exemplar bekannt ist, das W. Hagen in „Beiträge zur Goetheforschung", hrsg. von Grumach, 1959, S. 78f. beschreibt, 2) der Druck in „Teutschen Merkur" vom Februar 1778. Diese und andere Drucke sind auch beschrieben in: Waltraud Hagen, Die Drucke von Goethes Werken. Berlin (Ost) 1971. (2. Aufl. 1983.) S. 124f. Nr. 143–147.

Die Versfassung liegt in 2 Handschriften vor (beschrieben WA 17, S. 316f.), die 1786 für den Druck hergestellt wurden. Auch hier steht *Proserpina* im Zusammenhang des *Trimphs.* Danach der Druck in Bd. 4 der *Schriften* von 1787, später folgten die Drucke in Bd. 9 der Ausgabe A von 1808, in Bd. 10 der Ausgabe B von 1817 und in Bd. 14 der *Ausg. l. Hd.* von 1828.

Unser Text gibt, der Jubiläumsausgabe folgend, die Fassung von 1786.

# BIBLIOGRAPHIE

## *Abkürzungen*

Adelung = Joh. Chr. Adelung, Grammat.-kritisches Wörterbuch der hochdt. Mundart. 5 Bde. Lpz. 1774–1786. – Spätere Auflage: Wien 1808.
Briefe = Goethes Briefe. Hamburger Ausgabe. Hrsg. von K. R. Mandelkow. 4 Bde. 1962–1967 u. ö.
Dt. Vjs. = Deutsche Vierteljahresschrift für Literaturwissenschaft und Geistesgeschichte.
Dt. Wb. = Deutsches Wörterbuch. Begründet von Jacob Grimm und Wilhelm Grimm. Lpz. 1854–1962.
Fischer = Paul Fischer, Goethe-Wortschatz. Leipzig 1929.
Fischer-Lamberg = Der junge Goethe. Hrsg. von Hanna Fischer-Lamberg. 5 Bde. u. 1 Register-Bd. Bln. 1963–1974.
GJb. = Goethe-Jahrbuch.
Götz-Wb. = Neuendorff-Fürstenau, Jutta: Wörterbuch zu Goethes Götz von Berlichingen. 2 Lieferungen (mehr nicht erschienen). Berlin 1958 und 1963.
GWb. = Goethe-Wörterbuch. Stuttgart 1978 ff.
JbGGes. = Jahrbuch der Goethe-Gesellschaft.
Keudell = E. v. Keudell, Goethe als Benutzer der Weimarer Bibliothek. Weimar 1931.
MGG = Die Musik in Geschichte und Gegenwart. Hrsg. von Friedrich Blume. 17 Bde. Kassel 1949–1986.
Ruppert = Goethes Bibliothek. Katalog. Von H. Ruppert. Weimar 1958. – Neudruck 1978.
WA = Goethes Werke. Weimarer Ausgabe. Weimar 1887–1919.

## *Wissenschaftliche Ausgaben von Goethes Jugenddramen*


WA = Goethes Werke. Weimarer Ausgabe. 1887–1919. – Insbesondere Bd. 8. Götz von Berlichingen. Egmont. Hrsg. von A. Sauer und J. Minor. 1889. – Bd. 9. Die Laune des Verliebten. Die Mitschuldigen. Die Geschwister u. a. Hrsg. von Roethe, Schnorr v. Carolsfeld, Schröer u. a. 1891. – Bd. 11. Clavigo. Stella. Claudine von Villa Bella (Singspiel). Hrsg. von R. M. Meyer, Schröer, Ed. v. d. Hellen u. a. 1892. – Bd. 16. Satyros u. a. Hrsg. von R. Heinzel u. a. 1894. – Bd. 17. Der Triumph der Empfindsamkeit (darin: Proserpina) u. a. Hrsg. von M. Roediger u. a. 1894. – Bd. 38. Götter, Helden und Wieland. Claudine von Villa Bella (Schauspiel). Hrsg. von M. Rieger, O. Walzel u. a. 1897. – Bd. 39. Geschichte Gottfriedens von Berlichingen. Prometheus u. a. Hrsg. von A. Sauer, R. Henning u. a. 1897. – Bd. 40. Aufsätze über Theater u. Schauspielkunst. Hrsg. von H. Devrient u. a. 1901. – (Texte mit allen Lesarten auf Grund der Handschriften und Drucke. Kein Kommentar.)
JA = Goethes Sämtliche Werke. Jubiläums-Ausgabe. Hrsg. von E. v. d. Hellen. 40 Bde., 1902–1907, und ein Register-Bd., 1912. – Insbesondere Bd. 7. Jugend-

dramen, Farcen u. Satiren. Hrsg. von A. Köster. 1905. – Bd. 8. Singspiele. Hrsg. von O. Pniower. 1903. – Bd. 10. Götz von Berlichingen. Hrsg. von E. v.d. Hellen. 1905. – Bd. 11. Dramen in Prosa. Hrsg. von F. Muncker. 1905. – Bd. 15. Dramatische Fragmente. Hrsg. von O. Pniower. 1906. – (Mit Kommentar.)

Morris = Der junge Goethe. Hrsg. von Max Morris. Insel Verlag, Leipzig. Bd. 1–5: Text. 1909–1911. Bd. 6: Kommentar. 1912.

FA = Goethes Werke. Festausgabe. Hrsg. von R. Petsch. Lpz. (1926–1927.) Insbesondere: Bd. 4. Epen. Fastnachtspiele. Hrsg. von R. Richter. 1926. – Bd. 6. Jugenddramen. Hrsg. von R. Petsch. 1926. – Bd. 8. Singspiele, Festspiele, Bruchstücke. Hrsg. von R. Petsch. 1926. (Mit Kommentar.)

AA = Werke Goethes. Hrsg. von der dt. Akademie der Wissenschaften zu Berlin. (Einzelbände ohne durchlaufende Zählung.) Bln. 1952ff. – Insbesondere: Götz von Berlichingen. Parallel-Druck: Götz – Geschichte Gottfriedens. Hrsg. von Jutta Neuendorff-Fürstenau. 1958. (Text, ohne Kommentar.)

BA = Goethe, Werke. Berliner Ausgabe. Aufbau Verlag, Berlin und Weimar. 1965ff. – Insbesondere: Bd. 4. Singspiele. Hrsg. von Gertrud Rudloff-Hille. 1968. – Bd. 5. Kleine Dramen. Hrsg. von Annemarie Noelle. 1964. – Bd. 7. Götz von Berlichingen. Egmont. Hrsg. von Angelika Jahn. 1963. (Mit Kommentar.)

FL = Der junge Goethe. Hrsg. von Hanna Fischer-Lamberg. 6 Bde. Berlin (West) 1963–1974. (Mit Kommentar.)

MA = Goethe, Sämtl. Werke nach Epochen seines Schaffens. Hrsg. von K. Richter u.a. Bd. 1: Der junge Goethe 1757–1775. Hrsg. von Gerhard Sauder. 1. Teil. 1985. 2. Teil. 1987. München, Hanser Verlag. (Mit Kommentar.)

DKV = Goethe, Sämtliche Werke. Bd. 4: Dramen 1765–1775. Bd. 5: Dramen 1776–1790. Hrsg. von Dieter Borchmeyer. Dt. Klassiker Verlag, Frankfurt a.M., 1985 u. 1988. (Mit Kommentar.)

## *Goethe über seine Jugenddramen*

Goethe über seine Dichtungen. Hrsg. von Hans Gerhard Gräf. 2. Teil: Die dramatischen Dichtungen. 4 Bde. Frankfurt 1903–1908.

Die Entstehung von Goethes Werken in Dokumenten. Hrsg. von Momme Mommsen u. Katharina Mommsen. Bd. 1 (Abaldemus-Byron). Bd. 2 (Cäcilia-Dichtung u. Wahrheit). Bln. (Ost) 1958. (Mehr nicht erschienen.)

## *Bibliographische Hilfsmittel*

Die Bibliographie in dem vorliegenden Band ist wie alle Bibliographien der Hamburger Ausgabe eine Auswahl-Bibliographie. Reichhaltigere bibliographische Angaben findet man in den bibliographischen Spezialwerken. Genannt seien vor allem:

Goedeke, Karl: Grundriß zur Gesch. der dt. Dichtung. Bd. 4, Abt. 2, 3, 4 und 5. Dresden (bzw. Berlin) 1910–1960. Fotomech. Neudruck: Liechtenstein 1975.

Goethe-Bibliographie, begründet von H. Pyritz, fortgeführt von H. Nicolai, G. Burkhardt u. a. Bd. 1. Heidelberg 1965. Bd. 2. Ebd. 1968.
Hermann, Helmut G.: Goethe-Bibliographie. Stuttg. 1991. = Reclam 8698.
Bibliographie der dt. Sprach- und Literaturwissenschaft. Hrsg. von Clemens Köttelwesch. (Erscheint jährlich.)
Bibliographie in: Goethe-Jahrbuch. (Erscheint jährlich.)

## *Wirkungsgeschichte*

Goethe in vertraulichen Briefen seiner Zeitgenossen. Hrsg. von Wilhelm Bode. 3 Bde. Bln. 1921–1923. – Neudruck: Bern 1969. – Berlin u. Weimar 1979.
Goethe im Urteil seiner Kritiker. Hrsg. von Karl Robert Mandelkow. Bd. 1: 1773–1832. Bd. 2: 1832–1870. Bd. 3: 1870–1918. Bd. 4: 1918–1982. München 1975–1984.
Fambach, Oscar: Goethe u. seine Kritiker. Die wesentlichen Rezensionen aus der periodischen Literatur seiner Zeit, begleitet von Goethes eigenen und seiner Freunde Äußerungen. Berlin, Akademie-Verlag, 1955. (XII, 460 S.)
Der junge Goethe im zeitgenössischen Urteil. Bearbeitet u. eingeleitet von Peter Müller. Bln. (Ost) 1969. (294 S.) = Dt. Bibliothek, 2.

## *Geistesgeschichtliche Zusammenhänge*

Stockmeyer, Clara: Soziale Probleme im Drama des Sturm und Drang. Frankfurt 1922. (V. 244 S.) = Dt. Forschungen, 5.
Das deutsche Drama. Hrsg. von Robert F. Arnold. München 1925. (X, 868 S.) Fotomechan. Neudruck: Hildesheim 1972.
Sudheimer, Hellmuth: Der Geniebegriff des jungen Goethe. Bln. 1935. (VIII, 652 S.) = German. Studien, 167.
Bruford, Walter Horace: Germany in the eighteenth century. The social background of the literary revival. Cambridge 1935. (X, 354 S.) Dasselbe dt.: Die gesellschaftlichen Grundlagen der Goethezeit. Weimar 1936. (XII, 354 S.)
Bruford, W. H.: Theatre, drama and audience in Goethe's Germany. London 1950. (XI, 388 S.)
Bergsträsser, Arnold: Goethe's image of man and society. Chicago 1949. (XIV, 361 S.) – Ein Auszug daraus in dt. Übers. abgedruckt in: Bergsträsser, A.: Staat u. Dichtung. Freiburg 1967. S. 117–137.
Meinecke, Friedrich: Goethe u. die Geschichte. In: Meinecke, Die Entstehung des Historismus. München 1936. S. 480–631. – 2. Aufl. 1956. – Buchausgabe dieses Kapitels: München 1949. (204 S.)
Vermeil, Edmont: Goethe et Rousseau. Annales de la Société J.-J. Rousseau 31, 1946/49, S. 57–77. – Übers.: Goethe und Rousseau. Lancelot 1951, Heft 30, S. 5–20.
Schadewaldt, Wolfgang: Goethes Beschäftigung mit der Antike. In: Goethe und die Antike. Hrsg. von Ernst Grumach. Potsdam 1949. S. 971–1050. – Wiederabgedruckt in: Schadewaldt: Goethestudien. Zürich u. Stuttgart 1963. S. 23–126.

Schröder, Rudolf Alexander: Goethe und Shakespeare. Shakespeare-Jahrb. 84/86, 1948/50. S. 17–39. – Wiederabgedruckt in: Schröder; Gesammelte Werke in 5 Bänden. Bd. 2. (= Aufs. u. Reden, 1.) Bln. u. Frankf. 1952. S. 420–451.
Sengle, Friedrich: Das dt. Geschichtsdrama. Stuttg. 1952. (189 S.) 2. Aufl. unter dem Titel: Das histor. Drama in Deutschland. 1969.
Garland, Henry Burnand: Storm and stress. London 1952. (160 S.)
Pascal, Roy: The German Sturm und Drang. Manchester 1952. (XVI, 347 S.) 2. Aufl. 1959. (XVI, 347 S.) – Dasselbe dt.: Der Sturm und Drang. Stuttg. 1963. (XII, 406 S.) = Kröners Taschenausgaben, 335.
Ziegler, Klaus: Zu Goethes Deutung der Geschichte. Dt. Vjs. 30, 1956, S. 232–267.
Fischer-Lamberg, Hanna: Das Bibelzitat beim jungen Goethe. In: Gedenkschrift für Ferd. Jos. Schneider. Hrsg. v. K. Bischoff. Weimar 1956. S. 201–221.
Blackall, Eric A.: The emergence of German as a literary language 1700–1775. Cambridge 1959 (XI, 539 S.) – Dasselbe dt.: Die Entwicklung des Deutschen zur Literatursprache 1700–1775. Stuttg. 1966. (XI, 523 S.)
Pikulik, Lothar: Bürgerliches Trauerspiel und Empfindsamkeit. Köln 1966. (200 S.)
Pikulik: Leistungsethik contra Gefühlskult. Über das Verhältnis von Bürgerlichkeit und Empfindsamkeit. Göttingen 1984. (343 S.)

### *Neuere umfassendere Darstellungen mit besonderer Berücksichtigung der Jugenddramen*

Fuchs, Albert: Goethe. Un homme face à la vie. Partie I. Paris 1946. (559 S.)
Viëtor, Karl: Der junge Goethe. Lpz. 1930. (165 S.) Neue Ausgabe: Bern 1950. (190 S.) = Sammlung Dalp, 75.
Viëtor, Karl: Goethe. Dichtung, Wissenschaft, Weltbild. Bern 1949. (600 S.)
Henel, Heinrich: Der junge Goethe. Monatshefte (Madison, Wisconsin) 41, 1949, S. 129–169.
Staiger, Emil: Goethe. Bd. 1. Zürich 1952. (567 S.)
Fairley, Barker: A study of Goethe. Oxford 1947. (VIII, 280 S.) Dasselbe dt.: Goethe. München 1953. (VIII, 302 S.)
Jolles, Matthijs: Die Form im künstlerischen Schaffen des jungen Goethe. Dt. Vjs. 28, 1954, S. 145–164.
Goethe-Handbuch, 2. Auflage, hrsg. von A. Zastrau. Bd. 1. Stuttg. 1961. Art. „Drama“ von B. v. Wiese. Sp. 1898–1934.
Mittner, Ladislao: La giovinezza di Goethe. Lezioni. Venezia 1951. (297 S.)
Bloch, Ernst: Der junge Goethe, Nicht-Entsagung, Ariel. Sinn und Form 6, II. 1954. S. 830–858. – Wiederabgedruckt in: Goethe im 20. Jahrhundert. Hrsg. von Hans Mayer. Hamburg 1967. S. 19–44.
Staiger, Emil: Goethes Weg zur klassischen Kunst. Orbis Litterarum 9, 1954, S. 65–85. – Wiederabgedruckt in: Begriffsbestimmung der Klassik u. des Klassischen. Hrsg. von H. O. Burger. 1972. = Wege der Forschung, 210. S. 327–352.
Pfaff, Peter: Das Glücksmotiv im Jugendwerk Goethes. Heidelberg 1965. (120 S.) = Beihefte zum Euphorion, 2.

Rasch, Wolfdietrich: Der junge Goethe und die Aufklärung. In: Literatur u. Geistesgeschichte, Festgabe f. H. O. Burger. Hrsg. von R. Grimm. Bln. (West) 1968. S. 127–139.
Martini, Fritz: Die Poetik des Dramas im Sturm u. Drang. In: Dt. Dramentheorie. Hrsg. von R. Grimm. Frankfurt 1971. S. 123–166.
Geerdts, Hans Jürgen: Joh. Wolfg. Goethe. Lpz. 1972. (346 S.) = Reclams Univ.-Bibliothek, Bd. 77.
Janentzky, Christian: Goethe und das Tragische. Logos 16, 1927, S. 16–31.
Kästner, Erhart: Wahn und Wirklichkeit im Drama der Goethezeit. Lpz. 1929. (X, 112 S.) = Von dt. Poeterey, 4.
Martini, Wolfgang: Die Technik der Jugenddramen Goethes. Weimar 1932. (310 S.)
Petsch, Robert: Die Grundlagen der dramatischen Dichtung Goethes. Dt. Vjs. 15, 1937, S. 362–384.
Sengle, Friedrich: Goethes Verhältnis zum Drama. Berlin 1937. (131 S.) = Neue dt. Forschungen, 116.
Schöffler, Herbert: Shakespeare und der junge Goethe. Shakespeare-Jahrbuch 76, 1940, S. 11–33. Wiederabgedruckt in: Schöffler, Deutscher Geist im 18. Jahrhundert. Göttingen 1956. S. 113–135 u. 309–310.
Voser, Hans Ulrich: Individualität u. Tragik in Goethes Dramen. Zürich 1949. (171 S.)
Schirmer, Walter F.: Shakespeare und der junge Goethe. Publications of the English Goethe Society, N. S. 17, 1948, S. 26–42.
Oppel, Horst: Das Shakespeare-Bild Goethes. Mainz 1949. (118 S.)
Erman, Kurt: Goethes Shakespeare-Bild. Tübingen 1983.
Stern, Martin: Die Schwänke der Sturm- und Drang-Periode. In: Goethes Dramen. Neue Interpretationen. Hrsg. von W. Hinderer. Stuttg. 1980. S. 23–41.
Conrady, Karl Otto: Goethe. 2 Bde. Königstein 1982–1985 u. ö.
Hohoff, Curt: J. W. Goethe. Dichtung und Leben. München 1989. (560 S.)

## *Die Laune des Verliebten*

WA: Bd. 9. 1981. – JA: Bd. 7. 1905. – Morris: Bd. 1, 1909, und Bd. 6, 1912. – FA: Bd. 6, 1926. – FL: Bd. 1, 1963. – BA: Bd. 5, 1964. – MA: Bd. 1, 1985. – DKV: Bd. 4, 1985.
Rühle, Friedrich: Das dt. Schäferspiel im 18. Jahrhundert. Phil. Diss. Halle 1885. (VI, 44 S.)
Wahl, Gustav: Johann Christoph Rost. Lpz. 1902. (VII, 181 S.)
Deutsch, Karl: Über das Verhältnis der „Laune des Verliebten“ zu dem dt. Schäferspiele des 18. Jh.s. Programm Sternberg 1902 (49 S.) und 1903 (34 S.).
Kozlowski, Felix v.: Die Schäferpoesie und der junge Goethe. Zeitschr. f. den dt. Unterricht 22, 1908, S. 50–60.
Emmel, Hildegard: Goethes „Die Laune des Verliebten“ und der Mythos von Arkadien. In: Gedenkschrift für Ferd. Jos. Schneider. Hrsg. von K. Bischoff. Weimar 1956. S. 173–200.
Arntzen, Helmuth: Die ernste Komödie. München 1968. Darin S. 53–59: „Die Laune des Verliebten“.

Preisendanz, Wolfgang in: Goethes Dramen. Neue Interpretationen. Hrsg. von W. Hinderer. Stuttg. 1980. S. 11–15.

*Die Mitschuldigen*

WA: Bd. 9, 1891, und Bd. 53, 1914. – JA: Bd. 7, 1905. – Morris: Bd. I, 1909, und Bd. 6, 1912. – FA: Bd. 6, 1926. – FL: Bd. 1, 1963. – BA: Bd. 5, 1964. – MA: Bd. 1. 1985. – DKV: Bd. 4. 1985.

Döll, Alfred: Goethes „Die Mitschuldigen". Mit Anhang: Abdruck der ältesten Handschrift. Halle 1909. (XIII, 274 S.) = Bausteine z. Gesch. d. neueren dt. Lit., 3.

Fischer-Lamberg, Hanna: Die zweite Fassung der „Mitschuldigen". In: Beiträge zur Goetheforschung. Hrsg. von Ernst Grumach. Bln. (Ost) 1959. S. 87–90. = Dt. Akad. d. Wiss. zu Berlin, Veröff. des Instituts f. dt. Sprache u. Lit., 16.

Martini, Fritz: Goethes „verfehlte" Lustspiele: Die Mitschuldigen und der Groß-Cophta. In: Natur und Idee. Festschr. f. A. B. Wachsmuth. Weimar 1966. S. 164–210.

Martini, Fritz: Goethes „Die Mitschuldigen" oder die Problematisierung des Lustspiels. In: Das dt. Lustspiel. Teil 1. Hrsg. von Hans Steffen. Göttingen 1968. S. 68–93.

Arntzen, Helmuth: Die ernste Komödie. München 1968. (303 S.)

Preisendanz, Wolfgang in: Goethes Dramen. Neue Interpretation. Hrsg. von W. Hinderer. Stuttg. 1980. S. 15–22.

*Prometheus*

WA: Bd. 39. 1897. – JA: Bd. 15. 1906. – Morris: Bd. 3, 1910, und Bd. 6, 1912. – FA: Bd. 8, 1926. – BA: Bd. 5. 1964. – FL: Bd. 3. 1966. – MA: Bd. 1. 1985. – DKV: Bd. 4. 1985.

Schmidt, Erich: Goethes Prometheus, Goethe-Jahrb. 20, 1899, S. 1–22. Wiederabgedruckt in: Schmidt, Charakteristiken, 2. Bln. 1901, S. 128–147.

Walzel, Oskar: Das Prometheussymbol von Shaftesbury zu Goethe. Lpz. 1910. – 2. Aufl. München. 1932. (109 S.)

Saran, Franz: Goethes Mahomet u. Prometheus. Halle 1914. (XIX, 136 S.) = Bausteine z. Gesch. d. neueren dt. Lit., 13.

Richter, Julius: Zur Deutung der Goetheschen Prometheusdichtung. Jahrb. d. Fr. d. Hochstifts 1928, S. 65–104.

Gadamer, Hans Georg: Vom geistigen Lauf des Menschen. Godesberg 1949. S. 9–27: Die Grenzen des Titanischen, „Prometheus", „Pandora".

Fuchs, Albert: Le „Prometheus"-Fragment. Bulletin de la Faculté des Lettres de Strasbourg 30, 1951, S. 203–211. Dasselbe dt. in: Fuchs, Goethe-Studien. Bln. (West) 1968, S. 1–15.

Fischer-Lamberg, Hanna: Die Prometheus-Handschriften. Goethe (Jb.) 14/15, 1952/53, S. 136–142.

Fischer-Lamberg, H.: Die Minerva-Gestalt in Goethes „Prometheus". Goethe (Jb.) 16, 1954, S. 161–171.

Heselhaus, Clemens: Prometheus und Pandora. Zu Goethes Metamorphose-Dichtungen. Festschr. f. J. Trier. Meisenheim/Glan 1954. S. 219–253.
Bach, Rudolf: Hast du nicht alles selbst vollendet ... Das Prometheus-Drama von 1773. In: Bach, Leben mit Goethe. München 1960. S. 7–19.
Grappin, Pierre: Goethe et le mythe de Prométhée. Etudes Germaniques 20, 1965, S. 243–258.

## *Satyros*

WA: Bd. 16, 1894. – JA: Bd. 7, 1905. – Morris: Bd. 3, 1910, und Bd. 6, 1912. – FA: Bd. 4. 1926. – BA: Bd. 5. 1964. – FL: Bd. 3. 1966. – MA: Bd. 1. 1985. – DKV: Bd. 4, 1985.
Bäumer, Gertrud: Goethes Satyros. Eine Studie zur Entstehungsgeschichte. Lpz. 1905. (IV, 126 S.)
Castle, Eduard: „Pater Brey" u. „Satyros". JbGGes. 5, 1918, S. 56–98.
Schneider, Ferdinand Josef: Goethes „Satyros" und der Urfaust. Halle 1949. (33 S.) = Hallische Monographien, 12.
Wolff, Hans M.: Satyros. Germanic Review 24, 1949, S. 168–176. (Vgl. dazu: Wolff, Goethes Weg zur Humanität. Bern 1951. S. 134ff.)

## *Götter, Helden und Wieland*

WA: Bd. 38. 1897. – JA: Bd. 7. 1905. – Morris: Bd. 3, 1910, und Bd. 6, 1912. – FA: Bd. 4. 1926. – BA: Bd. 5. 1964. – FL: Bd. 3, 1966. – MA: Bd. 1. 1985. – DKV: Bd. 4. 1985.
Seuffert, Bernhard: Der junge Goethe und Wieland. Ztschr. f. dt. Altertum 26, 1882, S. 252–287.
Bünemann, Hermann. Joh. Elias Schlegel u. Wieland als Bearbeiter antiker Tragödien. Leipzig 1928. (XIV, 208 S.)
Gemeinhardt, L. E.: The dramatic structure of Goethe's „Götter, Helden und Wieland". The Journal of English and Germanic Philology 41, 1942, S. 345–348.
Beck, Adolf: Griechisch-deutsche Begegnung. Das dt. Griechenerlebnis im Sturm und Drang. Stuttg. 1947. (128 S.)
Sengle, Friedrich: Wieland. Stuttg. 1949. (610 S.)
Sengle, F.: Wieland und Goethe. In: Wieland. 4 Biberacher Vorträge 1953. Von Beißner, Staiger, Sengle, Seiffert. Wiesbaden 1954. S. 55–79.
Ayrault, Roger: Une „farce" de Goethe dans ses années de Sturm und Drang, „Götter, Helden und Wieland". Etudes Germaniques 20, 1965, S. 161–171.

## *Claudine von Villa Bella*

WA: Bd. 11. 1892. (Singspiel); Bd. 38. 1897. (Schauspiel) – JA: Bd. 8, 1903 (Singspiel); Bd. 11. 1905. (Schauspiel) – Morris: Bd. 5, 1911, und Bd. 6, 1912. – FA: Bd. 8, 1926. (Singspiel) – BA: Bd. 4. 1968. – FL: Bd. 5. 1973. – MA: Bd. 1. 2. Teil. 1987 und Bd. 3, 1. Teil. 1990. – DVK: Bd. 4. 1985.

Gräf, Goethe über seine Dichtungen. 2. Teil, Bd. 1. 1903. S. 97–157.
Die Entstehung von Goethes Werken in Dokumenten. Bd. 2. 1958. S. 199–218.
Martinsen, Woldemar: Goethes Singspiele im Verhältnis zu den Weißeschen Operetten. Diss. Gießen 1887. (VIII, 51 S.)
Minor, Jacob: Schiller. Bd. 1. Bln. 1890. (Zur Räuberromantik.)
Bötcher, Elmar: Goethes Singspiel „Erwin u. Elmire" und „Claudine von Villa Bella" und die „opera buffa". Marburg 1912. (154 S.)
Burdach, Konrad: Schillers Chordrama und die Geburt des tragischen Stils aus der Musik. Deutsche Rundschau 36, 1910, 232ff. – Wiederabgedruckt in: Burdach, Vorspiel. Bd. 2. Halle 1926. S. 116–237.
Blechschmidt, Karl: Goethe in seinen Beziehungen zur Oper. Phil. Diss. Frankfurt 1937. (V, 79 S.)
Friedländer, Max: Varianten zu „Claudine von Villa Bella". JbGGes. 8, 1921, S. 52–60.
Hirschberg, Leopold: Goethes Singspiele in der klassischen Musik. Zeitschr. f. Musik 92, 1925, S. 409–417; 510–515 mit zahlr. Notenbeispielen.
Die Musik in Geschichte u. Gegenwart. Hrsg. von Fr. Blume. Bd. 5, 1956, Sp. 432–457: Art. „Goethe"; Bd. 10, 1962, Sp. 1–89: Art. „Oper". Mit reichen Lit.-Angaben.
Brüggemann, Werner: Spanisches Theater u. dt. Romantik. Münster 1954. = Span. Forschungen der Görresges., 2. Reihe, Bd. 8. Insbes. S. 149–151.
Treisch, Margarethe: Goethes Singspiele in Kompositionen seiner Zeitgenossen. In: Wiss. Zeitschr. der Humboldt-Univ. Berlin. Gesellschafts- u. sprachwiss. Reihe 3, 1953/54, S. 253–270.
Koch, Hans-Albert: Die Singspiele. In: Goethes Dramen. Neue Interpretationen. Hrsg. von W. Hinderer. Stuttg. 1980. S. 42–64.
Frenzel, Elisabeth: Motive der Weltliteratur. Stuttg. 1980 u.ö. Artikel „Räuber, der gerechte".
Vgl. ferner in Bd. 14, Bibliographie, Abschnitt 59 „Musik und Musiker".

## *Götz von Berlichingen*

### Der historische Götz

Ulmschneider, Helgard: Götz von Berlichingen, Mein Fehd und Handlungen. Sigmaringen 1981. = Forschungen aus Württembergisch Franken, 17. (172 S.)
Lebens-Beschreibung Herrn Gözens von Berlichingen ... zum Druck befördert von Verono Franck von Steigerwald. Nürnberg 1731. – Fotomechanischer Neudruck: Hildesheim 1977.
Lebensbeschreibung Herrn Götzens von Berlichingen. Nach der Ausgabe von 1731 hrsg. von A. Leitzmann. Halle 1916. = Quellenschriften zur neueren dt. Lit., 2.
Ulmschneider, Helgard: Götz von Berlichingen. Ein adeliges Leben der deutschen Renaissance. Sigmaringen 1974. (317 S.)
Press, Volker: Götz von Berlichingen – vom Raubritter zum Reichsritter. Ztschr. f. Württembergische Landesgeschichte 40, 1981. = Speculum Sueviae. Festschr. f. H. Decker-Hauff. Bd. 1. Stuttg. 1982. S. 305–326.

## Ausgaben der 1. Fassung (Geschichte Gottfriedens)

(Erstausgabe:) Goethes Nachgelassene Werke. Bd. 2 (= Ausgabe letzter Hand, Bd. 42). Stuttgart 1832.

WA: Bd. 39. 1897. – JA: Bd. 10. 1906. – Morris: Bd. 2, 1910, und Bd. 6, 1912. – AA: Götz von Berlichingen. 1958. (Parallel-Druck der beiden Fassungen.) – BA: Bd. 7. 1963. – FL: Bd. 2. 1963. – MA: Bd. 1. 1985. – DKV: Bd. 4. 1985.

## Ausgaben der 2. Fassung

(Erstausgabe:) Götz von Berlichingen mit der eisernen Hand. Ein Schauspiel. (o.O.) 1773.

Goethes Schriften. Bd. 2. Leipzig, Göschen, 1787.

Goethes Werke. Ausgabe letzter Hand. Bd. 8. Stuttgart, Cotta, 1827.

WA: Bd. 8. 1889. – JA: Bd. 10. 1906. – Morris: Bd. 3, 1910, und Bd. 6, 1912. – FA: Bd. 6. 1926. – AA: Götz von Berlichingen. 1958. (Parallel-Druck der 2 Fassungen.) – BA: Bd. 7. 1963. – FL: Bd. 3. 1966. – MA: Bd. 1. 1985. – DKV: Bd. 4. 1985.

## Ausgaben der Bühnenfassung von 1804

Goethe, Nachgelassene Werke. Bd. 2. Stuttgart u. Tübingen 1832. = Ausgabe letzter Hand, Bd. 42.

Weimarer Ausgabe, Bd. 13,1 S. 185–360 und Bd. 13,2 S. 245–341. Weimar 1894 und 1901.

## Quellentexte und Nachlagewerke

Goethe über seine Werke. Zusammengestellt von H. G. Gräf. Bd. 5. (= Dramatische Dichtungen, Bd. 3). Frankfurt a. M. 1906.

Zeitgenössische Rezensionen u. Urteile über Goethes „Götz“ und „Werther“. Hrsg. von H. Blumenthal. Berlin 1935. = Literarhistor. Bibliothek, 14.

Goethe im Urteil seiner Kritiker. Zusammengestellt von K. R. Mandelkow. Bd. 1. 1773–1832. München 1975.

Neuendorff-Fürstenau, Jutta: Wörterbuch zu Goethes Götz von Berlichingen. Lieferung 1 und 2. Aal-Glück. (Mehr nicht erschienen.) Berlin (Ost), Akademie-Verlag, 1958 und 1963.

## Abhandlungen

Minor, Jakob/August Sauer: Studien zur Goethe-Philologie. Wien 1880.

Winter, Fritz/Eugen Kilian: Zur Bühnengeschichte des „Götz“. Hamburg 1891. = Theatergesch. Forschungen, 2.

Nollen, John Scholte: Goethes „Götz“ auf der Bühne. Phil. Diss. Leipzig 1893.

Hecht, Berta: Die Sprache in Goethes „Götz“ auf archaisierende Elemente hin untersucht. Phil. Diss. masch. Königsberg 1922. Auszug in: Jahrbuch der philosophischen Fakultät Königsberg 1922, S. 63–64.

Das deutsche Drama. Hrsg. von R. F. Arnold, München 1925. Fotomech. Neudruck: Hildesheim 1972.

Meyer-Benfey, Heinrich: Goethes Götz von Berlichingen. Weimar 1929.
Viëtor, Karl: Der junge Goethe. Leipzig 1930. Neue Ausg.: Bern 1950 u.ö.
Bruford, W. H.: Theatre, drama and audience in Goethe's Germany. London 1950.
Staiger, Emil: Goethe. Band 1. Zürich 1952.
Sengle, Friedrich: Das deutsche Geschichtsdrama. Stuttgart 1952. 2. Aufl. unter dem Titel: Das historische Drama in Deutschland. Stuttgart 1969.
Wertheim, Ursula: Die Helfenstein-Szene in Goethes „Ur-Götz". In: E. Braemer und U. Wertheim: Studien zur deutschen Klassik. Berlin (Ost) 1960, S. 41–69, 406–426.
Appelbaum-Graham, Ilse: Vom Urgötz zum Götz. Jahrbuch der dt. Schiller-Gesellschaft 6, 1965, S. 245–282.
Nägele, Rainer: Götz von Berlichingen. In: Goethes Dramen. Neue Interpretationen. Hrsg. von W. Hinderer. Stuttg. 1980. S. 65–77.
Wells, George A.: Götz von Berlichingen. History, Drama and Dramatic Effectiveness. Publications of the English Goethe Society. 56. 1987. S. 74–96.
Hinderer, Walter: Götz von Berlichingen. In: Goethes Dramen. Interpretationen. Hrsg. von W. Hinderer. Stuttg. 1992. = Reclam 8417. S. 13–65.

## *Clavigo*

### Ausgaben

(Erstausgabe:) Goethe, Clavigo. Ein Trauerspiel. Leipzig, Weygand, 1774.
Goethes Schriften. Bd. 3. Leipzig, Göschen, 1787.
Goethes Werke. Ausgabe letzter Hand. Bd. 10. Stuttgart, Cotta, 1827.
WA: Bd. 11. 1892. – JA: Bd. 11. 1905. – Morris: Bd. 4, 1910, und Bd. 6, 1912. – FA: Bd. 6. 1926. – BA: Bd. 5. 1964. – FL: Bd. 4. 1968. – MA: Bd. 1. 1985. – DKV: Bd. 4. 1985.

### Nachschlagewerke

Mommsen, Momme: Die Entstehung von Goethes Werken in Dokumenten. Bd. 2. Berlin (Ost) 1958.
Goethe-Handbuch. 2. Aufl. Band 1. Stuttgart 1961. Artikel „Beaumarchais" und „Clavigo".
Goethe über seine Dichtungen. Hrsg. von H. G. Gräf. Bd. 3 (= Dramat. Dichtungen. Bd. 1). Frankfurt a. M. 1903.

### Abhandlungen

Schmidt, Georg: Clavigo. Eine Studie zur Sprache des jungen Goethe. Gotha 1893.
Grempler, George: Goethes Clavigo. Halle 1911.
Schmidt, Erich: Charakteristiken. 2. Reihe. 2. Aufl. Berlin 1912.
Feise, Ernst: Zum Problem von Goethes „Clavigo". In: Studies in honor of A. R. Hohlfeld. Madison 1925. Wiederabgedruckt in: E. Feise: Xenion. Baltimore 1950, S. 66–76.

Viëtor, Karl: Der junge Goethe. Leipzig 1930. Neue Ausg.: Bern 1950 u.ö.
Staiger, Emil: Goethe. Bd. 1. Zürich 1952.
Otto, Regine: Clavigo. Goethe-Jahrb. 90, 1973, S. 22–36.
Strohschneider-Kohrs, Ingrid: Goethes „Clavigo". Goethe-Jahrb. 90, 1973, S. 37–56.
Leppmann, Wolfgang: Clavigo. In: Goethes Dramen. Interpretationen. Hrsg. von W. Hinderer. Stuttg. 1992. = Reclam 8417. S. 66–87.
Conrady, Karl Otto: Goethe. Bd. 1. Königstein 1982 u.ö. S. 226–231.

## *Stella*

WA: Bd. 11. 1892. – JA: Bd. 11. 1905. – Morris: Bd. 5, 1911, und Bd. 6, 1912. – FA: Bd. 6. 1926. – BA: Bd. 5. 1964. – FL: Bd. 5. 1973. MA: Bd. 1, 1985. – DKV: Bd. 4. 1985.
Metz, Adolf: Goethes „Stella". Preuß. Jahrbücher 126, 1906, S. 52–71.
Luther, Bernhard: Das Problem in Goethes „Stella". Euphorion 14, 1907, S. 47–66.
Kettner, Gustav: Goethes Stella. Sokrates 68, 1914, S. 177–190.
Castle, Eduard: In Goethes Geist. Wien 1926. Darin S. 104–130: Stella.
Loiseau, Henri: Stella et l'opinion de son temps. Revue de l'Enseignement des Langues vivantes 1927, S. 341–347.
Loiseau, H.: Stella et la critique moderne. Ebd. 45, 1928, S. 241–248.
Leisering, Konrad: Das „Stella"-Erlebnis Goethes. Goethe (Jb.) 5, 1940, S. 160–177.
Meessen, Hubert Joseph: „Clavigo" and „Stella" in Goethe's personal and dramatic development. In: Goethe bicentennial studies. Ed. by H. J. Meessen. Bloomington (USA) 1950. S. 153–206.
Bach, Rudolf: Glanz der Hoffnung – Schwermut der Einsicht. Die beiden Fassungen der „Stella". In: Bach, Leben mit Goethe. München 1960. S. 20–33.
Pikulik, Lothar: Stella. In: Goethes Dramen. Interpretationen. Hrsg. von W. Hinderer. Stuttg. 1992. = Reclam 8417. S. 88–116.
Redslob, Edwin: Stella. In: Redslob, Schicksal und Dichtung. Goethe-Aufsätze. Bln. 1985. S. 45–58.
Frenzel, Elisabeth: Motive der Weltliteratur. Stuttg. 1980 u.ö. Artikel „Mann zwischen zwei Frauen".

## *Die Geschwister*

WA: Bd. 9. 1891. – JA: Bd. 11. 1905. – FA: Bd. 6. 1926. – BA: Bd. 5. 1964. – MA: Bd. 2,1. 1987.
Kettner, Gustav: Goethes Drama „Die Geschwister", Ilbergs Neue Jb. 1, Bd. 13, 1910. S. 595–609.
Marks, Hanna H.: Die Geschwister. In: Goethes Dramen. Neue Interpretationen. Hrsg. von W. Hinderer. 1980. S. 104–121.

## *Egmont*

### Ausgaben

(Erster Druck:) Goethe: Egmont. Ein Trauerspiel in fünf Aufzügen. Leipzig, bey G. J. Göschen, 1788.

Wieder abgedruckt in den Werk-Ausgaben bei Göschen Bd. 5, 1788 (Ausgabe S), bei Cotta Bd. 5, 1807 (Ausgabe A), bei Cotta Bd. 6, 1816 (Ausgabe B).

Goethes Werke. Ausgabe letzter Hand. Bd. 8. Stuttg. u. Tübingen 1827.

WA: Bd. 8. 1880. – JA: Bd. 11, 1905. – FA: Bd. 6. 1926. – BA: Bd. 7. 1963. – MA: Bd. 3,1. 1990. – DKV: Bd. 5. 1988.

Goethes Egmont-Handschrift. Hrsg. von Wilhelm Hansen. Berlin (1939.) (25 S., 168 S. Facsimile.)

(Schillers Bühnenbearbeitung des „Egmont“:) Schillers Werke. Nationalausgabe. Bd. 13. Bühnenbearbeitungen 1. Hrsg. von H. H. Borcherdt. Weimar 1949.

### Abhandlungen

Hoffmann, E. T. A.: Beethovens Musik zu Goethes „Egmont“. Allgemeine musikalische Zeitung, 21. Juli 1813. – Heute in allen vollständigen Hoffmann-Ausgaben.

Meyer, Richard M.: Ist Goethes „Egmont“ ein historisches Drama? Preuß. Jahrbücher 95, 1899, S. 65–79.

Zimmermann, Ernst: Goethes Egmont. Halle 1909. (XII, 161 S.) = Bausteine zur Gesch. d. dt. Lit., 1. (Dazu: Morris in Euphorion Bd. 18; O. Hering in Dt. Literaturzeitung 31, 1910.)

Kilian, Eugen: Goethes Egmont auf der Bühne. München 1925. (218 S.)

Keferstein, Georg: Bürgertum und Bürgerlichkeit bei Goethe. Weimar 1933. (XII, 186 S.) = Literatur u. Leben, 1.

Keferstein, Georg: Die Tragödie des Unpolitischen. Dt. Vjs. 15, 1937, S. 331–361.

Brüggemann, Fritz: Goethes „Egmont“, die Tragödie des versagenden Bürgertums. JbGGes. 11, 1925, S. 151–172.

Willoughby, L. A.: The Image of the Horse and Charioteer in Goethe's Poetry. Publications of the English Goethe Society, N. S. 15, 1946, S. 47–70.

Fuchs, Albert: Egmont. Bulletin de la Faculté des Lettres de l'Université de Strasbourg 25, 1946–47, S. 116–124. Wiederabgedruckt in: Fuchs, Goethe-Studien, Berlin (West) 1968, S. 16–25.

Wilkinson, Elizabeth M.: The relation of form and meaning in Goethe's „Egmont“. Publications of the English Goethe Society, N. S. 18, 1949, S. 149–182. Wiederabgedruckt in: Wilkinson-Willoughby, Goethe Poet and Thinker. London 1962. S. 55–74. – Dasselbe dt.: Sprachliche Feinstruktur in Goethes „Egmont“. In: Begriffsbestimmung der Klassik u. des Klassischen. Hrsg. von H. O. Burger. Darmstadt 1972. = Wege d. Forschung, 210. S. 353–390.

Kaschnitz, Marie Luise: Klärchen. In: Gegenwart im Geiste. Festschr. für Richard Benz. Hamburg 1954. S. 95–102. Dasselbe unter dem Titel: Egmont und Klärchen. In: Kaschnitz, Zwischen Immer und Nie. Frankfurt 1971. S. 99–109.

Böckmann, Paul: Egmont. In: Das dt. Drama. Interpretationen. Hrsg. von B. v. Wiese. Bd. 1. Düsseldorf 1958 u.ö. S. 147–169.

Braemer, Edith: Goethes „Egmont“ und die Konzeption des Dämonischen. Weimarer Beiträge 6, 1960, S. 1011–1028.
Henel, Heinrich: Goethe's „Egmont“ original and revised. The Germanic Review 38, 1963, S. 7–26.
Waldeck, Marie-Luise: Klärchen. An Examination of her Role in Goethe's ‚Egmont‘. Publ. of the English Goethe Society, N. S. 35, 1965. S. 68–91.
Dahnke, Hans-Dietrich: Geschichtsprozeß und Individualitätsverwirklichung in Goethes „Egmont“. In: Studien zur Literaturgesch. u. Literaturtheorie. Hrsg. von H.-G. Thalheim u. U. Wertheim. Berlin (Ost) 1970. S. 58–100.
Michelsen, Peter: Egmonts Freiheit. In: Euphorion 65, 1971, S. 274–297.
Reinhardt, Hartmut: Egmont. In: Goethes Dramen. Interpretationen. Hrsg. von W. Hinderer. Stuttg. 1992. = Reclam 8413. S. 158–198.
Clairmont, Heinrich: Die Figur des Macchiavelli in Goethes Egmont. Poetica 15, 1983, S. 289–313.
Vgl. auch die Lit. über das Dämonische: Bd. 10, Anm. zu 176,34.

## *Proserpina*

WA: Bd. 17. 1894, und Bd. 40, 1901, S. 106–188. – JA: Bd. 7, 1905, S. 253–261. – FA: Bd. 8. 1926. – BA: Bd. 5. 1964. – MA: Bd. 2,1. 1987.
Köster, Albert: Das lyrische Drama. Preuß. Jahrbücher 68, 1891.
Schmidt, Erich: Goethes Proserpina. Vierteljahrsschrift f. Literaturgesch. 1, 1888, S. 27–52. – Wiederabgedruckt: Schmidt, Charakteristiken. Reihe 2. Bln. 1901. S. 148–166.
Istel, Edgar: Die Entstehung des dt. Melodramas. Berlin 1906. (VI, 104 S. m. 13 Taf. und 4 S. Musikbeilage.)
Petsch, Robert: Goethes Proserpina. Das dt. Drama 5, 1922, S. 78–88.
Redslob, Edwin: Goethes Melodram „Proserpina“ als Totenklage für seine Schwester. Goethe (Jb.) 8, 1943, S. 252–269. – Wiederabgedruckt in: Redslob, Schicksal und Dichtung. Goethe-Aufsätze. Bln. 1985. S. 75–104.
Vordtriede, Werner: Das Problem des Dichters in Goethes „Triumph der Empfindsamkeit“. Monatshefte. Madison, Wisconsin. 40, 1948, S. 149–156.
Hagen, Waltraud: Der Erstdruck der „Proserpina“. In: Beiträge zur Goetheforschung. Hrsg. von Ernst Grumach. Bln. (Ost) 1959. S. 78–79. = Dt. Akad. d. Wiss. zu Berlin, Veröff. des Inst. f. dt. Sprache u. Lit., 16.

# INHALTSÜBERSICHT



## KOMMENTARTEIL